지음 이두석

BUDDHA

영어와 함께 읽는

붓다의 가르침

(1권)

맑은소리 맑은나라

지은이의 말

　1985년, 어느 가을밤 바닷가 조그만 암자에서 불교영문 서적을 처음 보았다. 책장을 넘기면서 표현하기 어려운 미묘한 그 때의 느낌을 아직도 간직하고있다. 스리랑카에서 티벳까지 여러 불교국가에서 수행하시고 오신 공파무구스님(현, 부산원효센터 회주)께서 바랑속에 고이 모셔온 영문불서였다. 오매일여(?)에 드신 스님 옆에서 파도소리 벗삼아 읽었다.

　어느새 창가에 새들이 지저귀고 있었다. 그리고 얼마 후 나만의 삶을 위해 오랫동안 칩거했다. 7년 전 몸과 마음을 심하게 앓으면서 그 옛날의 마음다짐–불교를 영어로 널리 알리자는 생각이 떠올랐다. 몸을 대충 추스린 후 국제포교사 과정을 간신히 마치고 다시 투병의 시간들, 2007년 10월 13일 부산에서 가장 오랜 전통을 가진 도서문화의 메카 영광도서㈜에서 강의를 시작했다.
　단 한명이 와도 해 보라는 이경순 원장님의 말씀은 아직도 가끔씩 흔들리는 나의 마음에 큰 지주 역할을 하고 있으며, 지금도 부·울·경 국제포교사지부의 대모大母 역할을 해주시고 있다. 얽매이는 것을 싫어하는 나에게는 포교의 공간으로서는 이보다 좋을 수가 없었다.

　이제 회원들은 서로가 배우고 가르치는 도반이 되었다. 쉽지 않은 길이었지만 든든한 대선배님 두 분과 인연이 되는 즐거움도 있었다. 박영의 충남대 명예교수(현, 한국전통사상총서 번역위원)와 동국대 경주분교 조일환 교수님께서 물심양면의 후원자로서 또한 불교영어의 스승으로서 격려해 주시고 있다. 정신과 의사로서 중생을 보살피면서도 언제나 어설픈 나를 말없이 챙겨주는 형님 같은 후배 박성봉 국제포교사(현, 한정신과 의사)와 신형우 선생님, 그리고 똑소리 나는 옥철우 회장 등과 함께 강의를 하던 일이 엊그제 같은데, 박종안(조계종 부·울·경 국제포교사지부 2회 회장)과 안송이 국제포교사도 같이 강의를 하게 되었으니 나는 인복이 참 많다는 생각이 든다.

그리고 가연회 회원 중의 한 분인 홍종욱(지평 수산 대표) 국제포교사의 배려로 불교영어서적의 집필을 시작할 수 있게 된 것도 큰 인연이거니와 아버지 같은 Brian Berry선생님과의 인연도 참으로 고마운 것이었다.

암과 투병 중임에도 먼 길을 마다하지 않고 국제포교사 강의를 매번 해 주시는 것도 고마우신데 이 책의 영문 교정을 해 주셨으니 그 은혜를 어찌 갚아야 할지. 영광도서에서 불교영어를 위한 모임, 즉 가연회를 만들어서 공개강좌를 해 가던 중에 한국 불교의 실태와 수준을 온 몸으로 느낄 수 있었다.

종교의 세계가 정치계보다 더 정치적인 것에 대한 환멸, 그리고 어느 사찰에 법사로서 들어간 지 보름 만에 벌어진 주지자리 다툼의 중심에 서서 체험한 아귀다툼의 시간들.

영원히 종교의 세계를 떠나고 싶었던 그 순간들 속에서 서서히 몸은 무너져가고…….

결국 다시 병상에 누워있던 3년 전 겨울.

통도사에서 국제포교사 교육기관의 설립을 위한 일에 지원을 해 달라는 요청에 몇 차례의 거절 끝에 참가하여 일을 추진하면서 마음고생을 참 많이도 하였다.

지금은 백령도에서 몽운사라는 절의 주지로서 포교하고 계시는 부명스님(당시 조계종 포교국장)과 권대식 주임 같은 훌륭한 불제자들을 만난 것은 부처님의 가피였다. 그 와중에 통도사 말사인 부산의 홍법사와 인연이 되어 독립된 재가자 전문교육기관인 국제포교사 수련기관이 묘(?)하게 불법의 도량에 더부살이로 시작하게 되었다. 4년 전에 3명뿐이던 부산의 영어전문 국제포교사가 이제 37명이 되었지만 갈 길이 아직 멀다.

아픈 몸으로 목숨 걸고 포교하시는 공파스님과 영광도서 이경순 원장님, 가연회 회원들, 원효불교청년회 시절부터의 세 도반(김성철, 김한근, 김종범)과 국제포교사 부·울·경지부의 모든 회원들, 변함없는 부산공고 자동차과의 친구들(박창희, 윤현일, 하상술 등), 정명옥법사, 25년의 세월 동안 나에게 물심양면으로 격려해 주신 강용주 법무사님을 방주房主로 하는 나의 비밀조직(?) 소계산방小溪山房과 독수리 오형제 그리고 오래 전부터 국제포교의 길을 묵묵히 걸어오셨던 홍법사 주지 심산스님의 원력과 후원이 있었기에 가능한 일이었다.

그리고 언제나 누이같은 네 분, 김경숙포교사님, 이기영선생님과 박혜숙, 허혜정 두 국제포교사님의 배려를 평생 잊지 못할것이다.

나머지 삶을 불법을 알리며 살겠다고 세상에 나올 때가 7년 전, 그 중에 1년을 제외하고 계속 병고에 시달리면서 어줍잖은 포교를 해 오면서 무엇보다 친동생처럼 아껴주고 가르쳐 주었던 공파스님께서 홀로 겪으신 스승으로서의 고뇌와 아픔을 조금이나마 이해하게 되었다.

애비가 되어 보면 아버지 마음을 안다는 말을 이제서야 실감하니 부끄럽기 짝이 없다.

고매한 인격의 스승 세 분 중 한 분이라도 계시니 참으로 감사할 따름이다.

원고를 마무리해갈 때 출판비가 없어 고민하던 중에 꿈에 공파스님께서 깨끗한 모습으로 나타나서 맑은소리 맑은나라의 대표 김윤희님께 인도해 주셨으니 은혜가 참으로 크다.

여러모로 부족한 원고를 일일이 교정 편집해 주신 맑은소리 맑은나라 담당자와 언제나 연꽃같은 분위기로 상대방의 마음을 헤아리고 안아주는 김윤희 대표님께 고개숙여 감사드린다.

CONTENTS

시작하기 전에 ··· 8
일러두기 ··· 13
　– 부록 : 불교의 기본교리 요약

제1장 바람직한 자세 그리고 팔만사천법문을 놓아라

1. 바람직한 삶의 자세 ················· 32
2. 에리히 프롬과 존재 그리고 사성제 ············ 37
3. 팔만사천법문을 놓아라 ················ 43

제2장 붓다와 제자들

1. 삼귀의 ································· 54
2. 팔상과 사대성지 ····················· 57
3. 붓다의 탄생시기와 입멸시기 ········· 64
4. 붓다의 일생 ·························· 66
5. 승려의 수행단계 ···················· 135
6. 불교의 돈점논쟁 ···················· 139
7. 초기불교의 삼승 ···················· 141
8. 불교와 기독교 ······················· 143
9. 산상수훈 ······························ 143
10. 부루나 존자의 포교 ··············· 157
11. 십이두타 ····························· 164
12. 육식의 문제 ························· 168
13. 가섭과 가섭전의미륵 ············· 171
14. 아라한이 된 살인마 앙굴리마라 ········· 176
15. 불교와 기적 ························· 184
16. 산채로 무간지옥에 떨어진 데바닷타 ······ 192

제3장 붓다와 중생

1. 칠불통계게 ···························· 202
2. 불 ·· 204
3. 석가모니 불의 전생 ················· 209
4. 아미타불의 전생 ···················· 212
5. 탄생게 ································· 214
6. 붓다의 마지막 말씀 ················ 220
7. 군맹무상 ······························ 227
8. 중생의 삶 ····························· 234
9. 연기설 ································· 235
10. 사사무애와 측천무후 ············· 238
11. 부처님의 오도송 ··················· 243
12. 사상四相 ···························· 246
13. 자아와 죽음 그리고 윤회 ········· 248

제4장 신의 존재 문제와 무아와 윤회

1. 신의 존재 ···························· 252
2. 인격신의 개념의 변천과 문제점 ········· 260
3. 구약과 신약의 신 ··················· 260
4. Whitehead의 철학 ················· 268
5. 무아와 윤회의 문제 ················ 275
6. 밀린다 팡하 ·························· 281
7. 무아와 윤회에 관한 Dalailama의 견해 ········· 285
8. 업과 윤회 그리고 해탈 ············· 286
9. 바왕가와 바르도 ···················· 289
10. 사자의 서 ··························· 294

11. 융의 임사체험 ················· 295	15. 윤회의 증명을 위한 전생조사 ············ 305
12. 죽음학 ····························· 296	16. Edgar Cacey의 어록 ················· 307
13. 임사체험에 의한 죽음의 이해 ········· 297	17. 윤회의 시간적 간격 ·················· 308
14. 윤회의 역사와 구체적 사례 ············ 300	

제5장 붓다와 보살

1. 삼신사상 ····························· 312	14. 회향 ································ 356
2. 기독교의 삼위일체론 ················· 321	15. 자비경 ······························ 357
3. 염불 ································· 324	16. 자비에 대한 달라이라마의 법문 ········ 360
4. 여래십호 ····························· 326	17. 대승과 소승의 유래 ·················· 362
5. 타타가타의 의미 ······················ 327	18. 고린도전서 ·························· 362
6. 삼명과 육통 ·························· 330	19. 육바라밀 ····························· 365
7. 32상 80종호 ·························· 331	20. 육바라밀의 구체적 내용 ·············· 365
8. 십팔불공법 ····························· 336	21. 보살의 보리심과 서원 ················ 374
9. 사무(소)외 ····························· 337	22. 보살십지 ····························· 382
10. 삼념주=삼념처 ······················· 337	23. 대승불교의 보살 ····················· 384
11. 대자비 ······························ 338	24. 약사여래 ····························· 406
12. 사무량심 ····························· 349	25. 사십팔원 ····························· 406
13. 사섭법 ······························ 351	26. 예불문 ······························ 408

제6장 종교론

1. 종교의 의의 ·························· 416	11. 종교와 해석 ·························· 452
2. 종교의 어원 ·························· 418	12. 궁극적 실재의 인격성 ················ 454
3. 불교의 경전에 나오는 종교의 의미 ······ 419	13. 도마복음-새로운 자료에 의한 이해 ····· 458
4. 종교의 특색 ·························· 422	14. 신비신학 ····························· 462
5. 종교의 가치 ·························· 423	15. 마이스트 에크하르트와 Nichts(無) ····· 470
6. 종교와 의미지향적 존재로서의 인간 ····· 426	16. 에크하르트와 불교 ··················· 471
7. 종교 간의 조화 ······················· 433	17. 법(Dharma)과 붓다 ··················· 473
8. 현대 종교세계의 흐름 ················· 438	18. 마무리 ······························ 478
9. 한국의 다원주의와 배타주의 ··········· 446	19. 불교의 언어관 ······················· 481
10. 한국의 다원주의 ····················· 449	20. 언어결정론과 언어신비주의 ··········· 500

색 인 ·· 513

영어가 화두가 된 시대

남방불교(Southern Buddhism), 티벳불교(Tibetan Buddhism) 그리고 일본불교(Japanese Buddhism)가 나름의 색깔로 서양에 알려진 시대.

숭산스님 외에 서양에 알려진 것이 별로 없지만 최근에 미국의 불교서적 중 Donald Michell의 "Buddhism"에 중국과 한국 그리고 일본이 같이 소개되고 있는 것은 고무적이다.

국제원효학회에서 원효전서 영역작업이 진행 중인 것도 매우 반가운 일이다.

하지만 불교영어는 과도기 상태이기 때문에 해야 할 일이 산적되어 있다.

특히 불교용어가 전혀 통일되지 않은 상태라서 극심한 혼란을 초래하고 있다.

최근에(2011년) 한국불교영어번역연구원에서 조사한 자료에 근거해서 몇 개만 추려보면 예불(20개), 염불(15개), 화두(38개), 고(苦, 17개), 자비(11개) 정도이니 한자나 범어의 표기없이 영어 자체만으로는 무슨 말인지 알 수 없는 경우가 비일비재하다.

예를 들면 다음과 같다.(단어 사이의 "/"표시는 유사한 단어들 끼리 모은 것임을 표시한 것)

예불 yebul, yebool / chanting, chanting ceremony, (Buddhist) chanting service / pre-dawn chanting, early morning chanting, prayer chanting / prayer service, a Buddhist service, ceremonial service, worship(ing) service, morning service / morning ritual, worshiping ritual, worship (ritual), solemn ritual / paying homage to Buddha, …….

염불 yeombul, chanting, Buddha chanting / recitation of Buddha name, invocation of Buddha name, recollecting of buddha's name, to repeat the name of a Buddha / Buddha recollection / mindfulness of the Buddha, mindfulness meditation / deity practice …….

자비 compassion, loving-kindness, kindness, sympathy, mercy, affection, benevolence, charity, clemency …….

화두 hwadu, word head, true word of no word, pass word, head phrase, head speech, head topic, apex of speech, live phrase, topic of conversation, a point of a question, critical phrase / single koan, key line of koan, punch-line of koan / essential meditation, subject of meditation, topic of meditation, meditation object /

a means of spiritual training / question, big question, the point of question, the point of question, non-sensical question, ······.

고苦 suffering, sorrow, pain, uncomfortableness, agony, bitterness, unhappiness, distress, stress, misery, difficulty, unsatisfactoriness, torment, anguish, vexation, ······.

■ 시중에 나와있는 번역서 중에는 붓다의 핵심적인 수행방법인 mindfulness를 마음챙김이나 정념 등으로 번역하지 않고 중생들의 마음을 배려하는 마음자세 등으로 번역하는 무지의 극치도 보인다.

또한 스님들이 안거가 끝나는 날에 행하는 참회의식(a confessional ceremony which held at the end of the rainy retreat)인 자자自恣(pavarana[P])는 수의隨意라고도 하는데 자신(自)의 허물을 다른 사람의 뜻에 따라(隨意) 들추어 낸다는 뜻으로 한역된 용어인데, 恣(자)의 뜻인 "맡기다, 하고 싶은 대로 맡기다"와 "방자할 자" 중에 후자로 풀이하여self-indulgence (방종) 으로 번역하는 경우도 있으니 기가 찰 노릇이다.

Pavarna가 pavareti에서 나온 명사형으로서 pavareti의 뜻이 1. 초대하다(invite) 2. 만족시키다(satisfy) 3. 자자를 행하다(hold a confessional ceremony) 4.우기의 끝에 도달하다(reach the end of the rainy season)인 이 말에 대하여 당나라의 의정이 지은 "남해기귀내법전"에는 이러한 뜻을 잘 알고서 pavarana에는 만족이라는 뜻이 있지만 수의隨意라고 한다고 기록하고 있다.

안거 중의 자신의 잘못을 참회하는(repent one's wrongdoing during the retreat) 날이 방종하는 날이 되니 웃기는 방법도 여러 가지다.

번역은 반역이다라는 말이 새삼스럽게 떠오른다. 그리고 불교영어를 공부할 때 "실용한-영 불교용어사전(박영의, 도서출판 홍법)"을 참고하면 효율적인 공부가 될 것이다.

길은 처음부터 나 있는 것이 아니다.
길없는 길!
평소에 애송하는 유마경 2구절과 황벽선사의 시를 되새겨 보면서 부처님의 법이 오래가기를 기원한다.

유마경 제자품(Vimalakirti Sutra-chapter the desciples)
위없이 높고 바른 깨달음을 얻고자 하면 그것이 출가이며 구족이니라.
You should set your minds on attaining anuttara-samyak-sambodhi.
That is the same as leaving the household, the same as the monastic vow.

유마경 문질품(vimalakiriti sutra-chapter inquring about the illness)
중생이 아프니 내가 아프고 중생의 병이 나으면 나도 낫는다
Because all living beings are sick, therefore I am sick. If all living beings are relieved of sickness, then my sickness will be cured.

■ 도움말

■ 출가하다 pabbajati[p], pravrajati[S] -S-E 사전 694 / P-E 사전 165-
leave hom / leave household life / Join the sangha / become a monk / go forth into homelessness / renounce the world / enter the priesthood / take the tonsure / become a bonze / become a priest.
leave home and wonder forth as an ascetic mendicant.

▶ 출가 pabbajana[P] pravrajana[S]
  leaving-home / renunciation / homelessness / becoming a (Buddhist) priest.
▶ 출가승 pabbajita[P], pravrajita[S]: monk / practitioner / mendicant / home-leaver / ascetic.
※ 가출하다 run[go / drift] away from home / leave home [one's house] / disappear[fly] from home / abscond / elope(특히 여성이 애인과)
▶ 부모가 반대하는 바람에 그녀는 애인과 함께 가출했다.
  The girl eloped with her lover when her parents objected to their marriage
▶ 그는 15세에 가출해서 나중에 출가하였다.
  He ran away at the age of 15 and later became a monk.
▶ 가출소녀[소년] a runaway girl[boy]
▶ 가출청소년 teenage runaway

▣ 구족具足은 출가자(home-leaver)로서의 수계(receiving the precept to be a monk=ordination)를 뜻함.

▣ 무상정등각無上正等覺 위없이 올바르고 두루한 깨달음
Anuttara-samyak-sam-bodhi[S], Anuttara-samma-sam-bodhi[P] 아뇩다라 삼막 삼보리
Anuttara 최상의 supreme,
Samyak 올바른 perfect
Sam 두루한 : 일체 제법을 평등하게 증명하는 즉 보편타당한 universal
Bodhi 깨달음 : bodhi는 보리菩提로 음역하기도 함 enlightenment
Anuttarasamyaksambodhi는 무상정각, 무상정등각, 무상정등보리, 무상정변도無上正遍道, 무상정변지[~~知]로 번역되었고, 무상정진도(지도)無償正眞(之道)는 중국불교 초기의 의역이다.

■ 보충설명

아뇩다라삼막삼보阿縟多羅三藐三菩提에서 뇩은 산스크리트와 중국발음이 모두 누인데 우리나라에서는 언제부터 뇩으로 발음되었는지 알 수 없다.
또한 보리菩提의 "리"의 경우에도 중국에는 "디"/ "티"/ "쉬"의 3가지 발음(여기서는 중국 고유의 발음법인 사성은 제외함)인 데 우리는 "리"라고 발음하고 있다.
참고로 도량道場의 량(중국발음은 창) 그리고 고려 시대 스님이신 체관諦觀의 체諦와 사성제四聖諦의 제諦도 같은 글자로서(중국발음은 "디"와 "티")다른 발음이 되는 이유를 알 수 없다.
우리 식의 중국발음은 중국의 삼국(위.촉.오)시대에 오나라의 발음을 수용했다고 하므로 그 때의 음운과 우리나라의 음운변화를 전문가들이 체계적으로 연구해야 할 것 같다.

황벽희운 (?~850 중국 당나라의 선사)의 시

"티끌 세상 벗어남은 예삿일 아니니, 밧줄 끝 꽉 쥐고 한바탕 일을 치러라.
뼛속에 스미는 추위를 격지 않고 어찌 코끝에 매화향기 맡으랴."

"To detach oneself from the dust of the world,

This is no ordinary task.

Hold the end of the rope tightly, and exert yourself with all your might.

Without undergoing a whole spell of cold that bite into your bones,

How can you have the plum-blossom delight you with their piercing fragrance?"

塵勞迴脫事非常 진로형탈사비상   緊把繩頭做一場 긴파승두주일장
不是一番寒徹骨 불시일번한철골   爭得梅花撲鼻香 쟁득매화박비향

- ◾ detach oneself from 에서 이탈하다.
- ◾ exert=go at 열심히 하다,
- ◾ 迴 멀 형 / 做 만들 주, 지을 주 / 爭 어찌 쟁, 싸울 쟁 / 撲 칠 박

일러두기

1. 언어표기

(1) 앞으로 [ ] 또는 ( )사이에 S, P, C, J, T 는 각각 산스크리트어, 빨리어, 중국어, 일본어, 그리고 티벳어의 발음을 뜻한다.

(2) 도움말 표시는 해당 문장 바로 밑에 테두리를 하고 ▣ 또는 ■ 등의 표시를 하고 보충 설명을 하였으며 테두리 안의 ▶표시는 관련 사항을 보태여 설명한 것으로 ex)와 같은 것이다.

(3) 글자 뒤의 [ ]과 ( )표시는 시각적인 면을 고려하여 사용한 것이므로 두 가지 사이에 차이가 있는 것이 아니라 괄호 속의 한문, 영어 등의 글자를 보기 편한 쪽으로 선택한 것이다.
단 영어단어 뒤의 [ ]표시는 그 [ ]앞의 단어와 같은 의미이므로 대체가 가능하다는 뜻이다.
예를 들면 다음과 같다. compassion[mercy] of Avalokitesvara: 관세음보살의 자비

2. 사전표기

(1) 산스크리트-영어사전은 SIR M.MONIER.WILLIAMS의 Sanskrit-English Dictionary을 참조하였으며 S-E사전으로 표기하며

(2) 빨리어-영어사전은 A.P.BUDDHADATTA의 concise Pali-English Dictionary사전을 참조하였으며 P-E사전으로 표기하며

(3) 산스크리트-한글사전은 전수태의 범한 대사전[대한교육문화신문출판부]을 참조하였으며 S-K사전으로 표기하며

(4) 빨리어-한글사전은 전재성의 빠알리-한글사전[한글빠알리성전협회]을 참조하였으며 P-K사전으로 표기하며

(5) 한자-영어사전은 WILLIAM EDWARD SOOTHILL과 LEWIS HODUS의 한영불학대사전을 참고하였으며 C-E사전으로 표기한다

(6) 위에 언급한 산스크리트어와 빨리어의 한글사전은 대형서점에서 구입가능하며, 그 외는

경서원[서울 조계사 일주문에서 전철역 종각 방향 약 40미터에 위치 TEL: 02-733-3346]에서 구입가능하다

(7) OX사전이란 표기는 OXFORD 영영사전을 의미한다.

3. 중국어표기법

현재 일반적으로 사용하고 있는 옥편의 중국어 로마자 표기법은 중화인민공화국[the People's Republic of China]이 1958년에 공식적으로 채용한 한어병음자모漢語倂音字母이며 줄여서 병음이라 한다.

병음 즉 pinyin에 대해서 옥스포드사전에 보면 다음과 같이 정의하고 있다.

Pinyin: the standard system of Romanized spelling for transliterating Chinese.

■transliterate v.t. 〈문자, 단어 등을〉(다른 문자 체계로) 자역字譯[음역]하다 《into ...》.

1958년 이전에는 Wade-Giles[웨이드-자일즈]표기법을 사용하였으며 그 후에도 영문서적에는 이 표기법을 따른 경우가 많아 독자의 입장에서는 혼란을 초래할 수 있으므로 주의가 필요하다. Wade-Giles는 중국어 표기법을 19세기에 만든 두 사람의 성을 따서 지은 이름이다. 그리고 중화민국[the Republic of China]에서는 1990년 대에 통음병음이라는 로마자 표기법을 발표하였다.

이것은 병음이 국제적으로 공인받기 시작하자 중화민국이 그에 대항하여 나름의 표기법을 제시한 것으로 보인다.

참고

"The International Organization for Standardization adopted Pinyin as the International standard in 1982"

IOS[국제표준화기구]에서 1982년 중화인민공화국의 Pinyin[병음]을 국제표준으로 채용하다

따라서 옛 표기 즉 Wade-Giles를 사용하여 발간된 오래 된 불교영어 서적 중 양서들이 많으므로 변경 전후의 중요한 인명, 지명, 경전의 이름을 알아야 독해에 도움이 된다.

더구나 우리말 외래어 표기법에 중국의 지명은 원래 발음(prononciation)대로 표기(transcription)하며 인명은 1911년 청조를 무너뜨린 신해혁명을 기준으로, 그 이전의 인명은

우리식 발음으로 그 이후의 인물은 중국발음으로 표기해야 한다고 한다.

예를 들어 손문[1866~1925]은 쑨원으로 모택동은 마오쩌둥으로 표기한다.

우리나라의 경우 불교영어서적에 국가표준표기법 외에 개인적인 표기법을 사용하여 불교영어서적마다 표기가 달라 초학자에게는 스트레스로 다가온다.

국가표준법을 사용하고 한글이나 한문을 병기하면 혼란을 벗어날 수 있다.

본서에서는 사정에 따라서 둘 중하나를 사용하되 구별을 분명히 할 것이며 중요한 부분은 두가지 다 표기할 것이다.

그리고 Pinyin은 P-Y로 Wade-Giles는 W-G로 표기할 것이다.

3. 불교용어와 발음과 표기 등

(1) 용어

불교영어를 제대로 하려면 먼저 불교용어를 정확히 알아야 한다. 그 용어가 범어나 한문에서 기원한 것이면 반드시 그 고유의 개념에 대한 뜻풀이가 당연히 선행되어야 한다. 산스크리트어와 빨리어 중에는 반드시 기억해야 할 단어도 있다. 원래 번역하기 어려운 단어는 그 단어를 그대로 쓰는 경우가 많기 때문이다.

중국에서 한역할 때 오종불번五種不飜이라 하여 5가지 번역하지 않는 기준이 삼장법사 현장이후 확립되었으며, 이에 따라 범어의 발음을 그대로 옮기는 음역(transliteration)을 하므로 한문 세대가 아닌 우리들은 조금 귀찮은 부분이기도 하다.

이름과 같은 고유명사를 하나로 예로서 다루어 보자.

예를 들면 Sariputra는 사리불로 인명 전체를 음역[transliteration]하기도 하지만 때로는 반야심경[the Heart Sutra]에 나오는 사리자의 사리舍利는 음역이지만 "putra"는 자식이라는 뜻이므로 자[子]의 의역이다.

위와 같이 음역과 의역이 결합한 다른 경우를 한번 보자.

승려의 경우 승僧은 승가僧伽의 줄임말이며 무리(group, community)를 뜻하는 산스크리트어 "samgha," 빨리어 "sangha"의 음역이며, 려侶는 무리, 동무의 뜻이다.

(2) 표기와 발음

산스크리트어의 S 다음에 SH로 표기함이 일반화되어가는 추세로서, 예를 들면 흔히 관세음보살의 범어표기인 Avalokitesvara가 범어사전에는 Avalokiteshvara로 표기되고 있으나 일반

영문서적에는 "H"가 생략된 옛날 표기법을 그대로 쓰이는 경우가 많으므로 유의하기 바란다.

범어의 발음 중에 "V"의 발음은 모음 뒤에서는 영어의 "W"와 같으나, 자음 뒤에서는 "V"발음이 된다는 주장(전재성 박사)이 있는 반면에 모두 "W"로 발음하는 주장(한국불교학회)도 있다. 그러므로 전자의 주장에 의하면 Avalokitesvara는 아발로키테스와라로 발음되며, Mahavastu(大事: 붓다의 일대기 중의 하나)는 마하바스뚜로 읽는다.

어느 주장에 의하든 "V"가 단어의 제일 앞에 올 경우 "W"로 발음된다.

그리고 "C"는 차과 쯔의 중간발음에 가까우므로 Yoga-cara는 "요가짜라" 또는 "요가차라"로 읽으며, 그 외 자세한 것은 범어사전을 참고하기 바란다.

범어의 발음은 한국불교학회의 발음으로 적는 것을 원칙으로 한다.

■ 범어와 한글 등의 로마자 표기법 ■

> 범어와 한글, 그리고 한자는 로마자 표기에 따를 때 합성어인 경우 그 단어들을 붙여서 쓰는 것 보다 하이픈(hyphen)을 사용하는 것이 알아보기 쉬울 뿐만 아니라 그 용어의 뜻을 이해하는데 도움이 되므로 가능한 한 많이 사용할 것이다.
>
> 예컨대 Mahakassapa를 Maha-kassapa는 "Maha(크다)-kassapa(가섭迦葉), 즉 대가섭 大迦葉의 뜻이다"라고 해설하는 것과 같이 기술할 것이다.
>
> 2011년 9월 5일 불교용어통일화를 위한 공청회에서 사찰의 안내판 표기 중 관음전을 예로 들면서 "Gwan-eum-jeon"이라고 많이 표기되어 있는 것을 현재 국가에서 규정한 방식인 "Gwaneumjeon"으로 고쳐야 한다고 주장하였다.
>
> 그러나 이 책에서는 위에서 말한 바와 같이 정확한 의미를 아는 것에 중점을 둘 것이므로 긴 단어나 자주 쓰이지 않는 단어의 경우 하이픈을 사용할 것임을 일러둔다.

(3) 티벳의 발음 등

티벳불교에 관해 소개된 우리나라의 책들을 보면 동일한 단어라도 책마다 발음의 표기에 현저한 차이가 있음을 발견하고 당황환 분들이 많을 것이다.

그 이유는 티벳은 30개의 자음-어느 티벳 스님은 40개라고도 함-과 4개의 모음으로 구성되어 있기 때문에 당연한 현상이다.

앞으로 이에 관한 전문가들의 통일된 표기법이 나와야 할 것이다.

티벳불교에서는 약 8세기에 산스크리트장경을 티벳어로 번역한 티벳장경(제2권의 불교역사 부분을 참조바람)이 있어서 전문적인 연구를 하는 분들은 빨리장경과 중국의 한역장경, 그리고 티벳장경의 세 가지의 대조.비교를 통해 정확성을 기하고 있으므로 앞으로 관심을 가져야 한다.

예컨대 국내에 출판된 용수(Nagarjuna)의 중론은 중관사상을 중심사상으로 하는 티벳불교에서 그 중요성이 크기 때문에 장경에 기록되어 있다.

그러므로 티벳장경과 상호비교한 책들이 나오는 것은 지극히 당연하고 바람직한 현상이다.

25년전 황산덕박사가 한문을 번역한 중론을 통해 공부하던 시절을 비교하면 격세지감을 느낀다.

■ 부록 : 불교의 기본교리 요약

연기|緣起 Paticca-sam-uppada[P] Pratitya-sam-utpada[S]
The Conditioned Genesis[Arising / Origination / Co-production]
The (Inter)dependent[Contingent] (co)-Arising[Origination]

(1) 경전에 나오는 연기법
– 잡아함의 연기법경과 인연경에 연기법의 본유설本有說에 관한 말씀이 나온다.
본유[purvakala-bhava]란 처음부터 있는 것 또는 실재를 말한다.–

1) 연기법은 내가 만든 것도 아니고 다른 사람이 만든 것도 아니다.
The law of dependent origination is not made by me[the Buddha], and also by anyone else.

붓다가 세상에 나오거나 나오지 않거나 연기법은 항상 존재한다.
Whether or not the Buddha appear in the world, the law of the dependent origination always exists.

여래는 이 법을 깨달아 등정각을 이루고 중생을 위해 분별 연설한다.
The Buddha realizes this Dharma, attaines the supreme enlightenment, and reasonably addresses the Dharma for the sentient beings.

2) 연기를 보는 자는 법을 보고, 법을 보는 자는 연기를 본다.

One who sees dependent origination sees the Dharma, and vice versa.

■ 출처

[1] 중아함 상적유경象跡喻經

[2] 맛지마니카야Maha-hatthi-padopama Sutta[상적유경]

> *maha 큰 *hatthi 코끼리 *padopama 발자국의 비유 → pada (코끼리)발자국 + opama 비유 =The greater discourse on the simile of the elephant's footprint.

3) 법을 보는자는 나[=붓다]를 보고 나를 보는 자는 법을 본다.

One who sees the Dharma sees the Buddha,

One who sees the Buddha sees the Dharma.

■ 출처 : 쌍윳타니카야- Khandhasamyutta Vakkali Sutta

4) 연기를 보는 자는 법을 보고 법을 보는 자는 나[=붓다]를 본다.

One who sees dependent origination sees the Dharma, one who sees rhe Dharma sees the Buddha.

■ 출처 : Salistamba Sutra(도간경稻竿經)

연기법의 구체적 내용

차유고피유此有故彼有 차기고피기此起故彼起

차무고피유此無故彼有 차멸고피멸此滅故彼滅

When this is, that is;

This arising, that arises;

When this is not, that is not;

This ceasing, that ceases.

(2) 해설

연기는 개체적 존재를 구성하는 모든 심리적 물리적현상이 서로 의존하고 있고 조건적 관계에 있다는 사실을 말한다.

The doctrine of conditioned arising says that all psychological and physical phenomena constituting individual existence are interdependent and mutually conditioned each other.

> **conditioned 조건[제한]부의, 조건이 붙은 **psychological 심리학(상)의, 심리학적인.
> **physical 물리(학)의, 신체의, 물질(계)의, 자연의[법칙에 따른], 형이하形而下의
> **constitute 을 구성하다; 조성하다. **individual 단일의, 1개의; 개개의, 별개의.
> **interdenpendent 상호 의존의, 서로 의지하는 **mutually 상호간에

간단한 예를 들면, 물의 구성은 H_2O의 결합이다.
이 두 요소에는 분해되지 않는 조건아래서 결합된 현상일 뿐 고정불변의 존재가 아니다.
물은 두 요소가 분해되지 않는 조건아래서[조건성] 필연적으로[필연성] 변함없이[불변성] 나타나는 객관적인[객관성] 현상이다.
이것이 연기의 법이라 할 수있다.
남방의 중부경전(맛지마니카야)의 사자후경에서 붓다는 궁극적 진리의 요건으로서 1. 타당성(일관성과 합리성) 2. 보편성(편중과 대립을 떠남) 3. 검증가능성(희론을 떠남) 4. 목적성(탐진치를 벗어남)을 말씀하셨다.

12연기
12 Links of Interdependent Co-arising[Conditionality
12 Limbs of Dependent Origination
Conditioned Genesis Consisting of 12 Factors

12연기법은 연기법으로 인간의 고통과 소멸의 원리를 설명한 것이다.
연기설은 133종의 다양한 연기형태가 있으나 12연기가 가장 대표적이다.

- 12연기의 내용
    1. 무명無明에 연하여 의도적 행위나 업의 형성(=행=업)이 있고
        Through ignorance are conditioned volitional actions or karma-formation.

2. 행行에 연하여 의식이 있고

   Through volitional action is conditioned consciousness.

3. 식識에 연하여 명색(정신과 육체)이 있고

   Through consciousness are conditioned mental and physical phenomena.

4. 명색名色에 연하여 육처(=신체의 다섯감각과 마음)

   Through mental and physical phenomena are conditioned the six faculties.

5. 육처六處에 연하여 (감각적, 정신적) 접촉(=촉)이 있고

   Through the six faculties is conditioned (sensorial and mental) contact.

6. 촉觸에 연하여 느낌(=수)이 있고

   Through (sensorial and mental) contact is conditioned sensation.

7. 수受에 연하여 욕망(=애)이 있고

   Through sensation is conditioned desire, thirst.

8. 애愛에 연하여 집착(=애)이 있고

   Through desire[thirst] is conditioned clinging .

9. 취取에 연하여 생성과정(=유)이 있고

   Through clinging[attachment] is conditioned the process of becoming.

10. 유有에 연하여 생이 있고

    Through the process of becoming is conditioned birth.

11. 생生에 연하여 12. 노사老死와 슬픔과 고통 등이 있다.

    Through birth are conditioned 12 ageing, death, lamentation, pain, etc.

- 용어 해설

  1. 무명無明 ignorance / stupidity / unenlightenment
     명(明=지혜)이 없다는 뜻으로 진리 즉 연기, 사성제를 모르는 것이다.

  2. 행行 actions / volitional actions / mental volitions / karmam-formations
     의도 또는 의지를 뜻하며, 이것에는 몸身, 입口, 마음意의 3업(業=행위)이 있다.

  3. 식識 consciosness
     인식작용이다.

  4. 명색名色 mind and body / name and form
     정신을 명, 물질을 색이라 한다

5. 육처六處 또는 육입六入 six senses / six faculties / six entrances
   안, 이, 비, 설, 신, 의 즉 눈, 귀, 코, 혀, 몸, 마음의 여섯가지 감각기관을 뜻한다.

6. 촉觸 contact / touch
   지각이 일어나는 작용이다

7. 수受 sensation / feeling
   느낌을 뜻하며, 그것은 즐거운 느낌[낙수樂受 likes], 괴로운 느낌[고수苦受 dislikes]와 어느 쪽도 아닌 느낌[불고불락수不苦不樂受 neutral feeling]을 말한다.

8. 애愛 desire / thirst / craving
   갈애渴愛라고도 하며 욕망을 말하며, 좋아하는 것은 가지려 하고 싫어하는 것은 피하려 하는 것은 어느 것이나 애착에서 비롯된다.

9. 취取 clinging / attachment
   취착取著의 뜻으로 욕망을 적극적으로 실현하려는 강한 애착이다.

10. 유有 existence / becoming
    존재를 뜻한다.

11. 생生 birth
    생존이 가능한 정신적, 육체적 조건이 완성된 것을 말한다.

12. 노사老死 ageing and death
    육신의 소멸과정을 말한다.

유전문流轉門과 환멸문還滅門
The doctrine of transmigration and the doctrine of return to extinction[nirvana]

십이연기는 유전문(무명 → 생, 노사)과 환멸문(생, 노사 → 열반)으로 나눠진다.
유전문 The gate leading to suffering / the way of transmigration
무명 때문에 고통의 바다로 나아가 윤회를 하는 것.
환멸문 The gate leading to nirvana / the way of nirvana
무명을 다스려 탐, 진, 치를 소멸하여 윤회에 들지 않고 열반에 이르는 것.

중도中道 Madhyama-pratipad[S] Majjhima-patipada[P] The Middle Way

중도는 실천중도와 실상중도로 나뉜다.
1. 실천중도=고락중도 : 열반에 이르는 방법이 쾌락주의도 고행주의도 아닌 8정도
    1) 실천중도 the middle way of practice
    2) 고락중도 the middle way of pleasure and pain
2. 실상중도 the middle way of the nature
    진리의 실상에 관한 붓다의 설법으로서 일부만 정리하면 아래와 같다.
    1) 자작타작중도 the middle way of self-making and other-making
    2) 단상중도   ~   ~ of annihilation and eternity
    3) 일이중도   ~   ~ of identity and difference
    4) 유무중도   ~   ~ of being and non-being
    5) 팔불중도 the middle way of eight negations-용수의 저서 "중론"에 나오는 말
        (1) 불생불멸 neither birth nor death
        (2) 불상부단 neither permanence nor imperpanance [annihilation]
        (3) 불일불이 neither identity nor difference
        (4) 불거불래 neither going nor coming

> ▶반야심경 the heart sutra에 나오는 중도의 표현
> 관자재보살이 깊은 반야바라밀을 행하실 때에….
> When Avalokitesvara Bodhisattva is practicing the profound prajna-paramita……
> 사리자야, 이 모든 법의 공한 모양은 불생불멸, 불구부정, 부증불감….
> Sariputra, the emptiness character of all dharmas,
> neithetr arises nor ceases,(불생불멸不生不滅)
> is neither pure nor impure,(불구부정不垢不淨)
> and neither increases nor decreases.(부증불감不增不減)

실천중도는 극단적인[exream] 고행주의[asceticism]나 쾌락주의[hedonism]가 아닌 수행으로서 중도를 말하며, 그 내용은 사성제 중의 도성제道聖諦에 해당하는 8정도를 의미한다. -사성제에서 설명한다.

실상중도는 먼저 그 당시에 주류[mainstream]였던 브라만교[Brahmaism]와 신흥종교[new religion]의 주체로 등장한 사문[sramana]들이 신이라는 특정한 실체를 주장하는 주장하는 상주론을 비롯해서 우연론이나 단멸론 등을 주장할 때 붓다는 진리의 실상을 중도의 법으로 모두 물리쳤다.

실상중도의 구체적 내용에 대해 경론이 편찬된 시간순으로 정리하면 다음과 같다.

1.유무중도, 자작타작중도, 단상중도, 일이중도, 일성다성중도	[잡아함경/쌍윳다니카야]
2.생멸중도 거래중도	[자설경 Udana]
3.불생불멸, 불상부단, 불일불이, 불거불래	[용수의 중론]
4.불생불멸 불구부정 부증불감	[반야심경]

무기|無記 Avyakrta [S] Avyakata[P] the Buddha's silence / the Buddha's unanswered guestions
무기란 붓다가 대답하지 않았기 때문에 분별할 수 없음을 뜻한다.

1. 우주의 영원성?
   (1) 우주는 영원한가? Is the universe eternal ?
   (2) 영원하지 않은가? Is it not eternal ?
2. 우주의 무한성?
   (3) 우주는 유한한가? Is the the universe finite ?
   (4) 무한한가? Is it infinite?
3. 영혼과 육체의 동일성?
   (5) 영혼과 육체는 같은가? Is the soul the same as body ?
   (6) 다른가? Is soul different from body?
4. 여래의 사후 존재성?
   (7) 여래는 죽은 뒤에 존재하는가? Does the tathagata exist after death?
   (8) 존재하지 않은가? Does he not exist after death?
   (9) 여래는 죽은 뒤에 존재하면서 동시에 존재하지 않는 것인가?
      Does he both exist (at the same time) exist and not exist after death?

(10) 여래는 죽은 뒤에 존재하지 않으면서 동시에 존재하지 않는 것도 아닌 것인가?
Does he both not exist (at the same time) and not not-exist after death?

연기와 중도 그리고 무기의 3자 관계와 기본 개념

1) 연기란 모든 것은 조건(condition)들이 모이면 생김이 있고, 흩으지면 사라짐이 있다는 것이다. 즉 모든 것이 상호의존적(interdependent)이라는 것이다.
위에 언급된 12연기와 사성제, 사법인은 별개의 사상이 아니라 모두 연기설에서 비롯된다. 그러므로 연기설은 모든 불교 교리의 원천으로서 모든 교리는 연기설에 귀일한다.
붓다는 연기를 바로 보는 것이 정견(正見 right view)이라고 한다.

2) 중도는 한쪽으로 치우친 양 극단을 떠난 도道이다. 연기의 관점에서 당시의 다른 종교 또는 철학과 비교해서 중도라 이름 붙인 것이다. 따라서 연기가 곧 중도緣起即中道이다.
주의할 것은 중도가 흑백논리인 양극단의 중간을 뜻하는 것이 아니라는 점이다.

3) 무기無記는 붓다의 침묵을 말한다.
붓다는 형이상학적 질문을 받았을 때 잠시 침묵한 후 그 질문 자체의 문제점을 지적하거나, 삼법인이나 사성제 또는 연기나 12연기를 말하기도 한다.
삼법인, 사성제, 12연기 모두 연기의 가르침에서 비롯되므로 결국 붓다는 연기를 보라고 가르치고 있는 것이다. 즉 연기의 이치 속에 답이 있다는 말이다

사성제四聖諦 Catur-arya-satya[S] Catu-ariya-sacca[P]
The Four Noble Truths / The Four Holy Truths / The Four Ariyan Truths

1. 고苦 suffering
모든 것이 괴로움: 인간을 구성하는 오온(색수상행식)이 고인 것은 무상하기 때문이며, 무상함 안에 영원불변의 자아(atman)를 인정할 수 없다는 무아(an-attman)를 주장하므로 즉 상주론을 부정하며, 또한 단멸론도 부정한다.

2. 집集 the cause of suffering
   1) 고의 원인 즉 무명에서 비롯된 갈애가 고통의 원인이다. 따라서 불교는 원인을 인정하므로 우연론(accidentalism / casualism)이나 무인론(a doctrine of no-casuation)을 부정한다
   2) 원인을 가진 것은 생성된 것으로서 유한하므로 원인을 제거 할 수 있다. 따라서 숙명론(fatalism)을 부정한다

3. 멸滅 the end of suffering
   열반, 고통의 소멸, 삼독의 소멸을 의미하며, 불교는 허무주의적 종교가 아님을 반드시 알아야 한다.

4. 도道 the way leading to Nirvana
   고통의 소멸 즉 열반에 이르는 8정도는 실천중도로서 쾌락주의와 고행주의를 부정한다.

질병과 사성제의 관계
The connection between illness and the four noble truths

1. 질병과 4성제의 관계는 여래장사상의 연구에 필수적인 보성론에 등장한다

> 보성론寶性論(Ratna-gotra vibhaga) : 이 논서는 불성의 실재를 주장한 것으로서 여래장경, 승만경, 열반경, 능가경 등의 여래장사상을 처음으로 체계적으로 연구한 논서이다.

사단계의 병치료
Four stages to curing an illness
병을 진단하고 그 병의 원인을 제거해서 건강을 회복하면 치료가 완성되듯이,
Just as disease needs to be diagnosed, its cause eliminated, a healthy state achieved, and the remedy implemented,
고, 집, 멸, 도는 각각 알아야 하고, 제거되어야 하며, 이루어지며, 수행하여야 한다.

so also should suffering, its cause, its cessation and the path be known, removed, attained and undertaken respectively.

- 위의 문장은 한 개의 문장으로서 (just)as~so 용법에 의해 구성되면서 마지막 문장은 도치문의 형식으로 should가 앞으로 나온 것이다
- undertake vt.〈일 등을〉맡다, 떠맡다;〈…하기를〉약속하다(promise),〈…할〉의무를 지다. vi. 1. 장례를 맡다, 장의사를 경영하다. 2. (일을) 맡다.

명의名醫와 붓다의 관계
the connection between a good doctor and the Buddha

A good doctor tell us		the Buddha tell us the truth about
What is wrong with us.	병상病狀	the presence of suffering
What is the cause of our illness.	병인病因	the cause of suffering
That there is a cure.	완치完治	the end of suffering
What we have to do to get well.	치병治病	the way to end suffering

사법인
The Four Dharma Seals[Mudras] / The Four Marks of Existence

1. 법인法印(dharma-mudra[S])은 인도의 부파불교시대에 한 부파인 설일체유부說一切有部(All-exists school)의 율장에 처음 사용된 말로서, 직역하면 법의 표시란 뜻으로 다른 사상이나 종교와 다른 불법의 특징을 말한다.
2. 원시경전에서는 삼법인이나 사법인이라는 용어 자체는 찾을 수 없지만 Dhammapada [법구경, 277, 278, 279]에 일체개고, 제행무상, 제법무아가 나온다.
   남방 니카야에는 무상, 고, 무아의 셋을 말할 때 열반적정을 같이 말한 부분은 없다.
   북방 아함경에는 잡아함경, 권10(대정장 2, p.66 b14)에 일체행무상, 앨체법무아, 열반적정이라는 표현이 나오며, 증일아함경, 권18(대정장 2, p.6694 a4)에 네 가지의 법四法, 일체제행무상, 일체제행고, 일체제행무아, 열반휴식涅槃休息과 같이 열반을 같이 언급되어 있는 경우도 있다. 오온에 대해서는 오온은 무상, 고, 무아라고 설하면서, 이것을 유

위의 삼상三相이라고 하는 표현이 있다.

남방불교에서는 3법인이라는 말을 쓰지 않고 삼상三相 즉 Ti-lakkhana(P)를 쓰는데 3특상三特相[Three characteristics (of existence)] 또는 세 가지 보편적 특성[the three universal characteristics]으로 번역되고 있다.

남방 위빠사나(vipassana) 수행의 특징은 일체를 삼특상 즉 무상, 고, 무아로 보는데 있다. 사법인은 제행무상, 제법무아, 일체개고, 열반적정을 가리킨다.

- 제행무상諸行無常 조건따라 있는 것은 모두 늘 그러하지 않다.
  All conditioned things are impermanent.
- 일체개고一切皆苦 조건따라 있는 것은 모두 고통이다.
  All conditioned things are suffering.
- 제법무아諸法無我 모든 현상들은 실체가 없다.
  All dhammas are non-self.
- 열반적정涅槃寂靜 열반은 (모든 번뇌가 멸해) 고요하다.
  Nirvana is ultimately tranquil.

8정도
Ariya-atthanghika-magga[P] = ariyo atthangho maggo[P]
Aryastangika-marga[S]
The noble eightfold path[truth] / The eightfold noble path[truth]

- 성격

팔정도의 성격은 다음과 같다.

1) 열반을 목표로 하는 8가지 수행

   the eight aspects of practice aimed at attaining Nirvana

2) 고통으로부터 열반으로 이르는 길이며 사성제의 마지막 내용

   the path leading to release from suffering, constituting the contents of the last of the Four Noble Truth

3) 삼십칠조도품의 하나이며 삼학의 모든 측면이다

It is one of the thirty-seven limbs of the enlightenment and encompasses all aspects of the threefold training

- 내용
  1. 정견正見   right view[understanding]
  2. 정사유正思惟 right thinking[thought / intention / motive / resolve / aspiration]
  3. 정어正語   right speech[word]
  4. 정업正業   right conduct[action]
  5. 정명正命   right livelihood[vocation]
  6. 정정진正精進 right effort[diligence / exertion]
  7. 정념正念   right mindfulness[awareness / insight]
  8. 정정正定   right concentration[absorption / meditation]

오온 五蘊
Panca-skhandas[S] panca-khandas[P] The five aggregates [accumulations]

> panca [P, S] = 5 + skhandas[S], khandhas[P] = aggregates

- 오온의 의미

  오온은 다섯가지의 모임이라는 뜻(The five Skandhas has the meaning of the five aggregates[accumulations / heaps / clusters / piles / groups])으로 좁게는 인간, 넓게는 일체 존재를 의미한다.

  인간은 몸이라는 물질과 4가지 마음자리로 이루어 졌고, 자연도 물질과 정신으로 나눌 수 있기 때문이다. 오온은 오음五陰이라고도 하는 데 음陰은 그림자라는 뜻으로 실체가 아니라 실상의 그림자라는 것이다.

- 오취온

  5온은 다섯요소가 집착[취取]에 의해 일시적으로 이루어졌다는 뜻으로 오취온五聚溫(the

five aggregates of attachment)으로도 쓰인다. 12처, 18계, 5온의 순서로 나아가는 밑바탕에는 무명과 탐욕에 의한 집착이 근본원인이라는 것이다.

• 오온이론의 목적
오온이론의 목적은 무아를 알게 하여 고통으로부터 벗어 나게 함이다.
오온의 분석에 의해 자아가 없으므로 내가 있다는 관념(the idea that I exist)에서 비롯되는 온갖 욕망으로부터 해방되기 때문이다.

• 오온의 구성요소
  1) 색色 rupa[P] rupa[S] matter, form
     물질을 뜻하며 인간의 경우 육체[body]를 가리킨다.
     모든 물질은 4대四大[the four great[primary] elements] 즉 지[earth], 수[water]. 화[fire], 풍[air / wind]으로 구성되었다고 본다.
  2) 수受 vedana[P] vedana[S] sensation, feeling
     느낌 즉 감수感受 작용이다.
  3) 상想 sanna[P] samjna[S] perception / labelling / recognizing / recognition
     상은 개념[concept] 또는 표상表象[representation]의 작용으로서 "지각에 의한 인식작용과 그것을 토대로 개념을 짓는 작용[the function of recognizing sensory data and its conceptualization]."을 말한다.

Donald W. Mitchel은 cognition과 recognition을 perception에 포함시킴.

  4) 행行 sankhara[P] samskara[S]
     volitions / volitional activities / mental formations [volitions]
     행은 다양한 뜻이 있지만 여기서는 업karman[S]을 짓는 의지작용이다.
  5) 식識 vinnana[P] vijnana[S] consciousness / conscious awareness

Donald Mitchell은 consciousness에 mental awareness와 discrimination을 포함시킴.

식은 분별작용이라 한다.
잡아함 삼세음식경에도 식은 분별하여 인식한다고 말한다. 식의 원어 vinnana는 vi[구별, 분리] + nana[앎]의 합성어로서 구별하고 분리하여 앎을 뜻한다.

30 | 붓다의 가르침

■ 도표로 본 붓다의 가르침

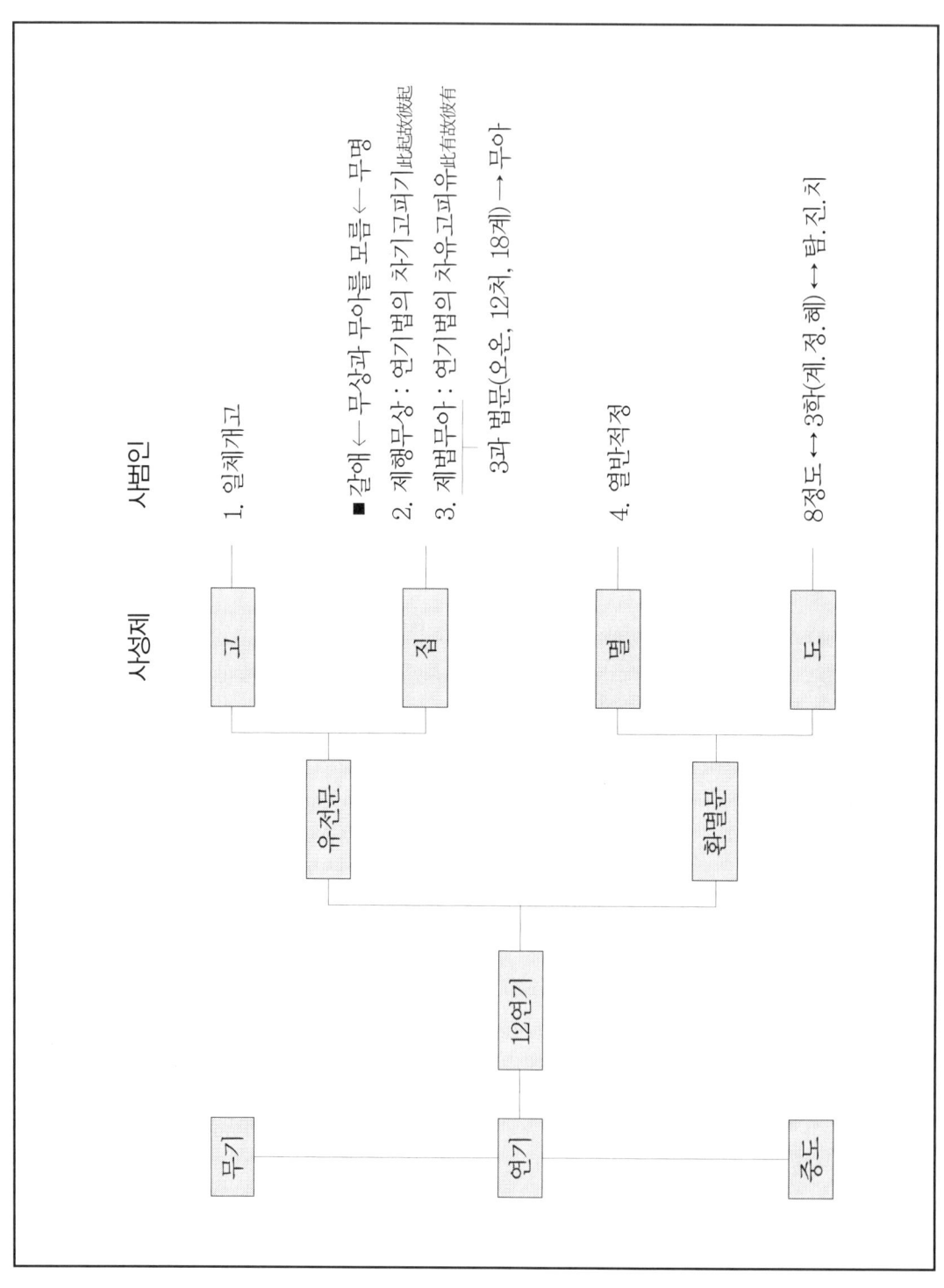

붓다의 가르침 제1장

바람직한 자세
그리고 팔만사천법문을 놓아라

1. 바람직한 삶의 자세
2. 에리히 프롬과 존재 그리고 사성제
3. 팔만사천법문을 놓아라

바람직한 삶의 자세 그리고 팔만사천법문을 놓아라.

다음의 글은 Garma C.C.Chang의 화엄경의 사상에 관한 자신의 저서에 나오는 글로서 상호의존성이라는 말로 표현되는 불교의 연기와 존재론적, 실체론적 사고와 대비하여 간략히 표현한 것을 에리히 프롬의 사상과 긍정심리학의 관점에서 해설해 보았다.

그 다음의 내용은 무술영화의 첫 부분을 통해 불교의 지향점을 아는데 도움이 될까하여 옮긴 것이다.

이러한 내용을 먼저 서술하는 이유는 바람직한 삶이라는 우리들의 궁극적 목표와 수단을 먼저 살펴보는 것이 가장 중요하기 때문이며, 또한 다종교사회에서 경계하고 지양하여야 할 부분이 문자주의이며, 말과 글에 얽매인 성경이나 불경의 해석은 종교 상호간의 대화와 존중은 커녕 끊이지 않는 분열과 대립을 낳기 때문이다.

1. 바람직한 삶의 자세

(1) Two ways of thinking 두가지 사고방식

-Garma C.C.Chang의 The Buddhist Teaching of Totality에서-

The existential way 존재론적 사고	The nonexistential way 비존재론적 사고
independent 독립적	interdependent 상호의존적
unitary 단위적	strucrtual 구조적
entity-substance 실재와 실체	events and actions 사건들과 행위들
static 정적	dynamic 동적
fixed 고정적	fluid 유동적
bound 구속적	free 자유로운
definitely restricted 정확히 재한적	infinite possibilities 무한한 가능성
clinging and attachment 애착과 집착	release and detachment 해방과 초연
being 존재	non-being 비존재

(2) 해설

위에서 언급한 삶의 방식을 에리히 프롬(Erich Fromm, 1900~1980, 독일출신의 철학자이면서 신프로이드파에 속한 정신분석학자)은 1976년 발표한 소유냐 존재냐(To have or to be)에서 "인간의 두가지 근본적 존재양식(two fundmental modes of existence of human)"을

the having mode(소유양식)과 the being mode(존재양식)으로 양분하였는데, 위의 내용과 비교하면 소유양식은 존재론적 삶에 존재양식은 비존재론적 삶에 대응한다-단어 사용의 의미가 학자마다 다름을 유의하기 바란다.

중세의 기독교 신비주의를 대표하는 에카르트에게서 영향을 받은 프롬은 현대의 천박한 물질 중심의 사고방식에서 벗어나 탈마르크스적, 탈프로이드적 휴머니즘의 길 즉 존재양식의 길을 제시하고 있다.

아래에는 에리히 프롬의 두 가지 방식에 대한 정의를 간단하게 알아보면 다음과 같다.

1. 소유의 존재 양식에 있어서 세계와 나의 관계는 소유하고 점유하는 관계로서, 나 자신을 비롯한 모든 사람과 모든 것을 내 소유물로 만들고 싶어하는 관계다.

    In the having mode of existence my relationship to the world is one of posseing and owning, one in which I want to make everybody and everything, including myself, my property.

- one은 여기서 relationship을 가리킨다.
- make …my property : …을 my property(내 소유물)로 만들다.

2. 존재의 생존 양식에 있어서, 우리는 두 가지 형태의 존재를 구분해야 한다.

    하나는 뒤 마레가 말한 예에서 보듯이 소유와 대조되는 것으로서 살아 있음과 세계와 확실한 관계를 뜻한다. 또 다른 형태는 겉보기와 대조되는 것으로서, 존재의 어원에서 예시되었듯이 표리부동한 모습과 대조되는 사람이나 사물의 진정한 성질, 진정한 실재를 뜻한다.

    In the being mode of existence, we must identify two forms of being.

    One is in the contrast to having, as exemplified in the Du Marais statement, and means aliveness and authentic relatedness to the world.

    The other form of being is contrast to appearing and refers to the true nature, the true reality of a person or a thing in contrast to deceptive appearance as exemplified in the etymology of being.

- identify vt.분간[식별]하다; …의 신원을 확인하다 vi. 의기투합하다.의견을 같이하다.
- exemplify vt 1. …을 예증[실증]하다; …의 예가 되다. 2 〈원본의〉 사본을 만들다,

> 등본을 작성하다.
> - authentic 1. (기지의 사실과 부합하여) 믿을 만한, 신뢰할 수 있는, 확실한.
>   2. 진정한, 진짜의(real/genuine); 사실의, 실제의(genuine);진정에서 우러난(sincere).
> - relatedness=relation 관계, 언급, 친족 → human relations 인간관계.
> ▶ related : 관련된, 관계있는 2.친족의, 동족의(to) 3.이야기된, 언급된 → related matters 관련사항
>   → 그녀는 나와 가까운[먼] 친척관계이다. She is closely[distantly] related to me.
> - deceptive 남을 속이는, 가짜의(fake, false, counterfeit), 믿을 수 없는, 오해를 사는(misleading).
> - etymology 어원(학, 연구 the study of the history of words), 어원적 의미(etymological meaning), 말의 유래(the history of words)

위의 내용을 또한 긍정심리학(Positive Psychology)의 관점에서 설명하자면 존재론적 사고는 행위양식(Doing mode)에 해당하고, 비존재론적 사고는 존재양식(Being mode)에 해당한다.

행위양식은 목표지향성을 그 특질로 하며, "목표와 현실의 괴리를 좁히기 위해(to narrow the gap between reality and object)" 모든 행위가 동기화되며-심리학에서는 욕망(desire)을 동기(motivation)라고 표현하기도 한다-마음은 그러한 괴리에 초점을 맞추어, 과거의 경험을 들추면서 미래의 결과를 성취하기 위해 마음은 현재 즉 지금 이 자리에 머물지 못하고(no-here and now) 자동적으로 고삐풀린 망아지처럼 과거와 미래 사이를 분주하게 내달린다.

이를 테면 부정적 정서 내지는 번뇌망상에 휩싸여서 지속적으로 심리적 불만족의 상태에서 참다운 존재로서의 삶이 아닌 부정적인 사고패턴(negative thinking pattern)의 삶을 살게 된다.

존재양식은 "목표지향성이 아닌 지금 이 자리에서 모든 것을 있는 그대로 보는 완전한 존재로서의 삶(the life of the whole being that sees things as they are now and here, not object-oriented life)"이다.

행위양식에서는 목표달성을 위해 계속적인 판단을 요구하여, 그에 따른 감정(sensation)의 소용돌이에서 행위하지만, 존재양식은 사고(thought)나 감정(emotion)은 하나의 사건(event)으로서 쾌(pleasure). 불쾌(unpleasure)를 주시할 뿐이므로 심리적 평온(mental peace)을 유지할 수 있다.

과거로부터 계속된 자동적. 부정적인 사고와 감정의 패턴을 벗어나려면 결국 마음챙김을 통해 무아의 도리 즉 연기법緣起法(interdependent arising law)를 여실히 보아 자아(self)라는 것이 실체가 없음을 체득하는 것이다. 그러면 여기서 자아(self/ego)에 대해 간략하게 살펴보자.

역사적으로, 철학과 종교, 그리고 심리학에서 자아의 개념을 정의하기 위한 매우 다양한 시도가 있어 왔다.

Historically, there have been a number of different approaches to defining "self" or "ego" in philosophy, religion and psychology.

ego는 "나"라는 뜻의 라틴어이며, 영어의 "self" 또는 "idenitity" 등과 동의어로 자주 사용된다.

Ego is a Latin word meanng "I" and often used in English to mean the "self", "identity", etc.

자아는 일반적으로 자신과 타자들을 구별짓는 본질적 특성을 의미하며, 사고, 감정, 의지 등의 작용에 대한 주체로서, 각각의 작용을 통일하고, 또한 다양한 정신작용에도 불구하고 지속성과 동일성을 가진다.

Generally speaking, ego or self means the essential qualities that make a person distinction from all others and, as the subject of the function of thought, sensation, and mental volition, etc, is the doer to unify their each functions and also has the sustenance and the sameness regardless of various mental activities.

정신분석학에서 자아는 현실의 원리에 따라 작용하며, 쾌락의 원리에 따르는 이드의 쾌락주의와 양심과 자아이상으로 이루어진 수퍼에고의 도덕주의 사이에서 균형을 유지하려고 한다.

In psychoanalysis, ego, which operates on the "reality principle", attempts to keep a balance between the hedonism of the id that operates on the "pleasure principle" and the moralism of the super-ego with two parts of conscience and ego-ideal.

> ■ 양심과 자아이상 : 양심은 도덕에 어긋나는 것을 하지 않도록 하고, 자아이상은 도덕에 맞는 것을 하도록하는 동기로서 작용한다.

한마디로 에고는 이드(id)와 슈퍼에고(superego)사이에서 매개자의 역할을 한다.

In short, ego performs a role of the agent between id and super-ego.

도움말

▶ 그러면 여기서 잠시 심리학의 용어들을 정리해보자.
프로이드는 정신세계를 의식의 접근가능성에 입각하여 의식, 전의식, 무의식(the conscious, the preconscious. the unconscious)으로 구분하였으며, 이를 지형이론(topographic theory)이라 한다.
그 후 그는 복잡한 정신의 구조를 지형이론으로는 설명하는데 한계를 느끼고 이드("id: 원초아"로 번역하기도 함), 자아(ego), 초자아(superego)로 분류하는 구조이론(structural theory)을 제시하였다.
프로이드는 지형이론에서 무의식은 쾌락원칙(pleasure principle)에 따르고, 의식은 현실의 원칙(reality principle)에 따른다고 하였다.
그러나 "처벌받기를 바라는 무의식적 욕구"를 발견하고, 그것은 "무의식=쾌락원칙"의 공식에 위배되는 것으로서 기존의 지형이론으로는 설명하기 어려움을 느끼고, 구조이론을 새롭게 내세워 도덕적 양심에 따른 무의식적 욕구를 superego(초자아) 라고 하였다.

▶ 이드심리학(id psychology), 자아심리학(ego psychology), 자기심리학(self psychology)
이드심리학이 욕망, 무의식, 그리고 갈등에 초점을 맞추는 반면 자아심리학은 자아의 기능 즉 성격(personality), 방어(defence), 자기(self)에 초점을 맞추어, 자아의 기능 중 이드와의 갈등을 방어하는 면만 있는 것이 아니라 "갈등과 무관한 자율적 자아의 기능(autonomous, conflict-free aspect of ego)"을 주장하면서 자아의 기능, 발달, 손상, 강화 등이 정신분석치료의 대상임을 주장한다.
이상의 두 심리학이 정신내적 갈등이 주된 관심사였으나 대상관계이론(object relations theory)이 등장하면서 외부와의 관계가 중시되었으며, 이어서 실질적 외부 대상과의 관계에 초점을 맞추는 자기심리학(self psychology)이 등장하였다.
자기심리학에서는 치료자가 공감(empathy)으로 환자를 이해하며, 환자가 이해 받았다는 느낌이 들 때 형성되는 새로운 치료자와 관계를 통해 비로소 정체되었던 발달이 재개되었다.

▶ 위에서 본 바와 같이 self와 ego는 동의어로 사용되기도 하지만 자아심리학(self psychology)과 자기심리학(ego psychology)에서 보듯이 구분해야 하는 경우도 있다.

▶ "id"란 독일어로서 영어의 "it" 즉 그것이라는 말이며, 성적 욕망을 직접적으로 표현하지 않고 지시대명사를 사용하여 우회적으로 표현한 것으로서 우리말로는 "거시기" 정도에 해당하는 말이다.

불교에서는 영원한 자아나 영혼이라는 존재를 인정하지 않는다.
In Buddhism the existence of an eternal person or soul is denied.
불교의 무아이론은 다른 종교나 철학과 구별되는 기준이 되며, 유아 – 윤회가 아닌 무아 – 윤회, 유아 – 여래장이 아닌 무아 – 여래장임을 반드시 기억하여야 한다.
We should remember that the no-self doctrine is the standard to distinguish Buddhism from other religions and philosophies ; "no-self reincarnation", not "self reincarnation" and "no-self tathagata-garbha", not "self tathagata-garbha".

■ tathagata-garbha 여래장如來藏
tathagata는 여래如來라는 뜻으로서, tatha는 "이와 같이 thus" 즉 진리 그대로(如)라는 의미를, agata는 "오다(來) come"이라는 의미를 가지고 있다.
따라서 tathagata는 문자 그대로의 의미는 "이와 같이 오다 : thus come"이다.
이 말을 풀어서 영역하면 "Thus Come One" 즉 One who has come from the world of suchness (ultimate reality)이 된다.
그리고 garbha는 자궁(womb) 또는 보물창고(보고寶庫 : treasure house) 등의 뜻을 가지고 있다.
그러므로 여래장은 깨달음에 이를 수 있는 능력 또는 여래가 될 잠재력(the potentiality for enlightenment or Buddha)을 가리키며, 불성佛性(Buddha-dhatu[S]=the Buddha nature)과 같은 뜻이다.

---

(3) 결론

지금까지 간단하나마 심리학과 불교에서 바라보는 자아의 개념을 살펴보았다. 동양에서, 특히 인도에서는 브라만교의 Atman(자아)과 불교의 Anatman(무아 no-self)의 논쟁은 지금도 계속되고 있으므로 존재론은 인식론과 더불어 아직까지 완전히 해결되지 않은 상태다.

2. 에리히 프롬과 존재 그리고 사성제

아래에는 에리히 프롬의 "To Have or to be"의 앞 부분에 나오는 "Philosophical Concepts of Being"를 참고하여 자아를 비롯한 존재에 대하여, 이어서 불교의 사성제도 살펴보자.

(1) 에리히 프롬(Erich Fromm)과 존재

자아를 비롯한 "존재가 무엇이냐?(=존재의 개념)"는 것이 소크라테스 이전 철학으로부터 현대 철학에 이르기까지 서양철학의 중요한 문제의 하나가 돼 왔다.

"What is being?(=the concept of being)" including self has been one of the crucial questions of western philosophy from the pre-Socratics to modern philosophy)

게오르게 짐멜이 지적했듯이, 존재는 변화를 암시한다는 즉 존재는 "되어짐(=생성)"이라는 생각은 서양철학 초기와 절정기에 그 가장 위대하고 탁월한 두개의 본보기가 있으니, 바로 헤라클레이토스와 헤겔의 철학이다.

As George Simmel has pointed out, the idea that being implies change, i.e., that being is becoming, has its two greatest and most uncompromising representatives a the beginning and at the zenith of western philosophy: in Heraclitus and in Hegel.

실체로서가 아니라 과정으로서 생을 보는 헤라클리투스와 헤겔의 근본개념은 동양세계에서는 부처의 철학과 비슷하다.

Heraclitus' and Hegel's radical concept of life as a process and not as a substance is paralleled in the Eastern world by the philosophy of the Buddha.

불교 철학에는 사물이건 자아건 지속적이고 영속적인 실체의 개념이 자리잡을 여지가 없다. 과정 이외에 어떤 것도 실재하지 않는다.

There is no room in Buddhism thought for the concept of any enduring permanent substance, neither things nor the self.

Nothing is real but process.

오늘날의 과학사상은 "과정 중심의 사고"라는 철학적 개념을 발견하고 자연철학에 응용하여 이러한 개념의 르네상스를 일으켰다.

Contemporary scientific thought has brought about a renaissance of the philosophical concepts of "process thinking" by discovering and applying them to the natural science.

-이상 Erich Fromm의 "소유냐 존재냐"의 존재의 철학적 개념편에서-

(2) 에리히 프롬(Erich Fromm)과 불교의 사성제

-인간변혁의 조건 Conditions for Human Change-

프롬은 "소유양식의 우위에서 존재양식의 우위로 인간의 성격을 근본적으로 바꾸는 것만이 심리적, 경제적 파국으로부터 인간을 구할 수 있다(only a fundmental change in human character from a preponderance of the having mode to a predominantly being mode of existence can save us from a psychologic and economic catastrophe)"고 하면서 다음과 같은 해법을 제시한다.

"나는 다음의 조건이 구비되면 인간의 성격이 변할 수 있다고 본다.

I suggest that human character can change if these conditions exist:

1. 우리는 고통받고 있으며, 우리가 고통받고 있는 그 사실을 알 것.

   We have suffering and are aware that we are.

2. 우리가 불행의 원인을 인식할 것.

   We recognize the origin of our ill-being.

3. 우리는 우리의 불행을 극복할 방법이 있다는 것을 인식할 것.

   We recognize that there is a way of overcoming our ill being.

4. 우리의 불행을 극복하기 위해서는 특정한 생활규범을 지켜야 하며 현재의 우리의 생활습관을 바꾸어야 한다는 사실을 받아들일 것.

   We accept that in order to overcome our ill-being we must follow certain norms for living and change our present practice of life.

이러한 네 항목은 인간 생활의 보편적 상태를 다루는 붓다의 가르침 중에 기초를 이루는 사성제와 일치한다.

These four points correspond to the Four Noble Truths that form the basis of the Buddha's teaching dealing with the general condition of human existence".

위와 같이 에리히 프롬은 불교의 사성제를 문제해결의 방법론으로 채용하면서, 마르크스와 프로이드의 예를 들고 있다.

그러면 프롬이 말하는 불교의 사성제에 대해 알아보자.

사성제四聖諦는 네 가지 성스러운 진리(諦)를 말하며, 사성제의 내용인 "고. 집. 멸. 도"는 1. 현재의 괴로움인 고통(苦)과 2. 그 고통의 원인(集), 그리고 3. 그 고통이 소멸된 상태로서의 멸滅과 4. 그 상태에 도달하기 위한 방법인 도道를 의미한다.

- 체諦 : (1) 살피다 (2) [불교] 진리, 진실, 깨달음 등의 뜻을 가지고 있으며, (2) 의 뜻으로 사용할 때 우리나라에서는 "제"라고 발음한다.
- 고苦(suffering). 집集(고통의 원인 the cause of suffering). 멸滅(고통이 멸한 상태=열반: the end of suffering=Nirvana). 도道(고통을 제거하는 길 즉 방법 the way leading to the end of suffering).

> 여기서 고통의 원인 즉 집은 sam-udaya[S]는 "함께 일어난다"는 뜻이므로 모일 집集으로 번역한 것으로 보아야 할 것이다.
> 중생은 무명을 근본원인으로 해서 육근과 육경이 결합하여 일어나는 갈애渴愛가 고통의 원인이며, 이 갈애가 다시 태어나는 원인이라고 하였다.
> 갈애는 빨리어로는 tanha, 산스크리트어로는 trsna이며, 원래 뜻은 "목마름"의 뜻이기 때문에 불교영어에서는 thirst(목마름, 열망, 욕망)로 쓰는 경우가 많다.

• 다시 에리히 프롬의 마르크스와 프로이드에 대한 이야기를 간단히 요약하면 다음과 같다.

"마르크스의 첫 단계작업은 가장 소외되고 불행한 계급인 그 당시의 노동자계급에게 그들이 고통받고 있다는 사실을 보여주는 것이었다.

Marx's first step was to show the working class of his time, the most alienated and miserable class, that they suffered.

그의 두번째 작업은 이 고통의 원인을 밝혀내는 것이었는데, 그는 그 원인이 자본주의의 본질, 그리고 자본주의 체제가 만들어 낸 탐욕, 허욕, 의존의 성격에 있다고 지적한다.

His second step was to show the causes of this suffering, which he points out are in the capitalism and the character of greed and avarice and characteristic of greed and avarice and dependence that the capitalistic system produces.

그의 세번째 작업은 고통이 제거되면 그 고통이 제거될 수 있다는 것을 증명하는 것이었다.

His third steps was to demonstrate that the suffering could be removed if the conditions for suffering were removed.

네번째 작업에서 그는 새로운 생활습관, 즉 구체제가 필연적으로 만든 고통으로부터 해방될 수 있다는 새로운 사회체제를 제시했다.

In the fourth step he showed the new practice of life, the new social system that would be free of the suffering that the old system, of necessity, had to produce."

• 위와 같이 말한 뒤에 프롬은 이어서 프로이드에 대하여 언급한다.

"프로이드의 치료법도 본질적으로 유사하다.

Freud's method of healing was essentially similar."

"환자들은 자신들이 고통받기 때문에, 그리고 그들이 고통받고 있다는 것을 알았기 때문에 프로이드의 진찰을 받았다.

Patients consulted Freud because they suffered and they were aware that they suffered."

그 다음 "고통이 진정 무엇으로 이루어 졌는가(what their ill-being really consists of)" 즉 "고통의 원인을 정신분석가들은 환자들에게 알 수 있도록 해 주는(psychoanalysts help patients learn the causes of their suffering)" 것이다.

"정신분석 과정의 본질은 환자들이 자기 불행의 원인을 알도록 도와주는 것이다.

The essence of psychoanalytic process is to help make patients aware of the causes of their ill-being.

이러한 사실을 알고 나서 환자들은 다음 단계 즉 원인이 제거되면 자신의 불행을 치료될 수 있다는 통찰에 이르는 것이다.

As a consequence of such knowledge, patients can arrive at the next step: the insight that their ill-being can be cured, provided its cause are done away."

이어서 마지막 단계 즉 치료방법은 원인분석과 함께 다양한 의견이 있지만 "많은 정신분석학자들은 억압에 대한 통찰만으로도 치료효과를 가지는 경우도 있다고 보는 경우도 있다(many psychoanalysts seem to think that, by itself, insight into the repressed has curative effect.)"고 한다

프롬은 "성격상의 변화가 필요한 사람은 그들이 이루고자 하는 성격변화에 맞게 자신의 생활습관을 바꾸어야 한다.(those who a change in character is necessary should change their practice of life in accordance with the change in character they want to achieve.)"고 주장한다.

(3) 결론

불교에서는 인간이 겪는 고통의 근본적 원인은 무명無明(밝지 못함: non-brightness / blindness) 즉 어리석음(ignorance, stupidity)에서 비롯된다고 보면서, 어리석음과 욕망의 덩어리인 찰나적 존재를 고정불변의 존재로서의 자기 즉 자아를 설정하여 집착하므로 태어나고 죽는 윤회의 길을 헤매고 있다고 본다.

결국 팔만 사천 번뇌는 자아에 대한 집착에서 비롯된 다양한 모습일 뿐이다.

인간의 집착 중 가장 강한 것이 자기에 대한 집착이며, 그것은 자신의 몸뚱아리에 대한 집착 즉 유신견有身見(the false view of obsession with body)으로 나타난다.

그래서 붓다가 개발한 위빠사나 수행법은 사념처관으로 정리할 수 있으며, 그 첫번째 마음챙

김의 대상이 몸을 관하는 신념처身念處인 이유가 여기에 있다.

   불교의 수행 뿐만 아니라 다른 종교도 그 수행의 지향점은 삶의 모드(the mode of life)를 변화시키는 것이다.

   마지막으로 두 가지 삶의 방식에 대한 결론을 법칭法稱[Dharma-kirti]의 말로 대신한다.

"자아가 일어날 때 타자에 대한 의식도 일어난다.

When self occurs, so too the thought of other.

자아와 타자로부터 애착과 반감이 나온다.

From "self and other" both, attachment and aversion come.

이 두 가지가 모든 고통의 원천이다.

These two are the source of every ill."

> ■ 법칭(Dharma-kirti, 약 7세기의 인물)은 인도불교학자로서 인도논리철학을 창시한 인물중의 한 사람이다.
> 그는 불교논리학의 개척자 진나陳那(Dignaga, 420~500)의 저술들을 재해석하여, 인도 브라만 논리 학자들과 불교학자에게 영향을 미쳤다.
> Dharma-kirti(ca.7th), was an Indian scholar and one of the founders of Indian philosophical logic.
> He reinterpreted the work of Dignaga, the pioneer of Buddhist logic, and was very influential among Brahman logicians and Buddhists.
> ▶ ca[라틴어 circa의 준말]: prep(전치사) 대략, …쯤, 경.
> ■ attachment 1. 집착, 심취 2. 결부, 부착 3. 압류, 체포[압류]영장.
> ■ aversion 반감, 혐오, 혐오감을 주는 것.

3. 팔만사천법문을 놓아라

(1) 달과 손가락 the moon and the finger

Enter the Dragon
이소룡이 주연한 용쟁호투龍爭虎鬪의 원제목

내용소개

> 다음의 영문은 용쟁호투라는 이름으로 소개된 이소룡 주연의 영화에 나오는 첫 부분으로서 소림사의 스님과 그 제자인 이소룡 그리고 어린 수련생의 무술에 대한 대화를 통해 붓다의 가르침을 잘 소개하고 있다.
> 여기서 A[이소룡], B[소림사 스님], C[어린 수련생]이다.

A : Teacher

사부님

B : I see your talents have gone beyond the mere physical level.

Your skills are now at the point of spiritual insight.

I have questions : what is the highest technique you hope to achieve?

너의 능력이 단순한 육체적 수준을 이제 넘어섰구나.

너는 이제 내면을 관조할 수 있는 경지에 도달하였다.

그런데 몇 가지 의문이 있구나.

너가 이루고자 하는 최고의 기술은 무엇이냐?

A : To have no technique.

무형의 기술입니다.[(외형을 중시하는)기술이 아닌 무심, 무형의 도가 최고의 기술이라는 뜻]

B : Very good.

What are your thoughts when facing an opponent.

훌륭하다.

적과 마주했을 때 너는 무슨 생각을 하느냐?

A : there is no an opponent.

적은 없습니다.

B : And why is that?

그건 무슨 뜻이지?

A : Because the word "I" does not exist.
나라는 말(존재)이 없기 때문입니다.

B : So. Continue.
그래, 계속해.

A : A good fight should be a small play, but played seriously.
A good martial artist does not become tense, but ready…
Not thinking, yet dreams.
진정한 대련은 조그만 놀이가 아니라 진지한 행위입니다.
진정한 무도인은 긴장되지 않고 준비된… 달리말해서
생각하지 않지만 꿈꾸는 것도 아닙니다.
Ready for whatever may come.
When the opponent expand, I contract.
When he conrtracts, I expand…
And when there is an an opportunity, I do not hit.
It hits all by itself.
어떤 상황이 벌어져도 준비된 그러한 마음을 말합니다.
상대방이 펼치면 저는 움추리고, 그가 움추리면 저는 펼칩니다.
기회가 있을 때 저 자신이 가격을 하는 것이 아니라 저절로 가격을 합니다.

B : Now, you must remember the enemy has only images and illusions,
behind which he hides his true motives….
그럴듯한 외형[image=untrue thing]과 환상[illusion=false idea or belief(그릇된 관념이나 믿음)]을 추구하고 자신의 저의를 숨긴 적敵이 있다는 것을 명심해라.
Destroy the image and you will break the enemy.
The "it" that you refer to is a powerful weapon easily misused by the martial artist who deserts his vows.
(자신의 마음속에) 허상을 깨뜨려야 적을 제압할 수 있을 것이다.
너가 말하는 "그것은" 자신이 세운 서원을 저버리는 무도인이 남용하는 강력한 무기이기도 하다.
(이하 중략)

― 다음 내용은 이 소룡이 어린 수련생에게 발차기를 시키면서 나누는 대화이다 ―

A : Kick me ······
(나를 향해) 차 보아라.
We need emotional content······
우리는 내면의 감정에 충실해야 한다.
― 수련생이 화를 내는 표정으로 발길질을 한다. ―
I said, emotional content, not anger.
말했잖아, 분노가 아닌 내면의 감정에···
Now, try again. With me.··········
자, 다시 한번 나를 향해 차 보아라.
― 수련생이 담담한 표정으로 앞 차기를 한다. ―
That's it.
바로 그거야.
How did it feel to you?
어떤 느낌이 들었지?

C : Let me think.
잠시 생각해볼게요.

A : Do not think. Feel.
생각하지마(방하착 放下著―놓아라)! (오직 가슴으로)느껴라!
It is like a finger pointing a way to the moon···
Don't concentrate on the finger or you will miss all that heavenly glory.
달을 가리키는 손가락처럼, 손가락에 마음이 빼앗기면 하늘의 영광―진정한 진리의 세계―을 놓치는 법이다.

(2) 토마스 아퀴나스의 침묵 Thomas Aquinas's silence

중세의 유명한 신학자 토마스 아퀴나스(1224~1274)는 그가 죽기 얼마 전에 어떤 충격적 체험을 하고 나서 펜을 놓아버린 후 15년 동안 집필해 온 신학대전의 한 부분인 제 3부 고해성사에 관한 글은 완성되지 못하고 끝나버렸다. 그에 얽힌 이야기를 잠깐 들어보자.

1273년 12월 6일, 성 니콜라스 축일미사를 집전하던 중 그 어떤 계기로 그는 그리스도가 그에게 말하는 소리를 들었다.

On 6 December 1273 Thomas was celebrating the Mass of St.Nicholas when, according to some, he heard Christ speak to him.

이러한 체험을 겪은 후 그는 그것에 대해 어떤 말도 어떤 글도 쓰지 않았다.

After this experience Thomas never spoke of it or wrote it down.

그의 비서이자 친구인 레기날드가 다시 저술작업을 하라고 간청을 하였다.

When his secretary and friend, Reginald, begged him to get back to work.

그는 이렇게 말했다.

"레기날드, 난 할 수가 없네. 내가 보고 들은 것과 비교하면, 내가 쓴 모든 것은 지푸라기처럼 여겨진다네"

Thomas replied, "Reginald, I cannot, compared to what I saw and heard, because all that I have written seems like straw to me.

그의 행동변화를 야기한 것은 일종의 신에 대한 초자연적 체험으로 보고 있다.

What triggered Thomas's change in behavior is believed to be some kind of supernatural experience of God.

토마스 아퀴나스가 수행과정에서 겪은 종교적 체험의 신비적 형태(mystical forms of religious experience)는 어느 종교에서나 긍정하는 것이며, 불교의 경우와 비교하면 적어도 그는 불교의 4선四禪 즉 4단계의 선(the four stages of Dhyana or concentration) 중에서 초선의 경지를 체험한 결과와 유사하다.

왜냐하면 초선 즉 제1선의 경지에 이르면 언어적멸言語寂滅의 상태에 이른다고 붓다는 말했다.

- 제1선의 언어적멸과 관련하여 그 경지를 현대적 표현으로 바꾸면 다음과 같다.
  제1선은 개념화와 추론적 사고가 멈추고 내적 고요와 이른바 한마음(심일경성心一境性: citta-ekaggata[P])을 체득하는 것을 그 특징으로 한다.
  The first stage of concentration is characterized by the coming to rest of conceptualization and discursive thought, the attainment of inner calm, and so-called one-pointedness of mind.

▶ 마음을 모으는 정신통일의 수행은 가장 보편적인 수행방법으로서 기독교에 성 아우구

스티누스 (St. Augustinus)의 고백록에 나오는 아래의 말을 상기할 필요가 있다.
"나는 '하나' 이신 당신을 떠나 잡다한 세계로 떨어져 산산조각 나 흩어져 버렸으니, 이제 나를 거두소서"

♣ 기독교 명상법 : 초기 기독교의 신비주의인 그노시즘(Gnoticism: 영지주의)은 복음주의적 믿음보다 영혼에 대한 지식에 의해 구원을 받을 수 있다는 종교사상으로서 당시의 교단에 의해 겉으로는 이단으로 배척되었으나 내면적 수행방법은 많은 영향을 끼친 것으로 추정되고 있다.

카톨릭의 대표적 수행법은 묵상과 관상이며, 묵상은 믿음과 소망과 사랑을 중시한다. 묵상默想(meditation)은 이성과 의지에 의한 추리묵상에 이어서 감성적 느낌의 단계인 감성묵상으로 나아가는 두 가지가 있으며, 이 묵상은 이어서 한 차원 높은 관상의 단계로 나아간다.

관상觀想(contemplation)은 수득관상修得觀想과 주부관상注賦觀想으로 나뉘고, 수득관상은 이름 그대로 개인적 의지 수행에 의해 체득하는 과정으로서 불교의 자력적 수행에 해당된다고 볼 수 있으며, 주부관상은 물을 붓듯이 자신의 의지와 노력과 무관하게 신의 은총이 주어지는 관상을 뜻한다.

마치 인도 우파니사드사상이 범아일여(oneness or unity of Brahman and Atman)를 궁극적 단계로 보는 것과 유사하며 타력적 신앙인 기독교에서는 당연한 귀결이다. 이러한 경지에 이르기 위해서는 미세한 심상心想(minute conception)조차 버려야 한다고 주장하며, 이러한 사상은 초기 기독교의 신비주의자인 디오니시우스가 저술한 '신비신학'이 이른바 부정의 신학(negative theology)으로 불리는 것처럼 철저한 개념 부정의 방식으로 일관하며, 중세의 독일의 에카르트도 이러한 영향아래 모든 감각, 기억, 심상 또는 사유작용을 넘었을 때 신과의 합일이 가능하다고 주장한다. 참고로 불교에서는 비상비비상非想非非想을 넘어서 멸수상정滅受想定을 궁극적 단계로 본다.

한편 카톨릭의 토마스 키팅 신부는 관상기도의 새로운 방법으로서 향심기도向心祈禱를 개발하였는데, 사도 바울의 로마서 8장 26~27절을 토대로 - "내 안에 계신 성령께서 나를 대신해 기도를 주십니다" - 자신의 주의를 집중(attention)하는 기도가 아니라 영혼을 하늘에 맡기는 것을 지향(intention)하는 기도를 이야기 하고 있다.

▶ 불교 영어에서 명상이나 선정을 meditation 또는 contemplation이라고 번역한 것은 카톨릭의 용어를 차용한 것으로 보인다.

(3) 문자의 한계와 필요성 the limit and necessity of language

명상 수행을 해보면 언어가 쭉정이 같은 빈 껍데기라는 것을 체험하는 때가 온다. 오늘날 우리가 자신의 종교는 물론 다른 종교를 연구할 때 문자주의(literalism)에 머물러서는 진정한 세계를 볼 수 없을 뿐만 아니라 배척과 투쟁의 씨앗임을 항상 명심해야 한다.

"문자는 달을 가리키는 손가락과 같은 것이니(Language is something like pointing to the moon)" 문자라는 손가락에 빠지지 말라는 말이다.

문자에 걸리고 빠지는 이른바 문자적 해석(literal interpretation)을 하는 부류들이 고상한 언어와 수 많은 지식으로 치장을 해도 초선의 경지에 들어가 본 사람은 그것이 시원찮은 내용물에 화려한 포장으로 치장한 것임을 직관적으로 파악해낸다. 그렇다고 문자의 무의미함과 필요성을 부정하는 것이 아니다. 문자의 한계성을 인식하되 문자로서 진리를 드러내야 하는 것도 보살의 지혜와 자비다. 벽에 낙서금지라는 글을 쓰면 그 자체가 낙서가 되지만 그 효용과 목적 때문에 그 가치를 일면 긍정하는 것이다. 이를 불교에서는 언설법신이라 한다.

- ■ 언설법신言說法身 : 법신은 본래 모양이 없고, 말할 길이 없으나, 이를 표현하려면 언어에 의존하여야 하므로 언설법신이라 한다.
  The Dharma-body has no form. Hence there is no way to describe it.
  Yet if we were to describe it, we must rely on words.
  Hence the description of the Dharma-body.
- ▶ hence 1. 그러므로 : (동사를 생략하여) 1. 사실에서 …이 유래하다 2. 지금부터 Ex) Hence (comes) the name Cape of Good Hope. 여기에서 희망봉이라는 이름이 유래했다.
- ♣ 서양의 속담에 "목욕물을 버려도 아이는 버리지 마라"는 말은 껍데기 즉 문자주의라는 표층종교는 버리되 알맹이 즉 문자를 넘어선 심층종교를 발견하라는 말이다.
- ▶ 문자주의(literalism) : 글자를 있는 그대로 해석하는 사상을 종교학에서는 근본주의(fundamentalism)와 동일한 말로 표현하기도 하는데, 기독교의 근본주의는 성경의 무오류성(the inerrancy of Scripture)을 주장한다.
- ▶ Christian doctrine, like biblical literalism and creationism, is errors of the Reformation.(종교개혁)
  성경문자주의나 천지창조설과 같은 기독교교리는 종교개혁의 오류에 속한다.

(4) 사다리와 뗏목의 비유설 The analogy of a ladder and a raft

붓다는 어떤 가르침도 사다리와 뗏목과 같아서 지붕에 오르고 강을 건너면 사다리와 뗏목은 더 이상 필요가 없다고 말했다. 여기서는 두 가지만 살펴보자.

1. 붓다는 유명한 비유 즉 그의 가르침은 (고통의 바다를) 건너기 위한 뗏목이지 그에 "집

착하여(getting hold of)"등에 메고 다니기 위한 것이 아니라는 것을 설한다.
The Buddha explains this famous simile in which his teaching is compare to a raft for crossing over (the sea of suffering or pain), and not for getting hold of and carrying on one's back.
오! 비구들이여, 그와 같이 나는 뗏목의 비유설을 가르쳐 왔다.
O bhikkhus, I have taught a doctrine similar to a raft.
오! 비구들이여, 가르침이 뗏목과 같음을 아는 너희들은 선법善法도 내려놓아야 하거늘 하물며 비법非法이야!
You, O bhikkhus, who understand that the teaching is similar to a raft, should give up even good teachings(dhamma[P]); how much more then should you give up evil teachings(adhamma[P]).

2. 붓다는 공空은 지혜의 지붕에 올라가는 사다리 같이 다루라고 일찍이 설하였다. 일단 지붕에 올라가면 사다리는 버려야 한다.
The Buddha is said to have remarked that Sunyata is to be treated like a ladder for mounting up to the roof of prajna.
Once the roof is reached, the ladder should be discarded.

이 말은 공이라는 언어에 빠져서 공이 또 다른 무엇인가로 착각하는 악취공惡取空(the wrong view of emptiness)이나 공을 허무주의(nihilism)로 해석하는 공견空見(the notion of emptiness)에 빠지는 것을 경계한 말이다.

> ■ 공(sunyata[S], emptiness)과 연기와 상의성(interdependent arising and relativity)
> 불가에서는 연기緣起(interdependent arising) 즉 고정 불변의 실체가 없이 모든 것이 서로 어울리는 상의성相依性(relativity)을 붓다의 근본적 가르침으로 여기며, 이를 공空이라는 표현을 쓰기도 한다.
> 연기는 공(sunyata[S], emptiness)과 상의성과 같은 의미다. The interdependent arising becomes equivalent to sunyata or relativity.

그런데 이 공이라는 말은 고정 불변의 구체적 실체로서의 자성自性(self-nature)을 부정하기 위한 도구에 지나지 않는 것으로서, "그것은 마치 공空이라는 지우개는 자성이라는 관념의 자국을 지우는 역할을 하는 것과 같으며(It is as if an eraser of emptiness plays a role to come off the mark of the notion of self-nature)", "지우개 자국을 남기는 것은 그 목적이 아님(to leave the marks of an eraser is not its aim)"을 말하는 것이다. 이러한 경우에 대해 찬드라키르티[Candrakirti 월칭月秤, 7세기 인도의 중관사상파의 한 사람]는 이렇게 말한다.

"이것은 마치 어떤 사람이 '나는 당신에게 팔 물건이 없어요'라고 말하자 그 사람에게서 '좋아요, 당신이 팔 것이 없다는 바로 그것을 파시오'라는 대답을 듣는 것과 같다.

It is as if somebody said, "I have nothing to sell you", and would receive the answer, "All right, just sell me this your absence of goods for sale."

이에 대한 또 다른 비유를 보적경寶積經(Ratna-kuta)을 통해 보자.

"이것은 의사가 환자의 고통을 진정시키기 위해 강한 약제를 처방한 후 배에서 그 약을 제거하지 않은 것과 같다.

It is as if a doctor administered a powerful remedy which would remove all the ailments of the patient, but could not afterwards be expelled from the abdomen."

선문禪門에서 "생명을 실은 공안도 글자에 잡히고 말에 걸리면 오히려 거기에 빠져 도리어 목숨을 잃는다"는 말을 귀담아 들어야 한다.

■ 보적경은 보물을 쌓아 놓았다는 뜻으로 대보적경(Maha-ratna-kuta)으로 불리기도 하며 이 경은 여러 경들을 모아서 편집한 혼합경이다. 당나라 보리류지가 왕명으로 편찬했다고 한다.

---

(5) 언어로는 실재를 파악할 수 없다. We can never seize reality through language.

이 책은 불교와 기독교의 비교를 통한 진리의 접근을 시도할 것이며, 종교에 관한 연구는 축적적 전통(accumulative tradition)에 대한 접근을 하더라도 가장 주의할 것이 언어에 대한 철학적 언어학석 이해가 없이는 종교간의 소통이 거의 불가능하다.

예컨대 성경의 무오류성의 입장에 있는 기독교 근본주의자(Christian fundamentalist)와 "개념과 언어는 우리에게 실재에 대한 왜곡된 견해만 줄 뿐이다(Concept or speech can give us only a distorted view of reality)"라는 생각을 가진 불자(Buddhist) 사이에 진정한 소통이란 거의 불가능에 가깝다.

이 책의 마지막 장에 언어에 관한 내용을 별도로 실은 것도 이러한 이유이다. 그리고 두 종교의 비교과정에서 등장하는 내용들, 예컨대 기독교신비주의자의 아버지로 널리 알려진 디오니시우스의 부정신학(negative theology)과 에카르트의 신성(godhead) 그리고 현대 신학자 폴 틸리히의 신 너머의 신(god beyond god) 등에서 등장하는 궁극실재로서의 세계나 신성이나 신이라는 명칭은 인격신을 넘어선 의미이므로 비기독교인들은 신이라는 말에 대해 선입견을 갖지 말기를 바라며, 우리 모두 동서양의 현인들이 가리키는 손가락의 방향을 잘 보도록 노력해야 할 것이다.

아래 소개하는 두 개의 시를 달빛 속에 거닐면서 읽어보자.

1. 이름 안에 무엇이 담겨있을까?
   우리가 장미라고 부르는 것은, 무슨 이름으로 부르든 향기로운 것을.
   What's in a name?
   That which we call a rose, By any other name would smell as sweet.

2. 아래의 글은 박영의 교수님께서 고려시대 보조지눌 선사의 비문[epitaph]을 번역하신 글.

   指以標月兮 지이표월혜　　月不在指 월부재지
   言以說法兮 언이설법혜　　法不在言 법부재언
   손가락으로 달을 가리킴이여 달이 손가락에 있지 않고
   말로 법을 설함이여 법이 말에 있지 않도다.
   The moon is not in the finger that points to the moon,
   and the truth is not in the words that expound the truth.

도움말

1. 以[이] 여기서 以[이]는 피동형[영어로는 수동태]을 만드는 조사로서 사용되어 직역하면 "손가락이 달을 가리키는 데 사용되어"라는 뜻이다.
2. 兮[혜] 감탄을 나타내는 종결사.

♣ 언제나 가르침을 주시는 충남대 박영의 명예교수님에게 감사드리며, 윗글은 교수님의 실용 한-영 불교용어사전의 표제어이기도 하다. ♣

붓다의 가르침 제2장

붓다와 제자들

1. 삼귀의
2. 팔상과 사대성지
3. 붓다의 탄생시기와 입멸시기
4. 붓다의 일생
5. 승려의 수행단계
6. 불교의 돈점논쟁
7. 초기불교의 삼승
8. 불교와 기독교
9. 산상수훈
10. 부루나 존자의 포교
11. 십이두타
12. 육식의 문제
13. 가섭과 가섭전의미륵
14. 아라한이 된 살인마 앙굴리마라
15. 불교와 기적
16. 산채로 무간지옥에 떨어진 데바닷타

붓다와 제자들

불교는 불.법.승 삼보로 구성된다.

붓다에 대해서는 붓다의 일생을 통해서 우리의 삶을 되돌아 보기 바라며, 붓다의 법에 대해서는 부록으로 첨부한 붓다의 가르침을 참조하시고 좀 더 자세한 것은 제2권 붓다의 가르침을 보기 바란다.

본 장에서는 기독교의 기본적인 내용을 읽고 나서 4장의 신의 존재문제와 6장의 종교론에 관한 부분까지 연결해서 읽기 바란다.

두 종교에 대한 이해는 다종교사회인 우리나라에서는 필수적 사항이므로 언급하였다. 붓다의 제자에 대한 이야기를 통해 불자로서 자신의 삶을 되돌아 보기 바란다.

1. 삼귀의三歸依 Triple refuge, Three refuges

"삼귀의는 불자가 되기 위해 거쳐야 하는 일종의 통과의례이다. Triple refuge is a rite of passage that one has to undergo in order to become a Buddhist." 붓다께서 정각을 이룬 후 녹야원(the Deer Park)에서 다섯 비구의 귀의(five biksus' refuge)로 승단(the Buddhist Community)이 갖추어 지기까지는 2귀의 즉 불과 법에 귀의하였다.

처음으로 삼보에 귀의한 사람은 야사(Yasa)이며, 그가 출가 후 그의 아버지와 어머니가 재가자로서 최초로 삼보에 귀의하는 영광을 얻었다. 이제 삼보와 삼귀의와 뜻을 알아보자

(1) 삼보三寶 tri-ratna[S] ti-ratna[P]

삼귀의는 삼보에 귀의(refuge)한다는 말이다.

삼보는 불(Buddha), 법(Dharma), 승(Sangha)으로 이루어진 세가지 보물을 말한다. 세상에 진리를 널리 전하는 귀중한 것이기에 그렇게 부르는 것이다.

> ■ 삼보 Lit. three precious ones(문자적 의미는 세 가지 귀중한 것) *lit : literally(글자 뜻대로)의 약자
> 범어의 "tri"와 "ti"는 3을, "ratna"는 보물을 뜻한다. 따라서 three jewels[gems, treasures]로 번역되며, "three" 대신 tri 또는 triple을 쓰기도 한다. 그러나 triple 또는 tri(산스크리트어 Tri와 표기가 같음)는 뒤의 명사가 단수로 쓰인다.

(2) 삼귀의

삼귀의三歸依는 tri-sarana [S] ti-sarana [P]

여기서 ti와 tri는 3을, 그리고 sarana는 보호(protection), 도움 (help), 귀의처(refuge)등의 뜻이 있다.

- refuge 위안, 의지, 도피[처] ▶refugee 난민, 망명자, 도망자[fugitive] / a~camp 난민캠프 / a ~government 망명정권=a government in exile / a political~ 정치망명자.
- 삼귀의는 homage[bow] to the three jewels 또는 taking refuge in the three jewels 로 번역한다

1) 남방불교의 삼귀의

남방불교의 법회에 사용되는 아래의 삼귀의를 소리내어 읽어보면 새로운 분위기가 느껴지는데, 부산의 공파암 홍법원에서는 약 20년 전부터 의례로서 사용되었다.
뱅골라데시 불교에서도 동일한 용어를 쓰고 있으며, 발음도 차이를 느낄 수 없었다.

Buddhaṁ　Saraṇaṁ　Gacchāmi.
Dhammaṁ Saraṇaṁ　Gacchāmi.
Saṅghaṁ　Saraṇaṁ　Gacchāmi.

- ṁ은 "o"으로 발음되며, 명사.형용사의 단수.대격(영어의 목적격과 유사)을 나타내는 접미어이다.

2) 영문 번역

삼귀의의 영문 번역은 아래의 문장이 우리나라에서는 많이 사용되고 있다.
부처님께 귀의 합니다. 歸依佛 I take refuge in the Buddha.
부처님의 가르침에 귀의합니다. 歸依法 I take refuge in the Dharma.
부처님의 가르침을 따르는 분들에게 귀의합니다. 歸依僧
I take refuge in the Sangha.

- take[seek] refuge in[at]~에서 위안을 구하다 ; ~에 피난하다
- 귀의하다 pay homage to / go for refuge to / take refuge in / resort to / abide by / rely on.

(3) 나무의 의미

나무 namas[S]   nama, namo[P]

1) 나무는 산스크리트어 "nam 1. bent, bow 2. submit oneself to"에서 파생된 명사 "namas"에서 유래하며, 이에 해당하는 빨리어는 "nama" 또는 "namo"이다.

그 뜻은 허리를 굽힘(bow), 복종(obeidience), 경배(adoration) 등이다.

우리나라의 "안녕하세요"에 해당하는 인도말이 "namaste 나마스테"로서, 이 말은 namas + te로 구성된 말이다.

여기서 te는 "당신에게"라는 뜻이므로 결국 "나는 당신에게 귀의합니다(I take refuge in you)" 또는 "나는 당신을 존경합니다(I respect you)"라는 의미가 된다.

남방불교에서는 "거룩한 분, 존경받아 마땅한 분, 바르게 깨달으신 분께 귀의합니다"를 "Namo Tassa Bhagavato Arahato Sammasambuddhassa"로 표현한다.

2) 중국 역경승들의 번역

중국에서는 나무南無(nan-wu [P-Y] / na-mu[K, J])로 음역하거나 귀례歸禮, 귀경歸敬 등으로 의역하였다.

그리고 명命을 첨가하여 귀명歸命으로 번역하기도 했는데 3가지의 뜻이 있다.

1. 귀투신명歸投身命 목숨(life)을 바쳐 귀의한다는 뜻.
2. 귀순교명歸順敎命 붓다의 교명敎命을 따른다는 뜻.
3. 환귀본명還歸本命 명근命根을 그 근본에 돌려보낸다는 뜻.

원효는 "명근" 즉 생명의 근원을 일심으로 보고 일심의 권원으로 돌아감을 귀명이라 하며, 귀명하는 대상인 일심이 곧 삼보이다(대승기신론소 기회본)라고 하였다

(4) 귀의 sarna와 나무 namo

이성운 선생님의 "천수경, 의궤로 읽다"의 125~130에 보면 다음과 같이 주장한다.

"귀의 즉 sarana는 삼보에 귀의할 때 쓰는 말이며, 나무는 1932년 안양암에서 간행된 '조석지송'에서 나무가 귀의로 번역되었다고 하며, 두 가지의 용례를 엄격히 구분하여야 한다." 이 신생님은 나무는 삼보의 가피를 구할 때나 진언으로 사용되었고, 귀의는 삼보에 귀의할 때와 계를 설할 때라고 구체적으로 예를 들어 설명하고 있다.

■ 법회法會
  1. 법회는 법사法事, 법요法要, 불사佛事라고도 하는데 본래 부처님께서 법을 설하거나

그 가르침을 실천하기 위한 모임을 포괄적으로 이르는 말이다.
2. 법회 Buddhist service[meeting] = Assembly for worship[preach] 등으로 번역한다.

2. 팔상과 사대성지

부처님의 일대기를 보기 전에 부처님의 일생 중 가장 중요한 여덟 부분과 오늘날 주요한 성지순례코스인 사대성지를 먼저 알아보자.

(1) 팔상八相 The eight scenes[aspects] from the life of the Buddha

중생 구제를 위해[to save all sentient beings] 보여주신 부처님의 여덟가지 모습으로서, 성도成道[도를 이룸 attaining Enlightenment]를 중시하여 팔상성도八相成道라고도 한다. 팔상전捌相殿[the hall of the eight depictions[pictures]]은 팔상의 그림 즉 팔상도를 모신 곳이다

- 팔상도八相圖 the pictures of eight scenes from the life of the Buddha
- 팔상전의 팔捌은 여덟(八)과 같은 뜻이다.

1) 도솔내의상兜率來儀相
   도솔천(Tusita heaven)의 호명보살이 마야부인의 몸에 들어오는 태몽
   Maya's pregnancy-telling dream descending from Tusita.

- 도솔兜率은 Tusita의 음역으로서, 兜[두]는 도솔인 경우에 한하여 음이 '도'가 된다. 도솔천은 욕계 육천 중 하나이다.
- 태몽 a dream of forthcoming conception ■ descend 내려오다.

2) 비람강생상毘藍降生相
   룸비니에서 탄생하심 The birth in Lumbini park[grove].

- 비람은 람비니藍毘尼[Lumbini의 음역]의 어순語順(word order / the arrangement of word)이 뒤바뀐(reversed) 형태의 준말[a shortened word]이다.
  룸비니는 해탈처解脫處 또는 멸滅의 뜻이며, 부처님의 외할머니 이름을 따서 지었다고도

한다.
석가족의 카필라성 동쪽에 있는 꽃동산이며, 아름다운 꽃이 많아 룸비니 화원花園[a flower garden in Lumbini / Lumbini garden)]이라고 한다.

3) 사문유관상四門遊觀相

4개의 성문 밖에서 삶의 모습들 노인(동문), 병자(남문), 시체(서문), 수행자(북문)을 봄
The four scenes of human existences(a decrepit old man, a diseased man, a dead body(=corpse), and a ascetic(=a religious hermit) outside the four gates of the castle.

- 사문유관의 이야기는 the story of the Four Sights로 번역하기도 하며, 8상의 출처가 되는 문헌 중에 생략되는 경우가 많다.
- decrepit 1. 노쇠한, 늙어빠진 ■ ascetic n. 고행자 ; 수도자, 금욕주의자 adj 고행의, 금욕적인(austere).

4) 유성출가상踰城出家相

성을 넘어 출가함 Renunciation / leaving the palace in search of the truth.

5) 설산수도상雪山修道相

설산에서 수행하는 상 The ascetic practice in the snow mountain.

6) 수하항마상樹下降魔相

붓다가야의 보리수아래에서 마구니를 항복받음

(Enlightenment after) subjugation of Mara under the bodhi tree.

- 대웅전[The Great Hero Hall]에 모셔진 석가모니불은 항마촉지인降魔觸地印[earth-touching mudra]을 하고 있으며 그 수인手印[mudra=hand gesture]은 여기서 유래한다.
▶ 수인手印은 불교 조각에서 손모양으로 나타낸 진리의 모습이며, 수인을 통해 어느 부처님을 조성한 것인지 판단하는 중요한 자료가 되며, 예컨대 대광명전(The Hall of Great Light)의 비로자나불은 지권인智拳印(index-holding gesture)을 하고 있다.
▶ 지권인(vajra-mudra)은 지혜를 상징하는 수인으로서 왼손 검지를 올리고주먹을 쥔

> 다음 오른 손의 엄지를 왼손 검지에 대고 감싸쥐는 수인.(좌우가 바뀌는 경우도 있다)
> a mudra representing the Vairocana Buddha, symbolizing the mystic union of wisdom with matter; the index finger of the left hand is clasped by the five fingers of the right.

7) 녹원전법상 鹿苑傳法相

　사르나트의 녹야원에서 처음으로 법을 전함

　The first turning of the wheel of the dharma at the Deer Park.

　녹야원(Mrgadava[S])은 사슴이 있는 정원이라는 뜻이며 녹원, 녹림이라고도 한다.

8) 쌍림열반상 雙林涅槃相

　쿠시나가라의 사라쌍수아래에서 열반하심

　Entering parinirvana under the two sala trees.

■ 대승기신론과 8상

the treatise on the awakening of faith in the Mahayana and 8 scenes

1) 대승기신론은 불교사상의 최고봉이라고 흔히 불리며, 용수의 중론, 무착의 섭대승론과 함께 삼대 논서로서 3c경 인도의 마명(Ashivaghosha)의 저술이라고 하나 범어 원본이 없어 중국찬술설도 유력하다.
2) 원효스님의 대승기신론소는 중국.일본까지 큰 영향을 미쳤으며, 그의 화쟁사상은 금강삼매경과 대승기신론에 의해 정립되었다고 한다.
3) 아래 영문은 대승기신론의 분별발취도상(보살이 도에 발심하여 나아가는 모습을 분별함)이라는 부분 중에 발심의 이익에 관해서 즉 보살이 발심하여 받게 되는 이익에 관하여 설명한 부분에 8상이 등장한다.

-Yoshito S.Hakeda의 1967년 Columbia 대학출판부에서 발간한 대승기신론 번역서-

When a Bodhisattva develops this aspiration for enlightenment(발심) [through faith], he will be able to, to a certain extent, to realize the Dharmakaya(법신).

보살이 이러한 발심을 하였을 때 보살은 점차 법신을 이루어 갈 것이다.

> ■ aspiration 열망(strong desire) ; 향상심(desire to improve oneself).

Because of this realization of the Dharmakaya, and because he is led by the force the vow[that he made to liberate all sentient beings, he is able to present eight types of manifestation of himself for the benefit of all sentient beings.
법신의 이러한 실현은 일체중생을 해탈하도록 하기 위한 본원력에 의해 이루어 졌기 때문에 모든 중생을 복되게 하기 위해 스스로 8상을 드러낼 수 있는 것이다.

> ■ manifestation 명시, 표명, 현시, 출현   ■ sentient being 중생.

These are: 8상은 다음과 같다.
1) the descent from the Tusitha heaven 도솔천퇴兜率遷退
2) the entrance into human womb 입태
3) the stay in the womb 주태
4) the birth 출태
5) the renunciation 출가
6) the attainment of enlightenment 성도
7) the turning of the wheel of the Dharma[doctrine] 전법륜
8) and the entrance into nirvana 입어열반入於涅槃

> ■ 위의 두 팔상도의 차이점
> 　대승기신론에는 주태가 있고 설산수도상이 없다.

(2) 우리나라의 팔상에 대한 유래

우리나라에서는 불본행집경의 설을 참조로 하고 법화경을 바탕으로 한 천태종의 8상도가 일반적이라는 주장이 있으며, 가산불교대사전 11권(p.975)에 보면 우리나라에 유포된 팔상의 원형은 당나라 때 도성道誠스님이 지은 "석가여래성도기주"라고 한다.

- 우리나라 고려 충숙왕 때의 인물인 무기無寄(생몰불확실) 스님은 요세스님의 천태종 백련결사 계통의 5세손으로서 석가여래행적송行跡頌을 짓고 주석을 한 책이 석가여래행적송병주이며, 현재 서울대학교, 동국대학교, 국립중앙도서관에 보존되어 있다.
- 석가여래성도기주成道記註 : 당나라 때 왕발王勃(650~676)이 지은 석가여래성도기를 도성이 주석을 한 책이며, 수양대군이 1465년에 발간한 이후에 계속 발간한 것으로 보이며, 현재 단양 구인사에 문화재로서 보존되어 있다.
▶ 도성道誠에 대하여는 중국 항주 월륜산에서 수행한 사람이라는 것 외에 생몰과 전력이 불확실함.

팔상도와 관련된 문헌으로는 과거현재인과경, 불소행찬, 불본행집경, 석보상절, 월인석보 등이 있으며, 이 외에도 많은 경전들에서 내용이 나온다.

불교회화로서 현존하는 것 중에서 가장 이른 것은 16세기에 조성한 일본 대덕사에서 있는 "석가팔상도"와 일본 금강봉사에서 소장하고 있는 "석가팔상도"이다.

두 불화는 각 각 한폭에 위에 언급한 8상도 중 석가모니의 생애 4장면이 묘사되어 있다[대덕사는 위의1~4 / 금강봉사는 5~8]

도상의 내용에 있어서 석보상절[1447년] 판화의 화면 구성과 세부적인 면에서 일치하는 점이 많아 이 판본을 모본으로 제작했을 것이라고 추정한다.

(3) 다른 불교 문헌의 팔상

팔상은 위와 같이 불교문헌에 따라 다르며, 다른 문헌을 소개하니 관심있는 분은 참고 바란다.

1) 무량수경의소無量壽經義疏 대정장 p.113c3
    - 중국 수나라 길장吉藏이 무량수경에 대해 주석한 서적 -
        (1) 처천궁處天宮 (2) 입태入胎 (3) 현생現生 (4) 출가出家 (5) 항마降魔 (6) 성도成道
        (7) 전법륜轉法輪 (8) 입멸처入滅處

2) 법화현찬法華玄贊
    - 당나라 현장의 제자 규기가 유식의 입장에서 법화경을 해석한 것 -
        (1) 종도솔천몰즉입태상從兜率天沒即入胎相 (2) 영아嬰兒 (3) 동자童子 (4) 고행苦行
        (5) 성도成道 (6) 항마降魔 (7) 전법륜轉法輪 (8) 입반열반入般涅槃

- 법화현찬에서는 성도 후 항마의 순서로 나오는 것이 다른 문헌들과 다름

3) 유마경약소수유기維摩經略疏垂裕記
   - 중국의 지원智圓스님의 유마경에 대한 주석서 -
     (1) 하도솔下兜率 (2) 탁태모託胎母 (3) 강생 (4) 유성 (5) 항마 (6) 성도 (7) 설법
     (8) 열반

4) 석가여래성도기주釋迦如來成道記註
   (1) 도솔래의상 (2) 람비니원강생상嵐毘尼園降生相 (3) 사문유관상 (4) 유성출가상
   (5) 설산시수도상雪山示修道相 (6) 보리수하항마성도상菩提樹下降魔成道相
   (7) 녹야원전법륜상 (8) 사라림하반열반상娑羅林下般涅槃相

(4) 불교의 사대성지 The four holy places / The four place of pilglimage

팔상 성도 중 4군데 즉 부처님의 탄생지, 성도지, 초전법륜지, 그리고 열반지를 가리킨다. 팔상 성도는 부처님 열반 후에 후세의 사람들이 정했기에 여러 가지 주장이 있지만 사대성지는 부처님께서 장니카야 대반열반경[Maha-pari-nibbana Sutta of the Dhiga Nikaya[the long discourses of the Buddha]에서 직접 말씀하셨다.

- 위의 대반열반경은 대승경전의 하나인 대반열반경(Maha-pari-nirvana Sutra)과는 한문 번역상 그 제목이 동일하므로 혼동하지 않기를 바란다.

1) 룸비니 LUMBINI
   붓다의 탄생성지誕生聖地 The holy place that the Buddha was born.
   현재 지명은 룸민디이며 네팔의 따라이(tarai)지방에 위치한다.

2) 붓다가야 BUDDHAGAYA
   붓다의 성도성지成道聖地 The holy place that the Buddha attained enlightenment.
   현재 지명은 보드가야(Bodhgaya)이며 비하르(Bihar)주州의 가야(Gaya)시市 남쪽 10km 지점이다. 원래 가야(Gaya)로 불렸으나. 부처님께서 깨달으신 후 붓다가야(Buddhagaya)로 불리었다

3) 사르나트 SARNATH

붓다의 초전법륜성지初轉法輪聖地 The holy place that the Buddha preached first.

부처님의 첫 설법지인 녹야원은 와라나시[Varanasi]의 북쪽 6km 지점의 사르나트 마을에 있다. 와라나시는 바나라스[Baranasi] 또는 베나레스[Benares]라고도 하며 현재 웃따르 쁘라데쉬[Uttar Pradesh]주의 동남부[southeast]에 있다.

부처님은 붓다가야에서 사르나트까지 약 320km를 걸어 와서 그를 따르던 5비구에게 설법하시어 모두 아라한이 되게 하셨다.

4) 쿠시나가라 KUSINAGARA

붓다의 열반성지涅槃聖地 The holy place that the Buddha entered into Nirvana.

부처님께서 열반에 드신 곳으로 부처님께서 말씀하신 대로 전륜성왕과 같은 예로써 장례를 치른다.

화장[cremation]후 사리의 분배로 전쟁이 일어나기 직전 도나[Dona]라는 이름의 바라문이 지혜롭게 중재하여 8등분하여 나누었다.

도움말

- 사리舍利는 sarira[P, S]의 음역이며 그 뜻은 다음과 같다.
  1. 몸[body] 2. 시체[(dead) body / corpse] 3. 유골[remains] / 화장한 재[ashes]
  우리나라에서는 사리를 보통 유골이라는 의미로 주로 사용하며, remains 또는 (sacred)relics 등으로 번역된다.
  remain (보통 pl) 1. 나머지, 잔고 2. 잔존자, 유족, 생환자 3. 유해, 유골, 잔해 4. 유물, 유적 5. 유고 6. 화석
  remainder 1. 나머지, 잔고 2. 잔류자, 잔류물 3. [pl]유적
  relic 1. [pl.]유골(remains), 시체[(dead) body] 2. [pl] 유적[ruins], 유물 ▶로마 유적 the Roman relics 3. 풍속, 신앙 등의 잔재 4. [그리스도교](성인, 순교자 등의) 유골, 성보聖寶 4.고인의 유품 5. (구어) 노인, 시대에 뒤떨어진 사람(물건)
- 장례를 치르다 hold a funeral ■ 유골을 수습하다 gather[collect] one's remains
- 유골을 발굴하다 exhume[dig up] the remains.

※ 그의 유골은 바다에 뿌려졌다. His ashes were scattered at sea.
※ 이 곳에 아버지의 유골이 안치되어 있다. My father's ashes[body] repose[s] here.
※ 경찰이 세구의 시체를 발견하다. The police found three bodies.

3. 붓다의 탄생시기와 입멸시기
(1) 붓다의 탄생시기

1) 역사상의 붓다가 태어난 시기에 대해 약 10가지의 설이 있다

불전佛典[Buddhist scriptures]이 전하는 공통된 견해로서 붓다가 80세 까지 살았다는 기록과 또 하나의 기록은 아소카왕의 즉위가 불멸 후 일정기간 후 거행 되었다는 기록 즉 아소카왕의 즉위와 불멸의 시간적 격차에 대한 기록을 토대로 아소카왕의 즉위연대를 기준점으로 잡아서 역산하는 방식을 채택하고 있다.

그러나 이 아쇼카왕의 즉위와 불멸시기에 대한 격차에 대한 기록이 다르고, 현대까지의 축적 된 사료를 토대로 잡은 아소카왕의 즉위시기도 차이가 있어 여러가지 설들이 있는 것이다.

2) 남전南傳 즉 스리랑카의 기록인 디빠왕사(도사島史 Dipa-vamsa)와 마하왕사(대사大史 Maha-vamsa)에 의하면 아쇼카왕의 즉위를 기원전 268~267년으로 보고 이 시점을 불멸 후 218년으로 보아 붓다의 열반은 기원전 486년이되며, 이 주장은 중성점기에 의한 기록과 같다.

이에 의하면 붓다의 생몰시기는 "기원전 568~486"이 된다.

> ■ 중성점기衆聖点記 the record of many saints' dotting
> 중성점기란 직역하면 "많은 성인衆聖"들이 "점을 찍은 기록点記"이라는 말인데, 붓다가 열반에 든 후 율장을 전한 성자들이 매년 안거가 끝나면 율장에 한 점을 찍는 전통이 우팔리존자부터 시작해서 계속 이어졌다.
> 이러한 기록이 중국에 전하여 진 것을 중국의 "역대삼보기"는 기록하고 있다.

그러나 불멸의 시기에 대해 현재의 남방 상좌부-스리랑카(기원전 543년설), 태국 및 미얀마-에서는 기원전 543년설(스리랑카)과 544년설(태국 및 미얀마)을 채택하고 있다.

3) 한편 북전 즉 산스크리트본과 한역전에는 여러가지 설이 있는데, 아쇼카왕의 즉위를 불멸 후 100년설(이부종륜론), 116년설(십팔부론), 160년설(역조석씨사감) 등으로 나누어진다.

현대 불교학계의 학설은 불멸 시기를 기원전 380년에서 390년 사이로 추정하고 있다.

따라서 불멸을 기원전 380년 으로 보면 붓다의 생몰시기는 "기원전 460~380"이 된다. 1956년 네팔(Nepal)의 카투만두(Katmandu)에서 열린 제4차 세계불교도우의회 [WFB(WORLD FELLOWSHIP OF BUDDHISTS)-1950년에 설립] 대회에서 불멸연대를 통일하기로 하고, 1956년을 불멸 2500년 으로 정했다.

(2) 붓다의 탄생일

부처님의 탄생일에 대해서도 여러가지 주장이 있는바, 2월 8일, 3월 8일 또는 3월 15일, 4월 8일, 인도력으로 2월인 웨사카[VESAKHA]월 보름날(지금의 4~5월) 등으로 나뉜다.

1) 과거현재인과경(1권)과 불본행집경(7권)에는 2월 8일
2) 서역기(6권)에는 3월 8일 또는 3월 15일
3) 태자서응본기경(상권)과 불소행찬경(1권)에는 음력 4월 8일

한국, 중국, 대만은 음력 4월 8일로, 일본은 양력 4월 8일을 부처님 오신 날로 여긴다. 남방에서는 탄생, 출가, 성도, 입멸을 모두 같은 날로 보고 웨사크 축제[WESAK FESTIVAL]를 열고 있다.

도움말

1. A.D. / AD [ANNO DOMINI] 서력 기원[in the year of our Lord]
   연대의 앞과 뒤 모두에 쓰임 ▶AD 55 또는 55 AD.
   그러나 세기의 경우 뒤에 위치 ▶ the 5th century AD.
2. B.C. / BC [BEFORE CHRIST] 기원 전.
   항상 뒤에 위치.
3. BCE before the Common Era 기원 전: 불교영어에서는 BC보다 BCE를 많이 쓴다
   ▶ era 1. 기원 the Common Era=the Christian Era 서력기원
         2. 연대. 시대
         3. 중요한 날.
         4. 단군기원 1234 the 1234 year after the accession of Tan-Gun
   ▶ accession 1. 상속, 계승; (…에의) 취임, 즉위(to)
             2. (…의) 부가, 증대
             3. 동의, 승인, 승낙(consent)《to …》
             4. 접근 ; (당파, 단체 등에의) 가입, 가맹《to …》.
5. 불기佛紀 Buddhist Era.

> 세계불교도우의회 THE WORLD FELLOWSHIP OF BUDDHISTS
>
> 1) 1950년 회원국간의 우애를 위해 스리랑카 콜롬보에서 결성된 불교국제협력기구.
>   The international association of Buddhists founded in 1950 in Colombo, Sriranka for friendship and cooperation of the member countries.
> 2) WFB는 가장 크고 영향력있는 국제적 불교 단체로서 인정받고 있다.
>   The WFB is arguably the largest and most influential international Buddhist organization.
> 3) 본부는 태국이며 현 회장은 판 와나메티이다.
>   Its headquarters are in Thailand and the current president is Phan Wannamethee of Thailand.
> 4) 현재 한국의 조계종과 진각종에 WFB의 부회장이 각각 선임되어 있으며, 부회장의 수가 많은 것이 WFB조직의 특징이다.
>   Now Korean Buddhists of Korean Jo-gye order and Jin-gak order are nominated as vice-presidents from WFB, which is characterized by having many vice-presidents.

4. 붓다의 일생 The Life of the Buddha

일러두기

> 1. 인명과 지명, 그리고 국가명과 호칭은 산스크리트어로 통일함.
> 2. 출처 1) 남전 장부경전의 대반열반경 Digha Nikaya-mahaparinibbna sutta
>   2) 북전 장아함경의 유행경 등.

싯다르타 고타마는 카필라바스투라는 조그만 왕국의 왕자로서 기원전 6세기(그의 생몰연대는 불확실함)

Siddharta Gautama was born as a prince in a small kingdom named Kapilavastu(1) in the 6th century B.C.(the exact time of his birth and death is uncertain).

그의 아버지는 숫도다나 고타마였으며 석가족의 수장이었음며, 석가란 힘을 가진 자라는 뜻이다.

His father was King Suddodhana Gautama, the leader of the Sakya nation.

Sakya means "one who possessed power."

그가 깨달음을 이룬 후 석가모니 즉 석가족의 성자라고 불리었다.

After he attained Enlightenment, he was given the title "Sakyamuni," or "Sakya sage, or "sage of the Sakya clan."

숫도다나는 깨끗한 쌀(淨飯)을, 고타마는 성姓으로서 수승殊勝한 즉 가장 뛰어난 소를 뜻한다.

S(h)uddohana means "pure rice" and Gautama, the family name, means "most excellent ox[cow]".

왕과 마야왕비－환상, 요술을 뜻함－는 매우 행복했지만 한 가지 걱정이 있었다.

The king and Queen Maya, meaning "magic," were very happy, except for one thing.

약 20여년 동안 슬하에 자식이 없었던 것이다.

For about twenty years they did not have any children.

도움말

(1) Gautama = gau[소ox, cow] + tama[최상급을 나타내는 접미사]

(2) Siddhartha = siddha[성취하다] + artha[목적]} : 목적을 이룬 자

　　siddha　1. accomplish, acquired　2. sacred, holy, divine　3. perfected, beatified
　　　　　　4. one who has attained the highest object.
　　　　　　5. one who has acquired supernatural power －[S-E.1215]－

　　artha　1. aim, purpose　2. cause, motive, reason　3. object, thing
　　　　　　4. money, wealth －[S-E.90]－

(3) Suddhodana

　　[S-E. 1082]을 참조하면 다음과 같다.

　　1. pure rice

　　2. a king of Kapila-vastu (of the tribe of Sakyas and father of Gautama Buddha).

　　　그러면 어원을 분석해 보자.

　　　Suddhodana = suddha + odana

　　suddha는 sudh에서 파생된 것으로 suddha는 1. 정화하다(purify, become pure [clear]), 더러움이나 독을 제거하다(remove impurity or noxious의 뜻을 가지고 있으며, suddha는 다음의 뜻이다.

> 1. clean, cleansed, clear, cleared, pure(순수한, 깨끗한) 2. free from(~에서 벗어난) 3. right, correct(바른)

odana는 1. boiled rice (밥) 2. porridge (죽)의 뜻이다.

도날드 미첼(Donald Mitchell)은 숫도다나(Suddhodana)를 pure rice(정반淨飯 * 깨끗할 정 *밥 반)라고 번역한 것에 대해 그의 저서 Buddhism (second edition 11쪽)에서 다음과 같이 말하고 있다.

"This seems appropriate since the Sakya clan resided between the Ganges plains and the foothills of the Himalayas, a region in which rice was cultivated.

이러한 해석은 석가족이 쌀을 재배하는 히말라야산 언덕과 갠지스 강사이에 거주하였으므로 타당한 것으로 보인다."

> - Himalayas = the abode of snow[설산雪山]의 어원 ;
>   hima[S]/hima[P] 1. snow 2. cold, frost 3. the cold season, winter
>   alaya[s,p] : abode(주소, 주거, 거처 / 체류) dwelling, house, receptacle, asylum
>   -[S-E. 154]
> ▶ rceptacle : 1. 저장소(repository); 대피소(shelter) 2. 그릇, 용기(vessel, container).
> ▶ asylum : O X사전참조
> 1. 정치범 비호(the protection granted by a nation to someone who has left their native country as a political refugee).
> 2. (정치범에게 제공되는) 임시 피난처.(granting asylum to foreigners persecuted for political reasons) ▶ persecute: (주의, 종교, 인종 등의 차이로) 학대하다.
> 3. 대피소 (shelter or protection from danger).
> ▶ shelter 1. U보호; 피난(from, against …) 2.대피소,피난처(refuge).
> 4. 정신질환 치료시설 (institution for mentally ill)
> - asylum과 구별해야 하는 단어가 수행자들의 공동체를 말하는 ashram(아쉬람)이다.
>   ashram: a place of religious retreat or community life modeled on Indian ashram.- OX사전
>   종교적 목적의 조용한 수행공간 또는 인도의 아쉬람을 본 딴 공동체적 생활.

(4) Kapila-vastu[S] Kapila-vatthu[P]

카필라성(지금의 네팔 Tarai지방)은 직역하면 황갈색의 땅이라는 뜻인데 카필라(kapila)라

는 선인이 살았다고 하여 유래한 이름이라는 설이 있다.

Kapila[S]는 수론학파의 시조[the founder of the Samkhya school of philosophy]이며, 붓다보다 1세기 전의 인물로서 황두(선인)黃頭(仙人)이라고 한역되기도 했다.

Vastu[S], vatthu[P]는 seat / site / place ground / field 등의 뜻이 있다.

그래서 카필라-바스투는 여러가지 음역이 있으며, 황두거처黃頭居處라고 의역되기도 하고 카필라국(國), 카필라성(城)으로 번역하기도 한다. 또한 kapila는 고대 인도에 복덕을 주는 수호신의 이름이기도 하다.

단어를 분석하면 다음과 같다.

Kapila-vastu[S] kapilavatthu[P] : the city where Prince Siddharta was born

- ▪ kapila 1. brown or tawny(황갈색의) or reddish (붉은색을 띤) colour
            2. the name of an ancient sage
- ▪ vastu   the seat or place of … -[S-E사전 P.932 / P.250]-

---

(5) Maya부인

Maya는 그 뜻이 "1. 지혜wisdom, 신통력supernatural power 2. 자비compassion, sympathy 3. 마술magic, 환상unreal image, 환영phantom"의 뜻이 있다.
-[S-E사전, P. 811]-

마야부인은 태어 났을 때 그 용모가 너무나 단정하고 훌륭하여 환술로 만들어진 것과 같다고 하여 붙인 이름으로 추정된다.

마야는 고대 인도에서 어머니를 뜻한다는 주장이 있으며, 어떤 영문서적에는 마야를 "compassion"의 뜻이라고 기술하고 있다.

---

1) 어느 보름날 밤에 마야왕비는 여섯개의 상아를 가진 크고 하얀 코끼리가 하늘에서 자신의 몸속으로 들어오는 꿈을 꾸고나서 태기가 있었다.

1) One day, on a full moon night, Queen Maya dreamed of a big white elephant with six large tusks entering into her womb from the sky, and she became pregnant.

그 때 형언할 수 없는 많은 빛들이 온누리를 비추었으며, 대지는 격렬하게 흔들렸다.

Then, immesurable, splendid light illuminated the whole world, and the earth trembled tremendously.

9달 후 마야왕비는 그 당시의 풍습에 따라 친정집으로 아이를 낳기 위해 갔다.
After nine months, Queen Maya returned to her parents' home to give birth according to their custom.

도중에 그녀는 룸비니 동산에 잠시 쉬었다.
On her way, she took a rest in the Lumbini Garden.

동산의 새들은 즐겁게 지저귀고 나비들은 활짝 핀 꽃들을 희롱하고 있었다.
Birds in the garden chirped their lovely songs and butterflies darted among flowers in full bloom.

그녀가 아소카 나무 즉 무우수無憂樹아래에 멈추고 쉴 때 산기産氣를 느꼈다.
When Queen Maya stopped and rested under an Asoka tree she knew the baby would be born very soon.

2) 마야왕비가 꽃을 따기 위해 그 나뭇가지에 손을 대었을 때 아들이 태어났다.
2) As she reached up to a branch to pluck a flower, she gave birth to a son.

그 때 온누리에 행복과 평화의 기운이 맴돌며, 향기로운 꽃비가 내리고 하늘에 무지개가 떴다.
At that moment, through out the land there was a great feeling of peace and happiness.
Showers of perfumed petals rained down and a rainbow appeared in the sky.

보살은 태어나난 순간 북쪽을 향해 두발을 굳건히 딛고 일곱 걸음을 걷고 나서 사방을 둘러본 후 우렁찬 목소리로 외쳤다.
As soon as he was born the Bodhisattva stood up straight on both feet facing north, then took seven strides and, he scaned the four quarters, and then declared with a bull-like voice:

"나는 세상에서 제일이고, 최고이며 수승하다.
이 삶이 나의 마지막 삶이며, 다시 태어남은 없다."
"I am chief in the world, supreme in the world, eldest in the world
This is my last birth, there will be no more re-becoming".

숫도다나왕은 너무나 기뻐하며, 왕자에게 싣다르타 즉 모든 소원이 이루어진다 또는 모든 것을 성취한 자라는 이름을 지어주었다.

With great rejoicing, King Suddodhana named the baby prince "Siddharta" which means "Every wish fulfilled" or "One who achieves his aim" or "Realization of all aims."

그 후 왕자의 탄생 축하연이 벌어지는 동안 아시타라는 선인이 산에서 내려와 왕궁을 향해 발길을 돌렸다.

Later, during the birth celebration, a hermit named Asita came down from the mountain and went to the palace.

그는 다음과 같은 예언을 하였다.

이 왕자는 전륜성왕이 되거나 위대한 성자聖者가 될 것입니다.

He predicted that the prince would either become a great king[chakravartin] or a great holy man.

그런 후 그는 설산으로 되돌아 갔다.

And then he returned to the snow-capped mountains.

왕자의 미래에 더욱 호기심이 생겨난 왕은 8명의 브라만학자들을 초대하여 왕자의 앞날을 예측하도록 하였다.

Becoming more curious about the prince, the king invited eight Braman scholars to read the prince's fortune.

모든 브라만들이 아시타선인과 같이 전륜성왕이나 위대한 성자가 되리라는 예언을 하였지만 카운디냐(빨리어로는 꼰다냐)는 –가장 나이가 적고 나중에 첫 번째 아라한(존경받을 분 : 번뇌 로부터 벗어나 열반을 성취한 분)이 됨– 유일하게 왕자는 장차 붓다가 될 것이라고 단정하였다.

All gave a dual prediction that the baby would either become a great king or great holy man like Asita, but Kaundinya (Pali : Kondanna), the youngest, and later to become the first arhat[pali : arahat] (meaning "worthy one; person who is free from all defilements and has attained Nirvana") was the only one who unequivocally predicted that the prince would become a Buddha.

> ■ unequivocally 명확히, 분명히

그러나 기쁨 뒤에 슬픈 일이 일어났으니 출산한 지 이레만에 마야왕비는 세상을 떠났던 것이다.

However, delight was followed quickly by sorrow, for within seven days after the birth of her baby, Queen Maya died.

마야왕비의 여동생 마하프라자파티가 어린 왕자의 양모가 되어 왕자의 이복동생이 되는 난다와 함께 싯다르타왕자를 자신의 친자식과 다름없이 정성껏 키웠다.

Her young sister Mahaprajapati became the baby prince's stepmother and brought prince Siddharta up along with his half-brother Nanda, with loving care as if he were her own child.

왕자로서 호와로운 생활이 보장된 싯다르타는 그를 위해 특별히 계절에 따라 생활할 수 있는 3개의 공간을 가지고 있었다.

Siddharta, destined to a luxurios life as a prince, had three palaces (for seasonal occupation) especially built for him.

시간은 흘러서, 어느 봄날 왕은 인도의 고대 풍습에 따라 봄이 오면 농경제에 행차하였는데, 한번은 왕자를 농경제에 데리고 갔다.

Every spring, according to ancient Indian tradition, the king took part in a ploughing festival, and once the king took the prince to the ploughing festival.

참석한 사람들이 축제를 즐기는 사이 왕자는 무성한 잠부나무의 그늘에 앉아 있었다.

While the people enjoyed the feast, the prince sat under the shadow of a thriving Jambu tree.

그 곳에서 왕자는 자신의 숨결에 마음을 모았다.

There, he concentrated on his breath.

그의 호흡은 몸과 마음을 이어주는 다리와 같았다.

His breath was like a bridge between his body and mind.

잠시 호흡에 집중할 때 그의 몸과 마음은 긴장에서 벗어나 고요하고 편안한 상태에 이르렀다.

After he concentrated on his breath for a while, his body becamed relaxed and his mind became quiet and peaceful.

불가에서는 이러한 상태를 4선정 중에 초선初禪이라고 한다.

Buddhist tradition calls this state the first concentration or dhyna(S)[jhana(P)], which is a gateway of the fourth dhyana.

나중에 이러한 그의 체험은 깨달음에 이르는 유익한 효과를 발휘하게된다.

Later, this experience had a beneficial effect for his enlightenment.

■ 붓다의 제 1선정(초선)에 대한 위의 기록은 중아함 유연경柔軟經에 나온다.

싯다르타 왕자는 16살에 이르게 되자 같은 나이에 사촌 간이 되는 아름다운 야소다라 공주와 결혼하였다.

At the age of 16, Prince Siddharta married a beautiful princess named Yasodhara, a cousin of the same age.

■ Yasodhara는 "명예로운 사람" 또는 "아름다운 모습을 가진 사람"으로 번역이 가능하다.
Yasodhara는 "1. 명예, 명성 : glory, fame, renown 2. 화려 splendor, 아름다운 모습 beautiful appearance"등의 뜻을 가진 yasas와 유지하는, "소유하는, 보존하는 : preserving, maintaining"등의 뜻을 가진 dhara가 결합한 합성어로서 yasas가 yaso로 변형되어 yasodhara가 된 것이다.
S-E(p. 848)사전을 참고하면 yasodhara를 1. maintaining or preserving of glory(영광, 명예를 가지고 있는) 2. the mother of Rahula로, S-K(P. 1254)에는 yasas를 1. 명예 2. 화색華色으로 풀이한다.
요즘말로 표현하면 "재색을 겸비한 여자", "미모와 품위를 겸비한 여자" 정도가 되겠다.

그는 결혼 후 약 13년 동안 왕자로서 삶을 계속 이어갔다.

He continued to live a princely life for about 13 years after his marriage.

싯다르타는 원하는 것은 무엇이든지 제공받는 처지임에도 불구하고 물질적 부가 결코 궁극적인 행복이 될 수 없다는 것을 차츰 느끼기 시작했다.

Although Siddhartha was provided with everything he could want, he gradually started to feel that material wealth was not the ultimate happiness.

그러던 어느날 그는 궁전 밖의 세계에 대한 호기심이 일어났다.

One day, however, he wished to discover the world outside his palace.

그는 동문에서 노인을, 남문에서 병자를, 서문에서 시체를, 북문에서 수행자를 보았다.

He saw an old man outside the east gate, an sick man outside the south gate, a dead body outside the west gate, and an ascetic outside the north gate.

■ ascetic n. 고행자, 금욕주의자, 수행자. a. 금욕주의의 고행의, 수도의 ▶asceticism 금욕주의

3) 사문유관四門遊觀 후 그는 깊은 고뇌에 빠지게 된다.
3) After witnessing these things through the four gates, his mind was filled with deep anguish.

▶ 사문四門의 의미 the meaning of the Four Gates

사문은 동, 서, 남, 북의 네 방향을 가리킨다.
The meaning of four gates is the four directions of east, west, south, and north.
그러나 불교의 종파에 따라 매우 다양하게 해석된다.
However, according to one Buddhist sect, the meaning was interpreted very differently.
천태종에서는 제법실상諸法實相을 점진적으로 이해하게 되는 과정을 상징한다고 한다.
In the Tiantai sect, the four gates symbolize the gradual progress toward understanding of the true nature of things:
즉 유, 공, 유이면서 공. 유도 아니면서 공도 아닌 것.
1) existence[유有] 2) non-existence[공空] 3) affirmation of both existence and non-existence[역유역공亦有亦空] 4) neither existence nor non-existence[비유비공非空非空]
- 밀교에서는(in Esoteric Buddhism) 발심(initial aspiration), 수행(cultivation), 보리(enlightenment), 열반(nirvana)의 문을 각각 상징한다.

▶ 사문유관과 관련된 경전들 the Sutras related in the Four Gates

남방 빨리어 장부경전[Digha-nikaya]의 대본경[Maha-padana-sutta]에 보면 놀이동산[a pleasure-park]에 가는 중에 노인, 병자, 죽은 자, 수행자를 본 장면이 나오며, 이것이 사문유관의 기본 형태라고 하며, 나중에 불전문학인 "랄리따위스따라 Lalitavistara : 보요경으로 한역되었음]에는 동-노인 / 남-병자 / 서-죽은 자 / 북-수행자라는 방향과 대상을 구체적으로 표현한 후 사문유관의 정형이 되었다.

- 보요경普曜經(*넓을 보 *빛날 요)은 308년 서진의 축법호가 번역하였으며 '방등본기경'이라고도 한다. 그 내용은 탄생, 출가, 수행, 항마, 정각, 초전법륜까지이며, 다른 번역으로 방광대장엄경이 있다.
- 방광대장엄경方廣大莊嚴經(여기서 방광은 "광대하다"는 뜻이며, 초기불교에서 12부경의 하나를 지칭하기도 하며, 나중에 대승경전을 의미하게 됨)은 당나라 683년 지바하라가 번역한 13권의 경전으로서 Lalitavistara를 번역한 것으로서 줄여서 대장엄경 또는 신통유희경으로도 불리며, 원시경전으로서 특히 8상록八相錄적인 성격을 가지고 있다.

그의 나이가 16세가 되었을 때 그의 외동아들 라훌라-장애(물)의 의미-가 태어난 직후 수행자의 길을 가기 위해 궁전을 뒤로 한 채 애마 칸타카를 타고서 그의 시종(侍從) 찬다를 대동하여 궁궐을 떠났다.

At the age of 29, soon after the birth of his only child, Rahula meaning fetter or hindrance, Siddharta left his palace on his favorite horse Kanthaka, accompanied by his attendant, Chanda, leaving behind this royal life to become a mendicant or practitioner.

4) 이것은 위대한 출가라고 불린다.
4) This event is called The Great Departure or The Great Renunciation.

그는 먼저 바가바선인에게 가서 그의 고행주의 수행을 지켜보았다.
He first visited the hermit Bhagava and watched his ascetic practices.

그리고 나서 아라다 칼라마와 웃드라카 라마푸트라를 방문해서 차례대로 그들 제자가 된다.
He then went to Arada Kalama and Udraka Ramaputra, becoming their disciple in turn.

그는 알라다 칼라마의 후계자가 되기 위해 그의 가르침을 다 배웠으나, 그의 수행법에 만족할 수 없어 떠나기로 결정했다.
After mastering the teachings of Alara Kalama in order to succeed him, he decided to move on after becoming dissatisfied with his practices.

그 후 웃드라카 라마푸트라의 제자가 되었으나, 그가 최상의 선정단계에 들어가서 그의 후계자로 지목되었으나 그는 궁극적 진리를 발견할 수 없었다.
He then became a student of Udraka Ramaputra, but although he achieved high levels of meditative consciousness and was asked to succeed Ramaputra, he could not find ultimate Truth.

한편 숫도다나왕은 그의 아들이 수행자가 되었다는 소식을 듣고 그의 호위병들에게 가서 그를 데려오라는 명령을 내린다.
Meanwhile, when the king heard the news of his son becoming a mendicant, he said to his guards "Go and bring the prince back".

▶ 도움말

> (3) 붓다가 출가 후 처음 만난 바가바는 고행을 통해 천국에 가는 것을 목표로 하는 수행자로서 Bhaga, Bhagava, Bhargava[S], Bhaggava[P]로 중국에는 바가婆伽, 발가跋伽, 발가바跋伽婆로 주로 음역되었다.
>
> ■ 주의할 것은 여래의 열가지 이름의 하나인 bhagavat(세존으로 의역하거나 바가바婆伽婆로 음역)와 혼동하지 말것.
>
> ♣ 싯다르타가 출가 후 만난 사람은 경전마다 다르게 나오는 경우가 많다.♣
> 1. 과거현재인과경(2권) / 불본행집경(18권) / 중허마허제경(5권) / 불소행찬(2권) : Bhaga 발가跋伽
> 2. 방광대장엄경(7권) : 비류 범지고행여인, 파두마 범지고행여인, 리바타 범행선인, 광명선인, 조복선인 등이 보이며, "범지고행여인"이란 바라문 계급출신으로서 고행의 수행을 하는 여자를 가리킨다. 이들을 차례로 방문한 후에 알랄라 칼라마와 웃다카 라마풋다를 찾아간다
> 3. 보요경(5권)과 서응본기경에는 싯다르타가 빔비사라를 만난 후 3범지 즉 가섭 3형제를 찾아간다고 적혀 있다.
> ▶ 범지梵志란 바라문婆羅門(brahmana)이 브라만(Brahman) 즉 범梵을 우주의 최고원리로 보고, 그것에 뜻을 두고 구하므로 붙여진 이름으로, 축법호가 번역한 것이다.
> ▶ 지志 1. 뜻 2. 적다. 기록하다. → 삼국지三國志

그들은 왕자를 마침내 발견했으나 그들 다섯 명은 묘하게도 그의 제자가 된다.

They found him finally but five of the men remained ironically with him to be practitioners.

왕자와 꼰다냐가 이끌었던 다섯 명의 도반들은 마가다국 나이란자나 강변에 있는 우루윌라 마을 근처의 숲속으로 간다.

He and a group of five companions led by Kaundinya(Kondanna[P]) went to a forest near the village of Uruvela on the bank of the Nairanjana River in Magadha.

5) 그들은 그 곳에서 그들의 몸을 괴롭히는 혹독한 고행주의 수행을 한다.

5) There they practiced the most severe hardship to torment their bodies.

그는 가시로 뒤덮은 침대위에 자고 하루에 한 알의 밀과 참깨를 먹었다.

They slept on a bed of thorns and ate only one grain of wheat and one sesame seed a day.

나중에는 일체의 음식을 먹지않는 금식禁食수행을 하였다.

At times, the prince would eat nothing at all.

그리하여 극도로 야위어 살아있는 해골과 다름없었다.

As a result, his body wasted away and he became a living skeleton itself.

그의 나이 31살이 되던 어느날 저녁에 여러 명의 소녀들이 집으로 돌아가면서 류트를 치면서 노래를 불렀다.

When he was thirty-five, one evening he heard a group of young girls playing the lute and singing on their way home :

"류트의 줄이 느슨하면 그 소리가 잘 나지 않으며,

류트의 줄이 너무 조이면 줄이 끊어지는 법.

류트의 줄들이 적당히 조여질 때 류트는 제대로 울린다네."

"When the string of the lute is loose, the lute does not play.

When the string is too tight, it breaks.

When the strings are neither too loose nor too tight, the lute sounds so nice!"

그는 소녀들의 노래를 듣고 가슴깊이 느끼는 바가 있어 출가 이후의 지난 삶을 회고해보았다.

He was deeply moved by the girls' song and looked back on the past since his renunciation.

- 지난날 the past / the old days[times] / days gone by / bygone days.
- 회고하다 recall / reminisce / recollect / retrospect / look back on. ▶회고록 memoirs / reminiscence.
- ▶ 서울 시립 미술관에서 피카소의 회고전이 열리고 있다
  A Picasso retrospective (exhibit / exhibition) is showing at the Seoul Museum of Art.
- ▶ 그는 지난 시절에 대한 회고담을 들려주었다 He told me stories about the past.
- ▶ retrospective a. 1. 회고의, (경치가) 배후에 있는.
              2. [법] 소급하는 a ~law 소급법 n.(화가 등의) 회고전.

자신의 삶이 지나치게 꽉 조인 류트의 줄과 같다는 생각에 이르렀다.

He thought that he had tightened his string of life too much.

그리하여 그는 그가 어릴 때 나무 밑에서 선정에 들었던 사실이 기억났다.

And he remerbered meditating underneath the tree when he was a child.

생각이 여기에 이르자 그는 자기학대에 지나지 않는 고행을 버리고 중도법 즉 자기 탐착과 자기학대의 두 극단을 떠난 조화의 길을 선택하기로 했다.

Thus, he decided to give up self-torture or asceticism and take the Middle Way or a path of moderation away from the two extremes of self-indulgence and self-mortification.

그러한 결심을 한 직후 그는 니련선하尼連禪河 강에서 목욕을 하는 중에 그의 몸이 너무 쇠약한 나머지 정신을 잃고 물에 빠져 죽을 뻔하였다.

Soon after, while bathing in the Nairanjana river, he was so weak that he fainted and almost drowned.

그 때 그 강변에 살고있던 수자타라는 이름의 소녀가 그에게 우유죽을 공양하였다.

Then, a girl named Sujata who lived by the river brought him a bowl of rice and milk porridge.

그 음식을 들고나서 바로 기운을 차렸다.

After the meal, he immediately felt stronger.

> ■ 싯다르타 태자가 고행을 포기하고 공양을 받았을 때 공양자의 이름은 경전마다 다르다.
>   1. 과거현재인과경(3권) : 난타바라.
>   2. 불본행집경(25권) : 우루벨라의 "사나야나" 바라문의 집에는 "난타"라는 딸과 "바라"라는 이름의 두 딸이 있었으며, 두 딸이 싯다르타에게 음식을 올렸다.
>   3. 불본행경(3권) : "두 처녀로부터 유미 감로의 베품을 받고…"로 기록되어 있다.
>   4. 방광대장엄경(7권) : 선생善生 : su(善) + jati(生命) → Sujata 善生.
>   5. Pali 불전의 니다나가타[Nidana-katha : 인연이야기, 인연담]-붓다의 본생담[Jataka]의 서론 부분을 뜻하며 여기에 붓다의 전기가 실려있음-에는 수자타[Sujata]라는 처녀가 공양을 올렸다고 한다.
>   ▶ Nidana 1. 기초 base 2. 근원, 원인 cause 3. 인연 ▶Katha 1. 이야기 story 2. 말, 연설 talk, speech.

그러나 같이 수행하던 5명의 동료들은 그가 음식을 먹는 장면을 목격하고 그가 구도의 길을 버렸다고 생각하였다.

But when his five companions saw him eat, they thought that he had abandoned the search for the truth.

그래서 그들은 그의 곁을 떠나 와라나시 근처 므르그다와 (지금의 사르나트) 즉 녹야원鹿野苑 [사슴동산]으로 떠났다.

And so they left him and went to Mrgdava (now Sarnath) or Deer Park, near Varanasi (now Benares).

바로 그 날 그는 선정수행을 하기에 알맞은 장소로서 신중하게 선택한 커다란 나무쪽으로 갔다.

That same day, he walked to a large tree, which he had carefully chosen as the place for his meditation.

도중에 그는 소티야라는 짚을 파는 장수를 만나서 한 다발의 짚을 공양받았다.

On the way he met a straw-peddler named Sotthiya and accepted from him of a bunch of straw.

그는 그 짚으로 자리를 만들고 커다란 나무밑에서 동쪽을 향해 앉았다(그 이후로 그 나무는 보리수菩提樹 즉 깨달음의 나무로 알려진다)

So he made a seat with the straw and sat down under the large tree (since then known as the Bodhi tree, "the tree of Enlightenment"), facing east.

> ■ Bodhi는 깨달음(enlightenment / awakening)의 뜻으로 보리菩提 등으로 음역하거나, 각覺, 도道, 지智 등으로 의역한다.

여전히 그의 기력은 허약했으나 그는 목숨을 건 각오로서 수행을 시작하면서 그 자신에게 스스로 이렇게 다짐을 하였다.

"나의 피가 다 마르고 나의 살이 썩어 문드러지고 나의 뼈가 산산조각나더라도 나는 모든 중생들을 구제할 깨달음을 얻을 때 까지는 결코 이 자리에서 떠나지 않으리라."

He was still weak, but at the risk losing his life he started to practice, saying to himself, "Although my blood may become exhausted, my flesh may decay, my bones fall apart to pieces, I will never leave this seat until I attain enlightenment to save all sentient beings."

그것은 그 무엇과도 비교할 수 없는 치열한 싸움이었다.

It was an incomparable intense struggle.

온갖 번뇌망상이 그의 마음 속에 끊임없이 거친 파도와 같이 치솟았다.

The waves of all defilements rose high and strong and continuously came into his mind.

그 때 불쑥 악마가 싯다르타의 앞에 나타났다.

Then Mara appeared unexpectedly in front of Siddhartha

마라는 어떤 측면에서 기독교의 사탄과 같은 존재이다.

> ■ 마라에 대해서는 부처님일대기의 뒤편에 부처님의 십대제자에 이어서 설명한다.

Mara is a being who in certain respects is like the Satan in Christianity.

마라는 "죽음을 가져오는 자"라는 뜻이며 흔히 "나쁜 존재"라고 부른다.

Mara means "a bringer of death" and his most common name is the bad one(papiyams[S] / papimant[P]).

> ■ epithet (특징을 나타내는) 별명, 통칭.

보살은 악마가 그의 군대와 함께 공격하여도 꿈쩍도 하지 않자 그의 아름다운 딸들이 그를 유혹하기 시작했다.

The Bodhisattva was unmoved though Mara attacked him with his armies,

and the beautiful daughters of Mara tempted him.

> ■ Bodhisattva : 보살의 본래 뜻은 석가모니붓다가 전생에 과거불로부터 미래에 붓다가 되리라는 수기를 받은 후부터 붓다가 될 때까지의 존재.

그러나 이 모든 노력들이 수포로 돌아가자 악마는 보살에게 무슨 권리로 그 나무아래에 있느냐고 물었다.

But as all of his efforts had gone to waste, Mara asked the Bodhisattva by what right he sat there beneath the tree.

그는 대답하기를 "나는 헤아릴 수 없는 길고 긴 시간 속에 본원을 세우고 수행하면서 복덕을 쌓아왔기 때문에 나는 이 자리에 앉을 수 있다."

He replied that it was by right of having practiced the perfections and accumulated merits (punya[S] / punna[P]) for all sentient beings on the basis of his original vow [purva-pranidhana(S) 본원력] over countless aeons.

다시 악마는 보살에게 물었다. "누가 그것을 증명할것인가?"

Again, Mara asked the Bodhisattva, "Who will vouch for you as a witness?"

> ■ vouch 보증하다 ; (남의) 보증인이 되다 ; (…이라고) 단언하다《for …》.

그 때 보살은 그의 오른 팔을 들어서 땅을 건드려서 대지의 신을 불렀다.

The Bodhisattva then lifted his right hand and touched the ground, calling on the very earth as his witness.

땅은 엄청난 우뢰의 소리를 내자 마라는 그가 완전히 패배했음을 알고 사라져 버렸다.

The earth thundered tremendously, and Mara realized that now he was truly defeated, and he faded away.

불교에서는 이 장면을 촉지인이라 부르며 불상과 불화에서 많이 나타난다.

Buddhist tradition called this scene "earth-touching gesture"(bhumi-sparsa-mudra 촉지인) depicted in so many pictures and statues of the Buddha.

6) 이것은 항마와 보살의 승리 즉 깨달음을 상징한다.

6) It symbolizes the defeat of Mara and the victory of the Bodhisattva for attaining Enlightenment.

어느날 밤 보름달은 허공에서 찬란하게 빛나고 있었다.

One night a full moon shone brightly in the sky.

밤공기는 꿀처럼 달콤하였으며 풀잎 위의 이슬은 빛나고 있었다.

The night air smelled sweet as honey and dewdrops glistening on blades of grass.

> ■ glisten v.i. 〈젖은 것, 닦은 것 등이〉 (빛을 반사하여) 반짝반짝 빛나다, 번쩍거리다.
>   n. 반짝임.

모든 것은 준비되었다.

Everything was ready.

보살의 심신은 점점 고요하고 평화로워졌다.

The Bodhisattva's mind-body gradually became calm and peaceful.

보살은 49일 동안 삼매수행을 통해 정신을 집중하고 들숨과 날숨을 통해 마음을 챙기는 통찰의 수행에 의해 마침내 깨달음을 이루었다.

After concentrating on Samadhi meditation and Anapana-sati [awareness of breathing in and out] during 49days of practicing, finally he attained Enlightenment.

그는 무엇을 깨달았는가?

What was his enlightenment?

그것은 연기緣起 즉 중도中道이다.

It is the Conditioned Genesis or the Middle Way.

그는 비로소 고통의 원인과 고통을 소멸시키는 법, 그리고 고통이 소멸된 상태 즉 열반을 알게되었다.

He came to understand the cause of suffering, the way to end suffering, and Nirvana.

그 이후 그는 붓다 즉 깨달은 자라 불리었다.

From then on, he was known the Buddha or "Awakened One" or "Enlighened One"

그는 때로는 석가족의 부처 또는 성자라고도 불리었다.

Sometimes, he is called S(h)akyamuni Buddha or "the Awakened One or Sage of the S(h)akya clan."

(남방 즉 스리랑카의) 빨리어로 기록된 경전 중의 하나인 쌍윳다니카야의 아야짜나경에 의하면, 그는 정각을 이룬 후 사람들에게 법을 전할 것인가, 전하지 않을 것인가에 대해 망설였다고 기록하고 있다.

According to the Ayacana Sutta in the Samyutta Nikaya – one of the Pali scriptures, immediately after his Enlightenment, Buddha was wondering whether or not he should teacg the Dharma to others.

그는 인간들이 탐, 진, 치에 깊이 물들어 있기 때문에 심오하고, 깊어서 이해하기 어려운 법을 중생들이 과연 알 수 있을지 의문이었다.

He was concerned that, since people were overpowered by greed, anger, and ignorance, they would not be able to see the true Dharma, which was subtle, deep, and hard to understand.

그러나 천신 브라흐마 사함파티는 세상에는 법을 알아들을 수 있는 사람이 있기 때문에 세상에 법을 전하도록 요청하였다.

However, a divine spirit, Brahma Sahampati, asked that he teach the Dharma to the world, as "there will be those who will understand the Dharma".

그리하여 법계의 모든 중생에 대한 자비심으로 중생들의 스승이 되기로 마음먹었다.

Thus, with his great compassion to all beings in the universe, Buddha agreed to become a teacher of sentient beings.

깨달음을 이룬 후 타뿌사와 발리카라는 두 명의 상인이 붓다를 만나서 최초의 재가불자가 된다.

After enlightened, two merchants whom Buddha met, named Tapussa and Bhallika, became his first lay disciples.

붓다는 아시타선인과 그의 스승이였던 알라마 칼라마와 우드라카 라마푸트라를 방문해 그의 법을 알리고자 하였으나 그들은 이미 타계한 뒤였다.

The Buddha wanted to visit Asita, and his former teachers Alalma Kalama and Udraka Ramaputra to explain his Dharma, but he learned about the fact that they had already died.

7) 그리하여 붓다는 와라나시 부근에 있는 녹야원으로 먼길을 떠나 옛날 자신과 함께 수행하던 다섯 명의 동료들에게 초전법륜을 굴리셨다.

7) The Buddha thus journeyed to the Deer Park near Varanasi, and he set in motion the wheel by delivering his first sermon to the group of five companions with whom he had previously sought enlightenment.

교진여는 처음으로 예류과에 들어갔다.

Kaundinya became the first stream-enterer or a srotapanna[S].

> stream-enterer or srotapanna[S] : 예류과(초기불교의 4가지 수행단계 중 첫 단계)

이윽고 다섯 명 모두 아라한이 되자 그들은 붓다와 함께 최초의 승가 즉 불교의 출가승의 모임을 이루어서 이제 삼보三寶(불, 법, 승)가 갖추어진다.

All five soon become arhats, and they, together with Buddha, formed the first Sangha or the community of Buddhist monk, and hence, the first formation of Triple Jewel(Buddha, Dharma, and Sangha) was constituted.

> ■ 아라한에 대한 산스크리트어와 빨리어의 표기는 각각 arhat[S] arahat[P]이며, 중국어의 두 가지 표기 즉 Wade Giles 표기와 Pinyin(병음)의 표기에 의하면 각각 alohan[阿羅漢W-G] aluohan[P-Y]이며, 일본어의 표기는 rakan[J]이며, 한국어의 표기는 arahan[K]이다.
> 참고로 arahant는 arahat의 주격主格이다.

> 그 의미는 존경받을 만한 분이란 뜻으로 소승불교에서 최고의 경지 즉 무학의 경지에 이른 분을 지칭한다.
> It means "worthy one," who has attained the highest level of the Hinayana, that of "no-more-learning(무학無學)."
> ▶ 무학이란 말은 무식하다는 말이 아니고 더 이상 배우고 닦을 것이 없는 사람을 말한다.
> ▶ 아라한阿羅漢 즉 alohan이나 aluohan은 줄여서 나한羅漢이라 하며 P-Y(병음자모)에 의하면 luohan이며, W-G(웨이드 자일즈 표기법)에 의하면 lohan이라 표기한다.

이어서 야사와 그의 친구 54명의 귀의하여 아라한이 되자 아라한의 수가 60명으로 늘어났다.

Continuously after the refuge of Yasa and fifty four of his friends, they all became arhats and the number of arhats increased to 60.

붓다는 60명의 제자를 거느리게 되자 이렇게 선언한다.

"비구들이여!

나는 수 많은 인간과 신들의 속박에서 벗어났으며 너희들도 또한 그러하다.

이제 너희들은 다른 지역에 가서 법을 전하여 많은 사람들이 유익하고 행복한 삶을 살도록 하라.

두 사람이 같은 길을 가지마라.

나는 우루월바에 법을 전하러 가겠다."

When the Buddha had sixty disciples, he declared :

"Bhiksus !

> ■ Bhiks(h)u[S]   Bhikku[P]
> 비구란 불교 수행자를 지칭하지만 원래 거지(beggar)라는 뜻이며, 비구 · 비구니는 빨리어 bhikku와 bhikkuni를 음역한 것 같다.
> 수행에 전념하는 자들은 생산에 참여하지 않는 전통적 방식을 취한 것으로 그들은 소유를 극도로 제한했다.
> "그들의 소유물은 일상의 생활용품으로 제한되었다.
> 그 품목은 1. 발우 2. 면도기 3. 바느질용 바늘 4. 녹수낭鹿水囊(일종의 물 여과기) 5. 지팡이 6. 치솔이다. 이것들이 비구육물比丘六物이다.
> Bhiksus' posseions are limited to articles of daily use: alms bowl, razor, sewing needle, water filter, walking stick, and toothbrush.
> These is called bhiksu's six articles."

I have been released from all the bondages of mankind and deities, and you have been released also.

Now you are going to propagate the Dharma in other places to give more people the chance of having the benefit and happiness.

No two of you should go the same way.

I will go out to propagate the Dharma at Uruvilva".

불을 숭배하던 가섭 3형제와 그들이 거느리던 각각의 제자 200, 300, 500명이 불교로 개종하여 그 숫자가 1000명이 넘는 승가로 성장했다.

The conversion of the three Kasyapa brothers and their 200, 300 and 500 disciples who worshipped the fire swelled the Sangha to over 1000.

개종 conversion : 개종자 convert : 개종하다 convert (to) : 개종시키다 convert(sb) to / make a convert (of) / proselytize ▶ 그녀의 모태신앙은 기독교이었으나 불교로 개종하였다.
She was born a Christian but converted (from Christianity) to Buddhism.

그들은 이른바 "불의 설법"이라는 법문을 듣고 개종하였는데, 이것은 예수의 산상수훈과 비교된다.

They listened to the Buddha's sermon, the so called "The Fire Sermon," which is compared to The Sermon on the Mountain of Jesus Christ and converted.

- The Fire Sermon(Samyutta-Nikaya) → Walpola Rahula의 What the Buddha taught, 91쪽 참조 바람.
- 산상수훈은 뒤에 기술한 영문 참조 바람.

▶ 불의 설법은 다음과 같다

The Fire Sermon is as follows:

탐, 진, 치 즉 탐욕과 성냄 그리고 어리석음이 사람의 삶에서 진정한 불이다.

Greed[desire, lust, passion, craving], anger[hatred, aversion] and ignorance[stupidity, delusion] are the real fire in life.

너의 마음속에 진정한 평화를 원한다면 세 가지의 불을 꺼야한다.

If you want true peace of mind, you must put out the three fires.

- three fire : 세 가지의 불이란 "탐, 진, 치"라는 세가지의 독 즉 삼독의 상징적 표현이다.
  번뇌[kilesa(p), klesa(S)]는 몸과 마음을 어지럽게 하고 오염시키는 정신작용[a mental function that disturbs and pollutes the mind and body]이며, 깨달음 즉 보리菩提(bodhi[S.P])와 열반涅槃에 반대 되는 말로서 열반[Nibbāna(P), Nirvana(S)]은 불어서 끈다 즉 "blow off"라는 뜻에서 유래한 말이다.
  이 말은 번뇌를 다스렸다는 의미이며, 번뇌라는 용어 자체는 초기 경전보다 아비달마 시대에 자주 사용되며, 불교의 목적이 마음을 깨쳐 열반에 이르는 것이므로 깨달음을 방해하는 요소인 마음 속의 번뇌의 실체를 연구하는 것은 당연한 일이다.
  번뇌는 별도로 설명한 부분을 참고하고 여기서는 객진번뇌만 언급하고 넘어간다.

  객진번뇌客塵煩惱(*손님 객 / 먼지 진)란 번뇌의 실체가 객진 즉 손님(guest)과 같이 밖에서(external) 들어온 먼지와 같은 것이지 주인(host)과 같은 존재가 아니라는 말이다.
  이 말은 남방 빨리경전 중 Anguttara-Nikaya(p. 10)에 나오는 아주 중요한 말로서 다음과 같이 말한다.
  "비구여, 이 마음은 본래 청정하다. 그러나 그것은 객진번뇌로 오염되어 있다.
  Bhiksus, originally this mind is pure, but is polluted by disturbing mind like a guest."
  -위의 말은 대승불교에서 유식사상과 함께 또 하나의 흐름인 여래장 사상의 전거로서 인정되고 있다.-
  그리고 "대반야경" 권 569[대정장(일본의 대정신수대장경의 줄임말)7.p. 937a]에도 나온다.
  "모든 부처님은 중생의 본성은 청정하지만 객진번뇌에 덮혀 깨닫지 못한다는 것을 모두 안다.
  諸佛悉知有情本性淸淨 客塵煩惱之所覆蔽 不能悟入.
  제불실지유정본성청정 객진번뇌지소복폐 불능오입.
  *복폐覆蔽 뒤집을 복 + 가릴 폐
  All Buddhas see perfectly that sentient beings' original nature is pure and undefiled, but they cannot attain enlightenment due to their own delusions."

- 번뇌의 영문번역은 P-E사전(p. 85)에는 "passion, lust, depravity, impurity"로 표기되어 있으며 S-E사전(p. 324)에는 "affliction, pain, distress, pain from disease, anguish"로 번역되어 있다.
  그 외에 prejudice, afflictive emotion 등이 사용되며, Dalai Lama의 "평화로운 삶과 죽음"에서는 번뇌를 disturbing emotion으로, 삼독三毒(the three poisons)을 the

three principal disturbing emotions로 번역하였다.
달라이 라마의 그 부분에 대한 영문의 일부만 보기로 하자.
As long as the three principal disturbing emotions of desire, hatred, and ignorance abide by within us, we will constantly encounter an unsatisfactory stream of experience.
탐, 진, 치라는 세 가지 근본번뇌가 마음속에 자리잡고 있는 한, 우리는 지속적으로 원하지 않는 경험과 맞딱드려 질 것이다.
When disturbing emotions arise within our minds, they leave us without peace. So the critical quesrion is, how can we remove them?
번뇌가 마음속에서 일어나면 사람들은 불안한 상태가 됩니다.
그러므로 우리에게 중요한 문제는 번뇌의 제거 방법입니다.

■ 달리이 라마가 번뇌에 대해 disturbing emotion으로 번역한 것에는 동의할 수 없다. 왜냐하면 번뇌를 나눌 때 견혹見惑과 수혹修惑으로 2분하기도 하는데, 견혹은 이치에 어두워 일어나는 번뇌로서 견도見道 즉 도를 보면 다스려지는 번뇌이며, 수혹은 탐·진. 등 감정으로 생기는 번뇌로서 수행修行에 의해서 다스려 지는 번뇌이며, 그래서 수혹이라 하는 것이다.
따라서 번뇌를 emotion으로 번역하면 수혹만 지칭하는 것이 되기 때문이다.
그러므로 나는 번뇌를 disturbing mind로 번역한다.

■ 수행修行
practice / cultivation / ascetic / ascetic practices / self-displine / self-improvement / self-cultivation.

※ cultivation
1. 경작(farming,t illage); 재배(culture, growth); 양식(culture); 배양(nurture. culture).
2. 양성(fosterage, nurture, education) / 교화(culture, enlightenment, edification, civiliation).
   수양(moral culture, cultivation of the mind) / 수련(traing) / 세련(refinement, culture).

비구여, 모든 것이 타고있다

Bhiksus, all is burning.

모든 것이 타고있다는 것은 무슨 뜻인가?

And what is the all that is burning?

비구들이여!
Bhiksus!

눈이 불타고 있으며, 눈으로 보는 것들이 타고 있으며, 보고 있는 의식이 타고 있으며, 보고 있는 느낌이 타고 있다.

The eye is burning, visible forms are burning, eye[visual] consciousness is burning, visual impression is burning,

또한 고苦(괴로움), 락樂(즐거움), 불고불락不苦不樂(괴로움도 즐거움도 아닌 감정)등의 이러한 느낌들은 눈으로 보아서 일어나는 느낌에서 파생된 것이며, 이것들도 불타고 있다.

＊Also whatever sensation, pleasant or painful or neither-painful-nor-pleasant, arises on account of the visual impression, and that too is burning.

＊무엇으로 불타고 있는가?
Burning with what?

■ Burning with what은 앞에 (Is it)이 생략된 형태

＊욕망의 불로, 증오의 불로, 미혹의 불로 타고 있으니, 나는 그것이 태어남과 늙음과 죽음과 함께 타오르는 불길이며, 슬퍼하고, 비통하고, 고통스러워하며, 비탄과 절망속의 불길이라고 나는 말한다.

＊Burning with the fire of greed, with the fire of anger, with the fire of ignorance; I say it is burning with birth, aging and death, with sorrows, with lamentations, with pains, with griefs, with despairs.

-이상의 ＊표시의 문장은 아래에서도 반복되므로 ……으로 대체함-

귀가 불타고 소리가 불타고, 이식耳識(듣는 의식)이 불타고, 듣는 느낌이 불타고 있다.
The ear is burning, sounds are burning, ear[auditory] consciousness is burning, ear[auditory] impression is burning ………．

코가 불타고 냄새가 불타고, 비식鼻識[냄새맡는 의식]이 불타고, 냄새를 맡은 느낌이 불타고 있다.
The nose is burning, odours are burning, nose[olfactory] consciousness is burning, nose[olfactory] impression is burning…

혀가 불타고, 맛이 불타고, 설식舌識[맛을 보는 의식], 냄새맡는 느낌이 타고 있다.

The tongue is burning, flavours are burning, tongue[gustative] consciousness is burning, tongue[gustative] impression is burning…,

몸이 불타고, 만져지는 대상이 불타고, 신식身識[몸의 의식]이 불타고, 접촉의 느낌이 불타고 있다.

The body is burning, tangible things are burning, body[tactile] consciousness is burning, tactile impression is burning……..

마음이 불타고, 마음의 대상(관념 등)이 불타고, 정신의 의식意識이 불타고, 의식의 느낌이 불타고 있다.

The mind is burning, mental objects(ideas, etc.) are burning, mental consciousness is burning, mental impression is burning ….

비구들이여, 수행을 하여 거룩한 길을 가는 수행자들은 이러한 모든 현상을 보고 눈과 보이는 대상과 안식과 대상을 보아서 생긴 느낌에서 담담하고 초연하며, 그리고 고, 락, 불고불락 등 의 느낌이 보아서 생긴 느낌에서 비롯된 고, 락, 불고불락 등의 느낌에 대해서도 담담하고 초연하다

Bhiksus, a learned and noble disciple, who sees(things) thus, become dispassionate with regard to the eye, visible forms, visual consciousness, and visual impression, also whatever sensation, pleasant or painful or neither-painful-nor-pleasant arises on account of the visual impression, with regard to that, too, he becomes dispassionate.

귀, 코, 혀, 몸 또한 위와 같다.

The ear, the nose, the tongue, the body, and the mind are the same.

수행을 하여 거룩한 길을 가는 자는 담담하고 초연하여 집착을 여읜다.

무집착으로 인하여 자유롭고, 그 자유로운 상태에서 그는 자신의 자유로움을 스스로 안다.

"Being dispassionate, he becomes detached; through detachment he is liberated.

When liberated there is knowledge that he is liberated.

- 무집착으로 인하여 자유롭다 : 해탈解脫을 뜻하며, 범어는 vimukti[S] / vimurti[P] 이며, 그 뜻은(고통 또는 번뇌로부터) 벗어남=liberation / emancipation / release (from suffering or defilements) 또는 윤회로부터 벗어남=emergence from rebirth을 뜻한다
  ▶ emergence 1. (고난, 역경에서의) 탈출
            2. (진화 중에 예기치 않았던 새 형질의) 창발創發 3. 출현
- 자신의 자유로움을 스스로 안다 : 해탈지견解脫知見 self-knowledge of liberation

그래서 그는 이제 태어나는 일은 없으며, 거룩한 삶을 살았으며, 하여야 할 일은 다 하였으며, 이러한 이유로 더 이상 하여야 할 일은 남아 있지않다는 것을 안다.

And he knows : Birth is exhausted, the holy life has been lived, what has to be done is done, there is no more left to be done on this account."

비구들은 기뻐하고, 이 말씀을 듣고 환희심으로 가득 찼다.

The bhiksus were glad and they rejoiced at his words.

이 설법을 듣고서 비구들의 마음은 온갖 더러운 번뇌로부터 벗어나 집착을 여의게 되었다.

While this exposition was being delivered, the minds of those thousand bhiksus were liberated from impurities, without attachment.

붓다가 깨달음을 이룬 후 붓다는 그의 아버지가 중병으로 몸져 누워있음을 알고 제자들과 함께 카필라바스투로 돌아간다.

In the fifth year after his Enlightenment, the Buddha returned to Kapilavastu with his disciples when he heard that his father was seriously ill.

방문 중에 석가족의 많은 사람이 붓다의 길을 따른다.

During the visit, many members of sakya clan followed the Buddha.

숫도다나왕은 붓다의 가르침에 의해 스로토파나 즉 예류과에 들어간다.

King Suddhodana, by the teachings of the Buddha, became a srotapanna[S] or stream enterer.

나중에 숫도다나왕의 죽음이 임박했을 때 붓다는 왕에게 다가가 설법을 하여 그는 아라한의 경지에 이른 후에 타계한다.

Later hearing of the impending death of King Suddhodana, the Buddha went to him and taught the Dharma, and the king became an arhat prior to death.

그의 조카 아난다와 아누룻다가 출가하였다.

The Buddha's cousins Ananda and Anuruddha joined the sangha.

그의 아들 라훌라도 일곱살의 나이에 출가하여 최초의 사미승이 되어 나중에 밀행제일의 수행자로 불린다.

His son Rahula also became the first s(h)ramanera[S] or male Buddhist novice at th age of seven and later known as the foremost in inconspicuous practice.

그의 이복형제 난다는 태자로서 왕위를 이을 운명이었지만 출가 후에 아라한의 경지에 이르게 된다.

His half-brother Nanda, destined to inherit the throne as a crown prince, became an arhat after renunciation

숫도다나왕이 죽은 후 왕비 프라자파티는 붓다에게 여자도 비구니 즉 여성수행자가 되도록 여러 차례 간청을 한다.

After King Suddodhana died, Queen Prajapati asked the Buddha over and over to let women become bhiksunis.

그러나 붓다는 세번이나 그녀의 바램을 받아들이지 않는다.

But the Buddha rejected her request three times.

붓다가 와이샬리로 떠난 이후에 프라자파티는 스스로 머리를 깎고, 가사 즉 승복을 입고 야소다라와 그 외의 석가족의 여인들과 와이샬리의 마하와나승원으로 발길을 옮긴다.

After the Buddha went to Vaisali, Prajapati shaved her head, put on kasaya[s] or the robe of a Buddhist monk, and accompanied by Yasodhara and other Sakyan women walked to the Mahavana Monastery in Vaisali.

아난다의 중재로 마침내 붓다는 여자들을 승가의 일원으로 받아들이되 팔경법의 조건을 붙인다.

Finally with the intervention of Ananda, the Buddha accepted them into the Sangha on the condition that bhiksunis observed the eight ways of showing respect to bhiksus[팔경법].

> ■ 팔경법八敬法 : 붓다의 양모(프라자파티)가 붓다의 허락으로 승가의 일원이 될 때 여성수행자에게 붓다가 말씀하신 8가지의 계율로서 팔경법의 본질은 비구니의 비구에 대한 존경이다.
> The eight cardinal(가장 중요한, 기본적인) rules for nuns or the eight precepts given by the Buddha to his foster-mother when she was admitted to the order. They are essential to bhiksuni's respect for bhiksu.

1. 백 세의 비구니라도 젊은 비구에게 예를 표하고 자리를 양보해야 된다.

   A nun even at the age of one hundred years old must pay respect to a monk, however young, and offer her seat to him

2. 비구니는 비구를 문책하지 못한다.

She must never scold a bhiksu.

3. 비구니는 비구의 잘못을 지적하거나 허물을 말하지 못한다.

   그러나 비구는 비구니의 잘못을 지적할 수 있다.

   She must never accuse or speak of his misdeeds, but a bhiksu may speak of hers.

4. (비구니가 되려는)식차마니는 비구 앞에서 대계大戒를 받도록 청해야 한다.

   A siksamana(to be a bhiksu) must ask to receive a full ordination by bhiksus.

> ■ 식차마니式叉摩尼=(정학녀正學女=학법녀學法女) siksamana[S] : 대계를 받아 비구니가 되기 위해 6법의 수행을 하고 있는 18세에서 20세 사이의 사미니.
> a female neophyte(초심자) or samini who from 18 to 20 years of age studies the six rules to receive a full ordination and became a bhiksuni.
> ▶ siksa[S] 학습 study, learning.

5. 승잔죄僧殘罪를 지었을 때는 비구대중 앞에서 참회하여야 한다.

   Commiting the second heavy sins or samghavasesa, a bhiksuni must confess her sin before an assembly of bhiksus.

> ■ 승잔죄[samghavasesa(S) / sanghadisesa(P)]는 승단 즉 승가(samgha[S])에 잔류殘留할 수는 있는 죄라는 뜻이며, 승가에 아직 남아있을 수 있지만 보통 6일간의 별도의 의무를 행하면서 따로 생활 하여야 하는데 이를 별주別住라고도 하며, 별주의 빨리어는 manatta(마나타摩那埵)이다.
> 승잔죄는 승가의 밖으로 쫓겨나는 바라이(parajika[S]) 다음의 중죄로서 교단에 의한 권리정지에 해당되며 일정기간 참회한다.
> ▶ 바라이 : 살인, 도둑질 등의 중죄를 범한 수행자에게 내리는 가장 엄한 형벌이며, 그에 대한 처벌은 치탈도첩(=파문) 즉 승려의 자격박탈이며, 같이 생활할 수 없다는 의미에서 불공주不共住라고도 한다.
> Parajika means the most severe penalty for a monastic who commits a grave offence(중죄) like murder, stealing, etc., and the penalty of which is excommunication, or losing the title of monk, and is also called bul-gong-ju meaning "not to live together."
> ▶ together는 복수의 개념을 포함하여 주어가 복수인 경우에만 쓰며 단수인 경우 with를 쓴다.
> I live together with my parents(X). My parents and I live together / I live with my parents.

6. 반 달마다 비구대중 중에서 가려쳐 줄 사람을 구해야 한다.
   She must find a teacher among the bhiksus every half month.

7. 비구와 함께 하안거[夏(여름)安居 : 여름 철의 안거 즉 음력 4. 16 ~ 7. 15]안거를 함께 지내지 못한다.
   She must never share the same summer retreat with bhiksus.

8. 안거를 마친 후 비구 대중 가운데 자자할 스님을 구해야 한다.
   After the summer retreat, bhiksuni should ask for a bhiksu to preside at a pravarana[S] or confession ceremony after the retreat. ■ 자자는 본서 9쪽 참조!

■ 안거에 해당하는 범어varsika[S]는 비(rain)를 뜻하는 varsa에서 유래하고 우안거雨安居라 하며 인도의 안거는 우기[the rainy season]에 외출하면 풀이나 나무, 작은 곤충 등을 밟아 죽이는 것을 막기 위해 동굴이나 사원에 들어가서 일정한 장소 즉 동굴이나 사원에 머물면서 수행하는 여름철의 안거 한 번 뿐이다.
선종에서는 하안거夏安居[여름 철의 안거 즉 음력 4. 16 ~ 7. 15]와 동안거冬安居[10. 16 ~ 다음 해 1. 15일]로 나누어 각각 90일간 수행하는 것 즉 구순금족九旬禁足을 뜻한다.

그리고 붓다는 여성들이 아라한이 될 수 있음을 분명히 밝혔다.
And the Buddha made it clear that women could become arhats.

■ 불전에 의하면 Sujata라는 여자-네란자라 강변에서 공양을 올린 수자타(sujata)가 아닌 다른 여자-는 붓다의 법문을 처음으로 듣는 과정에 아라한의 경지에 들었으며, 집으로 돌아와서 남편의 허가를 얻어 출가를 하여 비구니가 된다.
이것은 가장 빨리 깨달음에 이른 경우거나 그러한 케이스 중의 하나임은 분명하다.
수자타 비구니의 게송이 theri-gata[장로니게]에 전해진다.
남방불교에서 비구니교단은 계속 이어지지 않은 것으로 보이며, 마하가섭이 아난다에게 여성의 출가를 위해 중재역할을 한 것을 힐난하는 것이 문헌에 전하는 것은 마하가섭의 보수적인 성향 내지는 남성위주적 성향을 엿볼 수 있는데, 여성의 출가를 승인한 것은 인도의 다른 종교에서는 보기 드문 획기적인 일이지만 사회적 반발이 있었다는 설도 있으므로 붓다의 결정은 카스트제도를 부정한 문제 이상으로 대단한 일이었던 같다.
이러한 사회적 문제를 고려하더라도 아난다를 힐난하는 것은 붓다의 결정을 간접적으로 공격하는 것과 같은데 마하가섭은 소소한 계율도 그대로 존속시킨 장본인으로서 그의 보수적 성향을 감안하여도 이해하기 쉽지 않다.

이리하여 비구니 교단이 이루어졌다.

Thus, the order of bhiksuni was formed.

붓다는 정각을 이루신 후 45년 동안 그는 남녀노소를 가리지 않고 모든 계급의 사람들에게 법을 펼쳤다.

After his enlightenment, for 45 years, the Buddha taught the Dharma to all classes of men and women regardless of sex and age.

빨리 경전인 장니카야의 대반열반경에 따르면 붓다가 80세의 나이가 되었을 때 곧 대반열반에 들것이라고 말했다.

According to the Mahaparinibbana Sutta in the Dhiga Nikya of the Pali canon, at the age of 80, the Buddha announced that he would soon enter into Mahaparinirvana.

붓다는 자신의 나이에 아랑곳하지 않고 쿠시나가라를 향해 마지막 여행을 하였다.

Despite his age, he prepared to make one last journey to Kusinagara.

그 여정 중에 파바라는 곳에서 머물 때 붓다는 수카라마다와라는 특별한 요리를 마지막 공양을 드셨다.

이에 대하여 버섯으로 만든 특별한 요리라거나 부드러운 돼지고기로 만든 요리 등의 여러가지의 설이 있으며 있으며, 대장장이인 춘다가 올린 것이다.

On the journey, while staying in Pava, the Buddha ate a special dish calledsukaramaddava[P] as his last meal, which, according to different translations, was a mushroom delicacy, soft pork dish, etc., which he had received as an offering from Cunda. a blacksmith.

> ■ 숫카라 마다와 : sukara-maddava[P]는 돼지라는 뜻의 sukara(=pig)와 온화한, 젊잖은, 부드러운, 시들은 등의 뜻이 있는 maddava(=mild, gentle, soft, also withered)가 결합한 합성어이며, 이것에 대해 주석서에도 여러가지 해석이 있으며, 그 외에도 돼지가 땅속에서 자라는 특이한 버섯을 잘 찾는데 그 버섯을 돼지버섯이라 하며 붓다가 드신 것이 이것이라는 주장이 유력하다.
> **delicacy 맛있는 음식, 진미, 별미.

붓다는 공양을 들기 전에 나 이외의 제자들에게 수카라마다바를 공양으로 사용하지 말라고 한다.

Before the meal he told Chunda not to serve the sukaramaddava to his disciples,

왜냐하면 여래를 제외하고 그 음식을 소화할 수 없음을 알고 있었기 때문이다.
because he knew that no one could digest the meal except Tathagata.
그리고 붓다는 나머지 음식을 구덩이에 묻으라고 춘다에게 말한다.
And he said to Cunda, "You should bury the remaning meal in a pit.
붓다는 그 음식을 든 후에 피가 섞인 설사하는 중병을 앓게 된다."
He became very sick and suffer a bloody diarrhea after the meal.
그러나 붓다는 아난다에게 이르기를 춘다가 올린 공양은 붓다의 열반과 관계없으며 마지막 공양은 큰 공덕이 된다는 것임을 춘다에게 확신시키라고 한다.
But the Buddha instructed Ananda to convince Cunda that the meal had nothing to do with his passing and that his last offering would be a great merit.
붓다는 고통을 침으며 계속하여 앞으로 나아갔다.
The Buddha bore the pain and continued to journey onward.
쿠시나가라 근처의 살라나무 숲속에서 아난다에게 말했다.
이제 더 갈 수가 없구나. 저 살라나무 사이에 쉴 자리를 마련해라.
In a sala grove near Kusinagara, the Buddha said to Ananda,
"I can go no further. Prepare a resting place for me between the sala trees."
붓다는 머리를 북쪽으로 향하고 오른쪽으로 누웠다.
He lay down on his right side with his head to the north.
그리고 나서 붓다는 아난다에게 이렇게 말했다.
아난다야 쿠시나가라에 가서 붓다가 곧 열반에 들 것이라고 알리고 그들이 원하면 열반에 들기 전에 친견할 수 있다고 하라.
And then, the Buddha said to Ananada, "Anada! Go to Kusinagara and tell the people that the Buddha will enter into mahaparinirvana, and if they wish to, they should come to see me before that time."
이 소식을 듣고 모두가 슬피 울면서 붓다를 친견하였다.
At the news, they all wept sadly and visited the Buddha.
그 때 떠돌이 이교도 수행자 수밧드라가 붓다의 마지막 제자가 된다.
Then a wanderering heretic named Subhadra[Subhadda(P)] became the last disciple of the Buddha.
수밧드라는 열심히 정진하여 곧 아라한의 경지에 이른다.

He practiced very diligently and attained the stage of arhat before long.

8) 그리고 나서 붓다는 다음과 같은 마지막 유언을 남기고 대반열반에 든다.

8) And the Buddha entered into mahaparinirvana leaving his last words as follows:

▶ Last words 마지막유언

1. 내가 대반열반에 든 후에 내가 가르치고 설명한 법과 율이 너희들의 스승이 될 것이다.

    What I have taught and explained to you as Dharma and Vinaya will be your teacher after my parinirvana.

2. 먼저 출가한 수행자는 후배수행자의 이름이나 성 또는 도반이라고 호칭하며, 후배수행자는 선배를 Bhante(존자) 또는 Ayasma(대덕大德)라고 불러야 한다.

    Senior monks shall address junior monks by their name, their family name, or as a friend, whereas junior monks are to address their seniors, either as Lord or as Venerable Sir.

호칭
Bhante[P]   1. 스승이여! 세존이여! lord 2. 존자여! Reverend Sir / Venerable Sir
Ayasma[P]   1. 장로 elder, senior
            2. 존자 a (Buddhist) priest of eminent virtue / the Rev(erend),
lord   1. 주인, 우두머리, 지배자 2. 귀족 장, …장관 3. 주교의 의례적인 존칭
            4. 경, 각하 5. 주, 하느님, 조물주, 여호와, 구세주, 예수 그리스도

---

3. 너희들이 원한다면 내가 열반에 든 후에 소소한 계율은 폐지해도 좋다.

    If you wish, the order may abolish the minor precepts after my parinirvana.

---

abolish 폐지하다 = repeal / revoke / discontinue / lift / do away with / rescind / abrogate.
▶ 사형제도를 폐지하다 abolish the death penalty[capital punishment].

---

4. 찬다비구는 최고의 벌 즉 모든 대화와 의사소통을 금지하는 벌을 받아야 한다.

    찬다비구가 무슨 말을 해도 다른 비구들은 결코 그에게 말해서도, 훈계해서도, 가르쳐서도 안된다.

    The monk Chanda is to receive the temporary death sentence[pali: brahmadanda=the highest penalty] or punishment by stopping all conversation and communication with him.

Whatever he says, he is not to be spoken to, admonished or taught by the other monks.

5. 비구들이여, 불. 법. 승 삼보에 대하여, 깨달음의 길과 수행에 대하여 의심이 나거나 의문이 나는 점이 있으면 주저하지 말고 물어라.

붓다는 2번, 세번 반복해서 말했다. 그래도 비구들은 아무런 질문을 하지 않았다.

Bhiksus, if anyone has doubts or uncertainty about the Buddha, the Dharma, the Sangha or about the path[magga(P)] or practice[pali:patipada], do not hesitate to ask.

The Blessed one repeated his words a second and a third time, and still the bhiksus were silent.

6. (세상의)모든 것은 무상하다. 방일하지 말고 부지런히 정진하라.[제행무상 불방일정진諸行無常 不放逸精進]

All conditioned things (of the world) are of a nature to decay[passing].

Strive on untiringly [attain your liberation with diligence].

이것이 여래의 마지막 유언이다.

These were the Tathagata's last words.

▶ 도움말

1. 붓다의 6가지 유훈 중 마지막 구절은 여러가지 번역이 있으나 세 가지만 첨가한다.

   (1)은 Edward Conze의 번역이며, (2)는 Donald Mitchell의 번역이며 (3)도 참고하기 바람

   (1) All conditioned things are impermanent. Work out your salvation with diligence.
   (2) All the conditioned things of the world are passing. Attain your liberation with diligence.
   (3) All composite things pass away. Strive for your own liberation with diligence.

   ■ Edward conze는 1904년 영국 런던에서 태어났으나, 곧 독일로 이주하여 자라서 쾰른에서 학위를 받은 후 본과 함부르크에서 서른 너머까지 교편을 잡았기 때문에 그를 독

> 일인으로 보아 독일식 발음 으로 "콘체"–특히 일본에서는–라고 부르는 것으로 보인다. 그러나 "콘즈"는 나치를 피해 영국에 머물면서 방대한 서적을 저술하고, 자신 또한 영국인으로 생각하였으므로 "콘체"가 아니라 "콘즈"가 타당하다.
> ■ 붓다의 유언은 뒤에 별도로 다루므로 참고하기 바란다.

2. "불방일 즉 방일하지 말고"의 의미를 남방의 주석서에는 "마음챙김[sati[P] =mindfulness]을 쉼없이 이어감"이라고 해석하고 있는 점을 반드시 기억하기 바란다.
3. 자등명 법등명이 붓다의 유언이라고 알려진 것은 잘못이며–법과 율이 너희들의 스승이라는 말은 있지만–자등명 법등명에 해당하는 말씀은 여러 경전에서 볼 수 있으며, 열반경에도 나오지만 위에서 본 것과 같이 유훈 안에는 포함되지 않는다.
4. 자등명 법등명의 빨리원문
   (1) Tasmat ih Ananda(그러므로 아난다야)
   (2) atta-dipa viharatha(너 자신을 섬으로 삼아라) atta-sarana(너 자신에게 의지하라) ananna-sarana(다른 이에 의지하지 말라).
   (3) dhamma-dipa(법을 섬으로 삼아라) dhamma-sarana(법에 의지하라) ananna-sarana(다른 것에 의지하지 말라).

▶ **영문번역**

1. Maurice Walshe의 번역
   (1) Therefore, Ananda,
   (2) you should live as islands unto yourselves, being your own refuge, with no on else as your refuge;
   (3) with the Dhamma as an island, with the Dhamma as your refuge, with no other refuge.
2. Walpola Rahula의 번역
   (1) Therefore, Ananda,
   (2) dwell making yourselves our island(support), making youeselves your refuge, and not anyone else as your refuge;
   (3) making the Dhamma your island(support), the Dhamma your refuge, nothing else your refuge.

- 위의 구절 중 (2)와 (3)을 줄여서 표현하면 다음과 같다.
  You should depend on yourselves, and on the Dharma, and not on anyone else, or on anything else.

▶ **빨리어 원문의 단어정리**

1. Tasamat ← tasama 그러므로
2. atta 나
3. dipa의 의미
   1. 등불 (lamp) light / lantern 2. 섬(island), 보호소, 대피처(refuge, shelter)

- **자등명과 자의주 그리고 법등명과 법의주**
위에서 dipa가 빨리어에서는 등불과 섬이라는 두 가지 의미가 있어 어느 쪽으로도 해석할 수 있으나 빨리어 경장의 주석서에 섬으로 해석해야 한다고 하므로 자등명이 자의주[自依洲←洲(섬 주)]가 되어야 하며 법등명도 또한 같다. 산스크리트어는 섬은 dvipa, 등불은 dipa로 분병한 구분이 되는 것과 차이가 있다
불교의 우주관 중 수미산 우주설에 의하면 수미산 주위의 4대륙 중 우리가 살고 있는 남쪽대륙의 잠부드위빠[Jambu-dvipa]는 jambu나무가 있는 섬[dvipa]라는 뜻으로서-여러 가지 다른 해석도 있다.
남섬부주라는 번역은 남쪽+염부閻浮[Jambu의 음역] + 주洲[dipa의 의역]의 합성어이다.
※ 참고로 과거불 중 한분으로 전생의 석가모니 부처님께 수기를 한 연등불 [Dipankara]의 뜻도 같이 알아보자.
Dipankara←[dipa등불 + kara햇빛, 광선= one who lights a lamp: 연등불=정광불錠光佛 [덩어리 정, 빛 광].
※ dipa-alaya 휴식장소.

4. viharatha ← viharati 살다(live), 거주하다(abide, dwell)
   ▶ vihara 거처, 머무는 곳(abode, dwelling place) 2.사원(monastery)
5. sarana 귀의하다, 의지하다(take refuge in, depend on)
6. ananna ←[an+anna] : an=not+anna=other(thing, person)
   ▶ anna-sarana는 "다른 것에[anna] 의지하는[sarana]"이라는 말이며, 이 말에 부정의 접두어인 an이 있으므로 결국 "다른 것에 의지하지 말라"는 뜻이 된다.
7. dhamma 법

▶ 사념처와 자의주 · 법의주

> 1. 붓다의 유훈인 불방일의 내용이 사념처 수행이라고 위에서 보았다.
> 2. 그리고 붓다는 디가 니카야 II p.100~101에서 "자의주 · 법의주에 대한 말씀에 이어서 사념처 즉 네 가지 마음을 챙기는 대상(1. 신 body 2. 수 feeling 3. 심 mind 4. 법 dharma: 몸, 감각, 마음, 마음의 대상) 수행을 설한 다음 다시 자의주.법의주를 설하면서 이렇게 하면 그는 나의 제자들 중 최고의 비구가 될 것이다"라고 하였다.
> 이 부분에 대해 일부만 Walpola Rahula의 What the Buddha taught의 61쪽을 참고하여 기술한다.
>
> "더 나아가, 붓다는 자기 자신이 어떻게 자기의 섬이나 피난처가 될 수 있는가, 어떻게 법을 자신의 피난처나 섬으로 삼을 수 있는가를 아난다에게 설하셨다.
> 그것은 신, 수, 심, 법의 마음챙김 수행(사념처)을 통해서 이루어 진다는 것이다.
> Further, the Buddha explained to Ananda how one could be one's own island or refuge, how one could make the Dhamma one's own island : through the cultivation of mindfulness or awareness of the body, sensation, mind and mind-objects(the four sati-patthanas)."

붓다의 장례는 생전에 남긴 말씀에 따라 전륜성왕의 장례 절차에 따라 치러졌다.

The Buddha's funeral was held like the cakravartin's funeral proceedings according to the Buddha's instruction to Ananda during life.

> - cakravartin[S] 전륜성왕轉輪聖王 = cakkavattin[P]은 직역하면 "wheel-turning"이 되며 어원{etymology / the origion[deriviation] of a word}을 분석[analysis]해보면 다음과 같다.
>   ▶ cakra[S] = cakka[P] = wheel, disc, circle, cycle
>   ▶ vatrtin[[S] = vattin[P] = 1. turning, moving 2. performing
>   그러므로 cakravartin[S]은 a ruler the wheels of whose chariot roll everywhere without any obstructions(어떤 장애도 없이 모든 곳에서 그의 전차의 바퀴를 굴리는 지배자)라고 하며 간단히 king / monarch / emperor(왕, 군주, 황제)라고 한 번역도 있으며, a soverign of the world / a ruler of cakra / a universal monarch(온 세상의 지배자 / 전륜왕轉輪王 / 온세상의 군주)의 번역도 있다.
> - 불교의 장례식에서 화장하는 것을 다비茶毘라고 하는 데 이 말의 유래는 "태우다"라는 뜻의 jhapeti[P]의 과거수동분사인 jhapita[P]의 음역이며, 소신燒身, 분소焚燒 등으로 의역하며, 화장한다 [cremate]는 뜻이다. -가산불교대사림-

그 때 마하가섭은 500명에 이르는 비구와 함께 쿠시나가라로 향하는 큰길을 따라 움직이고 있었다.

Then Mahakassapa was traveling along the main road from Pava to Kusinagara with a group of 500 bhiksus.

도중에 그는 붓다께서 일주일전에 열반에 드셨다는 소식을 들었다.

On his way, he heard the news that the Buddha had passed away a week before.

아직 집착을 여의지 못한 수행자들은 이 소식을 듣고 그들의 머리카락을 쥐어뜯으면서 통곡을 하였다.

At the news, monks who had not yet overcome attachment wept and tore their hairs.

그 때 늦깎이 수행자 수밧드라 비구는 스님들에게 이런 말을 하였다.

이제야 우리는 모든 속박에서 벗어났다.

우리가 하고 싶은대로할 수 있고, 싫은 것은 하지 않아도 된다.

Then bhiksu Subhadra[Subhaddha(P)], who left home in old age, said to the monk,

"At last, we have become free from all sorts of restrictions.

Now we can do what we like, and not do what we don't like."

---

1) Subhadra[S]라는 마지막 제자와 위의 Subhadra는 동명이인(a different person with the same name)이다.
양자를 구별을 위해 붓다의 열반을 오히려 좋아한 위의 Subhadra에게 늦깎기라는 말을 붙이기도 한다.
2) 그리고 남전의 기록에는에는 늦깎이 Subhaddha[P]로 나와 있지만 북전의 유행경에는 Upananda(S) −발난타跋難陀로 음역함−로 나와 있다

한편 머리를 감고 새 옷으로 갈아입은 4명의 말라족 추장들은 이렇게 말했다.

우리는 붓다의 화장용 장작에 불을 붙이려 하였으나 실패하였다.

Meanwhile, four Malla chiefs, having washed their heads and put on new clothes, said, "We will light the Buddha's funeral pyre," but they were unable to do so.

그들은 아나율존자에게 가서 그 이유를 물었다

So they went to Anuruddha and asked him why this was.

아나율존자는 "그 장작은 마하가섭이 붓다의 발에 그의 머리를 대고 경배를 올릴 때까지는

불이 붙지 않을 것입니다."라고 말했다.

He said, "the Buddha's funeral pyre will not be lit until Mahakassapa has paid homage with his head to the Buddha's feet."

존자님, 그것이 천신들의 뜻이라면 그렇게 할 수 밖에 없겠습니다.

"Venerable, if that is the devas' intention, so be it."

그 때 마하가섭이 붓다의 장례용 장작더미의 앞으로 다가왔다.

그는 한 쪽의 어깨를 가사로 덮은 후 경배를 올리고 세번 장작더미 주위를 돈 후에 붓다의 발에 덮힌 것을 벗기고 발에 머리를 대고 경의를 표하고 500의 스님들이 똑같이 경의를 표하였다.

Then Mahakasyapa went to the Buddha's funeral pyre and, covering one shoulder with his robe, joined his hands, circumambulated the pyre three times and, uncovering the Buddha's feet, paid homage with his head to them; and the five hundred monks did likewise.

이러한 의식이 끝나자 장작은 저절로 불이 붙었다.

When this was done, the Buddha's pyre ignited of itself.

■ 삼처전심 ■

1) 삼처전심[three transmission of the mind from Buddha to Mahakasyapa] 중의 하나인 곽시쌍부의 유래.
   중국선종에서 삼처전심-붓다가 가섭존자에게 말없이 세곳에서 법를 전함-의 하나인 곽시쌍부[사라쌍수 아래에서 곽의 밖으로 두 발을 내 보임 showing the two feet out of the coffin under the twin sala trees]의 근거로 삼는 것이 바로 이 부분이다
   남전의 Digha-Nikaya의 대반열반경에 대응하는 북전의 장아함경의 유행경에는 대가섭이 붓다에게 다가가자 부처님께서 발을 내미셨다라는 언급이 있다.
   남전에는 대가섭이 경의를 표한 뒤 발쪽을 열고 세존의 머리에 발을 대고 절을 올리고, 이어서 500비구들도 절을 하자 장작불에 저절로 불이 붙었다고 한다.
   이 부분에 대한 남전의 주석서에는 가섭존자의 신통(붓다가 아님)에 의해 두발이 나오게 했다고 주석하고 있다.
   각묵스님께서 남전의 대반열반경을 번역한 "부처님의 마지막 발자취[초기불전연구원 간행]" 183쪽에서 이러한 주석서의 전통이 중국선종에서 곽시쌍부로 정착이 된 듯하다고 설명한다.

2) 북전 장아함의 유행경에 해당부분
   가섭존자가 뒤 늦게 도착하여 아난존자에게 3번이나 청하여 붓다의 몸을 보려고 하지

> 만 거절당했다.
> "대가섭은 향더미로 향해 걸어 갔다.
> 바로 그 때 부처님께서 겹으로 된 곽 속에서 두발을 나란히 내미셨는데 발에 이상한 빛이 있었다.
> 아난에게 붓다의 몸은 금빛인데 발이 이상한 이유를 묻자 어느 노파가 발을 만지면서 발위에 눈물을 흘려서 이상하게 되었다고 대답한다.
> 가섭은 매우 불쾌했다.
> 가섭이 향더미를 향해 부처님에게 예배했다. 4부중과 위의 모든 하늘도 동시에 예배했다.
> 이에 부처님의 발이 갑자기 사라졌다. 대가섭은 향더미를 세 번 돌고 게송을 지어 말했다.
> ………
> 큰 위엄과 덕이 있고 사변재를 갖춘 대가섭이 이 게송을 설하고 나자 그 때 그 장작더미는 저절로 탔다".
> 3) 경덕전등록과 대범천왕문불결의경－붓다가 가섭에게 법을 부촉하는 장면이 나온다.

장례식이 끝나자 마가다의 아사세왕과 석가족, 심지어는 브라만들까지 모두 8개의 무리들이 붓다의 유해에 대한 분배문제로 분쟁이 일어났다.

After the funeral service, trouble arose from distribution of the Buddha's remains among eight in the crowd including King Ajatasatru of Magadha, the Sakya clan, and even a Brahman.

그 때 도나라는 브라만이 중재에 나서서 붓다의 유해는 8등분으로 나누어졌다.

Then under the arbitration of a wise Brahman named Dona, the remains were divided into eight portions.

도나 브라만은 붓다의 유해를 담은 항아리를 차지했다.

Dona received the jar that contained the remains.

핍발라 숲의 모리야부족은 뒤늦게 사자를 보내 화장에 사용된 재를 가져갔다.

The Moriya clan of Pippalavana belatedly sent a messenger and took the ashes from the funeral pyre.

- Dona는 지역의 이름이다.
  따라서 도나출신의 어떤 바라문인지 그 지역이름을 성이나 이름으로 쓴 것인지 불명하다. 남방 불교의 영문서적에는 보통 a respected bramin named Dona라는 표현이 보인다. 그러므로 도나 출신의 바라문(a Brahman from Dona) 대신 "a bramin named Dona"를 따른다.
- belatedly (뒤)늦게   **pyre 화장용장작.
  Thus, eight stupas were built for the remains, a ninth for the jar, and a tenth for the ashes.
- ashes=embers=cinders 타다 남은 것.
  ※ 경조사 family event[occasion] 경조비 expenses for congratulations and condolences.
▶ 그는 주위사람들의 경조사를 잘 챙긴다. He takes good care of other's family events.

붓다의 일생을 마치면서

붓다의 일생에 관한 자료를 다루면서 대중에게 쉽고 정확히 전달하는 것이 무척 어려운 작업임을 다시 한번 실감하는 시간의 연속이었다.

예전에 어린이용 붓다의 일생에 관한 글을 오기숙 국제포교사와 만들 때는 요즘 어린이의 정서를 이해하는 것과 영어수준을 가늠하는 문제로 고민했으나, 일반인의 경우 신비적이거나 문학적인 면보다 역사적 존재로서의 붓다를 묘사하는 작업은 더 어렵다는 것을 알게 되었다.

부족한 점에 대해 독자들의 이해를 바라며 아래에는 붓다의 일생과 관련하여 도움이 되는 내용을 기술하니 참고하기 바란다.

헤르만 헤세의 싯다르타

이 책의 내용은 붓다 외에 싯다르타라는 또 하나의 인물을 내세우는 독특한 구도 속에서 싯다르타의 구도과정을 담은 헤세의 1922년 작품이다.

그는 친불교적 사상과 영지주의(Gnoticism)의 영향을 받은 작가이면서 2000여점의 그림을 남긴 화가이기도 하며, 동양적인 구도자이며 은둔자라고 자처하던 그는 끊없는 내면적 성찰을 하여 자신을 해체시킨 지성인이었다. 누구나 고등학교 시절 "데미안Demian"과 "수레바퀴 밑에서 Beneeth the Wheel" 등을 읽은 적이 있을 것이다.

데미안의 글 중에 다음의 말은 중국 선불교의 줄탁동시啐啄同時라는 말을 연상케 한다.

"The bird struggles out the eggs. The egg is the world.
Whoever wants to be born must destroy a world.
The bird flies to the God. That God's name is Abraxas.
새는 알에서 나오려고 바둥거린다. 알은 곧 세계이다.
새로 태어나려는 자는 하나의 세계를 깨뜨리지 않으면 안된다.
그 새는 신에게 날아간다. 그 신의 이름은 아바락사스이다."

■ The God Abraxas 아브락사스 신神 ■
The Gnoistic deity Abraxas is used as a symbol throughout the text, idealizing the harmonious union of all that is good and evil in the world.
영지주의적 신 아바락사스는 이 책 전반에 걸쳐서 나오는 상징이며, 이 세상의 선과 악 모두에 대한 조화로운 통일을 이상화시킨 것이다.
Demian argues that Christian God is an insufficient God; it rules over all is wholesome, but there is another half of the world.
데미안은 그리스도교의 신은 완전하지 못한 신이며, 선함만을 다스리는 존재이다. 그래서 여전히 세상의 반은 남아있다고 주장한다.
Carl Gustav Jung called Abraxas a god higher than the Christian God and Devil, cmbined all opposites into Being.
칼 구스타프 융은 아브락사스를 기독교의 신이나 악마보다 더 높은 신으로서 모든 상호대적관계相互對敵關係를 하나로 통합하는 존재로 본다.

■ 줄탁동시啐啄同時는 선불교에서 많이 사용되는 말로서 스승과 제자간의 노력에 의한 깨달음의 결정적 계기나 시기를 뜻하는 말로서 중국의 유명한 공안집의 하나인 벽암록(The Blue Cliff Record)의 16장에 "학인學人이 줄啐하니 사師의 탁啄을 청합니다: 학인 줄 청사탁學人啐請師啄 : I am breaking out, I ask the Teacher to break in. "라는 말이 나온다.

줄탁동시啐啄同時의 뜻 : 병아리가 부화할 때, 병아리가 껍데기 속에서 우는 소리인 "줄啐"과 어미 닭이 밖에서 쪼아 깨뜨리는 행위인 "탁啄"이 동시에 행해짐을 의미하며, 그것은 참선을 할 때 학인 즉 제자와 스승인 선사 상호간의 노력에 비유한 것이다.

Simultaneous actions of the peeping of a chick from inside the eggshell and the hen pecking on the eggshell outside when a chick hatches from the egg: It is a metaphor describing the mutual role or effort between practitioners and Seon-sa or Zen Master in meditation practice.

▶ peep 1. n.삐악삐악, 짹짹, (병아리나 쥐의) 우는 소리 v.(삐악삐악, 짹짹)울다 2. 엿보다. 들여다보다.
▶ peck 부리 등으로 쪼다.
▶ 啐 1. 줄 : 부르짓다, 떠들다, 놀라다 2. 쵀 : 맛보다 ▶啄 쪼을 탁

■ 아래의 영문과 한글은 Hesse의 "싯다르타" 마지막 부분인 고빈다 편에 나오는 싯다르타와 그의 도반 고빈다 사이에 나눈 대화를 발췌하여 정리한 것이다. ■

Siddharta by HERMANN HESSE – translated by Hilda Rosner
고빈다 Govinda
- 고빈다는 수행자의 이름이며 덕망높은 고승으로서 어느날 강가에서 뱃사공을 하면서 수행하는 싯다르타에게 와서 법을 묻는다. 이야기 도중에 자신의 옛 친구 싯다르타임을 알게되고 그를 통해 깊은 경지에 이르게 된다. -

싯다르타는 말하였다.
"내가 그대에게 달리 무슨 말을 할 수 있겠소?
구함이 지나치면 오히려 발견하지 못하는 수도 있는 법입니다."
Siddharta said : "What could I say to you that would be of value, except that perhaps you seek too much, that as a result of your seeking you cannot find."
고빈다가 물었다. "그게 무슨 말씀인가요?"
"How is that?" asked Govinda.
"누구든 도를 구할 때 그가 구하는 것만 보는 것은 흔한 일이지요.
구하고자 하는 것만 생각하기에 아무것도 발견하지 못하고, 받아들이지 못해요.
그것은 그가 목적이 있고, 그 목적에 사로잡혀 있기에 일어나는 일이지요.
"When someone is seeking," said Siddharta, "It happens quite easily that he only sees the thing that he is seeking; that he is unable to find anything, unable to absorb anything, because he is only thinking of the thing he is seeking, because he has goal, because he is obsessed with his goal.
구함은 목적이 있음을 뜻하지만, 발견은 목적이 없으며 자유로움과 받아들임을 뜻하지요
존경스러운 수행자여, 당신은 구도자인 것 같습니다.
왜냐하면 당신은 목적을 추구하면서 바로 눈앞에 있는 일을 못 보고 있으니 말입니다.
Seeking means: to have a goal; but finding means: to be free, to be receptive, to have no goal.
You, O worthy one, are perhaps indeed a seeker, for in striving towards your goal, you do not see many things that are under your nose."

……(중략)…….
그는 떨리는 소리로 물었다. "그대는 싯다르타가 아닌가요?"
"Are you Siddharta?" he asked in a timid voice.
싯다르타는 다정한 미소를 지었다. "그래 난 뱃사공이 되었네"
Siddharta laughed warmly. "Yes, I have become a ferryman."
……(중략)…….
지식은 전달될 수 있으나 지혜는 그럴 수 없네
Knowledge can be communicated, but not wisdom.
모든 진리는 그 역도 진리이다.
In every truth the opposite is equally true.
예컨대 어떤 사상으로 사고되고 언어로 표현되어질 수 있는 것은 무엇이든 단면적일세
모두가 단면적이며 반쪽이며 모두가 그 전체성이나 완결이나 단일이 결여되어 있는 것일세.
For example, a truth can only expressed and envelope in words if it is one-sided.
Everything that is thought and expressed in words is one-sided, only half the truth; it all lacks totality, completeness, unity.
그러므로 지혜로운 붓다도 이 세상에서 가르침을 베풀 때 세계를 윤회와 열반, 망상과 진실, 번뇌와 해탈로 나누어 놓으실 수 밖에 없었던 것일세.
When the Illustrious Buddha taught about world, he had to divide it into Samsara and Nirvana, into illusion and truth, into suffering and salvation.
어쩔 도리가 없다네. 가르치고자 하는 사람에게는 그 밖의 다른 방법은 있을 수 없네.
One cannot do otherwise, there is no other method for those who teach.
허나 세계 그 자체, 우리의 안과 밖에 있는 존재는 결코 단면적인 것이 아니라네
But the world itself, being in and around us, is never one-sided.
어떠한 인간도, 어떠한 행위도 완전히 윤회나 열반이라 할 수 없네.
어떤 인간이라도 완벽하게 성스러운 존재이거나 악인이라고 할 수 없네.
Never is a man or a deed wholly Samsara or wholly Nirvana; never is a man wholly a saint or a sinner.

- never가 앞에 위치하면서 주어와 동사가 도치된 문장이다.
- wholly 전혀, 완전히 Few men are wholly bad. 완전한 악인은 거의 없다.

이는 단지 시간이 실재하는 것으로 착각하기 때문에 그렇게 보이는 법일세.
This only seems so because we suffer the illusion that time is something real.
고빈다여, 시간은 실재하지 않는다네.
Time is not real, Govinda.
나는 그 점을 수없이 깨달았다네.
I have realized this repeatedly.
시간이란 것이 실재하지 않는다면 이 세계와 영원, 번뇌와 해탈, 선과 악 사이에 존재하는 듯한 경계선도 착각일 뿐일세.
And if time is not real, then the dividing line that seems to lie between this world and eternity, between suffering and bliss, between good and evil, is also an illusion.
나는 나의 육체와 영혼을 통해 깨달았네.
나에게는 죄악도 필요했고, 나는 육체적 욕망도 필요했고, 나에게는 물욕의 몸부림과 혐오와 끝없는 절망도 필요하다는 것을 말일세.
그리하여 나는 그것들에 대해 거부하지 않고 이 속세를 사랑하게 되었으며, 더 이상 공상 속의 이상세계와 욕망으로 뒤덮인 환영의 세계를 비교하지 않게 되면서, 세상을 있는 그대로 두고 사랑하고, 또한 그에 속하게 된 것을 기뻐하게 되었다네.
고빈다여, 이것이 내가 체득한 사상의 하나일세
I learned through my body and soul that it was necessary for me to sin, that I need lust, that I had to strive for property and experience nausea and the depths of despair in order to learn not to resist them, in order to learn to love the world, and no longer compare it with some kind of desired imaginary world, some imaginary vision of perfection, but to leave it as it is, to love it and be glad to belong to it.
These, Govinda, are some of the thoughts that are in my mind.
고빈다여, 나는 한 개의 돌을 사랑할 수 있네. 한 그루의 나무와 한 조각의 나무껍데기조차도.
I can love a stone, Govinda, and a tree or a piece of bark.
그것들은 사물이며 사람은 그것들을 사랑할 수 있네.
그러나 나는 언어를 사랑할 수 없다네.
There are things and one can love things.
But one cannot love words.
……(중략)…….

윤회와 열반이란 말들일 뿐이야, 고빈다.
열반이란 사물이 아니라 단지 열반이란 말이 있을 뿐일세.
Samsara and Nirvana are only words, Govinda.
Nirvna is not a thing; there is only the word Nirvana.
······(중략)······.
고빈다가 말했다.
"그러나 자네가 사물이라고 부르는 것이 실재적인가, 본질적인가?
그것이 단지 환영 속의 착각이나 단순한 이미지나 그림자에 지나지 않는 것은 아닐까?
자네가 말하는 돌이나 나무가 과연 실재하는 것일까?"
Govinda said: "But what you call thing, is it something real, something intrinsic?
Is it not only the illusion of Maya, only image and appearance?
Your stone, your tree, are there real?"
싯다르타는 말하였다. "그 점도 별로 문제가 되지 않네."
"This also does not trouble me much," said Siddharta.
사물이 모두 환상이라면 나 또한 환상이며, 변함없는 본질이라면 나 또한 그러하다네.
"If they are illusion, then I also am illusion, and so they are always of the same nature as myself.
그것이 그들을 그토록 사랑하고 소중하게 만들지.
그게 내가 그들을 사랑할 수 있는 이유지.
It is that which makes them so lovable and venerable.
That is why I can love them.
자네가 들으면 웃겠지만 이 또한 하나의 가르침일세.
And here is a doctrine at which you will laugh.
고빈다여! 나에게는 사랑이야말로 세상에서 가장 중요한 것으로 여겨진다네.
It seems to me, Govinda, that love is the most important thing in the world.
세계를 통찰하고 해명하며 경멸하는 것은 위대한 사상가에게 중요한 일이겠지.
It may be important to great thinkers to examine the world, to explain and despise it.
그러나 내가 중요하게 여기는 것은 세상을 사랑하는 것일세.
세상을 경멸하거나 우리가 서로를 미워하는 것이 아니라 세상과 우리들 자신, 그리고 모든 존재를 사랑과 받듦 그리고 존경으로서 바라보는 것 말이야.

But I think it is only important to love the world, not to despise it, not for us to hate each other, but to be able to regard the world and ourselves and all beings with love, admiration and respect.

……(중략)…….

그 분이 어찌 사랑을 모르시겠나.

인생의 헛됨과 무상함을 알지만 중생을 너무나 사랑하였기에 홀로 그들을 도와서 가르치는 일에 평생을 바친 그 분이 말일세.

How, indeed, could he not know love, he who has recognized all humanity's vanity and transitoriness, yet loves humanity so much that he has devoted a long life solely to help and teach people?

> ■ humanity 1. U C 인간성; 《-ies》 인간의 속성 2. 인류; 인간 3. U 인도; 친절, 자애, 인간애, 인정

위대한 스승인 그 분도 사물이 그 말보다 소중한 것이라고 나는 생각하네.

Also with this great teacher, the thing to me is of greater importance than the words;

그 분의 삶과 행위가 그 분의 설법보다 더 중하며, 그 분의 사상보다 중한 것은 그 분의 손놀림일세.

his deeds and life are more important to me than his talk, the gesture of his hand is more important to me than his opinions.

나는 그 분의 말씀과 사상이 아니라 그 분의 행위와 삶 속에서 위대함을 보기 때문이지.

Not in speech or thought do I regard him as a great man, but in his deeds and life."

두 노인은 오랫 동안 침묵 속에 잠겼다.

The two old men were silent for a long time.

……(중략)…….

싯다르타는 고빈다의 귀에 대고 나지막하게 말했다.

"이리로 몸을 굽혀보게, 고빈다여, 더 가까이 좀더! 내 이마에 입을 맞추어 보게."

"Bend near to me!" he whispered im Govinda's ear, "Come, still nearer, quite close! Kiss me on the forehead, Govinda."

고빈다는 이상한 생각이 들었지만 큰 사랑과 그의 말에 따르라는 예감에 이끌렸다.

그가 그에게 다가가 그의 이마에 입술을 대었다.

바로 그 순간 놀라운 일이 일어났다.

고빈다는 싯다르타의 알 수 없는 말들이 머리 속에 맴돌고, 시간이라는 관념을 벗어나서 윤회와 열반이 하나임을 상상하려고 무진 노력하면서, 또한 친구의 그 말조차 부정하려는 생각과 그를 위한 싯다르타의 비할 수 없는 사랑과 배려가 함께 뒤섞여 갈등이 일어나는 그 순간 그에게 이러한 일이 일어났다.

Although surprised, Govinda was compelled by a great love and presentiment to obey him;

He leaned close to him and touched his forehead with lips.

As he did this, something wonderful happened to hm.

While he was still dwelling on Siddharta's strange words, while he strove in vain to dispel the conception of time, to imagine Nirvana and Samsara as one, whle even a certain contempt for his friend's words conflicted with a tremendous love and esteem for him, this happened to him.

- compel vt. 1. 강제하다 2. 〈사람이〉 (…)하지 않을 수 없다
  vi. 1. 폭력을 휘두르다 2. 강제하다
- presentiment 예감, (…의) 육감(foreboding)《of …》, (…이라는) 예감《that절》.
- strive (strove, striven, striving) 1. 노력하다, 분투하다 2. 와 경쟁하다 3. 와 싸우다.
- dispel 을 쫓아버리다; 〈걱정, 공포 등을〉 떨쳐버리다, 〈의심 등을〉 풀다, 일소하다.
- contempt 1. 경멸, 멸시 2. 치욕, 불명예(disgrace).

더 이상 그의 도반 싯다르타의 얼굴은 보이지 않았다.

He no longer saw the face of his friend Siddharta.

그 대신 수많은 다른 얼굴들을 그는 보았으며 ……(중략)…….

Instead he saw other faces, many faces, …….

그는 그 모든 모양과 얼굴들이 무한한 관계속에 있으면서 서로 돕고 사랑하고 미워하며 파멸시키고 새롭게 다시 태어나는 것을 보았다.

He saw all these forms and faces in a thousand relationships to each others, all helping each other, loving, hating and destroying each other and become newly born.

그 하나하나가 모두 무상한 존재로서 필멸과 격렬함, 그리고 고통의 존재들이었다.

Each one was mortal, a passionate, painful example of all that is transitory.

그러나 죽지않고 단지 변할 뿐이었으며, 다시 태어나 언제나 새로운 얼굴을 하고 있었다.

단지 그 얼굴들 사이에는 시간조차 멈추어 있었다.

Yet none of them died, they only changed, were always reborn, continually had a new face: only time stood between one face and another.

그리고 그 모든 형태와 얼굴은 고요한 멈춤, 흐름, 그리고 생성 속에서 떠돌고 모이기도 하였다. 그 모든 것 위에 끊임없이 희미하여 없는 것 같으면서도 존재하는 그 무엇이 있었으며, 마치 얇은 유리나 얼음 같고, 투명한 막이나 물로 이루어진 껍질이나 가면의 모양 같은 것이었다.

그 순간 그 가면에 그의 입술을 맞춘 것은 싯다르타의 미소짓는 얼굴이었다.

And all these forms and faces rested, flowed, reproduced, swam past and merged into each other, and over them all there was continually something thin, unreal and yet existing, stretched across like thin glass or ice, like a transparent skin, shell, form or mask of water—and this mask was Siddharta's smiling face which Govinda touched with his lips at that moment.

그리하여 고빈다는 그 가면 같은 미소, 흘러가는 온갖 모양 위의 다르지 않은 미소, 무한한 생사生死에 대해 여여如如하게 보는 미소, 바로 그 싯다르타의 미소가 고타마 붓다의 미소였다는 것을 알았다.

붓다의 미소는 고요하고 미묘하며 헤아릴 수 없는, 그리고 자애롭고, 어쩌면 장난기가 있는 듯하면서도 지혜로운 온갖 모양의 미소로서 그가 수백 번 경외로운 마음으로 올려 보았던 그 미소였다.

And Govinda saw that this mask-like smile, this smile of unity over the flowing forms, this smile of simultaneousness over the thousands of births and deaths—this smile of Siddharta—was exactly the same as the calm, delicate, impenetrable, perhaps gracious, perhaps mocking, wise, thousand-fold smile of Gotama, the Buddha, as perceived it with awe a hundred times.

- simultaneousness 동시성(동시에 존재하거나 작용함).
- impenetrable 1. 〈사물이〉 불가해한, 헤아릴 수 없는.
  2. 꿰뚫을 수가 없는, 관통할 수 없는.
- mocking 1. 조롱하는 듯한 2. 흉내내는 ▶mockery 조롱, 냉소, 가짜 → a mockery of an original 원작의 위작.
- awe n. U 두려움, 외경畏敬. v.t. (awed, awing) 〈남에게〉 두려움[외경심]을 느끼게 하다.

고빈다는 완전한 깨달음의 경지에 이른 분의 미소가 그러하다는 것을 깨달았다.

It was in such a manner, Govinda knew, that the Perfect One smiled.

……(중략)…….

고빈다는 깊이 머리를 숙였다.

Govinda bowed low.

주체할 수 없는 눈물이 그의 늙은 얼굴 위로 흘렀다.

Incontrollable tears trickled down his old face.

> ■ trickle 1. 〈액체가〉 조금씩 흐르다; 〈눈물, 땀, 비 등이〉 (…을 타고) 똑똑[찔끔찔끔] 떨어지다, 방울져 떨어지다《down …》. 2. 〈사람이〉 드문드문 오다, 흩어져 가다; 〈물건이〉 새다, 조금씩 나오다.

깊은 사랑과 한없는 겸손에서 우러나는 존경의 마음이 넘쳐 올랐다.

He was overwhelmed by a feeling of great love, of the most humble veneration.

고요히 앉아있는 싯다르타 앞에 그는 땅에 몸이 닿도록 큰 절을 올렸다(=오체투지의 예를 올렸다).

그의 미소는 그에게 그가 일생동안 사랑했던 것과 가치있고 성스러웠던 것들을 돌아보게 하였다.

He vowed low, right down to the ground, in front of the man sitting there motionless, whose smile reminded him of everything that he had ever loved in his life, of everything that had ever been of value and holy in his life.

> ■ 오체투지五體投地
> vow down to the ground / full bowing or prostration with the whole body[five parts of the body: two knees, two elbows, and forehead].
> 오체투지란 오체(양 무릎과 양 팔꿈치, 그리고 이마)를 사용해서 하는 절을 말한다.
> ■ down to the ground 1. 땅에 떨어져, 땅에 닿아서 2. 아주, 철저히, 딱.
> ▶ flop [plop / plunk] down to[on] the ground 땅에 털썩 주저앉다.
> ▶ The hat suits you down to the ground 그 모자가 너에게 꼭 맞는다.

▶ 과거칠불의 공통점

남방의 Digha Nikaya의 Mahapadana sutta와 그에 대응하는 북방의 장아함경의 대본경에 보면 과거칠불과 그 이름이 나오며, 과거칠불은 도솔천에서 강림, 탄생, 일곱걸음을 걸으면서 탄생게를 외침, 32상을 갖춤, 어머니의 죽음과 도리천에 환생, 사문유관, 수도, 성도, 범천권청, 전법륜, 열반 등의 동일한 경험을 가진다는 내용이 기술되어 있다.
Ex] It is the rule that the Bodhisattva's mother who died seven days after his birth was born in Tryastrimsa heaven[도리천].
보살의 어머니가 보살의 탄생 후 7일 뒤에 도리천에 태어나는 것은 법칙이다.
▶ 보살 : 대승경전이 아닌 초기경전은 석가모니 부처가 전생부터 현생까지 보리수 나무 아래에서 성불하기 까지의 명칭으로 사용된다.

▶ 붓다가 인간세계에 태어나는 이유

방광대장엄경(Lalita-vistara의 한역경전) : 아래 불전을 참조하라) "제3탄생품"에 보면 다음과 같은 말이 나온다.
"모든 붓다는 인간 세상에 출현하는 것이지 천상세계에 태어나는 것이 아니다……
만약 천상에서 깨달음을 이룬다면, 사람들은 그것은 천상의 일이므로 인간인 내가 어찌 그것을 해내겠냐고 스스로 포기할 것이기 때문이다."

▶ 붓다의 일생에 관한 불전

붓다의 삶과 관련된 부분은 본생담으로 번역되는 자타카와 율장에도 다양한 기록들이 있다. 그 외에 여러 기록들을 아래에 정리하니 참고하기 바란다.

(1) 산스크리트 불전

1) 마하와스뚜 Maha-vastu 대사大事

4세기 경 성립된 것으로 추정되는 붓다의 전기로서, 과거 연등불시대에 붓다가 보살로서 서원을 세웠던 일에서 시작되며, 화엄의 보살십지사상 등 대승불교의 사상이 보인다. 제목이 대사인 것은 붓다의 위대한 사건을 가리킨다.

2) 랄리따위스따라 Lalita-vistara 보요경, 방광대장엄경

2~3세기에 편찬된 대승불전으로서 탄생에서 초전법륜까지의 내용을 담고 있다.

제목의 lalita는 유희(유희playing, wanton)이고, vistara는 교설을 의미한다는 주장이 있으나, 순수한(innocent), 꾸밈없는(artless)의 뜻도 가진 단어이다.

산스크리트 영어사전에는 "a Sutra work giving a detailed account of the artless and natural acts in the life of the Buddha"라고 풀이해 놓았다.

번역하면, "붓다의 일생 중에 꾸밈없이 진솔한 행위를 자세히 이야기한 불전의 하나"라는 뜻이다.

한역으로는 서기308년 서진의 축법호가 번역한 보요경普曜經(*널리 보/빛날 요)과 당나라 때 인도 출신의 지바가라가 측천무후의 시대인 서기 683년 번역한 방광대장엄경放廣大莊嚴經이 있다.

3) 붓다짜리타 Buddha-carita 불소행찬佛所行讚

서기 2세기 중엽 인도의 3대시인의 한 사람이며, 대승기신론의 저자로 알려진 아쉬바고사(Asvaghosa 마명馬鳴)가 지은 것으로 아름다운 문학으로 승화시킨 역사적 불전이다. 범본에는 17장으로 되어 있으며, 탄생에서 환국으로 마무리되지만 한역에는 사리의 분배까지 기술되어 있다.

한역은 북량의 담무참이 서기 412년에서 421년에 걸쳐 번역하였으며, 한역도 또한 문학적으로 훌륭한 번역을 하였으며, 내용에는 6바라밀 중심 수행관과 법신상주의 불타관까지 기술되어 있다. 불소행찬이라 번역한 것은 제목 중에 carita가 행위(acting, doing, practice, behavior-[S-E 388]를 뜻하기 때문이다.

(2) 빨리어 불전

빨리어 불전은 붓다의 일생에 관해서 통일된 경전은 없고, 부분적으로 언급되어 있으며, 아래의 대반열반경은 그나마 붓다가 반열반하기 2년 전의 내용을 시간의 흐름에 따라 이야기한 경전으로서 중국에서는 일찍부터 한역하였다.

아래에는 디가 니카야에 속하는 대반열반경을 별도로 소개하고, 그 외는 각 경전 즉 니카야(Nikaya)별로 언급한다.

1) Maha-pari-nibbana-sutta 대반열반경

디가 니까야 Digha-Nikaya 장부경전 제 2권에 나오며 대응경전인 북방의 장아함경에

도 나온다.

여러 사람이 아래와 같이 한역하였으며 북방의 대승경전인 대반열반경과 혼동이 없길 바란다

(1) 유행경遊行經 : 불타야사와 축불념의 공동 번역
(2) 불반니원경佛般泥洹經 : 서진의 백법조 **泥 진흙 니 **洹*담 원
(3) 반니원경般泥洹經 : 작자 미상
(4) 대반열반경大般涅槃經 : 동진의 법현
(5) 대반열반경후분大般涅槃經後分 : 회령. 야나발타라 공동번역

2) Khuddhaka-Nikaya에 있는 불전
  (1) Jataka 본생담
  (2) Apadana 비유경
  (3) Buddha-vamsa 불종성경佛種性經
      연등불로부터 수기를 받은 Sumedha(선혜: 석가의 전신)의 이야기가 실려있는 중요한 경.
  (4) Carya-pitaka 소행장경所行藏經
  (5) Tatiya-bodhi-sutta 깨달음경 : 자설경(Udana)안의 제3경이다.
      12연기를 깨달음 이전에 사유하셨고 깨달음의 내용이 12연기임을 보여 준다.

3) Digha-Nikaya에 있는 불전
  (1) Lakkhana-sutta 삼십이상경
      대응경전은 중아함 32상경이 있다.
  (2) Maha-padana-sutta 대불전경 : 비바시불에 관한 언급과 32상을 설함
      이 경에 대응하는 장아함의 칠불경, 비바시불경과 증일아함의 칠불부모성자경이다.
  (3) Cakka-vatti-sutta 정법통치왕경 : 미륵의 출현을 설함.

이 경전의 대응경전인 증일아함경 제44권 48.십불선품+不善品은 빨리경보다 훨씬 많은 내용이 나오며, 붓다는 4명의 제자에게 부촉을 하는 장면도 빨리경전에는 없다.

그들은 대가섭, 군도발한, 빈두로, 라운비구이며, 붓다의 법이 사라질 때까지 반열반에 들지 말고 중생을 제도하고, 대가섭은 붓다의 법이 사라져도 미륵보살이 세상에 올 때까지 기다렸

다가 붓다의 가사를 전해주고 열반에 들라는 말씀이 기록된 경전으로서 매우 중요하다.

> ■ 빈두로 존자와 청도 운문사 사리암의 나반존자 ■
> 빈두로존자는 신통력을 함부로 보인 죄로 붓다에 의해 독거 수행의 벌을 받은 경력이 있는 존자이다.
> 나반존자만을 모시는 신앙형태는 한, 중, 일 삼국 중에 우리나라가 유일하다고 하며, 이 나반존자가 빈두로 존자라는 설이 지배적이다.
> 그러므로 나반존자를 아무런 근거없는 신앙이거나, 토속적 신앙과의 혼합과정에서 발생된 산신숭배의 형태라고 볼 것이 아니다.

  4) Majjhima-Nikaya에 나오는 불전
   (1) Pasarasi-sutta 파사라시경
      대응하는 경전은 중아함 라마경이 있으며, 수행의 길에 들어서는 과정과 수행하여 정각을 이룬 후 법륜을 굴림을 주요내용으로 하고 있다.
   (2) Bodhi-rajakumara-sutta 보리왕자경
      대응 이함경전은 없으며, 파시라시경과 상당부분일치하며 중복되는 부분이 많다.
   (3) Maha-saccaka-sutta 대삿차카경
      여기서도 수행에 관련 부분이 나온다.
   (4) Ariyapariyesana-sutta(성구경)과 Sangarva-sutta(갈상라경)
      위의 경우와 같이 수행시절의 이야기가 나온다.

(3) 한역불전
  1) 중본기경中本起經 : 담과와 강맹상, 서기 207
  2) 불본행경佛本行徑 : 송의 석보운
  3) 혜상보살문대선권경慧上補殺問大線權經 : 서진의 축법호
  4) 수행본기경修行本起經 : 후한의 축대력과 강맹상
  5) 태자서응본기경太子瑞應本起經 : 지겸
    -4)와 5)는 동일한 원전을 번역한 것임-
  6) 이산보살본기경離山菩薩本起經 : 서진의 섭도진
  7) 십이행경十二行經 : 동진 가류타가
  8) 과거현재인과경過去現在因果經 : 송의 구나발타라

(4) 중국에서 만든 불전

1) 석가보釋迦譜 : 승우(남제 말기~양의 초기)

2) 석가씨보釋迦氏譜 : 도선(당)

3) 석가여래성도기釋迦如來成道記 : 왕발(당)

> - 석가보와 석가씨보는 우리나라의 조선시대 세종 때 지은 석보상절의 참고서 역할을 하였다.
> - 삼국시대 → 오호16국시대 → 위진 남북조 시대 → 수의 통일
>
> 중국은 삼국시대(the Three Kingdom Period, 220~280 : 위, 촉, 오)를 거쳐 조조曹操 [Cao Cao]가 세운 위나라를 사마씨 가문이 왕위를 찬탈하고 진나라(Jin, 265~420)를 세운 뒤 280년에 삼국을 통일하였다. 그 후 변방이나 북쪽에서 한인과 혼거하던 오호五胡(오랑캐 호) 즉 다섯개의 오랑캐로 불리던 외부 세력들이 일어나 이른바 오호16국 시대 [Wu Fu (and 16 Kingdoms) Period, 304~439]가 도래하였다. 나중에 북방은 선비족의 북위가 통일하고, 남방은 초기의 진나라 즉 서진(265~316)이 흉노족(4세기에 유럽을 강타한 훈족(Hun)이 흉노족이며 이 시기에 유럽과 중국에서 맹위를 떨침)에 의해 멸망하고, 남방에 동진(317~420)이 건국되면서 (위진魏晉)남북조시대[Southern and Northen Period (of Wei and Jin)]가 성립되었다.
> 중국의 남조는 송, 제, 양, 진의 순으로 4왕조가 흥망성쇄를 겪은 뒤 북조의 마지막 왕조인 북주의 지배계급이었던 양견이 북주로부터 양위를 받아 581년 수나라를 세우고 589년 남조의 진나라를 멸하여 통합되었다.
> 남제南齊는 중국 북방의 제나라(북제北齊, 550~557)와 구별하기 위해 남쪽의 제나라라는 뜻이다.
> ▶ 오랑캐 barbarian / barbaric outlander / foreign intruder ▶오랑캐를 물리치다 drive out th barbarians

(5) 우리나라에서 만든 불전

1) 석가여래행적송釋迦如來行蹟頌

고려 충숙왕 때 부암무기 스님이 지은 것으로 부암무기는 보조지눌의 시대에 백련결사를 만들어 널리 법을 펼쳤던 요세스님의 5세손으로 백련사의 정통 법계에 속하는 종사였다.

2) 석보상절釋譜詳節 The Selected Stories of the Buddha Sakyamuni's Life

(1) 수양대군이 세종의 명을 받들어 모후 소헌왕후昭憲王后의 명복을 빌기 위해 세존의

팔상성도를 비롯한 일대기를 세종 24년(1447)에 훈민정음으로 간행된 전 24권의 활자본이다.

It was a printed book of total 24 volumes edited by royal prince Su-yang by the decree of King Se-jong, the Third King of the Joseon Dynasty, to pray for the repose of deceased spirit of the So-hyeon Queen of the King

(2) 석보상절은 중국의 승우僧祐(444~518)가 지은 석가보釋迦譜와 당의 도선道宣(596~667)이 지은 석가씨보釋迦氏譜에서 가려 뽑고, 법화경 등 여러 경전을 참조하여 엮은 부처님 일대기이며, 일부만 전하지만 우리말의 음운변화의 연구자료로서도 큰 의미가 있으며, 현재 번역판이 있다.

▶ List of Sanskrit / Pali words

[(인명과 지명 등에 대한) 산스크리트어와 빨리어의 대조표]

Sanskrit	Pali	
Avanti	Avanti	아반띠, 아반제阿槃提 인도16대국 중의 하나로서 수도는 Ujjeni.
Arada kalama	Alala kalama	붓다에게 무소유처정을 가르친 수행자.
Anathapindada	Anathapindika	급고독(장자)이라는 뜻이며 수달다[Suddhata]장자의 별명.
Arhat	Arahat	아라한 : 산스크리트 arahat의 주격은 arahant이며 이것을 음역한 것이 아라한阿羅漢이다.
Asita	Asita	붓다가 태어났을 때 붓다의 미래를 예측한 선인의 이름

the name of a hermit to predict the Buddha's future when he was born.

| Bimbisara | Bimbisara | |

마가다국의 왕이며 그의 부인은 Vaidehi(S), Vadehi(P)-위제희라 음역됨-이며 두 사람 사이에 Ajatastru가 태어나며, Vaidehi는 관무량수경의 중심인물이다.
Vaidehi는 Kosala국의 Pasenadi왕의 누이동생이기도 하다.

Bodhi	Bodhi	보리菩提 : 깨달음 Enlightenment / Awakening.
Chanda(ka)	Channa(ka)	싯다르타 태자의 마부 a driver of Pince Siddharta.
Chunda	Chunda	붓다에게 마지막으로 공양을 올린 자

		The man who offered the Buddha last meal.
Devadatta	Devadatta	붓다의 사촌이며 아난다의 형[다른 의견도 있다]으로 출가자. The Buddha's cousin and his disciple and Anada's older brother.
Dharma	Dhamma	법法 Law, Truth.
Duhkha	Dukkha	고苦 suffering **sukha-dukkha 즐거움과 괴로움=고락.
Gaya	Gaya	붓다가 깨달은 지역의 이름.
Gautama	Gotama	수승한 소[excellent ox]라는 뜻: 싯디르타 태자의 성姓.
Jambudvipa	Jambudipa	염부제.
Jeta	Jeta	사위국 바사익(Prasenajit[S])의 아들: 기타祇陀=제다制多로 음역하고 승勝 또는 전승戰勝이라고 의역한다.

▶ 제타태자와 아나타핀다다(Anathapindada)=아나타핀디카(Anathapindika)

제타(Jeta[S, P])왕자는 코살라국의 파사익왕의 아들이며, 아나타핀다다는 코살라국의 부유한 상인(a wealthy merchant)으로서 본명은 수닷타(Sudatta)이며, 제타태자의 숲을 사서 붓다와 그 제자들을 위해 정사를 지어 보시하였다.

율장에 보면 제타태자가 그의 숲을 황금의 동전으로 덮으면 팔겠다고 하자 바로 수다타 즉 급고독장자는 실행에 옮겨서 거의 마무리지을 때 태자는 그 작업을 중지시키고 남아있는 입구 부분을 자기의 비용으로 대문과 큰 탑을 세워서 두 사람이 같이 보시하였다고 한다.

이 정사의 이름이 Jeta-vana(숲 grove, forest) 또는 Jeta-vana vihara(절, 사원 temple, monastery) 라고 하거나 Anathapindada's monastery라고도 하였다. .

한역으로는 Jeta를 기타祇陀로 음역하고, vana를 나무 즉 수樹 또는 숲이 있는 정원庭園(garden)이라 번역하여 기수祇樹 또는 기원祇園이라고 줄이고, vihara는 정사精舍라고 하여 기원정사라고 한역하였다.

한편 아나타핀다다를 급고녹(식)으로 의역하여, 급고독원給孤獨園(Anatha-pindadarama)이라고 하거나 기수급고독원이라고 한역되었다.

> ■ 아나타핀다다는 Pali어로 Anathapindika 또는 Anathapindin이며, 산스크리트어로 Anathapindada 또는 Anathapindika 라고 한다.

> 이 말은 급고독(식)給孤獨(食), 즉 고독한 자나 가난한 자에게 먹을 것 등을 준다는 뜻이다. 이러한 한역은 먼저 anatha가 a + natha의 합성어이며, 여기서 a는 부정의 뜻이고 natha는 보호자(protector), 도움(help), 의지하는 사람이나 물건(refuge) 등의 뜻이다. 따라서 anatha는 보호자 없는(having no protector), 과부(widow), 아버지 없는(fatherless), 도움이 없는(helpless), 가난한(poor)의 뜻이다.
> 그리고 pindada[S], pindika[S, P]는 "제공"의 의미가 있으므로 Anathapindida는 S-E사전 27쪽에 "giver of cakes or food to the poor"라고 정의하였는데 "가난한 자에게 과자나 먹을거리를 주는 자"라고 번역할 수 있겠다.
> 한 마디로 "의지할 데 없는 소외계층을 보살펴주는 자선가"라는 의미이므로 중국의 번역가들은 급고독장자로 번역한 것이다.
> - pindadarama는 pindada + arama의 합성어로서 arama(아라마)는 숲(grove, forest) 또는 정원(garden)의 뜻이 있다.-[S-E사전 150쪽]참조-
> 참고로 사찰을 뜻하는 가람伽藍이라는 말은 승가(sangha)와 아라마(arama)가 결합된 합성어 sangharama(승가라마)에서 유래한 것으로서 그 말을 줄인 것이 "가람"이다.

▶ 급고독장자와 점오漸悟(gradual enlightenment)

대비바사론에 의하면 급고독장자가 붓다에게 "사성제를 점진적으로 현관現觀하는 것이 옳은지 단번에 현관하는 것이 옳은지에 대해 묻자 붓다는 이렇게 말하였다.

> "모든 유가사들은 사성제에 대해서 반드시 점진적으로 현관한다.
> 네 쪽의 광량나무로 된 사닥다리를 타고 점차적으로 올라가는 것과 같다."
> 諸瑜伽師 於四聖諦定漸現觀 如漸登上四桄梯法 제유가사 어사성제정점현관 여점등상사광제법

▶ 제타왕자와 비유리왕

증일아함경에 두 사람에 관한 이야기가 아래와 같이 언급되어 있다.

"제타태자의 이복동생인 비유리왕이 석가족의 카필라바스투를 멸망시키고 돌아왔을 때 태자가 음악을 빠져 즐거워 하고 있었다.

When King Virudaka, a half-brother of Prince Jeta, destroyed Kaplavastu of Sakya clan and returned to his castle, Prince Jeta got lost in music and enjoyment.

비유리왕은 태자를 질책하였는 데, 태자는 전쟁을 일으켜 살인을 일삼는 자는 증오한다고 말을 하자 비유리왕은 격분하여 태자를 살해했다.

Prince Jeta got severely berated by him, and then the Prince said, "I hate the one who murdered people, starting a war."

He was all fired up by what the Prince said and killed his brother.

이 때 기타태자는 33천에 태어나 500명의 천녀와 함께 즐거운 나날을 보냈다."

Then the prince was born in Trayastrimsa, or thirty-three celesetial realms, and had a delightful life with five-hundred heavenly maidens.

▶ 위루다카(비유리毘琉璃)왕과 그의 아버지 프라세지나트(바사닉波斯匿)왕

- 비유리왕 Virudhaka[S] Vidudabha[P] : 중국 한역에는 비유리를 줄여서 유리라고도 한다.
- 비유리왕의 아버지, 바사닉왕Virudhaka's father, Prasejinat[Pali : Prasenadi].

프라세지나트왕은 기원전 6세기에 익스바쿠와에 의해 건국된 아익스바카 왕조의 코살라국의 왕이었다.

Prasenajit was the ruler of Kosala of a Aiksvaka Dynasty founded by King Iksvaku, in 6th century BCE.

그는 어린 시절 탁실라에서 공부하였으며, 나중에 그의 아버지 마하 코살라의 뒤를 이었다.

He studied in Taxila in his early life and later succeeded his father, Maha-kosala.

그의 첫 왕비는 마가다국의 공주였다.

His first queen was a Magadian princess.

그의 두 번째 왕비는 키필라바스투의 왕 마하나마의 딸인 와사와카티아였다.

His second queen was Vasavakhattiya[P], a daughter of Mahanama, king of Kapilavastu.

이 결혼으로 그는 아들 위루다카와 딸 와지라를 얻었으며, 그녀는 아자타스트루와 결혼하게 된다.

From this marriage, he had a son, Virudhaka and a daughter, Vajira, whom he married to Ajatasatru.

- daughter 1. 딸 2. 여자 자손 a daughter of Eve 이브의 후예 3. 소산所産, 파생된 것.

> ▶ a daughter of civilization 문명의 소산.
> ▶ a daughter language of Latin. 라틴어에서 파생된 언어.
> ■ 프라세지나트의 코살라국과 이웃한 또 하나의 강국인 마가다는 서로 결혼동맹으로 결속을 유지한 것으로 보이며, 프라세지나트의 첫 왕비가 마가다국 출신이고, 그의 딸 와지라는 마가다국의 왕자 아자타스트루에게 시집을 가는 것 등이 그 예가 된다.

그의 세 번째이면서 영향력이 있는 왕비는 말리카였다.
His third and chief queen was Malika.
그는 붓다를 따르는 훌륭한 우바새(재가의 남자신도)로서 많은 불교사원을 지어 바쳤다.
He was a prominent upasaka(laymen) of the Buddha who built many Buddhist monasteries.
한 때 그가 수도 스라와스띠를 떠나 있는 동안에 그의 대신 디가 차라야나가 그의 아들 위루다카를 왕으로 모셨다.
Once, while he was away from his capital S(h)ravasti, his minister Digha Charayana placed his son Virudhaka on the throne.
그는 그의 왕권을 되찾기 위해 마가다국의 아자타스트루에게 도움을 청하러 마가다국으로 갔다.
He went to Magadha to seek help from Ajatastru to regain his throne.
그러나 그는 마가다 국의 수도 라자그라하(왕사성) 성문 바깥에 비바람을 맞은 채 죽은 시체로 발견되었다.
But he was founded dead with his body exposed to the weather[the wind and rain] outside the gate to Rajagrha.

▶ 비유리왕의 석가족 말살과 응보

Annihilation of the Sakya clan by King Virudaka and its retribution
비유리(위루다카)왕은 코살라국의 왕, 파사익(프라세지나트)왕의 아들이다.
Virudhaka was a son of Prasejinat, King of Kosala.
빔비사라왕이 번창하게 성장한 왕국을 강제로 탈취하고 아버지를 죽인 아자타스트루는 (기원전 441~461에 치세) 년로한 그의 (외)삼촌 프라세지나트왕과 함께 출전하였으며, 프라세나

지트왕은 카시를 완전히 정복하였다.

Soon after usurping the prosperous kingdom built up by his father Bimbisara, the patricide Ajatastru(ruled 441~461 BCE) went to war with his aged maternal uncle Prasenajit, and Prasejinat gained complete control of Kasi.

이 일이 있은 직후에 프라세나지트는 빔비사라왕과 같이 그의 아들 비유리에게 왕위를 찬탈당하고 죽었다.

Soon after this, Prasejinat, like Bimbisara, was deposed by his son, Virudhaka, and died.

새로운 왕 비유리는 히말라야 산자락에 있는 석가족을 거의 절멸시켜버렸다.

그래서 우리는 인도인 중에서 가장 위대한 사람을 배출한 그 민족의 이름을 들을 수 없게 되었다.

The new king, Virudhaka attacked and virtually annihilated the tribe of Sakyas in Himalayan foothills, and we hear no more of the people which produced the greatest of all Indians.

추측컨대 비유리왕은 마가다의 아자타스트루와 같이 제국의 건설을 꿈꾸었는지 모르겠으나 그의 야망은 이루어질 수 없었다.

Propably Virudaka, like Ajatastru of Magada, had the ambition of building an empire, but his intentions were never fulfilled.

왜냐하면 그와 그의 군사는 붓다가 예언한 그대로 한 밤중에 갑작스럽게 들이닥친 지독한 폭풍 때문에 강에 빠져 죽었다.

For he and his army, just as the Buddha had predicted, were drowned at the river due to a sudden vicious storm in the middle of night.

얼마 지나지 않아 그의 왕국은 마가다에 합병되었다.

A little later his kingdom was incorporated into Magadha

- Sakya[S] Sakka=Sakya[P] 석가족 : 석가족을 영문형식으로 the tribe of Sakyas / Sakya clan 등으로 또는 간단히 Sakyas로 표현하기도 한다.
- a sudden change in the weather 날씨의 급변.
▶ sudden death 1. 돌연사
            2. 단판승부
▶ sudden infant death syndrome 유아돌연사증후군.

▣ Malika 말리부인末利夫人과 승만부인

말리부인에 대해서는 "길장이 지은 승만경의 해설서인 승만(경)보굴[W-G: Chi-tsang's Sheng-man ching pao-k'u : commentary of Sheng-man ching]"과 율장[비내야 잡사와 오분율] 등에 의해 여러 설이 있다.

(1) 승만보굴에 의하면 말리부인은 바사닉왕의 제일부인으로서 승만경의 주인공 승만의 어머니이다.

말리의 본명은 황두黃頭였는데 아약달이라는 집안의 말리꽃들을 가꾸는 말리원의 노비였으나 걸식하러온 붓다에게 보시하면서 스스로 왕비가 되기를 바라는 서원을 세웠는데 마침 더운 날에 사냥나온 바사닉왕이 말리원에서 휴식을 취하려 할 때 정성으로 왕을 모시자 그녀를 왕비로 맞이하였으니 500부인 중에 제일이었다고 한다.

(2) 다른 일설에 의하면 붓다의 모국인 카필라국(Kapilavstu)의 한 지방을 다스리는 지사知事의 딸로 용모가 아름답고 총명하였는데 아버지가 죽은 후에 카필라국의 임금인 마하남(Mahanama)의 양녀가 되었으며 항상 여러가지의 꽃으로 화만을 만들어서 승만勝鬘이라 하였으며 바사닉왕을 만나 왕비가 되어 비유리왕자를 낳았다고 한다.

> ■ 승만勝鬘 승 뛰어나다 + 만 1. 머리장식 만 2. 꽃 이름, 말리화의 딴 이름 3. 머리털이 아름다운 모양.
> ▶ Ayodhya[S] 아유사阿踰闍 아유타阿踰陀라 음역.
> 중인도의 나라로서 부처님이 출현한 후 영지라 하여, 여러 성도들이 모였다고 한다.
> ※ 아유사 : 阿 언덕 아 / 踰 넘을 유 / 闍 화장할 사, 망루 도 ※아유타: 陀 험할 타.
> 아유타국은 옛날에 Saketa로 불렸으며 코살라국의 옛 수도였다.

가야불교전래설에 의하면 아유타국의 허황후가 불교를 우리나라에 처음으로 불교를 전파했다.

이것은 단순히 전설로 볼 수 없는 신빙자료[material (with credibility)]들을 가지고 있으니 많은 연구가 필요한 부분이다.

> ■ 신빙자료 ▶ 결과의 신빙성에 관해 의문이 있다. The credibility of the results has been questioned.

▣ 기타음주祇陀飮酒

기타태자가 부처님께 오계 중 불음주계를 지키기 어려움을 호소하자 부처님께서 음주를 제정한 참뜻을 이야기한 고사故事(an ancient event[happening])

"미증유경"에 태자가 부처님께 아뢰기를 "옛적에 오계를 받았으나 술을 끊기가 어려우니 소계를 버리고 10선을 가지고자 하나이다."

부처님께서 "마실 때에 나쁜 일이 있었느냐"라고 묻자 "나라의 지도층과 술을 마시면서 즐기지만 스스로 나쁜 일을 한 적이 없으니 항상 계율을 염두에 두고 방일하지 않았기 때문입니다."라고 하니 부처님께서 "기타는 지혜방편을 얻었으니 세간인으로서 그대와 같이 한다면 종신토록 술을 마신다고 해도 어찌 나쁜 일을 저지르겠느냐"라고 하였다.

▣ 미증유경未曾有經 Adbhuta Sutra[S] Adbhuta Sutta[P]

이제까지 없었던 것(a unprecedented thing), 세상에 신비한 것(a mysterious thing), 기적(a miracle) 등의 내용을 가진 경전으로서 12분교와 9분교의 하나.

범어를 분석하면 다음과 같다.

ad는 부정접두어[(a negative prefix : 부정을 나타내는 앞 머리글]이고

bhu는 있다[exist]라는 말이고 ta는 접미사로서 사람이나, 어떠한 상태나 성질을 나타낸다 ex) sunya(공)+ta(성): 공성空性

Jetavana	Jetavana	기타림祇陀林=기타반나祇陀盤那 : 기타태자의 숲:
Kanthaka	Kanthaka	싣다르타 태자의 애마[the favorite horse of Prince Siddharta.
Kapilavasthu	Kapilavatthu	석가족이 다스리는 나라의 이름:카필라성 Sakya clan's country
Kas(h)yapa	Kassapa	(두타제일 foremost in ascetic practice) 가섭존자.
Kosala[kausala]	Kosala	꼬살라

마가다국과 함께 강국으로 위세를 떨쳤으며, 교살라憍薩羅 등으로 한역되었다.

수도는 사위성(Sravasti[S] / Savatti[P])이며 16대 강국의 하나로 남쪽의 교살라국과 구별하기 위해 북교살라국이라고 불리웠으며 도성인 사위성 즉 Sravasti를 나라이름으로 하여 사위국으로 불렸다.

> 남인도의 남교살라국은 용수 Nagarjuna[150~250]보살이 주처하면서 그 나라의 왕 Satavahana가 귀의하고 대승의 불법이 흥한 곳이었으나 혜초의 왕오천축국전에는 지금은 폐사가 되어 스님들이 없다고 기록되어 있다.

Kausambi   Kosambi

밧짜국[Vatsa(S) Vamsa(P)]의 수도로서 나라 이름과 같이 사용되었으며 부처님 재세시에 우전왕[Udayana(S)]이 통치하며 적극적으로 불교를 보호하였다. 붓다가 도리천의 마야부인에게 설법할 때 부처님이 그리워 불상을 만들게 한 것이 불상의 시작이었다는 전설이 전해온다.

■ 16강국 : 16Mahajanapadas(great realms / great nations)

기원전 약 500년 경에 Mahajanapadas라 알려진 16개의 군주국 또는 공화국 등이 오늘날 – 카시, 코살라.... 캄보자– 아프가니스탄에서 뱅골과 마하라스트라까지 인도의 갠지스강 평원에 흩어져 있었다.

About 500 BCE, sixteen monarchies and "republics" known as the Mahajanapadas—Kasi, Kosala, Anga, Maghada, Vajji[or Vriji(P)], Malla, Chedi, Vatsa[or Vamsa(P)], Kuru, Panchala, Matsya(or Machcha), Surasena, Assaka, Avanti, Ghandara, and Kamboja—stretched across the Indo-Gangetic Plain from modern Afghanistan to Bengal and Maharastra.

▶ Mahajanapada : 직역하면 많은 백성이 사는 지역 즉 국가를 의미하지만 인도라는 지역에 한정해서 보면 부족집단과 소국 그리고 대국과 강대국{(a big) power / a powerful country[nation]}이 혼재했던 시대였기 때문에 다양한 번역이 가능한 부분이다. 그래서 state[국가] 또는 powerful realm 등의 번역들이 보인다.

> ■ 미국은 세계유일의 초강대국이다. The United States is the world's only superpower.

▶ Maha : 큰 great + Jana 백성, 인민 + Pada 지방, 영토.

16왕국을 비롯한 많은 국가들이 붓다의 재세 시에 4대강국 즉 밧쨔, 아반티, 코살라, 마가다에 의해 통합되었다.

Many including the sixteen kingdoms had coalesced into four major ones, namely Vatsa, Avanti, Kosala, and Maghada by 500 or 400 BCE, by the time of Buddha.

> ■ 코살라는 전통적으로 16강국 중에 2번째의 반열에 속하는 국가였다.
> Kosala was second in the traditional list of the sixteen Maha-jana-padas, or states.
> 붓다의 재세 시에 코살라는 분쟁 중인 마가다 국의 서북부 지역의 카시(지금의 베나레스 지역)를 정복하였다.
> In the Buddha's time, Kosala had subjugated Kasi(the district of modern Benares); it was northwest of Magada, with which it had conflicts.
> ■ 붓다의 재세 시에 : by the time of the Buddha = at the time of the Buddha = in the Buddha's time

| Kusinagara | Kusinara | 붓다의 열반지 |

the place where the Buddha entered into nirvana.

| Lumbini | Lumbini | 붓다의 탄생지 the place where the Buddha was born. |
| Magadha | Maghada | 고대인도의 4대강국 중의 나라이름 |

the name of a country [nation] among four major kingdoms in ancient India.

Mara	Mara	악마 devil.
Maya	Maya	1. 환상 2. 싯다르타왕자의 어머니 이름
Nairanjana	Neranjara	붓다가 깨달은 곳의 강 이름
Nirvana	Nibbana	열반

원래의 뜻은 "blow out 불어서 끄다"의 뜻이며 나중에 죽음(passing away)의 뜻으로도 쓰임.

| Prajapati | Pajapati | 싯타르타 왕자의 이모이자 양모의 이름 |

the name of a maternal aunt who became Siddharta's his step-mother.

| Rahula | Rahula | 붓다의 외동아들의 이름 the name of Buddha's only son |

라훌라라는 이름의 유래는 앞에서 말했 듯이 장애라는 의미도 있지만, 장월障月 또는 집일執日, 즉 각각 월식月蝕(a lunar eclipse)과 일식日蝕(a solar eclipse)이라는 설도 있다.
인도 전설에 의하면 네 가지 아수라왕 중 하나인 "Rahu"라는 아수라(Rahu-asura)왕은 제석천과 싸울 때 해와 달을 잡아 그 빛을 가리므로 장월, 집일이라는 뜻도 가지게 되었다. 바로 월식이 있는 날에 붓다의 아들이 태어나서 라훌라라는 명칭이 붙었다고 한다.

> ■ Rahu 1. the Seizer; a demon who is supposed to seize the sun and moon and thus cause eclipses 2. eclipse -[S-E사전 879쪽] 참조-

> 1. 강탈자; 해와 달을 잡아 일식이나 월식을 일으킨다고 하는 악마 2. (해와 달의) 식
> ▶ a total[partial] eclipse 개기[부분]식 → 개기일식 a total eclipse of the sun
> ■ Rahu-asura는 해와 달을 가리는 의미가 있으므로 청정한 마음이 객진번뇌에 의해 가리워지는 것에 비유되기도 한다.

Rajagrha/Rajagaha	Rajagaha	왕사성, 마가다국의 수도 the capital of Maghada.
S(h)akya	Sakya	석가족 the Sakya clan.
Samgha	Sangha	승가 a Buddhist community.
S(h)ravasti	Savatthi	

사위성: 교살라憍薩羅국 Kosala[S]의 수도[the capital of Kosala].

Siddhartha	Siddhattha	붓다의 어릴 적 이름 the name of the Buddha as a child.

> siddha는 sijjati[성공, 완성하다]의 과거분사이고, attha는 목적, 과업을 뜻한다. 실달(다)悉達(多)로 음역하며 실달悉達이 모두 실, 통할 달의 뜻이므로 의역과 사실상 차이가 없다

Sudatta	Sudatta	기원정사를 세운 장자의 이름.
S(h)uddhonana	Suddhodana	붓다의 아버지 : 정반왕.

> Suddha = pure, clean, unmixed, simple + odana= boiled rice(밥)
> ※ rice porridge(쌀죽)

Sujata	Sujata	

붓다가 고행을 멈추고 정각을 이루기 직전에 공양을 올린 여자의 이름.

Theravada	Theravada	상좌부 the Elder's School
Udraka Ramaputra	Uddaka Ramaputta	

싣닫타태자의 두번째 스승이며 비상비비상을 가르침.

Uruvilva	Uruvela	마가다국 가야성의 부근 지역의 이름.
Vaidehi	Vadehi	마가다국의 왕비.
Vatsa	Vamsa	밧짜(발차跋蹉*밟을 발 / 넘어질 차): 국가이름.
Vrji	Vajji	밧지: 국가이름 the name of a nation.
Varanasi	Baranasi	붓다가 초전법륜을 한 녹야원이 있는 곳의 지명.

Vaisali	Vesali	밧지국의 수도	the capital of Vrji.
Venu-vana	Velu-vana	죽림竹林.	

> venu[S] velu[P]=bamboo + vana[S.P] = forest, grove.

Venuvanarama	Veluvanarama	죽림정사

> venuvana죽림=bamboo grove + arama정사 = monastery.

Yas(h)a	Yasa	다섯비구 이후 첫 출가자.

the name of the first ascetics to take refuge next five bhiksus' renuncition.

Yasodhara	Yasodhara	싯다르타태자의 부인	Prince Siddharta's wife.

▶ **부처님의 10대제자** the ten major disciples of Buddha **[ ]안은 Pali어語

1. Sariputra[Sariputta] 사리불 ; 지혜제일 the foremost in wisdom.
2. Maudgalyayana[Mogallana] 목(건)련 ; 신통제일 ~ in supernatural powers.
3. Kasyapa[kassapa] 가섭 ; 두타제일 ~ ~ in ascetic practice.

> ■ 두타dhuta[S,P]는 (번뇌를) 흔들어 떨어 뜨리다[shake off]라는 뜻으로 번뇌 {defilement}를 다스리는 수행을 말하며, 열반 즉 nirvana는 번뇌(defilement)를 불어서 끈다(blow off)는 의미로서 결국 두타에 의해 탐진치 삼독을 비롯한 일체의 번뇌가 다 타 버려 소멸하는 경지를 추구하는 것이 불교다.

4. Ananda[Ananda] 아난(다) ; 다문제일 ~ ~in hearing of the teaching of the Buddha.
5. Subhuti[Subhuti] 수보리 ; 해공제일~ ~in the knowledge of emptiness.
6. Purna[Punna] 부루나 ; 설법제일 ~ ~in discourse.
7. Aniruddha[Anuruddha] 아나율 ; 천안제일 ~ ~in the heavenly eye.
8. Upali[Upali] 우팔리 ; 지계제일 ~ ~in practice of precepts.
9. Katyayana[kaccayana / kaccana] 가전연; 논의제일 ~ ~in debate.
10. Rahula[Rahula] 라훌라 ; 밀행제일 ~ ~in the esoteric[incospicuous / anonymous] practice.

> 불교에서 밀행이란 말은 ajnata-carya[S]를 번역한 말이며 지계밀행持戒密行의 준말이다. 간단히 표현하면 "계율을 지키며 은밀하게 실천하는 것"이란 뜻이다.
> 자세히 말하자면 "조그만 계율도 지키며 삼천의 위의威儀(dignity)와 팔만의 세행을 대중들은 모르고 실천하는 자만이 아는 행"을 밀행이라 한다.
> 예컨대 "비구는 나무나 벽에 기대지 않고, 돌아보지 않고, 여인과 한 마디 말도 나누지 않는 것" 등이다. 그리고 ajnata-carya를 S-E사전 10쪽과 390쪽을 참고하여 정리하면 다음과 같다.
> Ajnata는 "알지 못하는(unknown), 인식하지 못하는(unaware)"의 뜻이며, carya는 행위(behavior, conduct)라는 일반적 의미를 넘어서 "due observation of all rites and customs" 또는 "a religious mendicant's life"라는 뜻으로도 사용된다.
> 결국 밀행이란 계율은 물론이고 그 외 수행자가 행하면 좋은 것까지 포함된 의미라는 것을 알 수 있다.

이상에서 우리는 뛰어난 출가자들을 조금 살펴보았는데 초기 경전에는 뛰어난 재가자들도 같이 언급하고 있다. 심지어 대승경전에는 승만경이나 유마경에서 보듯이 재가자인 승만부인과 유마거사가 그 주인공으로 나오는 것을 보게 된다.

아래에서 거사의 의미와 선생경을 통해 재가자들의 생활지침이 무엇인지 살펴보자.

1. 거사의 의미

1) 거사란 산스크리트어로 grha-pati / upasaka / kulavat등을 번역한 말이며, 장자長者, 가장家長등으로도 번역되었다. 장자는 산스크리트어로 srestin이라고 한다.
   보살계경 즉 범망경은 재가자를 다음과 같이 정의하고 있다.
   "재물을 가진 선비이며(有居在之士), 집에 사는 선비이며(居家之士), 법에 사는 선비이며(居法之士), 산에 사는 선비를(居山之士) 모두 거사라 한다(通名居士也)"

> ■ 보살계경 : 범망경梵網經을 보살계경이라고 한 것은 중국 천태종의 천태지의(588~597)가 대승보살 계를 수계하는 경전으로 삼으면서 붙여진 별명이다.

   중국의 혜원스님은 유마의기에서 두 가지로 분류하였는데, 하나는 거재지사이고 또 하나는 거가도사居家道士이다.
   거가도사는 재가생활을 하면서 불도에 전념하는 수행자를 이르는 말이다.

2) 그리고 중국에서는 불교가 들어오기 전에 학덕이 높은 사람 즉 처사處士와 같은 뜻으로

사용되었으며, 거사라는 말은 "예기"와 "한비자"에 나오는 말로서 예도藝道가 있으면서 벼슬을 구하지 않는 사람을 말하고 있다.

3) 인도에서는 카스트제도에서 바이샤에 해당하는 상공업종사자 중에 자산가들을 칭하는 말이었으며, 이들은 자신들의 부를 착취하거나 견제하는 세력인 브라만 계급보다 불교에 호의적이었으며, 이들의 재정적 지원이 불교가 발전하는 원동력이 되었다. 그 후에 범위가 확대되어 재가 남자신도들의 법명 밑에 붙이는 경칭이 되었다.

2. 재가자의 생활지표로서의 선생경

재가자들의 삶과 관련하여 많이 언급되는 경전이 "육방예경"으로도 불리는 선생경善生經인데, 남방 장부 경전에는 Singalovada-Sutta라고 한다. 이 경전에는 선생이라는 바라문이 육방六方을 향해 예배하는 것에 대해 붓다는 윤리적 의미를 부여하면서 법을 베푼다.

붓다는 선생善生(sujata)이라는 이름의 그 바라문에게 부모는 동방, 스승은 남방, 아내는 서방, 친구는 북방, 머슴이나 종은 하방으로, 사문과 바라문은 상방으로 여겨서 예경禮敬하라고 하면서 각각 다섯 가지의 의무 즉 오사五事를 실행하라고 한다.

유교문화권에서 말하는 삼강오륜보다 훨씬 자세하며 더구나 남녀평등의 사상이 언급되고 있는 점이 놀랍다. 예컨대 부부의 경우에 서로 정조를 의무를 지켜야 하며, 서로 존경하여야 한다든지, 친구의 경우

1) 친구를 유혹으로부터 보호하고
2) 이미 유혹게 넘어가면 그 재산을 보호해 주고
3) 공포에 사로잡혔을 때 의지처가 되어주고
4) 불행에 처했을 때 돌보아 주며
5) 친구의 자손도 존중하라는 것 등이 그것이다.

그리고 이 선생경에는 재물에 관해서는 사분법四分法을 주장하여 1. 음식 2. 직업 3. 저축 4. 이자에 각각 4분의 일을 배분하라고 하였는데, 여기서 직업과 이자는 오늘날 연구비나 공채 등을 통한 경제력의 증진을 말한다고 할 수 있다.

▶ 마라 Mara[S, P] :

1. 뜻

마라는 일반적으로 불교수행을 방해하는 악마[the demon who hinders Buddhist

practice]로서, 마魔로 한역되고, 마라가 거느리는 군대 즉 mara(악마)-sena(군대)는 마군魔軍으로 한역되었으며, 우리 나라에서는 마구니라는 말을 많이 쓰는데 국어사전에는 언급이 없다. S-E사전(p. 811)에 보면 다음과 같이 나와있다.

Mara : 1. killing, destroying 2. death 3. (with Buddhist) the Destroyer, Evil-one(who tempts men to indulge their passions and is the great enemy of the Buddha and his religion 라고 나와 있는데 번역을 하자면 3. (불교관련용어) 파괴자, 악마(사람들을 유혹하여 욕망과 번뇌의 늪에 빠지게 하며, 붓다와 불교에 있어서 최고의 적이다. S-E사전(p. 618~619) P-E사전(P. 182~183).

그리고 마라의 별칭이 빠삐만(papimant[P], papman[S] 즉 1. 악한, 죄많은(sinful) 2. 죄인(a siiner) 3. 악마(the Wicked One)이며, 또한 산스크리트 papiya, papiyas, 빨리어 papaya=papika라는 말도 사용하는데 S-E사전(p. 619)을 보면 1. worse(더욱 나쁜) 2. more or most wicked or miserabl(더욱 또는 가장 나쁘거나 비열한)로 풀이하는데, 중국에서는 papiyas[S]의 주격 papaiyan를 음역한 것이 파순波旬이다. 이 말들은 papa[S. P] 즉 "1. 나쁜, 사악한 2. 죄, 악, 악행"에서 유래한다.

2. 마라의 기원
가산불교대사림(5권, p. 722)은 다음과 같이 기술되어 있다.

"어원적으로 마라는 죽이다라는 범어 동사 "mr"에서 파생된 명사로서 '죽음'의 뜻이다. 원래는 야마사상에서 기초한 것으로 보이는데 "리그베다"에서 야마는 구생신俱生神인 야미(Yami)로부터 "유일하게 죽어야 할 것"으로 불렸다. 또한 인류 최초의 사자死者로서 인간에게 저승사자의 길을 가르치고 천계에서 가장 먼 곳에 위치하며 늘 저승사자인 므르티유(Mrtyu[S])로 하여금 인간의 생명을 빼앗게 하고 죽은 자는 야마의 주처에 이르러 야마와 대면하는 것을 기록하고 있다. 이것은 야마가 죽음의 신으로 간주하는 것으로서 죽음을 뜻하는 마라와 일맥상통한다"(마라와 염라대왕과 야마에 대해서는 제2권 불교문화를 참조하기 바랍니다)

3. 마라의 공간적 위치
마라의 위치
마라는 불교에서는 다양한 의미로 쓰이는데 그 중 하나인 타화자재천과 관련해서 정리하면 일반적으로 타화자재천에 속하거나 그 위에 있다고 한다.

"대지도론"에는 욕계 중생에는 열두 가지가 있으니, "1. 지옥 2. 축생 3. 아귀 4. 사람 5. 아수륜 6. 사천왕 7. 도리천 8. 염마천 9. 도솔천 10. 화자재천 11. 타화자재천 12. 마천摩天이다"라고 하였으며, "유가사지론"에서는 "욕계에는 여섯 곳의 하늘이 있으니 "1. 사천왕천 2. 삼십 삼천 3. 시분천時分天 4. 지족천 5. 낙화천 6. 타화자재천이며, 마라천궁은 타화자재천에 포함되지만 처소는 높은 곳에 있다."라고 한다.

4. 마라의 다양한 의미

마라는 초기경전에도 다양한 의미로 사용되며, 주석서에 나오는 여러가지 의미가 등장하는 바, "대지도론"에서는 "사마론四魔論" 즉 1. 번뇌마 2. 오온마 3. 천자마天子魔 4. 사마死魔에 대하여 말하고 있으며, 유가사지론에서도 유사한 내용이 나온다. 또한 화엄경에는 10마가 나온다. 아래에는 남방불교를 널리 알리고 있는 각묵스님이 남방불교의 용례까지 포함하여 5가지로 정리한 것을 인용하는 바, 사마론의 네가지 마에 업형성력이 포함되는 것이 특징이다.

5. 다섯 가지 의미

1) 번뇌[kilesa(P)] 삿되고 해로운 심리현상의 의미
2) 무더기(khanda(P) : 온알이 즉 오온(다섯 무더기)을 가리키며, 불교에서 인간을 5온으로 분석한다.
3) 업형성력(abhisankara[P]) 업을 짓는 것.
4) 신神(Devaputta[P]) 욕계 중에 가장 최고의 천상인 타화자재천에 있는 신으로서 욕계의 지배자이기 때문에 수행자들이 수행을 통해 욕계를 벗어나는 것을 방해하는 자이다.
   붓다의 성도를 방해하는 것은 붓다는 물론 많은 중생이 붓다에 의해 욕계를 벗어나기 때문이다.
5) 죽음(maccu[P]) 죽음 그 자체

이상의 내용을 통해서 불교에서는 5가지 쓰임새가 있었다는 것을 알 수 있다. 이러한 변화과정을 보면 마라의 본질인 숙음 그 자체와 그것의 인격화가 천마이며, 오온과 번뇌와 업형성력은 마라에 대한 철학적 의미가 부여되어 죽음의 원인과 근거를 마라라는 개념에 포함시킨 것으로 볼 수 있다. 그리고 60권본 화엄경에는 위의 사마 외에 6마를 더한 십마가 나오니 다음과 같다. "5. 업마業魔-위의 다섯 용례에서 업형성력과 같은 의미- 6. 심마心魔 7. 삼매마三昧魔 8. 실선근마失善根魔 9. 선지식마善知識魔 10. 부지보리정법마不知菩提正法魔."

6. 마라와 세존

이와 같은 의미가 있는 마라는 남방의 "청정도론"에 의하면 "붓다는 이러한 다섯가지 마라를 다스린 분이기에 세존이라 한다"고 설명하고 있다.

7. 한문에 나오는 마라

한문으로 구성되는 경전에는 마라摩羅라는 말이 자주 나오는데 보통 4가지의 의미로 쓰이므로 주의를 요한다.

1. 마라魔羅 즉 악마의 의미   2. 화만華鬘(mala) 즉 꽃 장식 중 화환(a wreath / a garland)
3. 말라국(malla) 즉 부처님 세상에 계실 당시 16대국의 하나
4. 악어(sisumara[S]) 즉 실수마라失收摩羅의 준말

- 악어 a crocodile(아프리카산) ; a gavial(인도산) ; an alligator(북미산) ; a cayman(남미산)

5. 승려의 수행단계

사향사과四向四果 cattaro-patipanna cattaro-phala[P]

Four directions and four fruits / the four fruits of practice

- cattaro는 4를 뜻하는 catu에서 파생된 것이며 고, 집, 멸, 도의 4제는 catu-sacca, 지, 수, 화, 풍의 4대는 catu-maha이며 patipanna는 나아가는, 실천하는의 뜻이며, phala는 결과를 뜻한다.

1. 개관

소승불교의 4가지 수행단계(the four stages of Hinayana practice)를 말하며 사향사과란 소승불교에 있어서 성자 聖者[a sage[a saint/a holy man]의 4가지 수행단계 즉 4가지 수행목표[향向]와 수행에 의해 이른 경지[과果]를 말한다. 그러므로 4가지 단계는 나아가는 단계와 도달한 단계로 모두 8단계가 이루어진다.

즉 1. 예류향(=수다원향), 예류과(=수다원과) 2. 일래향(=사다함향), 일래과(=사다함과) 3. 불환향(=아나함향), 불환과(=아나함과) 4. 아라한향, 아라한과이다.

4가지 수행단계는 1. 예류과 2. 일래과 3. 불환과 4. 아라한과 순으로 나아간다. 사향사과는 다양한 해석이 있으며, 가장 오랜 것은 장아함 등에 나온다.

2. 의의

1) 수다함과=수다원과=예류과預流果

   sotapanna[P] srotapanna[S] : stream enter / stream winner / seven-returner

   (1) 아라한을 목표로 하는 초기 불교의 수행 단계 중 첫 번째

   The first advanced stage of early Buddhist path aiming for arhat hood.

   (2) 세 가지 유형의 예류과가 있다.

   There are three types of stream-enterer.

   1. 최고 일곱번 인간과 천상의 세계에 태어날 자

      One who will be reborn seven times at most in the human and celestial worlds.

   2. 아라한과를 얻기 전에 두 세번 좋은 가문에 태어난 자

      One who will take birth in good families two or three times before attaing arhathood.

   3. 목적을 성취하기 전에 단 한번 태어난 사람

      One who will be reborn only once more before attaining the goal.

■ 위 내용은 Bhikkhu Bodhi의 "comprehensive manual of Abihidhamma"를 참조하였다.
■ "One who has escaped from rebirth in woeful states and will be reborn at most seven more times."는 예류과는 삼악도에 떨어지지 않음을 참고한 번역이다.

2) 사다함과=일래과一來果 sakadagamin[P] sakradagamin[S] : Once returner

   (1) 아라한을 목표로 하는 초기 불교의 수행 단계 중 두 번째

   The second advanced stage of early Buddhist path aiming for arhathood.

   (2) 욕계에 한번만 더 태어 나는 사람 One who will be reborn only once in the world of (sense)desire.

   (3) 수행단계에서 두 번째 단계를 성취한 자로서 한번만 더 세상에 태어나는 사람

   One who has attained the second stages of the path and to be reborn on the earth only once.

3) 아나함과=불환과不還果 anagamin[S, P] : never-returner / non-returner;

(1) 아라한을 목표로 하는 초기불교의 세번째 단계

The third advanced stage of early Buddhist path aiming for arhathood.

(2) 돌아오지 않는 사람 즉 세 번째 단계를 성취한 사람

one who does not return, i.e. the person who has attained the third path.

(3) 아나함은 돌아오지 않음[불환不還]의 의미로서 인간으로서 다시 태어남에서 벗어나 천상에서 한번 더 태어나 거기에서 열반에 든다.

Anagamin means no-return and refers to those whose attainment frees them of rebirth as humans but requires one more birth in the realm of gods, from which they then enter nirvana.

4) arhat[S], arahat[P] 아라한과 worthy one

아라한의 원뜻은 공양과 존경을 받을만한 분이다.

Arhat means one who is worthy, deserving of honor and offering.

(1) 번뇌를 멸하고 열반을 성취하신 분

Person who is free from all defilements and has attained nirvana.

(2) 초기불교 수행의 4번째 마지막 단계

The fourth and final stage in early Buddhist path.

(3) 아라한은 응공, 살적, 복전 등으로 한역되었으며 그 뜻은 다음과 같다.

1. 응공應供 worthy-one 공양을 받을 만한 분: One who is deserving of offering.
2. 살적殺賊 foe[enemy]-destroyer이란 "번뇌라는 적"을 소멸시킨 분: One who destroys the enemy of passion[defilement]이라는 뜻이다.

   살적에 대해서는 ari[도적]+han[죽임]이라는 속어를 해석한 것이라는 주장도 있다.
3. 복전福田 field of blessings / field for meritorious deeds.

   아라한은 세상에 유익한 결과를 가져오기 때문에 복전이라 불린다.

   Arhat is called a field of blessings because of his beneficial effect on the world.

▶ 도움말

1. 수다원=수다함 2. 사다함 3. 아나함 4. 아라한은 모두 음역에 해당한다.

3. 어원분석

1) 먼저 agama라는 단어를 알면 다른 용어의 이해에 도움이 되므로 잠시 정리해 보자.
아함경阿含經(*언덕 아 / 머금을 함 / 경전 경)의 아함은 agama의 음역이다.

■ agama는 1. 태어남, 발생: birth, genesis 2. 옴: coming 3. 다가감: approach 4. 도착 arrival 5. 돌아감, 귀환: return 6. 전승傳承, 전래, 전통: tradition 7. 신성한 지식: sacred knowledge 8. 종교: religion 9. 경전: scripture의 뜻이 있다.

위에서 언급한 사향사과 중의 각각 2단계와 3단계에 해당하는 사다함과 아나함을 분석해보자.

사다함[sakadagamin]은 sakida[=once 한번] + agama + in의 합성어이다.

사다함은 일래과[the fruit of the once-returning], 일래자[the once-returner]로 번역되었다.

아나함[anagamin]은 an[부정접두어] + agama + in의 합성어이다.

아나함은 불환과[the fruit of the never-returner], 불환자[the never-returner]로 번역되었다.

2) 첫째 수다원과는 예류과라고도 하는 데 성자의 흐름에 들어갔다는 말로서 sota[흐름 stream] + apanna[들어가다(enter) / 도달하다(reach) / 오다(come)의 과거분사형태]의 합성어이다.

그래서 중국에서는 "참여하다"의 뜻을 가진 예預와 "흐르다"의 뜻을 가진 류流로 직역하여 예류預流[stream-entry]로 번역하고 그 목표를 성취한 자를 "stream enterer"라 한다.

■ 예預 1. 미리 2. 참여하다 3. 맡기다
ex] 예금預金 (a) deposit, a bank account 예탁預託=豫託 deposit

둘째 사다함과는 위에서 보았다.
셋째 아나함과는 위에서 보았다.
넷째 아라한과(arhat)은 공양받을 만한 분의 뜻으로 초기불교의 마지막 단계다.

6. 불교의 돈점논쟁 – 아라한에 이르는 과정과 성불의 과정

불교의 돈점논쟁은 가장 오래된 논쟁 중의 하나로서 역사적 순서에 따라 간단히 기술한다. 1. 인도의 부파불교시대에 아라한의 경지에 이르는 과정에 대해 논쟁이 있었음을 기록을 통하여 알 수 있으며, 2. 중국에서는 성불의 과정에 대해 돈교점교頓敎漸敎의 논쟁이 불붙기 시작해서 나중에 3. 중국 선불교에서 돈오와 점오의 문제가 육조 혜능의 5대 제자의 한 사람인 신회信會(Shen-hui, 685~760)의 활대의 종론滑臺宗論 이후 쟁점이 되어왔으며, 4. 우리나라에서는 성철스님의 돈오돈수설의 주장이래 지금까지 논쟁이 계속되고 있다.

> 1. 인도에서는 북방 설일체유부의 점현설과 남방 상좌부의 돈현설이 각각 주장되었다.
> 2. 중국에서는 먼저 돈교점교논쟁이 구마라지바(Kumarajiva, 343~413) 문하의 축도생竺道生(355~434)이 돈오설을 주장하자 동문인 혜관慧觀이 "점오론漸悟論"을, 또 담무성曇無成이 "명점론明漸論"을 지어 축도생의 돈오성불설을 비난한 것이 중국의 돈점논쟁의 시발점이 되었다.
> 3. 활대종론 : 활대(중국 낙양의 북동쪽 지방 이름)라는 곳에 위치한 대운사에서 신회가 오조 홍인의 제자 중 신수神秀(Shen-xiu)는 점오漸悟(gradual awakening[enlightenment])이며, 혜능慧能(Hui-neng)은 돈오頓悟(sudden awakening)라고 하면서 돈오를 주장한 혜능이 정통이라고 주장하여 그 때까지 공식적으로 달마대사 이후의 적통으로 인정받았던 신수를 부정하여 신수의 북종과 혜능의 남종으로 나뉘는 –남돈북점南頓北漸– 초유의 사태가 벌어진 당시의 사건을 이르는 말이다.
> ▶ 구마라지바는 구마라습 또는 구마라집이라고도 하며 쿠차국 출신의 승려로서 중국에서 경률론 74부 380여권을 번역하여 중국의 4대 역경가의 한 사람으로서 중국에 반야부 경전과 용수의 중관사상을 소개하여 중국 삼론종의 개조로 추앙받은 인물이다.

돈점논쟁에 대해 정리한 글로서 Rupert Gethin의 The Foundation of Buddhism을 참고해 보자.

> This dispute over whether awakening should be regarded as a gradual process or a sudden event was not confined to Chan circles, but was a question that preoccupied Chinese Buddhism from an early date.
> 깨달음이 점수냐, 돈오냐 하는 논쟁은 선불교의 범위에 국한되었던 것이 아니라 중국 불교의 초기에서부터 논의가 있었던 문제였다.
> To some extent the problem reflects the old Abhidharma discussion over the question of whether, at the time of awakening, the four noble truths are seen

gradual(as the Sarvativadins argued) or in a single instant(as the Theravadins, amongst others, argued): ultimate truth is not something one can see part of; one either sees it complete, or not at all.
범위를 좀 더 넓혀서 보면(인도 불교의 역사까지 범위를 확대하면-역자 주) 그 문제는 깨달음의 시간적 측면에서 사성제가(설일체유부의 주장처럼) 점진적이냐, 아니면(다른 견해를 가진 사람이나 부파 중에 상좌부가 주장하듯이) 한 순간에 이루어지느냐에 대한 문제는 아비달마 시대의 논쟁에까지 거슬러 올라간다.
즉, 궁극의 진리는 부분적으로 볼 수 있는 것이 아니라 그것을 완전히 보든가 아니면 전혀 볼 수 없든가 하는 문제이다.

◾ 인도 대륙의 수 많은 부파 중에 가장 영향력이 있던 세력이 설일체유부(the All-exists School)와 남방 즉 지금의 스리랑카에서 가장 큰 세력인 상좌부(the Elder's School)를 비롯해서 각 부파들은 그들 나름의 경, 율, 론 삼장(Tri-pitaka[S])을 가지고 있었던 것으로 추정되지만 -북방의 초기 경전은 아가마(Agama)로 불리고, 남방은 니카야(Nikaya)로 불린다- 남방의 경우와 달리 북방의 부파들이 부파마다 결집한 산스크리트어의 Agama 경전들은 거의 남아있지 않고 중국에 번역된 것 즉 4아함이 남아있어 남방 빨리 경전인 Nikaya와 서로 비교하여 연구하고 있는데 상당 부분이 일치하지만 일치되지 않는 부분이 있기도 하여 연구대상이 되는 것이다.

◾ 아비달마 시대 : 인도의 불교역사는 초기불교시대-부파불교시대(=아비달마 불교시대)-대승불교시대-밀교시대의 순으로 전개되었다.
아비달마(abhi-dharma)는 삼장三藏 즉 경經(sutra, 부처님의 말씀), 률律(vinaya, 승려의 계율), 론論(abhi-dharma 경과 율에 대한 주석서) 중 논을 뜻하는 말로서, 부파불교시대에는 각 부파마다 자기의 사상적 입장을 옹호하는 주석서를 만들었기 때문에 부파불교시대를 아비달마시대라고도 한다.

■ 원시불교의 점오문제에 대하여는 최봉수 박사의 1. 원시불교 형이상학 2. 원시불교 자료론(모두 경서원에서 출간)을, 선불교와 관련해서 종밀의 사상에 대해서는 먼저 조윤호의 동아시아 불교와 화엄사상(초롱 출판)의 제4장 종밀의 돈오점수 성불론을 참고하기 바란다.

7. 초기불교의 삼승

초기불교의 수행은 아라한을 목표로 하지만 아라한에 이르는 길을 보통 3가지, 즉 성문, 연각, 보살로 나눈다

1. 성문聲聞 savaka[P] sravaka[S]   voice-hearer / words-hearer

성문은 붓다의 가르침을 듣는 사람(one who listens to the teachings of Buddha). 본래 붓다의 직계제자를 가리켰으나 나중에 소승불교를 따르는 사람을 뜻하는 말

the term originally applied to Buddha's immediate disciples but later came to mean those who follow the teachings of Hinayana Buddhism을 의미하게 되었다

2. 연각緣覺 pratyeka-Buddha[S] pacceka-Buddha[P]
Solitary Buddha[awakened one]

1) 의의

연각은 홀로 깨달은 자 즉 독각獨覺 또는 벽지불僻支佛이라고도 한다.

연각은 "혼자서 12연기를 관하여 깨달은 자 one who has attained enlightenment on his own due to insight into the twelve links of interdependent co-arising"라는 의미이다.

독각을 "person who attains awakening with no help and never preaches to others"라고 정의하여 중생에게 가르침을 주지 않는 소승적 성격을 표현하기도 한다.

연각은 홀로 깨달은 자 즉 독각獨覺 또는 벽지(가)불僻支(迦)佛이라고도 하는 데 벽지불은 pacceka[벽지]-buddha[불]를 각각 음역한 것이며 이 말을 직역한 것이 독각 또는 연각이다.

Paccceka는 pati+eka라는 두 단어의 복합어이며, pati는 "1. ~를 향해서 2. ~에 반대해서"라는 뜻을, eka는 "하나"라는 뜻을 각각 가지고 있다.

P-K사전. p. 448에 보면 다음과 같다.

1. [sk. pratieka] 홀로의, 각각의, 따로따로의, 여러가지의.

2. [sk. pratyaya] 조건, 연기, 연.

두번째의 의미인 조건, 연기, 연은 어근이 pacceti 또는 patieti이며 이 말은 pati+i의 복합어이며 여기서 "i"는 "가다"라는 말의 어근이다.

pacceti, patieti의 뜻은 "1. 의지하다, 실현하다 2. 다가오다, 돌아오다 3. 바라다, 원하

다"이다.

참고로 불교에서 가장 중요한 단어인 연기는 paticca-sam-upada[sk.pratitya-sam-utpada]이며, paticca[조건으로 해서]는 pacceti에서 유래한 말이다. 따라서 pacceka는 홀로 독의 뜻과 연기의 뜻이 있으므로 독각 또는 연각으로 번역된 이유이다.

독각은 원래 무사독오無師獨悟 즉 스승없이 혼자서 깨달음을 연다는 의미지만 연기의 도리를 깨달으므로 연각이라고 하는 것이다. 또한 붓다가 성도한 때부터 설법을 시작하기 전 까지의 붓다를 가리키기도 한다.

2) 종류
  (1) 부행독각部行獨覺 : 부행은 여러 사람이 부部[떼 group]를 이루어 수행하면서 교에 의지하지 않고 스스도 깨닫는 이들을 말한다.
  (2) 인각(유)독각麟角喻獨覺 : 중국의 상상 속의 동물인 기린麒麟(kylin[a fabulous and auspicious beast])의 뿔처럼 아주 드문 것에 비유한 뜻으로 기린의 뿔이 하나인 것처럼 한 사람이 홀로 수행하여 깨닫는 것을 말한다.
  이상의 독각들은 늦은 이가 100겁을 수하고, 수행단계는 사향사과를 거치지 않고 오로지 아라한과만 얻는다고 한다.

3) 붓다의 전생이야기-독각선인獨角仙人
오랜 옛날 바라나국의 산속에서 사슴에게서 태어난 선인은 머리에 한 개의 뿔이 났어 독각선인으로 불리웠다. 선정을 통해 신통력을 얻었으나 선타라는 음녀의 유혹에 빠져 신통력을 잃고 산에서 내려와 그 나라의 왕이 되었다고 한다. 선인은 금생의 붓다이고 선타는 야소다라의 전신이다.

3. 보살 Bodhisattva[S] Bodhisatta[P]
소승에서는 보살이 붓다가 되기 까지 4단계의 과정 즉 사계성도四階成道가 있다고 한다.
1단계 : 3아승기겁동안 수 많은 부처님 에게서 6바라밀을 닦음.
2단계 : 100대겁동안 32상 80종호를 만들어 가는 복덕을 닦음.
3단계 : 보살의 최후신으로 왕궁에 강생하는 것.
4단계 : 보리수 아래에서 번뇌를 끊고 성불하는 것.
보살은 중생에 대한 자비심으로 세상에 태어나기 위해서 태어날 수 있는 업의 연 즉 조건으로서 번뇌가 필요하므로 일부러 번뇌를 끊지 않고 있다가 최후에 성불할 때 번뇌를 끊는다고 한다.

8. 불교와 기독교(BUDDHISM AND CHRISTIANITY)의 현대적 만남
 – 불교의 불의 설법에 비유되는 예수의 산상수훈을 보기 전에 오늘날 종교적 갈등을 초래하는 근본주의에서 벗어나서 종교간의 대화로서 20세기의 종교사에서 대단히 큰 획을 그은 달라이 라마의 성경강의인 "THE GOOD HEART"의 영문 중 일부분 참고하여 옮긴다.–

I believe the purpose of all the major religious traditions is nor to construct big temples on the outside, but to create the temples of goodness and compassion inside, in our hearts.

The greater our awareness is regarding the value and effectiveness of other religious traditions, then the deeper will be our respect and reverence toward other religions. This is the proper way for us to promote genuine compassion and a spirit of harmony among the religions of the world.

나는 모든 주요종교의 목적은 밖에 큰 사원을 짓는 것이 아니라 우리의 내면에 선함과 자비의 사원을 짓는 것입니다. 다른 종교의 전통이 가지는 가치와 효용을 많이 깨달을수록 타종교에 대한 존중과 경의가 더욱 깊어질 것입니다. 이것이 우리가 세상의 모든 종교 사이에 진정한 자비와 조화의 정신을 고양시키는 적절한 방법입니다.

9. 산상수훈 The Sermon on the Mount
 – 산상수훈을 소개하는 이유는 (1) 붓다의 불의 설법만큼이나 중요한 부분이기 때문이며, (2) 불교영어의 용어는 영미권의 불교학자가 번역할 때 성경이나 기독교 문화권의 용어를 차용하는 형식–중국의 "격의불교格義佛敎(the Buddhism of concept-matching system)"와 같이 자신의 문화적 토양 위의 용어를 사용하여 끼워맞춤–을 취하기 때문이며, (3) 기독교 문화권 출신의 외국인의 경우 불교를 이해시키기 위하여 그들의 종교문화를 알아야 하기 때문이다.

◼ 마태복음 5장~7장(Matthhew 5~7)

▶ The Beatitudes

> **beatitude 1. 지복(supreme hapiness) 2. [the B~s] (산상수훈의) 여덟 가지 참행복.
> **the B~s : the blessings listed by Jesus in the Sermon on the Mount(Matt 5:3-11)
> **sermon 설교, 설법 ↔ lecture / oration / talk / discourse / address
> **sermon : n[C] speech on religious or moral matters, esp one given in a church

1. Now when he saw the crouds, he went up on a mountainside and sat down.
   예수께서 무리를 보시고 산에 올라가 앉으시니,

2. His diciples came to him, and he begant teach them, saying :
   제자들이 나아온지라 입을 열어 가르쳐 이르시되,

3. Blessed are the poor in spirit, for theirs is the kingdom of heaven.
   심령이 가난한 자는 복이 있나니 천국이 그들의 것임이요.

> **Blessed 1. 신성한, 정결해진; 하느님의 축복을 받은; 숭앙해야 할 2. 행운의, 행복한 3. 고마운, 기쁜.
> **the kingdom of heaven[God] 천국[Heaven / Paradise / the blessed land]
> **5장 3절에서 11절까지 Blessed가 보어로서 강조를 위해 문장의 제일 앞에 나오는 도치법[inversion]이 사용되었다.
> 주어와 동사가 도치되지 않는 경우를 기억해야 한다.
> 1. 직접화법과
> 2. here / there구문 의 경우에 주어가 대명사인 경우 주어+동사의 어순이 된다.
> 3. 목적어가 문장의 앞에 오는 경우에도 주어와 동사가 도치 안되는 경우도 있다

4. Blessed are those who mourn, for they will be comforted.
   애통하는 자는 복이 있나니 그들이 위로를 받음이요.

> **mourn 슬퍼하다[feel or show sadness for…] : grieve, lament

5. Blessed are the meek, for they will inherit the earth.
   온유한 자는 복이 있나니 그들이 땅을 기업으로 받을 것임이요.

> **meek 온유한, 순한[humble, modest, mild, compliant]

> the meek : the+형용사=복수명사—ex] the rich and the poor 부자와 빈자
> **inherit 1. 물려받다, 상속하다 2. 〈남의〉 뒤를 잇다 3. 〈체질 등을〉 물려받다, 유전되다 《from ...》.

6. Blessed are those who hunger and thirst for righteousness, for they will be filled.
   의에 주리고 목마른 자는 복이 있나니 그들이 배부를 것임이요.

> **righteousness 1. 정직, 고결; 고결[정직]한 행위 2. 공정, 정의[justice, right]

7. Blessed are the merciful, for they will be shown mercy.
   긍휼히 여기는 자는 복이 있나니 그들이 배부를 것임이요.

> **merciful 자비로운
> = compassionate / kind / kindhearted / lenient / generous / sympathetic / gracious

8. Blessed are the pure in heart, for they will see God.
   마음이 청결한 자는 복이 있나니 그들이 하나님을 볼것임이요.

9. Blessed are the peacemakers, for they will be called sons of God.
   화평하게 하는 자는 복이 있나니 그들이 하나님의 아들이라 일컬음을 받을 것임이요.

10. Blessed are those who are persecuted because of righteousness, for theirs is the kingdom of heaven.
    의를 위해 박해를 받은 자는 복이 있나니 천국이 그들의 것임이라.

> **persecute(주의, 종교, 인종 등의 차이로) 학대하다, 박해[압박]하다, 벌하다.
> OX사전 : treat sb cruelly or unfairly, esp because of their race, religion or political beliefs.

▶ Salt and light 소금이요 빛이라

11. You are the salt on the erarth
    너희는 세상의 소금이니
    But if the salt loses its saltiness, how can it be made salty again?
    소금이 만일 그 맛을 잃으면 무엇으로 짜게하리요.
    It is no longer for anything, except to be thrown out and trampled by men.

후에는 아무 쓸모없어 다만 밖에 버려져 밟힐 뿐이니라.

12. You are the the light of the world. A city on the hill cannot be hidden.
    너희는 세상의 빛이니 산위에 있는 동네가 숨겨지지 못할 것이요.

13. Neither do peole light a lamp and put it in the bowl.
    Instead they put it on its stand, and it gives light to everyone in the house.
    사람이 등불을 켜서 말(곡식, 액체 등의 용량을 재기 위한 그릇)아래 두지 않고 등경燈檠[등잔걸이] 위에 두나니 이러므로 집안 모든 사람에게 비치느니라.

> **부정의 부사구 neither가 문두에 온 도치구문으로서 동사 light의 대동사 do를 주어 앞에 두었다.
> **bowl 말=measure; unit used for stating the size, quantity or degree of sth → weights and measures 도량형; 도량형을 통일하다 standardize ~.
> **stand; piece of furniture for holding a particular type of thing : a music stand 악보대.

14. In the same way, let your light shine before men, that they may see your good deeds and praise your Father in heaven.
    이같이 너희 빛이 사람 앞에 비치게 하여 그들로 너희 착한 행실을 보고 하늘에 계신 너의 아버지에게 영광을 돌리게 하라.

▶ The Fulfilment of rhe Law 율법을 완전하게 하다

15. Do not think that I have come abolish the Law or the Prophets;
    내가 율법이나 선지자를 폐하려 온 줄로 생각하지마라.
    I have not come to abolish them but to fulfill them.
    폐하려 온 것이 아니요 완전하게 하려 함이라.

> ** fulfill 1. 을 채우다(fill) 2. 실현[성취]하다(carry out) 3. 충족[만족]시키다(satisfy).

16. I tell you truth, until heaven and earth disappear,
    내가 진실로 이르노니 천지가 없어지기 전에는
    not the smallest letter, not the least stroke of a pen,

율법의 일점 일획이라도 반드시 없어지지 아니하고 다 이루리라.

will by any means disappear from the Law untill everything is accomplished

**강조를 위해 not이 문두에 온 형식이다. **by any means 결코 …아닌.

▶ Adultery 간음

17. You have heard that it was said, 'Do not commit adultery'
또 간음하지 말라는 말을 너희가 들었으나

But I tell you that anyone looks at a women lustfully
나는 너희에게 이르노니 음욕을 품고 여자를 보는 자마다

**adultery : sex between a married person and sb who is not their husband or life. → 주홍글씨[scarlet letter] : 옛날 간통한 자의 가슴에 붙였던 adultery의 머리글자 A] → scarlet
1. a brillant red color
2. immoral, esp.unchaste
**lust 1. 강한 욕망[strong desire for] 2. 정욕, 육욕[strong sexual desire]
lusty 1. 건장한 튼튼한 2. 원기좋은 3. (식사 등이)풍부한 4. 호색적인
lustfully 탐욕스럽게 / lustrously 빛나게, 번쩍번쩍하게.

has already committed adultery with her in his heart
이미 마음에 간음하였느니라.

▶ An Eye for an Eye 눈에는 눈

18. You have heard that it was said, eye for eye, and tooth for tooth
또 눈은 눈으로 이는 이로 갚으라 하였다는 것을 너희가 들었으나

**an eye for an eye, and a tooth for a tooth의 전형적인 구문에서 부정관사(a, an)를 사용하지 않는 것으로 번역되어 있다.

19. But I tell you, Do not resist an evil person.
나는 너희에게 이르노니 악한 자를 대적하지 말라.

If someone strikes you on the right cheek, turn to him the other also.
누구나 네 오른 뺨을 치거든 왼편도 돌리대며,

> **New James King verson에는 다음과 같이 번역돠었다.
> But I tell you not to resist an evil person.
> But whoever slaps you on your right cheek, turn the other to him also.

20. And if someone wamt to sue you and take your tunic,
또 너를 고발하여 속옷을 가지고자 하는 자에게,

> - sue 소송을 제기하다, 고소하다 《for ...》
> - tunic (고대 그리스, 로마인이 입었던) 가운 같은 웃옷[겉옷].
>   Let him have your cloak as well. 너의 겉옷까지 가지게 하라.
> - cloak 1. 망토, 소매없는 외투 2. 덮개(covering), 가면, 구실(pretext).

21. If someone forces you to go one mile, go with him two miles.
또 누구든지 너를 억지로 오리를 가게 하거든 그 사람과 십리를 동행하고,

22. Give to one who asks you, and do not turn away from the one who wants to borrow from you.
네게 구하는 자에게 주며 네게 꾸고자 하는 자에게 거절하지 말라.

▶ Love for enemy 적을 사랑하라

23. You have heard that it was said, 'Love your neighborand hate your enemy
또 내 이웃을 사랑하고 네 원수를 미워하라 하였다는 것을 너희가 들었으나,

24. But I tell you : love your enemies and pray for those who persecute you and pray for those who persecute you
나는 너희에게 이르나니 너희 원수를 사랑하며, 너희를 박해하는 자를 위하여 기도하라.

> **persecute(주의, 종교, 인종 등의 차이로) 학대하다, 박해[압박]하다, 벌하다.

25. that you may be sons of your Father in heaven.
He causes his sun to rise on the evil and the good, and sends rain on the

righteous and the unrighteous.

이같이 한즉 하늘에 계신 너의 아버지의 아들이 되리니,

이는 그 해를 악인과 선인에게 비추시며 비를 의로운자와 불의한 자에게 내려주심이라.

**the evil, the good, the righteous, the unrighteous 모두 the+형용사=복수보통명사
The New king James version - 윗 글[45절]의 두 번째 문장에 대한 번역.
[for He makes His sun rise on the evil and on the good and sends rain on the just and on the unjust]

---

26. If you love those who love you, what reward will you get?

    너희가 너희를 사랑하는 자를 사랑하면 무슨 상이 있으리요.

    Are not even the tax collectors doing that?

    세리稅吏[tax officer]도 이같이 아니하느냐?

27. And if you greet only your brothers, what are doing more than others?

    너희가 너희 형제만 문안하면 남보다 더하는 것이 무엇이더냐?

    Do not even pagans do that ?

    이방인들도 이같이 아니하느냐?

**pagan n. (크리스트 교도, 유태교도, 회교도가 아닌) 이교도; 다신교도(고대 로마, 그리스인 등); 무종교자; 쾌락주의자. 이교도 adj. 이교(도)의.

---

48. Be perfect, therefore, as your heavenly Father is perfect.

    그러므로 하늘에 계신 너희 아버지의 온전하심과 같이 너희도 온전하라.

■ Giving to the Needy 가난한 자를 구제하라
▶ 6장

1. Be careful not to do your 'acts of righteousness' before men, to be seen by them.

   사람에게 보이려고 그들 앞에서 너희 의를 행하지 않도록 주의하라

   If you do, you will have no reward from your Father in heaven.

그리하지 아니하면 하늘에 계신 너희 아버지께 상을 받지 못하리라

2. 생략

3. But when you give to the needy,
너는 구제할 때에

> **needy=very poor → the+형용사 형태의 보통명사화 용법 → 가난한 자들

do not let your left hand know what your right hand is doing
오른손이 하는 것을 왼손이 모르게 하여

> **let..에게 ..시키다, …할 것을 허용하다[allow to]
> *what 선행사를 포함한 관계대명사[what=the thing that]

4. So that your giving may be in secrete.
네 구제함을 은밀하게 하라.
Then your Father, who sees what is done in secret, will reward you.
은밀한 중에 보시는 너의 아버지께서 갚으시리라.

5. 생략

6. but when you pray, go into your room, close the door and pray to your Father, who is unseen.
너는 기도할 때에 네 골방에 들어가 문을 닫고 은밀한 중에 계신 네 아버지께 기도하라.
Then your Father, who sees what is done in secret, will reward you.
은밀한 중에 보시는 네 아버지께서 갚으시리라.

7. ~ 8. 생략

9. This, then, is how you should pray:
그러므로 너희는 이렇게 기도하라.
'Our Father in heaven, hallowed be your name,
하늘에 계신 우리 아버지여 이름이 거룩히 여김을 받으시오며,

> **hallowed 거룩한[divine, sacred, holy, sublime, solemn, venerable]
> −Oxford 사전에 hallow를 찾아보면 다음과 같다.
> hallowed : greatly revered or respected

> hallow : honor as holy ■ formal : make holy, consecrate[신성, 거룩하게 하다]
> 따라서 현재에는 '거룩하게 하다' 의 의미로 사용함은 비격식이므로 기원문의 일반형식으로 May your name be holy[consecrated]등의 형식으로 고칠 수 있다.[기원문의 may는 항상 주어 앞에 위치함]

10. Your kingdom come, your will be done, on earth as it is in heaven
    나라가 임하시오며 뜻이 하늘에서 이루어 진 것처럼 땅에서도 이루어지이다
11 Give us today our daily bread.
    오늘 우리에게 일용할 양식을 주시옵고,
12. Forgive us our debts, as we also haven forgiven our debtors.
    우리가 우리에게 죄지은 자를 사하여 준 것같이 우리를 죄를 사하여 주시옵고,

> **debt 1. (종교, 도덕상의) 죄 2. 부채, 채무; 은혜 3. 신세, 덕택[fact of feeling grateful to sb for their help or kindness]

13. And lead us not into temptation, but deliver us from the evil one.
    우리를 시험에 들게 하지 마시옵고 다만 악에서 구하시옵소서.

> **temptation 1. 유혹; (…하고 싶은) 충동《to do》 2. 유혹하는 것(allurement).
>   3. 《the T-》(예수가 마귀로부터 받은) 광야의 시험.
> **deliver 1. 〈사람, 영혼 등을〉 해방시키다, 자유롭게 하다《from, out of …》
>   2. 전하다, 배달하다 3. 〈의견 등을〉 (남에게) 말하다;

For yours is the kingdom, and the power, and glory, forever, Amen.
나라와 권세와 영광이 아버지께 영원히 있사옵니다.

> **보어 yours가 앞으로 나온 강조 형태의 도치문으로 주어, 동사의 위치 바뀜
> **Amen[히브리어 '확실히' 에서 유래하며 그리스도교에서 기도끝에 하는 말]
>   그리되게 하소서[So be it!]
>   Oxford사전 : exclam used at at the end of a prayer or hymn, meaning' so be it.'
> **hymn: n. (교회의) 찬송가, 성가 ; 찬가
>   v.t. (송가 등에서) 〈신을〉 찬양하다 v.i. 찬송가[성가]를 부르다.

22. The eye is the lamp of the body.

　　눈은 몸의 등불이니.

　　If your eyes are good, your whole body will be full of light.

　　그러므로 네 눈이 성하면 온 몸이 밝을 것이요.

23. But if your eyes are bad, your whole body will be full of darkness,

　　눈이 나쁘면 온 몸이 온 몸이 어두울 것이니,

　　how great is that darkness

　　그러므로 내게 있는 빛이 어두우면 어둠이 얼마나 더 하겠느냐.

24. ~ 27. 생략

28. and why do you worry about clothes?

　　또 너희가 어찌 의복을 염려하느냐?

　　See how the lilies of the field grow. they do not labor or spin.

　　들의 백합화가 어떻게 자라는가 생각하여 보라.

　　수고도 아니하고 길쌈도 아니하느니라.

**labor 노동 노동(계급) 노동자. 노동당(the Labour Party). U 산고産苦
**spin (면, 양털 등을)잣다, 실을 잣다/ (팽이 등을)돌리다/ 이야기를 오래 끌다
　　OX사전 : make the thread[실] from wool[양털], cotton[면사], etc by twisting it.

---

29. Yet I tell you that not even Solomon in all his splendor was dressed like one of these.

　　내가 말하노니 솔로몬의 모든 영광으로도 입은 것이 이 꽃 하나만 같지 못하느니라.

**not even …조차 않다 **splendor
　1. 화려함-the ~of one's attire..의 화려한 의상
　2. [명성 등의]탁월 -a painter in all one's ~탁월한 화가 3. 빛남, 광채
**in splendor 화려하게

30, 32 생략

31. So do not worry, saying 'What shall we eat?' or 'What shall we drink?' or 'What shall we wear?'

　　그러므로 염려하여 이르기를 무엇을 먹고, 마시고, 입을까 하지 말라.

33. But seek first his kingdom and his righteousness,
그런즉 너희는 먼저 그의 나라와 의를 구하라.
and all these things will be given to you as well
그리하면 이 모든 것을 너희에게 더 하시리라.
34. Therefore do not worry about tomorrow, for tomorrow will worry about itself.
그러므로 내일 일을 위해 염려하지 말라 내일 일은 내일이 염려할 것이요.
Each day has enough trouble of its own
한날의 괴로움은 그 날로 족하니라.

▶ 7장 : Judging Others 타인을 비판하는 문제

1. Do not judge, or you too will be judged.
비판을 받지 아니하려거든 비판하지 말라.
2. For in the same way you judge others, you will be judged,
너희가 비판하는 그 비판으로 너희가 비판을 받을 것이요.
and with the measure you use, it will be measured to you.
너희가 헤아리는 그 헤아림으로 너희가 헤아림을 받을 것이니라.

> **measure : 1. 측정, 계량 2. 도량법 3. 방책, 수단 v.t. 측정하다. 견주다[비교하다]

3. Why do you look at the speck of saw-dust in your brother's eye and pay no attention to the plank in your own eye?
어찌하여 형제의 눈 속에 있는 티는 보고 네 눈속에 있는 들보는 깨닫지 못하느냐?

> **speck n. 1. 작은 점, 얼룩, 흠 vt. …에 얼룩이 지게 하다; …에 점재하다.
> **티 [(a speck of) dust[dirt / dirt / mote / speck]
>   ▶눈에 티가 들어갔다 I've got a speck of dust[something] in my eye.
> **sawdust 톱밥[tiny pieces of wood that fall from wood as it is sawn]
> **plank 1. 두꺼운 판자. 지지물 2. 의지가 되는 것
> **들보 : 건물의 칸과 칸 사이의 두 기둥 위를 가로지른 나무

4. 생략
5. You hypocrite, first take the plank out of your own eye, and then you will see

clearly to remove the speck from your brother's eye.
외식하는 자여 먼저 네 눈 속에 들보를 빼어라 그 후에야 밝게 보고 형제의 눈 속에서 티를 빼리라.

> **hypocrite 위선자[person who makes himself or herself appear better than they really are-OX사전]

▶ Ask, seek, knock 구하라, 찾으라, 그리고 두드려라

7. Ask and it will be given to you, seek and you will find;
구하라! 그리하면 너희에게 주실 것이요 찾으라 그러면 너희에게 열릴 것이니,
Knock and the door will be opened to you
두드리라! 그리하면 너희에게 열릴 것이니,

8. For everyone who asks receives; he who seeks finds;
구하는 이마다 받을 것이요 찾는 이는 찾아낼 것이요,
and to him who knocks, the door will be opened
두드리는 이에게 열릴 것이요.

9. 10. 생략

11. If you, then, though you are evil, know how to give good gifts to your children,
너희가 악한 자라도 좋은 것으로 자식에게 줄 줄 알거든,

> **how 하는 방법[정도, 상태, 이유]《to do, wh-절》

how much more will your Father in heaven give good gifts to those who ask him!
하물며 하늘에 계신 너희 아버지께서 구하는 자에게 좋은 것으로 주시지 않겠느냐!

12. So in everything, do to others what you would have them do to you,
그러므로 무엇이든지 남에게 대접을 받고자 하는 대로 너희도 남을 대접하라.
for this sums up the Law and the Prophet.
이것이 율법이고 선지자니라.

> **sum up 〈의견, 생각을〉 집약하다, 요점을 말하다
> *to sum up 요약하면, 결론으로서.

> **The New King James Bible에는 위의 12절이 다음과 같이 번역되었다
> [therefore, whatever you want men to do to you, do also to them, for this is the Law and the Prophets.]

▶ The Narrow and Wide Gates 좁은 문과 넓은 문

13. Enter through the narrow gate,

   좁은 문으로 들어가라.

   For wide is the gate and broad is the road that lead to destruction,

   멸망으로 인도하는 문은 크고 그 길이 넓어

   and many enter in through it.

   그리로 들어가는 자가 많고

14. But small is the gate and narrow the road that lead to life, and only a few find it.

   생명으로 인도하는 문은 좁고 길이 협착하여 찾는 자가 작음이라.

> **도치문 : small과 narrow가 앞으로 나오면서 v+s형태의 도치문이 되고
>   생략 : narrow뒤에 is가 생략되고, 관계대명사 : the gate와 the road를 각각 that lead to life가 수식 하는 주격관계대명사의 문장이다
> **lead to(어떤 결과, 상태에) 이르게 하다《to, into ...》. 인도하다《to ...》
> **The New King James Bible에는 다음과 같이 번역되어 있다.
>   Because narrow is the gate and difficult is the way which leads to life, and there few who find it.

15. Watch out for false prophets.

   거짓 선지자들을 삼가라.

   They come to you in sheep's clothing, but inwardly they are ferocious wolves.

   양의 옷을 입고 너희에게 나아오나 속으로는 노략질하는 이리라.

> **false adj. 1. 그릇된 2. 임시의 3. 불성실한 4. 가짜의 5. 얼토당토 않은
>   adv. 부정직하게; 불성실하게, 배반하여; 잘못하여.
> **prophet
>   1. 예언자, 신의의 대변자; (초기 교회의) 예언자.
>   2. 《the Prophets》 (구약 성서에서) 선지자, 예언서.
>   3. 《the P-》 회교의 교조, 마호메트(Muhammad); 모르몬교의 교조(Joseph Smith),

그 계승자.
**ferociou 1. 〈짐승, 사람, 행동, 용모가〉 사나운, 포악[흉포]한, 잔인한.
         2. 〈욕심, 정력, 더위 등이〉 대단한, 맹렬한, 굉장한.

16. 17생략

18. A good tree bears cannot bear bad fruit, and a bad tree cannot good fruit
    좋은 나무가 나쁜 열매를 맺을 수가 없고 못된 나무가 좋은 열매를 맺을 수가 없느니라.

**bear 1. 〈잎, 꽃, 열매가〉 생기다.
       2. 〈여자, 암컷이〉 〈아이, 새끼를〉 낳다, 출산하다; 〈아이, 새끼가〉 태어나다,
          〈사람이〉 (…으로) 태어나다; 〈사람이〉 〈…과의 사이에〉 〈아이를〉 낳다.

21. Not everyone who says to me,' Lord, Lord, will enter the kingdom of heaven,
    나더러 주여 주여 하는 자마다 천국에 들어갈 것이 아니요.

    but only he who does the will of my Father who is in heaven
    다만 하늘에 계신 내 아버지의 뜻대로 행하는 자라야 들어가리라.

**will 1. U《the ~》의지, 의사; C 의지력(will power) 2. 《one's ~, the ~》명령.
       3. 유언; 유서(last will and testament).

10. 부루나존자의 포교

The mission[propagation] of the Venerable Purna(S) / Punna(P)

1. 참고문헌 reference

A translation of the Samyutta Nikaya[the Connected Discourses] by Bhikkhu Bodhi, p 1169

- reference 참조(문헌 / 부호] ▶참고reference / consultation ▶주석을 참고하며 본문을 읽다 read the text, consulting the annotations ▶참고도서 a reference book ▶참고 서류 books for reference.
- original 원서, 원문, 원작; in the original 원(문, 서, 어)로.
- source 출처, 근거; a news~ 뉴스의 출처 / historical ~s 사료[사료].

2. 내용 substance

부루나 존자가 붓다의 법을 들은 후 포교하러 가기 전에 붓다와 담화를 나누는 내용이다.

▣ 세존께서 부루나존자에게 감관을 다스리는 법을 가르친 후 이어서 그에게 물었다.

The Blessed One continuously said to Purna after he taught Punna the Dharma about the control of sense organ.

이제 너는 나의 법을 듣고 나서 어느 곳에 가서 머물려 하는가?

"Now that you have received this exhortation from me, Purna, in which country do you dwell?"

- exhortation 1. U C 권고, 권장 2. 설교. 충고[권고]의 말, 추천사.

세존이시여, 원컨대 수나빠란따라는 곳에 머물고자 합니다.

"The Blessed One, I will dwell in a country named Sunaparanta."

- Sunaparanta : 지금의 Munbai 근처에 있는 Thanha 지방의 Sopara지역으로 추정된다.

부루나야, 수나빠란따의 사람들은 거칠고 무자비하다.
만약 그들이 너를 학대하고 욕을 하면 어떠한 마음을 내겠느냐?

"Purna, the people of Sunaparanta are wild and cruel.
If they abuse and revile you, what will you think about that?"

- abuse〈모욕하다, 욕하다, 사람, 동물, 몸의 일부를〉 학대[혹사]하다;
- revile v.t. …을 욕하다, 욕설을 퍼붓다(abuse).
    * －v.i. (…에게) 욕하다, 욕지거리하다(speak abusively)《at, against..》

세존이시여 그러면 저는 이렇게 생각할 것입니다.
"그들이 나에게 주먹질을 하지 않으니 참으로 훌륭하다."
"The Blessed One, then I will think: they are excellent, truly excellent, in that they do not give me a blow with the fist."
그러나 부루나야, 만약 주먹질을 한다면 너는 어떠한 마음을 내겠느냐?
"But, Purna, if they give you a blow with the fist, what will you think about that?"
세존이시여, 그러면 저는 이렇게 생각할 것입니다.
"그들은 흙덩어리로 나를 치지 않으니 참으로 훌륭하다."
"The Blessed one, then I will think: they are excellent, truly excellent, in that they do not give me a blow with a clod."

**clod 덩어리, (특히) 흙덩어리.

그러나 부루나야 만약 그들이 흙덩어리로 친다면 어떤 마음을 내겠느냐?
"But, Purna, if they give you a blow with a clod, what will you think about that"
세존이시여, 그러면 저는 이렇게 생각할 것입니다.
"그들이 몽둥이로 때리지 않으니 참으로 훌륭하다"
"The Blessed One, then I think: they are excellent, truly excellent, in that they do not give me a blow with a rod."
그러나 부루나야 그들이 몽둥이질을 하면 어떤 마음을 내겠느냐?
"But, Purna, if they give you a blow with a rod, what will you think about that?"
세존이시여, 그러면 저는 이렇게 생각할 것입니다.
"그들이 칼로 찌르지 않으니 참으로 훌륭하다."
"The Blessed One, then I think: are excellent, in that they do not stab me with a knife."

그러나 부루나야 그들이 칼을 휘두르면 너는 어떤 마음을 내겠느냐?

세존이시여, 그러면 저는 이렇게 생각할 것입니다.

"그들이 날카로운 칼로 나의 목숨을 빼앗지 않으니 참으로 훌륭하다."

"But, Purna, if they swing you a knife, what will you think about that?"

"The Blessed One, then I think: they are excellent, truly excellent, in that they do not take my life with a sharp knife."

＊그러나 부루나야 그들이 날카로운 칼로 그들이 너의 목숨을 빼앗는다면 어떤 마음을 내겠느냐?

"But, Purna, if they take your life with a sharp knife, what will you think about that?"

＊"세존이시여, 그러면 저는 이렇게 생각할 것입니다.

＊그들은 훌륭하다. 세존의 제자들 중에 몸과 목숨에 염증을 느껴 죽여주기를 바라는 제자들이 있으나 나는 수고스럽게 자살을 할 필요 없이 죽게 되니 말입니다."

＊세존이시여 나는 이와 같이 행복한 사람이라고 생각할 것입니다.

"But, Purna, if they take your life with a sharp knife, what will you think about that?"

"The Blessed One, then I think: they are excellent, truly excellent, in that there have been disciples of the Blessed One who, being repelled by the body and by life, sought for an assailant.

But I have come upon this assailant even without a search for suicide."

The Blessed One, then I will think thus, very fortunate one.

- repell vt. 1. 〈남에게〉 불쾌감[혐오감]을 느끼게 하다 2. 쫓아버리다, 격퇴하다
   vi. 불쾌감[혐오감]을 느끼다.
- assailant 공격자 a person who has physically attacked them.
- suicide n. 1. 자살(killing oneself). v(vi,vt). 2. 자살하다(kill oneself / commit suicide / take one's own life / die by one's own hand)
※ 자살충동을 느끼다 feel suicidal / feel like killing oneself.
※ 자살폭탄 테러를 저지르다 commit a suicide bombing.
- come upon 우연히 만나다, 을 갑자기 습격하다, 요구하다, … 의 신세를 지다.

위의 마지막 부분의 네 문장(＊표시이하의 문장)에 대해서 Edward Conze(1951년판:

> Buddhism. p. 71)의 번역을 참고해 보자.
> "But if they kill you, Purna, what would you think?"
> 그러나 부르나야, 그들이 너를 죽인다면 어떤 마음을 내겠느냐?
> "In that case, I would still think that they are good and gentle folk,
> 그래도 저는 그들이 착하고 점잖은 사람들이라고 생각할 것입니다.
> as they release me from this rotten carcass of the body without much difficulty.
> 왜냐하면 이 육신이라는 썩어 문들어질 몸뚱아리로부터 벗어나게 해주니 말입니다.
> I know that there are monks who ashamed of the body, and distressed and disgusted with it, and who slay themselves with weapon, take poison, hang themselves with ropes or throw themselves down precipices"
> 저는 승려들 중에는 육신을 혐오하고 고민하며 거추장스러워하는 자들이 있다는 것을 알고 있으며, 심지어 흉기로 자신을 찌르고 독을 마시며 동앗줄로 목을 매거나 절벽아래로 몸을 던지다는 것을 알고 있습니다.
> - rotten 1. 썩은, 부패한(decayed), 악취를 풍기는 2. (도덕적, 정치적으로) 부패[타락]한(corrupt). 3. 〈토지, 암석 등이〉 푸석푸석한(friable), 무른; 〈천 등이〉 너덜너덜한 (soft, yielding).
> - carcass 1. (동물, 새 등의) 시체 2. (사람의) 시체(corpse) 3. 잔해.
> - slay themselves with rope 목을 매여 자살하다.
>   slay = eliminate / slaughter / butcher / exterminate / massacre.
> - throw themselves down precipices 절벽에 몸을 던지다.   *precipice=cliff 절벽.

훌륭하다. 훌륭하다. 부루나여 그렇게 자신을 다스려 평안한 마음을 갖추고 있으니 너는 수나빠란따에서 머물 수 있을 것이다.

"Excellent, excellent, Purna! Endowed with such self-control and peacefulness, you will be able to dwell in the Sunaparanta.

> - 이 부분에 대해서도 콘즈의 번역을 살펴보자.
> "Purna, you are endowed with the greatest gentleness and fobearness.
> 부루나야, 너는 정말 뛰어난 부드러움과 인내심을 갖추었구나.
> You can live and stay in that country of the Sronaparantas.
> 너라면 스로나파란타에서 살아갈 수 있겠구나.
> Go and teach them how to be free, as you yourself are free.
> 가거라! 네가 자유로운 것처럼 그들에게도 자유로워지는 법을 가르치도록 하라.

그리고 나서 붓다의 말씀에 환희심을 내면서 수나빠란따를 향해 길을 떠났다.

Then, having delighted ane rejoiced in the Blessed One's statement, the Venerable Purna set out to wander toward the Sunaparanta.

우연곡절을 겪으면서 그는 마침내 그 곳에 도착하였다.

Wandering by stages, he eventually arrived in the Sunaparanta.

그 때가 마침 장마철이라 부루나 존자는 수행하면서 500명의 남녀를 재가불자로 만들었으며, 그는 그 기간 중에 홀로 참다운 진리를 깨달았다.

Then, during that rains, the Venerable Purna established five hundred male, female lay followers in the practice, and he himself, during the same rains, realize the true knowledge.

And during that same rains he attained final Nirvana(S)[Nibbana(P)].

그 때 수 많은 비구들이 세존에게 다가와서 말했다.

세존이시여, 세존의 설법을 들었던 부루나 존자가 열반에 들었습니다.

그는 어디로 갔습니까? 그는 어디에 태어났습니까?

Then a number of bhiksu(S)[bhikku(P)] approached the Blessed One and said to him: The Blessed One! The Veneable One Purna, who was given a exhortation by you, has died.

What is his destination? What is his future bourn?"

**destination 1. 목적지, 행선지 2. U C 목적, 용도 **bourn (고어)목적지

부루나 비구는 현명하였다.

"Bhiksus, Purna was wise.

그는 여법하게 수행하였다.

He practiced in accordance with the Dharma(S)[Dhamma(P)].

그는 이제 구경의 열반에 이르렀다.

He has attained final nirvana.

■ 도움말

> ■ 부루나의 이름 ■
> 부루나존자는 생일이 붓다와 같은 코살라국 바라문 종족의 출신이며 아버지는 정반왕의 국사였다. purna존자의 본래 이름은 Purna-maitrayani-putra[S] / Punna mantani-putta[P]이다. 여기서 이름을 하나씩 분석해보자
> Purna[S]/ Punna[P]는 만滿(full)을 뜻하고, maitrayani / mantani는 어머니의 이름이며, maitraya[S] / manta[P]는 자비로운[benevolent, compassionate, charitable, merciful]의 뜻으로서 어머니가 속한 종족의 이름이다.
> ▶ ni는 비구니(bhikkuni)와 같이 여자를 뜻하는 접미사로서 maitrayani는 마이트라야족의 여인이라는 뜻이다.
> ▶ putra[S] / putta[P]는 자식의 뜻이 있으므로 만자자滿慈子등으로 의역된다.
> ▶ 지혜제일로 불리는 사리불 또는 사리자의 이름이 Sariputra이며, 그 뜻이 Sari의 자식이며, Sari는 사리불의 어머니 이름이므로 모계사회 전통의 잔재라는 주장도 있다.
> ▶ 중국에서 반야부경전과 중관학의 논서 등을 번역한 인도출신의 Ku-mara-jiva(구마라습으로 한역)의 이름 중에 mara는 아버지의 이름이고 jiva는 어머니의 이름이다. 이런 점을 볼 때 현대에 남녀평등사회의 선구자적 발자취로 보여 흥미롭다.

▣ 아야교진여와 부루나존자

붓다의 상수제자이고 교단의 최고 장로이며, 가장 먼저 깨달았다고 하는 Ajnaata-kaundinya[S] / Anna-Kondanna[P] —아야교진여阿若憍陳如 또는 아야교진나阿若憍陳那로 음역함—는 붓다가 60명의 비구들에게 전도선언(the declaration [proclamation] of propagation)을 후 카필라바스투Kapilavastu[S] 근처에 있는 자신의 고향 도나와투[Donavatthu]에 가서 부루나[purna]존자를 불법에 귀의시켰다.

붓다가 마가다[Magadha]국의 라자가하(Rajagrha[왕사성])에 계실 때 교진여가 친견하러 가도 부루나는 숲에 머물면서 수행하여 아라한이 되었다. 붓다가 라자그라하[Rajagrha(왕사성)]에서 코살라국의 수도 스라와스티(Sravasti[사위성])에 왔을 때 비로소 친견하고 설법을 들었다.

▣ 포교의 열정 그리고 대승과 소승

Edward Conze는 포교에 대한 붓다와 부루나의 대화를 소개한 뒤에 이렇게 말한다. "흔히 소승불교가 대승불교보다 포교의 열정이 적었다고 주장한다. 하지만 이것은 사실이 아니다. 소

승불교는 대승불교와 같이 실론, 버어마, 티벳, 중국, 자바와 수미트라에 전해졌다.

티벳과 중국에서 대승불교만 살아남은 이유는 대승불교가 인도 외의 민족들에게 더 먹혀들었기 때문이다.

It is often asserted that the Hinayana had less missionary zeal than the Mahayana. This is not the case. The Hinayana, like the Mahayana, was carried to Ceylon, Burma, Tibet, China, Java and Sumatra.

If the Mahayana alone survived in Tibet and China, it was because it was more adapted to non-Indian population.

- if …it is (was) 구문 : …하는(한) 것은 …이기 때문이다(때문이었다).
  ▶ If I punish him, it is because I truly love him.
    내가 그를 벌하는 것은 그를 사랑하기 때문이다.
- adapt
1. 적응시키다.
  ▶ adapt one's remarks to one's audience 청중을 고려하여 말을 조절하다.
2. (새 환경에 등에) 순응하다, 길들다(to)adapt oneself to new life. 새 생활에 순응하다.
3. 개조하다 adapt a motorboat for fishing 모터보트를 개조하다
4. 개작하다. 번안[각색, 편곡]하다(modify)

■ 자비에 대한 관련 용어와 미륵불의 미륵에 대한 의미를 알아보자

불교의 자비는 지혜와 함께 나아가는 양 날개와 같으며, 앞으로 56억 7천만년 뒤에 오실 미래의 부처 곧 미래불[the future Buddha]의 이름이 미륵이라는 정도는 불자가 아니라도 알고 있는 말이다. 그런데 미륵彌勒이라는 말은 "자비로운"이라는 뜻을 가진 "마이트레야"의 소리를 그대로 번역한 음역(transliteration)이다.

그러면 하나씩 분석해보자.

산스크리트어로 자비로운(benevolent / compassionate / charitable / merciful)은 "maitreya"이며 "maitra / maitraya"도 같은 뜻이다.

빨리어로는 metteyya라고 하며 "metta/ mettayana"라고도 한다. 그러므로 미륵은 "maitreya[S] / metteyya[P]"의 음역이라는 것을 알 수 있으며 중국에서는 자비로운 사람이라는 의미로 자씨慈氏로 의역하기도 한다. 그리고 자비(benevolence, compassion, charity, mercy)와 우정(friendship)은 우리말 "많이 드리"와 "많이 드려"와 발음이 비슷한 "maitri /

maitrya[이상S]=metta / mettata [이상P]"라고 한다. 또한 친구라는 말은 우리말 "믿으라"와 "믿다"와 발음이 비슷한 mitra[S]=mitta[P]이다.

-S-E사전, P. 834/P-K사전. P. 550-

11. 십이두타 The twelve ascetic practices

12두타행을 통해 초기불교의 수행법을 바로 알아 오늘날 청화스님의 49년 일종식과 장좌불와의 수행, 그리고 성철스님의 옹골찬 수행은 이를 본받은 것이다. 먼저 두타의 뜻을 알아보자.

두타는 흔들어 떨어 버리다 즉 "shake off"라는 뜻의 dhuta[S, P]에서 유래했으며, 마음의 때를 떨어 없애버린다는 뜻이다.

곧 마음을 닦아 의, 식, 주에 대한 탐욕을 다스리는 수행을 가리키며, 그러한 과정을 거친 후에 번뇌의 소멸 즉 열반(nirvana=blow off)에 이르는 것[shake off → blow off]이다.

중국에서는 요진搖振[흔들 요+떨칠 진], 수치修治[닦을 수+다스릴 치]등으로 의역하고, 두타頭陀, 투다投多, 두다杜茶, 두다杜多등으로 음역했다.

1. 재아란야처행在阿蘭若處(=공한처 空閑處)行

practicing at a quiet place away from the village

마을에서 떨어진 한적한 곳에서 수행하는 것

> - 아란야는 aranya[S], aranna[P]의 음역이며, S-E사전. P.86과 P-E사, P.32에 forest(삼림), desert, wilderness, distant land로 표현되어 있음
> - 공한(처)空閑(處) : 조용한 곳, 삼림, 광야.
> ▶ wilderness 1.《the ~》황야, 황무지, 미개지, 무인 지대 2. 황량한 곳
>   불교사전에는 다음과 같이 말하고 있다.
>   1. 삼림
>   2. 수행승이 수행하는 장소, 마을에서 멀지도 가깝지도 않은 수행하기에 적합한 장소, 원래 수행승은 나무 밑의 빈 터에 있었던 것 같다
>   3. 수행승이 사는 곳. 절. 암자.

이상을 종합해 보면 초기불교시대에 수행승들의 일반적인 생활공간이자 수행장소인 삼림이 장마철에 일정한 곳에서 일정기간동안 여러 승려가 모여서 수행하는 안거[Retreat]라는 제도가 정착되고, 다수의 승려를 수용할 수 있는 정사가 재가자들의 보시에 의해 생기면서 절이나

암자라는 의미로 사용된 것 같다.

2. 상常 걸식행乞食行 늘 걸식을 행하는 것

mendicity[mendicancy] or eating by alms.

늘 걸식하여 공양하고 신도나 국왕등의 공양을 따로 받지 않는다.

> mendicity[mendicancy] 1. 구걸, 탁발 2. 거지신세
> alm (가난한 사람에게 주는 돈, 음식 등의) 빈민 구호품, 의연금

3. 차제걸식행次第乞食行 차례대로 걸식하는 것

begging from house to house without skipping regardless of the poor or the rich.

걸식할 때 빈부를 묻지 않고 일곱 집을 차례로 방문하며, 음식을 얻지 못하면 그 날은 먹지 않는다.

4. 수일식행受一食行 한 끼만을 먹는 것

not eating twice.

하루에 한 끼만 한 자리에서 먹고 여러 끼를 먹거나 장소를 옮기면서 먹지 않는다.

5. 절량식행節量食行 과식하지 않는다

eating only what is in the bowl.

발우 안에 음식으로 만족한다.

6. 오후불음장행午後不飮漿行(=중후부득음장中後不得飮漿)

not eating in the afternoon.

정오가 지나면 더 먹지 않는다.

> *착着 입을 착, 신을 착 wear ▶신발을 신다 wear[put on] shoes

7. 분소의행糞掃衣(=착폐납의着弊衲衣)行

> 장漿 1. 미음(thin rice gruel; rice water) 2. 즙(juice), 액체(liquid)

wearing only tattered garments[refuse-rag clothes].
누더기 옷(버린 헝겊을 기워 만든 납의)를 입는다.

> - tatter n. 넝마쪽(rags); 자투리; 《~s》 넝마 옷; 무용지 v.t., v.i. 너덜너덜 해지다, 찢다[찢어지다].
> - ▶ tattered adj. 넝마의; 넝마를 걸친.
> - ▶ 넝마 rags / tatters / ragged[tattered, refuse-rag] clothes
>
> 분소의
> 1) 분소의는 pali어로 pansu-kulacivara이며, 영어로 "a robe made of rags taken from dust-bins"이다.
>   분소糞掃는 버려진 넝마조각을 뜻하는 "pamsu[S], pansu[P] : soil, dust"의 음역이며, 분糞의 뜻이 똥(excrement)이고, 소掃는 "쓸다(sweep), 버리다"의 뜻이 있어 대변을 닦은 쓰레기를 연상케 하여 적절한 음역어로 평가받고 있다
> 2) 폐납弊納 1. 해질 폐 2. 장삼 납 3. 중 납 폐납은 헤어진 승려의 옷이라는 뜻으로 분소의와 동일한 말
> - ▶ 납의衲衣 빛이 검은 스님의 옷 ▶납승衲僧, 납자衲子는 납의를 입은 스님이 스스로를 낮추는 말.

8. (단)삼의행(但)三衣行 삼의만을 입는 것   *단(但) 다만 단(only)

wearing only three pieces[triple robe] of clothing.
내의, 중의, 상의 등의 삼의만 입고 여분의 옷을 입거나 보관하지 않는다.

9. 총간주행塚間住(=총간좌坐)行 무덤가에 머무는 것

practicing by the graveyard.
무덤가에 머물면서 부정관이나 무상관을 닦는다.

10. 수하지행樹下止(=수하좌坐)行 나무 밑에서 쉰다

practicing at the base of a tree(to renounce the affection for the residence).

11. 노지좌행露地坐行(meditating on the ground) 한 데에 앉는 것.

sitting on the ground, not in the bush to avoid poisonous insects.
나무아래에서 자면 습기나 벌레 새똥 등의 피해를 입을 수 있기 대문에 한 데에 앉는다.

12. 단좌불와행但坐不臥(=상좌불와常坐不臥)行 늘 앉아 있고 눕지 않는다.
keeping on sitting position, not lying down.

▣ 성철스님의 12가지 다짐(十二銘 *새길 명)
1. 아녀자에게는 눈길도 주지 않으리라.
2. 속세의 헛된 이야기는 귀도 기울이지 않으리라.
3. 돈이나 재물에는 손도 대지 않으리라.
4. 좋은 옷에는 닿지도 않으리라.
5. 신도의 시주물에는 몸도 끄달리지 않으리라.
6. 비구니 절에는 그림자도 지나가지 않으리라.
7. 냄새 독한 채소는 냄새도 맡지 않으리라.
8. 고기는 이로 씹지도 않으리라.
9. 시시비비에는 마음도 사로잡히지 않으리라.
10. 좋고 나쁜 기회에 따라 마음을 바꾸지 않으리라.
11. 절을 할 때에는 여자아이라도 가리지 않으리라.
12. 다른 이의 허물은 농담도 않으리라.

이상의 12두타는 의, 식, 처 3가지를 구체적으로 표현한 것이며, 이 세가지에 질병치료를 위한 약에 대한 것 까지 포함한 것을 4의법四依法이라 한다.

즉 의衣, 식食, 처處, 약藥 4가지로 좀 더 구체적으로 분소의, 걸식, 수하, 부란약腐爛藥이다. 지금까지 두타행을 살펴본 것은 초기불교의 의, 식, 주에 관한 수행의 원형을 살펴서 오늘에 이르기까지 계율의 변화과정을 보는 데 기본이 되기 때문이다.

의식주(food, clothing and housing : 영어에는 먹을거리가 앞에 나오는 것은 동서양의 문화적 차이를 보여준다)에 관한 12두타행과 그에 기반한 4의법은 계율의 원형이다.

붓다 당시에 아난다의 형이자 붓다의 4촌인 Devadatta가 제의한 오법은 그 핵심이 12두타행의 정신으로 철저히 되돌아 가자는 것이었으며, 거기에 더하여 일체의 육식을 금하자고 붓다에게 제의한다.

데바닷타(Devadatta)가 주장한 오법五法은 착납의, 걸식법, 일식법, 노지좌법, 단육법斷肉法이다.

> 붓다가 약으로 허용한 것
> 1. 버터, 기름, 버터기름, 당밀, 꿀 5가지 영양 많은 식품은 환자이면 먹어도 좋고, 오후에 먹어도 좋다
> 2. 곰, 물고기, 악어, 당나귀, 돼지의 수지 등과 여러 식물의 뿌리, 여러 가지 소금, 심지어 물고기 날것과 생피도 병을 앓는 수행자에도 허용되었다. 그러나 인간, 코끼리, 사자, 호랑이, 하이에나, 말, 뱀의 고기는 허용하지 않는다.

12. 육식의 문제

이제 육식과 깨달음, 그리고 탁발의 의의 등에 대해 이야기해보자.

1. 시대적 배경

데바닷타가 단육법을 주장한 당시의 배경을 알아보자. 그가 특히 단육법을 들고 나온 것은 자이나교를 비롯한 외도들의 눈을 의식한 것이다. 게다가 채식을 주장하는 일반백성들 중의 일부의 의견들을 고려했을 것으로 보인다.

브라만의 희생제 때문에 농민들의 중요한 농사수단인 소의 감소는 그 당시 중요한 문제였다. —소가 인도에서 처음부터 보호되고 숭배되는 대상이 아니였다.—

자이나교도는 불교의 육식(a meat diet / meat-eating / flesh-eating)에 대해 불교를 공격하는 수단으로 악용했다.

지금도 인도의 일부 지역에서 생명을 해치지 않는 직업에 해당하는 상업에 종사하는 극소수의 사람들에게서 신봉되고 있는 자이나교에서는 탁발하는 불교수행들에게 저 사문들의 발우에는 무엇이든 정화시키는 신통을 가지고 있다고 비아냥거렸다고 한다.

2. 채식(a vegetable diet / a vegetarian diet)과 육체의 정화 그리고 깨달음(Bodhi)

오래 전에 일년간 완전 채식의 일종식을 해 보고 채식이 몸에 영향을 미치고 몸은 마음에 영향을 미치는 일련의 과정 즉 몸과 마음의 연기관계를 이해하는 데 도움이 되었다. 특히 생식은 정신을 맑게 하는 데 도움이 된다는 것도 좋은 경험이었다.

단식도 또한 여러가지로 실험해 본 결과 가치가 있다는 것을 알았다. 그러나 생식이나 단식은 대단히 신중해야 한다. "그러나 무엇보다 그것은 보조적인 방편이며 목적이 아니다.(above all, it is a subsidiary expedient, not a aim).'"

육신의 정화(the purification of body)가 절대적인 것으로 보는 것은 자이나교였다. 육신의 정화가 도에 이르는 길이라면 붓다는 계, 정, 혜 삼학 중에 육신의 정화에 관한 계율로 대부분을 할애했을 것이다.

붓다만큼 몸을 잘 알고 깨달음을 위해 몸을 잘 활용한 사람은 과문한 탓인지 모르지만 본 적이 없다. 붓다가 개발한 팔정도 중에 명상수행에 해당하고 삼학三學(the three studies) 즉 계.정.혜 sati중에 정에 해당하는 수행 중에 위빠사나로 널리 알려진 정념正念[즉 사띠(Sati)]은 몸을 관찰하는 데서 시작한다(신身.수受.심沈.법法 body.feeling.mind.Dharma).

더구나 붓다는 몸과 마음, 소우주와 대우주의 연기관계를 여실히 아는 분이 아닌가?

3. 탁발제도(alms giving system)의 의의

탁발제도는 육류나 생선을 취급하는 당시의 불가촉천민에 해당하는 중생이라도 복덕을 쌓아 해탈하는 길을 열어주기 위해 생명을 가진 고기의 희생을 정당화한 제도이다.

인간구제의 자비심과 축생이라는 생명에 대한 자비심의 충돌 상황에서 진리를 얻은 자가 내린 심오한 결단(a profound decision)에 의한 것이다.

4. 불교의 계율

이상의 모든 상황을 충분히 감안한 붓다는 삼종정육(three kinds of pure meat)을 인정하면서 더구나 아플 때 피를 먹어도 좋다고 하였다. 동시에 붓다는 모든 생명을 자비롭게 대하도록 가르치는 것은 물론 어린아이들이 미물들을 괴롭히는 것까지 호되게 나무란 적도 있었다. 또한 붓다만큼 자비를 실천한 사람이 있을까?

모든 생명에 대한 자비와 행복을 바라는 축원으로 붓다의 일과는 시작되었다 한다. 이상의 내용은 붓다의 근본취지가 자비라는 이상적인 방향과 현실적 상황을 모두 고려한 것이라는 것을 알 수 있다.

다시 말해서 붓다는 깨달음과 육식과의 관계에 대해 삼종정육으로 정리하고 열반에 이르는 쉼없는 정진이 열반을 성취하는 길이며 채식주의만이 진정한 수행자라는 그릇된 인식에 대한 분명한 선언이었다.

붓다 당시에 가장 많이 깨달은 자가 많은 것은 수행에 철저한 상근기가 많았다는 뜻이며 육식이 깨달음에 장애가 되지 않는다는 것을 증거로서 말해 준다.

붓다의 열반 후 약 100년 후 상좌부와 대중부로 분열되는 제2회 결집[the second

(Buddhist)council]은 보수파와 진보파의 계율에 관한 논쟁때문이었으며 그 중에 음식에 관한 것이 반 이상을 차지하며 육식에 대해서는 다툼이 없고 일식법에 관해서는 논쟁에 포함되어 있다. 이러한 전통속에서 중국에서는 일식법은 완화되고 단육법(no-meat diet precept)이 강하게 등장한다

대승경전의 하나인 열반경과 능가경, 능엄경 등 이른바 여래장계통의 경전에서 육식은 자비종자를 끊는다는 기본취지 아래 여러 설명이 나오고, 대승의 계율로서 범망경이 등장하여 육식(animal food / meat food / flesh)과 오신채(five kinds of hot vegetables)를 먹어서는 안된다로 정리되었다

이러한 영향아래 한, 중, 일 3국은 일일 일식을 완화하고 육식을 금하는 방향으로, 채식도 오신채는 먹어서는 안 된다는 것으로 방향을 잡아갔다.

남방불교에서는 육식을 하는 것은 초기불교의 계율에 따라 하는 것이므로, 그들은 자비심이 없거나 도를 이룰 수 없다는 사고는 지양되어야 한다.

5. 한국불교의 현실(the actual of Korean Buddhism)

오늘날 한국불교의 현실은 어떠한가?

대승불교권에 속하는 한국은 대부분 사람들이 승려가 고기와 오신채를 먹으면 절대 안된다는 사고에 빠져 있다. 한국의 승려가 비구계를 받을 때 초기불교의 법장부의 사분율에 의하여 수계를 한다. 그러나 우리나라는 대승불교이기에 동시에 보살계를 수지하므로 육식에 관해서는 상호 충돌 할 수 밖에 없다. 더구나 대승경전 중에 오신채 금지와 육식금지의 언급 때문에 갈등에 싸이기 마련이다.

결론은 위에서 본 바와 같이 각각 정한 이유가 있으나 일반적으로 재가자는 초기불교에 대한 무지로 우리의 불교는 융통성이 전혀 없는 계율을 가진 종교로 일반인에게 인식되어 스님들이 눈치 보면서 고기가 든 음식을 먹는 현실이다.

사이비 승려들의 막행막식과 여법한 스님들의 철저한 채식주의 풍조로 스님들 스스로 밖에서 밥 한 그릇 먹기 힘들게 된 세상이다.

육식이 아닌 채식 자체가 고에서 빗어나는 것이 아니라는 것이 붓다의 분명한 말씀(a clear declaration)이므로 육식으로 죄책감을 느끼거나 올바른 불도를 행하지 않는 자라는 비난은 잘못이다. 동시에 자비심이 없이는 성불이든 아라한이든 절대 불가능하다.

축산물로 인해 자연이 오염되고 파괴되는 현실(the realities of life which nature has been polluted and destroyed)과 지나친 육식으로 건강을 해치는 이 상황에서, 더구나 지구온난화

(global warming)에도 결국 영향을 미치는 현실에서 "인류와 자연의 공존을 위해서(for the co-existence of human beings and nature)" 육식제한은 선택이 아니라 필수이기 때문이다. (have no choice in the limit on the meat diet)

13. 가섭과 가섭전의 미륵

초기 불전에 보면 가섭이라는 동명이인들을 많아 먼저 그 부분을 정리하고 그에 대한 약력을 소개한 후 그 다음 가섭전의 미륵을, 마지막으로 가사를 포함해서 옷에 대한 전반적인 내용을 살펴보자.

1. 가섭존자迦葉尊者 Maha-kasyapa[S], Maha-kassapa[P]

붓다의 제자들 중에서 가섭이라는 이름을 가진 수행자가 많지만 보통 5명 정도로 압축한다. 1. 두타제일 마하가섭 2. 가섭 삼형제 kasyapa three brothers 3. 십력 가섭十力迦葉 등 5명을 든다.

1) 가섭 3형제 Kasyapa-traya[S] Kassapa-tayo[P]

가섭 3형제는 붓다가 정각을 이루기 전에 목욕한 니련선하尼連禪河(Nairanjana[S], Neranjara[P]) 강변에 살았는데 맏형은 강 상류의 우루빈나 지방에 살았으므로 우루빈나가섭優樓頻螺(Uruvilva-Kasyapa[S], Uruvella-Kassapa[P])이라 부르며, 둘째인 나제가섭那提迦葉(Nadi-Kasyapa[S], Nadi-Kassapa[p])는 강가섭江迦葉, 하가섭河迦葉등으로 번역되기도 하는데 그 이유는 Nadi[S, P]라는 말이 강을 뜻하기 때문이다

막내인 가야가섭伽倻迦葉(Gaya-Kasyapa[S], Gaya-Kassapa[P])는 나제가섭보다 하류인 가야 지방에 살았으므로 붙여진 이름이다.

이들 삼형제는 불을 섬기는 사화외도事火外道[*사事-섬길 사: an outsider to worship fire]로서 머리를 묶어 다녔으므로 결발외도結髮外道[*묶을 결, 머리 발: an hair-tie outsider]라고도 했는데 붓다의 일생에서 본 것처럼 붓다는 그들에게 불의 설법을 하여 모두 제자로 만든다.

2) 십력가섭十力迦葉 Dasalbala-Kasyapa[S]

붓다가 정각을 이룬 후 녹야원에서 첫 설법을 할 때 제도한 다섯 비구 중의 한 명

> ■ 오비구에 대해서는 불교문헌에 따라 상이하며 여러가지 설이 있다.

◨ 마하가섭 Maha-kasyapa

그는 석가모니붓다의 뛰어난 제자이며 두타제일의 수행자로 칭송되고, 이러한 탁월한 근기 즉 자질 때문에 붓다의 열반 후 승가를 지도하는 위치에 서게 되었다.

He was outstanding student of the S(h)akyamuni, called in the foremost in the ascetic practice or dhuta, and, thanks to these superior qualities, took over leadership of the sangha after the Nirvana of the Buddha.

가섭존자는 또한 중국 선종에서 선의 제1조로 받들어졌다.

He is also considered the first patriarch of Chan[Japnese : Zen] in Chinese Chan-zong[W-G: Ch'an tsong]

제 일회 결집 즉 가섭존자가 승가내에서 계율에 대한 완화의 조짐을 좌절시키기 위해 소집한 모임에서 아난다와 가섭존자사이에 의견차가 일어났다.

At the first (Buddhist) council, which Kasyapa convoked in order to counteract tendencies toward a less strict lifestyle within the sangha, differences of opinion arose between him and Ananda.

아난다는 아직 아라한의 경지에 이르지 못했다는 이유로 회의에 참석하는 것이(가섭존자에 의해서) 허락되지 않았다고 한다.

Ananda was supposed not to be permitted to attend the council, because he had not yet attained arhathood.

가섭존자는 또한

1. 아난에게 비구니 승단을 만드는 데 우호적이었던 점.

2. 소소한 계율[the lesser and minor rules]에 대한 폐지에 대하여 붓다의 중요한 가르침을 묻지 아니 한 점에 대하여 즉 중요한 계율과 소소한 계율에 대한 판단기준에 대하여 묻지 않은 점.

3. 아난다에게 붓다가 세속에 더 오래 머물도록 요청하지 않은 점에 대해서 질책을 하였다.

Kasyapa also accused him of having favored the founding of the order of bhiksun, and of not having asked the Buddha for precise instructions concerning the elimination of minor disciplinary rules-for the standard of judgement[=yardstick] between minor precepts and major ones.

　Kasyapa also accused Ananda of not having supplicated the Buddha to prolong his earthly existence.

> ■ the standard of judgement 판단기준=criteria for judgement ▶ 성급히 판단하다. jump to conclusion.

▶ We have different criteria for judgement 우리는 서로 다른 판단기준을 가지고 있다.

> ■ supplicate 간청하다= beg / plead / beseech / implore / entreat

2. 가섭전의미륵迦葉傳衣彌勒

가섭이 석가모니 붓다의 가사를 미래불인 미륵에게 전하다.

Maha-kasyapa deilivers the Sakya-muni Buddha's robe to Maitreya, the future Buddha.

불교의 여러 경전에 보면 붓다의 상수제자 마하가섭이 붓다에게서 가사[kasaya(S)]를 받은 뒤 계족산鷄足山[=계각산鷄脚山=낭족산狼足山(*이리 낭 wolf)=낭적산狼跡山=계봉鷄峯]에서 미륵하생까지 기다리고 있다는 기록은 여러 경전에 나와 있으며, 단 가사가 금란가사 또는 분소의 등으로 약간 다른 경우는 있으며, 가사 외에 발우와 석장까지 포함한 언급도 있다.

1) 증일아함경 44권 십불선품十不善品
　　붓다가 가섭에게 말했다……….
　　世尊告迦葉曰 세존고가섭왈……
　　마땅히 나의 법이 없어진 후 열반에 들 것이다.
　　須吾法沒盡 然後乃當般涅槃 수오법멸진 연후내당반열반
　　그 전에는 마하가섭도 열반에 들지 않을 것이니, 미륵이 세간에 출현함을 기다리기 때문이다.
　　大迦葉亦不應般涅槃 要須彌勒佛現世間 대가섭역불응반열반 요수미륵불현세간.
　　…미륵여래는 장차 가섭의 승가리를 얻어 입을 것이다.
　　…當取迦葉僧伽梨着之 당취승가리착지.

2) 유부율잡사

대가섭이 자씨慈氏[=미륵: 미륵의 뜻이 자비로운 사람]하생할 때 까지 계족산에서 세존에 게서 받은 분소의糞掃衣를 받고 바로 입정에 들어 몸을 버리지 아니하고 머문다.

[……世尊所授 糞掃衲衣 세존소수 분소납의…卽便入定 즉변입정…不壞而住 불괴이주]

- 便 편/변: 1. 곧, 문득 변 2. 편하다–편 3. 오줌, 똥–변 4. 구분하다–편
- 계족산 kukkutapada-giri[P, S]

문자 그대로 해석하면 닭발산이며 현재 지명은 쿨키하르.
the cock-foot mountain[modern Kurkhihar].
"붓다 제세시의 고대 인도왕국의 하나인 마가다국의 붓다가야에서 동북쪽으로 32킬로미터, 가야지방에서 25킬로미터 떨어진 곳에 위치하며, 가섭존자가 미래불인 미륵불에게 석가모니 붓다의 가사를 전하기 위해 깊은 선정에 들어간 곳이다.
It is located[is situated/lies] 32kilometes northeast of Buddha-gaya and 25 kilometers nothteast of Gaya province of Maghada, an ancient Indian kingdom at the time of the Sakyamuni Buddha. where Kasyapa was lost in deep meditation to hand the the Sakyamuni Buddha's robe Maitreya, the future Buddha."
▶계족산의 어원분석
계족산의 범어 "Kukkuda=닭+pada=발+giri=산"에서 kukkuda "쿠쿠다"는 우리가 닭의 울음소리를 "꼬꼬댁"이라 하고, 영어에서는 비둘기 소리를 "coo"라고 하고, 닭 울음 소리를 cock-a-doodle-doo라 하듯이 의성어[an onomatopoeic word=imitating sounds ※의태어 a mimetic word]와 관련이 있는 것으로 보이며, pada는 우리가 잘 아는 Dhammapada[법구경]의 pada와 같은 것으로 pada는 1. a line of stanza[시의 한 구절] 2. foot[발], foot-step[발자국] 3. place[장소] 4. reason[이유] 등의 뜻이 있으며 그 중에 법구경과 계족산은 각각 구句와 족足으로 쓰인 것이다.

♣중국 운남성에 계족산이 있으며 정상에 가섭석문동천迦葉石門洞天이 있는데 가섭존자가 붓다의 가사를 가지고 미륵보살이 하생할 때 까지 기다리는 곳이라 한다. 중국에서도 가섭전의미륵을 하나의 신앙으로 섬겨 가섭존자의 주처로 여긴 것으로 보인다.♣

3) 대비비사론

마하가섭의 유화사留化事[화신化身이 머무는 일이 있는지 없는지에 관한 것 *留-머무를 유]에 관한 말을 하고 있다.

"마하가섭은 왕사성으로 들어가 마지막 걸식으로 공양한 후 계족산으로 갔다. 존자는 결가부좌 후 정성스럽게 말하기를 "나의 이 몸과 함께 부처님의 납의, 발우, 석장 등이 오

래도록 머무르면서 파괴되지 않게 하며, 56억 7천만년을 지나 미륵불이 세간에 출현할 때 불사를 베풀고 지을 수 있도록 하소서"라고 하였다.

이런 서원을 세우고 곧 열반에 드니 세 봉우리가 하나가 되어 존자를 가리고 엄연히 존재하고 있다.(아래의 한문은 밑줄 친 부분만 옮김)

[…結跏趺坐 作誠言曰 願我此身 竝納鉢杖 久住不壞 …… 發此願已 尋般涅槃 時彼三峯 更合成一…]

[…결가부좌 작성언왈 원아차신 병납발장 구주불괴 …… 발차원이 심반열반 시피삼봉 갱합성일…]

- 심반열반
1. 심尋 1) 미치다, 이르다 2) 찾다 3) 생각하다 4) 갑자기 5) 계승하다 6) 보통, 평소
2. 반槃- 소반, 쟁반 tray 3. 열반涅槃(개흙 열+소반 반) pari-nirvana의 음역
- 己사 – 뱀 已이 – 이미 己기 – 자기 : 위 세 글자는 한문 초학자들이 잘 혼돈하는 것이므로 "사이키"로 음을 변형하여 기억하면 된다.

---

  4) 대지도론
  "마하가섭은 부처님으로부터 받은 승가리를 입고, 발우를 지니고, 석장을 짚으니 ……
가사굴산에서 ..의발을 갖춘 다음 발원하고 말했다.
  "나의 몸이 파괴되지 않고, 미륵이 하강하면 나의 골신이 다시 출현하고 이 인연으로 중생을 제도하기를 …"(아래의 한문은 밑줄 친 부분만 옮김)
  […… 與衣鉢俱 作是願言 令我身不壞 彌勒成佛 我骨身還出 以此因緣 度衆生]
  […… 여의발구 작시원언 영아신불괴 미륵성불 아골신환출 이차인연 도중생]

▣ 아라한과 보살

우리는 흔히 보살만이 열반에 들지 않고 중생구제를 하고 있다는 잘못된 상식을 가지고 있다. 위에서 본 증일아함경 십불선품에 가섭전의미륵의 이야기와 함께 4나한(가섭, 빈두로, 군저발탄, 나운)에게 "너희들 네 성문은 결코 반열반에 들지말라. 내 법이 완전히 사라질 때 까지 기다렸다가 그 뒤에 반열반에 들라."는 말을 한다.

이어서 가섭에게 "미륵이 하생할 때 까지 기다려서 승가리를 전하라"고 부촉하신 후 그 일이 끝날 때 "가섭의 몸은 별처럼 흩어질 것이다"라고 말하였다.

이와 같은 4나한의 이야기 외에 16나한이 이 세상에 머물면서 중생구제와 불법수호의 일을

한다는 기록이 각각 미륵하생경과 법주기法住記에 기록되어 있다.

> 1. 미륵하생경 : 미륵 6부경의 하나로 서진의 축법호가 308년 번역.
> 2. 법주기 : 원제목은 "대아라한-난제바라밀다-소설-법주기"이며, 당의 현장이 번역. 대아라한인 난제바라밀다(불멸 후 800년경에 승사지국이라는 나라에서 출생)가 열반에 들기 전에 붓다가 열반에 들 때 "법주경"이라는 경전을 설하였다고 하면서 그 경전의 내용을 기록한 것이다. 그 내용은 붓다가 16나한에게 미륵이 하생할 때까지 수명을 늘려서 불법이 상주하게하고 중생을 구제하라는 부촉을 기록하고 있다.
> 이 경전이 현장에 의해 654년 번역된 이후 중국에서 16나한 숭배가 보편화되었다.

14. 아라한이 된 살인마 앙굴리마라

The heinous murderer, Angulimala[=finger garland(necklace)] becomes a Arhat
희대의 살인마 앙굴리마라(손가락 목걸이)가 아라한이 되다.

-경전의 출처 : Textual sources-

1. The Majjima Nikaya Angulimala sutta : Ekottaragama(증일아함경)
2. The thera-gatha : the verses[stanzas / songs] of senior monks(장로게)

> ■ thera[P] : a senior, an elder(선배의, 장로의) + gatha(게송, 노래) : verse[stanza / song] 장로게長老偈란 붓다의 남자 고참제자[the Buddha's senior male disciples] 즉 장로[thera: the older monks]들의 107개의 게송偈頌이며, 37게송으로 이루어진 장로니게 [theri-gatha: a collection of seventy-three songs of the female elders]도 있다.
> ▶ Thera-vada: the elder school 상좌부 ▶ Maha-samghika : the great community school 대중부
> 상좌부는 붓다의 열반 후 100년 뒤에 부파가 형성될 때 "진보적인 다수의 집단인 대중부와 대비되는 보수적인 수행자들의 집단으로서[as a school of conservative practitioners comparing to a school of radical major practitioners or the great community school]" 스리랑카는 상좌부의 전통에 의해 지금까지 불법이 전해 왔으며 남방불교[the Southern Buddhism]의 대명사로 불린다.

-읽기에 앞서-

1) 아랫글은 Bhikkhu Bodhi의 MN의 영문번역과 Nyanaponika Thera의 Great disciples

of the Buddha 참고하였다.

  2) 남방 빨리경전인 맛지마니카야[중부경전]에 앙굴리마라경이 나오지만 한역경전은 중아함경이 아닌 증일아함경에 등장한다.

  3) 앙굴리마라는 위에서 본 바와 같이 아힘사라는 이름을 가지고 있었으나 사람들을 죽여서 그 손가락들을 잘라 목걸이를 만들었기 때문에 붙여진 별명이다.

  -단어들을 분석하면 다음과 같다(불교영어에서는 특수표기를 보통 생략한다)-
Angulimala[P] Anguli=손가락(finger) + mala=화환, 목걸이(garland, necklace) → 지만指鬘(손가락 지 / 머리장식, 꽃 만) 즉 finger garland[necklace]이라 의역한다
(철자 주의: Angulimara가 아님)[P-K사전, P. 73]

> 참고 : mala[P] 더러운 것, 먼지, 얼룩 / mala천막, 진흙, 거품 / mala
> 1. 화환, 화관 2. 화만 / mara죽는≠amara불사의 / mara죽음, 악마, 사신
>   [P-K사전, 각각 p. 540, 545, 545, 539, 544]

붓다의 후원자의 한 사람인 코살라국 파세나디왕를 보필하는 궁정의 대신으로 있는 가가와 그의 아내 마타니사이에 아들이 태어났다.

A son was born to Mantani, the wife of Gagga, a minister at the court of King Pasenadi of Kosala, a patron of the Buddha.

점성술에 의하면 그 아이의 미래는 피로 점철되는 불길한 운명의 소유자였다. 그리하여 그의 부모는 그의 암울한 운명을 바꾸어 볼 요량으로 "생명을 해치지 않는 자"라고 이름을 지었다.

The child's horoscope predicted a life of violence, so his parents named their child Ahimsaka (meaning "Non-violent" or "harmless") as an effort to avert his dark fate.

> ■ horoscope 1. 점성술, 성점星占 2. 12궁도宮圖, 천궁도
> ■ a-himsaka
> 불교관계서적에는 Ahimsaka는 Ahimsa에서 유래한다[Ahimsaka → Ahimsaka is derived from ahimsa(S, P)]라고 말한다. S-E사전[p. 125, p. 1297]에 보면 각각 a-himsa : harmlessness와 himsa: harm / injury / hurt / mischief로, P-E사전[P. 39]에는 a-himsa : non-hurting으로 표기되어 있다. 즉 himsa에 부정의 접두어 a가 첨가된 것으로 풀이하면 harmlessness 또는 non-hurting이 된다. 그리고 Ka는 사람이나 동물 등에 붙이는 접미어로서 의미가 있는 것이 아니며 생략된 경우가 많다 Ex] Angulimara(ka) / Chanda(ka)

그는 그의 선생이 아힘사카의 성공을 질투하던 다른 학생들에 의해 속임을 당해 그에게 엽기적인 선물-천 명의 사람의 오른 손을 잘라 얻은 손가락-을 요구하던 청년시절 까지는 그의 이름과 같이 살았다.

He lived up to his name during his youth, until his teacher, deceived by other boys jealous of Ahimsaka's success, demanded a horrific gift from him: the fingers cut from right hand of one thousand people.

헌신적이나 쉽게 사람을 믿는 아힘사카는 천 개의 손가락을 모으는 일에 착수했다.

The devoted but credulous Ahimsaka set out to gather them.

얼마 지나지 않아 다른 이름 즉 앙굴리마라로 알려지게 되었다.

He soon came to be known by another name, Angulimara.

붓다 또한 주민들을 공포에 떨게 하는 이 연쇄 살인범의 소문을 들었다.

The Buddha also heard of this serial killer who had terrorized populace.

- 연쇄반응을 일으키다. cause[trigger / produce]. a chain reaction[=knock on effect]
▶ 화성 연쇄살인 사건은 아직 미궁에 빠져 있다.
  The hwaseong serial kllings remain unsolved to this day.
- populace 1. (어떤 지역의) 전체 주민.
           2. 대중, 민중, 서민(common people).

그 지역 사람들은 코살라 국의 왕 파세나디에게 청원을 하자 그는 앙굴리마라를 잡아 들여라고 명령을 내렸다.

The people of the village petitioned the King of Kosala Pasenadi, who vowed to hunt down Angulimala.

- hunt 〈범인 등을〉 쫓다(pursue); …을 (…에서) 쫓아내다《away / from, out of …》; …을 추적하여 잡다《down》.

그 때까지 그는 999명의 손 가락을 모았다.

By that time, he had accumulated 999 fingers.

그의 어머니는 그의 아들의 목숨을 걱정한 나머지 그의 아들을 찾아 왕의 의도를 알리려 길을 나섰다.

Fearing for her son's life, his mother set out to find him and warn him of the king's intent.

그 때 붓다는 천안(투시력)으로 앙굴리마라가 그의 어머니를 천 번째 희생물로 삼으려고 한다는 것을 알았다.

Then, the Buddha perceived with his divine eye(faculty of clairvoyance) that he would kill his mother as his thousandth victim.

그래서 붓다는 마을 사람들의 만류에도 불구하고 그를 구제하려 길을 떠났다.

Thus the Buddha set off to save him, despite being warned by the villagers.

그가 그의 어머니를 먼저 보고 잠시 생각을 한 후에 결국 그의 목표를 달성하기 위해 그의 목표를 죽이기로 작정하였다.

He first saw his mother, and after some deliberation, decided to kill his mother to achieve his goal.

그러나 바로 그 때 붓다 또한 도착을 하자, 앙굴리마라는 붓다를 살해하려고 마음을 먹었다.

But then when the Buddha also arrived, he chose to kill him.

그는 칼을 빼 들고 붓다를 향해 달리기 시작했다.

He drew his sword, and started running towards the Buddha.

앙굴리마라가 붓다의 뒤에 바짝 따라 붙었다.

Angulimara followed close behind the Buddha.

그러나 붓다는 신통력으로 앙굴리마라가 그가 가까이 오지 못하도록 하였다.

However, the Buddha employed his magical powers to prevent Angulimara from approaching him.

그러나 혼신의 힘을 다해 걸어갔으나 앙굴리마라는 보통의 걸음 걸이로 가는 붓다를 따라잡을 수가 없었다.

But, although walking as fast as he could, Angulimara could not catch up with the Buddha, who was walking at his normal pace.

앙굴리마라는 걸음을 멈추고 "게 섯거라" 하면서 고함을 질렀다.

Angulimara stopped and called out to the Buddha: "stop, stop, stay there!"

"나는 멈췄다. 앙굴리마라야, 너도 멈추어라."

"I have stopped, Angulimara, you stop too."

그 때 앙굴리마라는 "그의 말을 도대체 이해할 수 없으니 이 수행자에게 물어나 보아야겠다."는 생각이 들었다.

Then Angulimara thought: "I have no idea that he is saying. Suppose I question this recluse.

> - suppose 1. [+that](명령법) 만약 ~하면; 하면 어떨까(let)
> ▶ suppose we go for a swim(Let's go for swim)
> - recluse a. 은둔한, 속세를 떠난 n. 은둔자, 속세를 떠난 사람, 수행자

그 때 앙굴리마라는 세존에게 이와 같은 게송으로 물었다.
Then the Angulimara addressed the Blessed One in the stanzas thus:
수행자여, 그대는 걸으면서 자신은 멈추었다고 말을 하네.
그러나 지금 내가 멈추었을 때 그대는 내가 멈추지 않았다고 말을 하네
오! 수행자여! 이제 그대에게 그 뜻을 묻노니, 당신은 멈추고 나는 멈추지 않았다는 것은 무슨 말인가?
"While you are walking, recluse, you tell me you have stopped;
but now, when I have stopped, you say I have not stopped.
I asked you now, O recluse, about the meaning:
How is that you have stopped and I have not?"
앙굴리마라여, 나는 영원히 멈추었노라
나는 살아있는 모든 것을 해하지 않는다네
그러나 그대는 살아있는 것에 절제를 모르나니
그것이 내가 멈추고 너가 멈추지 않은 이유라네
"Angulimala, I have stopped forever,
I abstain from violence towards living beings;
but you have no restraint towards things that live:
that is why I have stopped and you have not."
그는 이 말을 듣자 말자 그의 마음에 엄청난 변화가 일어났다.
When he heared these words, tremendous change of heart came over him.

> - tremendous 엄청나게 큰[많은, 센, 격렬한]

그는 세존께서 오직 그를 생각하여, 그가 끊없는 심연으로 굴러 떨어질 그를 되돌리려고 한다는 것을 직관적으로 알았다.

He knew intuitively that the Blessed One had come to the forest entirely on his account, to pull him back from the bottomless abyss of misery into which he was about to tumble.

그는 자신이라는 존재가 근원적으로 흔들어 지는 것을 느끼고, 무기를 버리고 새로운 삶으로 완전히 탈바꿈하겠다고 맹세를 하였다.

Moved to the very roots of his being, he threw away his weapons and pledged himself to adopt a totally new way of life.

- intuitively 직관적으로.
- abyss 심연, 헤아릴 수 없는 것.
- to the root(s) 근본적으로, 철저히(completely)
- pledge (…을) 맹세하다 《to …》.
- pull back 생각을 바꾸어 그만두다, 되돌리다.
- tumble 굴러 떨어지다 《down …》.

깨달은 분이시여! 대자비의 성인이시여!
"The enlightened one, the sage of great compassion,
천인사(하늘과 땅, 인간과 신의 스승)께서 말씀하셨네
오라, 비구여!
그래서 그가 비구가 된 이유라네.
The teacher of the world and gods
Addressed him with the words "Come, bhikkhu(P)."
And that was how he came to be a bhikkhu(P)

- how(관계사) : (명사절을 이끌어)~라는 것(사연)(in which, the way that)
▶ This is how(the way)the accident happened. 이것이 그 사고의 이유이다

보충설명

1) 앙굴리마라의 전생 the previous life of Angulimla

증일아함경에 나오는 앙굴리마라의 이야기 중에 그의 전생에 관한 이야기가 나온다. 전생에 그는 대과라는 왕이 염부제를 다스릴 때 외동아들인 청정이라 이름의 왕자였으나 왕과 그 신하들이 새속에 머물게 하여 왕위를 물려 주기 위해 음종이라는 음탕한 여자를 시켜 욕망의 노예가 되도록 하고 결국에는 백성들이 들고 일어나 왕을 압박하여 성 밖으로 끌고 나와 때려 죽인다.

그 때 청정태자는 이렇게 맹세하고 죽어 갔다.

"다음 세상에는 이 원수를 꼭 갚게 하시고, 올바른 아라한을 만나 빨리 해탈을 얻게 하소서"

그때의 청정태자, 대과왕, 음종, 백성들이 각각 지금의 앙굴마라, 그의 스승, 스승의 아내, 앙굴마에게 죽은 8만의 백성이다.

그리고 부처님 뵙기를 바라는 서원을 세웠기에 나를 만나 아라한이 된 것이라고 말씀하셨다.
[증일아함경 한글판 3권 224]

2) 앙굴리마라에 의한 피살자 숫자

the number of victims by Angulimala's murder

앙굴리마라에 의해 희생된 사람의 수에 대해서는 99명, 999명 등으로 경전마다 다르나 위에서 본대로 증일아함경에는 8만의 백성이라고 한다.

3) 앙굴리마라의 일화가 가지는 의미와 해석

the meanings and interpretations of Angulimala's story

이 이야기는 업은 반드시 그 응보를 받으나 그들의 삶에 영향을 끼칠 업에 어떻게 대응하느냐는 개개인의 자세에 달려 있다는 것을 암시하고 있다.

This story suggests that karma must be repaid, but it is up to the individual's attitude as to how they react to their karma that will influence their lives.

그가 깊이 참회하고 마침내 아라한에 이르렀지만, 수 많은 사람을 살해한 대가를 여전히 지불해야 했다.

Even though he repented deep and finally attained an arhat, he still had to pay the result of karma of killing so many people.

그러나 그는 항상 고요하고 평화로왔으며, 그가 받은 업보를 받아들인 결과 윤회의 바퀴에서 벗어났다.

But he was always calm and peaceful and accepted what was done, and was liberated from samsara or the wheel of rebirth.

이 이야기는 또한 범죄에 걸맞는 형벌보다 자비에 의해 개개인이 더 빨리 개과천선할 수 있다는 불교관을 보여준다.

This story also demonstrates the Buddhist view that individuals can be reformed more readily through compassion than through punishment fit the crime.

우리는 그가 게송으로 한 말을 기억해야 할 것이다.

We should remember his saying in his stanzas:

어떤 이는 채찍과 몽둥이로 길이 들지만 나는 세존의 자비롭고 온화한 말로 길 들여 졌네.

Some was tamed with whips, stick, but I was tamed by the tender words of the compassionate the Blessed One.

- as to 1. 관해서 (concerning) 2. 대하여(about) 3. 하기 위해(in order to) 4. 에 따라서(according to)
- ▶ I'm doubtful (as to)whether he can come. 그의 참석여부가 의심스럽다
- ▶ they were quarreling (as to) which was the stronger 그들은 누가 더 센지 다투고 있다(whether, which, what, when, etc, 앞에서는 as to를 쓰지 않는경우가 많다)
- readily 1. 곧, 즉시, 쉽사리 2. 당장, 기꺼이, 자진하여

4) 현대적 영향 modern influences

1985년 영국 출신의 상좌부 승려 아잔 케마다모 마하테라는 앙굴리마라–영국 불교 교도소 법당–를 세웠다.

In1985, the British-born Theravada monk Venerable Ajahn Khemadhammo Mahathera founded ANGULIMALA:

The Buddhist Prison Chaplaincy[예배소) in England.

그것은 영국 감옥 제도에 관한 모든 문제에 불교를 공식적 대표기관으로 영국 정부로부터 인가받아 잉글랜드, 웨일즈, 그리고 스코틀랜드 전체에 성직자 파견, 상담 서비스, 불교 교육, 수감자 명상지도 등을 시행하고 있다.

It has been recorgnized by the British government as the official representative of the Buddhist religion in all matters concerning the British prison system and provides chaplain(특정 시설의 목사, 군목), counseling service, and instruction in Buddhism and meditation to prisoners throughout Enland, Wales, and Scotland.

15. 불교와 기적
1. 종교의 보편적 관심 대상으로서의 기적
1) 중생교화의 방편

기독교의 성경에 보면 예수가 질병을 치유하고 죽은 자를 살리기도 하는 기적을 연출하여 당시의 사람들을 먼저 믿음의 세계로 이끌은 다음 점차 스스로 자신을 정화시키는 길로 인도 하는 것을 볼 수 있다. 예수의 기적을 정리하면 다음과 같다.

– 유사한 내용이나 아래의 Edward Conze의 영문에서 취급되는 부분은 제외하고 정리한 것–

1. 마태복음
   1) 8장 : the healing of a man with leprosy(나병환자 치료)
   2) 8장 : the healing of two demon-possessed men(귀신 들린 두 사람을 치료)
   3) 9장 : the healing of a paralytic(중풍 환자 치료)
   4) 9장 : the healing of the blind and mute(맹인과 벙어리의 치료)
      ◘ 맹인 the blind ◘ 벙어리 speech-impaired person / mute ◘ 귀머거리(농아자) deaf-mute ◘ 눈과 귀에 장애가 있는 deaf-blind ◘ 보청기 deaf-aid 농아학교 a school for deaf and dumb.
   5) 12장 : the healing of a man with shriveled hand on the Sabath(안식일에 손이 오그라든 사람의 치료)
   6) 14장 : a miracle of five loaves of bread and two fish(오병이어의 기적)은 4복음서 모두에 나오며, 7개의 빵과 몇 마리의 고기의 기적(a miracle of seven loaves of bread and a few small fish)은 마가복음 8장과 마태복음 15장에만 나오며, 이 두 기적을 통해 각각 오천명과 사천명의 사람을 먹인다.
      이 두 기적을 일반적으로 Feeding the Multitude(군중을 먹이심)으로 표현한다.
   7) 14장 : Jesus and Peter walking on the water(물위를 걷는 예수와 베드로)

2. 마가복음
   1) 6장 : a sick woman's touching a cloak of Jesus and being freed from her suffering(병든 여인이 예수의 옷을 만지고 병이 나음)
   2) 9장 : the healing of a boy with an evil spirit(귀신들린 아이의 치료)
      ◘ 귀신에 홀린상태 possession
      영영사전 : the state of being controlled by a demon or sprit(악마나 귀신에 홀린 상태)

3. 누가복음 14장 : the healing of a man suffering from dropsy(수종병 든 사람의 고침)

일반 민중에게는 고상하고 어려운 말 천 마디보다 배고픈 자에게 빵을 주고, 질병의 고통에 시달리는 자를 치료해 주는 것이 훨씬 효과적임은 더 이상 말할 필요가 없을 것이다.

기적을 보이는 것은 침묵, 상징, 몸짓 등의 표현이나 언어를 통한 교화 등이 불가능할 정도의 저차원의 수준 즉 하근기의 중생들을 제도하기 위한 극단적 방법이다.

붓다는 위에서 앙굴리마라에게 보인 신통술을 비롯해서 다양한 신통을 보이면서도 함부로 사용하지 말 것을 엄중히 경고하였다는 점을 상기하면서 두 성인의 이적을 살펴보자.

2. 붓다와 예수의 기적의 비교

붓다와 예수의 기적들을 비교해보면 비슷한 면과 다른 면을 발견할 수 있다. 아래의 두 가지 사건을 비교해 보면 분위기-자력과 타력-가 다름을 알 수 있다. 말하자면 붓다는 죽은 자를 살리지 않는 이유는 죽은 자는 살려도 결국은 죽는 것 즉 생자필멸에 예외가 없음을 가르치는 것이 진정한 도리라는 것을 알 수 있다.

1) 죽은 자를 살림
 (1) 죽은 자를 살리는 장면을 기록한 요한 복음 11장의 내용을 흔히 "예수가 죽은(무덤에 있은 지 이미 나흘이 지난) 나사로 살리다 Jesus raises Lazarus(who had already been in the tomb for four days) from the dead."라고 표현한다.
 이 장면은 신약성경에 나오는 수 많은 이적 중에서 절정을 이루고 있다.
 (2) 한편 붓다는 키사 고따미(Kisa Gautami)라는 여인이 자신의 한살박이 외동아들이 죽자 붓다에게 죽은 아이를 데리고 와서 살려달라고 간청을 하지만 붓다는 이렇게 말한다.
 "죽은 자가 없는 집마다 들러서 다섯 개의 겨자씨를 구해오너라.
 Go and get me five mustard seeds from any family in which there has never been a death"
 결국 고타미는 "죽음은 피할 수 없으며, 누구에게나 다가오는 사실임을 받아들인 후 나중에 붓다의 제자가 된다. Accepting the fact that death is inevitable and comes to all, later she become a disciple of the Buddha."

2) 물위를 걷는 기적의 믿음과 명상
물위로 걷는 신통 또한 종교는 물론 무협지나 무술영화에 자주 등장하는 묘기(?) 중의 하나인데 마태복음 14장 22절에 나오는 말을 잠시 들여다 보자.

(1) 그리하여 베드로가 배에 내려서 물위로 걸어서 예수에게로 다가가다가 바람이 일어나는 것을 보고 두려움에 빠지자 자신의 몸이 가라앉기 시작하므로 그는 외치기를, "주여 나를 구하소서."

Then Peter get down out of the boat, walked on the water and came toward Jesus.

But when he saw the wind, he was afraid and, beginning to sink, cried out, "Lord, save me!"

예수께서 즉시 손을 내밀어 그를 붙잡으시며 이르시되, "믿음이 작은 자여, 왜 의심하였느냐" 하시며 배에 함께 오르매 바람이 그치는 지라.

Immediately Jesus reached out his hand and caught him, "You of little faith," he said, "why did you doubt?"

And when they climbed into the boat, the wind died down.

(2) 한편 불교에는 붓다가 정각을 이룬 후에 녹야원에 있는 옛 동료 다섯 사람을 구제하기 위해 베나레스로 향할 때 뱃사공이 건네주기를 거부하자 허공을 날아 강위를 건넌다는 기적이 전해오며, 붓다의 제자들 중에도 물위를 걷는 자들이 많았는데 본생담(자타카Jataka 190)에 보면 다음의 이야기가 나온다.

"그는 붓다가 계신 곳으로 가기 위해 강가에 도착했으나 그 나루터에 배가 없으므로 오직 붓다에 대한 명상[염불관念佛觀]을 하면서 물 위를 걸어 강을 건너기 시작했다. 하지만 강 중간 쯤에 이르렀을 때 거센 물결을 보았다.

- 붓다에 대한 명상 즉 염불은 초기불교시대에 일상적인 수행법으로서 오늘날과 같이 크게 소리내는 것이 아니라 붓다의 지혜와 자비를 생각하는 명상이다.

그러자 그의 마음이 흔들리면서 그의 발이 물 속으로 빠지기 시작했다. 그러나 다시 붓다에 대한 명상에 집중하여 무사히 강을 건너 제타바나(Jetavana =기수급고독원)로 가서 스승에게 인사를 올리고 그 옆에 앉았다.

3. 붓다의 신통술

아래에는 몇 가지만 추려서 정리한 것이며, 이 책의 붓다 편에 나오는 붓다의 신통력 즉 삼명육통을 같이 공부하기 바란다.

1) 사위성 성문 앞의 기적
—자타카(Jataka 본생담) vol. IV. P. 166—

"십송율"에 보면 붓다의 제세시에 한 거사가 전단향나무로 발우를 만들어 나무 꼭대기에 바루를 걸어놓고 여러 수행자들의 신통력을 겨루게 하는 이벤트를 벌일 때 다른 외도들은 모두 실패했으나 빈두로 존자가 신통력으로 가볍게 허공을 날아서 가져온 사건이 일어나자 붓다는 그를 심하게 문책하고 염부제를 떠나라는 벌을 내린 기록이 있다.

그는 불멸 후에도 세상에 남아 정법을 지키는 아라한으로서 부촉받는 기록이 잡아함경과 법주기에 있으며, 법주기의 16나한 중 첫 번째가 빈두로 존자이다. 그 후에 망신을 당한 외도들이 붓다에게 신통력을 겨루자고 도전장을 내었다.

붓다는 도전장을 받은지 7일 후인 보름날 코살라국의 수도 사위성(Sravasti)의 성문 앞 간다(Ganda) 망고나무 아래에서 쌍신변雙神變(yamaka-patihariya)의 기적을 보이겠다고 말했다.

> ■ yamaka는 쌍둥이, 쌍雙, 짝의 뜻이며, 붓다가 쿠시나가라의 사라쌍수에서 열반에 들 때 그 사라쌍수沙羅雙樹가 바로 "yamaka sala(P)"이다.

이 말을 코살라국의 바사닉波斯匿(Prasejinat) 왕이 온 세상에 알리자 외도들은 망고나무를 베어버리는 장난을 쳤다. 그러나 붓다의 신통을 보기 위해 구름같이 사람들이 성문 앞에 모여드는 그 날 아침에 붓다는 그 성문 안으로 걸식하러 들어가다가 망고열매를 보시받아서 그 망고를 드시고 그 씨를 심도록 하였다. 망고의 씨를 심자마자 100척이나 되는 큰 나무로 자라서 망고열매가 주렁주렁 달렸다. 이어서 붓다는 허공으로 몸을 날린 다음 공중에 뜬 상태로(floating in the air) 발 아래로 불을 뿜고 어깨 위로 불을 뿜는 신통을 보였다.

—쌍신변에 관해서는 아래의 Edward Conze의 영문에서 다시 취급한다.—

2) 도리천 설법과 기적
—증일아함경 제28권 청법품, 대지도론 등—

어느 날 도리천(=33천)의 왕 제석천이 붓다에게 도리천에 있는 붓다의 어머니 마야부인에게 설법하여 달라는 간청을 하므로 붓다가 그 제안을 받아들이자 두 용왕이 방해를 하였다. 붓다 대신 많은 제자들이 두 용왕을 제압하려고 나서자 붓다는 그 중에서 신통제일 목련존자에게 허락을 하였다.

목련존자는 14개의 머리를 가진 용왕으로 변해 그 둘을 제압하고 불법에 귀의하게 하였다. 그런 다음 붓다는 아무도 거느리지 않고 잠깐 사이에 도리천으로 가서 설법을 하는 동안 바사닉왕과 우전왕은 붓다를 친견하지 못해 병이 났다.

우전왕의 신하들은 왕의 병이 낫도록 불상을 조각하고, 이어서 바사닉왕도 불상을 조성하게 되며. 이것이 불상의 시초라고도 한다. 그 후 붓다는 목련존자가 도리천으로 와서 붓다에게 사부대중의 바람을 전하고 다시 돌아간 후 붓다는 신통을 부리지 않고 하늘에서 만든 사다리를 타고 내려온다.

-이러한 기적을 당시의 불자들은 산치대탑, 아잔타석굴 등에서 아름다운 작품으로 남겨서 중요한 불교문화유산이 되었다.-

3) 바이샬리 전염병 퇴치
-증일아함경 3권 38.역품力品의 내용을 요약 정리-

붓다가 마가다국의 아자타스트루왕의 요청으로 왕사성에 머물고 계실 때 밧지족의 수도 바이샬리에서 전염병이 창궐하자 붓다는 직접 가서 바이샬리 성문 앞에서 이렇게 말했다.

"나 여래가 이 세상에 제일이며, 지성스러운 법으로 열반에 이르고, 지성스러운 승가는 여러 성현 중에 제일이니 이 지성스러운 불, 법, 승 3보에 대한 말을 가지면 바이샬리성에 재앙이 없어지리라. 모두 평안하라. 길 떠나는 사람도 행복하고, 이 곳으로 오는 이들도 행복하라. 이 말을 간직하면 재앙이 없으지리라."

이러한 여래의 말을 듣고 나찰 귀신들이 달아나 모든 병자들의 병이 낫게 되었다.
-이 사건은 예수가 귀신들린 병자나 사람을 구하는 것과 비교가 된다-

4) 사분율四分律에 기록된 기적
  (1) 붓다에게 출가한 야사를 찾아온 야사의 부모에게 신통력으로 야사를 보이지 않게 하였다.
  (2) 가섭 삼형제를 교화할 때 화계삼매火界三昧에 들어가서 화염을 내거나 소멸시키는 신변을 보여 그 삼형제를 불법에 귀의하게 한다,
  (3) 코살라국의 바사닉(Prasejinat)왕이 붓다에게 신통력을 보여주길 원하자 불교신자가 바친 버드나무 가지로 양치를 한 후 나뭇가지를 뒤로 버리니 바로 큰 나무가 되었다는 이야기가 실려있다.

4. 불교의 이적에 관한 Edward Conze의 견해

아래의 내용은 Conze의 Buddhism(1975년 판)의 The Old Wisdom School(콘즈가 만든 신

조어로서 남방 상좌부를 가리키는 말) 부분에 나오는 p. 103~105를 요약 정리한 것임.

　기독교의 복음은 어느 정도 알렉산드리아와 그 밖의 지중해 지방에 알려진 불교의 교리의 영향을 받았다.
　The Christian Gospels have to some extent been influenced by Buddhist doctrines, which were known in Alexandria and other parts of the Mediterranean world.
　특히 불교가 가진 신통력의 측면이 초기 기독교들에게 영향을 준 듯하다.
　The miraculous side of Buddhism in particular seems to have appealed to the early Christians.
　물 위를 걷는 성 베드로는 여러 불교 성자를 모방하고 있다.
　Saint Peter, walking on the water, trod in the footsteps of many Buddhist Saints.

- ■ tread[follow, walk] in one's footsteps 선례를 따르다 ..의 뒤를 따르다, 뜻을 잇다.
- ▶ trod는 tread(걷다, 스텝을 밟다, 춤추다, 짓밟다)의 과거, 과거분사.
- ▶ footstep 걸음걸이, 발소리, 발자국, 딛고 오르는 층계
- ▶ a noiseless footstep 기척 없는 걸음

　불자들이 좋아하는 기적들 중의 하나가 "쌍신변=한쌍의 신통력(the Twin Miracle)"이다.
　One of the favorite miracles of the Buddhists was the Twin Miracle.
　여래의 몸에서 위로는 불길이 솟구치면서 "여래의 몸 아래로는 물줄기가 뿜어져나온다."
　Fire streamed forth from the upper part of the body of the Tathagata, and "from his lower body proceeds a torrent of water."

- ■ stream forth 분출하다.
- ■ proceed(from) 생기다, 일어나다.
- ▶ diseases that proceed from dirt 불결함에서 생기는 병.

　요한복음 7장 38절에서 흥미있는 구절 즉 "성경에 이른대로 나를 믿는 자는 그 사람의 배에서 생명수가 강처럼 흐르리라."을 발견하게 된다.
　In John 7, 38, we find the curious statement : "He that believes in me as the Scripture has said, out of his belly shall flow rivers of living water."

- 요한복음 7장 38절에 대해 International Bible Society에서 발간한 개정 영어 성경판에는 "Whoever belives in me, as the Scripture has said, streams of living water flow from within him."이라고 개정되어 있다.
- 위의 요한복음의 기록은 성서학자들 간의 계속된 논쟁 중의 하나이다. 먼저 위에서 예수가 언급한 성경이 어떤 경전인지 알 수 없다.
  그리고 그 생명수가 예수 자신에게 흐르는 것인지, 그를 믿는 자에게 나오는 것인지 분명하지 않다.

기이한 신통술을 부리는 것은 인도인의 일상적 삶이었으며, 비신도들을 개종시키기 위해 종교단체들이 일반적으로 사용하는 방법이었다.

Thaumaturgical miracle-working is a commonplace of Indian life, and it was regularly used by all religious bodies for the conversion of outsiders.

- thaumato – "기적, 경이"의 뜻 → thaumaturgical 요술의, 마술의 : realting to thaumatology, magical ▶thaumatology 기적학, 기적론 ▶thaumaturge, thaumaturge 요술사 ▶ thaumaturgy 요술, 마술
- miracle 기적, 이적 : (불교의 한문은 기적이라는 표현보다 이적異蹟이라는 표현을 많이 사용—역자주) ▶work[perform] miracles / do wonders 기적을 행하다

불교세계 전반에 걸쳐서 기적의 묘사는 인기있는 예술적 주제였다.

Throughout the Buddhist world, representations of miracles are favourite subjects of art.

대체로 불교의 교단은 처음 천년의 세월 동안 비술이나 심령술에 지나치게 집착하지 않는 선에서 (관심을 끌기 위해—역자 첨가) 사람들에게 단순한 재미로 하는 묘기 수준이라면 용납하는 태도를 견지해온 것 같다.

On the whole, the attitude of the Buddhist Church during the first millennium of its existence seems to have been that the occult and the psychic are allright as long as one does not take too much notice of them, and exhibits them as a kind of cheap stunt to the populace.

- occult n. (the) 비학秘學, 비술秘術, 신비 adj. 신비로운, 비밀의 마술적인, 심오한
  ▶occult arts 비술(심령술, 연금술 등)

> ※ cult 1. (사상, 생활방식 등의) 추종, 숭배 ▶An extraordinary personality cult had been created around the leader. 그 지도자를 둘러싸고 터무니없는 인물 숭배 의식이 형성되어 있었다.
> 2. (기성 종교가 아닌) 광신적[사이비] 종교집단 ▶Their son ran away from home and joined a cult. 그들의 아들은 가출해서 사이비 종교집단에 들어갔다.
> 3. (종교적) 제례[의식] the Chinese cult of ancestor 중국의 조상 숭배의식.
> - psychic 마음의 심적인, 영혼의, 심령(현상)의 (supernatural) n.영매, 무당.
> - take notice of …을 주목하다, …을 후대하다.
> - stunt n. 묘기, 곡예(비행, 운전) ▶a political stunt 이목을 끌기 위한 정치활동
>   vi. 재주부리다, 곡예(운전, 비행)을 하다.
>   vt. …으로 묘기를 부리다. ▶stunt an airplane 곡예비행을 하다.

어느 날 붓다는 강둑에 앉아 있는 고행자 –25년 동안 고행을 한 수행자–와 마주쳤다.

One day the Buddha came across an ascetic who sat by the bank of a river, and who practiced austerities for 25 years.

> - austerity 1. 엄격, 준엄, 간소 2. 고행(보통 pl), 내핍, (금욕적인)생활 3. (특히 전시의) 긴축(기조).

붓다는 그에게 온갖 고행을 통해 얻은 것이 무엇인지 물었다.

The Buddha asked him what he had got out of all his labour.

그 고행자는 이제 드디어 나는 저 물위를 걸어서 강을 건너게 되었다고 자랑스럽게 말했다.

The ascetic proudly replied that now at last he could cross the river by walking on the water.

붓다는 노고에 비해 얻은 성과는 너무나 보잘 것 없음을 지적하면서 이렇게 일깨워주었다.

"나룻배로 저 강을 건너는데 동전 한 푼이면 족한 것을."

The Buddha tried to point out that this was little gain for so much labour, since for one penny the ferry would take him across.

5. 숭산스님의 설화와 기적에 관한 말씀

아래의 내용은 현각 스님의 "만행 : 하버드에서 화계사까지"의 2권의 203쪽과 212~213쪽의 도올 김용옥 선생의 회고 편을 각각 참고한 것이다.

근래에 우리나라의 숭산스님이 미국에서 포교할 때 미국의 예일 대학생들 서너 명 앞에서 최면요법으로 그들을 차례로 공중부양을 시켜서 선불교를 알리는 시발점으로 삼은 것 처럼 어느 종교에서나 신통력에 관심을 가지는 것은 동서고금을 막론하고 흔하디 흔한 일이다.

> ■ 공중부양 levitatation ▶공중부양하다 levitate / fly in(to) the air ■ 영영사전 : rise and float in the air without any support from other people or objects.
> ▶ He tried to levitate the table. 그는 탁자를 공중으로 부양시키려고 했다.

숭산스님을 통해 기적에 대한 불자의 마음자세를 기억하자.

"기적은 단지 어떤 기술입니다. A miracle is just a certain technique.

그것은 진정한 길이 아닙니다. It is not the right path..

만약 어떤 스승이 기적을 통해 사람을 설득시키려고 하면 사람들은 스승의 가르침에 몰두하는 것이 아니라 그 기적에 몰두하게 됩니다.

If a master try to teach his disciples through a miracle, they are not interested in his master's teaching, but they are lost in a miracle."

16. 산채로 무간지옥에 떨어진 데바닷타 Devadatta fall into avici hell alive

데바다타는 붓다의 사촌이며 오랫동안 붓다를 시봉(侍奉)한 아난다의 형이기도 하다.

Devadatta was the Buddha's cousin and the brother of Ananda, who attended the Buddha for a long time.

석가족의 남자들이 승단에 들어올 때 그도 아난다와 함께 붓다의 제자가 되었다.

When Sakya clansmen joined the Sangha, he also became a disciple of the Buddha with Ananda.

그는 승단(僧團) 즉 불제자의 공동체에 분열을 야기하고 심지어 세 번이나 붓다를 살해하려고 한 것으로 기록되어 있다.

He was recorded as having created a schism in the Sangha or the Buddhist monastic community and attempted to kill the Buddha three times.

데바다타는 승려로서 수행에 전념하기 보다 승단의 주도권을 잡는데 오히려 관심이 많았으며, 붓다가 연로해지자 승단을 장악하려 하였다.

Devadatta, more interested in leading the Sangha than practicing as a monk, wanted to gain control of Sangha when the Buddha had grown older.

첫 시도로서 그는 붓다의 지도권을 자신에게 넘기라고 요구하였으나 오히려 모욕을 당하고 대중들에게서 쫓겨나는 신세가 되었다.

As the first attempt, he demanded the Buddha hand over leadship of the Sangha to him, but he was insulted and rejected in public.

그 이후 그는 빔비사라 왕의 아들인 아자타스트루 왕자와 음모를 꾸며 붓다와 빔비사라왕을 각각 살해하고 지도권을 찬탈하려고 하였다.

Then he conspire with prince Ajatastru, a son of King Bimbisara, so that they would kill and usurp the Buddha and King Bimbisara respectively.

그는 붓다를 세 번이나 살해하려 하였다.

He tried to kill the Buddha three times.

첫 시도는 궁수弓手들에 의한 살해음모였으나 오히려 그들은 붓다를 만나서 그 제자가 되어 버렸다.

The first attempt was killing by a group of archers, who, on meeting the Buddha, ironically became his disciples.

두 번째로는 언덕 아래에 큰 돌을 굴리는 시도를 재차 감행하였다.

A second attempt followed when he tried to roll a large boulder down a hill.

그러나 그 돌이 다른 돌을 치면서 갈라지고 붓다의 발에 상처를 입힐 뿐이었다.

But it hit another rock and splinted, only grazing the Buddha in the foot.

> ■ graze vt 1. 을 가볍게 스쳐 지나가다 2. 〈피부 등을〉까다 vi (…에) 닿아[문질러]까지다《against …》.

마지막 시도는 코끼리에게 술을 먹여 흥분시켜서 붓다를 해하려고 하는 것이었다.

A final attempt was inciting an elephant with alcohol to charge the Buddha.

나라기리라는 이름의 그 코끼리는 왕사성에서 살인하는 존재로 유명하였다.

The elephant named Nalagiri was well known as a man-killer in Rajagrha.

그러나 나라기리는 자비로운 붓다를 보자 마자 붓다 앞에서 공손하게 절을 하듯이 무릎을 꿇었다.

But as soon as Nalagiri confronted the compassionate Buddha, she fall to her kneels in front of him, as if bowing humbly.

그리하여 그의 위험한 음모가 모두 실패로 돌아갔음에도 불구하고 그는 여전히 붓다를 해하려고 하였다.

Thus, although all of his deadly plots had gone to waste, he still continue to do harm the Buddha.

그는 승단의 비구들에게 깊은 인상을 심어주기 위해 그가 주장한 계율은 붓다가 가르친 것보다 훨씬 엄격한 것이었다.

In order to give the bhiksus of the Sangha the deep impression, the precepts which he claimed was even stricter than what the Buddha taught.

그는 붓다가 허락하지 않을 것을 알면서 더욱 엄격한 율을 만들어야 한다고 주장했다. 그 내용은 다음과 같다.

He requested the Buddha to enforce a more stringent code of Vinay, which he knew the Buddha would not allow, as follows : **stringent 〈규칙 등이〉 엄한; 엄격[엄중]한.

데바다타의 극단적 고행주의: 승려가 반드시 지켜야 할 다섯 가지 계율
"Devadatta's extreme asceticism: the five extraordinarily strict rules for monks

1. 승려는 숲속을 자신의 거처로 삼아야 한다.

   Monks should dwell all their lives in the forest.
2. 승려는 나무 아래에서 거처하면서 수행해야 하며 지붕 아래에서는 아니 된다.

   Monks should dwell and practice under a tree (and not under a roof)
3. 승려는 탁발로 얻은 공양으로만 살아야 하며 신도들이 음식공양의 초청을 해도 거부해야 한다.

   Monks should live only on alms that they beg(and not accept no invitation to meal by laity).
4. 승려는 넝마를 모아서 만든 옷만 입어야 하며 신도가 올리는 옷을 입으서는 아니 된다.

   Monks should wear only robes made of gathered rags(and accept no robes from the laity)
5. 승려는 생선과 육식을 철저히 억제해야 한다.

   Monks should abstain completely from fish or meat".

그러나 붓다는 공개적으로 거절하면서 다음과 같이 말했다.

누구든지 그의 제안을 더 선호한다면 그렇게 하는 것은 자유다. 그러나 누구든지 그렇게 하기를 원하지 않으면 하지 않아도 좋다.

But the Buddha openly refused his request, saying:

"If someone prefer his proposal, he is free to do so; but if anyone does not wish to do so, he does not have to."

또한 붓다는 그에게 마지막 경고로서 승단을 어지럽히는 행위를 하면 오역죄의 하나로서 좋지 않은 과보를 받게 될 것이라고 하였다.

Also the Buddha gave him a final warning: do not attempt to anything to disrupt the Sangha, for you will reap the bad fruits of such one of the five grave offences.

■ The five grave offences; 오역죄=오무간업 pancanantarya-karana(S) / panca-anan-tariyani(P)
 -[S-K 사전 834] - [P-K 사전 450]-
 오무간업五無間業 the five immediate karmas / five gravest offences / five hellish deeds / five deadly sins / five unforgivable deeds.
 오역죄五逆罪　the five cardinal sins / five major transmigrations / five unpardonable sins.

■ 뜻[meaning]
전통적인 불교관에 의하면 죽어서 아비지옥에 떨어지는 다섯가지의 극악한 행위
The five most heinous deeds which according to traditional Buddhist view plunge into avici hell posthumously.　**heinous 증오할, 아주 나쁜.

■ 종류[kind]
오역죄의 종류는 여러가지이며, 예컨대 아래의 오역죄를 하나로 묶고 스님을 살해하거나 학대, 악업의 과보를 부정, 삼승의 가르침을 비방 등 범위를 확대한 이론도 있으나 가장 일반적인 견해를 적는다.
1. 살모殺母 matricide 2. 살부殺父 patricide 3. 살아라한殺阿羅漢 killing an arhat
4. 파화합승破和合僧(승가의 화합을 깨뜨리는 일) disrupting the harmony of order / causing disharmony in the Sangha / the breaking-up of the Brotherhood[fraternity]
5. 출불신혈出佛身血(여래의 몸에 피를 나게하는 즉 상해를 입히는 일)
Causing the body of the Tathagata to bleed from malice, causing injury to a Buddha.

> - 육역죄六逆罪[cha-abhithana]
>   오역죄+이교의 스승을 따름.
>
> - Devadatta의 오역죄 the unpardonable sins of Devadatta
> 1. to destroy the harmony of the community.
>   파화합승破和合僧 : 승단의 화합을 깨뜨리는 것.
> 2. to injure the Buddha with a stone, shedding his blood.
>   붓다에게 돌로서 상해를 입혀 붓다에게 피를 흘리게 한 것.
> 3. to induce Prince Ajatastru to let loose a rutting elephant to trample down the Buddha.
>   아자타스트루 왕자를 꼬드겨서 발정한 코끼리를 풀어서 붓다를 밟아 죽이도록 한 것.
>   ▫ rut 발정하다 ▫ trample (…을) 짓밟다, 밟아 뭉개다 (down, on, upon, over …)
>   ▶그 사냥꾼은 코끼리에 밟혀 죽었다. The hunter was trampled to death by the elephant.
> 4. to kill a nun 비구니를 죽임.
>   자신에게 훈계하는 신족제일의 신통을 가진 연화색비구니를 죽인 사건
> 5. to put poison on his nails and saluted the Buddha intending to destroy him.
>   자신의 손톱에 독을 묻혀서 붓다를 죽이려고 붓다에게 인사를 드림.

   그러나 데바다타는 붓다의 경고를 무시하고 떠나면서 붓다의 게으름을 비방하고 그를 믿고 개혁 운동에 동참하는 무리들을 모았다.

   Devadatta, however, paid no attention to the Budda's warning and took his leave, criticizing the Buddha's laxity, and taking a group of bhiksus who trust him and follow his reform movement.

   처음에 몇 몇 비구들을 자기 쪽으로 전향시켰으나 사리불존자와 목련 존자가 그들에게 법을 설하여 그들의 마음을 되돌리는데 성공하였다.

   Although, at first, he managed to convert some of the bhiksus, Sariputra and Moggallana expounded the dharma to them and succeeded in winning them back.

   승단의 분열 후에 명성과 인기가 추락하자 그는 그가 저지른 악행을 부끄러움을 느끼고 붓다에게 진지하게 사과하기를 원했다.

   Due to the loss of reputation and popularity after splitting the Sangha, he felt bad about his grave offences, and wanted to make sincere apology to the Buddha.

   그러나 붓다가 거처하는 곳에 가까운 사원에 들어 간 후 그가 저지른 악업(의도적 행위)의 응

보가 일어났다.

땅이 갑자기 쩍 벌어지면서 그를 산채로 삼켜서 아비지옥 즉 끊없는 고통을 겪는 지옥에 빠졌다.

However, after entering the monastery near the Buddha's abode, the bad karma (intentional action) he made came to fruition: the earth suddenly opened to swallow him alive into the the hell of avici or the hell of incessant suffering.

불교 교리에 의하면 오역죄를 지은 자는 이 지옥에 빠진다고 한다.

Accoding to the Buddist doctrine, one who commits one of the the five cardinal sins[오역죄] is said to fall into this hell.

그러나 법화경 제 12품에서는 그가 미래세에는 붓다가 될 것라고 예언하고 있다.

However, Chapter 12 of the Lotus Sutra predicted that he will attain Buddhahood in a future existence.

한편 앞에서 언급한 바와 같이 데바다타는 아자타스트루 왕자에게 그의 이버지 빔비사라 왕을 죽이고 왕위를 계승하라고 권유하였다.

On the other hand, as mentioned earlier, Devadatta had convinced Prince Ajatastru to murder his father King Bimbisara and ascend the the throne.

> - as mentioned earlier 앞에서 말한 바와 같이 = above mentioned / as previous stated / as we have said above / aforementioned
> ▶ I have previously touched on this subject. 이 문제에 관해서는 앞에서 언급했습니다.

아자타스트루는 그의 제안에 따라 쿠데타를 일으켜 그의 아버지를 감옥에 가둔 채 음식을 제공하지 않았다.

Ajatastru, following his suggestion, staged a coup(d'etat), and put his father in prison to give him no food.

> - coup(d'etat) 쿠데타-OX사전 : illegal seizing of power in a state 국가권력의 불법적 탈취
> 쿠데타를 모의하다 plot a coup d'etat(to overthrow the government)
> 쿠데타를 일으키다 stage[mount / carry out / pull(off)] a coup(d'etat). 무혈쿠데타 a bloodless ~.
> 쿠데타를 진압하다 repress[put down] a coup 쿠데타 음모를 적발[분쇄]하다

> uncover[foil] a coup plot.
> 쿠데타는 3일만에 실패로 돌아갔다. The coup fell through in just three days.

마침내 빔비사라 왕은 굶어 죽고, 얼마 후 그의 부인 위데히 왕비 또한 깊은 슬픔 속에 쓸쓸히 죽어갔다.

Finally King Bimbisara starved to death, and some time later his wife, Queen Vaidehi also passed away lonely in deep sorrow.

보충설명

1) 데바다타와 (묘법)법화경 Devadatta and The Lotus Sutra(of the Wonderful Law)
   -Burton Watson의 The Lotus Sutra 참고하기 바람-
   ⑴ 북방의 초기경전인 증일아함경 불체품[한글대장경 1권 124쪽]에 보면 Devadatta는 털 끝만큼도 선행을 한 적이 없어 1겁이 지나도 치료할 수 없으며 마치 화장실에 깊이 빠져 깨끗한 곳이 한 군데도 없어 그냥 버려두고 가는 것과 같다는 붓다의 말씀이 있다.
   ⑵ 그러나 증일아함경 방우품에 보면 데바닷타는 아비지옥에서 1대겁이 지나면, 천상과 인간 세상을 왕래하다가 최후로 사람의 몸을 받아 출가하여 나무[namo[P] 귀의하다]의 이름의 벽지불[a solitary Buddha]이 된다고 한다.
   그 이유는 과거에 지은 선행과 수행, 그리고 산채로 지옥에 떨어 질 때 즐거운 마음으로 "나무"라고 했기 때문에 뒷날 벽지불이 될 때 나무라는 이름을 갖게 된다고 하였다.
   ⑶ 대승경전의 하나인 법화경의 제12장 즉 Devadatta품에 보면, 과거세에 한 왕이 법화경을 찾을 때 아시타[Asita 아사阿私라고 음역하기도 함] 라는 이름의 선인이 그 왕에게 법을 설하였다.
   "그 선인이 지금의 Devadatta이며[the hermit was the man who is now Devadatta]", "그 때의 왕이 석가 세존이라고[the king at that time was I myself]"하면서, 데바닷다 선지식[a good friend]때문에 32상[the thirty-two feature]과 80종호[the eighty characteristics]를 갖추고 "등정각을 이루었다[attained impartial and correct enlightenment]"고 하였다.
   데바닷다는 "무량겁이 지난 후[after immesurable kalpas]" 천도天道[Heavenly Way]라는 세계에서 천왕여래[Heavenly King Thus Come One]라는 이름으로 성불하리라고 예언한다.

> 법화경의 데바닷다[Devadatta]품과 믿음 그리고 공덕
> "붓다는 이렇게 말씀하셨다.
> 미래세에 선남자 선여인들이 (묘법)연화경의 데바다타품을 듣고서 믿고, 공경하여 의심치 않으면 그들은 시방의 부처님 세계에 태어날 것이다.
> The Buddha said to the monks : in future ages if there are good men or good women who, on hearing the Devadatta chapter of the Lotus Suta(of Wonderful Law), believe and revere it with pure hearts without doubts or perplexities, ……they will be born in the presence of the Buddhas of the ten directions."

삼종정육에 대한 경전상의 출처와 이유 Jivaka-sutta MN(마지마 니까야) 55

붓다는 지바카에게 이렇게 말했다.

승려들은 자신을 위해 일부러 죽인 고기라는 것을 보거나, 듣거나, 의심스러운 경우에 먹어서는 안된다.

The Buddha tells Jivaka that monks must not eat the meat of any animal concerning which they have seen, heard or suspect that it was specially killed for them.

붓다는 승려들에게 철처히 육식을 금지하자는 데바닷타의 제의를 거절하였다.

The Buddha rejected Devadatta's proposal to forbid meat-eating altogether to the monks.

> ■ Jivaka[S, P] : 지바카는 지바(Jiva)라고도 하며, 그 뜻은 "생명" 또는 "살아나다(活)"이다.
> 중국에서는 기바耆婆/祇婆등으로 음역 또는 활活 또는 수명壽命으로 의역하기도 한다. 그의 출신에 대해 여러 전설-빔비사라왕과 내녀㮈女라고 불리는 여자의 아들로서 아자타스트루왕자와 배 다른 형제가 된다는 설(내녀기역인연경)과 빔비사라왕과 왕사성의 유명한 창녀 사라발제婆羅跋提(Saravati[S])라는 설(선견율비바사), 그리고 빔비사라왕의 아들이며, 아자타스트루의 동생인 무외왕자의 아들이라는 설(사분율)-이 있다.
> 그는 중국의 편작과 함께 의왕醫王으로 불리어 "기바편작도 못 고치는 사람"이라는 속담은 붓다도 구제할 수 없는 사람이라는 뜻이다.
> 그는 붓다, 빔비사라왕의 주치의이며, 장아함경에는 아자타스트루를 불교에 귀의하게 한 인물로 묘사되기도 하였다.

붓다의 가르침 제3장

붓다와 중생

1. 칠불통계게
2. 불
3. 석가모니 불의 전생
4. 아미타불의 전생
5. 탄생게
6. 붓다의 마지막 말씀
7. 군맹무상
8. 중생의 삶
9. 연기설
10. 사사무애와 측천무후
11. 부처님의 오도송
12. 사상四相
13. 자아와 죽음 그리고 윤회

붓다와 중생

불교의 중요한 부분이 불타관이며 붓다의 칠불통계게, 탄생게, 오도송, 붓다의 마지막 말씀을 차례로 읽으면 붓다가 가리키는 방향을 알게 될 것이다.

아마타불의 전생을 통해 법장비구의 48원과 석가모니불의본원력이 모두 중생구제라는 자비심에서 시작되었음을 잊어서는 아니된다. 군맹무상과 중생의 삶을 읽을 때 그 다음에 나오는 연기설을 염두에 두어야 한다.

붓다는 자비심을 토대로 수행하여 환멸문으로 들어가서 열반에 이르렀지만, 어리석은 중생은 자비심보다 탐진치 삼독에 빠져 유전문으로 들어가서 윤회의 수레바퀴를 타고 끝없는 생사 속에서 저 바다보다 많은 눈물을 흘리면서 고해에 표류하고 있다.

우주의 지배자가 되는 것보다 수다원과를 얻는 것이 낫다는 부처님 말씀을 깊이 생각하기 바란다.

1. 칠불통계게 七佛通戒偈

(1) 불교가 무엇인가? What is Buddhism?

"흔히 불교는 깨달음에 의한[by the Enlightenment], 깨달음을 위한[for the enlightenment] 깨달음의[of the Enlightenment]의 종교라고 한다.

It is said that Buddhism is a religion by the Enlightment, for the Enlightenment, and of the Enlightenment.

> ■ 이성에 근거한 종교 a religion based on reason ■ 그는 새로운 종교를 창시했다. He founded a new religion ■ 그 법은 정부가 특정종교를 지지하는 것을 금지한다. The law prohibits government endorsing a particular religion. ▶endorse (공개적으로)지지하다. (계획)등을 승인, 찬성하다, 선전하다. ▶나는 그의 발언을 진실로 지지한다. I wholeheartedly endorse his remarks.

한마디로 말해서, 모두 중생에게 가장 행복한 길을 가르쳐 주는 것이 불교다.

In a word, Buddhism teaches all sentient beings the most joyful way.

그러면 행복에 이르는 길은 무엇일까? So what is the way to happiness."

최고의 행복은 완전한 사랑에서 비롯되며, 완전한 사랑은 집착(attachment)을 버림으로써 이루어지며, 그것은 나를 버림으로써 그대로 이루어 지는 것이 아닐까?

또한 불교의 핵심(the heart of Buddhism)은 무아(anatman[S], no-self, non-self)라고 한다.

무아지경이라는 말이 있지 않은가?

완전한 무아지경은 열반이다.

열반은 "불어서 끄다[blow off]"라는 뜻의 니르바나[nirvana[S], nibbana[P]]를 음역한 것이다.

욕망[desire]의 불 즉 집착의 불을 다스렸다는 뜻이다.

그러면 그 집착이라는 것은 어디에서 비롯될까?

집착은 "내가 존재한다[I exist]"는 무지에서 비롯된다는 것이 부처님의 말씀이다. 인간이 고해苦海[고통의 바다 the sea of suffering]에 빠진 것은 무지 즉 무명[ignorance]에서 비롯되었으므로 수행[마음닦음—practice, cultivation]을 하여야 한다는 일곱 부처님의 한결같은 가르침 즉 칠불통계게를 공부해보자.

(2) 칠불통계게 The common stanzas of the past seven Buddhas

1) 모든 나쁜 일 하지말고, 2) 모든 좋은 일 하여, 3) 스스로 그 마음을 깨끗이 하라 4) 이것이 모든 부처님의 말씀이다.

(1) Avoid all evil. (2) Do all good. (3) Purify your mind. (4) This is the teaching of the buddhas.

제악막작 중선봉행 자정기의 시제불교 諸惡莫作 衆善奉行 自淨其意 是諸佛教

(3) 경전상의 출처

법구경[dhammapada 183; dhamma법+pada(구절, 찬가, 시) *183은 게송의 순서표시]

(4) 금강경과 Wittgnstein[비트겐슈타인]

1) 금강경[Diamond Sutra]의 응무소주이생기심應無所住而生其心

One should produce a thoughtless mind[머무는 바 없이 마음을 내어라]

=Do not become attached to any thoughts that arise in the mind

[마음에 일어나는 어떤 생각에도 머물지마라]

2) 비트겐슈타인[유태인계 오스트리아출신의 철학자]의 유명한 말 "Don't think, Look!

(5) 칠불통계게에 "계"라는 말이 들어가는 것은 "계"가 수행의 바탕[foundation of practice]되기 때문이다.

계율은 "악을 멈추고, 더 나아가 선을 행하는 것"이다.

"계"에 대해 성철스님의 법문을 들어보자.
"계"는 물을 담는 그릇과 같다 The precept is like a bowl of water.
그릇이 깨어지면 물을 담을 수 없고, If the bowl breaks, it can no longer hold the water,
그릇이 더러우면 물이 더러워 진다 and if the bowl is dirty, the water becomes dirty as well ‥‥‥‥".

이것이 악을 행하지 아니하고 선을 행하는 이유다.
그러나 불교는 여기서 멈추지 않는다. 불교는 악에서 선으로, 다시 선과 악의 분별[discrimination]을 넘어 "머무는 바 없이 마음을 내는 것"을 지향한다.
선을 행하되 선에 집착이 있을 때 불교에서는 그것을 유루선有漏善(the good with the outflow[흐름] of defilement [번뇌])이라한다.
즉 오염된 상대적 선이다. "자정기의[purify your mind]"의 참뜻은 무루無漏[non-leaking]의 상태에 이르도록 마음을 닦으라는 것이다.
그리하여 여실지견如實智見[있는 그대로 보는것-To see things as they really are. 하라는 것이다. LOOK! LOOK!

2. 불佛 The Buddha
삼귀의에 이어 차례대로 불, 법, 승을 공부해보자.

(1) 머리말
불교(Buddhism)에서는 부처님을 삼계도사 또는 사생자부라 부른다. 삼계 안에서 육도 윤회하는 중생들을 바른 길로 인도하면서 가없는 자비로서 중생을 보살피기 때문이다. 그리고 영웅 중의 영웅으로서 대웅大雄(Maha-vira[S] : great hero)이라 부르기도 하는데 모든 번뇌를 물리쳤기 때문이며, 석가모니 부처님을 모신 곳을 대웅전(Great hero hall)이라 한다.

1) Buddha의 유래
부처 (Buddha [S, P])와 깨달음 (Bodhi [S, P])은 "깨닫다" "잠에서 깨다" 등의 뜻을 가진

부드(Budh[S, P])라는 말에서 유래했다. 부처님을 영어로 번역하면
1. One who has attained enlightenment[awakening]
2. Awakend one
3. Enlightened one이다

그 중에서 enlightened one은 직역하면 빛을 받은 사람이란 뜻이다.
즉, 미망迷妄(a state of spiritual darkness)에 빠진 중생(sattva[S], satta[P], sentient beings)과 대비되는 말이다.

2) 붓다와 광명

밝음과 어둠이 지혜(wisdom)와 무지(ignorance)를 상징하는 것은 동서양의 공통된 현상인 것 같다.

초기 불교(Early Buddhism)에서도 지혜를 명明(vidya), 무지를 무명無明(Avidya)으로 불렀다. 무명에서 벗어나 깨달음을 얻는 과정을 좀 더 세분해서 남방의 상응부[Samyutta-nikaya[P]]전법륜경에는 "비구들이여! 전에는 들어본 적이 없는 법들에 관해서 눈眼이, 지智[nana (P)]가, 혜慧[panna(P)]가, 명明[vijja(P)]이, 광光[aloka (P)]이 나의 내면에 나타났다"고 말하고 있다.

남방 중부 니카야의 "때경"[중아함 장수왕본기경]에 보면 열심히 수행하는 데 광채가 나타났다가 사라지는 것은 의혹, 지나친 정진, 느슨한 정진, 압박감, 성급함, 여러 생각, 지나친 선정 등에서 비롯된 것이다. 그러니 마음의 때인 의혹 등이 일어나지 않도록 하라는 말씀이 있다.

■ Vidya[S] Vijja[P][명명]과 Avidya[무명無明]

산스크리트어에서 "a"는 단어의 의미를 반대로 만드는 접두사(부정접두사)로서, 비디야가 앎, 지식 즉 명을, 아비디야는 무지, 무식 즉 무명을 뜻한다.(이러한 방식은 그리스어에도 많이 볼 수 있는 바, 무신론과 유신론, 무감동과 감동이 그것이다.)

In Sanskrit "a" is prefix which changes the meaning of a word into its opposite, so "vidya" is understanding, and avidya is ignorance(the same arrangement is also found in many Greek words, like e.g. "atheism" vs. "theism" and "apathy" vs. "pathos")

대승불교(Mahayana Buddhism)에서는 법신불(Dharmabody Buddha)로서 비로자나(variocana: 태양, 광명, 널리 비추다) 불이 등장하는데, 사찰전각(temple's buildings)중에서

비로자나불을 모신 비로전의 "비로"는 비로자나의 줄임말이며, 대적광전[the hall of great peace and light], 대광명전[the hall of great light]은 비로자나불을 모신 곳이다.

화엄경(avatamsaka-sutra[S] the flower garland sutra)에서는 부처님의 광명을 "유여천일출猶如千日出 마치 천개의 태양이 동시에 뜨는 것과 같다"고 했다.

화엄경의 비로자나불은 석가모니불과 동체이다.

> **비로자나virocana는 vi 두루, 널리와 roc, ruc 빛추다의 혼성어이다

서방 정토(western paradise[pure land])에 계시는 아미타불[Amitabha(Buddha)]을 모신 보광전普光殿은 Amitabha[amita[S]무한한+abha[S]빛=무량광無量光=infinite light]에서 유래한 것이다.

Amita는 amitabha 또는 Amitayus[amita+ayus[S]목숨, 생명=무량수無量壽=infinite life]의 줄임말이며 둘 다 서방정토에 계신 부처님의 이름이다.

극락전極樂殿[Utmost Bliss Hall]이나 무량수전無量壽殿[Infinite Life Hall]은 보광전과 같다.

"아미타불은 손에 감로수병을 든 것으로 묘사된다.

The amitayus Buddha is depicted holding in his hands a vessel containing the nectar of immotality. **정토 the pure land / paradise / the land of utmost bliss."

밀교(Esoteric Buddhism)의 진언(mantra) 중에 광명진언은 대일大日(maha-vairocana) 여래진언이라고도 하는데 비로자나불의 위신력[awesome and mysterious power]에 의존하고 있다. 그리고 진언 또는 다라니를 명주明呪 또는 줄여서 명明이라 한다.

반야심경[The heart sutra]에 보면 마지막 부분의 진언을 대명주[the great radiant mantra]라고 하는 말이 나온다

> ▣ Mantra의 뜻 : A mantra is a word or phrase repeated by Buddhist and Hindus when they mediate, or to help them feel calm.
> 만트라란 불교인이나 힌두교인들이 명상을 하거나 마음의 평정을 위해 사용하는 말이다.

성철스님은 이렇게 말씀하셨다.

광명 The great light.

"이 광명은 우주가 창조되기 전에도 항상 있었고 우주가 소멸되기 후에도 항상 그대로이다

The mysterious light always existed, even before the creation of the universe, and it will be unchangeable after its extinction. …….

이 광명은 마음의 눈으로만 볼 수 있으니, 아무리 정교한 현미경이나 망원경으로도 볼 수 없다.

This mysterious light can only be seen by the mind-eye, and it can not be seen even by the most precise microscope or the most strong telescope.

(2) 삼계도사와 사생자부

1) 삼계도사三界導師 the guiding-master[teacher] of three world

1. 삼계는 욕계(desire world), 색계(form world), 무색계(formless world)이다. 즉 욕망이 강한 욕계와 미묘한 물질의 세계인 색계 그리고 정신적 세계인 무색계를 말한다
2. 중생들은 자신의 업과 정신적 수준에 따라서 삼계 속에서 윤회(reincarnation. re-becoming, re-birth, the cycle of existence, transmigration)한다.
   윤회輪廻는 samsara[s] 즉 sam[함께]+sara[달리다, 건너다, 빠르게 움직이다]라는 두 단어로 이루어진 합성어를 번역한 것이다. ***윤輪[차례로 돌, 바퀴]. 회廻[돌]
   탐, 진, 치로 업을 지은 중생은 업과 함께 여러 세계를 수레바퀴 돌 듯이 돌고 돈다는 의미를 가지고 있는 것이다.

2) 사생자부四生慈父 the loving father of all creatures

1. 사생은 모든 생물의 네 가지 태어나는 형식(the four modes of birth)에 따라 구분 하는 것으로, 즉 1) 태생 2) 난생 3) 습생 4) 화생 (birth from 1) womb 2) egg 3) humidity 4) transformation)을 말한다.
   특히 화생은 자신의 업력(Karmic action)에 따라 홀로 태어나는 것으로서 하늘의 중생(heavenly beings)이나 지옥의 중생(hell beings) 또는 아귀(hungry ghosts)등이 이에 해당한다.
2. 지옥은 산스크리트어로 Naraka라고 하는데 "나락"에 떨어진다고 할 때, 나락은 "나락카"에서 유래된 말이다.
3. 육도六道(the six worlds[realms])는 중생의 업력[karmic action]에 따라 생사를 반복하는 세계로서 인간(human), 천상(heaven), 아수라(warlike demon)의 삼선도와 지옥(hell), 축생(animal), 아귀(hungry ghost)의 삼악도로 구분한다

*수라장은 아수라의 싸움판에서 유래한 말이다.

3) 대웅大雄 mahavira

부처님과 같은 시대에 활동한 자이나교[Jainism]의 창시자[founder/originator]인 니간타 나타뿟다[Niganta Nataputa(B.C. 549~477 또는 B.C. 447~372)]를 승자勝者[Jina-자이나교는 여기서 유래] 또는 마하비라 즉 대웅 그리고 붓다라 불렀다.

고대 인도에서는 특정종교에 관계없이 뛰어난 현자나 저명한 종교인들을 붓다 또는 대웅이라 했으나 붓다는 후세에 불교의 용어로 자리잡았다.

4) 비로자나와 대비로자나

비로자나는 초기불교[early Buddhism]에서 전륜성왕과 아수라족의 왕으로 등장[appearance]하고 그 후 대승경전[mahayana scriptures]인 화엄경에서 영원한 진리의 상징인 법신불로 나타나며-60권본 화엄경에서는 노사나, 80권본에는 비로자나라는 이름으로 등장함-석가모니불과 동일한 불신으로서 차이가 없다.

7세기 중반에 등장한 밀교경전인 대일경[본 이름은 대비로자나불신변가지경이며 당나라 선무외가 번역]과 그 이후에 번역된 금강정경에 대비로자나라는 명칭이 등장하지만 경전 안에서 비로자나와 혼용하고 있으며 동일한 존재를 가리킨다.

참고

자이나교(Jainism)의 창시자 니간타 나타푸타(Niganta Nataputta)는 상업도시로서 다양한 사상과 종교의 시장이기도 했던 바이샬리(Vaisali[현재 인도의 비하르Bihar])에서 싣다르타왕과 트리샬리왕비 사이에서 태어났다. 왕비는 상서로운 태몽을 꾸었으며 성장 후 결혼해 딸까지 낳았지만 성 밖의 금욕적 수행자들을 동경했다. 그의 나이 30이 되어 부모가 돌아가시자 출가했다. 그는 불살생[Ahimsa]에 철저하여 숨쉴 때 마스크(mask)를 착용할 정도였으며 고행을 거듭한 끝에 13년 후 깊은 선정에 들어 깨침에 이른다. 이 후 Jina[지나: 이긴 이=승자勝者]라고 불리며 그 추종자를 jaina(자이나)라 불렀다. 그 후 가르침을 전하고 72세에 라자그라하 부근의 파바에서 자의적으로 식음을 전패하는 의식[sallakhanas]을 통해 열반에 든다. 그의 가르침은 3가지 형이상학적 가르침과 5개의 행동강령으로 정리된다.

3. 석가모니 불의 전생 The previous lives of the Buddha Sakyamuni.
선혜 Sumedha[S/P]와 연등불 Dipamkara[S]=제화갈라=정광여래

(1) 선혜 Sumedha[S/P]
1) 선혜는 과거불 중의 한 분인 연등불이 재세시에 수행하던 석가모니 붓다의 전생에 가진 이름이며 선혜 sumedha는 수행본기경에서는 무구광無垢光으로 번역되었다.
2) 선혜에 대한 범어의 분석-선혜善慧란 뛰어난 지혜라는 의미이다.
   sumedha=sumedhas : wise, intelligent, sensible, having a good understanding (S-E사전 1231)

(2) 연등불 Dipamkara[S] / Dipankara[P] tathagata=the Buddha Dipamkara[S] / Dipankara[P]
Dipa=light, lamp, lantern + kara=doer
Dipam-kara=light-causer 빛의 점화자(S-E사전 481)
Dipankara=one who lights a lamp; name of a former Buddha(P-E사전 126)
연등불은 빛의 점화자를 의미하며[dipamkara literally means kindler of light] 석가모니 이전의 붓다[predecessor of the Buddha Sakyamuni]로서 "석가모니의 전신인 선혜에게 수기를 한 붓다[the Buddha bestowed a prediction of buddhahood on Sakyamuni Buddha in previous life]"이다.

(3) 불종성경佛種性經 Buddha-vamsa[P]
Pali 경전의 5니카야 중 소니카야[Khuddaka-Nikaya]에 소속된 경전의 하나로서 과거 25불의 계보를 설한 경전이며 그 중 첫 번째인 붓다인 연등불(Dipamkara)붓다가 석가의 전신인 선혜(Sumedha)에게 수기하는 장면이 나온다.

대승경전 중 법화경(the lotus sutra)와 같은 대승경전의 수기사상이 원시경전인 이 불종성경에는 적극적으로 나타나고 있어 주목되는 경전이다.

이 경전에는 10바라밀이 나오는 데 대승의 6바라밀 중 선정바라밀이 빠지고 5가지 바라밀이 추가된다[+6리離7진리眞理8결의決意 9자慈10사捨].

■ 수기

1. 수기受記 the prediction of (future) enlightenment
   "보살도를 닦는 수행자가 미래에 깨달음을 얻으리라는 것을 붓다로부터 받는다. The practitioners as bodhisattvas receive predictions from buddhas concerning their attainment of buddhahood in the future" 즉 성불의 예언이다.

2. 수기受記 vyakarana[S] veyyakarana[P]
   1) 구별 separation, distinction, discrimination
   2) 설명 explanation, detailed description, manifestation
   3) 발전 development, creation
   4) 예언 prediction, prophecy(one of the nine divisions of scriptures—구분교의 하나; 12분교로 나누기 전에 9분교로 분류하였다)
   수기라고 한역한 사람은 구마라습kumalajiva[S]이며 그 후 기별記別, 수결授決, 기설記說 등으로 한역되었다.

3. 원시불교의 경전에 대한 12가지 분류방식인 12분교 즉 12부경 중에 수기(설)는 그 하나를 차지하고 있다.

4. 대승경전 중 무량수경은 법장비구가 세자재왕불로부터 아미타불이 되리라는 수기를 얻고 법화경에는 사리불 등 성문의 수기를 비롯해서, 일반적으로 성불을 인정하지 않는 여인의 수기도 인정하며, 더 나아가 악인의 대명사인 Devadatta가 성불하리라는 것도 나온다.

▶ 경전상의 석가모니붓다의 전신

A former incarnation of the Buddha Sakyamuni in sutra.

1. 상불경보살 bodhisttva sadaparibhuta=bodhisattva never disparaging—법화경 the Lotus Sutra 20품; 상불경보살품
   다른 사람을 비난하지 않고 모든 이의 불성을 믿은 보살.
   The monk who never slighted others, but assured all of Buddhahood.
2. 인욕선인 the hermit of endurance – 금강경 the Diamond Sutra의 이상적멸분.
3. 설산대사 the great master snow mountain – 열반경 14 the Parinirvana Sutra(여기의 열반경은 대승의 열반경을 뜻함).

설산반게雪山半偈 설화 = 설산대사雪山大師 반게살신半偈殺身 설화

– 붓다가 전생에 설산에서 수행할 때 그 이름이 설산동자 또는 설산대사였는데, 수행 중에 게송의 일부를 듣고, 나머지 게송의 반을 듣기위해 몸을 바치는 이야기 –

먼 옛날 한 수행자가 설산에서 도를 닦고 있었다.
Once there was s a person who sought the truth in the Himalayas.
제석천이 나찰로 변신하여 설산에 나타나 "제행무상 시생멸법"을 노래하였다.
Then the Indra disguised himself as a demon and appeared in the Himalayas, singing:
"Everything changes, everything appears and disappears."
그 수행자는 나머지 게송을 들려달라고 간절히 청하면서 이렇게 말했다.
그 게송은 참으로 깊고 오묘한 뜻이 있습니다. 나는 오랫동안 그러한 가르침을 찾았습니다.
그 일부만 들었으니 제발 더 들려주십시오.
The man begged him very earnestly to sing more of it, saying: it has a sacred meaning to me and I have sought its teaching for a long time.
I have only heard a part of it: please let me hear more."
그 나찰은 말하길, 나는 지금 배가 고프다. 사람의 따뜻한 피와 살을 맛볼 수만 있다면 나머지 게송을 들려주겠네.
The demon said: "I am starving, but if I can taste the warm flesh and blood of a man, I will finish the song."
그 수행자가 기꺼이 그 제의를 수락하였다.
The man gladly accepted the demon's proposal.
그러자 그 나찰은 그 나머지를 이렇게 읊었다.
Then the demon sang the rest (of it):
설산대사 사구게 the four stanzas of athe great master
모든 것은 변한다. 모든 것은 나타났다가 사라진다.= 제행무상 시생멸법諸行無常 是生滅法
생과 사를 초월할 때 적멸과 즐거움이 있네= 생멸멸이 적멸위락生滅滅已 寂滅爲樂
Everything changes, everything appear and disappear, there is perfect tranquilty and bliss when one transcends both life and extinction.
이 게송을 듣고 주변에 있는 바위와 나무에 게송을 써놓고 묵묵히 나무에 올라 나찰의 발아래로 몸을 던지자, 나찰은 갑자기 사라지고 찬란한 빛의 신이 그 사람의 몸을 안전하게 받았다.

　　Hearing this, the man, after he wrote the poem on the rocks and tree around, quietly climbed a tree and hurled himself to the feet of the demon, but the demon had suddenly disappeared and, instead, a radiant god received the body of the man unharmed.

4. 호명보살護明菩薩 (1) Setaketu[P] Svetaketu[S] (2) Jotipala[P] Jyotipala[S]
   ① Seta[=1. white(color) 2. pure] + Ketu[=1. light 2. flag, banner]
   ② Joti[=light] + pala[=1. guard, keeper(파수꾼); protector(보호자)]
   룸비니동산에 태어나기 전에 도솔천에 머물던 석가모니불의 전신前身.
   the predecessor of the previous life of the Buddha Sakyamuni resided in Tusista Heaven before reborn in the garden of Lumbini.

5. 종합정리
   아래의 이름들은 서로 혼동하기 쉬워 정리한 것이니 잘 기억하기 바란다.
   1) Sumedha 선혜[붓다의 전신].
   2) Sudhana 선재 : 화엄경의 입법계품에 53선지식을 찾아가는 동자의 이름.
   3) Subhadra[S] subhadda[P] 선현善賢[의역] / 수발다라須跋多[음역].
      부처님의 마지막 제자—120세의 나이로 붓다의 입멸 직전 출가.
   4) Sudatta[p] 선시善施 / 선수善授(의역) / 수달(다)須達(多)(음역)—부처님께 기원정사를 지어 드린 부호이며 가난하고 외로운 자를 많이 도와 급고독給孤獨(글자 그대로 고독한 사람에게 필요한 것을 공급하다는 뜻임)이라는 별명을 가졌다.

4. 아미타불의 전생
　－ 법장비구와 세자재왕불 －

(1) 법장비구法藏比丘 bhiksu Dharma-kara
나중에 아미타불이 된 (세자재왕불 제세시의) 보살의 이름.

　　The name of the Bodhisattva (at the time of Buddha Lokesvara) who later became the Buddha Amitabha.

(2) 세자재왕불世自在王佛 Lokesvararaja[loka세계 + isvara자재 + raja왕]

(3) 법장비구에 대한 어원분석

    Dharmakara는 중국에서 작법作法, 법처法處로 의역 또는 달마가류 등으로 음역하기도 한다. Kara=doer는 karma와 같이 kr[S] =do, act 에서 유래한 것으로 보인다
S-E사전[510]에는 dharma-kara: law-doer라고 한다
    한문으로 법장은 1. dharma-kosa=(dharma-)pitaka 즉 붓다의 가르침[the teaching of the Buddha]의 뜻도 있으며 2. 여래장tathagata-garbha의 뜻도 있다

■ 참고로 법신과 선재 그리고 선우의 개념도 알아보자.
법신은 Dharma-kaya의 번역어로 S-E 사전에 kaya는
1. body 2. assemblage(모임, 집합, 무리) / collection / multitude 3. house, habitation 의 뜻이 있다. S-E사전 510에는 dharma-kaya : law-body라고 한다.

선우와 선재
1. 선재동자 su-dhana[s]=남순동자
   ■ su=good+dhana=riches   ※ dana[S] the act of giving=보시
   The seeker of the truth who visited 53 great enlightened masters[선지식] for instruction, which symbolizes the tireless search of truth for enlightenment

2. 선우, 도반, 선지식 kalyana-mitra[S] kalyana-mitta[P]
   kalyana=noble, good, beautiful, right + mitra=friend
   선우, 도반, 선지식으로 한역하는데 선지식은 선우라는 뜻 외에 불법을 바르게 이끌어 주는 지도자라는 뜻도 있다.
   붓다는 도반으로서 3가지 조건을 1. 주기 어려운 것을 주고 2. 하기 어려운 것을 하고 3. 참기 어려운 것을 참는 것이라고 했다.
   화엄경에는 선지식 10덕이 나온다[선재동자가 비목선인을 만나 10가지 공덕을 칭송]

• 선우
a good friend / a friend of virtue / a religious councellor / a friend in the good life / one who stimulate to goodness / a spiritual friend

• 도반
lit.noble friend, co-practitioner, sisters and brothers in sangha, a companion on the way of enlightenment[깨달음의 길동무]
깨달음의 길에서 같이 가면서 서로 도움을 주는 교와 선에 뛰어난 친구

> A friend who is rich in experience of Buddhist doctrine and meditation, who accompanies and helps one and others on the path to enlightenment
> • 선지식
> 큰 깨달음을 이룬 분이나 존경스러운 성인(중생들을 깨달음이나 바른 길로 인도하는)
> a great enlightened master or a venerable sage (who leads the people to attain enlightenment or to the right way).

5. 탄생게

칠불통계게에 이어 역사적 존재인 석가모니 부처님[Sakyamuni Buddha]의 탄생게誕生偈 The Stanza[Verse, Song] of Buddha's birth]에 대해 알아보자.

부처님의 일대기는 여러가지가 있으나 여기서는 태자서응 본기경과 북방[인도대륙]경전인 장아함경 그리고 그에 상응하는 남방[현재, 스리랑카]경전인 장니카야을 중심으로 알아본다.

탄생게의 원형은 남방 장부경전 Digha-Nikaya의 Maha-padana Sutta이며 북방의 장아함 대본경이 그에 대응하는 경전임을 기억하기 바란다

(1) 장니카야[Digha-Nikaya]의 큰 이야기경[Maha-padana Sutta]

1) 윗글 3.에 상응하는 남방의 경전이다
2) 빨리원문

   1. Aggo ham asmi lokassa,
   2. jettho ham asmi lokassa,
   3. settho ham asmi lokassa.
   4. ayam antima jati na' atthi dani punabbhavo ti.

▶ 단어정리

1) aggo ← agga : 1. 최고의 최초의, 탁월한, 존중된 2. 제일, 최초, 주요한 인물, 최상의 상태
   ham ← 1. 나는 말한다 2. 여보게(주의를 촉구하는 말)
   asmi ← atthi 1. 있다, 존재하다 2. 존재, 실유
   ※atthi-dhamma 실재로서 존재하는 ※atthi-paccaya 현존의 조건, 유연有緣

lokassa ← loka 1. (현상)세계 2. 세속적인 것, 세계의 구분, 영역 3. 인간, 중생
　※loka-jettha 세상의 주인(세존) ※loka-vidu 세간해(부처님)
　※loka-dathu 세계, 우주 ※loka-dhamma 세간법 ※loka-ayatikat순세파順世派
2) jettho ← jettha 가장 나이 많은, 가장 훌륭한, 최승의, 장로의
3) settho ← settha 최상의, 뛰어난 ※settho-dhamma 탁월한 행실, 경건한 행위
4) ayam 이것(의)
　antima 최종의, 최후의, 임종의, 내부의
　jati 태어남, 혈통 ※Jataka(붓다의 전생이야기) 본생담
　na-atthi ← na(없다, 아니다) + atthi(있다, 존재하다) ∴ 없다
　dani 지금
　punabbhavo ← puna-bhava: puna(다시, 또, 그 위에)+bhava[존재(의 상태), 윤회, 다시 태어남
　　※bhava-cakka 윤회의 수레바퀴 ※bhava-ditthi 유견有見 ※bhava-tanha 유애有愛
　　ti.~라고 이렇게

■ 번역
　Maurice Walshe번역의 Digha-nikaya[장부경전]의 Mahapadana-sutta, p. 205
　I am chief in the world, supreme in the world, eldest in the world
　This is my last birth, there will be no more re-becoming.

■ 나는 세상에서 제일이고, 최고이며 수승하다.
　이 삶이 나의 마지막 삶이며, 다시 태어남은 없다.
■ 다른 번역을 하나 더 소개한다
　I am the highest in the world.
　I am the foremost in the world.
　This is my last birth[existence].
　Now there is no more rebirth.

나는 세상에서 제일이고 최고이다.
이것이 나의 마지막 탄생이다.
더 이상 태어남은 없다

(2) 장아함경[한글대장경의 장아함제1권 대본경大本經]

1) 천상과 천하에서 오직 나만이 존귀하다.

   중생들이 나고, 늙고 병들고, 죽는 것에서 벗어나게 하리라.

2) 영문 : ~~~[앞 문장은 위와 동일]

   I must save all sentient being from birth, ageing, sickness, and death.

3) 한문 : 천상천하 유아위존 요도 중생생노병사[~要度 衆生生老病死]

(3) 태자서응본기경

1) 천상과 천하에서 오직 나만이 존귀하다.

   온 세상의 모든 괴로움을 내가 편안케 하리라.

2) 영문

   Above heaven and below heaven[In the heavens and on earth],

   I alone am the Horned One.

   The three worlds[realms, spheres] are suffering.

   Therefore I will pacify them.

   *in heaven above 하늘에 the star above 하늘의 별

3) 한문 : "천상천하유아독존 삼계개고 아당안지天上天下唯我獨存 三界皆苦 我當安之"

- 유唯(오직) 개皆[모두] *지之[지시대명사로서 이, 그]
- 위의 탄생게는 1) 불본행집경 2) 비나야잡사 3) 선견율비바사에도 실려있다.

---

(4) 중국 선종의 문헌인 "전등록"에는 다음의 기록이 있다

석가모니불초생 일수지천 일수지지 주행칠보 자고사방왈 천상천하유아독존
釋迦牟尼佛初生 一手指天 一手指地 周行七步 自顧四方曰 天上天下唯我獨尊
[붓다가 세상에 태어나신 후 먼저 한손은 하늘을, 한 손은 땅을 가리키며
일곱걸음 걸으시고 사방을 향해 천상천하 유아독존이라고 말씀하셨다].

(5) 수행본기경

천상천하 유아위존 삼계개고 오당안지天上天下 惟我爲尊 三界皆苦 吾當安之라고 번역되었다. 물론 의미는 동일하다.

■ 참고로 태자서응본기경, 수행본기경, 보살본기경, 과거현재인과경[선악인과경]은 제목은 다르지만 모두 동일한 내용에 대한 다른 번역 즉 동본이역이다

(6) 풀이

1) 탄생게의 기원은 가장 오래된 불경인 숫따니빠따[suttanipatta]의 684번째 게송이다.
"모든 생명들 가운데 가장 으뜸가는 사람, 가장 높은 사람, 황소 같은 분이 ······진리의 바퀴를 굴릴 것입니다
He, the most excellent of all beings, the pre-eminent man, the bull of man will set the wheel of the truth in motion ······.]에서 비롯된 것으로 보인다.

■ set[put] ..in motion 을 움직이게 하다.

2) 왜 부처님은 왜 유아독존을 외쳤을까?
"부처님이 세상에서 가장 존귀"한 이유는
1. 제법諸法[all things]이 무아無我[no-self]라는 가장 위대한 깨달음
2. 무아는 곧 동체이므로 무한한 자비심
3. 모든 중생이 불성을 가지고 있다[All satient beings have Buddha-nature]는 확신[conviction, confidence]과 희망[hope, wish]을 가지고 모든 중생을 구제하겠다는 가장 위대한 서원을 세우고 행하였기 때문이다.

이 세가지는 각각 지知[intellect], 정精[emotion], 의意[volition]가 완전한 상태이다.
유아독존의 유아는 다음의 공식이 성립된다.
1. 무아=공空[emptiness]=연기=상호의존성을 아는 유일한 자=동체대비同體大悲[the great compassion of one- body]를 가진 자=양족존兩足尊[the most honorable man who is full of compassion and wisdom 지혜와 자비 두 가지를 토대로 서 있기 때문에 양족이라한다]으로서 위대한 서원을 세운 나는 가장 존귀한 자라는 뜻이 아닐까?
무아[너와 나의 분리가 없음]=동체이므로 지혜는 곧 자비다.
자비는 시작이고 과정이며 궁극적 목표다.
우리의 불교계의 현실을 잠시 돌아보자.
우리나라 강원[monastic college/monks' college[school/academy]]에서 배우는 사집과[the four texts]의 하나인 도서都序[Preface to the collection of chan source]에 다음과 같은 기록이 있다.

"돈頓[sudden school]과 점漸[gradual school]의 문하가 서로 원수같이 대하고……".

> ■ 도서-선원제전집도서의 준말로서 중국의 선사 규봉종밀[kuei-feng Tsung-mi(780-841)]이 당시의 선가와 교가에 대한 주장을 종합정리한 교판론으로, 선은 부처님의 마음[佛意]이고 교는 부처님의 말씀[佛語]이니 서로 다르지 않다는 말이 언급되어 있다.

인도에는 부처님 열반 후 100년 뒤 경전 편찬을 위해 소집된 제2회 결집[the second council]당시에 논쟁으로 대중부와 상좌부로 분열되고 그 후에는 대승과 소승의 분쟁이 있었다.

대승불교에서도 불교 유식학에서는 3아승지겁을 닦아야 성불한다고 주장하면서 기존의 방법은 점법漸法이고 그들의 방법이 돈법頓法이라고 한다.

중국에는 육조 혜능의 열반 후 돈점논쟁이 가속화 되었다.

우리나라에는 성철 스님의 선문정로禪門正路[The Right Way to the Seon Gate]가 발간된 이후 아직도 돈점논쟁이 계속되고 있다.

육조 혜능[the sixth patriarch, hui neng]은 단경[the platform sutra]에서 이렇게 말했다.

"법에는 돈점이 없고[법무돈점法無頓漸] 사람에게 예리함과 둔함이 있을 뿐이다.[인유이둔人有利鈍]"

> *돈頓 몰록, 갑자기 / 가지런할 돈-정돈整頓　　*점漸 점 점 / 천천히 나아갈
> *이利 날카로울 / 이로울 / 편리할-편리便利 / 이길-승리勝利　*둔鈍 둔할

"In the Dharma there is no sudden or gradual, but among the people some are keen and others dull."

> *keen 총명한[smart/sharp]　　*dull 둔한[stupid]

단박에 깨우치던 천천히 깨우치던 자비심을 어떻게 얼마나 행하느냐의 문제로 논쟁을 벌이는 모습도 보고 싶다. 붓다는 자신의 깨달음은 수없는 전생에 쌓은 선업이 그 토대가 되었다고 하였다.

붓다의 전생담[Jataka]은 끊없는 선업의 기록이 아닌가.

자비심이 보리심으로, 깨달음은 자비행으로…….

자비심이 깨달음에 이르는 길이며 깨달음의 징표다.

자비는 본 원력의 핵심이다

오늘날 불교를 보면 재가(lay Buddhist)는 아직도 기복(to invoke a blessing)에 빠져 있고, 출가자(home-leaver)는 깨달음에 집착(attachment to enlightenment)하고 있는 것 같다.

붓다는 복을 짓는 법을 가르치는 분이지 중생이 원하는 대로 복을 주는 분이 아니라는 걸 재가자는 알아야 한다.

출가자는 상구보리 하화중생 上求菩提 下化衆生(First attain enlightenment, then save all beings)등 아무리 그럴듯한 말을 내세워도 집착이 있는 이상 구린내가 나는 법이다.

언제부턴가 선불교[zen Buddhism]를 대승[Mahayana[S] the great vehicle]의 Theravada[상좌부]라는 비판이 있어 왔다.

즉 대승의 이름을 내세우면서 소승불교(Hinayana[S] the small[lesser] vehicle)적 수행을 하는 무리들의 이중성[dualism / duplicity]을 비꼬는 말[sarcastic remarks]이다.

한마디로 보살정신(the spirit of Bodhisattva)이 없다는 말이다.

붓다가 말하길 '보살은 중생의 친구가 된다(the Bodhisattva becomes a friend of sentient beings)'고 했다.

오히려 남방불교(southern Buddhism)에는 오전에 탁발(begging for food)하면서 중생의 삶을 피부로 느끼고, 승속을 불문하고 자비경(metta-sutta)를 틈틈이 독송하는 그들이 훨씬 대승적이다.

Victor Frankle은 "man's search for meaning"에서 이렇게 말했다

"사랑은 인간의 가장 깊숙한 내면에 이르는 유일한 길이다.

Love is the only way to grasp another human being in the innermost core of his personality."

사랑없이 상대방의 본질을 알 수 있는 사람은 아무도 없다.

No one can become fully aware of the very essence of the another human being unless he loves him.

*grasp 쥐다 / 파악하다 * innermost 가장 깊숙한[부분] *essence 본질, 진수, 정수

대승보살은 지혜로서 생사에 머물지 않고, 또한 자비로서 열반에도 머물지 않는다.

지혜와 자비를 함께 닦는 비지쌍운 悲智雙運은 대승불교의 핵심이다.

화두는 놓쳐도 자비심을 잃지 말아야 한다.
자비심을 잃는 것은 모든 것을 잃는 법이다.

Dhammapada[15장 197~199]에서 붓다가 남긴 말씀을 따뜻한 가슴으로 느껴보자.

미움 속에 사는 사람들 사이에서 기쁨으로 살자.
미움 속에 사는사람들 사이에서 자비로 살자.
O let us live in joy, in love amongst those who hate!
Amongst men who hate, let us live in love.

병든 사람들 사이에서 기쁨으로 살자.
병든 사람들 사이에서 건강하게 살자.
O let us live in joy, in health amongst those who are ill!
Amongst men who are ill, let us live in health.

어렵게 사는사람들 사이에서 기쁨과 평화로서 살자.
어렵게 사는 사람들 사이에서 평화롭게 살자.
O let us live in joy, in peace amongst those who struggle!
Among men who struggle, let us live in peace.

6. 붓다의 마지막 말씀 The last words of the Buddha
남방의 장니카야[DIGHA NIKAYA]의 대반열반경[THE MAHAPARINIBBANA-SUTTA]

-3가지의 번역문을 소개하니 비교하기 바란다.
1) 형성된 모든 것은 덧없다. All the conditioned things of the world are passing.
   방일하지 말고 해야 할 바를 이루도록 하라 attain your liberation with diligence.
   -Donald W. Mitchell의 Buddhism 31쪽-

> *conditioned 조건부의, 조건지어진; passing 일시적인, 통행하는
> *liberation 해방, 석방, 해탈   *** liberation theology 해방신학

2) Transient are conditioned things.

　　Try to accomplish your aim with diligence.

　　-Walpola Rahula의 What the Buddha taught 138쪽-

> *transient [덧없는 무상한]은 강조를 위해 주어와 도치
> *accomplish 이루다, 성취하다.   *aim 목적
> *diligence 근면, 부지런함 with diligence 근면하게

3) everything is subject to change.

　　Remember to practise the teachings earnestly.

　　-Buddhanet의 Buddhism key stage. p. 40-

4) 붓다의 유훈 중에 최후의 말씀의 두번째 구절인 방일하지 말고 해야할 바를 모두 성취하라에 대해 주석서에는 마음챙김을 쉼없이 이어감(sati-avippavasa = incessant sati cultivation)의 뜻이라고 한다.

> ■ incessant=continuous, continual, consecutive, successive, unceasing.

　초기불교를 널리 알리시는 각묵스님은 사티의 현전이라고 번역하였으며, 어원분석을 하면 다음과 같다.

- sati-avippavasa [P-E사전, P. 258, P. 36]

　sati 1. mindfulness 2. memory

　avippavasa=presense; attention; non-separation

- smrti-avippavasa

　smrti=smriti =rememberance, reminiscence, calling to mind [S-E사전 p. 1272]

　avippavasa

　1. 멀리 떨어져 있지 않은(not too far, near)

2. 주의깊은(careful), 사려깊은(considerable), 열렬한(earnest) [S-K사전 P. 187]

▶ 풀이

1. 형성된[=조건에 따라 생긴] 것은 덧없다.[=무상하다]

   1) 부처님은 영원한[eternal] 불변의[unchangeable]존재는 없다[무상無常 impermanence]고 하셨다. 생자는 필멸이다[Every living thing must come to an end[die]].
   세월의 무상함 속에서 빈손으로 왔다가 결국 빈손으로 돌아간다[공수래 공수거 empty-handed we came, so we would depart empty-handed]. 누구나 아는 평범한 사실이지만 여기에 진리가 있다.
   불교의 무상은 단순한 감상주의[sentimentalism]가 아닌 부정할 수 없는 명백한 사실[an undeniable obvious fact]의 연속[continuity]을 이야기한다.
   싣다르타 왕자는 생, 노, 병, 사를 보고 고통의 원인과 벗어남[the cause and end of suffering]을 알아 널리 중생을 구하려는 대 자비심[great mercy to save all sentient beings]을 내어 진리의 세계[the world of the truth]로 향했다. 그러나 중생들은 일시적 감정에 빠졌다[be driven to the impulse of the moment]가 곧 잊어버리고, 욕망에 사로잡혀[be seized with desire] 영원히 살 것 같이 발버둥친다[struggle]. 생, 노, 병, 사라는 동일한 사실을 보고 이렇게 방향이 다르다. 얼마나 많은 세월이 흘러야 윤회의 바퀴[the wheel of birth and death]에서 벗어날 수 있을까?
   남방 상응부니카야의 눈물 경[Assu-sutta]에서 붓다는 말씀하셨다.

   "중생들이 길고 긴 윤회 속에서 흘린 눈물은 저 바다의 물보다 많다"
   Sentient being's tears in ceaseless reincarnation
   are much more than the water of the sea.

   현대 지각심리학[perceptive psychology]에서는 인간들이 자신이 살아가는 세계 속의 여러 대상이나 현상이 변화[change]함에도 불구하고 늘 동일[(one and) the same]한 것으로 착각[misunderstanding, illusion]하는 것을 가리켜 지각항등성[perceptual constancy]이라고 한다.-인간의 불완전한 정보처리에 대해 착시에 관한 부분을 별도로 첨가하니 참조바람.

   양자물리학[quantum physics]을 발견한 플랑크는 미세 물질의 세계는 우리의 상식[common sense]과는 전혀 다른 일들이 벌어지고 있다는 사실을 발견하고 과학자들과 공개적 실험[an open test]을 하고서 모두가 사실임을 인정했으나 자신의 연구결과를 부정적으로 생각했다.

자신이 발견하고 자신이 못믿다니…….

이것은 두 가지의 의미가 있다

하나는 중생들의 고정관념[a fixed idea]을 깨뜨리는 것이 이렇게 어렵다는 것이고,

둘째는 과학[science]과 종교[religion]는 동일한 결론에 도달한(reach[come to] a conclusion) 경우에도 정신적 수준은 별개의 영역이라는 사실이다.

과학이 아무리 발달해서 새로운 사실을 발견해도 무욕과 자비의 마음으로 진리에 접근하는 것이 참다운 길임을 알 수 있다.

프로이드가 무의식[unconsciousness]을 발견[discovery]한 것은 서양사[European / Occidental history]에서 가장 획기적 사건[an epoch-making event]의 하나로 꼽히지만 이미 불교에서는 수 천년 전에 수행을 통해 발견했다.

그는 폐암으로 몇 차례의 수술을 받으면서도 담배를 끊지 못했다. 딱하다!

도올 김용옥은 프로이드의 사상을 "나는 꼴린다. 고로 나는 존재한다"로 표현했다.

> ***I have a libido, therefore I exist.

리비도[libido]를 인간의식의 핵심[the core of the human consciousness]으로 보는 것을 두고 한 말이겠는데, 불교의 무의식[unconsciousness]에 해당하는 아뢰야식[Alaya識]은 전생[the previous life]까지 포함한 넓은 의미이며, 불교는 미세한 번뇌[sub-category of defilement]까지 다스려 구경에는[in the ultimate state] 해탈[emancipation / liberation]에 이른다는 희망을 이야기한다.

다시 우리 자신을 살펴보자.

인간의 몸과 마음은 둘 다 쉽없이 변한다.

우리 몸의 세포는 60조, 70조 또는 100조라고 한다.

태어날 때의 세포는 수없이 바뀌었고 마음은 찰나 찰나[momentarily] 바뀌어 왔다.

현재까지 밝혀진 세포의 종류는 200종 정도이며, 하루에 2조개의 세포가 태어나고 죽는다

인간의 세포는 일생동안 10,000 trillion의 세포분열을 한다.

[A human body experienced about 10,000 trillion cell division in a life time]

인간을 소우주[microcosm]라 한다. 그러면 우주는 어떠한가?

우주 즉 대우주[macrocosm]에는 천억개의 은하[galaxy]에 천억개의 별이 각 각 존재한다고

현대 천문학[astronomy]은 추정한다.[자세한 것은 제2권의 불교 우주론 부분 참조 바람]

별들도 인간의 생노병사와 같이 생주이멸 즉 사상四相1의 과정을 거친다.

"변하지 않는 것은 없다.
Nothing is unchangeable."

몸의 세포는 백 일만 지나가도 많이 변하며 기간에 대해 여러 학설이 있지 50년이 지나면 모두가 바뀐다고 한다.

태어나서 50살이 되면 몸 자체는 새로운 몸으로 변신한 상태라는 말이다.

과학적 조사를 위해 많이 사용하는 방법이 일란성 쌍둥이[identical twins]의 삶을 지속적으로 추적 조사해서 양자를 비교하는 방법인데 이것은 인간에게 유전과 환경 중에 어느 것이 우선되는가를 판단하기 위한 방법이다.

일란성 쌍둥이가 동일한 환경에서 생활을 하여도 외부의 자극에 대한 적응방식이 완전히 동일할 수 없기 때문에 일정한 시간이 지나면 별개의 존재일 수 밖에 없다.

- 이란성 쌍둥이 fraternal twins / 세~ triplets 네~ quadruplets / [informal] quads
  샴 쌍둥이 Siamese twins / conjoined twins.

인간의 몸은 먹을거리에 의해서도 변화하지만 인간의 마음에 의해서도 변화한다.

백일 동안 몸과 마음[mind-body]을 다스리기 위해 하는 불자들의 백일기도[prayers for a hundred days]에는 그런 깊은 뜻이 있는 것이다.

100조의 새포가 서로 의존하고 더 나아가 마음과 서로 의존하면서 생멸하는 연기를 상상해 보라

아비담마(ABHIDHAMMA : 남방불교의 논서)에서는 "한 물질이 일어났다 사라지는 순간에 마음은 17번 생멸한다"라고 한다.

즉 대상에 반응하여 인식이 순간적으로 일어나서 반응하여 대상의 이미지가 ALAYA식에 저장되는 시간은 17찰나=0.2초다. 다시 말해서 감각정보의 최소 물질 단위가 1찰나에 생성·지속·소멸할 때, 마음은 생, 주, 멸을 17찰나 동안 반복한다.

즉 물질찰나와 마음찰나에 대한 변화속도의 비율은 1:17이며, 17찰나가 외부에서 들어온 물질감각정보를 정확하게 인지하는 인식정보처리[cognitive process]의 기본단위이다.

그러므로 생각이 일어나고 사라지는 0.2초의 속도를 간파하고 마음챙김[무상, 무아, 고라고 관찰함]을 했을 때 파멸의 종자가 ALAYA식에 저장되지 않으므로 파멸의 길을 멈출 수 있다.[깨달음으로 가는 길, 지운스님, 법공양. P. 69~70]

2. 방일하지 말고……
   1) 열심히 수행하여 무명을 벗어나 깨달음[연기의 이치를 바로 앎]에 이르라는 말이다.
      "붓다는 연기를 바로 보는 것이 정견이라고 했다.
      The Buddha said that seeing the Conditioned Genesis is a right view."
      열심히 수행함이란 "행주좌와行住坐臥 즉 가고 머물고 앉고 눕는 모든 일상행위 walking[moving], standing[abiding], sitting, and reclining[lying]"가 바로 수행이 되도록 하라는 말씀이다.
      이것을 사위의四威儀라 하는 데 항상 깨어 있어라고 부처님은 강조하셨다. 나중에 중국불교에서는 "행주좌와 어묵동정行住坐臥 語默動靜"이 선禪[Zen]이라고 하여 그 정신을 살리고 있다.

- 행주좌와 walking[moving], standing[abiding], sitting, and reclining[lying].
- 어묵동정 speaking, being silent, moving, and being still
- deport 특정방식으로 행위하다, 추방하다, 수송하다.
- 사위의 four deportments
- deportment 행동, 태도.

   2) 남방경전의 주석서에는 방일[laxity, indulgence, carelessness]하지 말라. 즉 불방일의 뜻이 부처님께서 창안한 수행법이며 8정도의 하나인 마음챙김(sati[p] mindfulness)을 가르킨다고 한다.
      불교의 수행은 인도 고유의 수행법인 사마다[samatha[S], concentration]와 위빠사나[vipasyana [S]) mindfulness]로 크게 나눌 수 있다. 이 두 가지를 합쳐 지관止觀, 정혜定慧, 적조寂照, 명정明靜 등으로 번역한다.

▶ 보충설명
불교의 핵심적 수행법은 팔정도로서 그 중에 사마디[Samadhi 정定]와 사티[sati 념念]에 대해 각각 사마타와 위빠사나가 그 대응어로 사용되기도 한다.

- 사마타 samatha[S], concentration, absorption
  마음을 통일[one[single]-pointedness of mind]하여 마음의 흔들림이나 동요[the wavering or trepidation of mind]를 다스려 고요한 마음자리[a state of calm mind]

에 이르는 수행법.

- 위빠사나 vipasyana[S], vipassana[P]=insight / clear seeing / awareness / analytical examination / mindfulness / vigilance / observation] 무상, 고, 무아로서 대상을 통찰하는 수행법.

▶ 도움말

- 인간이 죽을 때의 심리에 관한 것은 각묵스님의 "아비담마 길라잡이"를 보기 바람
- 전환 conversion, swich(over), turnover, change.
  **사고방식의전환 a mental swichover   **성전환 a sex change.
  **역사적 전환기 a turning point in history.
  **전환기의 한국불교 Korean Buddhism at the turning point.
- 신神 God / the Lord / the Absolute / the Almighty / the Creator/ the(Holy) One / the Most High / the Great Aritificer[Architect] / the Infinite / the Maker / Nature / the Spirit / the Supreme Being
- ▶ 악마 the Evil One.
- ▶ 주기도문 the Lord prayer.
- ▶ 신을 믿다[believe in God], ~공경하다[revere~], ~찬양하다[glorify~], 신에게 기도하다[pray~] ~복을 빌다[pray to God for help[aid].

▶ 쉼터

사랑과 미움 Love and hate-성철스님.

중생들은 헤아릴 수 없는 많은 번뇌 이른바 84,000 번뇌 때문에 깨닫지 못한다.

그러면 수많은 번뇌를 일으키는 근본 번뇌는 무엇일까?

붓다는 사랑과 미움이 그 모든 번뇌 중에 가장 큰 번뇌라고 하셨다.

그래서 중국선종의 제3조 승찬은 신심명信心銘에서 이렇게 말했다.

"미움과 사랑에서 벗어나면 모든 것이 뚜렷하게 밝으리라."

▶ 해설

신심명信心銘은 중국의 도가적 사상을 불교적으로 해석하고 수정한 것으로 알려졌다. 그 첫 4구절이 특히 유명하다.

지도무난 유혐간택 至道無難 惟嫌揀擇 단막증애 통연명백 但莫憎愛 洞然明白

지극한 도는 어렵지 않으니 단지 간택을 꺼릴 뿐.

오직 미움과 고움 버리면 통연히 명백하리라.

There is no difficulty about the Perfect Way:

Only we must avoid the making of discriminations.

When we are freed from hate and love, it will reveal itself as clearly as broad daylight.

> *avoid 피하다 *discrimination 차별, 분별 *reveal 드러내보이다.

7. 군맹무상 群盲撫象 = 군맹상평 群盲象評 = 군맹평상 群盲評象

> ■ 군群: 무리 ■ 맹盲: 소경 ■ 무撫: 어루만지다 ■ 상象: 코끼리 ■ 평評: 평가하다

On one occasion the Blessed One was living at Savatthi in Geta Grove, Anathapindika's monastery.

한때 세존은 사위성 제따 숲 아나타뻰디카 승원에 계셨다.

Now at that time a number of ascetics and Brahmins, wanderers of other sects, were living around Savatthi.

그 때 사위성에는 많은 고행자들과 브라만과 여러 종파의 유행승들이 있었다.

> - 여기서 고행자, 브라만, 유행승들은 이교도[heretic]들을 가리킨다. 그리고 브라만 즉 사제계급[priesthood]에 해당하는 무리는 영어로 Brahman 또는 Brahmin으로 표기함
> - Brahmanism-Oxford 사전 : the complex sacrificial religion that emerged in post-Vedic India(c.900 BC) under the influence of dominant priesthood(Brahmans). an early stage in the development of Hinduism.
>   브라만교는 사제계급인 브라만의 지배적인 영향아래 인도의 후기 베다시대(기원전 900년 경)에 출현한 복잡한 제의적[ritualistic] 종교이다.

- sacrificial 제물의, 희생의; 희생[헌신]적인; 투매의.
- emerge 나타나다 《from, out of ...》=appear / surface / come out
- c, 900 BC에서 c는circa(대략, …쯤, 경)의 약자로서, C / ca / cir / circ 등으로도 표현한다.
- dominant 지배적인; 주요한; 권위가 있는, 가장 유력한, 우세한《over, to ...》
  = leading / overriding / foremost / prevailing / influential

그들은 다양한 관점, 믿음, 그리고 의견을 가지고 나름의 생각을 널리 떠벌리고 있었다.

They held various views, beliefs, and opinions, and propgated various views.

그래서 그들은 세치의 혀를 놀리면서 진리에 대해 이러쿵 저러쿵하면서 서로 말다툼과 논쟁을 벌였다.

And they were quarrelsome, disputatious, wrangling, wrangling each other with verbal darts, saying," the Dhamma is like this, the Dhamma is not like that!"

- ascetic n.고행자; (초기 크리스트 교회의) 수도사 adj 금욕주의의, 고행의.
- quarrelsome 싸우기[말다툼하기] 좋아하는; 토론[언쟁]을 좋아하는.
- disputatious 논쟁[논의]을 좋아하는; 논쟁적인.
- wrangling 논쟁[논의]을 좋아하는 ※ wrangle언쟁(noisy quarrel), 논쟁(controversy).
- verbal 1. 말의 형태로; (사상, 사실 등과 관계없이) 말에 관해서만의
  2. (행동이 아니고) 말뿐인 3. 구두의 4. 동사의.
- dart 1. 가늘고 짧은 화살 2. U C 급격한 동작, 돌진 3. 날쌔게 움직이다.

그 때 많은 스님들이 탁발하러 도성에 들어갔다.

Then a number of monks entered the city on almsaround.

그들은 돌아와서 공양을 든 후에 세존을 뵈오러가서 예를 올리고한 쪽에 앉아서 그들이 본 것을 말했다.

Having returned, after their meal they approached the Blessed One, paid homage to him, sat down to one side, and told him what they had seen.

- almsaround: 탁발托鉢[alms(보시, 구호품) + round(순회, 왕복, 회진, 순찰)]

> - the Blessed One 세존世尊[lokajyestha/ vaghavat]
> ※ 번역상 문제점: blessed는 "하느님의 축복을 받은; 숭앙해야 할" 뜻으로 무신론[atheism]인 불교에서는 어울리지 않는 표현이라는 주장이 있는 바, 그러므로 world's most venerable / lord of world / world-honoured one 등의 용어로 대체할 수 있겠으나, 두 번째 lord는 주인, 영주라는 뜻이 있지만, 기독교에서 빈도수가 아주 높은 "신 God"의 뜻으로 사용하므로 world-honored one 이 무난할 것 같다.
> ▶ May the Lord's will be done. 주님의 뜻대로 하소서. ▶ Lord, have mercy upon us. 주여 우리를 가엾게 여기소서. ▶ (I offer this prayer) in the name of Jesus Christ our Lord. Amen. 우리 주 예수 그리스도의 이름으로 기도드립니다. 아멘.

세존은 이렇게 말했다.

비구들이여, 먼 옛날 사위성을 다스리는 왕이 한 사람을 시켜서 이 도성에 태어날 때부터 장님인 사람들을 불러 모으라고 명령을 내렸다.

The Blessed One said:

"bhikkhus, long time ago, there was a king in Svatthi, who ask a man to round up all persons in the city who was blind from birth.

> - round up 1. 불러 모으다 2. 검거하다.
> ※ The police rounded up the gang of criminals 경찰은 범죄자 일당을 검거했다.

그 사람은 분부받은 대로 시행하자 왕은 장님들에게 코끼리 앞으로 나오라고 말했다.

When the man had done so, the king asked the blind men to show to an elephant.

왕은 장님들에게 저 코끼리를 만져보고 그 소감을 보고하라고 말했다.

The king asked the blind men to touch the elephant and report to him.

그들이 코끼리를 만지자 왕은 말했다. "장님들이여, 코끼리가 어떻게 생겼는지 말하도록 하라."

After they touched the elephant, the king said "Tell me, blind men, what is an elephant like?"

코끼리의 머리통을 만진 자는 물항아리같다고 말했다.

Those who had touched the head of the elephant replied,

"An elephant is like a water jar".

귀를 만진 자는 키와 같다고 말했다

Those who had touched the ear replied,
"An elephant is like winnowing basket"

> ■ winnow 까부르다, 키질하다 ▶ winnowing basket 키.

상아를 만진 자는 보습과 같다고 말했다.
Those who had touched the tusk replied,
"an elephant is like a plowshare"

> ■ plowshare (쟁기의) 보습, 쟁기날.

코를 만진 자는 쟁기막대같다고 말했다.
Those who had touched the trunk replied,
"an elephant is likea plow pole"

> ■ trunk 1. 코끼리의 코 2. 몸통   ■ plow pole 쟁기막대.

몸통을 만진 자는 창고와 같다고 말했다.
Those who had touched the body replied,
"an elephant is like a storeroom."
이렇게 각자가 그들이 만진 부분에 따라 코끼리를 표현하였다.
Thus, each of them described the elephant in terms of the part they had touched.
그래서 그들은 코끼리가 이렇고 저렇고 하면서 서로 다투면서 주먹다짐까지 벌였다.
Then, saying, "An elephant is like this, an elephant is not like that!"
they fought each other with their fists.
그와 같이 그들은 끊없는 분쟁의 소용돌이속에 휘말려 가고 있는 것이다.
And thus they is continuously involved in dispute each other.

♣ 위에서 우리는 인간세계의 분쟁이 진리를 완전히 보지 못하는 것에서 비롯되는 것임을 알 수 있다. 불가에서 말하는 오탁악세五濁惡世는 다섯 가지의 혼탁한 세상 즉 말세의 구체적 내용으로 많이 사용되는 말로서, 그 중에 견탁見濁은 말법시대의 나쁜 견해를 뜻한다.

> ■ 오탁악세 the evil time of five corruptions / the time of the five corruption
> 오탁: (1) 목숨이 짧아지는 명탁   (2) 중생의 업장으로 이치를 모르는 중생탁
>   (3) 번뇌로 괴로운 번뇌탁   (4) 나쁜 견해로 인한 견탁

> (5) 배고픔, 괴질, 전쟁으로 고통스러운 시기로서 겁탁.
> 1. 명탁命濁 the decadence of life-span 2. 중생탁衆生濁 the decadence of sentient beings
> 3. 번뇌탁煩惱濁 the decadence through defilements 4. 견탁見濁 the decadence of view
> 5. 겁탁劫濁 the decadence of the times(with hunger, strange maladies, and war).

우리 인간의 감각적 인식능력의 한계는 과학적으로 증명되고, 인간의 이성이 가진 한계는 칸트의 순수이성비판에서 취급되었지만 불가에서는 수행을 통해 그러한 일반적 한계를 넘을 수 있다고 주장한다. 현대의 수많은 정보는 견탁의 실상을 보여주면서 또한 Ken Wilber의 통합이론이나 Whitehead의 철학에서 보듯이 현대물리학과 철학, 종교가 결합되는 사상 그리고 현대의 새로운 신학 등에서 보듯이 우리는 견탁을 넘을 수 있는 가능성을 보여주기도 하는 시대에 살고 있다.

인간의 자기발전과 사회의 평화는 인간이 가진 일반적 한계를 바르게 인식하면서 자신의 오만보다 겸손과 하심으로 자신을 낮추면서 동시에 자신을 초월하는 방법 즉 수행을 통해서 자신을 개발해야 할 것이다.

아래에는 인간의 착시현상을 통해서 장님 코끼리 만지기의 교훈을 되새겨보자. ♣

▶ 착시와 자기 눈의 안경

optical[visual] illusion and individuality=individual unique color

1. 의의

시각에 관한 착각으로 크기, 형태, 빛깔 등 사물의 본래 성질과 눈으로 보는 성질에 차이가 있는 경우를 말한다. 그 대표적인 경우가 위와 아래가 똑 같은 기둥을 멀리서 보았을 때 가운데 부분이 가늘게 보인다. 그러한 착시현상 때문에 기둥 전체가 균일하게 보이도록 가운데 부분을 굵게 하는 건축양식을 배홀림 양식이라 하고 그리스의 파르테논 신전도 그러한 양식을 사용하였기 때문에 영어로는 엔타시스 양식(entasis style[pattern / model])이라 한다.

석굴암의 본존불의 광배가 타원형의 형태로 구성된 것은 아래에서 위를 보았을 때, 실제보다 짧아 보이는 현상을 고려한 것으로 일정한 지점에서 보면 타원형이 완전히 둥근 모양으로 보인다고 하니 인간의 착시현상을 고려해서 조각한 우리 선조들의 지혜가 놀랍다. 이러한 착각은 시각에 한정되지 않으며 모든 감각기관 즉 소리에서 촉각까지[from auditory illusion to tactile illusion] 보편적인 현상[universal phenomenon]이다.

> - optical illusion an experience of seeming to see something that does not exist or that is other than it appear-OXFORD 사전
> - 제 눈의 안경이다. Beauty is in the eye of the beholder.

2. 착시의 이유

착시는 외부의 자극(external stimulus)을 객관적으로(objectively) 지각하지 않고 주관적으로[subjectly] 익숙하거나 기대대는 형태로 받아들이는 과정에서 발생한다. 자기 자신만의 주관적인 사고의 패턴을 인지양식(cognitive style)이라 한다. 이렇게 인간은 각각 정보처리양식이 다양하므로 다양한 견해가 나타나는 것이다.

동일한 대상이나 현상에 대해서 인간의 다양한 반응과 대응방식은 불교 특히 유식학의 관점에서 설명하자면 전생부터 훈습된 종자 즉 무의식 즉 아라야식(Alaya consciousness)에 쌓인 것에 따라 다양한 반응을 보이는 것이다.

초심리학에서 전생에 물에 빠져 익사한 자는 물을 특히 두려워한다고 설명하는 것과 같다. 인간의 공통된 사유나 반응에 대해서 불교는 공업共業(common karmas)으로 설명하며, 오스트리아의 구스타프 융은 집단무의식(collective consciousness)이라 불렀다.

> - 아래에 인식과 관련된 용어를 나열한 이유는 불교는 인간의 심리를 가장 정교하게 분석한 종교이므로 영어로 옮길 때 심리현상에 대한 영어단어를 반드시 알아야 하기 때문이다. 그러면 영영사전을 통하여 인식(cognition)과 지각(perception)에 대해 알아보자.
>   - cognition-OXFORD 사전
>   the mental action or process of acquireing knowledge and understanding through thought, experience, and the senses. → a result of this; perception, sensation, or intuition-OXFORD 사전
>   인식(작용): 사고, 경험, 그리고 감각기관을 통해서 지식을 얻는 정신작용 혹은 과정 → 그 결과가 다음과 같다.
>   perception 1. 지각(작용), 인지(력), 이해 2. 직각, 직관
>   sensation   1. 감각 (작용), 지각; 감각 기능 2. 느낌, 기분(feeling) 3. 큰 이야깃거리
>   intuition   1. 직관(력), (…이라는) 직각直覺 2. 직관[직각]적 진실(진리)]
>   - perception- OXFORD 사전-이 부분은 스스로 독해하기 바란다.
>   1. the ability to see, hear, or become aware of something through the senses.

2. the state of being or process of becoming aware of something in such way.
3. a way of regarding, understanging, or interpreting something ; mental impression
4. Psychology & Zoology : the neurophysiological process[신경생리학적 과정], including memory, by which an organism[유기체; 생물] becomes aware of and interprets external stimuli[외부의 자극들].

※ regard 1. 간주하다, 생각하다(look on) 2. 을 평가하다 3. 유념하다을 4. 고찰하다,
※ interpret 1. 해석[이해]하다 2. 통역[번역]하다(translate) 3. 설명[해명]하다
   4. 〈꿈의〉 풀이를 하다. ◆해몽하다 interpret[read] a dream.

▶ 어젯밤에 이상한 꿈을 꿨는 데 해몽 좀 해주세요.
   I had a strange dream last night. Would you interpret it for me.
   ※stimuli ← stimulus: n(복수 stimuli) 1. 자극; 격려 2. 자극물, 흥분제

■ 초심리학(parapsychology) 일반 심리학으로 설명할 수 없는 영역을 다루는 학문
Parapsychology is the study of strange mental phenomena that seems to exist but cannot be explained by accepted scientific theories including telepathy, precognition, clairvoyance, psychokinesis, near-death experiences, reincarnation, apparitional experiences.
초심리학이란 텔레파시(정신감응술), 초감각적 지각, 투시력(천리안), 염력, 임사체험, 환생, 환영체험(유령출현체험 등 불가사의한 현상의 체험)을 포함해서 존재하는 것으로 추론되지만 기존의 과학적 이론으로는 설명할 수 없는 특이한 정신적 현상을 연구하는 학문

3. 착시의 교훈

착시는 사물을 있는 그대로 보지 못하는 인간의 불완전한 상태[human's incomplete state]를 이야기하므로 인간은 자기의 견해만 옳다고 주장하는 고집불통[extreme obstinacy]이 아니라 겸허하게 다른 의견도 받아들이는 열린 마음[open mind]을 가져야 한다는 것을 우리는 조그만 과학적 사실로부터 배우게 된다.

또한 배홀림양식에서 보듯이 인간은 한계를 아는 동물이면서 그 한계를 넘어서는 지혜를 동시에 가지고 있다.

■ 사물을 있는 그대로 보다 see things as they are=여실지견如實智見하다.

8. 중생의 삶 Sentient beings and their life

어떤 죄인이 파수꾼에 쫓겨 달아나다가 우물속에 숨으려고 벽에 뻗은 덩굴을 타고 내려가서 몸을 숨겨야 겠다고 마음 먹었다.

A man who had commited a crime was running away; some guards were following him, so he tried to hide himself by descending into a well by means of some vines growing down the sides.

허겁지겁 내려가면서 아래를 보니 우물 바닥에 독사들이 우글거리고 있었다, 그래서 살기위해 덩굴을 꽉 잡고 대롱대롱 매달렸다,

As he descended hurriedly and looked down he saw vipers at the bottom of the wall, so he decided to cling tightly to the vines for safety.

시간이 지날수록 팔이 저려오는 데 문득 위를 쳐다보니 검은 쥐와 흰 쥐 두마리가 나타나 덩굴을 갉아 먹고 있는 게 아닌가!

After a time when his arms was getting tired, he suddenly looked up and noticed two mice, one white and the other black, gnawing at the vine.

덩굴이 끊어 지기라도 하면 아래로 떨어져서 독사의 먹이가 될 수 밖에 없었다.

If the vine broke, he would fall to the vipers and perish.

바로 그때 얼굴 위로 꿀을 똑똑 흘리는 꿀통이 보였다. 그 순간 자신이 처한 위험도 잃어 버리고 꿀을 맛있게 핥아 먹었다.

Just then, he noticed just above his face a bee-hive from which occasionly fall a drop of honey. The man, forgetting all his danger, tasted the honey with delight.

여기서 죄인인 사람은 태어나서 고생하다 죽는 사람을 뜻하고, 파수꾼과 독사는 온갖 욕망을 지닌 몸을 뜻하며, 덩굴은 생명의 지속을 뜻한다

Here, "a man" means the one who is born to suffer and to die alone. "Guards" and "vipers" refer to the body with all its desires. "vines" means the continuity of the human life.

흰 쥐는 낮, 검은 쥐는 밤, 즉 세월의 흐름을 뜻하고, 꿀은 사람을 현혹시켜 무상한 세월 속의 고통을 잊어 버리게 하는 육체적 쾌락을 뜻한다.

"Two mice, one white and the other black" mean day and night respectively, representing the passing years. "Honey" indicates the physical pleasures that beguiles the suffering of the passing years.

▶ 참고

> 1) 위의 이야기가 불설비유경佛說譬喩經의 안수정등도岸樹井藤圖에는 약간 다르게 나온다.
>   **안岸-언덕, 수樹-나무, 정井-우물, 등藤-등굴, 도圖-그림.
> 2) 위의 이야기에서 죄인은 일반 사람으로, 파수꾼은 벌판에서 갑자기 나타난 성난 코끼리로, 벌집은 다섯마리의 벌이 와서 짓는 것으로 표현되기도 하는데, 이 경우에 코끼리는 세월을, 벌 다섯마리는 오욕-재물욕, 색욕, 식욕, 명예욕, 수면욕을 뜻한다.
>   **오욕-five desires: desires for wealth, sex, food and drink, fame, and sleep.

9. 연기설 The doctrine of dependent origination

연기란 모든 현상은 수많은 원인과 조건이 서로 관계하여 성립하고 그러한 조건이 없어지면, 결과도 저절로 소멸한다는 불교의 기본적 교설이다. 연기설이 불교의 핵심으로서 보통 아래의 4종연기로 전개되었다.

> - 연기 paticca-samuppada[P] pratitya-samutpada[S]   ■ 원인[(인因) hetu[S]: cause
> - 조건[(연緣) pratyaya[S]: condition.

▶ 4종연기 the four kinds of dependent origination

   1) 업감연기설 ~ of karmic actions

   모든 것은 무명無明 즉 어리석음에서 비롯된 업(karman)으로 이루어진다.

   Everything arises from karmic actions(beginning with ignorance)

   2) 아뢰야식연기설 ~ of alaya consciousness

   모든 것이 아뢰야식에 저장된 종자에 의해서 이루어진다.

   Everything arises from seed stored in alaya consciousness.

> ■ alaya 저장(store), 창고(store house) : 아라야식은 무의식으로서 전생의 일에 관한 정보까지 보유한다.

3) 진여연기설=여래장연기 ~ of truesuchness =tathagata-garbha
   모든 것이 진여 즉 여래장에 의해 이루어진다.
   Everything arises from true suchness.
   이 연기설의 대표적인 불교문헌인 대승기신론에서 "심생멸(=근본무명=망념)이란 여래장에 의해서 생멸상이 있다. 심생멸자 의여래장 고유생멸심心生滅者 依如來藏 故有生滅心"고 한다.

4) 법계연기설=무진연기 ~ of dharma realm
   Everything is connected like Indra's net.
   법계연기사상은 제법의 발생론이나 생성론을 말하는 것이 아니고 개개의 사물이 어떤 관계속에 존재하는가를 설명한다.
   즉 제법의 존재론 또는 존재양태론이다.
   이 법계연기사상은 제법이 철저히 평등하게 보므로 이념이나 사상의 혼란등을 겪는 현대 사회에서 모든 것이 하나가 될 수 있다는 사상의 근거라고 할 수 있다.

■ 중국의 일승사상一乘思想과 상즉相卽의 논리論理
1. 일승의 사상이란 모든 사물에 절대적인 가치를 인정하고 보편적인 내용을 발견하여 전체가 조화된 통일체를 이루는 것을 중시하는 사상으로서, 소승에서 대승으로 발전한 것이 인도불교의 특색이라면 대승에서 일승으로 나아간 것이 중국불교의 특색이다
2. 상즉의 논리란 중국 화엄학의 상즉(상입)의 논리를 말하며 모든 사물 사이에서 서로 걸림이 없는 원융무애한 상호관계의 논리를 말한다.

▶ 사법계四法界 the four dharma worlds(realms)

화엄종에서 말하는 우주관으로서 전 우주를 4가지로 관찰한 것

사법계의 기본개념이 이와 사다.
■ 이理 li = principle   ■ 사事 shi = phenomenon
1. 사법계事法界 우주만유의 개별적 현상계
   The world of shi(phenomena or things)=phenomenal realm(with differenciation)
2. 이법계理法界 우주만유의 근본으로서 본체
   The world of li(cosmic law[reality])=noumnal realm(with unity)
3. 이사무애법계理事無碍法界 : 본체즉사상本體卽事象-이가 곧 사다

> The world of li and shi = the world of non-hindrance between the world of phenomena and the cosmic law = the realm that both noumenal and phenomeanal are interdependant
> 4. 사사무애事事無碍 : 사와 사가 다르지 아니하다-현상의 차별계 사이의 융통무애
> The world of non-hindrance between shi and shi = the world of unimpeded interdifussion of all things or phenomena = Phenomena are also interdependent

수필가 이양배 교수님은 이렇게 말했다.

"소나무는 진달래를 내려다 보아도 깔보지 않고, 진달래는 소나무를 쳐다보아도 우러러 보지 않는다".

이러한 사사무애를 현대 과학적으로 표현해보자.

1. 우주 전체가 참으로 한 알의 모래속에 담겨 있다.

The entire universe is indeed contained in a grain of sand.

2. 우리의 몸 속에는 보리수 나무 아래에서 붓다가 깨달았을 때의 그 나무에 있던 약 10억개의 원자를 가지고 있다.

Our bodies contain about a billion atoms that once belonged to the bo tree under which the Buddha attained enlightenment.

화엄학에서는 말하는 모든 사물이 서로 서로 걸림이 없는 세계 즉 사사무애事事無碍[the principle of mutual non obstruction of phenomena]법계가 이와 같은 것이다. 이러한 도리를 모르는 중생들은 끝없는 집착[endless attachment]을 한다.

몸을 비롯한 물질적 존재[material, physical existence]에 대한 집착은 물론 신이나 영혼[soul]과 같은 정신적존재[mental, spiritual existence]에 대한 집착도 고정불변의 존재[fixed and unchangeable existence or being]를 찾는 어리석은 자들의 존재론적 사고[ontological thought] 때문이다.

중생들의 개인적, 사회적 고통(individual and social pain)은 집착에서 비롯되고 그 집착의 배후조종자[a man behind the scene, a wirepuller]는 존재론적 사고다.

Marx의 유물론[materialism]과 공산주의[communism] 그리고 19세기 초 미국에서 본격적으로[in earnest] 시작된 기독교의 근본주의[Christian fundamentalism]와 이슬람 근본주의[Islamic~]의 위험성[dangerness]을 우리는 보았거나 보고 있지 않은가?

10. 사사무애와 측천무후
▶ 일러두기

아래의 영문은 당나라의 측천무후와 화엄종의 법장스님과의 이야기로서 화엄학의 법계연기설을 설명하는 내용이다.

법장 스님의 말없는 설법을 통해 화엄법계관을 이해하는데 도움이 되기를 바란다.

The Buddhist teaching of totality 23~24 : 저자 Garma C.C.Chang

One day Empress Wu asked Fa Tsang the following question:
어느날 무후는 법장에게 다음과 같은 질문을 했다.

- Empress Wu 중국 당나라의 측천무후則天武后
- Fa Tsang 법장法藏[643~712] 중국 화엄종의 대표적 승려 : Fa Zang[P-Y]

Reverend Master, I wonder whether you can give me a demonstration that will reveal the mystery of the dharmadathu – including such wonders as the "all in one" and the "one in all", the simultaneous arising of all dharmas, the Non-Obstruction of space and time, and the like?

존자여. 제게 법계의 신비–일중다一中多와 다중일多中一, 모든 법의 동시구기同時俱起, 시공의 무애 등등과 같은 불가사의를 포함하여–를 드러내줄 실례를 들어 줄 수 있으리라 생각합니다.

- demonstration 실험, 실례 ■ Dharma-dathu 법계
- simultaneous 동시에 작용하는, 동시에 존재하는.

After taking thought for a while, Fa Tsang said, "I shall try, your Majesty. The demonstration will be prepared very soon."
잠시 생각 후 법장이 말했습니다. 해 보겠습니다. 곧 설명해 드리겠습니다.

A few days later Fa Tsang came to the Empress and said, your Majesty, I am now ready. Please come with me to a place where the demonstration will be given."
며칠 후 법장은 왕후에게 가서 말씀드렸다.
폐하, 준비가 되었으니 실례를 준비한 장소로 가시지요.

He then led the Empress into a room lined with mirrors.
그는 거울로 내부를 장식한 방으로 안내했다.

On the ceiling and floor, on all four walls, and even in the four corners of the room were fixed huge mirrors – all facing one another.

천장과 바닥은 물론 방의 네 모서리에도–서로 서로 비추는–거대한 거울로 장식해 놓았다.

Then Fa Tsang produced an image of the Buddha and placed it in the center of the room with a burning torch beside it.

- produce 내놓다, 꺼내놓다, 생산하다.

그 때 법장은 불상을 하나 꺼집어 내어 햇불이 타고있는 방 중간에 놓았다.

"Oh, how fantastic! how marvelous!" cried the Empress as she gazed at this awe-inspiring panorama of infinite interreflections.

"오! 너무나 환상적이고 놀랍군요!" 서로를 끝없이 비추는 장엄한 파노라마를 보면서 외쳤다.

Slowly and calmly Fa Tsang addressed her:

Your Majesty, this is a demonstration of Totality in the Dharmadhatu.

법장은 천천히 그리고 조용히 말했다. 폐하 이것이 법계의 모든 것이 서로 걸림없음을 보인 것입니다.

In each and every mirror within this room you will find the reflections of all the other mirrors with the Buddha's image in them.

이 방의 모든 거울이 서로가 각각 거울속에 불상을 비추는 것이 보일 것입니다.

- Totality 총체성, 전체성 ■ each and every 각각 모두.

And in each and every reflection of any mirror you will find all the reflections of all the other mirrors, together with the specific Buddha image in each, without omission or misplacement.

모든 거울이 바로 그 불상을 빠뜨리거나 흐트러짐이 없이 서로 비추고 있음을 보실 것입니다.

The principle of interpenetration and containment is clearly shown by this demonstration.

융통, 융섭의 원리가 이러한 실험속에서 분명히 드러납니다.

Right here we see an example of one in all and all in one – the mystery of realm embracing realm ad infinitum is thus revealed.

바로 여기서 다중일多中一, 일중다一中多의 예 즉 계가 계를 무한히 포용하는 신비로움이 이렇게 드러남을 우리는 보고 있는 것입니다.

- reflection 반사, 반영, 영상, 반성, 숙고[on, upon] ■ omission 빠뜨림
- misplacement 잘못두기, 오해
- Interpenetration 상호 침투, 관통 ■ containment 포함, 억제, 견제
- embracing 포용하는 ■ ad infinitum 무한히, 영구히
- thus 이와 같이, 그래서.

The principle of the simultaneous arising of different realms is so obvious here that no explanation is necessary.

서로 다른 세계가 "동시에 일어나는 원리[同時俱起의 원리]"는 너무나 명백해서 다른 설명이 필요없을 것입니다.

These infinite reflection of different realms now simultaneously arise without the slightest effort: they just naturally do so in a perfectly harmonious way……

서로 다른 세계가 동시에 무한히 서로 비춤은 조금도 일부러 함이 없습니다.
그들은 완벽하게 조화를 이루면서 그러할 뿐 입니다.

▶ 측천무후 Empress Wu[624~705]

측천무후만큼 역사가들에게 다양한 평가를 받는 인물도 그리 많지 않을 것이다. 하지만 그녀는 정치적 인물이면서 종교적인 성격의 소유자임은 누구나 인정하는 사실이다. 또한 양 무제[Emperor Liang]와 같이 과도한 불사가 그녀의 몰락을 부채질했다는 것도 다수의 역사가들이 수긍하는 부분이다.

그러나 무엇보다 흥미를 자극하는 것은 측천이 정치적 권모술수에 능한[be a a master of Machiavellian tactics]것은 물론 외교적 수완도 뛰어나서[be also great at diplomatic ability[acumen] 고구려와 백재를 멸망시킨 점 등도 있지만 자식을 죽이면서까지 권력을 지향하는 잔인한 품성을 가진 자가 어떻게 종교에 열정을 가지는 것이 나로서는 일찌감치 연구대상이었다.

중국의 진시황[Qin-shi-huang of China]처럼 불로장생의 묘약[a miracle cure of eternal youth / an elixir of life / ever-young medicine]을 구하는 것은 측천에 비하면 귀엽게 느껴진다.

• 측천무후

(1) Wu was China's only female Emperor. 무후는 중국 역사상 유일무이한 여성 황제다.

(2) Empress Wu Tse-tien[측천무후則天武后(624~705 武則天] or Wu Ze-tian[武則天], personal name is Wu-zhao[무조武照] 측천무후 또는 무측천의 성은 무(Wu), 이름은 조(Zhao)이다.

1. lady Wu(624~637) 2. Gairen[재인才人(637~639)] 3. Zhai[소의昭儀(650~655)]
4. Empress or Huanghou(황후皇后) → Tian-hou[천후天后(655~683)]
5. Empress dowager[황태후皇太后] 6. Emperor or Huang-di[황제皇帝(690~705)]

1. 출생과 어린시절 birth and early age.[624~637]

어린시절의 성격형성과정을 알아보자.

측천무후는 당시의 여자아이들 처럼 바느질하는 법을 배우기를 거부할 정도로 강한 고집을 가진 아이였다.

Wu was a strong willed child who refused to study needlework like most girls of the time.

그 대신 독서에 흥미를 가지고 있었기에 독서를 통해 넓은 정치적 식견을 쌓았다.

Instead she was only interested in reading, from which she gained a wide potical awareness.

어린 시절 그녀는 그의 부모님과 여행을 다니면서 교양과 지식을 겸비한 사람으로 발전했다.

During her childhood she traveled with her parents and thus developed a cultured and knowledgable personality.

그녀가 13살에 궁중에 불러가게 되었을 때 그녀의 어머니는 그녀와 작별인사를 하면서 슬피 울었으나 그녀는 "천자를 배알할 영광을 누릴 줄 어찌 알겠습니까?"라고 대답했다.

When she was summoned to palace at 13, her mother wept bitterly when saying farewell to her, but she respond to, "How do you know that it is my fortune to meet the Son of Heaven."

그녀의 야망을 알고서야 울음을 멈추었다.

Her mother understood her ambitions, and therefore stopped crying.

2. 궁중생활 palace life(637~649)-Gairen[재인オ人: the fifteenth ranked imperial consort]

태종 황제는 사자총이라는 크고 힘이 세어 누구도 올라탈 수 없는 말을 소유하고 있었다.

Emperor Tai-zong had a horse named "Lion Stallion, and it was so large and strong that no one could get on it's back."

그 때 그녀는 태종에게 "저 말을 길들이는데 세 가지 즉 쇠로 된 채찍과 쇠방망이, 그리고 날카로운 칼이 필요하다"고 말하였다.

Then, she suggested to him, "I only need three things to domesticate it: an iron whip, an iron hammer, and a sharp dagger."

나는 쇠채찍으로 저 말을 칠 것입니다.

1 will whip it with the iron whip.

말이 순순히 따르지 않으면 쇠방망이로 머리를 내려칠 것입니다.

If it does not submit, I will hammer its head with the iron hammer.

그래도 반항하면 저 칼로 목을 베어버릴 것입니다.

If it still does not submit, I will cut its throat with the dagger.

- Lion Stallion 사자총獅子聰 *총—총명하다, 귀가 밝다, 듣다.
- 길들이다 1. 동물, 사람 등 : train, subordinate
           2. 동물 : tame, domesticate, ssubordinate
           3. 물건 break in
▶ 나는 새로 산 차를 길들이기 위해 고속도로로 나갔다.
  I went out to the highway to break in my new car.

3. 권력과 황제의 길

660년   간질증세가 있는 고종에게서 실질적 황제의 권한을 수여받음—소정방을 백제 원정 사령관에 임명[백제 660에 멸망, 고구려 668에 멸망].

683년   고종사후 중종 섭정.

690년   67세의 나이로 주나라로 이름을 바꾸고 신성황제라 칭하며 자신의 성을 무武로 고쳤다. 측천무후로 불리는 그녀는 측천문자를 일부 만들기도 하여 유물발굴 시에 연대를 측정하는데 도움이 된다. 그녀는 우리나라의 원측스님을 매우 존경하였으며, 화엄종의 법장, 후에 북종선의 시조로 불리는 신수 등 많은 스님들을 받들었으며, 무상심심미묘법으로 시작되는 개경게를 만든 장본인이기도 하다.

705년 병이 들었을 때 당시의 재상 장간지의 모반으로 제위를 황태자에게 물려주고 그 해 겨울 82세로 사망.

- 개경게 the opening chant of the sutra – 지은이 : 측천무후
  무상심심미묘법 The supreme, profound, and marvelous dharma
  백천만겁난조우 is rare to be encountered in a million kalpas.
  아금문득득수지 but I fourtuntely have seen it, heard it, and obtained it.
  원해여래진실의 I vow to attain the true meaning of the dharma.

11. 부처님의 오도송 – DHAMMAPADA(법구경) 153, 154 –
오늘은 남방불교에서 말하는 부처님의 오도송悟道頌[song of enlightenment]을 공부하자.

부처님의 마지막 말씀은 현재 우리가 흔히 말하는 의미로 표현하면 열반송涅槃頌[the song of nirvana[extinction]]이라고 달리 표현할 수 있겠다.
그러나 앞에서 말했듯이[as mentioned above], 열반은 본래의 의미는 죽음[death]의 뜻이 아니라 탐[desire], 진[anger], 치[ignorance] 삼독이 사라진 상태를 의미했다.
깨달음이 곧 열반이므로 부처님이 보리수 아래 깨달으신 이후의 모든 말씀 즉 팔만 사천 법문法門[Buddha's teaching, dharma discourse, exposition of dharma]이 모두 깨달음의 노래 즉 열반송이다.
오늘은 남방불교에서 말하는 부처님의 오도송悟道頌[song of enlightenment]에 대해 1. 법구경 2. 마하박가 3. 방광대장엄경을 통해 차례로 알아보자.

- 법구경의 오도송
  생사의 집 짓는 사람 찾아 나는 수없이 많은 윤회를 거듭했네.
  죽음을 맞아야 하는 삶은 얼마나 슬픈 일인가!
  마침내 생사의 집 찾았으니 이 집을 다시는 짓지 않아도 되리.
  죄악의 뗏목을 부수고, 무명의 돛대를 꺾었으니,
  집착의 불은 지난일 되고, 죽음을 가져오는 마음은 영원한 열반의 즐거움 찾아갔네.

I have go around in vain the cycles of many lives ever striving to find the builder of the house of life and death.

How great is the sorrow of life that must die!

But now I have seen thee, householder; never more shalt thou build this house.

The rafters of sins are broken, ridge-pole of ignorance is destroyed.

The fever of craving is past; for my motal is gone to the joy of the immortal nirvana.

▶ 도움말

- go around 돌아 다니다, 유람하다, 순회하다 • in vain 1. 헛되이 효과없이 2. 함부로
- the cycle of many lives 수 많은 삶의 순환=윤회
  **ever (형용사, 분사앞에서) 언제나, 항상
- thee 그대를(you의 고어) • never more 두번 다시, 하지 않는다never again)
- shalt shall의 고어로서 thou가 주어일 때 사용   ***thou 당신은(you)의 고어
- rafter 서까래 ex) from cellar to rafters 집안을 구석구석까지
- sin 죄; 죄를 짓다   **ridge-pole [지붕의] 마룻대.

▶ 마하박가의 오도송

– 이 게송은 붓다가 가야와 우루벨라 사이의 길에서 순세파順世派(Ajivika)소속의 우빠까(Upaka)라는 브라만이 붓다의 밝고 맑은 모습을 보고 "당신은 누구냐"라는 물음에 답한 것–

나는 모든 것을 이겼고, 모든 것을 알았다.

I have overcome all foes; I am all-wise;

나는 일체의 법에 물들지 않았고 모든 것을 버렸다.

I am free from stains in everyway; I have left everything;

그리하여 갈애가 다한 해탈을 얻었다.

And have obtained emancipation by the destruction of desire.

스스로 스승없이 깨달았으니(무사독오無師獨悟) 누구를 스승으로 칭하리요!

Having myself gained knowledge, whom should I call my master?

나에겐 스승이 없으며 비견할 자도 없도다.

I have no teacher; no one is equal to me;

천신과 인간의 세간에서 나와 견줄 자는 없으며, 나와 같은 자는 없다.

In the world of men and gods no being is like me.

나는 이 세상에서 존경받아야 할 사람이며, 나는 위없는 스승이다.

I am the Holy One in the world, I am the highest teacher,

나는 홀로 모든 것을 바로 깨달아 청량(모든 번뇌의 소멸)하고 적멸한 경지에 이르렀다.

I alone am the absolute Sambuddha; I have gained coolness(by the extinction of all passions) and have obtained Nirvana.

나는 어두운 세상에 불멸의 북을 쳐서 진리의 세계를 세우기 위해 카시(베나레스)의 도성으로 간다.

To found the Kingdom of Truth I go to the city of the Kasis(Benares);

1 will beat the drum of the Immotal in the darkness of this world.

♣ 마하박가(Mahavagga)는 남방 빨리어 삼장(경, 율, 논) 중에 율장에 속하며, 율장은 1. 경분별(Sutta-vanga) 2. 건도부(Khandhaka) 3. 부수附隨로 나누어지는데 건도부는 대품과 소품으로 나누어 지며, 대품이 바로 Maha-vagga이다.

- maha : great + vagga : 1. 무리 2. (경전의) 장章, 절節, 품品
▶ vagga-uposatha 집단적인 포살.
- khandha-ka : 부분, 품
▶ 칸다카를 음역한 것이 건도부建度部이며, 건도부에 대품과 소품이 포함된다.

부처님의 삶에 대한 여러 기록들은 율장에도 많이 나오므로 율장은 부처님의 일생을 다루는 데 있어서 기본 텍스트로서도 매우 중요하다. 마하박가는 최봉수교수의 훌륭한 번역(민족사)이 있으나 현재 절판이 되어 매우 아쉽다. ♣

▶ 방광대장엄경의 오도송

번뇌가 모두 끊어졌도다! 번뇌실이단煩惱悉已斷

All defilements annihilate.

모든 번뇌가 사라졌도다.   제루개공갈諸漏皆空竭

The flow of defiled mind totally disappears.

다시는 (괴로움에 가득찬) 삶을 되풀이 하지 않으리.   갱불부수생更不復受生

There is no more re-birth.

이를 일러 고가 다함이라고 한다네.   시명진고제是名盡苦際

It is called the end of suffering.

> ■ 悉 모두 실 ■ 漏 셀 루 : 불교에서는 번뇌를 상징함 ■ 竭 다할 갈
> ■ 復 돌아올 부   ■ 盡 다할 진
> ■ 際 1. 다다르다, 이르다 2. 당하다 3. 시기, 기회 4. 사이 5. 정도 6. 가장자리.

12. 사상四相[four phrases]

생주이멸生住異滅 즉 생겨서 머물다 변하여 사라지는 4가지 모습이다. 자연과 우주의 법칙(the law of nature and universe)으로서 일체의 현상(all phenomena)을 4단계로 구분한 것으로 다음과 같다.

1. 생 jati-birth / coming into existence / origination / production
2. 주 sthiti-enduring / subsistence / continuity / residing / remaining in existence
3. 이 anyathatva-changing / decay / varying / shift / destruction
4. 멸 anitatyata-death / extinction / destruction / cessation.

> *an enduring peace 항구적 평화   *a shift of responsibility 책임전가
> *a cessation of fighting 정전

그런데 초기경전인 아함경(Agama)에는 삼(유위)상三(有爲)相 즉 생, 이, 멸의 3상이 보이며,

소승의 논서인 아비달마대비바사론과 아비달마구사론 그리고 대승 유식학파의 논서인 성유식론에서는 생주이멸의 4상을 말한다.

그러나 용수의 중론에서는 생주멸 3상을 말한다.

이러한 차이에 대해

1) 아가마는 찰나의 무상한 유위의 상을 건립하려 했기에 주를 뺏고

2) 중론에서는 유위의 상을 논파하기 위해 주를 넣었다는 주장도 있다.

▶ 4상의 3가지 의미

1. 사유위상四有爲相 the four phenomena / the four conditioned dharma
   −위의 생주이멸과 같다

2. 과보사상果報四相=일기사상一期四相
   the four forms[marks] of retribution(for good or evil deeds)
   생 birth / being / becoming
   노 age / aging / ageing / old age
   병 sickness / illness
   사 death / passing away

3. 아인사상我人四相 the four perceptions[marks] (including self and being[of diamond sutra]=the four marks of ego)
   아래에 소개된 세 가지 번역 중 첫 번째의 것들은 Edward Conze의 번역이며, 이것은 산스크리트 원문에 충실한 것으로서 학계에서는 일반적으로 이 네 가지 상은 모두 자아에 해당하는 유사개념이라고 보고 있다.
   금강경의 사상四相은 자아를 부정하려는 것 즉 무아를 가르치려는 것이 근본 목적으로서 당시에 인도의 외도들이 영혼과 같은 실체를 인정하는 것을 비판하기 위함이다.
   주목할 것은 두번째와 세 번째는 아상에서 출발해서 그 범위가 확대되는 현상을 보이고 있다. 이러한 현상은 원문에 대한 분석보다 한문의 자구에 매여서 주관적으로 해석한 것으로 보이며 특히 선불교의 수행자들에게서 많이 볼 수 있다. 따라서 그러한 점을 잘 알고 용어를 선정하기 바란다.
   아상 atman-samjna[S] the perception of self / ~of self-entity / egocentrism.
   인상 pudgala-samjna[S] the perception of being / ~of personality / humancentrism.
   중생상 sattva-samjna[S] the perception of living soul / ~of sentient being / sattvacentrism.
   수자상 jiva-samjna[S] the perception of a person / ~ of life / biocentrism.

13. 자아와 죽음 그리고 윤회

부처님은 혼자만의 동일성(identity)을 유지하는 자아는 없다 즉 무아無我(no-self)를 설했다. 참으로 나라는 것이 있다면 자신의 몸과 마음을 왜 마음대로 하지 못하는가?

왜 원하지도 않는 암에 걸리고 노화과정[the ageing process]을 정지시키지 못하고 속절없이 죽어야 하는가?

붓다는 말했다.
오! 비구들이여,
내가 없다거나, 내가 가질 수 없다는 생각은 배우지 못한 중생에게는 무서운 것이다.
The Buddha says : 'O bhikkhus, this idea that I may not be, I may not have, is frightening to the uninstructed worldling'.   ** wordling 속물

어떤 식으로든 존재를 추구하는 중생에게는 죽음이 가장 큰 공포다.

암환자들의 경우 보통 일어나는 감정의 변화가 먼저 왜 하필 나에게 이런 일이 일어났는지 분노하고, 그런 다음 죽음의 공포가 엄습한다. 그 이후 체념하는 사람, 초월하려는 사람 등으로 나뉜다고 한다.

구체적으로 그 과정을 호스피스(hospice) 대상자에 대한 연구결과를 토대로 살펴보자
1) 부정[denial stage]
2) 분노[angry stage]
3) 타협 또는 협상[bargaining stage]
4) 우울[depression stage]
5) 수용[acceptance stage]

이러한 일련의 과정은 개인차가 있으며 생략되는 단계가 있다고도 한다. 서양의 고대 철학자 두 사람의 이야기를 들어보자.

소크라테스(Socrates)는 "죽음을 눈 앞에 두고 죽기를 싫어하는 사람은 지혜를 사랑하는 사람이 아니고 육체, 금전, 권력을 사랑하는 사람이며, 그러므로 "철학은 바르게 죽는 연습이다(philosophy is a practice for well-dying)"라는 말을 남겼다. 에피쿠르스(Epicurus)는 종교는 미신과 망상에서 비롯된 것이라고 주장하며 죽음을 두려워하거나 피하려 함은 무지의 결과라고 했다. 그 이유는 사람이 생존하는 동안은 살아있으니 죽음을 만날 수 없고 죽은 후에는 죽었으니 죽음을 만날 수 없다는 주장을 했다. 의사들이 병의 공포를 조장하는 것과 같이 성직자들

이 사후의 심판 등을 주장하여 죽음을 인간이 무서워 하게 되었다는 주장이다.

붓다는 Dhammapada 18장 235절에서 이렇게 말했다.
생명의 나무에 노란 잎이 지고, Yellow leaves bring on your tree of life.
죽음의 사자가 기다리고 있네. The messenger of death are waiting.
먼 여행길 가야 하는데 You are going to travel far away.
여행갈 채비는 되어 있느냐? Have you any provision for the journey?

불자들은 처음에 영혼이 없다는 말에 대부분 당황한다. 당황하는 이유는 세상의 이치는 존재[being]가 아니라 조건[condition]에 따라 일어남[becoming]을 모르기 때문이다.
영혼이 존재하지 않는다는 붓다의 가르침에 다음과 같은 의문과 논쟁이 있어 왔다.
영혼[soul]이 없다면 즉 무아가 불교의 중심사상이라면
1. 49제[the forty-ninth day ceremony]는 왜 하는가?
    - 중음신의 문제
2. 윤회[reincarnation]는 어떻게 가능한가?
    - 무아와 윤회의 문제
3. 인과응보[the causal action and the resultant effect[retribution]]는 어떻게 가능한가?
    - 유업보有業報무작자無作者의 문제

이상의 문제는 제4장의 신의 존재에 관한 문제에 이어 설명하겠지만 여기서는 생과 사의 변화를 간단히 살펴보자
불교에서는 해탈하기 까지 생과 사는 끊없는 변화과정일 뿐이라고 한다.
"죽음도 변화의 과정이다. Death also is the process of change." 흐르는 물(flowing water)과 타고 있는 불(burning fire) 또는 우유가 숙성되어 만들어진 발효유(yogurt made through the maturation process of milk)처럼 앞의 존재와 뒤의 존재는 상속相續(continuation / continuity)의 관계에 있다. 즉 불교는 죽음으로 모든 것이 소멸하는 유물론(materialism) 즉 단견斷見을 부정하고 사후에도 불멸의 영혼이있다는 영혼불멸설(the doctrine of the immortality of the soul) 즉 상견常見도 인정하지 않는다. 그러나 계속해서 변화하는 상태로서의 식識(the consciousness as the never-ending changing state)은 인정한다. 불교에서는 고정불변(fixed unchangiability)을 인정하지 아니 할 뿐이다.

이것이 유업보 즉 행위와 그 결과는 있지만 그 주체는 변화 속에서 상속되는 존재로서 무작자라는 의미이다.

법정스님의 시를 통해 변화의 의미를 알아보자.

변화의 과정 속에 생명이 깃들고, 변화의 과정을 통해 우주의 신비와 삶의 묘미가 전개된다.
Life nests in the process of change,
and through this process of variation,
The mystery of the universe and the delicate charm of living unfolds.
만일 변함이 없이 한 자리에 고정되어 있다면 그것은 숨이 먹은 죽음이다.
If there were no change, if things were fixed in one place,
That would be death, without breathing.
살아 있는 것은 끊없이 변화면서 거듭 거듭 형성되어 간다.
Through ceaseless change, living thing is forming again and again.
봄이 가고 여름과 가을과 겨울이 그와 같이 순환한다.
그것은 살아 있는 우주의 호흡이며 율동이다.
Spring goes, then summer, fall and winter rotate that way.
This is the breathing, the rhythm of the living universe.

붓다의 가르침 제4장

신의 존재 문제와 무아와 윤회

1. 신의 존재
2. 인격신의 개념의 변천과 문제점
3. 구약과 신약의 신
4. Whitehead의 철학
5. 무아와 윤회의 문제
6. 밀린다 팡하
7. 무아와 윤회에 관한 Dalailama의 견해
8. 업과 윤회 그리고 해탈
9. 바왕가와 바르도
10. 사자의 서
11. 융의 임사체험
12. 죽음학
13. 임사체험에 의한 죽음의 이해
14. 윤회의 역사와 구체적 사례
15. 윤회의 증명을 위한 전생조사
16. Edgar Cacey의 어록
17. 윤회의 시간적 간격

> **불교는 창조주로서 신을 인정하지 않는다.**
>
> 본 장에서는 불교의 특색인 무신론과 연기법과 윤회에 관한 내용 중에 먼저 무신론에 관한 부분을 먼저 다룰 것이며, 그 다음 연기법의 유전문 즉 연기적 존재로서의 인간 즉 무아이면서 윤회를 하는 문제를 다룰 것이다. 신의 존재 문제는 신학에서 주장하는 신의 증명에 대해 철학적 비판을 언급할 것이며 현대신학에 이르기까지 인격신의 개념에 대한 변천을 살펴보면서 자연스럽게 현대신학의 다원주의 경향도 알게 될 것이다. 아울러 화이트헤드의 철학을 통해서 인격신의 개념을 넘어서면서 법의 종교인 불교와의 접점을 살펴보는 계기가 되길 바란다.
>
> 무아와 윤회에 관한 문제는 불교에서 가장 오랫동안 논쟁이 되어왔던 문제로서 호진 스님의 프랑스 스르본느 대학 박사학위 논문인 무아.윤회 문제의 연구를 토대로 살펴볼 것이며, 아울러 윤회에 관한 여러 논제들을 기술하였다.

1. 신의 존재

1. 신의 존재에 대한 찬반논쟁 Arguments for and against God's existence

유신론(theism)과 무신론(atheism)의 논쟁은 서양에서는 종교와 비종교의 논쟁 또는 종교와 철학의 논쟁이 될 수 있으나 동양에서는 여러 종교 안에서 일어나는 논쟁이다. 그 이유는 religion의 개념이 서양의 유일신을 전제로 한 개념이지만 인도에서는 그러한 구분이 없다.

여기서는 서양의 철학적 관점에서 본 "신의 존재에 대한 철학적 비판(philosophical criticism about God's existence)"을 토대로 소개하기로 한다.

2. 신은 존재하는가 Does God exist?

우리들이 살아가면서 가끔씩 자문하는 근원적 의문(a fundamental question which we ask ourselves at some time in our lives)이 신의 존재(God's existence)이다. 신이 존재하면(if God exists) 영생에 대한 일말의 가능성(the slightest possibility of eternal life)을 가질 수 있다는 것이 "가장 큰 매력(the greatest attraction)"으로 작용할 수 있다.

불교에서 말하는 열반(nirvana)은 신에 의한 사후의 구제가 아니라 탐.진.치 삼독三毒(three poisons)을 다스리면 살아 생전에 영원한 지복至福(the supreme bliss)을 보장받는다. 그러므로 불교는 "법에 의한 자력적 구제(self-formed or self-fulfilling salvation by Dharma)"이지 유신론有神論(theism)과 같이 "우리의 영혼을 신에게 위탁하는(commend our souls to God)" 방식이 필요하지 않다.

"오직 신의 은총에 의한 구제(salvation by the grace of God alone)"는 영혼과 신이라는 두

가지 요건이 필요하며, 고정 불변의 영혼과 창조주로서의 인격신에 대해 전자는 무아론과 관련되며 이것은 무아와 윤회에 관한 부분에서 언급된다.

신에 관한 요건은 먼저 "하나의 신이 존재하며(one God exists)," 그 신은 전능全能하고(omnipotent or capable of doing anything), 전지全知하며(omniscient or knowing everything), 지선至善한(supremely benevolent or all-good)해야 한다.

"이러한 신의 존재를 입증을 위한 다양한 논증이 있으며(there are many different arguments intended to prove such God's existence) 중세의 토마스 아퀴나스의 다섯 가지의 논증이 유명하다.

3. 토마스 아퀴나스의 증명 Thomas Aquinas' proofs과 기타논증

중세의 유명한 신학자 아퀴나스의 다섯 가지의 증명이 일반적으로 유명하다.
그의 다섯 가지 증명은 다음과 같다.
1. 부동의 원동자原動子[또는 시동자始動子](The Unmoved Mover)
2. 원인 없는 원인(The Uncaused Cause)
3. 제1원인 논증(The First Cause Argument = 우주론적 논증(Cosmological Argument)
4. 정도程度논증(The Argument from Degree)
5. 디자인 논증(The Design Argument)

위에서 언급된 아퀴나스의 다섯 가지 증명은 "세계를 관찰한 결과에 의존하는 귀납적 논증들(a posteriori arguments relying upon inspection of the world)"이다.

신의 존재에 대한 논증은 크게 연역적인 것(the a priori)과 귀납적인 것(the a posteriori)으로 나뉘며, 신의 존재에 관한 대표적인 연역적 논증은 켄터베리의 성聖 안셀무스(St. Anselm of Canterbury)가 주장한 존재론적 논증이다.

- ■ 아프리오리 : a priori(priori to)는 "보다 앞선 것으로 부터 → 선천적先天的, 선험적先驗的(경험에 앞선), 연역적演繹的"이라는 의미의 라틴어 성구成句(phrase)이다.
- ▶ 연역이란 일반원리 즉 자명한 원리를 바탕으로 하여 특수원리를 이끌어 내는 추리를 뜻한다.
- ▣ 아포스테리오리 : a posteriori(posteriori to)는 "보다 나중의 것으로부터 → 경험적經驗的"이라는 뜻을 가진 라틴어 성구이다.
- ■ 철학사전에 보면 아프리오리는 "경험과 무관한 independent on experience"이라는

뜻이며, 따라서 선험적이라는 의미는 엄밀히 말하면 틀린 표현이라고 하면서 수학, 논리학처럼 경험이 필요없는 지식을 가리켜 아프리오리한 학문이고, 물리학 등의 실증과학처럼 경험을 필요로 하는 지식을 가리켜 아포스테리오리한 학문이라고 한다고 언급되어 있다. 따라서 아프리오리(a priori)한 진리는 경험과 무관하게 알 수 있는 자명한 진리를 의미한다.

아포스테리오리(a poseteriori)한 진리는 자연과학과 같이 경험을 통해서 알 수 있는 진리를 말한다.

이러한 양분법은 결국 경험이란 무엇인가에 따라 양분법의 의미는 달라진다.

아래의 영문표기는 일반적으로 사용되는 의미로서 사용되는 말이므로 참고 하기 바란다.
- ▣ a priori = from the former = from before = from what comes before = from before experience
- ▣ a posteriori = from the later = from after = from what comes later = from after experience
- ▶ 삼단논법 syllogism → 삼단논법을 적용하다 apply syllogistic reasoning
- ▶ 연역법 deduction / deductive method ▶귀납법 induction / inductive method
- ▶ infer a priori that…. : …라고 연역적으로 추론하다 ▶ on a priori argument 연역적 논법으로
- ▶ the priori philosophy of Kant 칸트의 선험적 철학
- ※선험론(철학) transcendentalism ※경험론(철학) empiricism
- ▶ know a priori = know intuitively = perceive intuitively 선험적으로 인식하다.
- ▶ 그들은 인간 내면에 선천적으로 "선"이 존재한다고 주장한다.

They claim that human beings are innately[born] "good."

(1) 1. 2. 3의 논증

위의 논증 중에 1.2.3의 논증은 유사한 내용인데, 먼저 부동의 원동자의 경우에는 선행하는 원동자에 의해 일정한 결과가 나오며, 다음으로 원인 없는 원인의 논증은 자체적 원인에 의한 결과를 인정할 수 없으므로 결과 보다 앞선 원인이 있으며, 그 다음 제1원인 논증 또는 우주론적 논증은 우주의 모든 존재는 "원인과 결과의 전반적인 연결 고리(a whole series of causes and effects)"에 의해 현재와 같은 우주가 출현하게 되었다는 것이다.

이렇게 원인을 추구하다 보면 결론이 없이 끝없이 뒤로 물러설 뿐이므로 그 최초의 원인을 설정하고 그것을 신이라 부르는 것이다.

결국 위의 1.2.3은 모두 제1원인 논증에 포함되는 문제로서 모두 제1원인 논증으로 부르기도 한다. 그러므로 "이 논증들은 무한회귀無限回歸(=무한퇴행無限退行) 즉 하나의 질문에 대한 대답은 선행질문을 제기하고, 그런 식으로 무한히 뒤로 진행된다. These proofs involve an infinite regress or the answer to a question raises a prior question, and so on ad infinitum."

> ■ ad infinitum은 라틴어로서 "ad. inf." 또는 "ad infin."으로 표기하기도 한다.
> 뜻은 "repeat again and again in the same way : 무한히 동일한 방식으로 반복하다"는 의미로서 문법상 부사로서 동사의 뒤에 위치한다.
> 무한퇴행(infinite regress) : never-ending series going back in time.

이러한 선형적 인과관계의 탈피를 위해 신을 최초의 원인으로 설정하는 것은 "신은 누가 만들었나(Who made God?)" 즉 "신의 원인은 무엇인가(What caused God?)"라는 문제와 왜 그 원인은 신에서 멈추는가(Why must the cause stop at God?)라는 의문과 비판에 직면한다.

버트란드 러셀은 다음과 같은 말을 하였다,

"사물은 시초가 있어야 한다는 생각은 사실은 우리의 상상력의 빈곤 때문이다.

The idea that things must have a beginning is really due to the poverty of our imagination."

(4) 정도논증程度論證 The Argument from Degree

정도논증에서는 세상의 다양한 사물이나 가치에 존재하는 차이가 있으며 그 정도를 판단하기 위해 최대치를 설정하여 비교할 수 있으므로 그 최대치를 신이라고 한다. 이러한 논증에 대해 리차드 도킨스(Richard Dawkins)는 사람마다 다른 냄새가 나므로 그 비교를 위해 비할 수 없이 강한 냄새를 풍기는 사람을 우리는 신이라 부른다며 냉소적으로 비판한다.

(5) 디자인(=설계) 논증 The Design Argument =목적론적 논증 The Teleological Argument

1) 의의

디자인 논증을 쉽게 설명하면 시계라는 결과에 시계제작공(watchmaker)이 있듯이 시계와 유사한 기능을 가진 자연의 사물로서 정교한 눈(eye)이 있는 것은 이것을 제작한 "신성한 시계제작자(a Divine Watchmaker)"가 있으며, 이러한 원인으로서의 존재가 바로 "창조주로서의 신(God as a Creator)"이라는 것이다.

이 논증은 전형적인 유비논증類比論證(an argument from analogy)으로서 유비논증은 "두 가지 사물들 사이의 유사성에 기초한 논증(the argument based on a similiarity between two things)"을 말하며 유비논증은 여러 측면에서 두 사물이 유사하다면 다른 측면에서도 유사할 가능성이 크다는 원리에 의존한다.

2) 비판

유비논증에 유사성이 강할 때 그 결론의 타당성이 보장받을 수 있는 바, 손목 시계와 주머니 시계는 그 유사성이 강하므로 그것들을 제작한 시계제작공들이 존재한다는 결론에 그 타당성을 부여할 수 있지만 시계와 눈은 "애매한 유사성(a vague similarity)" 때문에 그 결론도 명확하지 못하다는 비판이 있다.

그리고 "적자생존의 과정에 의해(by the process of the survival of the fittest)" 동식물이 자연에 잘 적응하면서 진화해가는 것과 같이 신의 존재가 없이도 진화론에 의해 설명이 가능하므로 다윈의 진화론(Charles Darwin's theory of evolution)은 적어도 이 논증의 결론을 약화시킨다.

또한 이 논증에 대해 확신을 가진다고 하여도 삼라만상을 한 명의 신이 아닌 여러 명의 신들이 합동으로 설계하고 제조하였을 수도 있다는 점과 하나의 신이든 아니든 사물의 결함 즉 선천성 불구나 질병의 발생 ―앞에서 비유로 든 눈의 기능적 결함으로서 녹내장이나 선천성 장님― 등은 신의 전능에 한계가 있다는 것을 입증한다.

마지막으로 피할 수 없는 비판은 전지하고 지선한 신은 왜 약하기 짝이 없는 인간을 만든 것도 모자라서 이 세상에 왜 악이 존재하도록 만들었는가 하는 문제이다.

4. 악惡의 문제 The problem of evil

―악은 왜 존재하는가? Why does evil exist?―

세상에 존재하는 수 많은 악들, 이를 테면 인간이 가지고 있는 악성에 의한 범죄 등의 문제는 물론 자연적 재해로 인한 말할 수 없는 고통 즉 자연적 악에 의한 고통이 존재하는 것을 누구나 인식하고 있다.

인간에 의한 수 많은 전쟁들, 홀로코스트 등을 생각할 때 같은 종種의 생물 간에 서로가 서로를 지속적으로 죽이는 생물은 인간 밖에 없을 것이다.

생물들 중에 지네는 같은 동족을 죽이기도 하지만 배가 고플 때 한다고 하는데, 인간은 자신과 종교가 다르다는 이유로, 명예살인(honor murder)과 같이 집안의 명예를 손상시켰다는 이유로, 더 나아가 기분 나쁘다는 단 하나의 이유로도 총질을 하는 가장 위험하고 예측 불가능한 생물이기도 하다.

지구 온난화로 인한 재해는 인간의 무지와 탐욕이 만든 자업자득이라 하더라도 쓰나미(tsunami)와 같은 자연 재해가 왜 존재하는가?

쓰나미란 진津을 뜻하는 tsu와 파도(波)라는 뜻의 nami가 결합한 말로 일본어로서 태평양에 인접한 일본에 자주 일어나서 붙여진 말이며 직역하면 항구의 파도(harbor wave)이지만 그 원인이 해저의 지진이나 화산의 폭발로 인한 지각 변동으로 일어나기 때문에 지진해일로 흔히 번역된다.

이러한 악의 존재 이유에 대해 많은 비판을 종교 특히 유신론의 종교에 대해 해왔다. 다시 말해 "전능하고 지선한 신(all-powerful and all-good God)"이라면 악을 애당초 생기지 않게 하였을 것이며, "전지한 신(all-knowing God)"이라면 현재의 악을 알고 있을 것이므로 그 악에 의해 고통 받는 것을 방치하지 않을 것이라는 것이다.

이러한 질문에 대해 몇 가지 답변을 먼저 알아보자.

1. 더 큰 도덕적 선에 대한 기여(contribution to greater moral goodness):
   이 말은 고통스런 상황에서 위대한 인물이 등장함으로써 그 질곡을 벗어남을 보여주는 이른바 "인간 정신의 승리(the victory of the human spirit)"를 보여준다고 주장하지만 지선한 존재가 신이라면 처음부터 피비린내 나는 상황을 만들지도 않았을 것이며 수 많은 사람의 고통과 단 몇 명의 인간에 의한 위대함을 대차대조표로 비교하면 그 고통은 비교조차 할 수 없는 것이므로 일부러 그러한 목적으로 그런 상황을 연출한다면 "가학성 쾌락주의자(a person who gets pleasure from hurting others)" 즉 새디스트(sadist)임에 틀림없다는 비판을 받고 있다.

2. 예술적 비유(artistic analogy): 마치 음악에 불협화음(a discord)이나 미술작품에서 "보색의 조화(the harmony of a complementary color)"가 전체에 기여한다는 이 주장은 위와 똑 같은 비판이 가능하다.

3. 자유의지 옹호론(the free will defence): 완벽한 존재인 신이 무슨 목적으로 선과 악이 혼재하는 인간과 사회를 만든 이유를 이해할 수 없지만 그 문제를 차치할 때 자유의지 옹호론자들은 천편일률적인 세상보다 선택적 가능성이 있는 세상이 더 낫다고 주장한다. 그런데 이 주장은 인간의 자업자득에 대해서는 설명이 가능할 수 있을지 몰라도 자연적 악

의 존재에 대해서는 답변이 되지 못한다.

이에 대해서도 그 이로움이 더 크다는 주장이 있지만 완벽한 법칙을 제대로 만들지 못한 무능을 보여줌과 동시에 인간사에 대한 "성스러운 개입(divine intervention)"을 포기한 "직무유기(neglect of duty)"거나, 그것도 아니면 능력이 사라진 것인가?

혹자는 "아담과 이브의 타락설(the doctrine of the Fall)"을 받아들이면 인간에게 그 책임을 돌릴 수 있다고 하지만 이것은 "아담과 이브의 신에 대한 배신(Adam and Eve's betrayal of God's trust)"을 예측하지 못한 무능을 보여주는 것이며, 배신을 예측했다면 "악마적 동기(an satanic motive)"를 가지고 비극을 연출한 사탄이라는 비판을 받게 된다.

5. 존재론적 논증 The ontological argument

존재론적 논증은 앞에서 말했듯이 "연역적 논증의 가장 대표적 사례(the most representative of the a priori arguments)"로서 이것은 "경험에 앞서서(prior to experience)" 내릴 수 있는 결론이기 때문에 이 논증은 아프리오리한 논증이다.

> ■ "경험에 앞서서=아프리오리"라는 표현은 앞에서 설명했 듯이 아프리오리는 선험이라는 의미보다 경험과 무관하다라는 뜻으로 보아야 한다.

이 논증은 신이 위대하다는 정의로부터 신의 존재는 필연적으로 존재한다는 논증으로서 예컨대 삼각형의 정의로부터 "삼각형은 내각의 합이 180도이다. The sum of all the internal angles of a triangle is 180 degrees."라는 결론을 내릴 수 있는 것과 같다.

데카르트도 이 논증을 사용하였는데 그것은 다음과 같다.

1. 신은 완전하고 인간은 불완전하다.
2. 불완전한 존재인 내가 사유를 통해 완전한 존재를 임의로 만들어냈다고 가정하는 것은 모순이다.
3. 신은 완전한 존재이기 때문에 존재하지 않을 수 없다.

이러한 논증에 대한 대표적인 비판이 "완벽한 섬을 상상한다면 그러한 완벽한 섬이 현실적으로 어디엔가 존재한다. When we imagine a perfect island, such a perfect island actually exists somewhere"라는 "엉터리 같은 모순된 결론(a ridiculous and absurd conquences)"이라고 지적한 가우닐로(Gaunilo of Mamoutiers)의 비판이다.

이러한 비판형식을 귀류법이라고 한다.

> 1. 귀류법歸謬法=배리법背理法=반증법反證法 Reductio ad absurdum의 의의
> 귀류법이란 어떤 명제가 참임을 직접 증명하는 대신, 그 부정명제의 가정이나 공리가 가진 모순을 지적하여 그것의 불합리성을 증명하여 원래의 명제가 참임을 보여주는 간접증명법이다.
> "Reductio ad absurdum"이란 라틴어로서 영어로는 reduction to absurd(터무니 없는 것으로 돌아가게 하는 논증법)로 번역된다. 이 말은 귀류법(오류에 귀착됨을 보이는 논증법), 배리법(이치에 어긋남을 보여주는 논증법), 반증법(반대가 나타나게 하는 논증법) 등으로 번역되었다. 수학에서는 이 논증법을 "proof by contradiction"이라 한다.
>
> 2. 귀류법에 대한 간단한 사례
> Proposition : Raising taxation rates always result in increased tax revenue.
> 명제 : 증세增稅는 항상 세수稅收의 증가를 가져온다.
> This can be disapproved using reductio ad absurdum as follows:
> 이것은 다음과 같이 귀류법에 의해 부정된다.
> If taxes were raised to 100% of income, individuals would not work, and companies would not operate, resulting in zero income, and thus zero tax that is less than current tax income, thus the proposition is false.
> 세금이 수입의 100%까지 증세되면, 개개인들이 노동을 하지 않을 것이며, 회사는 운영되지 않을 것이므로 그 결과 수입이 zero가 될 것이므로 현재의 세수보다 더 적은 zero상태의 세수를 갖게 될 것이다. 따라서 이 명제는 거짓이다.
>
> ■ 존재론적 논증과 이에 대한 데이비드 흄, 칸트, 호주의 더글라스 개스킹의 비판에 대해서는 리차드 도킨스의 만들어진 신(The God Delusion)의 한글판(131쪽)과 영문판(107)쪽을 참고하라.

지금까지 신의 존재에 관한 논쟁들을 정리해 보았다. 그런데 위에서 논쟁이 되는 신은 인격신이며, 인간의 선악에 관한 심판관이며, 이 세계 밖에 존재하는 −이른바 외재신外在神으로서− 절대적 존재로서 창조자이며 우주의 모든 존재는 그에 의해 만들어진 피조물이라는 그러한 관점의 신이라는 사실이다.

아래에는 인격신의 문제를 정리하고 이어서 "구약의 신과 신약의 신이 동일한 존재인가"하는 문제를 다루어 보고 나서 Whitehead의 철학과 신의 관념을 살펴보자.

2. 인격신의 개념의 변천과 문제점

종교를 크게 나누면 인격신론과 비인격신론으로 나눌 수 있다. 이 부분에 대해서는 제6장 종교론에서 언급하겠지만 이 자리에서는 카렌 암스트롱이 인격신의 위험성을 지적하면서 한 말 즉 "세계의 모든 종교는 이러한 위험성을 인식하고 초월적 실재로서 인격신의 개념을 초월하려는 길을 추구해왔다. The world religions all seem to have recognized the danger and have sought to transcend the personal conception of supreme reality."라는 지적은 종교사의 핵심을 찌른 탁견이다.

인격신론은 인간이 스스로를 하나의 피조물로서 그 이상을 넘을 수 없는 열등적이며, 의지하는 나약한 존재로 규정하여 스스로를 동아줄에 묶어버리는 어리석음을 연출하게 하는 특이한 신념체계이다. 인격신을 절대적 존재(Absolute Being)로서 생각하는 인간들은 자신이 가지는 위대함을 꿈에도 꾸지 못하고 오직 신을 숭배하고 그의 선택에 따라 영생을 보장받는 아부阿附(flattery)의 역사를 연출해왔다. 너무나 근엄한 절대적 타자로서 신을 설정하면서 동시에 자신의 욕망과 소망을 채워주고 "인격적으로 임재하는(personally present)" 즉 인격적으로 소통하기를 바라는 이중적 성격 즉 철저하게 신에 대한 공포와 두려움 속에서 자신의 욕망을 투영시키는 분열적 정신상태를 보여주고 있는 것이다.

인격신론은 넘어서기 위해 필요한 기본적 소양을 가꾸기 위해 아래에는 구약의 신과 신약의 신에 대한 구별론을 전개할 것이다.

"유대교에 내재된 인격주의(the personalism inherent in Judaism)"에서 벗어나는 것은 다원주의 종교론의 초석이 되기 때문이다.

3. 구약과 신약의 신
1. 구별론의 기원자 - 마르시온 Marcion
(1) 구약과 신약의 신의 구별과 정경과 외경

1) 마르시온

마르시온(서기 85(?)~160)은 소아시아 시노페 출신으로서 기독교 역사에서 매우 중요한 인물의 하나이며, 영지주의적 철학자(a Gnostic philosopher)로도 알려진 인물로서 구약의 신과 신약의 신을 구별하여 구약과 결별을 시도하면서 더 나아가 기독교의 정경(the Canon)과 외경(the Apocrypha)의 구분을 최초로 주장한 인물이다. 그는 질투와 저주와 보복의 하느님인 구약의 하느님이 아닌 사랑과 용서 그리고 믿음을 예수를 통해 드러내는 하느님으로서 창조주로서의 하느님(the God as a Creator).이 아닌 고차원의 하느님(the high God)으로서 율법을 강요하는 하느님이 아니라 우주의 법칙과 같은 logos적 존재인 것이다. 그는 체계적인 경전이 없는 기독교 형성기에 바울이 쓴 10개의 편지와 누가복음을 정경으로 인정한 것이다.

오늘날 신약성서라고 알려진 27서는 아타나시우스(Athanasius, c.AD 298~373)에 의해 367년 알렉산드리아에서 발표되면서 – 예수의 사후 337년 만에 신약성서의 윤곽이 드러난다– 오늘날 까지 그 외의 경전은 외경으로 취급받는다.

2) 마르시온의 약력

"초기 기독교 시대에 시노페의 마르키온(85~160년 경)은 주교의 직책을 가지고 있었다. 그의 신학은 유대교 경전에 등장하는 신은 기독교의 복음에 나오는 신에 복종하거나 열등한 신으로 격하시키는 내용을 주장하여 교부들의 비난을 받았으며 결국 그는 파문되었다.

Marcion of Sinope(ca.85~160 AD) was a bishop in early Christianity. His theology, which rejected the deity described in the Jewish Scriptures as inferior or subjugated to the God proclaimed in the Christian gospel, was denounced by the Church Fathers and he was excommunicated in 144 AD."

- subjugate 을 지배[통치]하에 두다, 정복하다 …을 복종[예속]시키다
- proclaim (공식 또는 공공연히) 선언하다, 공포[포고, 발표]하다
- denounce 공공연히 비난하다
- excommunicate ⟨교회 등이⟩ ⟨사람을⟩ 제명[추방, 파문]하다.

3) 타티안과 요한복음

AD 172년에 타티안(Tatian, 120~180)이라는 시리아 출신의 인물이 요한복음의 구도와 사상 체계 아래 4복음서 체계, 즉 디아테사론 (Diatessaron)을 주장하여 기독교역사에 큰 영향을 미쳤다.

디아테사론(Diatessaron)은 "the synthesis of the four New Testament Gospels (신약4복음서 체제)"로 번역하는데, 본래의 뜻은 "통하여"라는 의미의 dia와 "넷"이라는 의미의 tessaron이 결합하여 만들어진 말이다.

그는 마르키온처럼 영지주의자 –당시에는 영지주의적 사고를 가진 자는 이단으로 보았음–로 간주되어 이단자로 몰려서 로마의 교회로부터 추방되었다.

중세 스콜라 철학의 성향, 즉 이성을 신앙에 종속시키며, 은총의 빛을 이성의 빛 상위에 두는 신앙과 이성의 분리와 달리 마르키온과 타티안이 활동하던 AD 2세기에는 신앙과 이성의 조화를 이루는 시기였으며, 그러한 사상의 밑 바닥에는 영지주의가 영향을 미치고 있었다는 것을 기억해야 한다.

(2) 구약과 신약의 비교

  1) 구약 창세기(GENESIS) 1: 1~5

In the beginning God created the heavens and the earth.

Now the earth was formless and empty, darkness was was over the surface of the deep, and the Spirit of God was hovering over the waters.

And God said, "Let there be light," and there was light.

God saw that the light was good, and he separated the light from the darkness.

God called the light "day," and the darkness he called "night."

And there was evening, and there was morning – the first day.

■ hover 1. 〈새, 곤충, 헬리콥터 등이〉 (…의 위를) 날다 《over, above …》 (…의 근처에) 떠다니다 《about …》. 2. (사람 등을) 따라다니다, (…의) 근방을 배회하다, 떠나지 않다 《around, about …》.
■ separate ~from 분리하다 구약舊約 the Old Testment 신약新約 the New Testment 참고로 유대교에서는 신약을 인정하지 않는다.

태초에 신이 천지를 창조하였다.

바야흐로 땅이 모양이 없고 공허하며, 어둠이 깊음의 위에 있을 때 신의 영은 수면 위에 운행하고 있었다.

그리하여 신이 이르길, "빛이 있으라"하니 빛이 있었다.

그 빛은 신이 보기에 좋았으며, 빛을 어둠과 분리하였다.

신이 이르길, 빛을 낮이라 부르고, 어둠은 밤이라 불렀다.

그리하여 저녁이 있고, 아침이 되니 이것이 첫째 날이라.

  2) 신약 중 요한 복음(THE GOSPEL ACCORDING TO JOHN / THE GOSPEL OF JOHN) 1:1~5

In the beginning was the Word, and the Word was with God, and the Word was God.

He was with God in the beginning.

Through him all thing were made; without him nothing was made that has been made.

In him was life, and that life was the light of men(3).

The light shines in the darkness, but the darkness has not understood it(4)

태초에 말이 있었고 말은 하느님과 함께 있었으며 말은 하나님이었다.

말은 태초에 하나님과 함께 있었다.

그를 통해 모든 것은 생겨났다. 이것에 의하지 않고는 어느 것도 생겨난 것은 없었다.

이 말에 생명이 있었으며, 그 생명은 인간의 빛이었다.

빛이 어둠속에서 빛나고 있었으나 어둠은 그것을 깨닫지 못했다.

> ■ 위의 한글 번역은 영문에 따라 직역하였다. 그런데 요한복음 1절만 해도 우리나라의 성경들의 번역은 제 각각인데 이에 대해 번역상의 문제일 뿐 동일한 희랍어 텍스트를 기준으로 하였다는 주장에 대해 도올은 기독교 성서의 이해라는 책에서 말하길 희랍어 고사본은 약 5천개 정도이며, 5천개의 사본이 하나도 같은 것이 없다는 사실을 밝히고 있다.

3) 결론

여기서 우리는 구약과 신약의 차이점이 확연히 드러나며, 특히 요한복음에서 말이란 무엇인가에 대해 의문이 생긴다.

말(word)은 희랍어 로고스(logos)의 번역이며, 원래 말하다라는 뜻의 동사 레고(lego : to speak, tell, say, count)에서 유래한 명사형으로서 헤라클레이토스가 그의 작품에서 중요한 의미로 처음 사용하였다고 한다. 일반적 용어인 logos는 "1. 말 2. 우주의 이법理法 또는 우주이성"이라는 두 가지 뜻으로 주로 사용되었다.

희랍의 스토아학파에서는 로고스를 "the active reason pervading the universe" 즉 우주를 관통하는 움직이는 이성-간단히 말해서 우주이성-의 의미로 사용하였다. 기독교에서는 요한복음에서 처음 등장한 이래 기독교내에서도 "the Word was God"과 "the Word was a god"으로 서로 다른 해석이 공존하고 있으며 전자의 경우 동격으로 보는 입장이고, 후자는 logos우위설의 입장으로 풀이할 수 있다.

2. 신을 본 적이 있는가?

(1) 창세기 17:1

When Abram was ninety-nine years old, the Lord appeared to him and said, "I am God Almighty; walk before me and be blameless.
아브람이 구십 구세 때에 야훼가 나타나서 그에게 이르시되 나는 전능한 하나님이라 너는 내 앞에서 행하여 완전한 자가 되어라.

(2) 요한복음1:18

"No one has ever seen God, but God the One and Only, who is at the Father's side, has made him known.
신은 본 사람은 아직 한 사람도 없다.
다만 아버지의 품안에 있는 독생자인 신만이 신을 나타낸 것이다."

(3) 결론

요한복음의 1:18에서 신을 본 사람이 없다는 말은 구약의 신이 가끔 모습을 보이는 것과는 완전히 대조적이다. 위에서 언급한 창세기 17장 1절을 비롯해서 야훼는 직접 모습을 드러내지만 요한복음에서는 정반대의 언급으로 신의 개념적 차원이 다르다는 것을 분명히 알 수 있는 것이다. 그러므로 창세기 1:27의 신인동형神人同型을 주장하는 신과 신약의 신은 다르다.

> ■ 창세기 1:27
> So God created man in his own image, in the image of God he created him; male and female he created them.
> 그리하여 신이 자기 형상대로 즉 신의 형상대로 사람을 창조하되 남자와 여자를 창조하였다.

3. 심판관으로서 무서운 신과 사랑과 용서의 신

(1) 구약

• 창세기 17:11

You are to undergo circumcision, and it will be the sign of the covenant between me and you.

너희들은 할례(=포경수술)를 받아야 할 것이니, 그것이 너희와 나의 언약의 징표이다.

- 신명기 8:19~20

If you ever forget the Lord your God and follow other gods and worship and bow down to them, I testify against you today that you will surely be destroyed. Like the nations the Lord destroyed before you, so you will be destroyed for not obeying the Lord your God.

만약 너희가 너의 주 야훼를 잊고 다른 신을 섬기며 숭배하여 절을 하면 내가 오는 다짐을 하나니 너희들은 멸망에 이를 것이다. 내가 너희 앞에서 멸한 민족과 같이 너희의 주 야훼에게 복종하지 아니하면 너희들도 멸망에 이르리라.

- 민수기15:32~36

While the Israelites were in the desert, a man was found gathering wood on the Sabath day.

Those who found him gathering wood brought him to Moses and Aaron and the whole assembly, and they kept him in custody, because it was not clear what should be done to him.

Then the Lord said to Moses, "The man must die. The whole assembly must stone him outside the camp."

So the assembly took him outside the camp and stoned himto death, as the Lord commanded Moses.

이스라엘 자손이 광야에 있을 때, 어떤 이가 안식일에 나무하는 사람을 발견한지라. 그 나무하는 자를 발견한 무리들이 그를 모세와 아론과 온 무리 앞에 끌고 왔으나 그를 어떻게 다스려야 할지 몰라 그냥 가두었더라. 그 때 야훼가 모세에게 이르기를, 그는 죽어야 마땅하니 온 무리가 진지 밖으로 끌어내어 돌로 그를 칠지니라. 그리하여 무리들이 모세가 내린 명령대로 그를 끌어내어 돌로 쳐죽였느니라.

(2) 신약

- 요한복음 5:22

The Father judges no one, but hasentrusted all judgment to the Son,….

아버지는 누구든지 재판하지 않으며, 심판을 다 아들에게 맡기셨으니…

(3) 결론

구약의 신은 할례조차 준엄한 계약 내용으로 삼는 특이한 취향의 신일 뿐만 아니라 계약을 위반하면 멸족을 각오해야 하니 협박치고는 저급한 협박을 일삼는 심판관으로서 이상한 역사를 하는 신이다.

바울과 베드로라는 영화에서도 할례에 관한 내용이 2번이나 나오며, 바울이 마음으로 할례하라는 말로서 당시에 율법에 얽매인 어리석은 사람들을 깨우치는 것은 그 시대의 상황을 잘 반영하고 있는 것이다.

그리고 "다른 신을 섬기지 말라"고 하는 것은 자기 외의 다른 신이 존재하는 것을 전제로 하는 것이니 유일신이라는 말에 의문이 가는 내용이기도 하다.

또한 안식일이란 세속적인 마음의 휴식을 통한 진정한 자신의 발견으로 나아가서 모든 생명에 대한 사랑의 감정이 자연스럽게 우러나도록 하는 것이 진정한 목적이 되어야 한다.

그러나 약속을 어겼다는 이유로 돌로 쳐죽이라는 무자비한 심판관인 신이나 그를 따르는 모세와 그 무리들을 통해 그릇된 신앙이 얼마나 잔인하고 무서운 결과를 낳는가를 극명하게 보여 주는 것이다. 그러나 요한복음에서는 심판관으로서의 신을 정면 부정하는 것이다. 그러면 예수에게 재판을 위임한 이유는 무엇일까?

요한복음 5:22와 5:27에 내용은 결국 요한복음 12:48로 연결된다.

> ■ 요한복음 5:22
> 모든 사람이 아버지를 공경하는 것과 마찬가지로 아들에게 공경할 수 있도록 아들에게 심판을 맡기니.
> …entrusted all judgement to the Son, that all may honor the Son just as they honor the Father.
>
> ■ 요한복음 5:27
> 아들은 사람의 아들이므로 아들에게 재판할 권한을 주었다.
> He has given him authority to judge because he is the Son of Man.
>
> ▶ 위의 the Son of Man을 불교의 삼신사상과 결부시켜 일부러 인간의 몸을 가진 화신불로 보는 시각과 유사하다는 주장은 일본학자 하세가와 요조(1934~)가 있으며, 그는 "아버지를 존경하듯 아들도 공경하도록"이라는 구절도 동일하게 파악하고 있다.

- 요한복음 12:48

나의 말에 반발하며 받아들이지 않는 사람에게는 심판할 이가 있으니 곧 내가 한 그 말이 마지막 날에 그를 심판하리라.

There is a judge for the one who rejects me and does not accept my words; that very word which I spoke will condemn him at last day.

■ 참고로 기드온 국제협회 영문 성경에는 위의 영문 중에 마지막에 나오는 I spoke will condemn him at last day를 I have spoken will judge him in the last day.로 표현하고 있다.

여기서 말이란 요한 복음의 첫 구절에 나오는 말 즉 logos이므로 예수를 통해 로고스의 내용을 알게 되며, 그 로고스 즉 우주의 법칙에 의해 재판된다는 말이다. 결국 해석에 따라 달을 가리키는 손가락標月指 즉 지양하는 의미가 다를 수 있는 것이다. 위에서 살펴본 내용의 해석에 따라 구약의 신과 신약의 신이 그 차원이 다르다는 것을 알 수 있다. 참고로 요한복음의 신은 이 세상을 창조하고 주재하는 인격신(personal God)이며, 요한복음 제1절의 "말씀이 곧 하나님"이라는 명제는 파르메니데스의 세계관을, 제2절과 3절의 로고스는 헤라클레이토스적 세계관을 나타낸다고 도올 선생은 주장하면서 이 두 사상의 분열과 융합은 요한복음의 끊임없는 주제를 형성한다고 한다. 이 부분에 대해서는 도올의 요한복음강해(p. 37과 p. 100)을 보면 도움이 될 것이다.

그리고 당시에 중동지방의 문화가 헤브류의 유일신관과 희랍의 철학 –헤라클레이토스의 현상론적 사유와 헤르메니데스의 실재론 그리고 특히 후자의 제자 플라톤의 현상과 본체의 이원론과 스토아철학의 로고스론– 과 동양의 신화 등이 혼합된 복잡한 사상체계로 형성되어 로고스라는 개념도 다양하게 변화하였다는 점을 기억하기 바라며, 마지막으로 해석에 관한 기본적인 내용을 소개하니 숙지하기 바란다.

■ 해석과 관해서 영지주의와 유대교 카발라 전통과 중국 도가사상가 장자의 말을 참고로 소개한다.
■ 영지주의적 해석(gnotistic interpretation)
1. 문자적(hylic) 2. 심적(psychic) 3. 영적(pnenumatic) 4. 신비적(mystic) 해석.
■ 유대교 카발라 전통의 해석 카발라 cabala 유대교 신비철학
1. 표면적 2. 비유적 3. 미드라쉬적 4. 신비적 해석.
■ 장자의 해석 – 사람이 소리를 듣는 4가지 단계.

> 1. 귀로 듣고 2. 마음으로 듣고 3. 기氣로 듣고 4. 비움(虛)을 통해 도가 들어와 하나가 되는 단계.
> ▶ 장자는 세 단계를 지나 완전히 마음을 비우고 자기 속에 도가 들어오도록 준비하는 과정을 장자는 심재心齋라 했다.
> ▶ 심재좌망心齋坐忘 : 일체의 더러운 마음을 씻음과 동시에 모든 것을 잊은 허虛의 상태에 들어가면 도道와 하나가 될 것이다.
> Sit and then purify and empty one's mind, and you will become one with the Way or truth.

4. Whitehead의 철학

아래에 난해하다고 소문이 난 화이트헤드의 철학에 대해 조금이나마 소개하는 것은 철학과 과학, 그리고 종교가 손을 잡은 간학문적 내용인 화이트헤드의 철학을 통해 새로운 만남의 장이 가능하다고 보기 때문이다.

기독교와 불교를 비롯한 종교간의 대화를 자신의 종교적 입장에서만 주장하는 것이 아니라 철학을 가운데 두고 서로 소통하는 것이 더욱 발전적이라고 보기 때문이다.

1. 화이트헤드는 누구인가?

Alfred North Whitehead(1861~1947)는 영국의 철학자이자 수학자로서 1924년에서 1937년까지 미국의 하버드 대학에서 철학과 교수로 재직하였다.

그의 사상은 서양 철학자 중에서 가장 동양 사상과 가장 많은 유사성을 가진 것으로 평가받으며, 다른 철학자와 달리 그의 철학은 현대 물리학에 바탕을 둔 것이 특징이다.

그는 기호논리학을 확립한 사람 중의 하나로서 유기체론에 바탕을 둔 독창적인 형이상학을 세웠다.

수학과 관련하여 수학적 논리학에 관한 기초적 저작으로는 버터란드 러셀과의 공저인 "수학원리 Principle Mathematics"가 있다.

2. 화이트헤드의 저서

그는 물리학에 대변혁이 이루어진 20세기 초의 새로운 자연과학에 영향을 받아, 특히 물리학의 철학적 기초를 고찰하여 "자연인식의 제원리, An Enquiry Concerning the Principles of Natural Knowledge, 1919", "자연의 개념 the Concept of Nature, 1920", "상대성 원리, The Principle of Relativity, 1920", "과학과 현대세계, Science and the Modern World, 1926", "과정과 실재 Process and Reality, 1929", "이성의 기능 The Function of Reason, 1929" 그리고 "자연과 생명 Nature and Life, 1934"을 집필하였다.

3. 사상적 특징

그의 철학은 과정철학(the process philosophy) 또는 유기체 철학[the organic philosophy / (the philosophy of) organism]이라고 불린다. 그는 사건事件(event)의 개념을 사용하여 자연에서의 모든 사건 상호간의 관계를 규명하였다.

그의 사상을 이해하기 위하여는 먼저 실재의 기본 단위는 고전적 개념의 실체(substance)가 아니라 현실적 존재(actual entity) 또는 현실적 계기(actual occasion)라 부르는 사건이라는 관념을 기억해야 한다.

그의 철학적 기초는 현대 물리학에 두고 있으며 그의 철학을 "유기체적 실재론(organic realism)"이라고 말하기도 한다.

화이트헤드의 철학을 그의 독특한 표현방식을 통해 살펴보자.

수리물리학은 "모든 것은 흐른다"라고 한 헤라클레이토스의 격언을 자기 자신의 언어로 번역한다.

Mathematical physics translates the saying of Heraclitus, "All thing flow," into its own language.

그래서 이 격언은 "모든 사물은 벡터이다"로 변한다.

It then becomes, "All things are vectors."

수리물리학은 또한 데모크리토스의 원자론도 받아 들인다.

Mathematical physics also accepts the atomistic doctrine of Democritus.

수리물리학은 그 말을 "모든 에너지의 흐름은 양자조건에 따른다"는 말로 번역한다.

It translates it into the phrase, "All flow of energy obeys quantum conditions."

4. 화이트헤드의 신 Whitehead's God

(1) 신의 관념 the notion of God

화이트헤드는 신을 다음과 같이 세 가지로 나누고 있다.

⑴ 황제의 이미지로서의 신God in the image of an imperial ruler.
⑵ 도덕적 에너지를 의인화한 이미지로서의 신
God in the image of a personification of moral energy :
⑶ 궁극적인 철학적 이미지로서의 신
God in the image of an ultimate philosophical principle :
이러한 유신론의 역사에 대해 언급하면서, 화이트헤드는 "신은 현실적 존재다. God is an actual entity."라면서 그것은 창조성(creativity)과 영원적 객체(eternal object)들을 매개하는 기능을 갖는 현실적 존재라고 정의하였다.
그의 신에 대한 관념을 간단히 정리하면 다음과 같다.
"신은 모든 창조에 앞선 존재가 아니며 모든 창조와 더불어 존재할 뿐이다.
God is not before all creation, but with all creation.
신이 이 세상을 초월한다고 말한다면 세계는 신을 초월한다고 말할 수 있다.
It is as true to say that God transcends the World, as that the World transcends God.
신이 이 세상을 창조한다고 말한다면 동시에 이 세계는 신을 창조한다고 말할 수 있다.
It is as true to say that God creates the World, as the World creates God."

⑵ 화이트헤드의 신의 관념에 대한 종합 정리
화이트헤드는 서양의 철학과 신학에서 궁극적 범주에 두었던 신을 존재의 범주로 넣고, 궁극적 범주에 창조성을 놓는다.
창조성은 불교의 다르마(Dharma) 또는 공사상과 중국 노장철학의 도道(Dao)에 가까운 개념이다.
서양 신학에서도 신비주의신학과 같이 신보다 신성(Godhead) 즉 로고스, 다르마, 창조성 등과 유사한 개념을 선재한 것으로 보는 입장은 박해를 받았으나, 근래의 현대 신학은 인격 신관을 탈피하려는 움직임을 보여왔다.
그리고 주관목적이 결여된 동양의 신관은 인간의 개성이나 인격을 강조하는 데는 부족하여 근대 정신의 핵이 되는 개인의 자유와 진보적 정신에 기여하지 못한 점이 있었다.
여기에서 우리는 창조성과 인격성의 조화가 필요하며, 이것은 동양종교와 서양종교의 대화라고 할 수 있다.
그리하여 그는 유심론(spiritualism / idealism / mentalism)과 유물론 (materialism)

이라는 단순한 일원적 입장을 넘어 양자를 통합하고 있다.

또한 그는 유신론(theism)과 범신론(pantheism)의 위험성, 즉 다자(=내재성)를 배제한 일자(=초월성)는 절대주의(absolutism)와 영원주의(eternalism)에 빠지고, 일자를 배제시킨 다자는 상대주의(relativism)와 부정주의(nihilism)에 떨어지는 결과를 넘어서고 있다.

결론적으로 유신론적 경향의 서양 전통 신학과 범신론적 경향의 동양의 종교라는 두 사상을 조화시킨 화이트헤드의 신관은 새로운 신관 범재신론(panentheism)이다. 범신론이나 범재신론이라는 표현에 대해 서구의 불교학자들은 대체로 큰 부담 없이 대승불교는 범신론적이거나 범재신론적이라는 표현을 한다.

예컨대 쉰징거(Schinzinger)가 대표적인 경우이며 그는 "대승불교는 기본적으로 범신론적이다. 부처가 만물 속에 존재하며 만물이 불성을 지니고 있다. Mahayana Buddhism is basically pantheistic. The Buddha exists in all things which have Buddha-nature"라는 표현이 그러하다.

언어란 역사적 제약을 벗어날 수 없는 것으로서 특정한 시대와 공간에 깔려있는 종교적 전통을 비롯한 모든 문화의 산물이므로 문자의 해석에 신중을 기해야 하지만 지나치게 과민반응을 보일 필요는 없다.

여기서 두 개의 관점을 살펴보자.

먼저 에드워드 콘즈가 지적했듯이 "불교사 전체를 통틀어 신앙적 접근과 지적 접근 사이의 긴장이 기독교와 마찬가지로 있어왔다. There has existed throughout Buddhist history a tension between the Bhakti and the Gnostic approach to religion, such as we find also in Christianity."

그리고 또 하나 슈미트하우젠이 불교의 표현방식에 대해서 부정적-주지주의적 경향과 긍정적-신비주의적 경향이 있다고 주장한 것처럼 궁극적 실재를 표현하는 방식 중에 어느 쪽에 비중을 두더라도 그 지향점을 바로 인식하는 것이 더 중요하다.

범신론을 세계 밖에 별개로 존재하는 인격신이 아닌 자연의 모든 것과 자연법칙을 신이라고 정의하는 이상 범재신론(panentheism), 범이신론(pandeism), 범재이신론(panendeism) 등의 여러 가지 신관에서 중점을 두어야 할 것은 자연법칙의 내용 즉 자연법칙의 개념이 중요하다.

불교에서는 우주의 법칙의 내용을 상호의존적 법칙 즉 연기법이라고 주장한다.

(3) 고목 스님의 견해

–화이트헤드의 유기체철학과 불교를 비교연구한 고목스님은 이렇게 말한다.–

화이트헤드의 우주론은 "우주 전체는 서로 어울려서 새로움을 창조한다"는 데 있다. 세계는 "현실적 존재"들의 상의상자적相依相資的 사건의 과정인 것이다.

세계 속에 어느 것도 혼자서 독립해 있는 것은 없으며, 그 어느 것도 다른 모든 것과의 관계적 유동성 속에 있다.

이러한 유동성 속에서 각각의 개체들은 "파악"에 의해 새로운 가능성을 달성하고 있다. 화이트헤드가 상정하는 신은 인간 위에 군림하는 절대자가 아닌 개체의 새로운 가능성 달성에 설득적 참여자로 개재하는 그러한 현실적 신이다.

현실을 떠난 신은 존재 이유가 없다 그러므로 신은 현실세계와 함께 하는 신이다. 현실세계는 신과 함께 하고, 신은 현실세계와 함께 한다.

그리고 고목 스님은 불교의 삼신과 화이트헤드의 신관을 비교해서 불교의 영원불변하는 본체를 의미하는 법신을 화이트헤드의 궁극자인 창조성에, 수행의 결과로 얻은 과보를 의미하는 보신을 화이트헤드의 경우 플라톤의 이성을 완전히 성취한 경우에, 중생구제를 위해 중생의 몸으로 나타난 화신을 화이트헤드가 말하는 신에 대비시킨다.

또한 스님은 진여연기설에 대해 말하길, 진여 즉 법계 또는 법성은 허망하지 않은 성품으로서, 이 진여가 원인과 조건에 상응하여 천태만상을 현출하는 것이 현상계이며, 기신론의 심생멸문은 유동성이며, 심진여문은 영속성으로서 다자 속에 일자가 있고 일자 속에 다자가 있으며, 영속성 속에 유동성이 있으며 유동성 속에 영속성이 있으므로 양면성은 서로 융합하여 현실 세계 속에 공재한다고 하면서 이 연기설은 화이트헤드 철학에서 말하는 신의 원초적 본성이 현실의 존재 속에 결과적 본성으로 한정되는 연기설이라고 할 수 있다고 한다.

(4) 김상일의 한사상과 화이트헤드사상

김상일 교수는 C. Hartshone –60년대 말부터 화이트헤드의 추종자이며, 과정 신학을 주장하는 이른바 시카고 학파의 중심 인물–을 통해 화이트헤드의 사상을 접하고, 같은 동료인 John.B.Cobb 교수에게서 과정 철학과 불교를 공부한 분이다.

그는 화이트헤드가 창조성(creativity)을 "하나가 여럿이 되고, 여럿이 하나가 되는 것"이라고 정의한 것에서 영감을 얻어 우리말 "한"이라는 뜻에 하나(one)라는 개념과 여럿(many)이라는 개념이 모두 포함되어 있음에 착안하여 1983년 한철학을 저술하였다. 김상일 교수가 말하는 한의 개념과 화이트헤드의 창조성은 신라의 의상대사가 화엄사상을 집약하여 지은 법성게와 비교해보는 것도 의미 있는 일일 것이다.

아래에는 법성게 중 일부만 소개한다.

법성원융무이상法性圓融無二相 법의 모양은 원융하여 두 모양이 없다
So complete and harmonious is the nature of Dharma
일중일체다중일一中一切多中一 하나 속에 일체가 있고, 일체 속에 하나가 있네.
All is in the One, and the One is in All.
일즉일체다즉일一卽一切多卽一 그리하여 하나가 곧 일체요, 일체가 곧 하나다.
The One is All, and All is the One.

(5) 과정 신학 process theology

과정 신학은 화이트헤드의 유기체적 형이상학의 철학에 영향을 받고, 더 나아가 찰스 하트숀에 의해 발전된 사상을 따르는 학파이다.

Process theology is a school of thought influenced by the metaphysical process philosophy of A.N.Whitehead and further developed by Charles Hartshone (1897~2000).

이 학파의 사상가들 개개인이 공유하는 과정 신학의 특징은 존재를 생성보다 우위에 두는 형이상학을 거부하는데 있다.

A characteristic of process theology each of these thinkers shared was a rejection of metaphysics that privilege being over becoming.

> ■과정 신학은 1960년 대에 발생한 신학으로서, 시카고 학파라고도 한다.
> 그 이유는 Charles Hartshone이 시카고 대학으로 자리를 옮긴 뒤에도 계속해서 연구하는 과정에서 같이 연구한 동료들을 일컬어서 하는 말이다. 그리고 과정 신학은 사랑이라는 초월적 속성을 강조한다는 점도 기억해야 할 것이다.

그들은 다음과 같은 주장을 한다. They claim as follows:
1) 신은 강압적 힘보다 오히려 설득력(=설득적 개입자)을 가지고 있다.
The divine have a power of persuasionrather than coercion.

> ■ persuasion 1. U 설득(력); 설득당함 납득. 2. U (…이라는) 확신, 신념 《that절》 신앙(belief), 신조. 3. 종파, 파벌(sect). 4. 종류(sort); 인종 성별(sex).
> ▶ He is of the Roman Catholic persuasion. 그는 카톨릭 신자다.

설득은 인과론적 관점에서 보면 신은 일방적인 지배를 하지 않는다는 것을 의미한다.
Persuasion in casual sense means that God does not exert unilateral control.

2) 우주는 자유의지를 매개체로 하여 이루어 지는 과정과 변화라는 특징을 가진다.
The universe is characterized by process and change carried out by the agent of free will.
자기 결정은 인간에 한정된 것이 아닌 우주의 모든 존재의 특징이다.
Self-determination characterizes everything in the universe, not just human beings.
신은 모든 것에 의지를 가지지만 모든 것이 신의 유일한 의지의 산물은 아니다.
God has a will in everything, but not everything that occurs is God's will.

3) 신은 변화과정 속의 우주와 상호 작용하며, 신은 시간 속에서 변화한다.(다시 말해서 신은 우주에 일어나는 현상에 영향을 받는다.)
God interacts with the changing universe, God is changible(that is to say, God is affected by the actions that take place in the universe) over the course of time.
그러나 신의 추상적 요소(선, 지혜 등)는 영원히 속성으로 유지된다.
However, the abstract elements of God(goodness, wisdom, etc) remain eternally solid.
이것은 신우주중심설이라 불리며, 신은 항상 어떤 세계 혹은 다른 세계와 언제나 상호 유기적이라는 점을 강조하는 이론이다.
It is called theocosmocetrism, which emphasizes that God has always related to some world or another.

4) 모든 현상이 중요하며, 지속성과 실재의 상호관계적 과정에 기여한다.

All experience is important and contributes to the ongoing and interrelated process of reality.

5) 양극 신론 : 신은 변화의 측면(살아있는 존재로서의 신의 존재)과 불변의 측면(신의 영원한 본질)의 양자를 가지고 있다는 관념.
Dipolar theism, is the idea that god has both a changing aspect(God's existence as a Living God) and an unchanging aspect(God's eternal essence).

5. 무아와 윤회의 문제
1. 문제의 제기

불교의 핵심은 연기다. 간단하게 무아라고 흔히 표현한다. 또한 인도의 우파니사드 철학 이후로 인정된 윤회를 붓다는 인정했다.

그러면 해탈이나 열반하기까지 윤회하는 주체 즉 중생은 동일한 주체가 있을 때 윤회가 가능한 데 불교의 무아사상은 윤회와 양립 가능한가?

즉 브라만교는 유아 즉 불멸의 영혼이 윤회하는 유아-윤회[soul-reincarnation] 의 입장인 반면에 불교는 영혼을 인정하지 않는 무아-윤회[no-self and rebirth]를 주장한다. 그런데 고정불변의 나라는 존재가 없다면 다음의 의문이 제기되었다.

1. 누가 윤회하며 2. 누가 과보를 받으며 3. 누가 열반을 이루는가?

■ 윤회에 관련된 사항 정리
1. 윤회설 The doctrine of samsara[reincarnation / rebirth / transmigration]
2. 윤회의 의의
   (1) 윤회에 대한 용어는 다음 두 가지이다.
   산스크리트어 : samsara 또는 punar-bhava / 빨리어: samsara 또는 puna-bbhava이다.
   1) 먼저 "samsara"는 "sam"과 "sara"가 결합된 말로서 함께(together)라는 뜻의 sam과 빠르게 움직이다(move fast) 또는 흐르다(flow), 건너다(cross)라는 뜻을 가진 sara의 합성어인 것이다. 이 말이 종교적 용어로 사용되어 다시 태어남을 의미하게 되었다.
   Samsara에 대한 범어영어사전을 보면 다음과 같다.

▶ samsara: the cycle of death and rebirth / the turning of wheel, to revolve, i.e. transmigration in the six ways, the wheel of transmigration.
  2) 다음 punar-bhava는 다음과 같다.
  punar=again, repeatly + bhava=coming into existence[birth / origination / production] → 다시+존재=1. born again 2. new rebirth / transmigration [S-E 633]

(2) 윤회에 대한 영어단어
  1) transmigration U 이주 (영혼의) 환생, 윤회
    ▶ transmigration: passing of a soul into a different body after death
  2) reincarnation
    1. 재생, 윤회輪廻.
    2. 영혼의 재생 영혼의 다시 태어나기(the rebirth of a soul in a new body.)
    3. C 화신 (사물의) 재생(a person or animal in whom a particular soul is believed to have been reborn)
  3) metempsychosis 1. 윤회, 영혼 이체移體 2. (영혼의) 재생, 전주轉住.
    ▶ metempsychosis : the supposed transmigration at death of the soul of human beings or animal into a new body

위에 언급된 transmigration, reincarnation, metempsychosis는 인도의 전통적인 힌두교적 윤회, 즉 불변의 영혼이 새로운 몸에 이전하는 것을 의미하며, 불교에서는 찰나 찰나 변하는 의식이 새로운 몸에 이전하는 재생을 주장하므로 위의 단어보다 rebirth, re-becoming, transmission 등의 단어를 사용한다. 그러나 정확한 구분 없이 사용하는 것이 현실이다.
※ 전생前生 previous[former / past] life[existence]
※ 전생체험을 하다 experience one's past life.
※최면으로 전생을 들여다보다 see one's past life through hypnotic regression

■ hypnotism 최면술, 최면상태(hypnosis). (강렬한) 매력, 암시력 ▶hypno-therapy 최면술요법
▶최면회귀요법 hypnotic regression therapy ▶연령역행 age regression
▶전생회귀요법 the technique of far age regression
※ 이것이 다 전생의 업보인 것 같다. This is probably all karma from the past life.
※ 우리는 전생에 인연이 있었던 것이 틀림없다.
We must have a karmic connection from a previous life / We must have some connection from a previous life.

> ※ 전생을 믿습니까?
> Do you believe in a previous life? / Do you believe that you can be born again?
> ※ 전생에 당신은 무엇이었을 것이라고 생각하세요?
> What do you believe you were in a previous life?
> 내가 전생에 무슨 업이 많아서 이런 일이 생긴 건지 알 수가 없네요.
> I wonder what bad karma I have from my previous life for something like this to happen.

힌두교의 윤회는 불변의 자아(attman) 즉 영혼(soul)이 내생에서 다른 육체로서 태어나는 것 즉 재육화再肉化(reincarnation)하는 것을 윤회라 한다.

불교의 윤회는 찰나 찰나 변화과정[상속 samtati[S] / santati[P] : continuity] 속의 존재(인연의 모임에 의한 오온)가 다시 태어나는 것 즉 재생(rebirth)을 윤회라 한다.

프랑스학자 루이 드 라 발레 뿌생(L.de La Valle-Poussin)은 힌두교의 윤회의 요건 중 고정불변의 영혼이 다시 육체에 들어가는 것과 관련하여 불교는 아트만 즉 영혼을 부정하기 때문에 그 요건을 충족시키지 못하므로 "윤회는 없지만 새로운 생존(punar-bhava)은 있다"는 표현을 하기도 한다.

그런데 초기불교의 주석서에서는 "5온, 12처, 18계가 연속하고 끊임없이 전개되는 것을 윤회(samsara)라 한다고 정의하므로 samsara라는 말도 불교에서는 그대로 사용하였음을 알 수 있다.

앞에서 말했듯이 서양의 문화에서는 불교의 무아윤회에 걸맞는 단어가 없어 학자들 중에는 transmigration[이주] 이나 reincarnation(재육화)대신 re-existence, re-becoming , rebirth, transmission[전달], renaissance[재생]라는 단어를 쓰기도 한다

한편 우리가 쓰는 재생, 환생, 재육화 등의 용어도 그 의미가 완전히 통일되어 있지 않아서 앞으로 해결해야 할 문제다

2. 윤회이론의 요소

1. 재생사상
2. 재생의 원인으로서 업(karman)
3. 해탈사상
4. 재생의 주체인 아트만(atman)과 이 아트만이 해탈할 때 결합하게 되는 브라흐만(Brahman) 등이다

힌두교나 자이나교에서는 윤회의 주체로서 아트만(atman)이나 지바(jiva)를 인정한다. 즉 두 사상은 유아론을 주장하므로 유아-윤회의 입장으로서 불교의 무아-윤회와는 대립된다.

아래에서는 2, 3번째 요건인 업과 해탈에 대해 간략히 언급하고 재생의 주체에 대한 불교내의 견해들을 살펴보자.

(1) 업
붓다는 중아함경에서 다음과 같이 말했다
"나는 일부러 짓는 업이 있으면, 나는 반드시 그 갚음을 받되 현세에서 받거나 후세에서 받는다고 나는 말한다. 만일 일부러 지은 업이 아니면, 나는 반드시 그 갚음을 받는다고 말하지 않는다"
그리고 남방 빨리 경전 Anguttaranikaya[증지부]에서 이렇게 말했다.
"업이란 무엇인가? 업이란 의도[cetana]이다"
결론적으로 업은 윤리적으로 선하거나 악해야 하고 또한 의도적인 것이다

(2) 해탈
해탈은 moksa[S] → muk = 1) release [놓아주다] 2) liberate[해방하다]에서 유래했으며 mukti(해방)도 유사어로서 사용되기도 한다.
초기의 베다에서는 해탈이 "요절하지 않다"말로서 사용되었으며, 구체적으로 말해서 "100세까지 살다"의 뜻이었다. 후기 우파니사드에서 윤회를 인정한 후에는 의미가 바뀌어 윤회의 굴레에서 해방됨의 뜻으로 바뀐다.

3. 무아와 윤회에 관한 불교이론 → 윤회의 주체
(1) Pudgala[S]이론 The theory of pudgala
1) 잡아함 중담경에 보면 다음의 글이 나온다.
"나는 이제 무거운 짐과 짐을 가짐과 버림과 짐꾼에 대해 말하리니…….
무거운 짐이 오온이니…. 어떤 것이 짐꾼인가. 이른바 pudgala가 그것이니…"
여기에서 붓다가 우리의 존재를 구성하는 5온과 구별되는 어떤 존재를 인정하고 있음을 볼 수 있다.
2) pudgala의 본래 뜻은 개인(an individual)이라는 뜻이다.
한역에는 보특가라補特伽羅로 음역하거나 수취취數取趣로 의역한 경우를 볼 수 있다

수취취란 중생이 윤회의 과정에서 업에 따라 5취 즉 5도[지옥, 아귀, 축생, 인간, 하늘]에 나아가므로 붙인 이름이다.

3) 이상의 경에 근거해서 "pudgala이론의 지지자(pudgalavadin)"은 5온과 동일하지도 않고 다르지도 않다는 이론을 만들어 낸다.

붓다의 무아설에 벗어나지 않고 동시에 업의 과보를 받는 존재이자 윤회의 주체를 설명하는 입장이다.

(2) 식識 vijnana이론 The theory of consciousness

초기불교의 식은 일반적으로 atman이나 jiva와 같은 불변적이고 상주하는 어떤 것이 아니라 순간적으로 일어났다 사라지는 정신적 현상이다.

그러나 한편 atman과 같은 "생명원리"로 취급하여 윤회의 주체처럼 언급하는 부분도 있다

1) 중아함, 증일아함에 언급된 인간이 수태하기 위한 3가지 조건

  1. 부모가 한 곳에 모일 것
  2. 식이 어머니 태에 들어 갈 것
  3. 출생 때까지 식이 모태를 떠나지 않을 것

2) 증일아함

한 왕의 간청에 의해서 제석환인은 천상에서 Subuthi천자에게 그의 식을 왕비에게 내려가게 해서 그 왕의 아들로 태어나도록 요청한다.

3) 잡아함

열반을 얻기 전에 죽은 사람의 식을 악마(mara)가 잡아갈 수 있는 것으로 말하고 있다.

4) 소결론

이상에서 식은 육근, 육경과 관계없이 홀로 존재할 수 있으며[위의 1, 2, 3], 이동이 자유로우며[위의 2], 어떤 크기를 가진다[위의 3].

> ■ 참고
> 초기경전에서 식이 육식六識과 같은 의미로 쓰일 때는 그냥 식이라고 쓰지만 영혼과 같은 의미로 쓸 때는 신神, 식신識神, 신식神識이라는 말을 사용하기도 하며 때로는 중음중생 즉 간다르바(gandharva)라고 부르기도 한다.

(3) 상속(samtati) 이론 The theory of a mind-continuum[continuity]

  1) 상속이론에 의하면 어떠한 영혼도, 어떠한 정신적 물질적 요소도 한 생에서 다른 생으로 이동하지 않는다.

    According to the theory of continuity, a certain soul or mental material does not transmit or move from the present life to another life.

    업 때문에 더러워지기도 하고 깨끗해 지기도 하는 것이 상속이다.

    It is continuity that is defiled or purified due to karma.

    상속은 매 순간 마다 변한다.

    Continuity changes every moment.

    실체적인 존재가 없음에도 불구하고 이 상속은 존재가 죽어도 끊어지지 않고 계속된다.

    Although there is not substantial existence, its continuity successes without end after death.

    그것은 자립적이다.

    It is self-reliant.

    왜냐하면 그 자체 속에 계속의 원리가 있고 그것은 업에 의해 계속되기 때문이다.

    Because it have the principle of succession in itself, and then continue by the karma.

    그러므로 atman과 jiva와 같은 존재가 없이도 윤회와 과보의 법칙은 흔들리지 않고 존재한다.

    Therefore the principle of reincarnation and karma effects, or retribution for the deeds of a former life without existence such as atman or jiva.

  2) 경전상의 근거

    1. 잡아함 제일의공경

      "유업보무작자 차음멸이 이음상속有業報無作者 此陰滅已 異陰相續

      업과 과보는 있지만 그것을 짓는 자는 없다. 이 존재가 사라지면 다른 존재가 계속된다."

    2. Anguttaranikaya : 남방 빨리 경전 증지부

      산 개울물의 비유 : "산 개울물은 한 순간의 흐름을 멈추지 않고 쉼 없이 계속 흐

르면서 내려간다. 바라문아, 이처럼 사람의 삶도 이 산 개울물과 같은 것이다."
   3. 장아함경 : 상속과 과보에 대한 경전상의 근거
   "비유하면 우유와 같다. 우유는 변하여 낙酪이 되고, 낙은 생소가 되고, 생소는 숙소가 되고, 숙소는 제호가 된다"
   **우유.... → 제호 : 동일성은 없지만 상호간의 불가분성은 있다.

(4) 결론

상속이론은 pudgala theory과 vijnana theory보다 그럴 듯 하고 무아이론과 가장 일치한다. 이리하여 무아이론과 윤회신앙은 양립하게 된다.

다시 말해서 붓다의 무아론은 단멸론을 의미하지 않으며 또한 상주론을 인정하지도 않는 의미로서 중도법과 아울러 해석하여야 하므로 상속이론이 가장 타당한 이론으로 다수의 지지를 받았다.

그러나 pudgala이론과 식이론이 효력을 상실한 것이 아니었으며 당시의 불교의 부파들은 각각 나름의 견해를 견지하면서 나아갔다.

1. pudgala 이론 : 독자부, 정량부.
2. 식이론 : 장로부.
3. 상속이론 : 설일체유부, 경량부.

그리고 유아-윤회와 무아-윤회는 아직도 진행 중인 논쟁거리다.

유아와 무아의 논쟁과 윤회의 인정과 부정은 각각 논쟁대상이면서 복합적인 논쟁대상이어서 쉽게 해결될 문제는 아니다.

무아와 윤회에 관한 책으로는 윤호진(스님), 무아윤회문제의 연구(민족사)와 한자경. 자아의 연구(서광사)를 추천한다.

6. 밀린다팡하 Milinda-panha : 밀린다왕문경=나선비구경
The questions of King Milinda / King Milinda's questions

1. 개념
먼저 밀린다는 왕의 이름이며 팡하(panha[P])는 질문(question)이라는 뜻이므로 흔히 밀린

다왕문경彌蘭陀王問經 이 경은 남방 불교문헌의 모음집인 삼장三藏(Ti-pitaka[P])에 포함되어 있는 것으로 부파불교시대에 상좌부의 견해를 대변하는 것으로 평가를 받고 있다.

"이 경은 밀린다왕과 나가세나라는 스님과의 대화형식으로 이루어져 있다. This sutra is composed in the form of a dialogue between a monk Nagasena and King Milinda."

다시 말해서 서북 인도의 그리이스 계통의 국가인 박트리아[Bactria]의 왕 밀린다[Milinda: 원래 이름은 Menandros]와 장로 나가세나[Naga-sena (?~?)]와의 대화를 기록한 문헌이다. 밀린다의 생몰연대는 프랑스 학자 라모뜨의 주장에 의하면 163~150 B.C으로 추정하고 있다. 이 논서는 옛부터 최고의 논서로 취급 받았으며, 기원 후 4~5세기에 활동한 대승불교 유식학의 중심인물인 바수반두[Vasubandu : 세친世親]와 남방 불교의 발전에 크게 기여한 붓다고사[Buddhagosa : 불음佛音]가 이 문헌을 언급하며 인용하기도 하였다.

중국에서는 나선비구경那先比丘經이라는 이름으로 2권본(고려대장경에 있음)과 3권본(송나라 대장경에 있음)의 한역이 있으며, 2권본은 우리나라 고려대장경에 수록되어 있고, 팔리본은 7권인데 -3권외의 나머지부분은 나중에 첨가- 한역본과 대조하면 3권까지는 서론에 해당하는 부분으로서 서로 다르지만 쌍방의 대화를 나눈 본문은 거의 일치한다.

그리고 경이라는 이름을 붙일 수 없지만 -빨리 삼장 안의 법구경이나 숫타니파타와 같이 붓다가 직접 설하신 것이 아니므로- "경"이라는 말을 중국 역경가들이 붙였다. 그리고 성립시기에 대하여는 기원전 1세기~기원 후 1세기 사이로 보는 것이 일반적이다.

2. 무아와 윤회 no-self and reincarnation.

왕 : (밀린다) 왕이 나가세나 스님에게 묻는다.

　　다시 태어난 자와 죽은 자는 같습니까, 다릅니까?

　　The King said to Nagasena.

　　Is there the difference between the deceased and the one who is born again.

> ■ 미린다 팡하를 처음으로 영역한 Rhys Davids는 위의 부분을 다음과 같이 번역했다. The king said : 'He who is born, Nagasena, does he remain the same or become another?

나 : 동일한 것도 아니고, 다른 것도 아닙니다

　　Neither the same nor another.

왕 : 비유를 들어 설명해 주십시오

Give me a illustration.

나 : 왕이시여, 어떻게 생각하십니까?

　　　갓난아이였던 대왕과 성인이 된 지금의 대왕은 같습니까?

　　　Now what do you think, O King?

　　　You were once a baby. Was that the same as you who are now grown up?

왕 : 아닙니다 어릴 적 나와 다릅니다.

　　　No. That child was one, I am another.

나 : 1. 대왕이 어릴 적 아이와 다르다면 어머니도 아버지도 또한 스승조차도 없었다는 결론에 이르게 됩니다.

　　　　If you are not that child, it will reach a conclusion that you have had neither mother nor father, nor teacher.

　　2. 그렇다면 학문이나 품행 그리고 지혜를 배울 수 없었다는 것이 됩니다.

　　　　If so, you cannot have been taught either learning or behavior, or wisdom.

　　3. 어릴 적 어머니와 성인이 된 지금의 어머니는 다릅니까?

　　　　Is the mother of the baby a different person from the mother of the grown-up man?

왕 : 그렇지는 않습니다. 그런데 무슨 까닭으로 그런 말씀을 하십니까?

　　　Certainly not. What would you, Sir, say to that?

나 : 나는 어릴 적 나와 지금의 나는 동일한 것이라고 말할 수 있습니다.

　　　왜냐하면 이 모든 상태 -과거와 현재 그리고 그 과정-는 이 몸에 의지하여 비롯된 한 몸이기 때문입니다.

　　　The Elder replied: I should say that I am the same person, as in my childhood. For all these states-the past, present, and the process between two-are included in one by means of this body.

왕 : 좀 더 구체적인 예를 들어 설명해주세요.

　　　Please give me a more detailed example.

나 : 여기 어떤 사람이 등불을 켠다고 합시다. 그 등불은 밤 새도록 탈 것입니다.

　　　Suppose a man, O King, were to light a lamp, would it burn the night through?

왕 : 예. 그렇습니다.

　　　Yes, it might to do so.

나: 그러면 첫 번째 불꽃과 두 번째 불꽃은 같습니까?

Now, is it the same flame that burns in the first watch of the night, and in the second?

왕: 아닙니다.

No.

나: 두 번째와 세 번째는 같습니까?

Or the same that burns in the second watch and in the third?

왕: 같지 않습니다.

No.

나: 그러면 첫 번째, 두 번째, 세 번째의 불꽃들은 다른 것입니까?

Then is there one lamp in the first watch, and another in the second, and another in the third?

왕: 아닙니다. 그 불꽃들은 같은 등불에 의해 나온 것으로 밤새도록 탈 것입니다.

No. the light comes from the same lamp all the night through.

나: 그와 같이 인간이나 사물도 지속되는 것입니다.

Just so, O King, is the continuity of a person or thing maintained.

하나가 나타나면 다음의 존재가 사라집니다.

One comes into being, another passes away.

윤회도 그와 다를 바가 없습니다.

The rebirth is, as it were, the same.

이것은 마치 우유와 같이 소에서 우유를 짜낸 우유가 얼마 후 처음에는 응유가 되고 다시 버터로, 그리고 정제된 버터로 변합니다.

It is like milk, which when once taken from the cow, turns, after lapse of time, first to curds, and then from curds to butter, and then from butter to ghee.

저 우유가 응유, 버터, 정제된 버터들과 같다고 하면 그 말이 옳다고 생각하겠습니까?

Now would it be right to say that the milk was the same thing as curds, or the butter, or the ghee.

- curd n.응유, 응유모양의 물질. vt, vi 응유를 만들다, 응유가 되다. 피등을 응고시키다
- ghee (인도에서)기 : 일종의 액체형태의 버터.

왕 : 아닙니다. 그러나 그것들은 우유에서 비롯된 것입니다.
　　Certainly not, but they are produced out of it
나 : 대왕이시여, 이와 같이 사람이나 사물의 지속도 이와 같습니다.
　　Just so, O King, the continuity of a person or thing maintained thus.
왕 : 잘 알겠습니다.
　　I see it all now

■ 우유牛乳 : 불교경전에 우유는 아래에서 설명할 5가지의 맛 즉 오미五味에 관한 이야기로서 자주 나오며 비유적 설명의 방법으로 많이 언급된다.

앞에서 언급했던 잡아함경의 제일의공경第一義空經에 무아와 업에 대해서 "업과 과보는 있지만 그것을 짓는 자는 없다. 이 존재가 사라지면 다른 존재가 계속된다. 유업보이무작자有業報而無作者 차음멸이 이음상속此陰滅已 異陰相續"라는 표현이 나오는데 이러한 내용을 쉽게 예를 들어 설명하는 대표적인 경우가 우유에서 제호로 변화하는 과정에 대한 것이다.

장아함경에는 아래처럼 우유의 숙성 과정이 나오는데 마지막의 제호는 최고의 우유 정제품으로 불교에서는 최고를 뜻하거나 대승불교에서는 불성을 상징하기도 한다.

소에서 짠 우유는 차례대로 우유 → 낙酪(진한 유즙 락) → 생소生酥(酥 정제한 우유 소) → 숙소熟酥 → 제호醍醐(맑은 술 제 / 잘 숙성시킨 우유 호)로 변해가는 과정을 통해 비동일성[difference]이면서 불가분의 관계[an seperable relationship]를 설명하고 있다.

대승경전 중 열반경에서는 5가지의 우유의 맛을 1. 십이부경 2. 수다라경 3. 방등경 4. 반야경 5. 열반경이라 하여 열반경이 제호와 같다라고 언급하고 있다.

---

7. 무아와 윤회에 관한 Dalai lama의 견해

달라이라마는 무아와 윤회의 관계에 대해서 이 두 가지는 서로 모순되는 것이 아니라고 하면서 "불교에서 말하는 무아란 실체적 자아가 없다는 의미이지 연기적 자아는 분명히 존재하며, 이 연기적 자아는 윤회를 계속한다"라고 말한다.

"실체적 자아(substantial self)"란 "변하지 않고 상주하는 자아(an unchangible and permanent self)"로서 다른 것에 의존하지 않는 즉 "절대적, 독립적, 분할할 수 없는 단일의 자아(absolute, independent, indivisible, and single self)"를 의미한다.

연기적 자아(interdependent self)란 무자성無自性(selflessness / naturelessness / the absence of inherent existence) 즉 상호의존성(interdependency)과 상호관련성(interconnectedness)를 의미하며 흔히 공空(emptiness)이라 부른다.

그러므로 무아는 존재의 소멸이나 완전한 무아를 의미하는 것이 아니라 아我(self)에 대한 이해방식의 근원적 변화이며, 마음의 소멸이 아니라 마음의 혁명이다.

또한 달라이라마는 윤회하는 것은 "미세한 마음(subtle mind)"으로서 그것은 "찰나적 생멸(momentary birth and death)" 속에서 계승되는 것이라고 말한다.

그리고 뇌사 상태에 빠진 경우 상식적 의식은 소멸되어도 미세한 마음은 지속되며 인간의 업장은 미세한 마음에 영향을 미치고 이것은 죽어서 다시 태어나기 까지의 상태를 말하는 중유상태 즉 바르도(bardo) 상태에 영향을 미친다고 한다.

- 티벳 불교의 부파 중에 달라이 라마가 소속된 겔룩파는 쫑카파에 의해 창시되었는데 쫑카파는 신라시대 중국에서 명성을 날리고 현장법사의 제자이기도 하였던 원측스님의 유식학에 영향을 받아서 유식에 관한 여러 저서를 남겼으나, 중관학을 중심으로 교학체계를 세운 탓인지는 모르지만 현재 티벳불교에서는 유식학에 대해서 상대적으로 소홀하다는 느낌이다.
- 참고로 불교 TV를 통해 본 내용을 소개한다. 오래 전에 한국의 스님이 달라이라마에게 공(emptiness)에 대해 어느 정도 이해하고 있는가라고 질문을 하자 그는 공에 대한 자신의 이해수준은 유치원생 수준이라고 겸손하게 말하였다.

8. 업과 윤회 그리고 해탈
-Wapola Rahula의 What the Buddha taught. p. 32~34-

빨리어로 kamma, 산스크리트어로 karma("하다"라는 의미의 어근 kr에서 유래) 인 업은 문자상으로 행위 또는 함을 의미한다.

The Pali word kamma or the Sanskrit word karma(from the root kr to do) literally means acton, doing.

그러나 불교의 업설에서 업은 불교 고유의 의미를 지녔다

But in the Buddhist theory of kamma it has a specific meaning:

그것은 모든 행위를 의미하는 것이 아니라 의도적 행위를 가리킨다.

It means only volitional action, not all action.

또한 많은 사람들이 잘못 알고 마음대로 사용하는 업이란 말은 업의 결과[업보 kamma-phala]를 의미하지 않는다…….

Nor does it mean the result of karma as many people wrongly and loosely use it.

갈애(목마름), 의도(의지). 업은 이롭거나 해롭거나 간에 그 결과를 내는 하나의 힘을 갖고 있다

Thirst, volition, karma, whether good or bad has one force as its effect.

업의 이론은 작용과 반작용의 인과론이다.

The theory of kamma is the theory of cause and effect of action and reaction:

그것은 자연의 법칙이다 it is a natural law.

……………………………….

우리는 존재란 정신적. 육체적 힘 또는 에너지의 결합체에 불과한 것임을 앞에서 보았다.

We have seen earlier that a being is nothing but a combination of physical and mental forces or energies.

우리가 죽음이라고 부르는 것은 육신의 기능이 완전히 멈추는 것이다.

What we call death is the total non-functioning of the physical body?

육신이 기능이 소멸하면서 이 모든 힘과 에너지가 완전히 정지하는가?

Do all these forces and energies stop altogether with the non-functioning of the body?

불교는 아니다라고 말한다…….

Buddhism says No.…….

불교에 의하면 육신의 기능소멸 즉 죽음에 이르더라도 이 힘은 멈추지 않는다.

According to Buddhism, this force does not stop with non-functioning of the body, which is death;

그 대신 계속 다른 형태로 자신을 드러내어서 윤회라 부르는 다시 존재함을 이룬다

But it continues manifesting itself in another form, producing re-existence which is called rebirth.

이제 또 다른 의문이 일어난다.

Now, another question arises:

자아나 영혼같이 영원 불변의 실재나 실체가 없다면 사후에 다시 존재하거나 다시 태어나는 것은 무엇인가?

If there is no permanent, unchanging entity or substance like self or soul(atman).
What is it that can re-exist or be reborn after death?

……………………………….

이들은(=오온은) 끊임없이 변화한다……… 그것들은 모든 순간마다 태어나고 죽는다(찰나생 찰나멸刹那生 刹那滅).

"모임들이 생겨나고 늙고 죽을 때, 오 비구여, 이 순간마다 너는 태어나고 늙고 죽는다"

These are constantly changing……… every moment they are born and they die.
"When the Aggregates arise, decay and die, O bhikkhu, every moment you are born, decay and die."

이 육신이 더 이상 기능을 할 수 없을 때에도 그 에너지는 육신과 함께 소멸되지 않고 어떤 다른 모습이나 형태를 취해 계속 유지된다. 그것을 우리는 다른 생애라 부른다.

When this physical body is no more capable of functioning, energies do not die with it, but continue to take some other shape or form, which we call another life.

원하고 변하지 않은 실체가 없듯이 한 어느 것도 한 순간에서 다음 순간으로 그냥 지나가는 것은 없다……. 그것은 중단되지 않고 매 순간 계속해서 변화하는 일련의 과정이다.

As there is no permanent, unchanging substance, nothing passes from one moment to the next.
It is a series that continues unbroken, but changes every moment.

일련의 과정은 참으로 움직임일 뿐이다.

The series is, really speaking, nothing but movement.

그것은 밤새도록 타는 불꽃과 같다: 불꽃은 같은 것도 아니고 다른 것도 아니다.

It is like a flame that burns through the night : it is not the same flame nor is it another.

어린이가 자라 예순 살의 노인이 된다.

A child grows up to be a man of sixty.

분명 예순 살의 노인은 60년 전의 어린이와 같지 않지만 다른 사람도 아니다.

Certainly the man of sixty is not the same as the child of sixty years ago, nor is he another person.

이와 같이 여기서 죽어 다른 곳에 태어난 사람은 같은 사람도 아니면서 다른 사람도 아니다.

Similarly, a person who dies here and is born elsewhere is neither the same person, nor another.

그것은 같은 계열의 상속(=연속)이다.

It is the continuity of the same series.

생사의 차이점은 한 순간의 생각일 뿐이다.

The difference between death and birth is only a thought-moment :

이 생애에서 마지막 순간의 생각은 이른바 내생에서 첫 순간의 생각이 일어나는 조건이 된다.

The last thought-moment in this life conditions the first thought-moment in the so-called next life.

■ 마지막 순간의 생각은 아래 bhavanga참조

…………

존재하려 하고 생성하려 하는 이 갈애(목마름)가 존재하는 한 윤회는 그치지 않는다.

As long as there is thirst to be and to become, the cycle of continuity(samsara) goes on.

오로지 실재, 진리. 열반을 보는 지혜로써 이 추동력, 즉 갈애를 소멸시켰을 때만 윤회는 멈출 수 있다.

It can stop only when its driving force, this thirst, is cut off through wisdom which sees Reality, Truth, Nirvana.

9. 바왕가(Bhavanga)와 바르도(Bardo)

– 아래에는 남방 상좌부와 북방 티벳불교에서 사용하는 개념인 바왕가와 바르도를 통해 그들 고유의 불교전통을 알아보도록 하자.

1. 바왕가 Bhavanga

–남방 상좌부불교의 논서에 등장하는 용어로서 중요한 부분이므로 숙지하여야 한다.–

바왕가란 이른바 무의식 상태나 깊은 숙면 상태의 경우와 같이 정신활동이 전개되지 않을 때라도 여전히 존재하는 잠재적인 마음을 말한다.

The bhavanga is an inactive level of mind that is still present when no mental activity is occurring, as in the case of so called unconsciousness or deep sleep.

바왕가는 죽어가는 사람과 윤회사이를 연결하는 역할을 담당하는 마음이기도 하다.

The bhavanga is also the level of mind that makes the link between a dying person and the rebirth.

테라바다 즉 상좌부에서는 죽음과 윤회사이의 중유를 인정하지 않는 반면 이 중유설은 설일체유부에서 채용된 교설로서 티벳의 사자의 서와 같은 문헌을 신봉하는 티벳인에 의해 서양에 익숙한 이론이다.

The Theravada denies that there is any intermediate state between death and rebirth, a theory accepted by Sravastivada and more familiar in the west from its espousal by Tibetans in works like the Tibetan book of the death.

이러한 바왕가는 개개인의 경우 일생 동안의 모든 경험과 연결되어 있으며 윤회의 연결고리의 역할을 하는 근본적인 의식이다.

The particular bhavanga is thus the basic level of mind of an individual, linking together all experiences of lifetime, making the connection between death and rebirth.

2. 바르도 Bardo[T] : 중유 antara-bhava[S]

– 바르도와 바르도 퇴돌에 대한 이해를 위해 먼저 인도불교에서 시작된 사유설 과 중유 그리고 중유의 기간을 먼저 알고나서 티벳의 49일 중유설 즉 바르도에 대해 공부하자.–

(1) 사유설四有說

윤회의 세계를 맴도는 중생은 임신의 일찰나인 생유生有(rebirth in the ordinary state)와 죽음의 일찰나인 사유死有(death state) 그리고 새유와 사유 사이의 기간에 해당하는 기간인 본유本有라는 세 단계를 가지게 되는데 이것을 삼유三有라고 하며, 위에서 본 바와 같이 상좌부는 중유를 인정하지 않으므로 삼유로 끝나지만 설일체유부 등의 학파는 중유를 인정하므로 사유설에 해당한다. 참고로 임사체험의 연구자로 유명한 미국의 무디(Moody)박사는 다음과 같은 말을 했다.

"환생이 일어나려면 이전의 육신에서 분리되는 시기와 새로운 육신으로 들어가는 시기 사이에 다른 세계에 머무르는 중간의 시기가 있어야 할 것 같다.

If the reincarnation does occur, it seems likely that an interlude in some other realm would occur between the time of separation from the old body and the entry into the new one."

(2) 중유의 기간

중유의 기간에 대하여는 대비파사론에 4가지의 설이 나온다.
1. 단기간설 – 이 설은 특별한 설명이 없어 애매모호하다.
2. 칠일설 – 인도의 고승 세우世友가 주장
3. 사십구일설 – Ksemadatta[S]가 주장

   이 설이 가장 많은 지지를 얻어 북방불교에 영향을 끼쳐서 한.중.일 삼국의 49제의 기원은 여기서 유래하며 티벳의 사자의 서도 이 기간에 근거하여 저술된 서적이다.
4. 불특정설 – 인도의 고승 각천覺天이 주장

   초심리학(이른바 심령과학metapsychology)의 주장이나 무속인(shaman)들의 주장은 이 설과 일치한다.

이 설에 따르면 죽으면 곧 바로 태어나기 때문에 49제라는 의식 자체가 없는 남방 상좌부의 견해와는 다르게 오랫동안 특정지역을 벗어나지 않고 머무는 존재가 있을 수 있으며 –초심리학에서는 이것을 지박령地縛靈(*묶을 박)이라 한다)– 때로는 몇 겁 동안 중유상태에 있을 수 있다는 결론에 도달한다.

3. 바르도의 의의

(1) 문자 그대로 중간상태[단계] 내지는 중간상태의 시간 혹은 시간 또는 그러한 단계에 있는 존재라는 뜻이다.

lit. in-between state = intermediate state[stage] or intermediate space or time 또는 the middle existence during interval from death to rebirth.

(2) 티벳어 Bardo에서 Bar는 "사이-between, gap"이며, do는 "허공에 걸려있다 hang in the space" 또는 "내버리다 leave sb[sth] alone[unattended]"이다.

이것은 "의식이 육체를 내버리거나 허공에 걸려있는 것" 즉 의식이 육체를 이탈하는 장면을 묘사한 것이라 한다.

중유 또는 중음에 해당하는 범어는 antra-bhava이다.

존재라는 의미를 강조할 때는 중음신中陰身 즉 Bardo being을 쓰기도 하며, 이 말에 해당하는 범어는 antara-bhava-skandha 또는 antara-bhava-sattva로 추정된다. 한역에서는 중유는 사유와 생유 사이의 기간을 중음은 그 기간 사이의 존재를 가리키는 말로 구분하기도 하며, 때로는 중음에서의 음은 사후세계로 해석하는 경우도 보인다.

> 위에서 언급한 범어들은 불교에서 중요한 용어이므로 반드시 숙지하기를 바라는 측면에서 범어사전에 나오는 내용을 정리해 보았다. -S-K사전 44. 748, 1256 각각 참조-
> - antara : in the middle, among, between
> - bhava : coming into existence, birth, production, origin
>   (with Buddhist) continuity of becoming(a link in the twelvefold chain of causation)
> - antara bhava-sattva : the soul in its middle existence between death and regeneration
> - skandha : a troop, multitude, quantity, aggregate, (with Buddhist) the five constituent elements of being -1. rupa(색)-bodily form 2. vedana(수)-sensation 3. samjna(상)-perception 4. samskara(행)-aggregate of formations 5. vijnana(식)-consciousness or thought-faculty

중中이란 죽음의 순간 즉 사유死有와 다음의 생을 받는 순간 즉 생유生有 사이의 기간을 의미하며 중유는 (1) 중음中陰 (2) 향음香陰 (3) 중온中蘊 (4)식향食香 등으로도 불리는데 중이나 온은 여러가지가 모인 것 즉 무더(aggregate)를 의미하며, 음은 저승세계를 뜻하고, 향이라는 말이 나오는 것은 중음은 향을 먹기 때문이라고 한다.

그리고 중음상태의 몸 즉 중음신(the rainbow body / consciousness body)으로서 간다르바(gandharva[S] 건달바乾闥婆)라고도 불리는데 원래 인도의 베다 시대의 전설에 나오는 음악신音樂神이었으나 불교에 수용되어 불교의 수호신으로서 천룡팔부天龍八部 중의 하나이며 -제2권 불교문화 부분 참조 바람- 향을 먹기 때문에 중음의 다른 명칭으로도 사용되었다.

4. 중유의 유형

위에서 설명한 바와 같이 중유는 공간적, 시간적 개념에 통용되는 의미로서 "사이"라는 의미라고 기술하였다. 또한 의식과 의식 사이의 순간적 간격도 중유라고 한다.

그래서 건물과 건물 사이, 일몰과 일출 사이, 의식과 의식 사이를 각각 공간의 중음, 시간의 중음, 의식 사이의 중음이라 부른다. -바르도 퇴돌의 중음은 죽음 이후의 중음을 다룬다-

그래서 토대로 바르도 퇴돌[死者의 書]에는 6가지로 정리하고 있다.

The Shambala Dictionary of Buddhism and Zen의 17쪽에 6가지의 종류만 나열하고 있는 바, 간단히 설명을 덧붙이니 기본적 개념을 먼저 숙지하기 바란다.

1. The bardo of birth 생전의 의식상태 : 생처중음生處中陰 살아있을 때의 의식 상태이다.
2. Dream bardo 꿈 상태의 중음 : 몽리중음夢裡中陰(*裡(속 리) 잠이 들어 깰 때까지의 의식 상태이다.
3. The bardo of meditation 선정의 의식상태 : 선정중음禪定中陰 선정은 끝나면 선 수행 중의 의식상태가 중지한다.
4. The bardo of the moment of death 사망 직후의 의식상태 : 임종중음臨終中陰 임종 후 약 3일 반 또는 4일 동안 무의식 상태에 있다.
5. The bardo of supreme reality 죽음의 실상을 보는 단계 : 실상중음實相中陰 무의식 상태에서 깨어나 의식을 회복하여 다시 태어날 때까지의 상태이다.
6. The bardo of becoming 다시 태어나기 위해 자궁의 태속에 들어갈 때의 의식상태 : 투생중음投生中陰 모태에 들어간 자는 잉태가 되어 출생하여 또 다시 윤회를 시작한다.

5. 바르도의 특성

중유의 기간 중에 의식의 흐름은 새로 태어나기 위해 정신적 몸의 형태로서 떠다닌다.

During the intermediate period one's mind-stream wanders in the form of a mental body.

바르도는 밀교수행에서 중요한 또 다른 수행의 기회로 간주되는데, 그 이유는 죽음에서 바르도 즉 중유의 상태로 변형되는 그 시점에서 의식속의 청정한 빛이 현출되기 때문이다.

The bardo is considered to be another important opportunity for Tantric practice, or esoteric practice, for it is at the point of transition from death into the bardo that the clear light nature of consciousness becomes manifest.

■ esoteric 1. 비밀의, 은밀한(private) 2. 〈문학 등이〉 심원한(profound) 3. 〈교양, 무예 등이〉비전秘傳의 ▶exoteric〈종교적, 철학적 학설 등이〉 현교顯敎적인 폐쇄적이 아닌 공개적인 널리 알려진, 평범한.

■ manifest : adj. 1. (눈, 마음에) 명백한, 분명한. 2. 현재顯在의, 의식에 나타난.
　　　　　　vt. 1. …을 명백히 하다, 분명히 나타내다, 명시하다 …을 나타내다 나타나다. 2. 〈사물이〉 …의 증거가 되다, …을 증명하다.

10. 사자死者의 서書 Bardo thodol[T] The Tibetan Book of the Dead
(1) 서론

바르도 퇴돌은 직역하면 "중유에서 들음을 통한 해탈" 즉 앞에서 설명한 바르도가 중유이고, 퇴돌은 간단히 말해서 "들어서 해탈함"이라고 할 수 있으며, 이에 대한 한문번역은 주 "중음구도밀법", "중유문교득도밀법", "서장중음도망경" 등이 있으나 무난한 번역은 "중음문교구도대법中陰聞教求道大法"이다.

풀이하면 1) 중음상태에서 2) 문교 즉 가르침을 듣고서 3) 구도 즉 해탈의 과정에 들어가는 4) 대법 즉 큰 가르침의 책이라는 뜻이다.

그래서 영국에 1927년에 "The Tibetan Book of the Dead(티벳의 사자의 서)"로 번역되고 또한 Liberation Through Hearing in the Intermediate State(중음상태에서 들음을 통한 해탈)라고도 불리었다.

18세기 초에 서양에 알려진 이집트의 사자의 서가 영문으로 "Book of the Dead"였기 때문에 Tibetan"이라는 말만 앞에 붙여 발간하였는데 제목에 의해서 일반인은 어느 정도 이해를 하였다고 한다.

어쨋든 서양에 알려진 최초의 이 티벳 서적은 티벳 승려 라마 카지 랍둘이 번역하고 Dr.W.Y. Evans Wents(에반스 웬츠 박사)가 편집과 주를 달은 것으로 영문 판본만 50만권이 팔렸다는 것은 그 시대의 관심을 반영하고 있는 것이다.

1차 대전 후 동양의 정신세계에 관심이 대두되고, 신지학과 신비학이 새로운 바람을 일으키던 당시 상황과 맞물려서 서양의 생사관에 큰 영향을 미쳤을 뿐 아니라 새로운 정신세계의 지평을 연 프로이드가 자신의 후계자로 생각했던 C.G.Jung(쿠스타프 칼 융)은 독일어 판 사자의 서(L.Gop fert-March번역)가 출간되자 영문을 통해 이미 알고 연구하던 그는 이 책에 심리학적 관점에서 주석을 쓰기도 하였다.

현재 널리 읽히는 번역본을 소개하면 다음과 같다.

1. The Tibetan books of the dead(1935 발간) – 라마 카지 다와삼둡
2. The Tibetan Books of the dead(1975 발간) – 초감 트룽파 린포체
3. Bardo Teachings the Way of Death and Rebirth(1982 발간) – 라마 로드뢰
4. The Tibetan Book of Living and Dying(1992 발간) – 쇼갈 린포체
5. The Profound Dharma of Natural the Peaceful and Wrathful Liberation through Contemplating(1997 발간) – 갸트룰 린포체

이상의 번역 중에 2와 5가 잘 번역된 것으로 평가 받기도 한다.

(2) 바르도 퇴돌의 의미

앞에서 말했듯이 바르도 퇴돌에서 bardo는 "중유"이고 "thodol"은 "듣는 것을 통한 (영원한) 해탈"이라는 뜻이며, Bardo thodol의 티벳식 표기는 bar-do thos-grol이다. 그래서 영문번역서에서 Bardo-thodol을 "Liberation through hearing in the intermediate state"라고 번역하고 있는 것이다.

"그러므로 이 경전을 임종상태의 사람이나 이미 사망한 사람의 면전에서 읽어주면 죽은 사람이 중유상태에서 겪는 현상들이 모두 자신의 마음 자체에서 드러난 것임을 알아서 깨달음을 얻는데 도움을 준다.

Therefore, reading this book aloud in the presence of someone who is dying or in the living home of the dead isthought to help the dead person to recognize the phenomenal appearances of the bardo as the nature of mind itself and thus attain awakening."

(3) Padma-sam-bhava 파드마삼바바

티벳의 송첸감포왕[King Songtsen Gampo(재위기간 : 617~649)]이 7세기에 불교를 도입한 이후 8세기에 티송데첸왕[King Trinsong Detchen(재위기간 : 742~798)]의 후원아래 유가중관학파로 추정되는 산타락시타[Santarksita(?~780)]와 그가 추천한 파드마삼바바가 티벳에 불교가 뿌리내리는데 결정적 역할을 한다.

자세한 것은 제2권 티벳 불교를 참조하기 바란다.

11. 융의 임사체험 Jung's near-death experience

독일의 카를 구스타프 융(Carl Gustav Jung, 1875~1961)은 프로이드의 후계자로 여겨졌던 학자로서 분석심리학의 토대를 구축했으며 이러한 그의 업적은 종교심리학의 연구에 지대한 영향을 미쳤기 때문에 종교를 연구하는 사람들에게 친숙한 인물이기도 하다.

여기서 다룰 내용은 그의 특이한 임사체험이다.

그는 1944년 초 발이 부러지는 사고를 당하면서 설상가상 심근경색까지 일어나는 상황에서 의식을 잃고 우주공간의 높은 곳에서 지구의 일부분이기는 하지만 "눈부시게 아름다운 푸른 빛으로 싸인 지구(the earth surrounded in a gloriously blue light)"와 "눈으로 쌓인 히말라야(the snow-covered Himalaya)"를 보는 환상을 겪는 중에 자신의 주치의가 나타나서 지구로 돌아와야 한다는 통지를 받고 그의 환상은 끝났다고 술회하고 있다.

그가 환상 중에 바라본 시야를 계산하면 지상에서 1500킬로미터 이상의 높이 라는 사실을 나중에 그는 알았다고 하며, 여기서 우리는 인공위성(artificial satellite)이 최초로 발사한 것이 1957년 10월 4일 구 소련의 스푸트니크 1호임을 상기해보면 인공위성에 의해 지구의 색깔을 정확히 알기 전에 지구의 색깔이 푸른 색임을 융이 보았다는 것은 상당히 재미있는 이야기가 된다.

그리고 그의 임사체험에 관한 내용 중에 기억해야 할 것은 그가 병원에서 환상의 상태에 있을 때 간호원이 "당신은 마치 빛에 싸여 있는 듯했다. You seemed to be surrounded by a bright light."는 말이다. 이 말은 잠시 후에 살펴볼 임사체험에 대한 기록들과 비교해볼 필요가 있다. 또한 그는 다시 이 세상에 돌아오게 된 것을 몹시 실망스러웠다고 술회하면서 "삶과 모든 세계가 자신에게 는 감옥이라는 생각이 들었다. Life and the whole world struck me as a prison."는 말도 임사체험자들의 이야기와 상통하는 면이 있다.

12. 죽음학 Thanatology

죽음학은 인간의 죽음과 관련된 주변상황과 고인의 유족들이 겪는 슬픔을 연구한다.

Thanatology investigates the circumstances surrounding a person's death, the grief experienced by the deceased's loved ones.

이 말은 그리스어에서 유래한다.

The word is derived from the Greek language.

그리스 신화에 타나토스(죽음의 뜻)는 죽음의 화신이며, 영어의 접미사 -ology는 그리스어의 접미사 logia(말함의 뜻)에서 유래하였다.

In Greek mythology, thanatos(death) is the personification of death, the English suffix -ology derived from the Greek suffix- logia(speaking)

죽음학은 임사자 개인과 그 가족의 고통완화치료를 위한 목적에 도움이 될 수 있는 수단으로서 연구되기도 한다.

Thanatology is studied as a means towards the end of providing palliative care for dying individuals and their families.

죽음학은 또한 자신이나 사랑하는 사람들의 죽음에 관한 태도와 죽음에 대한 세계의 다양한 문화적 유사점과 차이점을 연구대상으로 한다.

Thanatology also studies the similarities and differences of various cultures around world and their manner of dealing with death of themselves or a loved one.

> 죽음 death, passing 죽다 die, pass away, perish, expire / breath one's last (death) 죽음이 가까워지다 be close death / near death ▶near vt.에 근접하다. vi.접근하다 → as the day nears 그날이 가까워짐에 따라.
> ▶죽을 고비를 넘기다. have a near-death experience / escape from the throes of death.
> ▶전사하다 be killed in action. *순직하다 die in the line of work *객사하다 die away from home ▶죽음을 맞다 meet one's death ▶죽음을 당하다 be killed / lose one's life / suffer death. ▶죽을 병에 걸리다 contract[get / catch / suffer from] a fatal disease.
> ▶나는 그녀를 죽을 때까지 사랑할 것이다. I will love her for the rest of my life.
> ▶인간은 누구나 죽는다.
> Man is mortal / We all have to die / None of us can live forever / None of us is immortal.

13. 임사체험에 의한 죽음의 이해

The understanding of death through near-death experience

1. 임사체험의 의의

임사체험은 죽음에 임박한 상태와 관련된 광범위한 개인적 체험들 즉 유체이탈, 공중부양, 극도의 공포 지극한 평온, 안도감, 혹은 포근함, 완전한 해체의 체험, 빛의 출현 등을 포함한 다양한 느낌들을 아우르는 체험이다.

A near-death experience(NDE) refers to a broad range of personal experiences associated with impending death, encompassing multiple possible sensations including detachment from the body; feeling of levitation; extreme fear; total serenity, security, or warmth; the experience of absolute dissolution; and the presence of a light.

임사체험에 관해서 종교적, 심리학적 견해는 매우 다양하다.

There are many religious and psychological views of near-death experiences.
임사체험은 인간의 영혼의 존재, 사후세계, 천국과 지옥, 많은 종교의 전통에서 나타나는 관념들을 입증하는데 종종 인용된다.
The NDE is often cited as evidence for the existence of the human soul, the afterlife, and heaven and hell, ideas that appear in many religious traditions.
한편 회의적인 관점의 사람들은 임사체험은 순전히 뇌에서 발생하는 신경학적 화학적 현상으로 간주한다.
On the other hand, skeptical commentators view NDEs as purely neurological and chemical phenomena occurring in the brain.

2. 임사체험의 특성 The traits of a classical NDE

1. A awareness of being dead and a feeling of peace, well-being and painlessness.
   죽음의 인식과 평화와 행복과 고통이 사라진 느낌.
2. An out-of-body experience. A perception of one's body from an outside position. Sometimes observing doctors and nurses performing medical resuscitation efforts.
   유체이탈, 자기 몸 밖에서의 인식, 때로는 의사들과 간호사들의 의학적 소생술을 관찰함.

> ■ 유체이탈의 기본개념
> 유체이탈체험은 1943년에 티렐이 그의 저서 "유령"이라는 책에서 처음 소개 되었다.
> The term out-of-body experience was introduced in 1943 by G.N.M Tyrrel in his book Apparitions. ***apparitions 유령, 귀신, 요괴. 2 U (모습 등을) 나타내기, 출현.
> 유체이탈체험(OBE / OOBE는 첫 머리글을 딴 약자)는 일반적으로 자기 몸의 바깥에 떠있는 느낌을 체험하는 것이거나 경우에 따라서는 자기 몸의 바깥에서 자신의 몸을 인식하는 체험이다.
> An out-of-body experience(OBE, or OOBE) is experience that typicallyinvolves a sensation of floating outside of one's body and, in some case, perceiving one's physical body from a place outside one's body.

3. A tunnel experience. A sense of moving up, or through, a passageway.
   터널 경험. 통로 위로 오르거나 통과하는 느낌.
4. Approaching a border(representing the limit between earthly life and the next life). 현세와 내세의 구분을 상징하는) 경계에 다가감.

5. Receiving message in telepathic form. 텔레파시 형태로 메시지를 받음.
6. An intense feeling of unconditioned love. 강렬한 무조건적 사랑의 느낌.
7. Encountering "Beings of Light", "Beings dressed in white", or other spiritual beings, being reunited with the deceased relatives or friends.
   빛과의 만남, 흰 옷을 입은 존재와의 만남, 혹은 다른 영적 존재와의 만남, 이미 고인이 된 친척이나 친구와의 재회.
8. A decision by oneself or others to return to one's body, often accompanied by a reluctance to return.
   스스로 또는 다른 존재들에 의해 자신의 몸으로 돌아가려는 결심, 종종 돌아오는 것에 거부반응을 일으키기도 함.
9. Effects on lives by being given a life review and new views of death.
   삶에 대한 반추를 통해 삶에 영향을 미침과 죽음에 대한 새로운 관점.

3. 빛과의 조우와 자살자의 임사체험

−위의 내용 중에 빛과의 조우와 자살자의 임사체험만 좀 더 언급하는 이유는 전자의 경우 그 영향이 체험자에게 매우 크기 때문이며 후자는 자살율이 OECD국가 중 우리나라의 경우 깊이 생각해야 할 부분이기 때문이다.−

(1) 위에서 본 여러 가지의 사례에 대한 내용 중에 빛과의 조우(the encounter with a light)가 "가장 믿기 어려운 공통된 요소(the most incredible common element)"이면서 또한 "개개인에게 가장 심오한 영향을 미친다. have the most profound effect upon the individual."다고 한다.

그리고 임사체험자들은 빛의 존재에 대해서 대부분 언급하면서도 그 존재의 본질에 대해서는 개인마다 설명이 다른 것은 종교적 배경(the religious background)과 교육(training), 신앙(belief)이 작용했기 때문이라고 무디(Moody) 박사는 보고 있다.

(2) 자살에 대해서는 케네스 링(Kenneth Ring)과 같이 자살 시도가 일반적인 임사체험자보다 더 불쾌한 체험을 한다는 주장에 반박하는 경우도 있지만, 일반적으로 자살 체험자들은 자살은 혹독한 대가가 따르는 행위이며, 자살과 살인이라는 행위는 절대로 하지 말아야 할 것이라는 암시를 받았다고 한다.

어떤 체험자는 매우 불쾌한 림보(limbo) 상태를 경험한 사람들은 오랫동안 림보상태에 있게 될 것이라는 느낌을 받았다는 보고가 있다.

- 림보 limbo : OXFORD사전을 참고하여 번역하면 다음과 같다.
1. The abode of the souls of unbatisized infants, and of the just who died before Christ's coming
   세례를 받지 않고 죽은 어린아이의 영혼들이 머무는 곳 또는 예수가 이 땅에 오기 전에 죽은 의로운(just)자들의 영혼이 머무는 곳.
2. an uncertain state 불확정한 상태
▶ 림보라는 개념은 예수에 대한 믿음을 통해서만이 천국에 가고, 믿지 않는 자는 지옥에 간다는 2분법적 해석의 한계를 벗어나기 위해 예수를 모르지만 의로운 자가 잠시 머무는 곳이라는 의미로 만든 기독교 신학의 교리

- 자살하다 suicide / kill oneself / commit suicide / take one's own life / die by one's own hand.
▶자살을 시도하다 attempt suicide / try to kill oneself
▶ 분신자살하다 burn oneself to death
▶권총자살하다 shoot oneself to death
▶ 음독자살하다 kill oneself by taking poison / commit suicide by taking poison/poison oneself to death
▶목을 매어 자살하다 hang oneself (to death)
▶ 그들은 인터넷 자살 사이트에서 만나 집단자살을 계획했다.
   They met on an Internet suicide site and plotted to commit mass suicide.

14. 윤회의 역사와 구체적 사례
1. 역사적 증거 Historical evidence

윤회의 가르침은 오랜 역사를 가지고 있다

The teaching of rebirth has had a long history.

문명의 여명이 밝아오던 시기에 윤회는 인간들의 거주 지역, 원시문화, 고도의 문명 속의 인간 등을 불문하고 보편적으로 신봉하고 있었다

From the dawn of civilization, rebirth has been universally held wherever men have lived, whether in primitive cultures or among highly civilized men.

- 위의 문장이 의미하는 것은 윤회가 지역과 문화의 수준 그리고 문화인 여부를 불문한

> 다는 말로서 보편성[universality]을 강조한 말(an emphatic expression)이다.
> 즉 윤회사상은 서구문화와 동양문화(Western culture and Eastern culture), 원시문화와 고급문화(high culture), 문화인(cultured[refined] person[individual]) 등과 무관하다는 말이다.

윤회는 세계 곳곳의 수많은 고대종교에서 다양한 형태로 발견된다.
Rebirth is found in various forms in many ancient religions and philosophical systems in many parts of the world.

역사적 문헌의 기록에 의하면 윤회에 대한 믿음 -영혼의 전이, 재육화로 본다-은 영적 스승들이나 동서양의 일반인 다수에 의해 수용되었다고 한다.
Historical documents record that the belief in rebirth — viewed as transmigration or reincarnation — was accepted by some spiritual teachers and many ordinary men in the East as well as in the West.

> ■ samsara [S] the cycle of birth, death, and rebirth / reincarnation / transmigration / transmission / rebirth / re-becoming.
> 윤회에 해당하는 영어는 여러 가지가 있지만 불교는 고정불변의 영혼(soul)이 다른 육체에 깃들어 다시 태어나는 인도 고유의 윤회와 달리 계속적인 변화 속의 의식이 인연에 의해 다시 태어나는 것이므로 영어번역에 다툼이 있다
> - 자세한 것은 무아와 윤회의 부분 참조 바람.

2. 그나나틸리카 케이스 The Case of Gnanatillaka

(1) Ian Stevenson 박사의 조사와 증언

환생전문연구가인 버지니아 대학교의 이안 스티븐슨 박사는 이 사건을
조사하기 위해 실론(지금의 스리랑카)으로 날아갔다.
A researcher who specialized in rebirth case, Dr.Ian Stevenson of the University of Virgina, flew from America to Celyon to investigate the case.
박사는 조사를 마친 후 다음과 같이 말했다. 이 사례는 증거의 세밀함과 심리학적 관점에서 환생에 관한 가장 뛰어난 것 중의 하나다.
After his investigation, he said that this case was one of the very best on rebirth, both in evidential detail and in psychological aspect.

> ■ evidentia 1. 증거로서의, 증거(상)의 ▶증거를 인멸[조작]하다 destroy[falsify / fabricate] evidence. ▶심증은 가나 물증은 없다 There is a strong suspicion but no evidence. / There is a firm belief but no supporting evidence.

(2) Gnanatillaka의 윤회

이름이 그나나틸라카라는 여자아이는 스리랑카(지금의 실론)의 코타말레라는 지방에 1956년 2월 14일 태어났다.

Gnanatillaka is her name, she was born on 14th Feburary 1956 in kotamale in Sri Lanka(Ceylon).

이 사례는 여자아이가 태어난 4년 6개월을 기점으로 시작된다

The case started in 1960 when she was only four and a half years old.

그 당시 그 아이는 그녀의 부모에게 뜬금없이 "나의 어머니와 아버지를 보고 싶어요"라고 말했다.

Then she told her parents, "I want to see my father and mother."

"얘야, 우리가 너의 부모야"라고 말했다.

"We are your parents," the mother explained.

아이는 "아니야, 나는 진짜 나의 부모를 보고 싶어요. 그 분들이 살고있는 곳을 알고 있어요. 그 곳에 나를 데려다 주세요"라고 하면서 고집을 피웠다

"No," insisted Gnanatillaka, "I want to see my real mother and father. I will tell you where they are living, please take me there."

아이는 부모에게 자신의 진짜 부모가 살고 있는 집으로 가는 법을 설명했다.

Gnanatilika explained to her parents how to reach the house where her real parents were living.

그 곳은 지금 살고 있는 곳에서 약 30마일 떨어진, 타라와케레의 차원茶園 근처에 있었다.

It was situated near a tea estate in Talawakele, about thirty miles from where they were living

아이의 부모는 어린 딸의 말을 이상한 이야기로 생각하고 무시해 버렸다.

The parents ignored their little daughter's strange story.

날이 갈수록 그나나틸라카는 자신의 진짜 부모를 볼 수 있도록 데려가 달라고 계속 칭

얼대었다.
As the days passed by, Gnanatilika would constantly ask to be taken to see her real mother and father.
이 이야기가 알려지자 곧 실론 대학의 교수 몇 분과 피야다시 대장로 스님이 자초지종을 알고자 찾아왔다
Soon the story began to spread.
A few professions from the University of Ceylon and Venerable Piyadassi Maha Thera came to know of the story.

> ■ Maha는 큰(great)을, Thera는 장로를 의미한다.
> 이름 뒤에 Maha Thera를 붙인 것으로 보아 대 사찰의 조실스님으로 추정된다.

그들은 조사하기로 결정하였다
They decided to investigate.
그들은 전생에 자신은 티라카라트나라는 이름의 소년이었다면서 그 당시의 이야기를 하는 것을 들었다.
They listen to Gnanatillaka tell her story about time when she was a boy whose name was Tilakaratna.
그들은 아주 상세히 기록하고, 아이가 들려준 그정보에 따라 아이를 데리고 아이가 일러준 그 집을 방문하였다.
They recorded all the details.
According to the information she gave, they went with Gnanatillaka to visit the house that she had described.
아이는 현생에 그 집을 방문한 적은 없었으며, 또한 그 집이 위치한 바로 그 지역에도 간 적이 없었다.
Gnanatillaka had never visited that house in her present life; nor had she ever been to the particular area where the house was located.
또 두 가족은 서로가 전혀 어떤 관계가 있는 것이 아니어서 서로의 존재를 몰랐다.
Also the two families had no connection with each other and so did not know of each other's existence,
그들이 집에 들어가자 아이는 교수들에게 그 집의 부모들을 소개했다.

When they entered the house, Gnanatillaka introduced the professors to the parents of the house.

"이 분은 진짜 나의 아버지고 이 분이 나의 어머니예요".

"This is my real father and this is my mother."

그런 다음 자신의 남동생과 형 그리고 누나를 소개한 후 그들의 별명을 정확히 말했다.

Then she introduced her younger and older brother and sisters.

She gave the correct nick name for each brother and sister.

전생의 부모는 인터뷰를 통해서 1954년 10월 9일 사망한 아들의 성격과 습관을 말했다.

The former-life parents were interviewed. They described the character and habits of their son who had passed away on 9th November, 1954.

그나나틸라카는 전생의 남동생을 보고 그를 쳐다보거나 이야기를 하는 것을 싫어했다.

When Gnanatillaka saw her former younger brother, she refused to look at him or to talk with him.

나중에 전생의 부모가 일러주기를, 두 형제는 언제나 서로 싸우고 다투었다고 한다.

Later the former parents explained that the two brothers were always fighting and quarrelling with each other.

아마 그나나틸라카는 소년이었던 전생에 가졌던 미움을 아직도 간직하고 있었다.

Perhaps Gnanatillaka was still holding a grudge from her previous life when she was a boy.

그 지역의 학교선생이 그 이야기를 듣고 그 아이를 보려고 스스로 집으로 찾아왔다.

When the local school master heard the story, he went to the house to see for himself.

그가 집에 들어서자마자 아이는 자기의 선생이라고 소개했다.

As he entered the house, Gnanatillaka introduced as her teacher.

아이는 또한 전생의 소년 시절에 선생의 가르침과 숙제를 기억하였다.

She was also able to remember the lessons and homework that the teacher had given her as a boy in the previous life.

또 그나나틸라카는 전생에 자신이 묻혔던 묘지를 가리켰다.

Gnanatillaka was also able to point out the graveyard where he was buried in his previous life.

15. 윤회의 증명을 위한 전생조사
reincarnation research for the proof of samsara

1. 전생조사의 방법
전생조사는 보통 3가지 정도로 정리할 수 있다.
(1) 전생기억 : memory of one's former lives.
전생을 기억하는 사람을 만나서 사실여부를 조사하는 방법.
(2) 전생회귀 : far age regression, hypnotic regression.
최면술을 사용하여 연령역행(age regression)의 과정을 거쳐 전생의 시기까지 진행시켜 피험자가 최면상태에서 전생을 이야기하는 것을 조사하는 방법.
(3) 전생투시 : knowing[recollection / recall(ing)] the former lives of oneself and others.
영능력자가 피험자의 전생을 투시하여 전생을 조사하는 방법.

2. 내용
전생기억은 이안 스티븐슨(Ian Stevenson, 1918~2007)이 유명하고, 전생회귀는 영국의 최면술사 아널 브록삼 (Arnall Broxham)이 조사내용을 테이프에 녹음한 Broxham Tape가 유명하며, 영국 BBC방송의 두 기자가 조사해 본 결과 틀림없음을 확인하는 성명을 내고 나중에 BBC특집으로 방영되었다.

이러한 내용은 1976년 "한번 이상 사는가? More Lives Than One?"라는 제목으로 출간되었다. 캐논보고서는 전생회귀의 응용사례로서 유명한데 영국의 알렉산더 캐논 경(Sir Alexander Cannon) 박사가 치료가 되지않는 환자의 경우 그 원인을 찾는 과정에서 전생회귀 요법으로 전생의 원인을 찾아 병을 잘 고칠 수 있었다고 하며, 이러한 치료법을 전생요법이라 한다.

전생투시는 미국의 에드가 케이시(Edgar Cayce)가 유명하며 뛰어난 영능력자로서 환자의 이름과 주소만 알면 영국이나 이탈리아에 있는 환자까지도 진찰과 처방으로 치료하였다고 한다. 그는 1923년 아더 래머스라는 인쇄업자가 자기최면에 의한 트랜스상태에 있는 케이시에게 환생에 관한 질문을 하자 트랜스상태에서 자신의 의식적 신앙과는 다른 환생을 말했던 것을 알고 큰 충격을 받았다.

기독교는 환생을 부정하고 일회적 삶의 신앙(the faith of only once life)을 주장하므로 독실한 기도교인이었던 케이시는 처음에는 악마에 의해 자신의 잠재의식이 조정을 받아 환생을 주장한 것으로 생각하기도 하였다.

원시기독교에서 윤회를 인정하였던 사실을 그는 처음에 몰랐던 것이다. 그 후 그도 차차 환생을 믿고 그것이 예수 그리스도의 가르침에 어긋나지 않는 것도 알았다.

> - 기독교에서 윤회는 553년 교황 비질리우스가 주재한 콘스탄티노플회의에서 그가 윤회를 부정하면서 공식적으로 윤회는 이단이라고 선언되었다
>   In Christianity, rebirth was officially declared a heresy in 553 AD. by the council of Constantinople which was boycotted by the then presiding Pope Vigilius.
> - 오늘날 천주교신학자들은 콘스탄티노플회의 즉 제5회 바티칸 공회의 파문 15조(환생을 주장하는 자는 파문한다)의 합법성에 논란을 벌이고 있는데, 그 이유는 당시 교황은 파문 15조를 인정하지 않았다는 주장이 있기 때문이다.
>   교황의 본심이 어떠했던 간에 6세기경부터 환생설을 주장하는 자는 화형에 처하는 종교적 박해가 시작되어 기독교와 윤회사상은 결별하게 되었다.

케이시는 전생투시에 의해 전생과 현생의 인과관계를 살펴보니, 부부 사이의 관계가 좋지 않은 어느 부부는 전생에 원한관계인 경우, 사이가 좋은 어떤 부부들은 전생에 부모와 자식간의 관계인 경우도 있었다고 말했다.

3. 우리나라의 사례

우리나라의 어느 영능력자(이름을 밝히지 않겠음)에게 어느 여인이 찾아와서 "저의 아버지는 나를 무척 아껴주시는 너무나 소중한 분인데 가끔 아버지에 대한 이유 없는 분노로 죽이고 싶은 충동을 느낍니다"라고 하였다.

그래서 전생투시를 해 보니 어느 시골길에서 남자 고등학생이 연인관계인 여고생을 자전거에 태우고 다리를 건너다 추락하여 그 여고생은 현장에서 즉사하고 남자 학생은 무사한 일이 있었으며, 그 남자학생이 나중에 결혼하여 낳은 딸은 죽은 여고생이 환생한 것이었다. 그래서 아버지와 딸은 자애로움과 존경의 관계이면서, 동시에 딸은 다리 밑에서 죽을 때의 일시적 분노와 원망이 현생에 까지 잠재되어 있기 때문에 분노가 일어난다고 결론을 내리고 두 사람을 불러 자세한 이야기를 해 주었더니 둘 다 한참을 울고 나서 그 여인에게 그러한 분노는 다시 일어나지 않았다고 한다. Belive it or not.(믿거나 말거나).

16. Edgar Cayce의 어록 The sayings of Edgar Cayce

1. Unknown Life of Jesus 예수의 알려지지 않은 삶

Jesus is an Essene who traveled to India in his youth in order to study Eastern religions, more specifically astrology.

예수는 동양의 종교, 특히 점성 에세네파의 사람으로서 점성학을 공부하기 위해 젊은 시절 인디아에 여행을 한 에세네파의 한 사람이다.

> - 에세네파 the Essenes는 유대교의 한 분파로서 에루살렘에서 차로써 한 시간 거리인 쿰란이라는 동굴지역에서 공동체생활을 하였던 엄격한 금욕주의자들 이었으며, 쿰란 공동체(the Qumran Community)라고도 불렸다.
> 그들이 동굴에 남긴 문서가 사해문서(Death Sea Scrolls, DSS)로서 유대교와 초기기독교를 연구하는데 매우 중요한 문서로서 아직 모든 내용이 공개되지는 않았다.
> - 영영사전
> essene : a member of an ascetic sect that flourished in Palestine from the 2nd century BC. To 2nd century AD, living in strictly organized communities.
> 에세네 : 기원 전 2세기에서 기원 후 2세기까지 팔레스타인지역에서 번성했으며, 엄격한 조직의 공동체 생활을 하였던 금욕주의파의 구성원.

2. Body, Mind, Spirit 몸, 마음, 정신(=영靈)

Spirit is the life. Mind is the builder. Physical is the result.

영은 생명이요, 몸은 짓는 자며, 육체는 그 결과다.

3. Meditation 명상

Through prayer we speak to God. In meditation, God speaks to us.

기도를 통해 우리는 신에게 말하고, 명상에 있을 때 신은 우리에게 말한다.

4. Earth Changes 지구변동

Cacey coined the term Earth Changes(later widely used in New Age writings), a reference to a series of cataclysm events which he prophesied would take place in future decades—notably including the Earth shifting on its axis, and most of California dropping into the Pacific Ocean following a catastrophic earthquake

케이시는 지구변동이라는 신조어를 만들었다(나중에 뉴에이지 계통의 작품에서 널리 사용되었다). 이 말은 케이시가 미래에 일어날 것이라고 예언한 일련의 대재앙, 특히 지축의 이동을 포함해서 대규모의 지진으로 인한 켈리포니아 대부분이 태평양으로의 침몰을 의미한다.

He also predicted that the greater portion of Japan must go into the sea.
그는 또한 일본의 대부분이 바다 속으로 가라앉을 가능성이 매우 높다고 예언했다.

5. Atlantis, a legendry continent with an advanced technology.
애틀란티스, 고도의 문명을 가졌던 전설의 대륙.

According to Cayce, Atlantean society was divided into two long lived political factions — a good faction called the Sons of the Law of One, and an Evil faction called the Sons of Belial.

Many people alive today are the reincarnations of Atlantean souls, he believed, who must now face similar temptations as before.

에드가 케이시의 말에 따르면 애틀랜티스의 사회는 오래 유지되어온 두 개의 정치집단, 즉 일법의 후손들이라는 정의의 집단과 벨리얼이라는 불의의 집단으로 나뉘어 있었다.

오늘날 생존하는 다수의 사람들이 과거 아틀란타스 시대의 사람들의 환생이며, 그들은 그 당시와 같은 유혹(두 집단간의 투쟁-역자 주)에 현재 직면하고 있다.

> ■ 아틀란티스는 플라톤이 기원 전 360년에 쓴 대화집 크리티아스와 티마이오스(Palto's dialogues Critias and Timaeus, written about B.C. 360.)에 처음 등장하는 섬으로서, 문학적 소재로도 이용되어 왔으며 화산폭발과 지진으로 하루 밤사이에 바다에 가라앉았다는 전설이 있다.

17. 윤회의 시간적 간격 The time interval of rebith

전생 조사의 자료에 의하며 죽은 자가 다시 태어나기까지의 기간은 너무 다양해서 일반적인 평균치는 거의 불가능하다.

개인의 평균치에 대해서는 브록샴의 테이프에 나오는 제인 에반스 case의 경우 그 간격이 가장 짧은 것이 20년 안팎이었다는 보고가 있다.

현 티벳의 달라이 라마는 티벳의 여러 부파의 하나인 겔룩파의 수장으로서, 동시에 사실상의 티벳의 대표자로 활동하는 그는 제1대인 겐둔 둡빠에서 시작되어 14대 째를 이은 Tulku(환생자를 뜻하는 티벳어)으로서 그의 환생기간을 보면 다음과 같다.

> ■ Tulku : a term for a person who, after certain tests, is recognized as the reincarnation of a previously deceased person.
> 뚤구 : 전생에 죽은 자로서 일정한 시험을 거친 후 환생을 한 자로서 인정된 사람
> ▶ tulku에 대한 지금의 일반적인 어미는 보살이 의도적인 환생(intentional rebirth)을 하는 경우로서 티벳에서는 제8지보살의 경지를 이룬 자(a bodhisattva in the eighth stage)인지 판단하는 기준으로서 가치가 있다.

1대 겐둔 둡빠(1391~1474), 2대 겐둔 가쵸(1475~1542), 3대 쏘남 가쵸(1543~1588)……. 13대 아왕 로상 툽텐 가초(1876~1933), 14대 아왕 로상 예세 텐징 가초(1935~)이다.

역대 달라이 라마의 경우 정확한 사망일과 다시 태어난 생일은 현재 자료가 없어 정확한 일 수는 알 수 없으나 대략 12개월 전후에 태어났음을 추정할 수 있다.

티벳의 "사자의 서"는 환생까지의 기간이 49일이므로 그 안에 다시 태어나므로 길게 잡아 중유의 기간 49일+10개월의 임신기간을 고려하면 사망 후 약11개월 뒤에 태어나는 것이 정상이라 할 수 있으므로 위의 달라이라마의 경우 기간상의 문제는 없는 것 같다.

그러나 달라이 라마는 원력에 의해 일부러 태어나는 존재이므로 시간적 엄밀성은 큰 의미가 없을 수도 있다.

다만 남방불교, 즉 스리랑카를 중심으로 한 상좌부불교에서는 중유를 인정하지 않고 죽은 즉시 바로 다음 생을 받으므로 만약 특별한 사유 —모태에서 10달 이상 머무는 경우—가 없다면 인간으로 환생할 경우, 사망 후 10개월 이후에 환생하는 것이 입증된다면 상좌부에서 주장하는 중유부정설은 틀렸다는 것이 되므로 적어도 남방불교의 수행자들의 법력(?)이 티벳불교의 수행자보다 못하다는 결론이 난다.

그리고 앞에서 언급된 스리랑카의 Gnanatillaka Case의 경우 1954년 10월 9일 죽은 뒤 1956년 2월 14일 에 태어났는데 죽은 지 약 1년4개월 뒤에 환생했으므로 10개월의 임신기간을 빼면 6개월의 공백기간이 생기므로 바로 다음 생을 받는다는 스리랑카의 상좌부교리에는 배치된다.

이 case에서 6개월 동안 다른 존재로 생을 받았는지, 6개월 동안 중음신으로 있었는지 그에 대한 설명이 없다.

참고로 흔히 49제라는 불교의 장례습속은 인도의 부파불교시대(the sectarian Buddhism period)에 생성된 교리에 근거한 것이다.

부파불교시대에 강력한 부파였던 설일체유부가 중유를 주장하면서 그 외 여러 부파들도 인정하는 쪽과 부정하는 쪽으로 나뉘었으며, 중유의 기간도 통일되지 않았으나 나중에 49일 중유설이 다수설이 되고 이것이 북방불교에서도 수용된 것이다.

붓다의 가르침 제5장
붓다와 보살

1. 삼신사상
2. 기독교의 삼위일체론
3. 염불
4. 여래십호
5. 타타가타의 의미
6. 삼명과 육통
7. 32상 80종호
8. 십팔불공법
9. 사무(소)외
10. 삼념주=삼념처
11. 대자비
12. 사무량심
13. 사섭법
14. 회향
15. 자비경
16. 자비에 대한 달라이라마의 법문
17. 대승과 소승의 유래
18. 고린도전서
19. 육바라밀
20. 육바라밀의 구체적 내용
21. 보살의 보리심과 서원
22. 보살십지
23. 대승불교의 보살
24. 약사여래
25. 사십팔원
26. 예불문

붓다와 보살

본 장에서는 지금까지의 공부를 통해 새롭게 붓다를 조명하는 시간이 될 것이다. 먼저 화신불로서의 석가모니불과 법신불, 보신불의 관계를 파악한 뒤에 붓다가 가지는 정체성으로서 몸과 마음이 모두 수승한 부분으로서 32상 80종호와 삼명과 육통, 십팔불공법, 사무소외를 언급하였다. 사무량심은 수행법이며 사섭법은 사무량심을 구체적으로 실천하는 것이다.

종교의 본질이 사랑이라는 것을 잊지 말아야 하며, 이념이나 도덕적 의무감에서 종속되는 자비가 아니라 자비와 지혜가 어우러진 자연스럽고도연기적 사랑임을 기억해야 할 것이다.

우리는 모두 별의 먼지로 이루어진 존재로서 발생학적으로 서로 연결된 필연적 관계 속의 존재로서 우리의 몸 속에는 보리수 나무 아래에서 붓다가 깨달았을 때의 그 나무에 있던 약 10억 개의 원자를 가지고 있다고 한다. 마지막의 약사여래와 아미타불의 서원과 붓다의 본원력을 가슴에 담고 예불문을 읽기 바란다.

1. 삼신사상三身思想 Tri-kaya[S] theory / triple body theory

삼신 The threefold body of Buddha / The three bodies of Buddha / The triple body

1. 초기불교에 나타난 법신의 의미

역사적 존재로서 붓다는 신체적 특징으로서 32상 80종호의 덕상德相을 갖춘 몸을 가졌고 정신적 특징으로서는 지혜와 자비의 18불공법을 지녔다. 이러한 붓다의 특징은 수 없는 생 동안 본원력을 토대로 닦은 수행의 결과임을 본생경을 비롯한 여러 경전에서 언급하고 있다. 그러나 부처의 참모습은 단순한 육신불로 사바세계에 나타나 열반에 들어 중생들과 인연이 다 하는 것이 아니라 영원한 그 무엇이 아닌가하는 불타관이 대두되었다.

기독교나 힌두교와 같은 경우 유신론에 입각한 종교이므로 신의 화현, 독생자의 출현, 아바타로서 이 세계에 나타나는 것이 이상할 것이 없다. 그러나 무신론과 무아를 주장하는 불교의 경우 각각 영원한 존재로서 법신불사상과 윤회와 무아에 대한 문제가 논쟁거리가 되어 왔다. 여기서는 영원한 존재로서 법과 불의 관계에서 더 나아가 인격적 존재로서 영원히 중생을 돌보는 법신불사상의 변화과정을 경전을 토대로 살펴보자.

▶ 법과 불의 관계

1. 1) 잡아함경의 인연경, 연기법경

2) 쌍윳따니까야 - Nidanasamyutta[연기상응] - Sankhata Sutta[인연경]

연기법은 내가 만든 것도 아니고 다른 사람이 만든 것도 아니다.

The law of the dependent origination is not made by me[the Buddha], and also by anyone else.

붓다가 세상에 나오거나 나오지 않거나 연기법은 항상 존재한다

Whether or not the Buddha appear in the world, the law of the dependent origination always exists.

여래는 이 법을 깨달아 등정각을 이루고 중생을 위해 분별 연설한다

The Buddha realize this dharma, attain the supreme enlightenment and reasonably address the dharma for the sentient beings.

2. 1) 중아함 상적유경 象跡喩經
   2) 맛지마니까야- Maha-hatthi-padopama Sutta 상적유경

연기를 보는 자는 법을 보고, 법을 보는 자는 연기를 본다.

One who sees dependent origination sees the dhammam, and vice versa.

3. 쌍윳따니까야 : khandhasamyutta -Vakkali Sutta

법을 보는자는 나[=붓다]를 보고 나를 보는 자는 법을 본다.

One who sees the Dharma sees the Buddha,
One who sees the Buddha sees the Dharma.

4. Salistamba Sutra[도간경 稻竿經]

연기를 보는 자는 법을 보고 법을 보는 자는 나[=붓다]를 본다.

One who sees dependent origination sees the Dharma, one who sees rhe Dharma Sees the Buddha.

■ 경전에 해당하는 산스크리트어는 sutra이고, 빨리어로는 sutta 또는 suttanta다.

5. 중아함경

세존은 법본 法本이며 세존은 법주 法主이며 법으로 인하여 세존 世尊이시다.

The World Honored One is the essence of the Dharma, Lord of the Dharma and the World Honored One by the Dharma.

• 해설

이상의 내용을 정리해 보면 유일신[the one and only God]을 숭배하는 기독교{[Christianity / the Christian religion[faith]}나 브라만교[Brahmanism / Brahminism]의 경우 신이 제일원인[the primary cause]으로서 여호와(Jehobah)와 브라흐마(Brahma)가 설정되지만 불교는 유신론[theism]이 아닌 무신론[atheism]이며, 붓다가 자신의 추종자를 담미스트(Dhammist)라고 부른것만 보아도 불교는 법에 의존한다는 것을 알 수 있다.

다시 말해서 불교는 by, for, and of God의 종교가 아니라 by, for, and of the Dharma의 종교다. 철학의 영역에서는 무인론이나 회의론[(the principle of) skepticism]이 포함되지만 종교의 영역에서는 유신론, 범신론[pantheism], 다신론[polytheism]과 무신론 등이 있으나 무인론과 회의론이 포함될 수 없다.

서양의 전통적 종교관에 의하면 종교는 인격적 존재로서 실재하는 신과 "재결합[re+ligion]"을 의미하므로 불교도 포함될 수 없다. 현대에 와서 종교는 보통 다음과 같이 정의하고 있다.

The belief in and worship of superhuman controlling power, esp.a personal God or gods

그러나 불교의 관점에서는 "종교란 종宗[으뜸, 근본, 근원]의 가르침[religion is the teaching of the essence]을 말하며 불교에서 주로 사용하는 용어였다.

이러한 관점에서 종교를 본다면 결국 종교란 창조주[the Creator]로서 신을 인정하는 입장과 법칙[Law]을 인정하는 입장으로 크게 양분된다.

제일원인으로서 신을 설정하는 입장에서는 Who made God?[신을 만든 자는 누구인가?]에 대한 질문에 대답하기 어렵다.

법칙이 본래부터 있다는 본유설{originally existimg[primitive existence]theory}에 대해서도 Who made Law[누가 법을 만들었는가?]에 대답하기 어렵기는 마찬가지이다.

이러한 형이상학적 문제는 고와 해탈과 열반에 이르는 길이 아니며 희론 즉 말장난에 지나지 않는 무익한 것임을 붓다는 분명히 알고 있었기에 침묵 후 연기를 말씀하신 것이다.

자세한 것은 불교의 언어관 편에 기술했으니 참조하기 바란다.

초기불교에서는 붓다가 설하신 법 즉 진리를 법신이라 했는 데, 법신이란 진리 즉 법의 모음이라는 뜻이다.

(1) 법신의 신kaya는 1. 몸 2. 모아 쌓임[모일 집 集, 모일 온蘊]이라는 의미가 담겨있다.
  복합어로 쓰일 경우 kaya가 앞에 위치하면 몸, 뒤에 위치하면 즉 피수식어가 되면 모임의 의미라고 한다. S-E사전 274에 보면 다음과 같이 기술되어 있다.
  kaya 1. the body; the trunk of a tree 2. assemblage, collection, multitude.

불유교경에는 "나의 제자들이 법을 전하면 여래의 법신은 언제나 존재하고 멸하지 않을 것이다."라고 설했다. 여기에서 법신은 가르침의 모음 즉 8만 4천 법을 모은 것을 말한다. 이러한 법의 모음이라는 뜻을 가진 법신은 원시불교와 부파불교에서 붓다의 법을 다섯가지로 간단히 표현하는 경우에도 사용되는 것을 볼 수 있다. 그것이 오분법신이다.

(2) 오분법신 the five virtues[dharma body] of Buddha
  1) 계신戒身 2) 정신定身 3) 혜신慧身 4) 해탈신解脫身 5) 해탈지견신解脫知見身
  1) precept body[virtue] 2) meditation ~ 3) wisdom ~ 4) liberation ~ 5) realization of liberation

즉 계.정.혜 3학과 3학을 닦아 해탈하고, 해탈했음을 아는 것을 오분법신으로 본 것이다. 예불문에 나오는 5분향례[the kinds of incense offering]는 위의 오분법신을 향[incense]에 비유한 것이다.

해탈지견은 해탈에 있어서의 지知와 견見의 작용 즉 나는 해탈했다는 것을 확인할 수 있는 지와 견으로서, 해탈했다는 자각을 말한다.

2. 대승불교의 삼신개념

- 대승불교에서는 4세기 중반까지 법신과 색신의 이신설 밖에 없었으나, 법신의 본체계와 색신의 현상계를 연결하는 제3의 개념으로서 -이를 테면 체, 상, 용과 같은 -보신이 생기나 삼신불사상이 되면서 색신은 응신(sambhogaya-kaya)이라는 개념으로 바뀌어 불리게 된 것이다. -

1. 법신法身 Dharma-kaya[S]
순수한 존재 또는 본질로서의 몸 즉 우주의 영원불변한 본체로서의 붓다 또는 궁극적 불변의

진리의 화신으로서 붓다. [=이불理佛]

The body of pure being or essence or the Buddha as eternal and non-changing reality of the universe or the Buddha as the embodiment of the ultimate and unchaing Law or Truth.

■ 법신에 해당하는 범어는 다음과 같이 여러 가지이다. ■

1. Dharma-kaya[S] 2. Buddha-kaya[S] 3. Dharma-sarira[S] 4. Dharma-ta[S]

마지막의 dharma-ta는 법으로서 Dharma에 성질, 성품의 뜻인 ta가 첨가된 말로서 법성法性이라는 의미이다.

불교에서 이와 유사한 어법으로 sunya-ta 즉 공空을 의미하는 sunya에 ta가 첨가되어 sunyata(空性)가 되는 경우가 그 예이다.

영문으로는 1. The Dharma body 2. The Law body가 많이 사용된다.

■ 노사나불과 비로자나불 ■

노사나와 비로자나에 대해서 중국에서는 여러 주장이 있다.

중국에서 한역된 화엄경 중 60화엄경에는 노사나불품, 80화엄경에는 비로자나품으로 되어 있어 의미상의 차이는 없지만 용어가 다르다. 중국의 화엄종에서는 일반적으로 양자를 같은 의미로 보고 있다. 중국 천태종의 천태지의대사는 법화문구에서 비로자나를 법신여래라하고 노사나를 보신여래라 구분하였다.

2. 보신報身 Sambogha-kaya[S], Nisyanda-kaya[S]

the reward body / the body of (pure) delight / the bliss body

먼저 보신의 개념을 먼저 알아보자.

"보살로서의 수행을 완성하여 완전한 깨달음을 성취한 보답을 얻어 무한한 지복을 즐기는 붓다의 몸.

The form of the Buddha obtained as reward for completing boddhisatva practice and gaining full enlightenment and enjoyed the infinite supreme bliss as the reward."

이러한 개념에 따라서 보신을 수행의 결과로서 보답을 받은 몸 즉 reward body로 번역할 수도 있고, 그 보답의 정신적 내용이 무한한 지복으로서의 즐거움이므로 bliss body라고도 번역이 가능하므로 위와 같은 번역이 있는 것이다. 그래서 인도에서도 보답, 결과의 의미를 가진

nisyanda와 즐거움의 의미로서 sambogha라는 두 용어가 사용되었다.

산스크리트어 nisyanda는 stream(흐름) 또는 necessary consequence(필연적 결과)를, 산스크리트어 sambogha는 complete enjoyment(지극한 즐거움)를 의미한다.

3. 화신化身 Nirmana-kaya[S]

The transformation body / the manifested body / the emanation body / the incarnation body / the assumed body

중생구제를 위해 중생의 근기와 특정한 시간 공간 상황의 필요성에 맞추어 나투신 육체적 형태로서의 붓다의 몸.

The physical body of the Buddha assumed to suit the sentient being's mental disposition and needs of the particular place, time, and context to save sentient beings.

> ■ 보충 : Damien kewon는 Buddhism에서 다음과 같이 번역하였다.
> 법신 the Buddha as identical with ultimate truth[궁극적 실재].
> 보신 the Buddha's 'heavenly body', located in a splendid paradise.
> 화신 the Buddha's earthly body: a physical, mortal body like that of any human being.

3. 삼신과 달의 비유
탄허 스님은 다음과 같이 비유하여 말했다.
Master Tan-heo represents the triple body by metaphor as follows:
천상의 달은 법신이고 The moon in the sky is the Dharma body,
허공의 달빛은 보신이며 the moonlight in empty space is the Reward body,
수 많은 강물에 비친 각각의 달은 화신이다.
and every moon in many rivers is the Transformation body.

4. 삼신과 경전상의 붓다간의 상호관계
불교의 삼신사상이 인도에서는 유식학파에서 어느 정도 정립이 되면서 기존의 경전에서 법을 설하는 붓다에 대한 자리매김이 시작된다. 즉 초기 경전에 나오는 역사적 존재로서 석가모니불, 화엄경의 비로자나, 노사나불, 범망경의 노사나불, 법화경에서 구원성불의 존재로서 석가모니불 등에 대하여 다양한 의견이 나타난다.

중국에서도 당연히 이러한 사상에 대해 여러 가지 번역이 나오고, 그에 따라 여러 가지 해석이 그 뒤를 이었다. 그러나 번역 중에 특히 보신과 응신의 용어에 대해 통일이 되지 않아 용어상의 혼란이 있다. 이하에서는 위의 내용에 대한 구체적 사례를 간단히 살피면 다음과 같다.

1) 경전상의 붓다에 대한 자리매김
  1. 화엄경의 비로자나불은 법신으로 보는 것이 일반적이나, 보신으로 보는 주장도 있다. –가산불교대사림 3권 506–
  2. 정토경전에 나오는 아미타불과 약사여래불같이 정토에 계신 붓다들은 과거세에 보살로서 큰 원을 세우고 보살행을 행하여 그 원인으로 깨달음과 정토를 구현하는 결과를 얻었으므로 보신불로 보는 것이 일반적이지만 아미타불에 대해서 여러 가지 학설이 대립하고 있다.
  3. 초기 경전을 비롯한 여러 경전의 석가모니불은 보신불과 달리 완전하고 원만한 존재 즉 진리가 그대로 외형을 갖춘 것이 아니라, 중생교화를 위해 일부러 인간의 몸을 나투어 생노병사의 과정을 보이면서 중생을 교화하므로 화신이라 한다.
    과거의 6불과 미래의 부처인 미륵불도 화신에 해당한다.
  4. 좀 더 구체적으로 접근해 보면
    유식학파의 논서인 "성유식론"에서는 비로자나–자성신 / 노사나– 수용신 / 변화신–석가모니불에 배대하고, 중국 천태종에서는 비로자나–법신 / 노사나–보신 / 석가모니–응신으로 보았다.

5. 용어의 혼란 – 보신, 응신, 화신

중국에서 번역된 경전에는

Sambogha-kaya에 대해 보신이라는 번역이 일반적이나 때로는 응신이라는 번역이 있으며, Nirmana-kaya에 대해서 화신이라는 번역이 일반적이나 때로는 응신이라는 번역이 있어 응신이 어느 것을 가리키는지 혼란이 초래된다.

구체적으로 보면 다음과 같다.

1) 진제[Paramarta, 499~569] 삼장은 대승기신론[(Treatise on) the Awakening of Faith

in the Mahayana]에서는 법신, 보신, 화신으로 번역했으나 섭대승론석(무착의 섭대승론 에 대한 주석서)에서는 자성신, 응신, 화신으로 번역하였다.

> ■ 섭대승론석 Mahayana-sam-pari-graha-sastra
> 무착[Asaanga]의 저술로서 아뢰야식은 진망화합식으로 망식을 다스리는 곳에 진정한 깨달음이 나타난다고 주장한 내용을 담고 있으며, 중국 섭(대승)론종의 근본성전이 된다.
> 중국 유식학의 시작으로서 의미를 가지는 섭론종은 이른바 신新유식으로 불리는 현장이 645년 중국에 돌아온 뒤에 병합된다.
> 신라의 원광법사가 구舊유식[섭론종의 사상]을 처음으로 신라에 알리며, 자장율사도 중국에서 공부할 때 구유식을 공부하였다.

2) 달마굽타[Dharma-gupta]와 현장과 붓다산타[Buddha-santa]도 섭대승론석을 번역하였는데 그들은 각각 다음과 같이 번역하였다.

> 달마굽타는 1. 자성신   2. 공용신共用身   3. 화신으로
> 현장스님은 1. 자성신   2. 수용신受用身   3. 변화신으로
> 붓다산타는 1. 진신眞身   2. 보신   3. 응신으로

3) 의정은 suvarana-prabhasa를 번역하면서 법신, 응신, 화신으로 번역하였다.

6. Sambogha-kaya와 Nisyanda-kaya

MONIER – WILLIAMS의 S-E[Sanskrit-English] 사전에 보면 보신의 원어인

Sambhoga-kaya에 대해서 Sambogha는 complete enjoytment, pleasure, delight로, Sambogha-kaya는 body of enjoyment; of one of the three bodies of a buddha라 영역되어 있다. 이를 중국에서는 제이신第二身, 보불報佛, 보신불, 수용신, 응신 등으로 번역했다.

보신불의 또 다른 의미인 산스크리트어 nisyanda는 1. stream(흐름) 2. necessary consequence (필연적 결과)로 번역되므로 이 의미에 따라 보신으로 한역한 것으로 보인다.

또한 nisyanda는 위에서 본 바와 같이 stream 즉 흐름의 뜻이 있었으므로, 법계 그대로의 흐름에 의한 몸, 즉 등류신等流身으로 한역되기도 했다.

이와 같이 응신은 화신과 동일한 뜻으로 사용되기도 하여 용어상에 혼란이 있다.

또한 nirmana-kaya로서의 응신은 다시 32상 80종호를 갖춘 붓다를 응신, 상호를 갖추지 아니하고 관세음보살처럼 붓다의 몸에서 축생의 모습 등 33신을 나투는 경우, 지옥중생을 비롯해서 삼계육도의 중생을 여러 가지 모습을 나투는 지장보살 등을 화신으로 나누기도 한다.

> 화신은 Nirmana-kaya에서 유래하는 바, 위의 사전을 참고해보자.
> Nirmana-kaya에서 nirmana를 measure, create, form, compose, reach로, Nirmana-kaya를 transformation body로 번역하고 있다.
> 즉 nirmana는 측정, 형성, 변형, 변화하다 등의 뜻이 있어 화작化作, 화생化生 등으로도 한역되었다.

▶ 유식학파에서의 불신사상

유식학파의 "성유식론"에 보면 삼법신[the three forms of dharma body] 즉 법신의 세가지 차별상을 설명하고 있다.

1. 자성신自性身 svabhavika-kaya[S] the essential body

    모든 법의 변함없이 평등한 실성 unchanging equal true nature of all dharmas

2. 수용신受用身 sambhoga-kaya[S] enjoyment body

    수용신에는 두 가지가 있다-

    이 점이 다수의 다른 종파와 구별되며, 중국 천태종이 자수용보신과 타수용보신으로 구별한 것과 유사하다.

    1) 자수용신自受用身 svasambogha-kaya[s]

        The body of personal enjoyment /The self-enjoyment body

        위의 보신에 대한 설명과 동일

    2) 타수용신他受用身 the body for the enjoyment of others

        정토에 머물면서 십지에 머무는 보살들이 법락을 수용하도록 하는 몸

        The body that abides in the pure land and manifests for the bodhisattvas of ten stages to get the joy of the dharma.

    3) 변화신變化身 nirmana-kaya[S] transformation body

        위의 화신에 대한 설명과 동일

2. 기독교의 삼위일체론三位一體論 The Christian doctrine of the Trinity

> - 삼위란 세 분(3 persons) 즉 세 위격을 의미하며, 일체란 세 위격이 본질상 한 하느님이라는 것이다.
> - 성부聖父[the Father], 성자聖子[the Son (of God)] 성신聖神[=성령聖靈 the Holy Ghost[Spirit] / the Spirit of the Lord]
> - 개념
> 신은 세분으로 존재하지만 하나의 신이며 그 의미는 성자와 성신이 모든 면에서 성부와 똑 같은 속성을 가진 존재라는 의미다.
> God exists as three persons but is one God, meaning that God the Son and God the Holy Spirit have exactly the same nature or being as God the Father in everyway.

1. 삼위 개념의 출처와 논쟁의 시대적 배경

기독교의 삼위일체론은 성서에 나오는 개념이 아니다.

즉 성부.성자.성신이라는 말은 복음서의 개념이 아니며, 신앙 외적인 문제로서 4세기 당시 콘스탄티누스대제의 로마통일의 절대적 권위를 위한 정치적 상황과 맞물린 문제였다. 그 개념의 간접적 추론은 마태복음 28:19와 고린도 후서 13:13에서 엿볼 수 있다.

> - 마태복음 28;19
> 그러므로 너희는 모든 민족을 제자로 삼아 아버지와 아들과 성령의 이름으로 세례를 베풀라.
> Therefore go and make disciples of all nations, baptizing them in the name of the Father and of the Son and of the Holy Spirit.
>
> - 고린도후서 13:13
> 주 예수 그리스도의 은총과 하느님의 사랑과 성령의 보살핌이 여러분 모두와 함께 하기를 기도합니다.
> May the grace of the Lord Jesus Christ, and the love of God, and the fellowship of the Holy Spirit be with you all.

오직 절대적인 하나의 유일신만을 인정하는 유대교에서는 문제되지 않는 삼위일체는 예수의 새로운 복음을 신앙하는 예수교에서는 예수가 신인가, 인간인가? 하는 문제가 처음부터 발생하였다.

삼위일체론의 핵심은 신과 예수의 관계론이라 할 수 있다.

2. 기원

고대 이집트의 헬리오폴리스(태양의 도시 city of the sun라는 뜻) 창세신화에 나오는 창조신 아톤(Athon)과 태양신 라(Ra), 그리고 창조의 법칙인 여신 마트(Ma'at)가 삼위일체를 이룬다는 이야기가 그 기원이라고 한다.

이것이 4세기에 들어와서 이집트 알렉산드리아 주교인 아타나시우스(Athanasius, 293?~373)가 주장하고, 알렉산드리아 교회의 장로인 아리우스는 반대하는 양상이 벌어졌다.

3. 신과 예수의 관계론

(1) 예수의 신성을 강조하여 예수를 신으로 간주하면 두 명의 신이 되어 유일신론이 아니라 다신론으로 오해를 받고, 또한 신으로서 예수가 인간의 육신으로서 활동하는 것은 모든 것이 가짜라는 이른바 Docetism[가현설假現說, 환영설幻影說]의 문제에 빠진다.

(2) 한편 당시의 아리우스는 예수를 인간으로 이해할 때 하나님의 유일 절대성이 확보되고, 하나님=인간=예수의 등식에 의해 인간에게 구원의 가능성이 보장된다고 주장하였으나, 이러한 아리우스의 신비주의적 평등관은 초기 기독교시대에도 자유로운 사상의 하나로서 문제되지 않았으나 결국 362년 알렉산드리아 종교회의에서 이단으로 몰리고 삼위일체론이 정론으로 채택되었다.

4. 학설

(1) 단일설

1. 동적 단일신론(dynamistic monarchianism)=양자론養子論(adoptionism)
   예수는 인간이었으나 하나님의 능력이 머무름으로써 하나님의 아들이 되었다는 설
2. 양태적 단일신론(modalitic monarchianism)=양태론(modalism)=부신수고설父神受苦說
   예수는 유일신이 일시적으로 나타난 것이라고 주장하며 예수의 신성을 강조하는 설
   이 설은 하느님이 시대에 따라 삼위의 모습으로 나타나는 한 인격의 한 하느님이라는 주장으로서, 구약의 시대에는 성부로서, 신약의 시대에는 성자로서, 현대에는 성령으로 나타난다고 한다.

■ 이 주장에 대해 불교의 법화경을 토대로 본불本佛과 적불迹佛사상 즉 석가모니불은 본불이 중생구제를 위해 인간의 모습으로 나투었다는 개념과 유사하다고 일본학자 하세가와 요조는 주장 하는데, 그러기 위해서는 신의 개념을 인격신이 아닌 우주법칙으로서의 로고스로 볼 때만 가능한 이론이다.

(2) 종속설
　　　위에서 언급한 아리우스(Arius, 250~336, 알렉산드리아 교회 장로)의 주장으로서 그리스도는 인간과 같이 피조물이지만 그의 선성善性때문에 하느님의 아들이 된 것이라는 설
　　(3) 삼위일체부정설
　　　유니테리언사상(uniterianism)이 대표적이며 예수는 인간(man)이며, 예언자(prophet)라고 본다. 그들은 성서의 무오류설, 원죄설, 예정설 등을 부정하고 이성과 양심에 의해 하느님과 교류하는 것을 중시한다. 이러한 주장을 하는 그룹은 아리우스파, 네스토리우스파, 영지주의, 여호와증인 등이다.
　　(4) 삼위일체설
　　　현재 정통이라고 주장하는 설로서, 성부.성자.성신이 하나의 신격으로서 일체를 이룬다고 주장하는 설이며, 성령이 신에게서만 드러난다고 주장하는 동방교회와 성령이 아버지와 아들 양자에게서 드러난다고 주장하는 서방교회(=카톨릭)로 나뉜다.

−이상의 삼위일체론을 통해 기독교내의 다양한 설들이 난무하는 것은 그 원인이 인격신을 신의 개념으로 보았을 때 생기는 문제임을 알 수 있다.−

▶ 화이트헤드의 신관神觀과 불교의 3신설
　−고목스님, 화이트헤드의 유기체철학과 불교 p. 71~72−
　1. 법신 : 법은 우주만유의 영원한 본체를 뜻하고, 신은 적취의 뜻으로 본체에 인격적 의미를 붙여 법신이라 한 것이다. 화이트헤드의 궁극자인 창조성에 해당한다.
　2. 보신 : 보살이 어려운 수행의 결과로 얻게 된 유형(유형)의 불신으로서 아미타불 등이 이에 해당한다. 화이트헤드의 플라톤적 이성의 완전한 성취에 해당한다.
　3. 응신 : 보신불을 친견하지 못하는 이들을 제도하기 위하여 나타나는 불신으로서 역사적 존재인 석가모니불이 이에 해당한다. 하이트헤드의 신이 이에 가깝다.

▶ 삼신에 대한 공안公安
한 스님이 조주에게 물었다.
3신三身가운데 어떤 것이 본래신本來身입니까?
어느 것도 빠져서는 안 된다.

One monk askes Zhao-zhao(778~897), "Which is the original body among the triple-body?

Which one has never been missed.

3. 염불念佛 Chanting

염불은 buddha-anu-smarti[S]: continual meditation on the Buddha 또는 buddha-manasikara[s]: taking to heart에서 유래하며, 붓다의 모습(상相)이나 공덕을 마음에 항상 품고 떠올리는 것[억념憶念]을 말한다.

지금은 염불의 대상이 대부분 서방 극락정토[western paradise]의 아미타불이지만 붓다께서 직접 삼념三念, 육념六念으로 수행하라고 가르치셨다.

최초의 염불은 붓다에게 귀의할 때 입단의식으로서 나무불-여기서는 석가모니 부처님-을 세 번 부르는 데서 시작되어, 방식은 나중에 이름만 부르는 칭명사상稱名思想으로 발전하며, 그 대상이 삼념, 육념, 십념으로 발전한다.

삼념은 불, 법, 승이고, 육념은 삼념에 계戒(계율), 시施(보시), 천天(하늘)을 더한 것이다. 즉 육념[six rememberances / recollections / concentration / mindfulness]은 the Buddha(불), the Dharma(법), the Sangha(승), precepts(계), almsgiving[generosity](시), deites(천)이다.

그리고 대승불교를 널리 알린 Nagarjuna [용수龍樹]보살은 십주비바사론에서 염불을 색신염불, 십호염불, 법신염불, 실상염불로 나누면서 믿음을 토대로 일심으로 수행하여 자비와 지혜를 얻기에 이행문易行門이라 했다.

1. 색신염불 - 32상 80종호를 갖춘 붓다의 몸을 염하는 것.
2. 십호염불 - 붓다의 공덕을 표현한 10가지 다른 이름을 염하는 것.
3. 법신염불 - 붓다의 진정한 본체를 염하는 것.
4. 실상염불 - 법신과 색신을 넘어선 중도의 실천으로 반야공사상을 기초로 한 공관염불로서 용수보살이 궁극적으로 지향하는 염불.

이와 같은 염불사상은 나중에 대승불교에서 타방불토사상他方佛土思想이 나타나면서 다양한 정토신앙이 전개되고 결국 서방정토사상이 주류를 이루어 일본의 정토신앙은 정토종이 생긴

이래 지금까지 일본불교의 중심적 역할을 하고 있다.

중국의 규봉종일은 "화엄경행원품소초"에서 4종염불[the four kinds of chanting]로 나누었다.
1. 칭명염불稱名念佛 chanting the name of the Buddha
   이름을 부르는 염불— 1) 고성염불과 2) 경성염불로 나뉜다.
2. 관상염불觀像念佛 contemplating the wonderful statue[image] of the Buddha
   원만한 겉모습[像]을 관하는 염불.
3. 관상염불觀想念佛 contemplating the Buddha's virtues
   붓다의 공덕을 마음 속으로 깊이 생각[想]하는 염불.
4. 실상염불實相念佛 contemplating the Dharma body as truth itself
   붓다의 진리 그 자체로서 참다운 모습 즉 실상의 이치를 관하는 염불.

▶ 위의 염불 중에 칭명염불은 다음과 같이 나눈다.
1. 고성염불高聲念佛 chanting the name of the Buddha sounding a moktak or beating a drum aloud[=loudly]
   큰 소리로 목탁이나 북을 치면서 부처님의 명호를 부르는 염불.
2. 경성염불輕聲念佛 chanting the name of the Buddha in a soft voice
   나즈막한 소리를 내는 염불=저성염불低聲念佛[*低 밑 저 low].

고성염불에 대해서 10가지 공덕을 "아미타경통찬소"에서는 서술하고 있다.
1) 잠을 쫓는다. 2) 천마가 두려워 한다. 3) 염불소리가 시방에 두루한다.
4) 삼도의 고통을 쉬게 한다. 5) 바깥 소리가 들리지 않는다. 6) 마음에 산란함이 없어진다.
7) 용맹정진에 도움이 된다. 8) 부처님께서 기꺼워하시다. 9) 염불삼매가 나타난다.
10) 마침내 극락정토에 왕생하게 된다.

오늘날 한국의 신행풍토에는 아미타불을 비롯한 여러 보살의 명호를 부르는 것이 일반적이나 3000배 수행을 비롯한 절 수행을 널리 보급한 청견스님은 "부처님 크신 은혜 고맙습니다"를 소리 내어 부르면서 밝고 맑은 마음 갖는 것을 신행의 기본으로 삼고 있다.
염불과 정토사상에 대해서는 제2권 경전해설 부분의 정토사상을 참조하기 바란다.

▶ 용어정리

염불 recitation / invocation / recollection / chanting the Buddha's name.

염불문 the path or teaching of reciting the name of the Buddha to be reborn in the world of bliss

염불삼매 the Buddha recollection Samadhi

※예불 prayer chanting / Buddhist ceremony[service]

♣ 그러면 부처님을 부르는 것이 수행이고 어려움을 이겨 내는 데 도움이 되므로 부처님의 여러 가지 다른 이름과 3명 6통의 지혜, 18불공법 그리고 32상 80종호를 통해 붓다의 몸과 마음의 양면에서 접근하여 붓다의 정체성[identity]을 알아보자.

4. 여래십호如來十號 The ten titles[epithet] of the Buddha

1. 불佛 Buddha
2. 세존世尊 the world honored one / the sublime one / the world blessed one
   The divine or adorable one
3. 세간해世間解 knower of the world
4. 선서善逝 well-gone one / perfect one
5. 응공應供 worthy one / respectable one / venerable one
6. 정등각正等覺=정변지正邊知 perfectly enlightened one
7. 명행족明行足 one who possessed wisdom and practice
   삼명의 지혜와 신, 구, 의 삼행을 잘 갖추신 분
8. 천인사天人師 the master of gods and men
   하늘과 사람들의 위대한 스승 즉 삼계의 대도사
9. 무상사無上士 unsurpassed one / supreme one
10. 조어장부調御丈夫 tamer of men
    중생들을 잘 다스려 깨닫게 하는 장부

**조調 길들이다 조절하다 ***어御 다스리다. 길들이다. 부리다. 조종하다.

여래십호는 여래로 시작해서 세존까지 열 한 개에 이른다.

1. 원시경전에서는 여래를 제외한 10개 항목을 말하지만(디가니까야, 전륜성왕사자후경), 불과 세존을 합하여 10개로 세는 설도 있다.

   여래는 산스크리트 tathagata에서 유래하며 그 해석은 두 개로 나뉜다.

   1) tatha[이와 같이]+gata[가다]로 해석하여 여거如去로 보는 설.

   2) ~~ ~~ + agata[부정의 접두사 a에 gata를 결합해서 오다라는 뜻]로 해석하여 여래如來로 해석하는 설로 나뉘었으나 여래로 거의 정착되었다.

▶ 여래에 관해서 아래 영문을 참고 바람

> "붓다 외의 존재들이 붓다를 지칭할 때는 세존bhagavat을 주로 사용하고 붓다가 스스로를 지칭할 때는 '아함[aham;나]' 이나 '여래[tathagata]'를 사용한다.
> 경전에 '일시불재사위국一時佛在舍衛國'에서 불은 bhagavat 즉 세존을 불로 번역한 것이다.
> —최봉수 원시불교 원전의 이해 p.136, 불광출판부—

5. 타타가타(Tathagata : 여래)의 의미 What is the the meaning of Tagatha?

Tathagata는 학자들이 계속해서 논의하고 있지만 완전한 결론에 이르지 못했다.

This has been much discussed by scholars but so far nothing conclusive has been reached.

Tatha는 "이와 같이"를 뜻하나 문제는 Tathagata를 Tatha와 gata로 나누는냐, 아니면 Tatha와 agata로 나누어야 하는 지 그것이 논쟁거리다.

Tatha means "thus," but the question is whether to divide tathagata into tatha and gata, or into tatha and agata :

첫번째의 경우, gata는 "간" 또는 "떠난"이라는 뜻이 되고

두번째의 경우, agata는 "오다", "도착하다"의 뜻이 된다.

■ 산스크리트와 빨리어는 a가 부정의 의미를 가진 접두어이다.

In the first case, gata is "gone" or "departed," and in the second case, if it is agata, it means "is come" or "is arrived."

중국의 역경가들은 두번째의 경우를 선택하여 여래如來[ju-lai]로 번역했다.

본질적 관점에서 보면 "이렇게 온 사람"이든 "그와같이 간 사람"이든 중요하지 않다.

The Chinese translators have adopted the second reading as they have rendered tathagata by 여래如來[ju-lai].

In points of fact it does not matter whether the tathagata is the "One thus come" Or "One thus gone."

> - adopt 1. 채택]하다(take up) 2. (선거 후보자로) 받아들이다, 지명하다.
> - render 1. 번역하다, 옮기다 2. 되게 하다(make) 3. 주다, 하다
> - in(point of) fact 사실에 있어서, 사실상; 요컨대, 결국; 사실은, 실제로는.
> - matter vi. 중요하다, 중대한 관계가 있다 n1. 물질, 성분; 실재물 2.《~s》사태, 사정

이 세상에 나타나는 측면을 중시하면 여래 즉 "이와 같이 온 사람"이 되고 그 반대면 여거如去 즉 "그와 같이 간 사람"이 된다.

When his appearness in the world is made the centre of interest, he is "One who has thus come"; on the other hand if we think more of his disappearness from among us, he is the "One who has thus departed."

> - thus
> 1. 앞서 말한[다음에 말하는] 바와 같이, 이[그]와 같이, 이렇게(in this way), 그렇게.
> 2. 그러므로, 따라서(accordingly). 3. 이만큼, 이 정도로(to this extent).
> 4. 보기를 들면, 이를테면(for example).

그러나 대승주의자들의 주된 관심은 그를 "이와 같이"로 이름지었는가에 있다. "이와 같이"란 무엇인가?

The main question, however, with Mahayanists is this, — Why is he designated "thus"? What does this "thus" mean?

> - designate 1. 〈사람 등을〉(…이라고) 부르다, 칭하다. 2. 을 지적[지시, 명시]하다.

tatha가 tathata[법성法性] 즉 궁극적 진리를 뜻하는 대승불교적 개념과 여실지견如實智見 즉 사물을 있는 그대로 보는 지혜와 관련이 있는 것은 의심의 여지가 없다.

There is no doubt the tatha is connected with the Mahayana conception of the ultimate truth as tathata(suchness or thusness) and also with the idea of seeing into the nature of things, yathabhutam.

> - suchness=thusness 그와 같음, 이와 같음.
> - yathabhutam. 여실히. 실제로 ← yatha+bhutam.
> yatha= 1. such as, like : 와 같이 2. according to method 방식에 따라.
> bhuta= 1. truth, fact 2. nature. world 3. element 4. sentient being.
> ▶yathabutha prajna[s] 여실지如實智 → 여실지견如實智見 evam-jnana.
> ▶yatha-tatha 진리에 따라, 여실히 ▶bhuta-kaya 진리의 몸.
>
> Tathagata가 이 세상에 나타나거나 열반에 들거나 여실지견의 관점에서 보면 불거불래－오는 것도 아니고 가는 것도 아님－이며 존재와 비존재의 범주에 들어가지 않기 때문에 그의 존재와 행위는 여여 즉 "그와 같음"이라는 특질을 가진 것으로 본다.
> When the tathagata's coming into existence and his passing away from it is considered from the yathabhutam point of view, that is, as neither coming nor departing, as not to subject to the category of being and his doing s may well be characterized as having the quality of "thusness."
> - come into existence 태어나다, 나타나다, 성립되다.
> - subject to 맡기다, 위임하다 《to …》.

이들을 달리 표현할 방법이 없다.

There is no other good way of describing them.

그러므로 "이와 같이 오고 가는 자"라고 불리는 바로 그것이 Tathagata이다.

Hence the appealation, the "One who has the nature of thusness in his coming and going," that is, the Tathagata.

> - appellation : n. 이름, 명칭, 호칭, 칭호 ; U 명명. = designation / term / title / label / tag.

2. 아라한은 arhat[S], arahant[P]의 음역으로 응공應供 즉 공양에 응답하는 분, 공양을 받을 만한 분이라는 뜻이다. **arahan이라는 표기는 틀린 것이므로 주의!

이 말은 공양을 올리면 공양 올린 사람은 많은 공덕을 받는다는 것이다.

그래서 아라한을 무상의 복전福田[the field of blessedness]이라 한다.

아라한과 불은 동일한 개념이나 붓다의 열반 후 제자들이 스스로 석가모니 붓다와 자신들을 구별하면서 아라한은 상대적으로 낮은 개념이 되었다

3. 세존으로 해석된 bhagavat은 bhaga[상서로움]+vat[사람]의 합성어이다. 상서로운 덕이 있어 세간의 존경을 받는 훌륭한 존재라는 뜻이다.

> ■S-E 사전 P.742■
> Bhagava:
> 1. dispencer, gracious lord, patron 2. good fortune, happiness, wealth, prosperity
> 3. dignity, majesty, distinction, excellence, beauty, loviliness
> 4. love, sexual passion 5. the female organ, vulva

4. 명행족은 5가지의 해석이 있다.

일반적으로 삼명과 삼업을 원만히 갖춘 것을 뜻한다.

명明은 대체로 무명無明 즉 어리석음의 반대로서 지혜를 뜻하는 말로 해석되며, 혜의 내용이 삼명, 육통이다.

행은 신구의 삼업, 계정혜 삼학, 육바라밀을 원만히 성취함, 중생을 위한 선업 등으로 다양하게 해석하고 있다.

족은 대체로 결과로서 명과 행을 잘 갖춘 것을 뜻한다. 그러면 일반적 해석에 따라 삼명을 공부하고 6신통까지 알아보자.

6. 삼명과 육통

• 삼명三明

the three wisdoms[superknowledges / supernatural[psychic] powers / supernormal ability

1. 숙명명宿命明 memory of one's past[former]lives / retrocognition / the ability to recall one's past lives.
2. 천안명天眼明 the divine eye / seeing the future lives / clairvoyance.
3. 누진명漏盡明 the power of eradicating defilement[delusion / illusion / passion].

• 육신통六神通

the six wisdom / super knowledges / supernatural powers / supernormal abilities

위의 삼명이 숙명통, 천안통, 누진통이며, 여기에 신족통, 천이통, 타심통을 더한 것이다.
- 신족통神足通 the ability to go anywhere.
- 천이통天耳通 the divine[heavenly] ear / the ability to hear any sound.
- 타심통他心通 the ability to know other's mind / psychokinesis.

육신통 중에서 세 종류만을 명이라고 하는 것은 3세三世의 어리석음을 다스리기 때문이다. 숙명통은 과거의 어리석음을, 천안통은 미래의 어리석음을, 누진통은 현재의 어리석음을 다스리는 것이다.(아비달마구사론 제27권 분별지품)

이상에서 간단히 붓다의 정신적 특성을 보았으나 아래에서 신체적 특징을 보고 이어서 붓다의 또 다른 관점으로 본 정신적 특성인 18불공법을 차례로 보자.

7. 32상相 80종호種好

붓다의 특성 중 신체의 뛰어난 32가지 모습을 뜻하는 32상은 32대인상大人相으로도 불리며, 80종호는 32상을 80가지로 세분한 것이며 중국에서는 80가지의 상을 번역할 때 80상이라고 번역하지 않고 좋을 호好로 사용하여 80종호라 하고 32상과 80종호를 줄여서 이야기 할 때 상호相好라고 부른다.

■ 한문을 모르는 젊은 세대에게 이 용어는 혼란을 줄 수 있다.
아래의 국어사전을 참고하여 이해하기 바란다.

> ■ 국어사전
> 상호相好 1. 서로 좋아함.
>   2. (1) (불교에서)불신의 각 부분의 신체적 특징을 이르는 말 (2) 얼굴의 모양.

■ 32(대인大人)상의 어원분석
Dvatrinsan(32)-maha(대)-purusa (인)-laksanani(상相)
여기서 기억해야 할 단어는 Purusa와 laksana이다.
Pursa는 1. 인간(man, human) 2. supreme being(초인), soul of universe(우주의 영혼)의 뜻을 가지고 있으며(S-E사전637), laksana는 상相(mark, sign, token), 상징(symbol), 속성(attribute), 특징(characteristic)을 뜻을 가지고 있다.

■ 80종호種好의 어원분석

Asiti(80)-anu-vyanjana

Asiti는 팔십(80), 팔십번째(80th), 80개로 이루어진(consisting of 80)의 뜻이다. anu-vyanjana(S, P)란 단어는 속屬하는(subordinate)의 뜻의 anu와 상相(mark, sign, token)의 뜻을 가진 vyanjana가 결합한 합성어로서 부수적인 속성(a secondary mark or token), 별상別相, 세상細相을 의미한다. -(S-E사전 P. 39)와 (S-K사전 P. 131) 참조-

▶ 32상 the thirty-two marks of excellence / the thirty-two bodily marks / the thirty-two features / the thirty-two auspicious signs

1. 의의

붓다나 전륜성왕 같은 위대한 존재가 소유하고 있는 신체적 특징.

Remarkable physical characteristics of great beings such as Buddhas and wheel-turning kings.

2. 특징

(1) flat sole 평평한 발바닥.　■발바닥 sole / the sole[bottom] of the[one's] foot.

(2) broad flat heels 넓고 평평한 발꿈치.

(3) wheel marks on the base of the feet=markings of the the wheel of the law on the soles 발바닥의 법륜표시.

■ the base of the feet / sole 발바닥=the sole[bottom] of the (one's) foot.

(4) arched feet=protuberant[융기한, 돌출한] instep [발등] 위로 솟아오른 발등.

(5) hands and feet covered with a network of lines[외형, 윤곽(선)].
=webbed feet and hands 물갈퀴가 손가락과 발가락 사이에 있음.

(6) slender legs with those of a deer=thighs like a royal stag
사슴과 같은 가는 장딴지.　■a royal stag 뿔이 12개 이상인 사슴

(7) long slender fingers 가늘고 긴 손가락.

(8) hands that can reach to the knees, with no bending = hands that extend past the knees even when standing = hands reaching below the knees
무릎까지 내려오는 손.

(9) private parts in a sheath/concealed genitals=retracted male organ 남근이 감추어져 있음 ◀마음장상馬陰藏相

- retract v.i. 움츠러지다, 오므라들다. v.t. 물러서게 하다, 오므리다.
- privates음부 ■ member 몸의 일부, 손발, 깃, 날개 / 남근 / 단원 / 하원의원
- 생식기 the genital[reproductive / generative / sexual] organs; genitals;

(10) body height equal to arm-span=height and stretch of arms equal 두 팔을 펼친 길이와 키가 같음.
(11) body hair standing up 털이 위로 향하여 남.
(12) body hair turning right 몸의 털이 오른쪽으로 향함.
(13) one hair for every pore 털구멍마다 한 털이 자람.

- pore 1. (피부, 잎의) 작은 구멍, 털구멍, 숨구멍(stoma) 2. (암석 등의) 세공.

(14) lion-shaped body=dignified torso like that of a lion 사자와 같은 몸매.
(15) large straight body 크고 곧은 몸매.
(16) substantial shoulders=erect full shoulders 단단한 어깨=바르고 원만한 어깨.
(17) soft pliant skin=soft smooth skin 매끄럽고 보드라운 피부.
(18) gold skin=golden-hued body 황금빛 피부.

- gold n.1. 금 2. 금제품 3. 금빛 4. 금도금, 금박 adj1. 금으로 만든 2. 금같은 3. 금빛의
- hued . …의 색조[빛깔]의.

(19) light radiating from the body=a halo around the body 몸에서 빛이 남.
※온 종일 항상 10자 길이의 빛[a ren foot halo]이 난다. ◀상광일심상常光一尋相
(20) well-developed muscle in hands, feet, shoulders, and the nape of the neck = two soles. two palms, two shoulders, and the nape of the neck well rounded 칠처七處[두 손, 두 발, 두 어깨, 목덜미]의 잘 발달된 근육. ◀칠처충만상七處充滿相

- the nape[back, scruff] of the neck 목덜미.

(21) well-developed muscles below armpits. 겨드랑이 밑에 잘 발달된 근육.

- armpit 겨드랑이, 액와腋窩.

(22) forty teeth 40개의 이. ※ 일반인은 32개의 이를 가진다.
(23) four white fangs 4개의 흰 송곳니.
(24) white close teeth 희고 틈이 없는 이.
(25) long broad tongue 길고 넓은 혀 ◀광장설상廣長舌相
(26) Unexcelled sense of taste 최고의 미각 ▶타액으로 모든 음식의 맛을 좋게 한다고도 함 saliva improving the taste of all food.
(27) Jaw like a lion 사자와 같은 턱.
(28) Brahman voice=voice that can reach to the Brahman Heaven /voice deep and resonant 범천까지 미칠 수 있는 소리◀범음성상梵音聲相=범음심원상梵音深遠相: Brahma-Svara.

- resonant 잘 울리는(resounding).

(29) eyes of the color of blue lotus blossoms 푸른 연꽃 색깔의 눈.
(30) ox-like lashes = eyelashes like royal bull / long eyelashes like those of a cow 소와 같은 긴 속눈썹 ▶감청색의 눈동자[deep blue eyes]를 포함하기도 함.
(31) a protuberance on the crown of his head / protuberant knot of flesh like a topknot on crown of head 정수리에 상투같이 튀어나온 혹 ◀정성육계상定性六髻相

- protuberance 혹, 결절(knob / 융기, 돌출 / 융기부, 돌출부.
- knot 결절, 혹/ 매듭　■ topknot 상투.
- crown 1. 왕관　2. 정수리, 머리; (사슴뿔의) 끝; (새의) 볏; (맥주병 등의) 뚜껑. (crown cap)　3. 중요한 속성;《the ~》(명예, 우수성, 미美 등의) 절정, 극치.

(32) a white tuft between the eyebrows/a tuft of white hair between the eyebrows 두 눈썹 사이의 흰 털=백호白毫 ◀미간백호상眉間白毫相

- tuft (깃털, 머리털, 실 등의) 다발(bunch, bundle)

▶ 32상의 기원과 백호, 그리고 신광身光

　-Edward Conze의 Buddhism: its essence and development(1951년판) p. 37~38에서 요약-

A list of 32 'marks of a superman,' often supplemented by a list of 80 'subsidiary marks,' described the most salient features of the Buddha's 'glorious body.'

종종 80 개의 부수적 특징(= 80종호)들로 세부적으로 표현되는 32상들은 붓다의 장엄신莊嚴身 중에 두드러진 특징을 묘사한 것이다.

The 32 signs of the superman are derived from a pre-Buddhistic manual of astrology.

초인超人의 32상은 불교 이전의 시기에 있었던 점성술 문헌에서 유래한다.

Many-coloured light radiates from this hair-tuft, which is as white as snow or silver.

눈이나 은처럼 흰 다양한 색상의 빛이 머리다발에서 뿜어져 나온다.

Sculptures usually represent the Urna by a simple dot or by a jewel.

보통 조각은 우르나(백호 a tuft of white hair between the eyebrows)를 하나의 점이나 보석으로 묘사한다.

> ■ 콘즈는 우르나(Urna)를 단순히 "a wooly curl"로 번역하기도 하는데, 그 이유는 백호상의 산스크리트어가 urna-laksana(상相)이며 "urna"는 그 뜻이 "wool 양털, 머리털, 솜털"이기 때문이다.

In the later stages of Buddhism the Tantra, under the influence of Shivism, interpreted the Urna as a third eye, the 'eye of wisdom.'

불교 후기에 등장한 밀교는 시바이즘(힌두교 중에서 시바신을 숭배하는 파)의 영향을 받아 우르나를 제3의 눈이나 지혜의 눈으로 해석하였다.

According to common Indian tradition, a kind of fiery energy radiates from the bodies of great men, and the habit of meditation increases it.

인도의 일반적 전통에 의하면 위인들의 몸에서 불 같은 기운이 방사되며, 명상수행이 깊어지면 더욱 증장된다고 믿었다.

Very often this magical power is represented by flames which emnate from a halo round the figure of the Buddha, and sometimes from his shoulders.

이러한 신비한 힘은 자주 붓다의 몸 주위에 후광의 형태로 묘사된다.

In the art of Gandhara the nimbus is also given to Gods and Kings, and Christian art adopted this symbol in the 4th century.

간다라 예술에서는 신들과 왕들에게도 원광의 모습으로 나타내기도 하였고, 기독교 예술에서는 4세기에 이 상징을 받아들였다.

> ■ nimbus 후광, 분위기.

80종호the eighty excellent[notable] characteristics / the eighty secondary[subsidiary / accessory / minor] marks
-32상을 82가지로 세분한 것으로 생략한다-

8. 십팔불공법 18不共法

붓다의 18불공에서 불공은 공통되지 않음 즉 독특함을 뜻한다.

성문. 연각. 보살 등과는 다른 붓다 고유의 독특한 18가지의 공덕을 가리키는데 소승의 주장과 대승의 주장으로 나뉜다.

소승의 18불공을 남방의 맛지마 니카야 대사자후경을 통해서 알아보자

- 십력 十力 The ten abilities[supernatural powers] of the Buddha

1. 처비처지력處非處智力 진리와 진리 아님을 바르게 힘.
   The power of knowing what is true and what is not / Power arising from the wisdom of knowing right from wrong.
2. 업이숙지력業異熟智力 선업과 악업의 과보를 여실히 아는 힘.
   The power of knowing the consequences of actions /
   Power arising from the wisdom of knowing the conquences or retributions of actions of the living beings.
   ············중략
9. 사생지력死生智力 중생의 생사를 아는 힘.
   The power of knowing deaths and future lives. /
   Power arising from the wisdom of knowing the death and future lives of the living being.
10. 누진지력漏盡智力 모든 번뇌를 다스리는 힘.
    The power of eradicating[exhausting] all defilements and illusions. /
    Power arising from the wisdom of knowing the exhaustion of defilements

9. 사무(소)외四無(所)畏 catvari-vaisharadya(S)

The four (grounds, kinds) fearlessness[self-confidence / assureness / certainties]
사무소외는 붓다와 보살의 네 가지 두려움 없음(=네 가지 확신)을 뜻한다.

─여기서는 붓다의 사무소외만 다룬다. 박영의 교수님의 실용 한-영불교용어사전과 The Shambhala Dictionary of Buddhism and Zen(p. 71)을 순서대로 실으니 비교하기 바란다.─

---

1. 정등각무외正等覺無畏 바르고 평등한 법을 깨달아 비난에 대해 어떤 두려움도 없음.
   Fearlessness of any censure, since the Buddha has already attained the wisdom of equanimity of all beings / The certainty that his perfect enlightenment is irreversible.
2. 무영진무외無永盡無畏 일체의 번뇌를 쳐부수어 외난(외난)에 어떤 두려움도 없음.
   Fearlessness of any misfortune, since the Buddha has already cut off all passions / The certainty that all defilement are exhausted.
3. 설장법무외說障法無畏 중생의 번뇌를 지적하고 모든 장애에 어떤 두려움도 없음.
   Fearlessness of any criticism for his discourse on the obstruction of wisdom / The certainty that all obstacles have been overcome.
4. 설출도무외說出道無畏 고통의 세계(=윤회)를 벗어나는 법을 가르치되 어떤 두려움도 없음.
   Fearlessness of any criticism for the teaching how to be free from the world of suffering / Tha certainty of having proclaimed the way of abandoning.

---

10. 삼념주三念住 = 삼념처三念處 trini-smrty-upasthanani(S)

Three (aspects, focuses, kinds of) equanimity[mindfulness]

(1) 의의

삼념주란 중생들이 믿거나 믿지 않거나, 일부는 믿고 일부는 믿지 않거나 일희일비하지 않고 정념정지正念正智(바른 머뭄과 지혜)에 안주한다는 의미다.

Three kinds of equanimity means that whether all creatures believe, do not believe, or part believe and part do not believe, the Buddha neither rejoices, nor grieves, but rests in his proper mind and wisdom.

(2) 내용

1. 중생이 기쁜 마음으로 설법을 들어도 마음이 평정함
   Equanimity to the happiness of the sentient beings to his discourse.
2. 중생이 설법에 무관심해도 마음이 평정함
   Equanimity to the carelessness of the sentient beings to his discourse.
3. 중생이 설법에 관심을 갖든 가지지 않던 마음이 평정함
   Equanimity to both attentive and unattentive sentient beings to his discourse.

■ 설법(dharma) discourse[sermon / address / the preaching of dharma.

♣ 삼념주에서 중생이 믿음을 내어 환희심으로 불법을 듣거나, 불신의 마음으로 붓다를 비방해도 조금도 마음에 동요가 없음은 일희일비하는 우리에게 시사하는 바가 크다.♣

■ 일희일비하다 have joy and sorrow in quick alternation.

11. 대자비 maha-karuna[P, S]
great compassion[mercy / benenevolence / pity]

1. 십팔불공법의 마지막-대자비

앞의 세가지가 지혜를 다루어 상대적으로 작은 부분으로 보이지만 자비는 실천이지 언설로 하는 것이 아니며, 붓다의 위없는 깨달음도 자비심에서 출발했음을 잊지 말아야 한다.

자비심은 시작이고 과정이며 끝이 없다.

자비와 지혜는 둘이 아니기에 깨달음은 궁극적으로 자비의 완성이기도 하다.

그러나 자비의 완성이란 무엇이며, 어디까지가 완성인지 또 기준이 설정되어도 그것이 가능할까! 더구나 자타일시성불도가 그 목표라면 …….

그러나 일시에 라는 전제조건은 제외하더라도 모든 중생들이 성불할 때까지 나아가는 미래완료형[future perfect tense]임은. 부정할 수 없을 것 같다.

이러한 생각은 불자라면 누구나 하였겠지만 신앙의 측면이 중요시 되는 부분이기도 한다.

여기서 인도의 월칭스님께서 입중론에서 하신 자비에 대한 말씀을 들어보고 마음을 다시 세워보자.

자비는 언제나 유익하며 으뜸가는 마음자리이다.

자비는 구도의 길을 가는 초심의 단계에서 중요하며 그 과정에서도 중요하며, 완전히 깨달음에 이룬 때에도 처음과 다름없이 중요하다.

Compassion is such a supreme spiritual quality that it maintains its relevance at all times; it is vital at the initial stage of the spiritual path, it is just as important while we are on the path, and it is equally relevant when an individual has become fully enlightened.

■ 월칭[찬드라키르티Chandrakirti, 600~650]스님은 인도의 중관학파[Madhyamika] 중에 귀류논증학파[prasanga-anumana]에 속한 분으로 입중론立重論[madhymakavatara]에서 십지경에 나타나는 보살의 10바라밀에 근거하여 중관의 핵심사상을 이야기 했다.

※ 중관학파와 귀류논증학파 그리고 자립논증학파에 대해서는 제2권 불교사 부분을 참조!

붓다의 깨달음[Enlightenment]과 중생구제[the saving of all sentient beings]
그리고 정토구현[the realization of Pure land]은 붓다의 본원력[the power of original vow] 때문이다.

불과佛果[Buddhaphala[s]; the Buddha-fruit; the fruit of Buddhahood]의 원인이 본원이며, 본원은 중생구제라는 대자비가 근본이며, 그것이 불인佛因[Buddha-cause]이다.

"불인은 부처님이 되기 위한 원인. 선근공덕을 짓는 것이다.

Buddha-cause, that which leads to Buddhahood, i.e. the merit of planting roots of goodness[선근善根]."

그러나 붓다가 선근공덕을 지음은 중생구제라는 대자비에서 비롯되므로 자신만의 해탈과 열반을 추구하는 성문과 연각과 비교하면 그 출발점이 다르다. 성문과 연각도 선근공덕을 쌓지만 부처가 되는 것은 아니다. 뿌린대로 거두는 것이고 쓰레기통에 장미꽃이 필 수는 없는 법이다.

※ 공덕을 쌓다 practice good deeds / accumulate virtuous deeds.
※ 덕성을 함양하다 cultivate moral virtues.

2. 자비와 지혜 karuna[S] and prajna[S] compassion and wisdom

자비와 지혜의 관계는 다음과 같이 요약할 수 있겠다. 지혜와 자비는 깨달음의 양면이다.

Compassion and wisdom are two sides[both sides / two facets] of bodhi-hood[the state of Enlightment]

지혜가 깨달음의 이지적 면이라면 자비는 정서면 면이다.

Wisdom is the intellectual aspects and compassion is the emotional aspect of Enlightenment.

지혜는 향기 없는 연꽃이 아니라 자비 속에 만발하고 열매를 맺는다

Wisdom is not a lotus without scent but is in blossom and fructify in compassion.

자비 없는 지혜는 절름발이며, 지혜 없는 자비는 맹목적이다.

Wisdom without compassion is lame and compassion is blind.

- lame 절름발이의(crippled); (부상 등으로) 불구가 된.
- fructify : v.i. 열매를 맺다[bear fruit] v.t. 〈식물을〉 결실시키다.
- scent향기[fragrance, perfume, redolance].
- aroma는 특히 음식이나 커피 등의 은은한 냄새를 뜻하는 표현.

*꽃향기 the fragrance[perfume] of flowers.
*그윽한 커피향기 the rich coffee aroma *향기요법 aromatherapy.

---

3. 본원(력)本願(力) purva-pranidhana(S)

The original vow (of Bodhisattvas made by a Bodhisattva)

본원이란 "보살이 과거세상에서 수행하고 있을 때에 모든 중생들을 구제하겠다고 세운 서원[the swear that a Bodhisattva made to save all sentient beings,practicing in the previous life]"을 말한다.

본홍서원本弘誓願의 준말[abbreviation / a shortened form]이며 사홍서원으로 구체화 되며 숙원사업{the long-cherished wish[ambition; desire]}이라는 말이 있듯이 숙원宿願이라고도 한다. -본서 사홍서원 참조 바람-

4. 자비의 뜻

자비는 원래 자와 비가 각각의 의미를 지니고 있다.

⑴ 자慈의 원어인 metta[P], maitri[S]는 자애, 사랑을 뜻하며 Pali-English사전에는 amity[우호, 친목, 친선], benevolence[자비(심), 선심]으로 표기되어 있다.

남방불교에서 불자들이 매일 독송하는 metta-sutta[자비경으로 흔히 번역됨]를 한번 읽

어 보기 바란다.

> 참고로 미륵불의 미륵은 metteyya[P], maitreya[S]를 음역한 것으로 metta, maitri에서 유래하며 미륵보살을 자씨慈氏라고도 의역한 경우도 있다.

(2) 비悲의 원어인 karuna[P, S]는 동정, 애련을 뜻하며, Pali-English사전에는 compassion(측은히 여기는 마음, 동정, 연민), pity(동정, 연민)로 표기되어 있다.

5. 행복과 자비

(1) 모든 종교가 그러하듯 불교의 목적도 행복이다.

그래서 흔히 이고득락離苦得樂[emancipation from suffering and attainment of happiness]을 불교의 목표라고 하지만 그 낙이란 것은 모든 존재에 대한 사랑이다. 이 점이 특히 대승불교의 출발점이고 목표이다. 이러한 정신을 잘 보여주는 것이 Santideva스님의 입보리행론이다.

(2) Santideva[적천寂天(santi 적멸, 적정, 평화 + deva 하늘, 신): 6~7세기 인도 중관학파의 스님]는 행복과 불행 그리고 진정한 행복을 위해 보살이 보리심을 일으킴과 자비수행의 중요성을 강조하고 있다. 붓다의 본원을 보리심과 자비의 결합으로 보고 저술한 것이 "입보리행론"이다.

(3) Santideva의 입보리행론入菩提行論 Bodhisattvacaryavatara[S]

1) 이 논은 보리심과 보살행의 실천에 대해 10개의 장으로 요약한 것으로 티벳에는 이에 대한 주석서만 130가지가 넘는 책이며, 티벳에서는 법회에서 Santideva의 뜻을 기리는 의미에서 다음과 같은 내용을 합창한다.

보배로운 보리심, 아직 없는 이에게 일어나게 하시고, 이미 일어난 이 보리심 줄지말고 더욱 늘게 하소서.

May Bodhicitta, precious and sublime,

take its birth in those it has not yet taken birth and in those it has been born,

let it not cease but swell and increase ever more and more.

> **bodhi-citta 보리심 → bodhi 보리, 깨달음 + citta 마음

2) 행복과 불행의 원천 the sources of misery and unhappiness

The source of all misery in the world lies in thinking of oneself.

세상의 모든 불행의 원천은 자신에 대해 어떻게 생각하느냐에 달려 있다.

The source of all happiness lies in thinking of others.

모든 행복의 원천은 다른 사람에 어떻게 생각하느냐에 달려있다.

※ 위의 글은 입보리행론 8장 129절의 내용으로서 불행은 자신을 위함에서 오고 행복은 남을 위함에서 온다는 말이다. 즉 행복은 자비심을 닦아 자비행을 함으로서 이루어 진다는 말이다. 따라서 보리심을 냄과 동시에 자비심의 수행이 필수과목이 된다.

3) 두 가지의 자비심 수행 the two ways of compassion practice
   1. to imagine that all beings are our mothers or someone else who is dear to us
      모든 존재를 어머니 또는 사랑하는 사람이라고 생각하는 것.
   2. to consider others as equal to oneself.
      남을 나 자신으로 여기는 것.
4) 아래에서는 위와 관련된 구체적인 내용의 일부를 소개한다.
   (1) 8장 90절
      먼저 나와 남이 같음을 수행하라
      First, cultivate the mind that I am not different from others.
   (2) 8장 94절
      나는 남의 고통을 없애야 한다. 그 고통은 나의 고통과 같기 때문이다.
      나는 남에게 도움을 주어야 한다. 그들은 나와 다름없는 중생이기 때문이다.
      I should dispel the suffering of others because it is suffering just like own,
      and I should benefit others because they are sentient beings just like myself.

- dispel 〈걱정, 공포 등을〉 떨쳐버리다, 〈의심 등을〉 풀다.
  =dismiss / chase away / drive out / disperse / scatter.
- benefit n. 선행; 자선, 은혜(benefaction) v.t. 〈사물이〉 …의 득이 되다, …에 이익을 주다.

---

   (3) 8장 95절
      나와 남 둘 다 행복을 원하는 것은 똑 같으니 나와 무슨 차이가 있는가?
      어째서 나만의 행복을 추구하는가?

When both myself and others are absolutely identical in that we wish to be happy, what then is the difference between myself and others.
Why should I pursue my own happiness.

(4) 8장 96절
나와 남 둘 다 고통을 원하지 않는 것은 똑 같으니 나와 무슨 차이가 있는가?
어째서 나만 지키려 하는가?
When both myself and others are exactly the same in that we do not want to suffer pain, what then is the difference between myself and others.
Why I should protect myself and not other.

(5) 회향품廻向品 10장 56절
The dedication[transference] of merit, Chapter 10, Verse 56
중생의 어떤 고통이든 모두 나에게 오기를!
보살의 선근공덕으로 중생들이 행복하기를!
Whatever is pain and suffering in this world, let it come to me.
May every one in the world be happy on account of the good deeds of the Bodhisattva.

6. 연기와 자비

(1) 연기란 모든 현상은 수많은 원인[인因 hetu[S]: cause]과 조건[연緣 pratyaya[S]: condition]이 서로 관계하여 성립하고 그러한 조건이 없어지면, 결과도 저절로 소멸한다는 불교의 기본적 교설이다.

Interdepent arising means the essential doctrine of Buddhism that all phenomena arise by interaction of innumerable causes and conditions and without such causes and conditions, the result also cease to exist naturally.

> 연기 paticca-samupada[P], patitya-samupda[S]
> 원인 (인因) hetu[S] : cause.
> 조건 (연緣) pratyaya[S]: condition
> ■ essential 핵심적=key / core / chief / main / central.
> ▶ 핵심 the core / the (key)point / the heart / the gist / the nub.
> ▶ 핵심을 파악하다 go[get]to the heart / get the gist.

> - doctrine 교리=creed / religious dogma.
> - interaction 상호작용[action to have an effect on each other].
> - innumerable 무수한=myriad / incalculable / myriad / countless.
> - cease to exist 소멸하다=extingiuish / disappear / vanish.

연기에 함축된 의미 중 하나가 모든 존재가 무한한 관계 속에서 상호 연결되어 있다는 상관성 즉 상의성이다

One of the implications of paticca-sam-upada is inter)relativity of all existence in the infinite network of relationship.

이러한 상의성이라는 사상은 나와 남을 구별하는 사고를 초월하는 데 유익하다.

This thought of relativity helps in transcending the discrimination between me and others.

이기심이 없는 상태에서 나와 남의 교감이 이루어지고, 나아가 이기심과 이타주의의 대립의 문제를 해결할 수 있다.

In selflessness there is communion of me and others and this solve the problem of the confrontation between egoism and altruism.

이것이 자리이타自利利他이다.

This is Self-profit and Others-profit or to benefit himself and benefit others at the same time.

대자비는 자신만의 이익을 구하지 않고 타인이 처한 어려움에 더 관심을 가지는 마음에서 우러나온다.

Great compassion permeates in the mind of the Bodhisattva concerned more with the needs and wishes of others than with one's own.

> - relationshipn 1. 관계, 사이 2. 친척[인척, 혈연] 관계《with, to …》
> ▶ 긴장관계 strained relationship ▶촌수를 따져보자 let's trace the degree of ~.
> - relation관계(connection), 관련(reference), 친척[인척, 혈연] 관계), 진술(narration
> ▶ 노사관계 labor-management relations ▶적대관계 hostile relations
> - relativity 1. 관련성, 상관성 의존성 2. 상대성 (이론)
> ▶ The theory of relativity is Einstein's theory concerning space,time,and motion.
>   상대성이론은 시간, 공간 그리고 속도에 관한 아인스타인의 이론이다.

> Communion 1. 함께 함, 친교, (영적)교감, 깊은 반성 ▶hold communion with…와 영적으로 사귀다. (자연 등을)마음의 벗으로 삼다.
> 2. 종교단체(종파, 신앙상의) 교우, (천주교회간의)조합 ▶be of the same communion 같은 종단의 교우이다.
> 3. (또는 Holy communion) 성체배령, 영성체, (성체 배령의) 빵과 포도주, 성찬식.
> ▶ communion in one kind (빵만의)일종 성찬식▶take[go to] Communion 성찬식에 참여하다.
> Christians receive a soul at First Holy Communion. 기독교인은 첫번째 성찬식에서 새로운 영혼을 받는다.
> ■ altruism 이타주의 ■ permeate 을 투과하다, ..에 삼투하다 2…에 퍼지다(pervade), 보급하다.

(2) 공과 자비

Sunyata, which Nagarjuna equates with pratityasamupada, is the central gospel of Buddhism.

순냐타 즉 공은 연기와 동일한 의미로서 불교의 중심 개념이다.

The experience of sunyata of all existence develops a mind-set which generates a compassionate heart, arouses karuna, and enables one to own up the suffering of others as one's own suffering and to sacrifice one's own welfare for others.

모든 존재의 공(제법개공諸法皆空)은 동정의 마음과을 일으키고, 자비심을 내게하여, 타인의 고통을 자신의 고통으로 삼고, 타인을 위해 자신이 가진 것을 기꺼이 내어주는 사고방식을 함양시킨다.

> ■ gospel 1. (the~) 복음(그리스도와 그 사도들의 가르침), 복음서 2. 절대의 진리, 금과옥조, 진리, 주의, 신조(principle, doctrine) 3. 흑인의 종교음악.
> ■ mind-set 심적 경향, 사고 방식, 부동의 정신상태.
> ■ own 1. 소유하다 2. (어떤 존재,가치를)승인하다, (잘못 등을) 자백하다.
> ▶own up(모조리, 깨끗이) 자백하다(confess frankly), 성가신 것을 인정하다.
> ▶The suspect meekly owned up to his crime. 그 용의자는 범행을 순순히 자백하다.
> ■ own up → OX사전 참고
> admit or confess to having done something wrong or embarrassing
> 잘못이나 성가신 것을 고백하거나 인정하다.

(3) 열반과 자비

In Buddhism, attainment of nirvana is the ultimate destiny and goal of all existence.
불교에서 열반의 증득은 모든 존재들이 추구하는 궁극적 절대적 목표다.
Positively understood, nirvana is self-fufilment through karuna.
긍정적 관점에서 이해하면, 열반은 자비를 통한 자기 완성이다.
It consist in universal love for all beings.
그것은 모두에 대한 차별 없는 자비심이다.
Prajna is the intellectual aspect and karuna is the emotional aspect of nirvana.
지혜는 열반의 지적 측면이고 자비는 열반의 정서적 측면이다.
Negatively, it is annihilation of the notion of ego, utter negation of all egoism, of all desires, of the false view of substantiality of things etc.
부정적 방식으로 파악하면, 그것은 자아개념의 절멸絶滅이며, 모든 이기적 사고와 욕망, 그리고 사물의 본질에 관한 삿된 견해(사견邪見)의 철저한 부정이다.
Enlightenment or nirvana lies in the effacement of the idea of individual self.
깨달음 혹은 열반은 개인적 자아관념의 지움을 본질적 특징이다.

(4) 자비관과 자심해탈

이제 붓다가 가르친 수행법의 하나인 자비관과 자심해탈을 알아볼 차례이다.

> - 자비관 compassionate meditation / loving kindness meditation.
> - 자심해탈 metta-ceto-vimmuti[P] the liberation of the mind by loving-kindness.

먼저 자비관의 11가지 공덕을 마음에 새겨보자.

♧ 자비관의 11가지 공덕 The 11merits of the compassionate meditation ♧

1. 잠을 편안히 잔다 sleep well.
2. 편안하게 깬다. stay awake peace.
3. 악몽을 꾸지 않는다. no nightmare / don't suffer from a nightermare.
4. 사람들에게 사랑받는다. loved by other persons.
5. 사람이 아닌 것으로부터 사랑을 받는다.

loved even by other beings beside human beings.
6. 신들의 보호를 받는다. protected by gods.
7. 불, 독약, 무기 등에 의해 해침을 받지 않는다.
   not be harmed by fire, poison, or harmful instruments.
8. 마음이 쉽게 선정에 든다. easy to concentrate.
9. 얼굴빛이 밝아진다. achieve healthy and illuminating face.
10. 담담히 죽음을 맞는다. die in peace[well-dying].
11. 출세간으로 나아가거나 아니면 천상에 태어난다.
    either advance to the state of nirvana, or will be born in the heavenly realm.

▶ 자비관의 내용

사무량심은 불교 수행법의 하나로서 한마디로 표현하면 자비관이다.

다시 말해서 자비관의 내용이 "자. 비. 희. 사" 즉 사무량심이라는 말이다.

사섭법을 통해 4무량심을 구체적으로 실천하면서 자비관을 행하는 것이 자비수행을 완성시키는 길이다

불교수행법은 크게 사마타와 위빠사나 즉 지止와 관觀의 수행으로 양분하는 것이 일반적이다.

자비관을 남방의 최고의 주석서인 청정도론淸淨道論에서는 삼매수행에 포함시킨다.

청정도론 Visuddhi-magga[P] the Path of Purification을 살펴보고 넘어가자.

> ■ 청정도론 : 남방 상좌부의 가장 중요한 후기 경전군에 속하는 작품이며, 5세기에 붓다고사에 의해 쓰여졌다.
> It is the most important post-canonical work of the Theeravada and was composed in the 5th century by Buddha-ghosha.
>
> ♣청정도론(3권)은 국내 번역판이 "초기불전연구원에서 간행, 대림스님 번역"이 있으며, 영문판은 Bhikkhu Nanamoli번역의 the Path of Purification(1권으로 907쪽 분량)이 있으니 일독하기 바란다.

붓다의 가르침이 지혜와 자비이므로 자비의 수행은 지관의 범위에 포함시키는 것은 잘못이라고 본다.

염불수행을 붓다께서 직접 설하신 이유는 자비와 지혜의 완벽한 어울림을 첫째 항상 기억하

고 둘째 자비수행을 하는 경우에 지관수행를 통해 자비심을 더욱 넓고 깊게 하고 셋째 실천을 통해 사회를 맑고 향기롭게 하라는 의미라고 본다.

Samathi와 sati가 서로 어울리듯이 자비수행과 함께 어울리면서 세 가지가 서로 보조하는 수행법이 되어야 한다.

따라서 불교수행은 지止, 관觀, 자慈 즉 samatha, sati, metta 세가지로 동일한 위치에 놓아야 한다.

인간의 마음자리를 간단하게 지,정,의로 나누면 다음과 같다.

"지혜는 지적 측면의, 자비는 정서적 측면의, 서원은 의지적 측면에 대한 최고의 표현이다. Prajna is the highest expression of the cognitive side, metta-karuna, of the emotional side, and vow, of the volitional side."

정서적 측면을 최고로 고양시키는 수행이 자비수행이며 자심해탈의 수행이다.

깨달음의 길은 중생구제라는 자비의 서원과 정정, 정념에 의한 지혜의 증장, 그리고 그 과정에서의 연기적 자비가 함께하는 과정이다.

- 지정의知情意 intellect, emotion, and volition / intellect, feeling, will.
- 고양高揚 exaltation / elevation / uplift ▶고양시키다 boost.
- ▶애사심을 고양시키다 boost loyalty to the company.

자비수행을 자비관이라는 정적인 수행에 국한시키는 경우 자비관은 samadhi에 포함시킬 수 있으나 자비수행은 고요한 자리에서 일심으로 나아가는 삼매수행으로 끝나는 것이 아니다.

자비수행을 자비관에 국한하는 것은 부파불교시대 이후의 이른바 승원불교[monastery Buddhism]의 냄새가 난다.

- 국한하다 confine / limit / set limits to / localize.
- ▶ 환경오염은 더 이상 도시에 국한 된 문제가 아니다.
The problem of environmental pollution is no longer limited to cities.

자비수행의 범위는 자비관을 비롯해서 직접 실천하는 것까지 포함하는 것이므로 자비수행을 자신의 수행대상으로 삼을 경우 삼매수행은 자비관의 보조하는 수행일 뿐이다.

붓다의 자비로움을 언제나 기억[anussati]하면서 자비심을 닦고 행하여 자리이타[self-profit and others-profit=to benefit myself and others]의 길을 걸어야 구경에는 해탈에 이를 수 있다.

재가자들이 보살의 서원을 세워 소외된 이웃을 아우르는 것이 단순히 복을 지어 생천生天 하는 정도로 낮추어 생각하지 말아야 한다.

> - 복(good) fortune; good luck ▶ 복많이 받으세요 May fortune smile on you.
> - ▶ 오늘 먹을 복이 터졌다. I was blessed with things to eat all.
> - 공덕 charity; piety / a pious act / a charitable[virtuous] deed / an act of merit / virtue.
> - ▶ 공덕[복]을 쌓다. practice good deeds[good luck].
> - 생천: 하늘나라에 태어나다. be born in heaven / go to heaven.

대승의 길을 걷는 모든 불자들이 자신이 선재동자이며 보살의 길을 걷는 수행자라는 잊지말고 자비수행을 이 시대에 걸맞는 적극적인 수행법[positive cultivation befitting current times]으로 정착시켜야 할 의무감을 가져야 한다.

그러면 사무량심과 사섭법에 대해 알아보자.

12. 사무량심四無量心 catasso-appamannayo[P]

The four immesurable mind / The four illimitable mind / The four pure practices

> 사무량심의 pali어를 분석하면 다음과 같으며 사범주는 동일한 의미이다. (p-k사전. 520)
> catasso[4] -appamannayo(무량함/무한함)←[a(=not)+pamana(한계)+naya(행위, 방법)]

= 사범처四梵處=사범주四梵住=사범행四梵行

catvaro-brahma-viharah[S] cattaro-brahma-vihara[p]

The four divine abodes / The four divine states of dwelling

1. 용어정리

사무량심은 중생을 제도하기 위해 마땅히 갖추어야 할 네 가지 마음으로서 사심四心, 사등심四等心 등으로 부린다.

또한 사범처四梵處, 사범주四梵住, 사범행四梵行 등으로도 불리는 이유는 사무량심을 닦으면 범천이 머물거나 죽어서 범천梵天에 태어나기 때문에 붙여진 이름이다.

사무량의 마음을 닦는 것은 수행 자체로서 끝나는 것이 아니라 그를 토대로 사섭법이라는 사회 도덕으로 실천하여야 진정한 의미를 살리는 것이다.

2. 어원분석
사범주, 사범처의 pali어도 분석해보자.
범은 brahma의 음역이며 그 뜻은 다음과 같다.
1. 신성한, 경건한, 거룩한 2. 브라흐마, 범梵, 범천梵天, 우주의 창조자 3. (카스트 제도의)바라문(계급)

주는 vihara의 의역으로서 "1. 생활방식 2. 삶 3. 거주 4. 사원, 절, 승방"의 뜻이다. 따라서 brahma- vihara는 거룩한 삶이라는 뜻이다.

유사어로서 ariya-vihara (성스러운 거처, 거룩한 수행처/거룩한 수행)가 있으며 그 뜻은

1. 신성한, 고귀한, 탁월한, 이상적인, 선한 2. 아리안 종족에 속하는 3. 아리안어를 말하는 4. 귀족계급(의) 5. 고귀한 님, 성자聖者이다.

Ariyar가 들어가는 용어 중의 하나가 불교의 핵심인 8정도이다.

pali어는 ariya-atthangika(8)-magga(道도)이며 8성도聖道로 번역되기도 한다.

3. 내용
※사무량심의 영문을 사섭법 뒤에 수록하였으니 참고하기 바란다※
1. 자慈 타인에게 이롭게 함 loving kindness / benevolence / sympathy / friendliness
2. 비悲 타인의 슬픔을 덜어 줌 compassion
3. 희喜 타인의 기쁨을 같이 함 altruistic[sympathetic] joy.
4. 사捨 타인을 차별없이 섬김 equanimity[even-mindedness / the mind of renunciation].

여기에서 사[捨-버리다, 베풀다]는 산스크리트어 upeksa를 번역한 것인데 차별심을 버리는 것으로 의역한 것인데 평등심을 포함해서 주변의 영향에 초연한 마음까지 포함한 뜻으로 가장 어려운 영역이다.

Upeksa는 자주 나오는 말이므로 어원을 분석해보자

Upeks(h)a ← upa+iksh : [S-E사전 215]

Upa : near to(opposed to apa, away) 가까이, 가까운(apa 즉 떨어진의 반대)
　　　by side of, with, together, under, down.
Iksh : 1. see, look, view, watch over 2. see in one's mind, think, regard, consider
　　　3. foretell for(lit. observe the stars for any one)

그러므로 upeksa[S]는 1. 간과, 무시, 무관심 2. 묵과 3. 인내의 뜻이 있다.

1. overlooking, disregard, negligence, indifference, contempt, abandonment 간과
2. connivance 묵과 3. endurance, patience 인내.

※이왕 내친 김에 우파니사드의 뜻도 이 기회 S-E사전을 통해 정리해 보자.

- Upa-ni-sad : ※[S-E사전. 200, 201, 538, 1138]
  upa + ni[=down, back, in, into, within] + sad=sit down(before)
  =sitting down at the feet of another to listen to his words
  (and hence, secrete knowledge given in this manner)
  위의 말을 직역해 보면 우파니사드란 "타인의 말을 잘 듣기 위해 그 사람의 발 아래에 앉는 것"이다. 이 말이 그러한 방식으로 전수받은 비밀스러운 지식을 뜻한다)
- at a person's feet (1) 남의 발 아래에 (2) 남에게 좌우되어, 남에게 복종하여 (3) 제자가 되어.
- hense 1. 그러므로, 따라서(동사를 생략하고) 이 사실에서 …유래하다
  ▶ hence (comes) the name of Hong-beop sa Temple 여기에서 홍법사라는 말이 유래했다. 2. 지금부터 (from now) 3. 여기서부터(from here).

13. 사섭법四攝法 catvari-sam-graha-vastuni[S] cattari-san-gaha-vatthuni[P]

the four all-embracing virtues/the four means[methods/ways] of salvation[winning people/integration]/the four methods of gaining trust

1. 어원분석

　1. cattari : 4개의
　2. san-gaha 1. 수집, 축적 2. 결집, 편집 3. 애호 보호 4. 섭수, 섭익 5. 친절, 동정

> san-giti 1. 노래, 합창 2. 결집, 합송, 합송된 경전
> sangiti : a convocation of the Buddhist clergy in order to settle questions of doctrine.(P-E 255)
> 빨리어에서 sangaha와 sangiti의 접두어 san은 sam이 합성어에서 변화된 단어다.
> Sam은 1. 함께, 같은 2. 정당한, 올바른 등의 뜻을 가진 말이다.

3. vatthuni는 vatthu에서 파생된 말로서 vatthu는 1. 이유, 근거, 실체, 바탕(이 되는 법) 2. 마당, 부지 등의 뜻이다.

2. 종류

사섭법은 중생들이 진리를 믿고 따르게 하는 4가지 방법이다

The four all-embracing is methods to lead sentient beings to believe and receive the truth.

1) 보시섭布施攝 generosity / giving what others like
2) 애어섭愛語攝 kind words / gentle[affectionate / pleasing] speech
3) 이행섭利行攝 good action / beneficial actions to others / conduct profitable to other.
4) 동사섭同事攝 co-operation(with and adaptation of oneself to others)

3. 내용

사섭법은 어원에서 알 수 있듯이 단체 지향적 행위규범이다.

그래서 바람직한 사회가 되기 위하여 1. 보시-가진 자가 없는 자에게 재물을 베풀며, 현명한 자가 어리석은 자에게 법을 베풀며 2. 애어-상대를 공경하여 자애로운 말을 하여 바람직한 대화의 장을 여는 것이며 3. 이행-단체의 이익을 중시하여 타인의 이익을 먼저 배려함으로써 사회 전체가 이익이 되도록 하는 것이며, 4. 동사-먼저 사회에 자신을 동화시키고 그 다음 남으로 하여금 자신에게 동화시키는 도리를 추구해야 하는 것이다.

붓다는 잡아함경과 장아함경 등에서 다리를 놓고 우물을 파서 여행객에게 이로움을 주거나, 길에 가로수를 심어 시원한 그늘을 제공하거나 객사를 지어 제공하는 등의 이행이 생천 즉 하늘 나라에 태어남을 설한 것 등이 보인다.

▶ 영문

- 사무량심

A practitioner of the cultivation of the four immesurable mind should arouse in himself four positive and bright states of mind and radiates them out in all directions.

사무량심의 수행을 하는 자는 긍정적이며 밝은 마음을 온 누리에 널리 바추는 것이다.

> ■ positive 1. 적극[긍정]적인=affirmative 〈제안 등이〉 건설적인 2. 명백한[자신]있는 3. 실제적인, 실천적인(practical); 실증적인, 적극적인. 4. 〈반응, 결과가〉 양성陽性의;
> ▶ 테스트결과 양성으로 나왔다 the tests proved[came out, came up] positive.
> ▶ 그는 에이즈검사에서 양성반응이 나왔다. He tested positive for HIV.

1. 자慈 maitri[S], metta[P]

It is the wish for the welfare and happiness of all beings and helps to eliminate ill wll.

자慈는 모든 이의 복지와 행복을 바라는 미음이며, 악의에서 벗어나게 한다.

> ■ welfare 1. 행복, 번영, 복지(well-being) 2. 복지 사업(welfare work).

2. 비悲 karuna[S, P]

It is the intention to relieve and transform suffering of all livings and lighten their sorrows and also the wish to remove the suffering and lighten sorrows and. It is opposed to cruelty.

비는 모든 생명의 괴로움을 누그려뜨리고, 탈바꿈시켜 슬픔을 덜어주려는 의도이며, 잔인함과 대비된다.

> ■ lighten 1. 번쩍 빛나다(flash), 《it을 주어로 하여》 번갯불이 번쩍하다. 2. 밝게 하다, 비추다(illuminate) 3. 가볍게 하다 4. 기쁘게 하다.
> ■ cruelty 1. 잔인함, 무자비함, 냉혹함; 잔인한 성질=mercilessness / heartlessness / unkindness / nastiness 2. (pl. -ties) 잔인한 행위; (이혼 사유가 되는) 배우자 학대

3. 희喜 mudita[S, P]

It is the attitude congratulatory and rejoiceing at the success and prosperity of others, and helps to eliminate envy and discontent over the success of others.

다른 사람이 잘 되거나 번창할 때 축하하고 기뻐하는 마음자세이며, 다른 사람이 잘 되는 것에 대한 시샘이나 불평하는 마음에서 벗어나게 한다.

4. 사捨 upeksa[S] upekkha[P]

It is the state of mind that regards other beings with impartiality, free from attachment and aversion and remains aloof from anything.

사는 자기가 아닌 다른 존재들에 대해 차별없이 대하고, 집착이나 싫어함에 자유로워, 어떤 것에도 초연한 마음이다.

- 초연하다 remain calm / rise above(world) / stand aloof(from) / be undisturbed
- ▶ 초연히 with a superior{detatched} air / with aloof detachment
- ▶ 초연해지세요. Try and stay detached=try to rise above it.

An impartial attitude is its chief characteristic, and it is opposed to favoritism toward one's like and resentment against one's dislike.

차별없는 마음이 사의 본질이며, 자신이 좋아하는 것을 선호하여 편애하고 싫어하는 것에 화를 내는 것과 반대다.

- like and dislike 호불호[좋아함과 싫어함]
- ▶and[or] the like 및[또는] 이와 동일한 종류의 것, 기타 등등.

These states are called illimitable because they are to be radicated towards all living beings without limit or obstruction.

이러한 상태는 모든 생명을 향해 한계나 걸림이 없이 자비희사의 마음들을 널리 비추기 때문에 무량함이라 한다.

지금까지의 내용을 보면 붓다께서 세상에 계실 때에 자비와 지혜를 몸소 보여주었다는 것을 알 수 있다.

그러나 붓다의 열반 후 4제, 8정도에 의해 자신의 완성을 중시하고 자비행은 점차 등한시 하는 풍토에 새롭게 등장한 이른바 대승불교는 붓다의 본래의 기르침에 따라 지혜와 자비를 같이 실천하며, 8정도까지 포함한 바라밀 수행을 중시했다.

이러한 사상의 배경에는 붓다가 전생에 3아승지겁 또는 4아승지겁 동안 보살의 수행 즉 바라밀을 행하여 성불했다는 것에 근거한다.

성불을 목표로 하는 대승불교에서 바라밀을 중시하는 것은 당연한 것이다.

그러므로 바라밀은 대승불교에서 새로이 나타나는 말이 아니고 초기경전의 말을 새롭게 조명되었을 뿐이다.

▶ 쉼터

중국 선불교에 등장하는 말 중에 마조도일馬祖道一[709~788]의 평상심시도平常心是道라는 말이 있다

> ■ 선불교의 번역은 외형상으로 쉽지만 용어의 선택에 신중해야 한다.
> 평상심시도에 대한 4가지 번역을 소개하니 비교해보기 바란다.
> Tao is nothing but the ordinary mind.
> Ordinary mind is the Way.
> Enlightenment aqppears in everyday life.
> Everyday life is Enlightenment.

그 평상심 속에 활짝 핀 꽃 속의 향기처럼 자비심이 있는 그대로 나오지 않으면 그거야 말로 죽은 선이다.

자비는 분별을 넘어선 자리이기 때문이다.

선수행자의 지침서로 널리 알려진 자각종색慈覺宗賾 선사의 좌선의坐禪儀(sitting meditation guide[protocol])의 첫 문장이 아래와 같다.

"반야지혜를 닦는 사람은 먼저 자비심을 내어라.

학반야보살 선당기대비심學般若菩薩 先當起大悲心

If you want to cultivate a supreme wisom, first cultivate[develop / practice] your merciful heart".

과연 자각慈覺이라는 칭호가 어울린다. 이러한 자비심이 붓다의 본원력의 핵심이며, 더 나아가 모든 중생이 성불하기를 바라는 서원을 세우게 되면서 나의 공덕을 다른 중생에게 돌리려는 마음이 일어나니 이것이 회향의 정신이다.

14. 회향廻向=回向 pari-nama[S] / pari-manana[S] / pari-namayati[S]

1. 의의

회향은 회전취향廻轉趣向의 줄인 말로서, pari-nama의 어원을 찾아보면 다음과 같다. pari는 주위로[round], 완전히[fully] 등의 의미가 있고, nama와 namana 그리고 namayati는 nam에서 유래하였으며 nam은 1. 복종하다[submit, submit oneself to] 2. 목표로 삼다[aim at] 3. 구부러지다, (특정방향을)향하다 [to be bent / bound] 등의 뜻을 가지고 있다.

Parinamayati는 parinama가 사역적 의미의 타동사로써 쓰인 것으로 '바꾸어진' 또는 '변화되어진'의 뜻이 되어 내용의 전환을 뜻하게 된다.

이상의 의미를 어원에 대한 분석에 의해 유추하면 '방향 바꿈' '완전을 향함' '변화되어짐' 으로 해석할 수 있다

참고로 삼보에 귀의하다라고 할 때 귀의하다는 Pali어로 namo 또는 nama이며 이것이 나무南無로 음역되었으며 Sanskrit어로는 namas이다.

2. 초기불교의 회향

초기불교에서 회향이란 말은 한역 아함경 중 유일하게 잡아함 권 제48에 나오며. 그 내용은 현생에서 보시한 공덕으로 천상에 태어난 것을 회향이라고 한다.

이는 초기불교에서 재가자들에게 공덕의 지음과 그 과보를 이야기하는

1. 시론施論[베품 즉 보시에 관한 말씀] 2. 계론戒論[계에 관한 말씀],

3. 생천론生天論[(보시하고 계를 지켜서 그 공덕으로) 하늘나라에 태어남에 관한 말씀]과 어울려 설해지며 대승불교의 회향과 달리 자신의 공덕을 자신에게 돌리는 업과 업보의 차원 즉 자업자득, 인과응보의 수준에 그치고 있다.

- 자업자득 retribution of one's own karma.
- ▶ 뿌린대로 거두리라 As one sow, so shall reap. / What goes around comes around.
- 인과응보 casual action and the resultant effects.

3. 대승불교의 회향

초기불교의 회향은 방향전환의 회향 또는 공덕의 전이[transferring of merit]이며 대승불교의 회향은 내용전환의 회향 또는 공덕의 전화[transformation of merit]이다.

4. 회향의 종류

1. 보리회향菩提廻向 자신의 공덕을 자신의 불도를 향해서 돌림

Transferring one's merit toward the attainment of one's Buddhahood.

2. 중생회향衆生廻向 자신의 공덕을 중생들의 이익을 위해 돌림

Transferring one's merit to other beings for their benefit.

3. 왕상회향往相廻向 정토불교에서 아미타불이 자신의 공덕을 중생의 정토왕생을 위해 돌림

In Pure Land Buddhism, the Buddha Amitabha transfers his merit to sentient beings to enable them to attain birth in his Pure Land.

4. 환상회향還相廻向 중생구제를 위하여 이 세상에 다시 돌아와 함께 정토로 향하려는 회향

In Pure Land Buddhism, transferring one's merit to return in this world from Pure Land for the salvation of sentient beings and then to be reborn together in Pure Land.

15. 자비경 Metta-Sutta[P] the Sutra of Kindness

♣ 1. "메타(Metta)"가 자애에 해당하므로 자애경愛經이라고 부르자는 주장이 있으나 일반적 용례에 따른다

2. 자비경은 상좌부의 가장 사랑받는 경전 중의 하나로서 상좌부에 속하는 스님들과 재가불자들이 매일 암송한다.

Metta-sutta is one of the most popular texts of the Theravada and is recited daily the monks and lay people of this school. ♣

1. He who is skilled in good and who wishes to attain that State of Calm should act(thus): He should be able, upright, perfectly upright, compliant, gentle, and humble.

바른 법에 따라 잘 수행하는 사람이 마지막 고요한 자리에 이르고자 하면 유능하고, 정직하고, 고결하며, 온유하고, 부드럽고, 겸손하기를! .

2. Contended, easily supported, with few duties, of simple livelihood, controlled in senses, discreet, not impudent, he should not be greedily attached families.

만족할 줄 알아, 많은 것 바라지 않고, 단순하고 소박한 삶 속에서 감관을 잘 다스려 슬기롭

고 사려깊어, 세상 사람들에게 초연한 모습 보이기를!

3. He should not commit any slight wrong such that other wise men might censure him.
May all beings be happy and secure; may their minds be contened.
현명한 사람들에게조차도 비난받지 않을 정도로 조그만 잘못도 행하지 아니하며,
모든 존재가 행복하고 평안하기를
그들의 마음에 만족이 있기를!

4. Whatever living beings their may be-
feeble or strong, long(tall), stout, or medium, short, small or large,
살아있는 모든 것은 약하거나 강하거나,
길거나 뚱뚱하거나, 중간이거나 짧거나, 크거나
보이거나 보이지 않거나, 멀리 살거나
가까이 살거나, 태어났거나 태어날 것이거나 살아 있는 모든 것은 흐뭇한 마음갖기를!

5. Seen or unseen, those dwelling far or near, those who are born and those who yet to be born — may all beings, without exception, be happy-mined.
보이거나 보이지 않거나, 멀리 살거나 가까이 살거나, 태어났거나 태어날 것이거나 살아 있는 모든 것은 흐뭇한 마음갖기를!

6. Let not one deceive another nor display any person whatever in any places, in anger or ill will let one not one wish any harm to another.
어디에서나 남을 속이거나 깔보지 아니 하며, 성냄이나 원한으로 남을 괴롭히지 않기를!

7. Just as a mother would protect her only child even at the risk of her own life, even so let one cultivate a boundless heart towards all beings.
마치 어머니가 외아들을 목숨 걸고 지키듯이 살아 있는 모든 것에 대한 한없는 자비심을 키워라

8. Let one's thought of boundless love pervade the whole world — above, below, and

across — without any obstruction, without any hatred, without any enmity

온 누리에-위로, 아래로, 옆으로-걸림과 미움과 적의가 없는 한없는 자비심을 내어라

9. Whether one stands, walks, sits. and lies down, as long as one is awake, one should maintain this mindfulness.

This, they say, is the Sublime State in this life.

머물거나, 걷거나. 앉거나, 누웠거나 깨어 있을 때는 마음을 챙겨야 한다

이를 일러 성스러운 머묾이라하네.

10. Not falling into wrong views, virtuous and endowed with insight, one gives up attachment to sense-desires.

verily such a man does not return to enter a womb again.

그릇된 견해에 빠지지 않고(정견을 갖춤), 계율을 지켜서, 통찰력을 갖추어 감각적 욕망에 얽매이지 않으면 다시는 윤회에 들지 않으리.

**verily[고어古語]참으로, 진실로

▶ Nanamoli Bhikkhu 번역

1. What should be done by ones skillful in good so as to gain the state of peace Let him be able, and upright, gentle and not proud.(then let him cultivate the thought.)

2. Contended too, supported easily, with few tasks, and living very lightly. His faculties, serene, prudent and modest unswayed by the emotions of the clans.

3. And let him never do the slighest thing that other wise men might hold blamblable.(and let him think:) In safety and bliss may creatures all be of a blissful heart.

4. whatever breathing beings there may be, no matter whether they are frail or firm, with none excepted, be they long or big or middle-sized or be they short or small or thick.

5. as well as those seen or unseen, or whether they are dwelling far or near, existing or yet seeking to exist, may creatures all be of a blissful heart.

6. Let no one work another one's undoing or even slight him at all anywhere; and never let them wish each or resentful thought.

7. And just as might a mother with her life protect the son that was her only child so let him then for every living thing maintain unbounded consciousness in being.

8. And let him too with love for all the world maintain unbounded consciousness in being above, below, and all round in between. untroubled, with no enemy or foe.

9. and while he stands or walks or while he sits, or while he lies down, free from drowsiness, let him resolve upon this mindfulness: This is Divine Abiding here, they say.

10. But when he has no trafficking with views is virtuous and has perfected seeing, and purges greed for sensual desires, he surely comes no more to any womb.

16. 자비에 대한 달라이라마(DALAI LAMA)의 법문

To be genuine, compassion must be based on respect for the other, and on the realization that others have the right to be happy and overcome suffering just as much as you.

> **genuine 1. 진짜의 2. 성실한 ▶a genuine writing 친필

참으로 자비는 다른 사람에 대한 섬김에서 비롯되어야 하며, 그들도 당신과 조금도 다름없이 고난으로부터 벗어나 행복해 질 권리를 가졌다는 자각에서 일어 나야 한다

Genuine compassion should be unbiased.
참된 자비는 차별없이 평등해야 한다.

> **unbiased.공평한, 편견이 없는=impartial / unprejudiced / fair / evenhanded]

Genuine compassion is based on the recognition that others have the right to happiness just like yourself, and therefore even your enemy is a human being with the same wish for happiness as you, and the same right to happiness as you.

참된 자비는 다른 사람도 당신과 다름없이 행복할 권리가 있으며, 비록 당신의 원수라 할 지라도 당신처럼 똑같이 행복을 향한 염원과 똑같이 행복에 대한 권리를 가진 인간이라는 인식을 바탕으로 해야 한다.

> **be based on 에 기반을 두다.

1. S.R.Bhatt인도 델리대학 불교학(Buddhist Studies)교수의 글
   -그의 논문 The concepts of Buddha and Bodhisattva의 마지막 부분-

There is another point which must be emphasized in understanding the meaning and scope of quality.

질적인 측면의 의미와 범위를 고려할 때 강조되어야 할 또 다른 관점이 있다.

It concerns the individual as well as the cosmos.

그것은 자신과 우주의 관계성이다.

Since the two are interrelated, interdependent and one organic whole, one can not attempt to realize a good quality of life keeping in view an isolated individual, society, nation or region.

이 두 가지는 상호 연관 속에서 상호 의존적인 유기적 통일체이기 때문에 어느 누구도 분리된 개인과 사회, 국가 또는 지역의 관점을 가지고는 양질의 삶을 추구할 수 없다.

> - concern v.t.⟨..에⟩ 관계[관여]하다, ⟨…을⟩ 문제로 삼다, ⟨남을⟩ 상대하다《with, in, about, over …》; (…하려고) 생각하다, 원하다, 바라다.
> - cosmos 1. [the]우주[universe] 2. 질서, 조화(opp.chaos), 완전체계
> - an organic whole 유기적 통일체
> ▶ organic 1. 유기체의 생명의: ~life 생명 2. 유기농의:~vegetables유기농채소
>   3. 유기적인, 통합된 the ~view of the world 유기적 세계관

17. 대승과 소승의 유래
대승 Mahayana[S] the great vehicle : 소승 Hinayana the lesser vehicle

1. 대승의 의의
대승은 A.D. 1~2세기 경에 일어난 불교운동으로 대승의 "대[MAHA]"는 소승이 출가자 위주의 가르침이며, 아라한을 지향하는 것과 달리 자신의 가르침은 출가자, 재가자를 구분하지 않고 성불을 지향하는 뛰어난 가르침이므로 대라 부르고, 대승의 승은 탈 것[YANA]을 뜻하는데 미혹에서 깨달음으로 피안에 이르게 하는 가르침이므로 그 가르침을 승이라 이름붙여 대승이라고 불렀다.

2. 초기불교와 대승
대승이라는 이름은 초기불교에도 등장하지만 부처님의 법이 위대함을 뜻하는 말이며, 소승[the small[lesser] vehicle]과 대비되는 의미로 사용된 게 아니다.
그리고 초기경전 중 증일아함경에 대승, 소승, 보살과 바라밀이 나오지만 이는 후대에 대승불교도에 의해 증보된 것으로 추정한다. -가산불교대사림 4권 385-

3. 반야부경전과 대승
대승이 소승과 대비되는 의미로 사용된 것은 반야경 중 가장 초기의 경전으로 간주되는 도행반야경의 제1품에 mahayana를 음역한 마하연摩訶衍이 등장하고, 소승은 도행반야경 보다 후기에 등장하는 소품반야경에 등장한다.
현재까지의 연구에 의하면 대승에서 말하는 소승은 설일체유부와 이 부파의 일파만을 지칭한다고 한다.

4. 아래의 고린도전서 13장을 통해 종교의 본질은 사랑이라는 것을 확인하기 바란다.

18. 고린도전서
If I speak in the tongues (or language) of men and of angels,
내가 여러 사람의 말[방언]과 천사의 말을 하더라도

but have not love, I am only a resounding gong or a clanging cymbal.
사랑이 없으면 나는 단지 울리는 징이나 요란한 꽹과리에 불과합니다.
If I have the gift of prophecy and can fathom all mysteries and all knowledge,
내가 예언하는 능력이 있고 모든 비밀과 지식을 아는 능력이 있고

- gift 1. 선물 2. 특수한 능력, 타고난 재능[talent]
- a gift from the Gods 하나님의 은혜
- prophecy 예언(a)[forecast / (a)prediction] ■ fatom을 알아내다[make out / figure out]

and if I have a faith that can move mountains, but have not love, I have nothing.
산을 옮길만한 믿음이 있어도 사랑이 없으면 나는 아무것도 아닙니다.
If I give all possess to the poor and surrender my body to the flames,
내가 가진 모든 것을 내어 주고, 내 몸을 불사르게 내어줄지라도
but have not love, I gain nothing.
사랑이 없으면 아무 소용이 없습니다.

Love is patient, love is kind. It does not envy,
사랑은 오래 참고, 온유합니다. 사랑은 시기하지 않고
it does not boast, it is not proud.
뽐내지 아니하며, 교만하지 않습니다.
It does not rude, it is not self-seeking, it is not easily angered,
사랑은 무례하지 않고, 자기의 이익을 구하지 아니하고, 쉽사리 성내지 아니하고
it keeps no record of wrongs.
앙심을 품지 않습니다.
Love does not delight in evil but rejoices with the truth.
사랑은 불의에 기뻐하지 않으며, 진리와 함께 기뻐합니다.
It always protects, always trusts, always hopes,
사랑은 언제나 모든 것을 덮어주고, 모든 것을 믿으며, 모든 것이 잘되길 바라며
and always perseveres.
모든 것을 견디어 냅니다.

Love never fail.
사랑은 결코 없어지지 않습니다

But where there are prophecies, they will cease;
하지만 예언이 있는 곳에 예언이 사라질 것이며

Where there are tongue, they will be stilled;
방언이 있는 곳에 방언이 그칠 것이며

where there is knowledge, it will pass away;
지식이 있는 곳에 지식이 사라질 것이며

For we know in part and we prophecy in part,
우리가 부분적으로 알고 부분적으로 예언하지만,

But when perfection comes, the imperfect disappear.
완전함이 오면 불완전함은 사라집니다.

When I was a child, l talked like a child
내가 어렸을 때 어린아이같이 말하고,

I thought like a child. I reasoned like a child.   **reason 판단/추리(하다)
어린아이같이 생각하고 어린아이 같이 판단했습니다.

When I became a man, I put childish ways behind me.
그러나 어른이 되어서는 어린아이의 방식을 버렸습니다

Now we see but a poor reflection as a in a mirror;
지금은 우리가 거울을 비추어 보듯 희미하게 보이지만

Then we shall see face to face.
그때는 얼굴을 맞대고 볼 것입니다

Now I know in part; then I shall know fully,
지금은 내가 조금밖에 모르나 그 때에는 내가 완전히 알게 될 것입니다.

even as I am fully known.   **수동태 문장으로서 by God이 생략됨.
하나님께서 나를 완전히 아시듯이.

And now these remain; faith, hope and love.
그러므로 믿음, 소망, 사랑은 언제나 우리 곁에 있습니다.

But the greatest of these is love.
그러나 그 중에 제일은 사랑입니다

19. 육바라밀六波羅蜜 The six perfections / The six paramitas

1. 바라밀의 의의
바라밀은 paramita[S]의 음역으로 크게 두 가지 해석이 있다.

1) 도피안설

Param[저 언덕(=피안彼岸에)] + ita[이르다(=도度)]

reach[cross over to] the other shore 즉 피안彼岸에 이르다로 해석하는 것이다. 이 해석은 실천적 의미를 잘 나타내지만 문법상 잘못되었다는 비판이 있다. 당나라 시대의 현장[600~664]이후 바라밀다波羅蜜多로 음역했다.

2) 완성설

Parami[완전, 최상]+ta[상태] 즉 완성perfection을 뜻한다는 입장이다.

그러므로 반야바라밀다의 경우 the perfection of wisdom으로 해석한다.

2. 바라밀의 종류
남방의 경전에는 4아승지겁동안 붓다가 10바라밀을 닦았다고 한다.
그것은 보시, 지계, 인욕, 정진, 반야, 자애…등으로서 6바라밀의 원형이 등장한다.
그 외 다른 문헌에는 방편을 추가한 7바라밀도 보인다.

20. 육바라밀의 구체적 내용

• 보시 dana[P, S]:

giving[offering / charity / donation / generosity / almsgiving / alms / aid / contribution / gift / hand-out

> ※보시dana
> 1. the act of giving, donation, gift-[S-E사전, 474]
> 2. gift, charity, alms, almsgiving-[P-E사전, 124]
> offering 1. 헌납, 헌금 2. 제공 3. 제공물
> **charity   1. 사랑, 자비(심) 2. 보시 3. 자선시설
> **donation 1. 기증, 기부, 희사 2. 기부금, 기증품
> ※OX사전

> charity : the voluntary giving of help, typically money, to those in need.
> donation : something that is given to a charity.
> **generosity 1. 관대, 관용, 아량 2. 마음씨 후한[관대한] 행위.
> **almsgiving 보시, 희사, 자선
> **alms 1. 빈민 구호품, 의연금, 자선 기부금.
> **contribution
> 1. 기부, 기증 2. 기부금, 기증물 3. 투고, 기고(문) 4. (사회보험의)보험료
> ※이상의 단어를 검토해 보면 가진 사람이 가난한 자에게 수직적 관계에서 제공하는 행위의 단어들은 보시의 의미와 어울리지 않으므로 사용하지 않는 것이 좋다

보시는 베푸는 것[giving]으로 보통 3가지로 나눈다
1. 재시財施 material gift-물질을 베품
2. 법시法施 the giving of dharma-진리의 말씀을 베품
3. 무외시無畏施 the giving of fearlessness-두려움을 없애줌

이러한 보시는 주는 자가 베푼다는 생각이나 대가없이 베푸는 것 즉 무주상보시[non-dwelling offering]여야 한다. 더 나아가 주는 자와 받는 자, 그리고 그 물건이 청정한 것[the purity of giver[contributor], receiver[recepient], and offering[charity]]을 삼륜청정三輪淸淨[the three wheels purity or the threefold purity]이라 한다.

• 지계 Sila[S] morality / moral conduct
　지계sila[S]는 계를 지키는 것 observance of precepts이다.
　재가불자들은 5계, 사미와 사미니에게 10계, 비구, 비구니에게는 250/348계가 주어진다.[There are five precepts for lay Buddhists, ten for novice monks, 250/348 for fully ordained monks and nuns].
　대승의 계는 수동적 타율적인 자리自利가 아니라 능동적, 자율적 이타에 근본정신이 있다. 즉 악을 행하지 않는 지악止惡에서, 이로운 일을 하는 행선行善으로, 더 나아 중생들을 해탈에 이르도록 큰 이익을 베풀 것을 강조한다. 그러므로 대승은 모든 계율을 모아서 삼취(정)계三聚(淨)戒로 정리한다
　삼취정계 three consummate and immaculate precepts for bodhisattva.
　삼취정계에서 취는 모은다, 정은 깨끗하다는 뜻이다.

1. (섭)율의계(攝律儀戒) precepts to cut off all evils 모든 악을 끊어버림[파악破惡, 지악止惡].
2. 섭선법계攝善法戒 precept to practice all virtues 모든 착한 일을 함[수선修善, 행선行善].
3. 섭중생계攝衆生戒 또는 요익중생계饒益衆生戒 precept to liberate all living beings 모든 중생을 이익되게 하여 그들도 선을 베풀어 해탈하도록 함[권선勸善].

▶ 참고

> **[약속, 법, 질서등을]지키다 keep, obey, follow, observe, stick to, adhere to, uphold.
> 계를 지키다 observe the commendments / practice[act up to] the precepts.
> 계를 어기다 violate the commandments[precepts].

- 인욕 ksanti[S] patience / endurance / forbearance

인욕ksanti[S]은 참고 용서하는 것 endure and forgive이다.
"이 세상을 사바娑婆세계라 하는 데, 그 원어인 saha[S]의 뜻이 참고 견딘다는 뜻이다.
This world is called saha world, which is full of sufferings to be endured.
The Sanskrit word saha means "endurance".

금강경의 이상적멸분離相寂滅分에 붓다가 전생에 "인욕선인[the hermit of endurance]"이었을 때 가리왕의 질투로 온 몸을 잘리는 장면이 나온다.
"수보리야! 옛날 가리왕에게 몸이 베이고 찢길 때에 아상, 인상, 중생상, 수자상을 내지 않았다. 나의 몸이 베이고 찢길 때에, 아상, 인상, 중생상, 수자상을 내었다면 마땅히 성내고 분통한 마음을 내었을 것이다.
Subuthi! I was free from egocentrism[아상], humancentrism[인상],
sattvacentrism[중생상], biocentrism[수자상] when my body was multilated
by king kalinga.
If I had been bound up with egocentrism, humancentrism, sattvacentrism,
I would have become angry or hated him.
이어서 붓다는 인욕수행하던 오백생 동안 그러한 상을 내지 않았다고 말한다.

■ 위에서 언급된 아상, 인상, 중생상, 수자상을 4상이라 하며, 기존의 다수설은 4가지의 상이 각자 다른 개념으로 보지만 산스크리트원문을 토대로 유사한 개념으로 보는 설이 타당한 것으로 보인다.
위의 영문에 언급된 4상은 중국과 한국의 선불교에서 해석하는 여러 가지 해석 중 한 관점을 소개하는 목적으로 일부러 실은 것이다. 한문에 의한 각자의 주관적 해석이 빚어낸 바람직하지 못한 현상이 지금까지 내려져 왔다.
아래의 Conze의 해석이 금강경의 산스크리트원문에 충실한 번역이다.
산스크리트 원문의 뜻을 바로 안 다음 나름의 발전적 해석을 첨가하는 것이 도리일 것이다. 어쨌든 금강경의 4상은 자아개념이 그 본질적 핵심으로 붓다의 무아설에 배치되는 존재론적 사고로서 이를 넘어서야 함을 지적하는 것이며, 초기불교에서 비상비비상처정非相非非相處定이 9가지 선정에서 마지막 멸수상정滅受相定 바로 아래에 위치할 만큼 다스리기 어려운 자리임을 보여주고 있다는 것이다.

Edward conze의 4상에 대한 번역
아상我相   the perception of self   인상人相   ~ of being
중생상衆生相 ~of a living soul   수자상壽者相 ~of a person.

Dhammapada 223에 자신에게 일어나는 마음을 어떻게 참고 대처해야 하는지 잘 표현되어 있다.

"성냄은 자비로, 악은 선으로, 인색은 후함으로, 거짓은 진실로 다스려라.
Let a man overcome anger by love, let him overcome evil by good;
Let him overcome the greedy by liberality, the liar by truth!"

***greedy 탐욕스러운, 욕심 많은 ** liberality 마음이 후함 관용(broad-mindednes)

- 정진 virya[S] effort / energy / diligence / devotion / application / vigor / perseverance / exertion/will power

  1. 의의

  정진virya[S]은 깨달음을 얻기 위해 부지런히 힘써 나아감[constant effort to attain enlightenment]이다. 구체적으로 표현하면 다음과 같다.
  선善을 일으키고 불선不善을 피하며 불순함을 순수함으로 바꾸는 지칠 줄 모르는 노력이다.
  Effort is indefatigable exertion to bring about wholesomeness and avoid

unwholesomeness, and to transform the impure into the pure

> ** indefatigable 지칠 줄 모르는, 끈기 있는, 불요 불굴의.
> **(un)wholesomeness (불)유익함.

2. 팔정도의 정진
   -Walpola rahula의 what the Buddha taught 48쪽의 8정도 중 정정진을 참고해보자-
"바른 노력이란 활기 찬 의욕으로서
해롭고 불선한 마음자리가 일어나는 것을 막으려는 의욕,
이미 일어난 해롭고 불선한 마음자리를 제거하려는 의욕,
아직 일어나지 않은 유익하고 선한 마음자리를 만들면서 이어가는 의욕,
이미 갖추어진 유익하고 선한 마음자리를 발전시켜 완전하게 하려는 의욕이다.
Right effort is the energetic will to prevent evil and unwholesome states of mind from arising, and to get rid of such evil and unwholesome states that have already arisen within a man, and to produce, to cause to arise, good and wholesome states of mind not yet arisen, and to develop and bring to perfection the good and wholesome states of mind already present in a man."

> ※위 내용은 초기 불교에서 도에 이르는 37가지 방법인 37조도품 중에서 4정근(the four perfect[correct] exertions[efforts])에 해당하는 것으로 8정도의 정근을 구체적으로 나타낸 것이다.

3. 초기경전의 말씀 : 불방일(=정진)의 힘
   -증일아함경 사취품 제4-5경-
마왕 파순에게도 다섯 가지의 힘이 있다.
1. 모양의 힘 2. 소리의 힘 3. 냄새의 힘 4. 맛의 힘 5. 감각의 힘이 그것이다.
어리석은 사람은 이 다섯 가지에 집착하기 때문에 악마의 손아귀에 벗어나지 못한다.
그러나 나의 제자로서 한 가지 힘만 성취하면 이 다섯 가지를 다 이길 수 있다.
그것은 방일하지 않는 힘이다.
나의 제자로서 이 불방일을 성취하는 사람은 악마의 다섯 가지 사슬에 얽매이지 않고 온갖 두려움에서 벗어날 수 있다.

4. 대승의 정진바라밀
대승의 정진바라밀은 위와 같은 수행에서 포함해 3가지 정진을 이야기 한다.
1) 대결심의 정진 effort of great resolve.

> **resolve 1. 결심, 결의 2. 불굴의 의지 3. 결정하다.

2) 선을 포용하는 정진 effort in embracing the wholesome

> ** embrace 기꺼이 받아들이다.

3) 중생을 이롭게 하고 기쁘게 하는 정진 effort in benefiting and gladdening.others.

> **benefit…에 이익을 주다. **gladden v.t. …을 기쁘게 하다, 즐겁게 하다.

5. 붓다의 마지막 말씀
붓다가 마지막으로 남긴 말씀이 정진이다.
조건으로 이루어진 모든 것은 무상하다 Trancient are conditioned things.
부지런히 노력하여 목표를 이루도록 하라 Try to accomplish your aim with diligence

- 선정 dhyana[S] jhana[P] cultivation / meditation / concentration / absorption / calming meditation

"선정dhyana[S]의 수행은 마음의 흐트러짐을 제거하여, 고요한 상태에 도달하는 것이다.
The meditative practice is to eliminate distraction of mind and to reach the state of calm mind.
선정은 고기가 노는 고요하고 맑은 호수에 비유된다.
Dhyana is compared to a still, clear lake in which a fish plays."
대승의 선정은 다음과 같이 3가지로 나뉜다.
1. 평화로운 머무름의 선정 concentration as peaceful dwelling.
2. 초능력으로 이끄는 선정 concentration to attract transcendental power.
3. 보살이 자신의 이익을 초월하는 선정 concentration for transcending one's affairs as a bodhisattva.

선이라는 말은 고대 인도의 명상법인 요가yoga에서 나온 말로서, 그 뜻은 '연결시키다' 라는 뜻이며, yuj[연결하다]라는 어근에서 만들어진 말이다.

영어의 yoke[멍에]도 같은 어원에서 유래했다고 하며 멍에, 억제의 뜻이다.

요가는 중국에서는 음역하여 유가瑜伽라고 하기도 하고 상응相應이라고 의역하기도 했다.

요가는 산란한 마음을 가라앉히기 위해 하나의 대상에 연결시켜 정신통일을 하는 정신수련법이다.

요가의 유사어 또는 요가수행의 단계의 중요한 부분으로서 dhyana와 samadhi가 나오며 samatha도 유사한 의미가 있다.

어느 쪽이던 정신통일[concentration of mind / mental concentration]이 그 핵심이다.

먼저 dhyana를 살펴보자

Dhyana[S], jhana[P]는 중국에서는 선나禪那로 음역하고 줄여서 선이라고도 했다. 정려靜慮(깊이 생각하다)라고 의역하기도 했다. 선사禪思와 선정禪定같이 음역으로서 禪과 의역으로서 思 또는 定이 결합된 경우도 있다.

다음 Samadhi[S, P]를 보자

1. 삼매三昧, 삼마지三摩地 또는 삼마제三摩提로 음역하거나 정定, 정수定受, 등지等持로 의역하기도 했다.
2. 아비달마코사abhidharmakosa[구사론俱舍論]에서는 삼마지는 심일경성心一境性[citta-ekagrata] 즉 마음을 함 대상에 집중함이라 정의하고 있다 즉 정신통일이다.

*abhidharma 논서 *모은 것(collection), 창고(treasury), 보고(treasury).

그 다음 samatha[P, S]를 보자.

사마타奢摩他로 음역한 경우와 지止, 적정寂精, 능멸能滅로 의역했다.

그리고 넓은 뜻으로 dhyana를 사용하기도 했는데, 붓다가 개발한 sati[P], smrti[S] 즉 나중에 vipassana[p], vipasyana[S]-관觀, 마음챙김(insight)-라 주로 불리는 수행을 포함한 의미이다.

Vipassana는 vi[분리된 divided, 특별한 special, particular]+passana[seeing]의 합성어로서 seeing beyond what is ordinary 또는 clear vision 즉 특별히 유심히 보는 것으로 통찰로 번역되며, insight / special insight / penetrative insight / mindfulness / awareness / mental alertness로 영역된다

그리고 계.정.혜 3학에서 정은 samadhi를 번역한 말인데, 여기서 samadhi도 sati 즉 vipassana를 포함한 넓은 뜻으로 사용되었다.

보통 samatha-calming meditation와 vipassana-insight[special] meditation를 합하여 부를 때는 지관止觀이라 부르며, 중국의 천태종에서는 지는 정定에 해당하고 관은 혜慧에 해당한다고 한다.

또한 적조寂照, 명정明淨이라고도 했다.

> 위에 언급한 선정에는 7가지 다른 이름이 있으며, 이것을 선정칠명禪定七名이라 하는데 "성유식론요의등"에 다음과 같이 정리하고 있다.
> 1. dhyana 2. samadhi 3. samatha 4. citta-ekagrata 5. samapatti 6. samahita
> 7. drstadharma-sukhavihara[현법낙주現法樂住].

▶ 보충

> 1. dhyana[S], jhana[P] : concentration
> 2. samadhi : onepointedness / meditation
> 3. samatha : calm / calmness / quietude of heart / tranquility of mind / tranquil abiding
> 4. citta-ekagrata[S], citta-ekagatta[P] : onepointedness / tranquility of mind.
>   *citta[마음]+eka[하나]+agrata[최고, 끝]   ***eka-citta는 일념을 뜻한다.
> 5. samapatti : an enjoying stage of meditation
> 6. samahita : collected of mind / composed / settled
> 7. drstadharma-sukhavihara 현법낙주現法樂住
>   supremely blissful abiding in this life and great purity
>   *drsta[보다, 인식하다-현現. 견見] + dharma[법法] + sukha[즐기다. 즐거움-낙樂] + vihara[주처, 사찰, 정사, 원림, 즐기는 장소, 기분전환, 산보]
>   여기서 현법은 글자 그대로는 가시적 세계를 뜻하는 데 그 의미는 현재(the present)를 뜻한다.
>   낙주는 즐거움을 얻어 안주함을 말한다.
>   즉 지금 이 순간 이 자리에서 마음을 집중하여 얻게 되는 법열의 수행이라 하겠다.
> ■ 영어에서 cultivation이나 meditation은 정신수련을 가리키는 넓은 의미이므로 구체적으로 인도의 전통적 수행인 dhyana를 뜻하는 지, 붓다가 개발한 vipassana를 뜻하는 지 애매한 경우가 있다.

- 지혜 prajna[S] panna[P] wisdom / sagacity / prudence / discretion / enlightened insight / transcendental wisdom

반야prajna[S]는 수승한[pra] 지혜[jna]를 말한다.

반야는 모든 제법을 있는 그대로 봄 즉 여실지견이다.

여실지견은 연기를 보는 것이다.

연기 곧 공으로 머무는 바가 없다.

보살은 반야바라밀을 의해서 일체의 사량분별을 떠나 행하는 바 없이 행하여 구경의 깨달음에 이른다.

6바라밀은 반야바라밀에 토대를 두는 이유가 여기에 있다.

그리하여 반야의 지혜로 여실히 연기를 보아 일체의 집착이 없으므로 자비의 마음으로 무주상보시를 하고, 섭중생의 계를 행하며, 어떠한 시련도 참는 바 없이 참으며, 오로지 중생구제를 위한 서원으로서 중생의 이익을 위한 정진을 하며, 자신의 이익을 초월한 정진을 한다.

반야심경의 한 부분을 보자.

"보리살타는 반야바라밀다에 의지하므로 마음에 걸림이 없다.

Bodhisattvas through the reliance on prajna-paramita have no hindrance in their mind.

걸림이 없으므로 공포가 없으며, 공포가 없으므로 뒤바뀐 몽상을 멀리 여의어 마침내 열반에 이른다.

Because there is no more hindrance, there is no more fear, and far away from upset dream-like perception, Bodhisattvas reach the nirvana.

삼세의 모든 모든 부처님이 반야바라밀다에 의지하여서 위없이 높은 바른 깨달음을 얻었다.

All Buddhas of the past, present, future rely on prajna paramita[the perfection of wisdom] to attain Anutara-Samyak-Sambodhi[supreme right and perfect Enlightenment.]"

■ 무상정등각 anutara samyak sambodhi
Anutara -위없는[무상無上], 최고의 supreme, foremost, utmost
Samyak -바른[정正], right
Sambodhi -두루 알다[변지遍知], 한결같이 깨닫다[등각等覺] universal, perfect enlightenment.

4. 십바라밀
   (1) 내용
   십바라밀은 화엄경 flower garland[adornment] sutra의 명법품明法品에 나오며, 육바라밀에 7.방편方便(expedience)+8.원願(vow)+9.력力(strength)+10.지智(knowledge / insight)을 보탠 것이다.

   (2) 육바라밀의 지혜바라밀과 십바라밀의 지바라밀과의 차이점
   10바라밀에서 6번째 반야 즉 지혜바라밀은 지혜만이 나타나지만 10번째 지바라밀은 지혜와 함께 대비大悲가 나타난다.
   그러므로 반야바라밀은 지智의 실천만이 요구되지만 지바라밀은 지와 함께 동체대비同體大悲[the great compassion of one-body]의 행이 요구된다.

> *동체대비 : 우주의 모든 현상은 그 뿌리 또는 본체가 하나라는 데서 나오는 자비심
> The compassion to see and feel that all phenomena in universe derive from the same substance of the One root or body.

21. 보살의 보리심과 서원

1. 보살의 의의

보살이란 보리살타bodhisattva의 준말이다. bodhisattva는 보리살타를 음역한 것으로서 오늘날 대다수가 사용하지만 아래와 같이 의역하기도 하였다.
구역에서는 도중생度衆生, 신역에서는 각유정覺有情으로 번역하였다.

> ■ 신역[new translation]은 삼장법사[a tri-pitaka Master] 현장[Xuan zang(600~664)] 이후의 번역을 가리킨다.
> ※ 삼장법사 : 경, 율, 논 등 비롯해서 불교경전에 정통한 승려 a monk well versed in the Buddhist scriptures, including sutra(Buddha's teaching), vinaya(displine) and abhidharma or sastra(treatises and commentaries).
> ※ 정통한 be well-verseded (in) / be well acquainted(with) / be conversant (with) / be familiar with. ex) she is well versed in classical music.

그러면 Bodhisattva의 어원을 살펴보자.

Bodhi깨달음 ← budh[깨닫다] + Sattva 존재, 중생, 동물 이어서 Sanskrit English 사전 p. 734, 1135을 보면 아래와 같다.

- Bodhi : perfect knowledge or wisdom, illuminated or enlightened intellect.
- Bodhi-mandala: a the place where Gautama Buddha attained to perfect wisdom.
※ 우리가 오늘날 사찰을 도량道場이라는 하는 데 그 말은 여기서 유래한다.
- Sattva:
  1. being, existence, entity, reality
  2. true essence(본질), nature, disposition of mind(심적 경향, 특질), character
  3. vital breath, life. consciousness, resolution(결의), courage
  4. a living or sentien being, creature, animal
◈ 주의 sattva-dathu[세계]: the animal sphere 축생계.
▶ sattva-loka[세계]: a world of living being 중생계.
- Bodhi-sattva:
  1. one whose essence is perfect knowledge.
  2. one who is on the way to the attainment of bodhi.

보살은 원래 붓다의 전생 이야기를 담은 본생담[전생담. Jataka]에 나오는 전생에 붓다의 이름이다.

그래서 보살은 보통 '깨달음이 확정된 사람[a being who is destined a Buddha]'과 '깨달음을 위해 나아가는 사람[a being who practices to become a Buddha]'이라는 두 가지 의미로 사용되었다.

전자는 석가모니 붓다가 전생에[in the previous life] 중생으로서 살아갈 때 그 당시의 붓다로부터 "수기[the prophecy (to be a Buddha)]"를 받은 후 수행을 계속하는 석가모니 붓다의 전신 즉 고유명사[proper noun]로서의 보살이고, 후자는 아라한[arhat]이 아닌 성불을 목표로 하는 대승불교[Mahayana]에서 사용하는 보통명사[common noun]로서 사용되는 경우가 있다.

- 전생 previous[former, past] life[existence]
▶ 우리는 전생에 인연이 있었던 것이 분명해.
  We must have some connection[a karmic connecton] from a previous life.
▶ 최면으로 전생을 들여다 보다
  see one's past life through hypnotic regression[최면을 이용한 원인분석].

▶ 보살의 다양한 의미

1. Practicing sakyamuni Buddha in the previous life ,who is destined to attain the Buddhahood in the future

미래에 붓다가 되기로 예정된 자로서, 전생에 수행하던 석가모니 붓다.

이에 대하여 Edward Conze의 해석을 보면 다음과 같다.-Buddhist Wisdom Book p. 23-

"A Bodhisattva-from bodhi=enlightenment, and sattva = being, or essence.

Someone who is destined to become a Buddha, but who, in order to help suffering creatures, selflessly postpones his entrance into the bliss of Nirvana and his escape from this world of birth-and-death.

보살이라는 말은 보리=깨달음과 사트바=존재, 본질에서 유래.

붓다가 되기로 예정된 존재이지만 고통을 받는 중생들을 구제하기 위해

열반의 지복에 들어가 생사의 세계(=윤회의 세계)를 벗어나는 것을 미루는 존재."

2. Sakyamuni Buddha before becoming a Buddha after birth in this world

붓다가 이 세상에 오신 후 붓다가 되기 전의 석가모니 부처님.

3. A Boddhisatva in the Mahayana who attained enlightenment and save sentient beings

대승불교에서 깨달음을 얻고 중생구제를 하는 보살.

4. A great master in Mahayana(Buddhism)

대승불교에서 큰스님.

5. Female devotee in Korea

한국의 여성불자.

> ■ 조선시대 명종의 어머니 문정왕후에 의해 다시 불교가 일어날 때 문정왕후를 감사히 여겨 일부러 붙인 명칭이라는 설이 있다.

6. One who vows to attain Enlightenment and save sentient beings

깨달음을 얻어 중생구제를 하겠다는 서원을 세운 사람.

> **보살도 bodhisattva path
> **보살행 the actions of bodhisattva

2. 보살의 요건 the requiste of the Bodhisattva

보살은 보리심[bodhicitta]과 서원을 가지고 있어야 한다.

Bodhisattva should have bodhi-citta and pranidanabala.

보리심에는 지혜와 자비의 두 가지 성질이 있다.

There are two aspect of bodhi-citta(mind of enlightenment) and prajna(transcendental wisdom) and karuna(universal love).

서원은 모든 중생을 구제하겠다는 확고부동한 의지이다.

Vow is the inflexible resolve to save all scentient creatures.

보살의 종교적 의식을 반영하는 법신에 대한 3가지 모습이 있다.

These are the three apects of dharmakaya(the absolute personalized)

지혜와 자비와 서원은 각각 인식과 감정과 의지의 측면에서 최고의 표현이다.

Prajna, karuna, and vow is the highest expression of the cognitive, the emotive, and the volitional side of consciousness respectively.

그러므로 보살은 의식의 모든 면을 발전시킨다.

Bodhisattva thus developes all the aspects of consciousness.

- resolve 1. U C 결심, 결의 2. U 불굴의 의지=resolution, determination.
- cognitive adj. 인지의, 인지에 관한; 경험적 지식에 입각한.

3. Bodhicitta 보리심

1) 보리심은 모든 한계- 오온, 12처, 18계에 얽매이지 않는다.

   보리심은 부분이 아니라 보편적이다.

   The bodhicitta is free from all determination-the five skandha, the 12 ayatana, and 18 dhatu.

   Bodhicitta is not particular but universal.

- determination 1. [논리]한정(limit) 2. 사물의) 경향, 편향 3. 결의; 결단력《to do》

2) 자비심은 보리심의 정수이다.

   그러므로 모든 보살은 보리심 속에서 존재이유를 찾는다.

   compassion is the core of the bodhicitta. therefore,
   all Bodhisattvas find the reason for being in this.

2) 보리심은 차별없는 마음자리로 모든 중생의 구제를 위한 갖가지 방편을 만든다.

The bodhicitta abiding in the heart without discrimination creates a variety of upaya or expedients of saving all sentient beings.

달리 말하자면 보리심에서 우러나온 방편은 자비심으로 중생을 가르치고 깨달음으로 인도하는 뛰어난 방법이다.

To put it another way, expedients based on bodhicitta are the ingenious methods, out of his/her compassion, to teach sentient beings and guide them to enlightenment.

지혜없는 방편은 속박이고 지혜있는 방편은 해방이다.

Expedient without wisdom is bondage; expedient with wisdom is liberation.

▶ 단어정리

- discrimination : 차별 =bias / favoritism / prejudice / inequity / bigotry / intolerance
- a variety of 다양한 = diverse / different / varied
- upaya[P, S] : way /means / expedience / expedient / resource
  [1. 수단; 방편 2. 원천]
- 방편 expediences for the promulgation[포교, 전도] of Buddhism.
- expedient n. 수단(means), 방책, 방편(skillful means), 응급[임기의] 조치[수단].
- to put it (in) another way 다르게 말하자면=in other words / that is(to say)
- ▶ 간단히 말하면 to be brief / to put it simply[briefly] / to make long story short / in a nutshell / in one word
- ▶ 한마디로 말하면 in a word, in short, to sum up(the story)
- ▶ 끝으로 한마디 (I should like to say) just a word in conclusion.
- ingenious
  1. 〈발명품, 장치, 안案 등이〉 교묘한, 정교한, 독창적인
  2. 영리한=clever / resourceful / original / creative / nifty ※inspired 영감을 받은.
- bondage 속박 = repression / oppression / burden
- liberation 방면, 석방, 해방 = release / freeing / discharge / emancipation / freedom / liberty
- 방생하다 release[set free] captive creatures(as an act of Buddhist virtue)
  물고기를 놓아주다 release[set free] the fish(back into the water)

- **서원誓願의 의의**

    보살의 서원은 모든 중생을 구제한 후 열반에 들겠다는 큰 자비심의 표현이다.

    대승의 보살은 서원에 의해 태어나므로 원생願生이라 한다.

    보살의 서원을 불교에서는 갑옷[armor]에 비유하여 대서개 또는 대서장엄이라 한다. 먼저 대서개大誓鎧 즉 큰 서원의 갑옷은 niscaya-varman[s]에서 유래하는데

    1) niskaya는 확신[conviction, ascertainment, positiveness], 목표[aim] 결심[resolve, resolution]의 뜻이 있다. 중생의 불성을 확신하고 중생구제의 목표를 실천하려는 결심을 서원이라 할 수 있다.

    2) varman은 갑옷[鎧-갑옷 개]의 뜻이다.

    대서장엄大誓莊嚴 grandeur[majesty / magnificence / solemnity / sublimity]of great vow은 도행반야경의 maha-samnaha-samnaddha에서 유래하는 데 Maha는 큰[大-대 great] Samnaha는 준비, 장엄, 갑옷 Samnaddha는 무장, 입음, 장엄莊嚴의 뜻이다.

    이를 음역할 때 maha를 빼고 samnaha-samnaddha를 승나승열僧那僧涅로, 이를 직역하여 착대개著大鎧[입을 착, 큰 대, 갑옷 개] 즉 "큰 갑옷을 입는다 wear a big armor"이지만 본 뜻을 뜻을 살려 대서장엄 즉 큰 서원으로 장엄한다로 번역한 것이다.

    불소행찬[인도의 마명이 지은 부처님 일대기]에 보면, "세간에 대모니가 있어 큰 서원의 갑옷을 입고…나의 영역을 파괴한다"라 하였다

    [세유대모니世有大牟尼 신피대서개身被大誓鎧 …파괴아경계破壞我境界]

이렇게 보살은 반야의 지혜를 닦으면서 서원을 갑옷과 같이 단단히 무장하여 온갖 번뇌와 유혹을 물리치고 중생구제의 긴 여정을 떠나는 것이다.

붓다의 열반에 대해 무주처열반을 주장하는 대승의 입장은 붓다가 대서원의 본원력으로 무상의 진리에 이르렀으니 그 후에도 자비로운 부처님께서 중생들이 고통 받고 있는 한 외면할 리 없다는 사고에서 발전된 것이 아닐까 한다.

보살의 서원은 모든 보살이 동일하게 세우는 총원總願[common vow]과 이와 별도로 개별적으로 보살이 세우는 서원인 별원別願[particular(specific / differentiated) vow으로 나뉜다.

총원은 사홍서원이며, 별원은 아미타불 48원, 보현십원 등이다.

- **사홍서원四弘誓願 네 가지 큰 서원 The Four Great Vows**

    (1) I vow to save all beings 중생을 다 건지오리다

중생무변 서원도衆生無邊誓願度

(2) I vow to end all sufferings 번뇌를 다 끊어오리다.

　　번뇌무진서원단煩惱無盡誓願斷

(3) I vow to learn all dharmas 법문을 다 배우오리다.

　　법문무량서원학法門無量誓願學

(4) I vow to attain enlightenmet 불도를 다 이루오리다.

　　불도무상서원성佛道無上誓願成

> ■ 서원을 vow로 번역하는 경우가 많은데 그 이유는 기독교에서(수도생활에 들어가는, 또는 계율을 지키는) 서원이라는 뜻으로서 baptismal vows(세례시의 서약), monastic vows[수도 서원(청빈, 순결 등을 맹세함)]등으로 사용되는 것을 차용해서 번역한 것으로 보인다. 이 vow 대신 aspiration을 쓰는 경우도 발견된다.

• **사홍서원의 연혁**

사홍서원은 "도행반야경道行般若經 제8권"과 "법화경法華經 제3권 약초유품"에 보이는 다음의 글이 그 원형(the original form)으로 간주되고 있다.

"해탈하지 못한 사람을 해탈하게 하며(未度者令度), 불법을 이해하지 못한 사람을 이해하게 하며(未解者令解), 안락하지 못한 사람을 안락하게 하며(未安者令安), 열반을 체득하지 못한 사람을 열반의 경지에 체득하게 한다(未涅槃者領得涅槃)."

이에 의거하여 중국 천태종의 개조인 천태지의天台智顗[538~597]가 "석선바라밀차제법문釋禪波羅蜜次第法門" 제1권의 상上에서 다음과 같이 해석하고 있는 것이 최초이다.

所謂發菩提心 菩提心者 卽是菩薩以中道 正觀以諸法實相 憐愍一切 起大悲心發四弘誓願
소위발보리심 보리심자 즉시보살이중도 정관이제법실상 연민일체 기대비심발사홍서원
發四弘誓願者 一未度者令度 亦云 衆生無邊誓願度 二未解者領解 亦云 煩惱無數誓願斷,
발사홍서원자 일미도자영도 역운 중생무변서원도 이미해자영해 역운 번뇌무수서원단
三未安者令安 亦云 法門無盡誓願知 四未得涅槃 令得涅槃 亦云 無上佛道誓願成
삼미안자영안 역운 법문무진서원지 사미득열반 영득열반 역운 무상불도서원성
[대정장 46권, 476쪽 중간]

지의가 처음 제시한 사홍서원은 그의 저서인 "마하지관"과 "천태지관"에 실려 있으며, 수당시대에 모든 종파가 보살계를 수여할 때 반드시 외우도록 하였다 한다.

선종에서도 북종의 "대승무생방편문"에 최초로 보이며, 돈황본 "육조단경"에도 실려 있고, 남종의 전등사인 "보림전"의 가섭장, 그리고 백장광록百丈廣錄 등에서도 강조하고 있는 등 널리 일반화되었다

♣이상의 연혁은 성본스님의 좌선수행법(종색선사의 "좌선의"에 대한 번역서로서, 동국대 경주캠퍼스 정각원 출판) 16쪽을 참고한 것인데, 이에 대해 대승본생심지관경-당나라 반야가 번역했으며, 아란야처에서 심지를 관하여 망상을 멸하고 불도를 성취할 것을 설한 경-이 그 원형이라는 주장도 있다.

> ■ 도행반야경 : the Astsahasrika Prajnaparamita Sutra
> This Sutra was translated into Chinese six times, the earliest of which was by Lokakshema in 179 A.D. and titled the Tao-hsing po-juo-ching (W-G).
> This was also the earliest translation among a series of about forty Mahayana Sutras, gathered together under Prajnaparamita Sutra
> 이 경은 중국에 여섯 차례 번역된 경으로서, (후한의) 지루가참이 처음으로 번역하였으며, 그는 이 경을 도행반야경이라고 제목을 붙였다. 또한 이 경전은 반야경이라는 이름아래 모인 40개의 경전 중 최초의 번역이기도 하다.
> ■ 지루가참이 번역한 도행반야경의 제1품이 도행품이다.
> 지루가참은 월지국 사람으로 167년(후한 영강1) 중국 낙양에 와서 영제 때까지 "반주삼매경" 등 23부 67권을 번역하였다.
> ■ 구마라습은 소품반야바라밀경으로 현장은 마하반야바라밀다경으로 번역하였다.

- **사홍서원과 사성제**

    지관대의[당나라 잠연이 쓴 저술]과 천태사교의[고려의 체관이 쓴 저술]에 보면
    중생무변서원도의 서원은 고제의 경계에서
    번뇌무진서원단의 서원은 집제의 경계에서
    법문무량서원학의 서원은 도제의 경계에서
    불도무상서원성의 서원은 멸제의 경계에서 생겨난다고 한다.

22. 보살십지 Bodhisattva-bhumi[S] The Ten Stages of Bodhisattva

1. 의의

불도를 이루기 위해 보살이 거쳐야 할 10가지 단계

each of ten stages that the bodhisattva must go through to attain Buddhahood.

- Bodhisattva-bhumi 에서 bhumi는 단계를 의미하는 stage, degree의 뜻 외에 대지 (earth), 영역 (territory), 입장(position), 태도(attitude) 등의 뜻이 있다.(S-E사전 P. 763)
- Buddhahood 깨달음(보리菩提 bodhi), 깨달음의 경지(the condition or rank of a Buddha)
▶ At Buddha temples, it's common to greet someone with the words "May you attain Buddhahood."
  절에서는 보통 "성불하십시요"라고 인사를 한다.

2. 내용

-아래의 용어는 순서대로 Shambhala Dictionary of Buddhism and Zen(p. 123~129) 과 Donald Mitchell의 Buddhism(p. 21), 그리고 Chang의 The Buddhist Teaching of Totality(p. 29)을 참고한 것이다.-

(1) pramudita-bhumi 환희지歡喜地 the land of joy / the joyous stage / the stage of great joy

(2) vimala~ 이구지離垢地 the land of purity / the immaculate stage / the stage of spotless purity

(3) prabhakari~ 발광지發光地 the land of radiance / the luminous stage / the stage of illumination

(4) archismati~ 염혜지焰慧地 the blazing land / the radiant stage / the stage of intense wisdom

(5) sudurjaya~ 난승지難勝地 the land of extremely difficult to conquer / the hard-to-conquer stage / the stage of invincible strength

(6) abhimukti~ 현전지現前地 the land in view of wisdom / the face-to-face stage / the stage of direct stage

(7) durangama~ 원행지遠行地 the far-reaching land / the far-going stage / the

stage of far-reaching
- (8) achala~ 부동지不動地 the immovable land/ the immovable stage / the stage of immovable steadfastness
- (9) sadhumati~ 선혜지善慧地 the land of good thoughts[insight] / the sagely stage / the stage of meriotorious wisdom
- (10) dharmamegha~ 법운지法雲地 the land of dharma clouds / the cloud of Dharma stage / the stage of the assembling clouds of the dharma

• 8지보살의 특성

8지는 부동지라고 한다.

The eighth stage is called immovable.

이 단계의 보살은 이제 어떠한 억상분별이 모두 그치고 오직 법에 머물 뿐이다.

The Bodhisattva has now gone beyond any false or inadequate conceptualization of the world and is completely established in the dharma.

이 단계는 결정지(=불퇴행지)라고도 한다.

This stage is also said to be "irreversible."

왜냐하면 8지보살은 퇴행은 없이 불도를 이루기 위해 앞으로 나아갈 뿐이기 때문이다.

Because the Bodhisattva of the eighth stage advances without descending to attain Buddhahood.

- ■ irreversible 거꾸로 할 수 없는, 역행할 수 없는, 파기할 수 없는.
- ▶ irreversible reaction 불가역 반응.
- ▶ People who survive may have irreversible brain damage. 생존자들은 되돌릴 수 없는 뇌손상을 입을지 모른다.
- ■ 8지보살의 단계는 번뇌에 흔들리지 않음의 경지이기 때문에 부동지라고 하는 것이며, 또한 계속해서 상승하도록 결정되어 있어 결정지決定地라고 불리며, 무공용無功用 즉 억지로 함이 없이 나아가므로 무공용지無功用地라고 하며, 몸과 마음을 마음대로 다스릴 수 있어 명색자재지名色自在地라 한다.

23. 대승불교의 보살

♣ 4대보살 The four great Bodhisattvas; 관세음, 문수, 보현, 지장보살 ♣

• 관세음보살觀世音菩薩 Avalokitesvara[S]
  1. 어원 분석 etymological analysis
  (1) 일반적 번역
      관세음보살은 33신의 몸을 나투어 사바세계의 고통받는 중생을 구제하는 대표적 보살이므로 흔히 자비의 보살 즉 "The Bodhisattva of Compassion"이라고 번역하거나, 중생구제를 위해 중생의 소리를 자재로운 경지에서 아는 존재라는 의미에서 "The perceiver of the world's sounds"라고도 번역한다.
  (2) 관자재보살로 번역하는 신역新譯의 입장-삼장법사 현장
      관세음보살의 원어인 Avalokitesvara[S]는 여러가지 해석이 있으나, 현장법사의 번역인 관자재보살 Avalokita[관觀]+isvara[자재自在]이 정확하다고 한다.

> ■ 관자재는 모든 법을 지혜로 관조하여 자재한 묘과를 얻고는 중생구제에 자재하다는 뜻이다. Lok는 그 자체로 보다라는 뜻이 있고, avalok는 보다, 보는 것을 이해하다는 뜻이며, avalokita는 과거수동분사이다. 그리고 vilok는 조망하다, 관찰하다의 뜻이 있다.[권수태의 범어 대사전, 1334]

  (3) 광세음으로 번역하는 고역古譯과 관세음보살로 번역하는 구역舊譯의 입장
      현장 이전의 번역으로는 중국의 서진시대에는 축법호가 광세음光世音으로, 구마라습은 관세음보살 "the Bodhisattva of hearing the sound of the world"로 번역했다. 관세음보살은 세상의 소리를 관觀하여 자비로서 구제한다.(perceive the sound of the world and save sentient beings.)는 뜻이다.

> ■ 이렇게 다양한 번역이 나온 이유는 lok를 빛 즉 광光으로 해석하고, loka는 세계, svara는 소리라는 뜻이 있어 다양한 해석이 있게 된 것으로 추정된다. 더구나 능엄경[Surangama Sutra-The Sutra of the Heroic Ones]의 원통장에서는 이렇게 말한다. "이근원통耳根圓通[non-obstruction[perfect penetration] of ear faculty]을 성취하여 원통존으로 불린다"
> 능엄경은 요즘 유행하는 말인 "달인 a master / an expert"에 해당하는 사람들이 자신의 맡은 일을 수행으로 승화시켜 깨달음에 경지 즉 원통의 세계에 들어가는 것을 묘사

- 중국의 번역시기를 후한, 삼국, 서진 등 불교가 중국에 들어온 1세기에서 4세기 까지에 해당하는 초기의 번역을 고역이라 하고, 구마라습(343~413)이 중국의 장안에 입성한 401년 이후의 번역을 구역이라 하며, 인도에 구법순례한 현장(600~664)이 중국의 장안에 돌아온 651년 이후의 번역을 신역이라 한다.

(4) 관세음보살에 대한 Edward Conze의 견해

-Buddhism P. 146-

아와로키테스와라(=관세음보살)은 이스바라[주主, 지배자]라는 말과 이 세상에서 고통받는 존재에 대해 자비심으로 내려다 보는 자라는 의미를 가진 말이 합성된 말이다.

The word Avalokitesvara is compound of the word ishvara(Lord, Sovereign), and of avalokita, which means he who looks down with compassion, i.e. on beings suffering in this world.

관세음보살은 자비를 상징한다.

Avalokitesvara personifies compassion.

여러 문헌과 조각품을 통해서 관세음보살은 인도에서 세 단계로 전개되었음을 볼 수 있다.

The texts and the images suggest that in India one may distinguish three stages in his development.

먼저 관세음보살은 삼존불 중의 한 분이며, 삼존불은 아미타유스(=무량수불), 관세음보살, 마하스타마프라타(=대세지보살: 큰 힘을 가진 자)로 구성되어 있다.

At first, he is a member of a Trinity, consisting of Amitayus, Avalokitesvara, Mahasthama prapta(i.e. "The one who has attained great strength").

이 삼위일체는 이란 종교의 미트라신앙이나 무한한(Amita) 시간(ayus)을 근본원리로 하는 페르시아의 제르반교 등과 많은 공통점을 갖고 갖고 있다.

This Trinity has many counterparts in Iranean religion, i.e. in the Mithras cult and in Zervanism, a Persian religion which recognised Infite Time(Zervan Akarana=Amita-yus) as the fundmental principle.

불교에 동화된 아와로키테스와라는 거의 붓다와 비슷할 정도로 완전한 대보살이다.

Assimilated by Buddhism, Avalokitesvara becomes a great Boddhisattva, so great that he is nearly as perfect as a Buddha.

관세음보살은 (중생을) 일체 고액에서 건져 주는 위대한 신통력을 소유하고 있다.

He possesses a great miraculous power to help in all kinds of dangers and difficulties.

> ♣ Conze는 위의 글에 이어서 둘째 단계에서의 관세음보살은 "세상의 왕과 지배자(the Lord and Sovereign of the world)"로서 "힌두교의 신 브라만을 유사하다(resemble the Hindu God, Brahma)"고 말한다.
> 마지막 셋째 단계에서는 "불교의 주술적인 요소가 전면에 부각되는 밀교시대(the time of esoteric Buddhism or Tantrism when the magical elements of Buddhism come to the fore)"-인도불교사에서 마지막 단계가 밀교시대-에서는 "만트라(=주문)에서 힘을 얻는 위대한 주술가가 되어(become a great magician who owes his power to his mantras)" "시바신이 가진 많은 특징들을 수용 하고 있다(adopt many of the many of the characteristics of Shiva)"고 말한다. ♣
> ▶ come to the fore (문제 등이) 크게 부상되다. 지도적 위치에 서다.

2. 법화경과 관세음보살

법화경[the lotus sutra]의 관세음보살보문품(the gateway to every direction[the universial gateway] of the Bodhisattva perceiver of the world's sounds)에 다음과 같은 내용이 보인다.

(1) 한글

선남자여, 한량없는 백천만억 중생들이 온갖 괴로움을 받을 적에 관세음보살의 이름을 듣고 한 마음으로 그의 이름을 부르면 그 음성을 듣고 모두 해탈하게 된다.

(2) 영어

Good man, suppose there are immesurable hundreds, thousands, ten thousands, millions of living beings who are undergoing various trials and suffering.

If all sentient beings hear of this bodhisattva perceiver of the world's sounds and single-mindly call his name, then at once he will perceive the sound of their voices and they will all gain delivererance from their trials.

(3) 한문
선남자 약유무량 백천만억중생 수제고뇌 문시관세음보살 일심칭명 관세음보살
善男子 若有無量 百千萬億衆生 受諸苦惱 聞是觀世音菩薩 一心稱名 觀世音菩薩
즉시 관기음성 개득해탈
卽時 觀其音聲 皆得解脫

3. 둔륜의 견해

신라시대 둔륜[생몰은 알 수 없고 신라시대 흥륜사의 스님으로만 알려짐]의 유가사지기에 보면 "관자재보살의 구역舊譯은 관세음인데, 이것은 잘못된 것이며, 또한 구역 약사경의 관세음자재라는 번역은 세음이라는 말을 쓸데없이 덧붙인 것이다. 따라서 현재는 범어에 준하여 관자재로 한역한다"는 말이 있다.

4. 원통전과 관음전

원통전(the Hall of Perfect Penetration)은 관세음보살을 모신 곳으로, 특히 그 사찰의 주불전主佛殿[사찰의 중심건물]일 때 부르는 이름이다.

관음전은 그 전각이 부불전副佛殿[사찰의 부속건물]일 때 부르는 이름이다

관세음보살의 왼손에 든 연꽃은 중생이 본래 갖춘 불성(Buddha nature)을 상징하고, 그 꽃이 활짝 핀 것은 불성이 드러나 성불했다는 뜻이며, 봉오리는 불성이 장차 필 것을 나타낸다.

관세음보살은 "아미타불의 왼편에 있는 협시보살(an attendant bodhisattva sitting left to Amitabha Buddha)"이며 "부처님의 자비를 상징한다.(symbolize Buddha's mercy)".

5. 관음보살의 주처住處

관음신앙은 그 소의경전인 법화경 보문품에 근거하여 널리 유포된다.

관세음보살은 화엄경 입법계품 등 대승경전 곳곳에서도 주처住處[머무는 곳]로 알려진 보타낙가산과 함께 등장한다.

화엄경 80권본에 보면 그 주처를 남인도 말라바르Malabar지방에 있다는 마라야Malaya산 속의 보타낙가Potalaka라고 하였다.

티벳의 Potala palace[포탈라 궁]의 Potala도 여기서 유래하며, 티벳의 정신적 지도자 달라이 라마의 궁전이다.

티벳에서는 달라이 라마를 관세음보살의 화신으로 본다.

6. 관음신앙과 주처의 확대

관음신앙이 널리 유포되면서 중국에서는 절강성 주산열도의 보타산 보제사가 있고, 우리나라에서는 다음과 같이 4대 관음성지가 생겨난다.

1) 양양 낙산사- 여기서 낙산은 보타낙가산의 준말이다.
2) 남해 보리암.
3) 강화도 보문사.
4) 강원도의 통천굴의 금란굴-현재 북한 소재.

한편 관세음수기경 등에서는 서방 극락정토에서 대세지보살과 함께 협시보살로서 중생의 교화를 도우므로 그의 주처를 그 곳으로 보기도 한다.

청정관세음보현다라니경에서는 석가모니불의 협시로도 나타난다.

7. 관음보살의 변신 Avalokitesvara's transfiguration

법화경 관세음보살 보문품에 보면 관세음보살은 고통받는 중생구제를 위해 33신의 몸을 나툰다고 한다.

The Chapter Universial Gate in the Lotus Sutra says that Avalokitesvara assumes thirty-three different forms and manifest himself anywhere in the world to save people from danger and suffering.

밀교에서는 6관음 즉 1. 성관음 2. 천수관음 3. 마두관음 4. 십일면관음 5. 준제관음 6. 여의륜관음 외에 7. 15. 25. 33관음으로 나툰다고 한다.

> 경전에 따라 32 또는 33 응신 등을 언급하고 있다.
> - 32이응신-능엄경
> - 33신=33존-법화경 보문품
> - 33존관음-불상도휘에 있는 관세음의 종류와 특징
> ▶ 양류/용두/불공견색관음[중생의 불안을 없애준다는 오색실로 만든 새끼줄을 들고 있음]
> ▶ 여의륜관음[불법이 널리 전파되는 것을 상징하는 윤보와 소원성취의 여의보주를 들고 있음]
> ▶마두관음[머리에 말머리를 얹고 있는 모양]

8. 고려의 수월관음도

고려시대 가장 유행한 수월관음도는 바다를 접하고 있는 보타낙가산에 53선지식 중 28번째

선지식인 관음보살이 물에 비친 달을 보며 선재동자에게 설법하는 장면을 그린 것이다.

석굴암의 십일면관음은 정병에 연꽃이 꽂혀있는 것과 달리 버들가지가 나오는 것은 청관음보살소독다라니주경에 붓다 당시 와이살리에 역병으로 모두가 고통받을 때, 붓다는 관음보살에게 버드나무가지와 깨끗한 물을 바치도록 하고 관음보살의 이름을 부르게 해 역병을 다스렸다는 일화에서 유래하며, 손에 버들가지를 든 양류관음과 달리 정병에 버드나무가 꽂혀 있는 독특한 방식을 취하고 있다.

그리고 고려의 수월관음도에는 청죽이 등장하는데 낙산사 창건유래를 이야기한 삼국유사 탑상편과 관련이 있다. 따라서 고려의 수월관음도는 화엄경과 관음보살소독다라니주경과 삼국유사를 근거로 했다는 것을 알 수 있다.

그리고 천수경에 나오는 천수천안관세음보살이 우리나라에서는 42개의 손모양으로 처리하는 경우가 많은 데 그 이유는 합장한 두손을 뺀 40개의 손이 각각 육도윤회하는 25종류의 중생[40 x 25=1,000]을 구제한다는 의미가 있다고 한다.

▶ 조신調信의 꿈 A daydream of a monk named Josin

> 출처 : 삼국유사三國遺事 Samgukyusa
> Legends and History of the Three Kingdoms of Ancient Korea / The Heritage of the Three States / Memorabilia of the Three Kingdoms
> ♣ memorabilia 기념품[수집품]　▶Fans and investor can also pick up Elvis Presley and Britney Spears memorabilia. 팬들과 투자가들은 엘비스 프레슬리와 브리티니 스피어스의 기념품을 수집할 수 있다.

옛날 신라의 수도가 경주였을 때 세규사世逵寺[지금의 흥교사]의 장원莊園이 명주溟州에 있었다.

When the capital of Silla was Gyeong-ju there was in Myeong-ju Prefecture a manor belonging to Se-gyu-sa Temple [now called Heung-gyo-sa Temple].

> ■ prefecture[행정구역] 현, 도. 부　■ manor 장원, 영지　▶ manor house 영주의 저택[mansion]
> 영어에서 mansion은 대저택의 뜻이고, 미국에서 apartment house는 기업소유의 임대 아파트를 뜻하며, 개인이 소유권 가지는 경우는 condominium으로 부른다.
> ■ belong to ~에 속하다
> ■ named 동사로서 name(..이라고 명명하다)을 사용한 분사구문　▶ A Streetcar

> Named Desire 욕망이라는 이름의 전차 ※형용사로서 named: 지명된 ▶ on the named day 지정날짜에 ▶ 욕망 greed, (a) desire, a craving, an appetite.

본사의 주지가 조신이라는 스님을 보내서 장원을 관리하게 했다.
The head of this temple appointed a monk named Josin, the caretaker of the manor.

> ■ caretaker 1. [학교, 건물, 시설 등의]관리인 2. [미] 돌보는 사람; 부모, 교사, 간호사
> ▶ 가옥관리인 a house-owner's agent [a house agent] ▶ 토지관리인 real estate custodian ▶ 재산관리인 a property custodian.

그러나 얼마 후 조신은 태수 김흔공의 딸을 짝사랑하게 되었다.
But later Josin had an unrequited love for the daughter of Heun-gong Kim, the county magistrate.

> ■ county magistrate 태수.
> ▶ county 1. [미] 군郡 : 주[state]아래의 지방 행정 최대 단위 2. [the~]주민, 군민.
> ▶ magistrate 1. 행정관[행정, 사법을 겸함] 2. 하급판사.

그래서 여러 번 낙산사 관세음보살에게 그 여인이 나의 아내가 되게 해달라고 기도했으나 결국 허사로 끝났다.
그 여인에게 배필이 생겼기 때문이었다.
He prayed to Avalokitesvara of Nak-san-sa Temple,
"O Avalokitesvara! Only make this girl my wife," but all in vain, for the girl was betrothed to another man.
조신은 관세음보살이 자신의 소원을 들어 주지 않는다고 원망하면서 몹시 괴로워했다
Josin writhed in agony, complaining to Avalokitesvara for not answering his prayer.

> ■ in vain 효과없이 ■ betroth 과 약혼시키다.
> ■ writhe in agony 몸부림치며 괴로워하다 ▶ writhe 괴로워하다.
> ▶ agony 1. 괴로움[anguish] ex] mortal ~단말마의 고통.
>   2. [the, A~](신학 : GETHSEMANE동산에서의 예수의)고통.

마침내 울다가 지쳐서 법당에서 잠이 들었다.

At last, worn out with weeping, he fell asleep in the Buddha Hall.

- ■ wear(wore, worn) 지치게하다[away, down, out]. *녹초가 되다 pass out.
- ▶ I'm completely worn out 나는 아주 녹초가 되었다.
- ▶ The baby wore me down with his constant crying 아기가 줄곧 울어서 나는 지쳤다.
- ▶ She has been worn to a shadow with illness 그녀는 아파서 허깨비처럼 말라갔다.

갑자기 바람이 불어 촛불이 꺼지면서 문이 저절로 열렷다.
Suddenly the wind blew out the candles and the door was flung open.

- ■ blow out 을 불어 끄다, 파괴하다.
- ■ fling(flung, flung) [문, 창문등을] 난폭하게 …. 하다.
- ▶ fling a door open[shut] 문을 거칠게 열다[닫다].

그 때 그녀가 나타나 말했다.
"오래 전부터 당신을 사모했습니다.
한 순간도 당신을 잊어 본 적이 없었습니다.
나는 우리가 같이 죽을 때까지 당신과 살고 싶어요."
Then she appeared and said, "I have been madly in love with you since long before I want to be man and wife till parted by death on the same day and time.
조신은 그녀를 껴안고 덩실거리며 기뻐했다.
Josin embraced her and danced with joy.
그는 고향으로 돌아가 아늑한 초가집을 지었다.
He returned home and built a cozy thatched house.
단칸방이라도 그들은 너무나 사랑했기에 조신은 즐거웠다.
It was only a one-room cabin but it was sweet to Josin, for he and his wife loved each other passionately.

- ■ embrace 껴안다[=hug]   ■ cozy 아늑한[=snug,neat]
- ■ thatched house 초가집   ■ thatch 초가지붕 (동) 지붕을 집등으로 이다.
- ■ passionately 열렬하게[ardently,fervently].
- ▶ 열렬한기독교신자[캐톨릭신자] a devoted[fanatic] Christian[Catholic].

▶ Avalokitesvara

관음보살에 대해 다시 정리하면 관[세]음보살로 번역한 것은 구마라습[344~413]이며 관자재보살로 번역한 것은 서유기의 삼장법사로 보통 알려진 현장법사[600~664]이다
중국의 한역은 1. 고역古譯[후한시대의 안세고, 지루가참, 축법호 이후] 2. 구역舊譯[구마라집 이후] 3. 신역新譯[당나라의 현장이후]으로 나눈다.
- 관자재觀自在의 뜻

번뇌가 없는 밝은 마음이어서 중생의 고통을 보는데 어떤 장애도 없는 것.
It means that one's mind is clear and bright without defilements and one is able to perceive the sufferings of sentient beings without any obstacle.
- 어원분석

Avalokita[관觀]+isvara[자재自在] 보살은 보통 the Bodhisatva of Compassion으로 영역하나 a goddess of mercy로 영역되는 경우가 많은데 goddess로 번역하는 것은 명백한 잘못이다.

그들은 40년간 살면서 5명의 자식을 두었다.

They had lived together for forty years, during which five children were born to them.

세월이 흐르면서 그들의 생활은 더욱 더 궁핍해졌다.

As time passed by, they got more and more poor.

결국 그들은 헤진 옷을 입고 이 마을 저 마을로 구걸하며 살았다.

They finally wandered in rags through villages begging for food.

- wander 돌아다니다, 헤매다 ■ in rag 누더기를 입고 ■ beg 구걸하다.

그들이 해현령을 지날 때 큰 아들이 갑자기 굶어 죽어매 통곡하면서 사랑스러운 자식을 산중턱에 묻었다.

As they were crossing Hae-hyeon-ryeong meaning crab path their eldest son died of hunger. With many tears Josin and his wife buried the beloved child on the mountainside.

- crab 게
- die of hunger 굶어 죽다=starve to death / be starved[famished] to death / perish

> by[with]famine
> ■ bury[in, under] 묻다 ▶ 이 땅에 뼈를 묻겠다. I mean to die[be buried] here.
> ▶ 그녀는 내 가슴에 얼굴을 묻었다. She buried her face against my chest.
> ■ beloved 아주 사랑하는[lovely], 애용하는 [명] (보통 one's~) 연인, 애인
> ▶ my beloved 여보.

세월은 더욱 더 흘러 조신과 그의 아내는 머리에 눈이 내린 것처럼 백발이 되었다

As more years went by, Josin and his wife turned gray as if snow had fallen on their heads.

> ■ turn[go] gray 머리가 희끗해지다.
> ▶ 그렇게 걱정하면 흰머리가 생긴다. Worrying like that will give you gray hairs.

이제 두사람은 병이 들고 아이들은 먹을거리를 달라고 아우성이었다.

Now both of them fell ill, while their children cried for food.

열 살 먹은 여자아이는 가족이 먹을 음식을 구하러 마을에 구걸하러 갔다가 떠돌이 개에게 물려서 돌아와 아프다고 부르짖다가 쓰러졌다.

While the ten-year-old daughter walked through the villages begging for food for the family, she was bitten by a stray dog and collapsed in pain on her return.

> ■ bite(bit, bitten) 물다. ▶벌레가 내 팔을 물었다. An insect bit me on the arm]
> ▶ 개가 물어 소파에 구멍을 내었다. The dog bit a hole in the sofa.
> ▶ 그는 사과를 베어 물었다. He bit into a apple.
> ■ stray [형] 길잃은. 일행을 놓친, 빗나간 ▶ a~child 미아/ a ~[a lost sheep] 길잃은 양 / a~bullet 유탄 [명] 미아, 부랑자, 집잃은 개[고양이 [동] 벗어나다.
> ▶ stray from the truth 진실에서 벗어나다.
> ▶ 숲속으로 잘못 들어서다 stray off into the wood.
> ■ collapse 1. [건물등이]쓰러지다, [사람이] 졸도하다.
> ▶ 담이 폭풍으로 쓰려졌다. The fence collapsed during the storm.
> 2. [병리] 극도로 쇠약해지다. ▶ His health is collapsing day by day.

하염없는 눈물이 늙은 부부의 홀쭉한 뺨위로 흘렀다.

Tears streamed down the sunken cheeks of the aged couple.

> ■ sunken 1. 침몰한 ▶ the treasure of a ~ship 침몰선의 보물 2. [볼등이] 홀쭉한.
> ▶ Their eyes were ~with fatigue 피로 때문에 그들의 눈은 푹 들어가 있었다.

늙은 아내는 이윽고 남편에게 눈물을 닦으면서 말했다.

At last, wiping away her tears, the old wife spoke to her husband,

> ■ wipe 1. 닦아내다[out] 2. 완전히 파괴하다[out]
> ▶ they ~d out the entire village 그들은 온 마을을 파괴했다

"예쁜 웃음도 풀잎 위의 이슬이요, 사랑의 기약은 바람에 나부끼는 버들가지입니다.

Beautiful smiles are the dew on the grass and the pledge of our love is the pussy-willow to wave in the wind.

젊은 날 뜨거운 욕망이 말년의 끝없는 근심의 원인이었습니다.

The passionate desire in our youth have led only to this bottomless griefs of the gray winter.

> ■ pledge 서약[하다. 시키다]   ■ pussy-willow 버들가지.
> ■ lead only to 결국 ..에 이르다 lead to[일, 생각, 문제 등이] 어떤 결과에 이르다.
> ■ grief; grieve[슬퍼하다, 슬프게하다]의 명사형.
> ▶show grief over a former president's death. 전임 대통령의 죽음을 애도하다.
> ▶suffer(from)[feel] grief 비탄에 잠기다.
> ▶soothe[beguile, divert] one's grief 슬픔을 덜다[달래다 / 다른 데로 돌리다].
> ■ gray winter 말년.
> ▶ gray: 노년의. 원숙의 / (머리. 털이) 희끗희끗한 ▶ winter 1. 겨울 2. 노년기 노년기.

이제 다른 방법이 없으니 두 명의 아이를 데리고 각자 데리고 헤어 집시다.

Since there is no other remedy, let us part, each taking two of the children.

조신은 사랑하는 아내와 두 아이들과 헤어지는 것이 가슴이 찢어 질 듯 아팠지만 고개를 끄덕였다.

Josin contented, though he grieved deeply at the thought of parting from his loving wife and two of his children.

이렇게 쓰라린 이별을 하면서 그는 통곡을 하다가 꿈에서 깼다.

At this bitter parting, Josin wailed and awoke.

그는 법당에 누워 있었고 그가 켜 놓은 제단위의 촛불은 다 타버리고 동강이만 남아있었다.

He lay in the Buddha Hall, before the altar, where the candle he had lighted had burned down to a stump.

- wail 울부짖다, 통곡하다
- altar 제단 ■ stump 1. (연필, 양초 등의) 쓰다 남은 동강 2. 밑동, 그루터기

하룻 밤새 인생의 달콤함과 쓰라림을 다 맛 보았다.

In a night he had tasted all the sweetness and bitterness.

새벽달은 바다 밑으로 가라앉고 여명은 희어져 버린 그의 수염과 머리를 비추고 있었다.

As the waning moon went down to the bosom of the sea, the dawn shed light on his hair and beard turned white in a few hours.

- waning[달등이] 이지러지다 ■ bosom 가슴 / [the~]내부, 깊숙한 속
- turned white 희게 변한 –which is가 앞에 생략된 구문–

모든 번뇌와 망상이 눈녹듯이 사라져 버렸다.

All defilements and deusions disappeared as if the snow melted.

- defilement 번뇌, 더러움 ■ delusion 망상, 착각 ▶ delusions of grandeur 과대망상
- melt 녹다 / 차차 녹아 없어졌다. ▶ The snow soon melted away 눈은 곧 녹아 없어졌다.

관세음보살상앞에서 오랫동안 감사와 참회의 눈물을 흘렸다.

He shed tears of gratitude and penitence before the Avalokitesvara image for a long time.

- gratitude 감사 ▶ He expressed his ~to a person to Mr. Smith for his help.
- penitence 후회[repentence], 참회, 속죄[contrition].

그리고 나서 꿈속에 그의 아들을 파 묻은 혜현릉에 갔다.

Josin then went to haehyeon-leung where he had buried his son in the dream.

- bury 묻다, 매장하다 ▶ ~one's wife 아내와 사별하다 ▶ Kennedy was buried in Arlington National Cemetry. 케네디는 알링턴 국립묘지에 묻혔다.

그 자리를 파보니 돌미륵불이 나와서 근처의 절에 모셨다.

Digging in the place, he discovered a stone image of Maitreya Buddha, which he enshrined in a nearby temple.

> Maitreya 미래불의 이름으로서 미륵이라 음역하였으며 본래의 뜻은 자비로운 사람이라는 뜻으로 자씨慈氏로 의역하기도 한다.

그는 말년에 사재를 털어 정토사를 짓고 널리 선행을 베풀었다.

In the evening of his life he built Jeong-to-sa [pure land temple] at his own expense and performed good deeds.

> ■ the evening[close] of one's life[days] 말년 = one's closing days / the latter part of one's life / one's later[latter, last.declining]years.

▶ 석굴암관세음石窟庵觀世音의 노래 −서정주

그리움으로 여기 섰노라
호수湖水와 같은 그리움으로,

이 싸늘한 돌과 돌새이
얼크러지는 칡넌출밑에
푸른 숨결은 내것이로다.

세월이 아조 나를 못쓰는 티끌로서
허공에, 허공에, 돌리기까지는
부푸러오르는 가슴속에 파도波濤와
이 사랑은 내것이로다.

오고 가는 바람속에 지새는 나달이여.
땅속에 파무친 찬란한 서라벌.
땅속에 파무친 꽃같은 男女들이여.

오- 생겨났으면, 생겨났으면,
나보단도 더 나를 사랑하는 이
千年을, 千年을, 사랑하는 이
새로 해 볕에 생겨 났으면
새로 해 볕에 생겨 나와서
어둠속에 날 가게 했으면,

사랑한다고…사랑한다고…
이 한마디 말 님께 아뢰고, 나도,
인제는 바다에 도라갔으면!

허나 나는 여기 섰노라
앉어 계시는 석가釋迦의 곁에
허리에 조그만 향낭香囊을 차고

이 싸늘한 바윗속에서
날이 날마닥 드리쉬고 내쉬이는
푸른 숨결은
아, 아직도 내것이로다.

▶ **문수보살文殊菩薩 manjusri[S] The Bodhisattva of wisdom**

문수보살은 Manju아름다운[beautiful], 매력이있는[charming]+siri길상[auspiciousness],공덕[merit, virtue]의 유래하며, 문수로 음역하거나, 묘덕妙德, 묘길상妙吉祥으로 의역하기도 한다.

문수보살은 지혜의 완성에 대한 상징[symbolic of the perfection of wisdom]이며, "불교예술에서 사자를 타고 있는 모습으로 묘사된다."(in Buddhist art he is customarilary depicted riding on a lion).

문수보살은 문수동자manjusri-kumara-bhuta라고도 하는 데 보살은 법왕인 부처의 왕자이고, 어린아이처럼 음욕이 없어 청정하므로 붙여진 이름이다.

문수보살은 수능엄삼매경에 의하면 이미 과거세에 이미 성불하였으며, 그 이름이 용종상龍種上이라고 했으며, 방발경에 보면 과거세에 문수가 보살로서 수행하고 있을 때, 석가모니 부처님이 어린아이일 때 문수의 인도로 부처님의 인도로 부처님을 만나 정각을 얻었다고 한다.

그리고 화엄경 60권본 보살주처품菩薩住處品에 문수보살이 동북방에 다섯봉우리의산[오정산五頂山]에 기후가 청량하다는 말이 있다.

여기에 근거하여 중국에서는 거기에 부합하는 산서성 오대산五臺山을 문수보살의 머무는 곳으로 보아 성지로 삼았고, 청량산으로도 불린다. 그것이 우리나라에도 영향을 미쳐 오대산 월정사가 있다.

▶ 보현보살普賢菩薩 samantabhadra[S] The Bodhisattva of action

보현보살은 samanta[완전히, 모두, 여러 방면으로]의 보普+bhadra[착한, 뛰어난, 아름다운]의 현賢에서 유래하며, 널리 축복을 내린다는 뜻으로 변길邊吉로도 번역했는데, 보는 변과 같고 현은 길과 같으며, universally gracious로 영역되기도 한다.

보현보살은 화엄경의 처음과 끝을 장식하며, 여래를 대신하여 화엄의 세계를 제시한다. 화엄경에서 선재동자가 마지막으로 만나 구도를 완성하는 것으로 설정된 보살이 보현이다.

보현보살은 여섯 개의 상아를 가진 코끼리를 타고 있는 데 이것은 모든 장애를 극복하는 지혜의 힘을 상징한다.

Samantavadra rides on a white six-tasked elephant, which represents the power of wisdom to overcome all destructions.

그리고 여섯 상아는 여섯 감각에 대한 집착의 극복을 의미한다.

And the six-tusks represent overcoming attachment to the six senses.

이와 같이 문수는 지.혜.증智.慧證의 덕을 상징하고, 보현은 이.정.행理.定.行의 덕을 상징하며, 문수는 사자를 타고 왼쪽에서 부처를 보좌하고 보현은 흰 코끼리를 타고 오른 쪽에서 부처를 보좌한다.

▶ 보현보살의 10대 행원

The 10 vows of Samantabhadra, the Bodhisattva of great action

1. 출처

보현보살의 10대 행원이 실려있는 보현보살행원품은 60화엄경이나 80화엄경에는 없고 40화엄경에만 보인다.

40화엄경은 선재동자善財童子(kumara Sudhana)가 문수보살에 의하여 보리심을 발하고 53

선지식을 차례로 방문하고 최후에 만난 보현보살에게서 불가설不可說한 불타의 훌륭한 공덕을 들으며 십대행원을 듣게 되는 과정을 묘사한 60화엄경과 80화엄경의 입법계품을 별도로 번역한 경전이다.

입법계품과 십지품은 초기부터 별도로 유통되었던 부분이며 화엄경 중 이 두 부분은 현재 산스크리트본이 남아있다.

보현행원품은 40화엄경의 제40권에서 보현보살에 의해 설해지며, 보현행원품은 넓게는 입법계품전체를 좁게는 보현보살의 10종행원만 가리킨다.

2. 보현행원품의 중요성

화엄경의 보현행원품은 별행본으로 널리 읽히는 것은 마치 법화경의 제 25품인 관세음보살보문품이 관음경, 보문품경 등으로 따로 독립된 경전으로 유통되는 것과 같다.

인류가 남긴 최고의 걸작품이라고 호평을 받는 화엄경의 결론이 보현행원품이다. 따라서 보현행원품은 화엄경의 결론이며 더 나아가 불교의 결론이라고 할 수 있다.

3. 마음과 부처와 중생

무비스님께서 해설한 "이와 같이 살았으면-보현행원품해설[출판사:염화실]"을 보면 부처님에 대한 예경에 대한 해설에서 부처님을 사람들로 표현하고 있다.

그 근거로서 다음과 같은 언급을 하고 있다.

⑴ 화엄경의 근본종지 중에 반드시 생각하고 기본으로 삼아야 할 구절은 '마음과 부처와 중생, 이 셋은 차별이 없다' 라고 한 것이다. 그러므로 사람의 다른 호칭이 부처님이다.
⑵ 그리고 경문에-여기의 경문이란 보현행원품 중에 부처님에 대한 예경에 대한 말씀을 가리킴-"온 법계 허공계 시방삼세 모든 세계의 아주 작은 먼지만큼 많은 수의 부처님들"이라고 하였다.

그 말은 역사상에 기록된 석가모니불이나 경전상의 아미타불이나 연등불과 같은 부처님을 지칭하는 것이 아니다. 그 분들이야 몇 분이 되는가.

저 많은 부처님이란 곧 모든 모든 사람을 뜻하며, 나아가서 모든 생명체를 가리키며 좀 더 정확하게 말하면 삼라만상과 우주를 가리킨다.

> (1) 심불급중생 삼무차별 心佛及衆生 三無差別
> There is no distinction[discrimination] among the mind, Buddha, and sentient beings.
> (2) 진법계 허공계 시방삼세일체불찰극미진수 제불세존
> 盡法界 虛空界 十方三世一切佛刹極微塵數 諸佛世尊
> All the Buddhas equal to the total sum of dust-motes of the Buddhas' domains in the past, present, and future and in all ten directions throughtout the realm-of-dharma and the realm-of space.
> ■ 불찰佛刹 : Buddha-ksetra의 음역으로 ksetra는 육지, 공간, 국토의 뜻이며, 예불문에 나오는 제망찰해의 찰은 ksetra를 뜻하므로 찰해는 육지와 바다를 뜻한다.

※ 위의 부처님의 예경에 대한 표현 중 일부를 Garma C.C.Chang의 "The Buddhist Teaching of Totality"의 영문을 토대로 옮기니 참고하기 바란다.

1. 한글
허공계가 다하여야 나의 예경도 다하려니와 허공계가 다할 수 없으므로(모든 부처님에 대한) 나의 예경도 다 할 수 없다.

이와 같이 중생의 세계가 다하고 중생의 업이 다하고 중생의 번뇌가 다하여야 나의 예경도 다 하려니와, 중생계와 중생의 번뇌가 다 함이 없으므로 나의 예경도 다함이 없느니라.

염념이 계속하여 쉬지 않건만 몸과 말과 뜻으로 하는 이 일은 지치거나 싫어함이 없느니라.

2. 영문
My homage will be ended when the realm-of-space is ended.

But since the realm-of-space is boundless, so will be my homage to the Buddhas. Likewise, if the spheres-of-beings are ended, the karmas of beings are ended, and the sorrows and passion-desires of beings are ended, my homage will then ended.

But as these too are endless, so will be my homage toall buddhas, moment after moment without interruption, in bodily, vocal, and mental acts without weariness.

3. 한문
허공계진 아례내진 이허공계 불가진고 아차예경 무유궁진 여시내지중생계진

虛空界盡 我禮乃盡 以虛空界 不可盡故 我此禮敬 無有窮盡 如是乃至衆生界盡
중생업진 중생번뇌진 아례내진 이중생계 내지번뇌 무유진고 아차예경무유궁진
衆生業盡 重生煩惱盡 我禮乃盡 以衆生界 乃至煩惱 舞有盡故 我此禮敬無有窮盡
염념상속 무유간단 신어의업무유피염
念念相續 無油間斷 身語意業無油疲厭

4. 보현행원품 Chapter the vow of practice of Samantabhadra
보현십원: 보현보살의 열 가지 큰 소원 The 10 great bows of Samatabhadra

그 때에 보현보살마하살이 부처님의 거룩한 공덕을 찬탄하고 나서 여러 보살과 선재동자에게 이렇게 말하였다.

Having praised the superb merits and virtues of the Tathagata at that time, the great Bodhisattva Samantabhadra spoke to Kumara Sudhana and a great company of Bodhisattvas in this words:

- superb 1. 훌륭한, 우수한 2. 호화로운, 사치스러운, 〈물건이〉 값진; 〈경치 등이〉 웅장한, 〈건물 등이〉 당당한; 위엄 있는.
- Kumara 산스크리트어로서 동자라는 뜻.
인도 출신의 번역가 구마라습 즉 kumarajiva는 아버지의 이름 "kumara"와 어머니의 이름 "jiva"를 모아서 만들어진 이름으로 kumara는 동자, jiva는 목숨, 수명, 영혼 등의 뜻이어서 구마라습을 동수童壽라고 의역하기도 한다.
※금강경의 사상 중에 수자상壽者相이 jiva-samjna이다.

"선남자여, 여래의 무한한 공덕은 말로 다 할 수 없다.
…………(중략)
이러한 위없는 공덕을 얻으려는 자들은 열가지의 크나큰 바라밀다를 닦아야 하느니라.
이 바라밀다는 어떤 것들인가?
그것들은 다음과 같다.
"O noble-minded men,t he infinite merits and virtues of the Tathagata are ineffable.

- ineffable 형언할 수 없는, 말로 표현할 수 없는.

....

Those who aspire to the attainment of this high degree of merit should practice the great Tenfold Paramitas.

What are these Paramitas.

They are:

■아래에 보현십원에 대해 많은 번역이 있어 구태여 별도의 번역을 할 필요가 없을 정도이다. 3가지 번역문을 소개한다.

그리고 [ ]안의 내용은 "보현행원가"의 제목들이다.

보현행원가는 고려 광종 때 화엄종의 균여대사가 보현보살 10종행원에 의거하여 불교의 대중화를 위해 지은 노래(향가)로서 이두문자로 표기되어 있다.

이 노래는 위의 10가지에 총결무진가總結無盡歌를 합친 11수로 구성되어 있다.■

1. 모든 부처님을 예불하고 공경함[예경제불禮敬諸佛]

   (1) To vow to pay homage and respect to all Buddhas.

   (2) Vow to pay homage to all Buddhas.

   (3) To venerate all Buddhas.

2. 모든 부처님을 찬탄함[칭찬여래稱讚如來]

   (1) To vow to praise all Buddhas.

   (2) Vow to praise the Tathagata.

   (3) To make praises to the infinite number of Buddhas.

3. 모든 부처님께 여러가지로 공양함[광수공양廣修供養]

   (1) To vow to make great offerings to all Buddhas.

   (2) Vow to practice generosity for all beings.

   (3) To make offerings to Buddhas.

4. 업장을 참회함[참제업장懺除業障]

   (1) To vow to confess and repent one' evil deeds and hindrances.

   (2) Vow to repent karmic obstructions.

(3) To repent and reform all karmic hindrance, accumulated from our thoughts, words, or actions throughout our past reincarnations.

5. 남의 공덕을 기뻐함[수희공덕隨喜功德] ■수:따를 수

   (1) To vow to rejoice at the attainment of merits by others.
   (2) Vow to rejoice with others for their merit.
   (3) to rejoice and join other's merit and virtue.

6. 부처님께 법륜을 굴리도록 청함[청전법륜請轉法輪]

   (1) to vow to entreat Buddha to set in motion 'the wheel of Dharma.
   (2) Vow to implore for the teachings of the illustrious doctrine.'
   (3) To pray that the Dharma wheel[Buddha's teachings] will be turned[passed on]

7. 부처님께 세상에 머물기를 청함[청불주세請佛住世]

   (1) To vow to beseech Buddha to remain in the world.
   (2) Vow to implore for the abiding of the Buddha among the sentient beings.
   (3) To petition that the buddhas remain in the world to benefit more people.

8. 항상 부처님의 따라 배움[상수불학常隨佛學]

   (1) To vow to be a zealous follower of buddha's ways at all times.
   (2) Vow to study according to the teachings of the Buddha.
   (3) To always follow the Buddha's path[teachings] in order to attain enlightenment.

9. 항상 중생들의 뜻에 맞추어 줌[항순중생恒順衆生]

   (1) To vow to accommodate all sentient beings for their own benefit.
   (2) Vow to be in accord with sentient beings.
   (3) To live harmoniously with all living beings.

■ accommodate 1. (…에) 순응[적응]하다(adapt) 《to …》. 2. 〈요구 등을〉 받아들이다, …을 고려[배려]하 3. 〈건물 등이〉 〈사람, 환자를〉 수용하다[할 수 있다].

10. 자신의 공덕을 모든 중생들에게 돌림[보개회향普皆回向]

- 보: 넓을 보, 개: 모두 개.

(1) To vow to turn over one's merit to all sentient beings.
(2) Vow to return all merits to others.
(3) To reflex all accumulating merits and virtue back to all living beings for their salvation

- salvation 1. (죄와 벌로부터의) 구원; U 구세주 2. 구제, 구출, 보호.
- 위의 내용을 완전한 문장으로 하려면 다음과 같이 하면 된다.
언제 어디서나 계시는 모든 부처님을 공경하고 예배하겠습니다.
I will pay homage and respect to all Buddhas (who are omnipresent).
=I vow to pay homage~ ~ ~ ~ ~ .
널리 모든 부처님께 공양을 바치겠습니다.
I will do the offerings to all the Buddhas (in the world).
=I vow to do the offerings ~ ~ .

▶ **지장보살**地藏菩薩 ksitigarbha[S] The Bodhisattva of suffering

지장보살은 ksiti[토지, 주처]+garbha[자궁, 태아, 싹]에서 유래하며, 문자 그대로의 뜻은 earth-womb, earth-store, earth-treasure이다.

지장보살은 흔히 지옥중생을 구제하는 보살[the Bodhisattva who saves beings in the hell]로 알려지지만, 육도의 모든 중생들을 미륵불이 출현할 때까지 중생제도를 부촉받은 보살이다.

지장보살본원경[the sutra of bodhisattva kstiti-garbha's fundmental vows]에 보면 지장보살이 전생에 어느 장자의 아들일 때 다음과 같은 서원을 한다.

"나는 지금부터 앞으로 헤아릴 수 없는 수많은 시간동안 죄와 고통속에 사는 육도 윤회 중생들을 위해 널리 방편을 베풀어서 다 해탈케 한 후에 불도를 이루기를 서원합니다.

I now vow that I will provide, throught incalculable numbers of kalpas in the future, for sake of all sinful, suffering beings on the six paths of existence, extensive expendiencies to cause them all to be delived and liberated before I myself realize Buddhahood."

지장전은 지장보살을 모신 곳이며 시왕전은 시왕을 모신 곳이고, 명부전은 지장보살과 10왕[ten kings]을 모신 곳이다

지장보살은 삭발한 머리 모양에 육환장을 들고 있다.

The ksitigarbha is with a bare head and holds a six-ring staffs.

- ■ 명부전 judgement hall/the hall of judgement of the dead.

▶ **대세지보살**大勢至菩薩 mahasthaprapta[S] The Bodhisattva of great power

대세지보살은 maha[큰大] + sthama[힘. 세력勢] + prapta[얻어진, 도달한 至]에서 유래하며, 지혜의 힘이 모든 중생에게 비치어 삼악도를 여의고 위없는 힘을 얻게 한다.

The great power of wisdom delivers all beings from the three evil ways by rendering them the power of wisdom.

그러므로 대세지라 한다. 아미타불은 지혜와 자비의 문이 있는 데 관세음은 자비문의 문을, 대세지는 지혜의 문을 대표하며 각각 왼쪽과 오른 쪽에 위치한다.

♣ 삼존불三尊佛 The Triad Buddha ♣

(1) 의의

본존불과 양편에 모시고 있는 보살[the main Buddha and two attendant Bodhisattva(협시보살夾侍菩薩)]

** 夾(협) 가까이 두다. 좌우에서 돕다 **侍(시) 모시다.

(2) 종류
    1. 미타삼존 1] 아미타불 + 관세음보살 + 대세지보살.
    2. 석가삼존 1] 석가여래 + 문수보살 + 보현보살.
    3. 약사삼존 1] 약사여래 + 일광보살[the sunlight Bodhisattva] + 월광보살[the moonlight~].

24. 약사여래 bhaisajyaraja[S] The medicine Buddha / The healing Buddha / The Buddha of healing

약사여래藥師如來는 bhaisajya[약물 藥] + raja[왕, 선생[師]]에서 유래하며, 약사경에 보면 약사여래가 보살도를 닦을 때 12대원을 세웠다(when the Medicine Buddha was treading the bodhisattva path, he solemnly made The Twelve Great Vows)고 한다.

- 약사여래 12대원 The twelve vows of the healing Buddha
    1) to radiate his light to all beings[자신의 광명을 널리 바추는 것]
    2) to heal all phychological and bodily illness and to lead all beings to enlightenment [일체중생의 정신적 육체적 병을 치료하고 위없는 깨달음으로 인도하는 것 除一體衆生病 令身心安樂證得無上菩堤之願]
    –이하 생략–

약사여래에 대해서는 삼장법사 현장[Tripitaka Master Hsuan-Tsung]의 번역인 약사경藥師經(the sutra of the medicine Buddha)이 있으며, 본래의 이름은 약사유리광여래본원공덕경이다.

25. 사십팔원 The Forty-eight Vows

아미타불이 과거세에 법장보살이었을 때 세자재왕여래世自在王如來[lokesvaraja]앞에서 일체중생을 위해 정토를 만들기 위해 내었던 서원.

The vows made to establish a pure land for all sentient beings before lokesvaraja when the Amitabha Buddha was the Bodhisattva Dharmakaya[법장法藏 Dharma-treasury] in the past life.

> 48원을 48본원本願 또는 숙원宿願이라고도 하는데 옛날부터 가지고 있었던 원이기에 그렇게 부른다.

1. 제가 붓다가 될 적에 그 나라에 지옥, 아귀, 축생의 세계가 있다면 바른 깨달음을 얻지 않겠습니다.
[악취무명원惡趣無名願 또는 무삼악취원無三惡趣願] **삼악취=삼악도; 지옥, 아귀, 축생

If, when I attain Buddhahood, there should be in my land a realm of hell, a realm of hungry spirits or a realm of animal, may I not attain perfect enlightenment.

**realm 1. 왕국(kingdom), 국토(country), 영토(territory) 2. 영역, 범위(region, sphere)

2. 제가 붓다가 될 적에 시방의 모든 중생들이 지심으로 기꺼이 나를 믿고 정토에 나기를 바라고, 열번만이라도 나의 이름을 불러서 정토에 태여나지 않는다면 바른 깨달음을 얻지 않겠습니다.[십념왕생원十念往生願 또는 염불왕생원念佛往生願]

이 서원은 가장 중요한 것으로 왕본원王本願 즉 가장 중요한 서원으로 불린다.

If, when I attain Buddhahood, sentient beings in the lands of the ten directions who sincerely and joyfully entrust themselves to me, desire to be born in my land, and call my name even ten times, should not be born there, may I not attain perfect enlightenment.

** entrust 맡기다, 위탁하다《to ...》.

3. 제가 붓다가 될 적에 시방세계의 사람들이 보리심을 일으켜 모든 공덕을 쌓고 지성으로 태어나고자 원을 세웠는데 그들이 임종시에 제가 여러 성자들과 같이 마중할 수 없다면 바른 깨달음을 얻지 않겠습니다[임종현전원臨終現前願]

If, when I attain Buddhahood, sentient beings in the lands of the ten directions, Who awaken aspiration for enlightenment[보리심], do various meritorious deeds and sincerely desire to be born in my land, should not, at their death, see me appear before them surrounded by a multitude of sages, may I not attain perfect Enlightenment.
**meritorious 가치 있는; 칭찬할 만한.

―이하생략―

▶ 참고

정토삼부경 the three pure land sutras

> 1. 무량수경 the larger sutra(on amitayus)/ the sutra on the buddhas of infinite life.
> 2. 아미타경 the smaller sutra(on amitayus)/ the sutra on the ~ ~ ~   ~   ~   ~
> 3. 관무량수경觀無量壽經 the sutra on contemplation of the Buddha of infinite life.

무량수경과 아미타경은 그 제목이 둘 다 sukhavativyuha sutra이므로 구별하기 위해 무량수경은 대경, 아미타경은 소경으로 이름을 붙여 쓰기도 한다. 한편 관무량수경은 관경으로 줄여서 부르기도 한다.

26. 예불문禮佛文

The letter of prayer chanting / the letter of chant for offering offering five-kinds of incense

(1) 계향 정향 혜향 해탈향 해탈지견향　(2) 광명운대 주변법계 공양시방 무량불법승
　　戒香 定香 慧香 解脫香 解脫知見香　　光明雲臺 周邊法界 供養十方 無量佛法僧

계, 정, 혜 삼학의 향기와 해탈, 해탈지견의 향기여!

오분법신이 밝게 빛나는 구름덩어리가 되어 온 법계 널리 비추기를 바라오며 시방의 무량한 삼보에 공양올립니다.

1. We offer the Precept incense, the Concentration incense, the Wisdom incense, the Enlightenment incense, the incense of knowledge on Attainment of Enlightenment,

2. May all this form a bright-shinging, cloudlike pavilion, And may it pervade the whole universe, We sincerely give this offering to the countless Buddhas, Dharmas, and Sanghas in all of the ten directions.

3. 헌향진언獻香眞言 The Mantra of incense offering
   [향을 사르며 올리는 진언] **헌獻 바치다
   옴 바라 도비야 훔(3번) Om Ba Ra To bi Ya Hum(repeat three times)

4. 지심귀명례 삼계도사 사생자부 시아본사 석가모니불(1배)

   至心歸明禮 三界導師 四生慈父 是我本師 釋迦牟尼佛

   We pay homage to the guiding-master of the triple world, the loving father of all sentient beings, our original teacher, Sakyamuni Buddha.

   지심귀명례 시방삼세 제망찰해 상주일체 불타야중

   至心歸明禮 十方三世 帝網刹海 常住一切 佛陀耶衆

   We pay homage to all the Buddhas in all the ten directions of the past, the present, and the future, as countless as the lands and seas of Indra's net.

   지심귀명례 시방삼세 제망찰해 상주일체 달마야중(1배)

   至心歸明禮 十方三世 帝網刹海 常住一切 達磨耶衆

   We pay homage to all the Dharmas…(the same above)

   지심귀명례 대지문수사리보살 대행보현보살 대비관세음보살 대원본존지장보살마하살

   至心歸明禮 大智文殊舍利菩薩 大行普賢菩薩 大悲觀世音菩薩 大願本尊地藏菩薩摩訶薩

   큰 지혜의 문수보살님, 널리 펼치시는 보현보살님, 크나큰 자비의 관세음보살님, 크나큰 서원의 지장보살님에게 지극한 마음으로 이 목숨 바쳐 귀의하며 예배올립니다

   We pay homage to Manjusri, the Bodhisattva of great wisdom, Samantabhadra, the Bodhisattva of great action, Avalokitesvara, the Bodhisattva of great compassion, Ksitigarbha, the Bodhisattva of great vow.

5. 지심귀명례 영산당시 수불부촉 십대제자 십육성 오백성 독수성 내지 천이백 제대아라한 무량자비성중

   至心歸明禮 靈山當時 受拂咐囑 十大弟子 十六聖 五百聖 獨修聖 內地 千二百 諸大阿羅漢 無量慈悲聖衆

   부처님께서 영축산에서 설법하실 적에 부탁을 받으신 열분의 큰 제자들과 열여섯, 오백, 천이백오십아라한 등 자비하신 모든 성스러운 분들에게 지극한 마음으로 이 목숨바쳐 귀의하며 예배올립니다.

   We pay homage to the countless compassionate holy assemblies to receive the Buddha's injunction at Spirit Mountain; the ten major disciples, the sixteen arhats, the five-hundred arhats, the solitary sage, and all the one thousand two hundred great arhats.

지심귀명례 서건동진 급아해동 역대전등제대조사 천하종사 일체미진수 제대선지식
至心歸明禮 西乾東震 及我海東 歷代傳燈諸大祖師 天下宗師 一切微塵數 諸大善知識
멀리 서쪽인도에서 중국을 거쳐 해동 대한민국에 이르도록 대대로 진리의 등불을 전하신 조사님과 종사님, 티끌처럼 많은 큰 선지식들에게 지극한 마음으로 이 목숨 바쳐 귀의하며 예배올립니다.
We pay homage to the teacher who came from the west to the east China and korea, to all the great patriarchs who transmitted the lamp of Dharma throughout generations, to all the masters throughout the world, and to all numberless spiritual teachers.

지심귀명례 시방삼세 제망찰해 상주일체 승가야중
至心歸明禮 十方三世 帝忘刹海 常住一切 僧家耶衆
제석천의 보석 그물처럼 서로 비추는 모든 시공속에 언제나 머무시는 모든 승가님께 이 목숨바쳐 귀의하며 예배올립니다.
We pay homage to the eternally existent all the Sanghas, in all the ten directions, throughout the past, present, and the future, as countless as the lands and seas in Indra's net.

6. 유원 무진 삼보 대자대비 수아정례 명훈가피력 원공법계제중생 자타일시성불도(합장 반배)
唯願 無盡 三寶 大慈大悲 收我頂禮 冥熏加被力 願共法界諸衆生 自他一時成佛道(合掌 半拜)
오직 바라옵건대 한량없는 자비를 베푸시는 삼보님께서 부디 저희들의 지극한 예배를 받으시고 가피력을 내려주소서. 그리고 법계의 모든 중생들이 일시에 성불하기를 바라옵니다.
We earnestly desire that unlimited Three Jewels will compassionately receive our devotions, and that they will empower us spiritually; furthermore, we vow that, together with all sentient beings throught the dharma realm, we may all attain the buddhahood at one and the same time(a half bow while holding palms together)

▶ 해설
위의 예불문은 월운스님께서 정리하신 것이라고 한다-이기영, 불교개론강의-하권 314-

1. 오분법신과 무루의 오온

불교에서 계.정.혜 삼학은 탐진치에 대응하고 더 나아가 오분법신의 계, 정, 혜, 해탈, 해탈지견은 오온에 대응시켜 무루無漏의 오온五蘊이라고 한다.

무루는 흐름 즉 번뇌[defilements] −108번뇌, 8만4천 번뇌 중 탐, 진, 치라는 3독[three poisons]이 대표적−가 사라짐 즉 청정하게 탈바꿈했다는 말이다. 즉 색수상행식이 아래와 같은 바람직한 변환의 결과를 낳는다.

1) 색→계 2) 수→정 3) 상→혜 4) 행→해탈 5) 식→해탈지견

32상 80종호의 붓다의 몸은 색신 즉 삼독의 번뇌로 가득찬 분별의 눈으로 보는 중생의 눈 높이에 맞춘 몸이다. 그러나 진정한 몸은 진리 그 자체인 법신이며, 그것을 5가지로 나눈 것이 5분법신이다.

2. 광명운대 주변법계

1) 법신의 비인격성과 인격성

오분법신은 초기불교의 개념으로서 법Dharma→법신Dharma body은 영원하다는 의미와 탈인격적 개념이지만−법신이라는 말은 법을 인격적으로 표현한 것이란 주장이 있지만 초기불교에서는 좀더 연구해야 할 분야이다− 대승의 법신사상은 영원하다는 의미에서 초기 불교와 동일하지만 모든 중생을 언제, 어디서나 구제하므로 인격적 개념이다.

불교에서 광명은 진리, 깨달음의 상징이기도 하지만 대승불교의 불신사상에서는 법신불을 뜻한다. 이 법신불이 비로자나(Vairocana)불이다.

2) 광명운대 주변법계에 관한 문제

광명운대 주변법계는 나중에 삽입되었다는 고故 이기영 박사의 주장이 있다. 이 부분에 대한 다양한 해석을 알아보자

- 광덕스님 : 온누리 광명구름 시방세계 두루하여 한량없는 삼보님전 공양하옵니다
- 고산스님 : 광명구름 일산되어 온 법계에 두루하사 시방의 한량없는 불법승께 공양합니다
- 무비스님 : 지혜의 광명 온 우주법계에 충만하여 시방세계에 한량없는 불법승삼보님께 공양올립니다
- 진흥원본 : 온 누리에 법신의 광명 가득하옵신 시방의 무량한 불법승께 공양하나이다

♣ 쉼터 ♣

옛부터 향은 종교와 깊은 인연이 있었다. 이집트의 사제들이 향을 종교의식으로 사용한 것을 시작으로 거의 모든 종교의식과 일반인들의 제사나 중요한 의식에도 사용되었다는 주장이 있다. 그런데 좋은 향을 구하려는 인간의 욕망도 대단한 컸던 것 같다. 그 당시 중동지역에서 나는 향이 품질이 좋아 이집트에서 중동지역까지 무역로가 개척되었다고 한다.

좋은 향으로 구하려는 욕망이 클수록 공급이 수요를 따르지 못해 가격이 자연히 오르니 향을 둘러싼 이권다툼이 끊임없이 일어났다고 한다.

종교의식과 이권을 위한 싸움에서 사라져간 고귀한 생명들……

의식절차란 이름 그대로 절차에 지나지 않건만…….

경건한 마음으로 감사한 마음을 가지고 모두를 위한 기도를 하며 서원을 세우고 또한 참회하는 분위기를 조성하는 것이 의식의 기능이고 더 이상이 될 수 없다. 오분향례에서 향은 값 비싼 향이 아니라 삼학을 닦아서 해탈의 길을 가는 과정이 자신과 이 세상을 맑고 향기롭게 하는 하는 향이며 참다운 의식이라는 것을 일깨워 준다. 불단 앞에 향을 피울 때 가끔 떠오르는 사람이 향나무처럼 향기롭게 살다 간 낙양의 백낙천이다.

백낙천과 인연이 깊은 중국 낙양은 기원전 주나라가 수도를 정한 후 9개 왕조가 나라를 연 유서깊은 곳으로서 중국 3대 석굴의 하나인 용문석굴龍門石窟[dragon gate stone cave-2000년에 UNESCO 세계문화유산등록]이 아름다운 이하강伊河江을 앞에 두고 1352개의 석굴과 10만이 넘는 불상이 있는 곳이다. 이 석굴의 봉선사동奉先寺洞에는 있는 길이 17m의 비로자나불[Vairocana Buddha Statue]은 당 고종이 결국 흙으로 돌아갈 자신의 아름다움을 두고 슬퍼하는 측천무후[Empress Wu (Tse-Tien)]의 그 아름다움을 영원히 남도록 조성한 것이다.

영원한 시간과 무한한 공간을 비추는 빛![the light to illuminate etenal time and infinite space!] VAIROCANA!

- 영원한 시간 eternal[permanent / everlasting / immotal / perpetual] time
- 무한한 공간 eternal[infinite / boundless / limltless / inexhaustible] space

영원한 존재를 향한 인간의 몸부림…..

낙양은 또한 두보와 이백 그리고 백낙천의 예술혼[artistic soul]이 아직도 숨쉬는 곳.

그 백낙천이 말년을 보냈던 향산사香山寺와 그의 영원한 쉼터 백원白園이 용문석굴 맞은 편에 자리하고 있다. 백낙천이 불교에 귀의하게 된 이야기가 흥미롭다. 그가 향주자사로 있을 때 고승 조과도림鳥窠道林[741~824]를 찾아 불법의 대의[gist]를 묻는다. 낙천이 선사를 찾으니 조과는 소나무 위에 태평스럽게 누워있었다.
　-아래의 한문은 경덕전등록, 연등회원, 오등회원을 참고바람-

백 : Master! that is too dangerous.
　　계신 곳이 심히 위험합니다. 선사기처심위험 禪師其處甚危險

조 : The Master said, "You are more dangerous."
　　태수가 더 위험해 보이는데. 사왈 태수위험우심 師曰 太守危險尤甚 *우尤-더욱 moreover

백 : What do you mean? I stand safe on earth.
　　땅 위에 서있는 저는 안전하거늘 그런 말씀을 하십니까?
　　제자위진강 하험지유 弟子位鎭江山 何險之有

*진鎭 1. 누를 진 → 서진書鎭(책장이 안 날리도록 누르는 물건)
　　　2. 편안하게 할 진 → 진압鎭壓

조 : In your mind, because the flares of delusions interchange each other and discriminating mind arises endlessly.
　　당신의 마음속에 번뇌의 불이 서로 교차하고 차별심이 멈추지 않기 때문이지.
　　신화상교 식성부정 득비험호 薪火相交 識性不停 得非險乎 *신薪 1. 땔나무, 땔감 2. 풀

백 : What is the true meaning of Buddhism? 불법의 참뜻은 무엇입니까?
　　여하시불법대의 如何是佛法大義

*여하如何 how, what 여: 1. 어찌, 어떠한 how, what 2. 같을 여 like~
　　3. 만일 4. 곧 / 하: 어찌 하

조 : Don't do evil. Do good.
　　나쁜 짓 하지 말고 착하게 살아라. 제악막작 중선봉행 諸惡莫作 衆善奉行

백 : Even a three-year-old child knows that!
　　세살먹은 아이도 아는 일 아닙니까? 삼세해아 야해임마도 參歲孩兒 也解恁麼道

*해孩 어린아이 해 ▶해아=해자孩子 2~3살의 아이.
*也[이, 야] 1. 도, 또한-야 also 2. 잇달을 이 continue.
　　　　　　3. 어조사로서 종결, 의문, 반어,영탄 등의 뜻.
*임마恁麼 어떻게, 무슨, 무엇 ▶임恁 1. 이 같은, 이 같이 임 2. 생각하다 3. 당신 임.

조 : All the three-year-olds know that, but an eighty-year-old also finds it difficult to practice.

그렇다네, 세살먹은 아이도 알지만 팔순 노인도 하기가 쉽지 않다네.

삼세해아 수도득 팔십노인 행부득 三細孩兒 雖道得 八十老人 行不得

*수雖 1. 비록 …(하)더라도, 비록..할(일)지라도 2. 하물며 3. 오직 4. 만일, 만약 4. 즉, 곧 5. …와 같다.

♣ 이 말을 듣고 백낙천은 큰 절을 올리고 떠났다.

Hearing this, he performed a full prostration to the chan master and left. ♣

♣ 백낙천에게 시 한 수 올린다.

"비로자나불 향해 와선에 잠긴 낙천이여!

연화장 세계 연꽃 향기 어떠하신지, 백련차 끓여 놓고 잠시 기다리시게."

▶ 조과도림 鳥窠道林(741~824)

중국 당나라 승려이며, 항주 부항사람으로 9세에 출가하고 21세에 형주 과원사에서 구족계를 받는다. 우두종의 2세인 경산의 도흠道欽(*공경할 흠)에게서 심요心要(the essentials of mind)를 깨닫다. 뒤에 남쪽의 진망산에 가서 나무가지가 무성하여 일산日傘의 모양을 한 소나무 위에 앉아 좌선을 하여 조과鳥窠선사 또는 작소鵲巢화상이라 불렀다.

- 조과 : Niao-ke 鳥窠 *새 조(bird) + 새의 둥지 과(nest)
- 작소 : Que-chao 鵲巢 까치 작(magpie) + 새의 둥지 소(nest) = a magpie nest
- ▶ 소굴巢窟 1. 새의 둥지와 짐승의 굴 2. 도둑과 악한들이 모여사는 은신처.
- ▶ performed a full prostration 큰절을 하다=make a deep bow=kow tow[China: 고두叩頭-두드릴 고 / 머리 두]
- ※ prostrate : lie down flat on the ground(to show respect for God or a person in authority). (신이나 권위있는 인물에 대한 존경의 표시로) 바닥에 몸을 낮추어 업드리다.
  → lie down: 여기서 lie는 (보어와 함께) …. 한 상태로 있다는 용법으로 사용된 것이며, flat가 여기서는 "편평[평탄]한"이라는 뜻이 아닌 "(사람이) 납작 엎드려서; (물건이) 바싹 접하여"의 뜻으로 사용된 것이다.

붓다의 가르침 제6장

종교론

1. 종교의 의의
2. 종교의 어원
3. 불교의 경전에 나오는 종교의 의미
4. 종교의 특색
5. 종교의 가치
6. 종교와 의미지향적 존재로서의 인간
7. 종교 간의 조화
8. 현대 종교세계의 흐름
9. 한국의 다원주의와 배타주의
10. 한국의 다원주의
11. 종교와 해석
12. 궁극적 실재의 인격성
13. 도마복음–새로운 자료에 의한 이해
14. 신비신학
15. 마이스트 에크하르트와 Nichts(無)
16. 에크하르트와 불교
17. 법(Dharma)과 붓다
18. 마무리
19. 불교의 언어관
20. 언어결정론과 언어신비주의

종교론

제6장에서는 먼저 종교에 대한 기본적인 이론으로서 종교의 의의, 종교의 특질 등을 알아보고 이어서 다원주의와 배타주의적 관점을 비교해볼 것이다. 제4장에서 이야기한 신의 개념은 인격신의 존재 증명과 구약의 신과 신약의 신의 비교를 통해 결국 "신이란 무엇인가?"라는 것이 주제였다.

여기서는 결국 불교에서 말하는 법에 대한 기본개념을 간단히 알아보고 그 법은 언설로서 표현이 가능한가?"라는 문제 즉 불교의 언어관을 끝으로 제1권을 마무리한다.

6장의 종교론에서 가장 눈여겨보아야 할 부분은 현대신학의 흐름이다.

현대 신학은 신비신학의 저자 디오니시우스와 독일의 마이스터 에크하르트 계통의 기독교 신비주의의 영향을 받은 다원주의적 종교관이다. 이러한 다원주의는 극단적 문자주의를 고집하는 근본주의라는 이름의 배타주의와 함께 중대한 축을 이루고 있다. 이러한 과정에서 도마복음과 같이 새로운 자료에 의한 연구도 예수의 진면목을 알아보는데 필수적이어서 일부를 소개한다.

오늘날 전 세계는 인터넷이 인드라 망(Indra's net)처럼 얽혀 있는 시대로서 동서양의 사상이 빠르게 교차하고 있어 전대미문의 새로운 바람이 일어날 수 있는 엄청난 잠재력을 가지고 있다. 20세기가 낳은 세계적 석학 토인비의 말을 되새길 필요가 있다.

토인비(Arnold Toynbee, 1889~1975)는 다음의 말을 남겼다.

"불교가 서양으로 건너간 것이 20세기의 가장 중요한 사건으로 보인다.

The coming of Buddhism may well prove to be the most important event of the Twentieth Century."

19세기 말 독일의 막스 뮬러(뮐러라고도 표기함)가 인도의 사상을 유럽에 본격적으로 알리고, 서구의 불교연구가들이 빨리 불교경전을 영어로 번역하면서 동양학의 연구에 가속도가 붙어 그러한 결실로서 에카르트와 불교사상의 비교연구가 이루어졌던 것이다.

독일의 에크하르트가 종교세계에 끼친 영향보다 한국의 원효가 끼칠 영향이 앞으로 더 클 것이라는 확신감이 든다. 그래서 마지막에 대승기신론에 대해 조금이지만 언급한 이유이며 앞으로 대승기신론과 원효의 대승기신론소, 별기와 에크하르트의 신학이 만나서 더 좋은 방향이 개척되기를 바란다.

1. 종교의 의의

(1) 종교란 무엇인가?

1) 폴 틸리히(Paul Tillich, 1886~1965 : 독일출신의 신학자)

"종교란 궁극(적) 관심이다. Religion is ultimate concern."

2) 화이트헤드(Alfred North Whitehead, 1861~1947 : 영국출신의 철학자)

"종교란 한 개인이 고독을 상대하는 일이다.

Religion is what an individual does with his solitariness."

3) 루돌프 오토(Rudolf Otto, 1869~1937: 독일출신의 신학자)

"종교란 엄청나면서 매혹적인 신비(Mysterium tremendum et fascinans)이다. Religion is tremendous and fascinating mystery."

(2) 루돌프 오토는 또한 종교는 성스러움(거룩함)의 체험(experience of divineness) 즉 이성의 영역을 벗어난 비합리적 종교체험이라고도 하였는데, 결국 종교란 고독한 인간이 엄청나면서 매혹적인 신비를 가진 "궁극적 실재(ultimate reality)"에 관심을 가지고 나아가는 여정이라고 할 수 있겠다.

루돌프 오토의 엄청나고 매혹적인 신비라는 말은 "상상을 초월한 신비(mystery beyond imagination)이지만 매혹적(fascination)"이라는 말로 해석할 수 있다. 그러한 상상을 초월하는 세계는 우리들에게 호기심(inquisitiveness)을 끝없이 자극(stimulus)하지만, 이것을 인간이 근접하기 어려운 세계로서 신만이 알 수 있는 영역으로 보거나 인간의 합리성을 완전히 포기하는 그런 의미의 신비주의(mysticism)로 해석한다면 이성(reason) 이나 지성(intelligence)을 마비시킬 위험요소를 종교는 태생학적으로 가지고 있다.

그러나 그럼에도 불구하고 매혹적이라는 뜻이다.

(3) 종교가 매혹적일 수 밖에 없는 것은 유한자有限者로서 인간이 가지는 근원적 불안-생자필멸生者必滅, 애별리고愛別離苦, 육체적 정신적 고통의 존재와 발생의 위험성 등—을 해소할 수 있는 대상으로서 종교는 인간이 존재하는 한 어떠한 형태이든 존재할 수 밖에 없음을 의미한다.

그래서 버트란드 러셀(Bertland Russell)은 "종교는 근본적으로 공포에 기반을 두고 있다. Religion is based, I think, primarily and mainly upon fear."라고 했다.

그러므로 "종교는 고통이 없는 영원한 존재이기를 바라는 인간의 마음을 채워주는 특정한 신앙체계이다. Religion is a particular system of faith that fulfills human's wish of eternal existence without suffering."라고 할 수 있다.

따라서 인간에게 죽음을 비롯한 고통이 사라지지 않는 한 종교는 존재할 수 밖에 없다. 그래서 독일의 슐라이어마허(Schleiermacher)가 1799년 발표한 "종교론"에서 말하기를 "인간은 유한하고 종교는 무한하다"고 하였다.

(4) 이러한 종교를 인격신론과 비인격신론(=법칙본유설)으로 편의상 양분한다고 하여도 어느 쪽이든 진리는 언제나 우리에게 응답하고 있다는 믿음을 토대로 하고 있다는 점에서 차이

가 없다.

불교의 법은 인격신을 상정하지 않지만 언제나 응답하였으며, 최고의 응답은 붓다가 존재했고, 존재할 것이라는 사실이다. 존재란 무엇인가에 대해 끊임없는 질문의 역사가 철학이라면 그에 대한 대답의 역사가 종교다.

(5) 여기서 우리는 종교가 공포와 믿음이라는 두 요소가 없이는 성립될 수 없음을 알 수 있다.

이제 폴 틸리히가 그의 저서 "믿음의 역동성(Dynamics of Faith)"에서 한 말을 귀담아 들을 차례다.

"맹신 역시 믿음이며, 악마적 거룩 역시 거룩이다. 이 세상에서 가장 위험한 성격을 가진 것이 믿음이며, 믿음의 위험은 바로 맹신에 있으며 거룩의 모호성은 바로 악마적인 것이 될 수 있다는 것이다. 우리의 궁극적 관심은 우리를 치료할 수 도 있으며 파괴할 수도 있다. 하지만 우리는 궁극적 관심없이 진정한 존재일 수도 없다."

2. 종교의 어원語源

종교를 의미하는 서양의 말은 religion[프, 독, 영], religio[라틴어]이다.

이 말의 어원에 대해서는 두 가지 주장이 있으며, 이 부분에 대해 클라인(Klein, Ernest)의 "영어원어사전"을 통해 간단히 정리해보자.

1. 고대로부터 내려온 전통적 학설로서 "(신과) 연결하다"는 뜻의 라틴어 "religare"라는 어휘로부터 religio(=religion)가 파생하였다.
2. 고대 로마의 키케로(Cicero, BC104~43)의 설에는 "재차 읽거나 사색하는 것"이란 의미와 "모으다, 새롭게 쌓다"라는 의미를 모두 가진 라틴어 "relegere"에서 religio(=religion)가 파생하였다.

이 두 어원은 종교의 두 가지 측면, 즉 1. 인간을 성스러움에 연결시켜 주는 신앙심(the faith to connect a human being with the sacred)과 2. 제도화된 의례적 실천(systematized ritual practice)과 관련된다.

분리된 존재가 재결합한다는 의미의 religare는 중세초기의 아우구스티누스(Augustinus,

354~430)와 중세 스콜라 시대의 토마스 아퀴나스(Thomas Aquinas, 1225~1274)에 의해 지지를 받았다.

오늘날 종교는 주관적 측면으로서 종교적 감정(religious emotion)이나 신앙심[(religious) piety / faith]과 객관적 측면으로서 예배(worship / church[divine] service), 제도적 위계질서(the systemic order of ranks), 교회나 절의 건물(the buildings of churches or temples) 등을 포함하는 "믿음과 의례의 총체(the totality of the faith and ritual)"로 흔히 정의하기도 한다. 과거 서구 사회에서 종교란 신과의 연결에 국한시키거나, 기독교를 말하는 것이었지만 현대에 이르러 이러한 생각은 파기되었으며, 이 "religion"을 종교라고 번역한 것은 일본학자들에 의한 것이다.

오늘날 사용하는 종교라는 말이 현재와 같이 불교나 이슬람교 등 세계적 종교를 모두 포함하는 의미로 사용된 것은 불과 100여 년 전의 일이다.

종교宗敎란 원래 불교 고유의 말로서 으뜸이라는 종宗과 가르침이라는 교敎의 합성어로서 "으뜸된 가르침(the best teaching)", 즉 "붓다의 말씀(the Buddha's teachings)," "진리(the truth)"라는 의미로 사용된 말이다.

불교에서는 종교를 "절대자인 신(God as the Absolute)"과 "피조물인 인간(a human as a creature)"과의 결합(union)을 의미하는 것이 아니라 연기의 세계를 근본도리 즉 종宗으로 하여 그것을 언어로 표현한 교를 합하여 종교라고 하는 것이다.

3. 불교 경전에 나오는 종교의 의미

(1) 종宗과 교敎

종宗과 교敎에 대한 언급은 대승 경전 중의 하나인 능가경楞伽經(The Lankavatara Sutra)에 나오는데, 이 경전은 유식 계통의 경전으로서 중국 선불교의 역사에서 달마 이후 초기의 선수행집단 즉 이른바 능가종에 소의경전(the main text)이기도 하였다.

여러 번역판 중에서 당나라 실차난타가 번역한 대승입능가경大乘入楞伽經의 제4권 종법상품宗法相品에 보면 다음과 같이 언급되어 있다. 중국 송나라 때 중국에서 만들어진 벽암록 5칙에도 종교라는 말이 나오므로 이어서 소개한다.

(2) 능가경

"대혜여, 두가지 종법상宗法相이 있으니, 종취법상宗趣法相과 언설법상言說法相이다.

종취법상(the characteristics of ultimate truth)은 아래와 같다.
1. 스스로 깨달은 수승한 모양이며 자소증수승지상自所證殊勝之相
   Such characteristics are the characteristics of the most excellent self-relization,
2. 문자와 언어의 분별을 떠나 이어문자어언분별離於文字語言分別
   go beyond the discrimination of words and letters,
3. 무루계에 들어 입무루계入無漏界
   enter into the realm of non-outflowings,
4. 자각지행을 이루고 성자지행成自地行
   transform self-enlightenment into wisdom,
5. 일체의 바르지 못한 생각을 넘어서 마구니와 외도들을 다스리고
   초과일체부정사각복마외도超過一切不正思覺伏魔外道
   desroy all erroneous views and evil ways of thinkings, and
6. 지혜의 광명을 낸다. 생지혜광生智慧光 shine forth in the light of wisdom.

언설법상(the instruction in words)은 다음과 같다.
1. 구부九部의 가지가지 교법을 말하는데 구부종종교법九部種種教法
   It is expressed in the nine divisions.
2. 일.이 그리고 유.무 등의 모양에서 떠나 이어일이유무등상離於一異由無等相
   The doctrine of non-dualism, that is, transcending the categories of oneness and otherness, of being and non-being,
3. 선교방편으로 중생의 마음에 따라 이 법에 들게 한다.
   이교방편수중생심영입차법以巧方便隨衆生心令入此法
   considering sentient beings' mind, it leads them by skillful means to the Dharma.

이어서 세존께서는 거듭, 게송으로 말씀하셨다.

종취와 언설 즉 자증과 교법을 종취여언설 자증급교법宗趣與言說 自證及教法
능히 잘 알고 보면 약능선지견若能善知見
다른 이의 허망한 해석 따르지 않으리. 불수타망해不隨他妄解
There are the truth of realization and its instruction, the inner perception and its

preachingthose who see well into the distinction will not be influenced by mere speculation.

(3) 용어설명

위에서 말하는 종과 교는 범어로는 각각 Siddhanta 와 Desana이다. 이 말의 합성어가 종교 즉 종宗(=으뜸된, 근본적)의 교敎(=가르침)이라는 의미다. Siddhanata는 "성취하다, 완성하다. 이루다"라는 뜻의 siddha에 "끝, 핵심, 극치"등의 의미를 가진 anta가 결합하여 만들어진 합성어이다. 즉 수행을 통해 성취된 도리나 깨달음 또는 성취된 궁극경지, 그리고 자각성지自覺聖智 등을 의미하는 것이 종宗 즉 siddhanata이다.

S-E사전(1216쪽)의 내용을 정리하면 다음과 같다.

1. final end or aim or purpose(궁극적 목표) 2. settled opinion or doctrine,dogma, axiom(확정된 의견, 교리, 이론, 공리), received or admitted truth(인정된 진리)

desana는 이러한 궁극적 깨달음인 종宗을 언어로 표현한 것이며, S-E사전 (496쪽)에는 direction, instruction으로 번역하고 있으며, 일본의 D.T.Suzuki는 "STUDIES IN THE LANKAVATARA SUTRA"에서 instruction inwards=word- teaching이라고 번역하였다.

(4) 벽암록 5칙의 종교宗敎

벽암록 5칙 설봉속립雪峯粟粒에서 원오극근이 공안에 대한 평가로서 내린 글. 즉 수시垂示의 첫 문장에 다음의 글이 나온다.

설봉속립雪峯粟粒 Hsueh Feng's Grain of Rice

대범부수종교 수시영령저한大凡扶竪宗敎 須是英靈底漢………

적어도 종교(여기서는 선의 근본 가르침)를 바로 세워 펼치려면 반드시 영령저한(큰 그릇의 인물)이어야 한다.

Whoever would uphold the teaching of Seon[Zen] Buddhism must be a brave spirited fellow…….

- ■ 粟 조 속 / 낟알 속 : 밤 율栗과 혼동 주의 ■ 粒 알 립
- ■ 대범大凡은 부사로서 해석할 필요가 없으나 문맥에 따라 적절한 단어를 보충하면 된다.
- ■ 부수扶竪는 도울 부와 세울 수의 결합이며, 그 뜻은 선의 가르침을 학립하고 부여하는 것이라고 한다_민족사, 벽암록 속어 낱말 사전 P. 39.
- ■ 영령저한英靈底漢에서 저底라는 말은 여기서 적的과 같은 뜻으로 사용되었으며 없어도 무

> 방하다. 그래서 영령저한은 영령한으로 줄여 쓰기도 하는데, 용맹스럽고 영특한 사람이라는 뜻으로 그 당시 사용되었으므로 한 마디로 큰 인물을 뜻 한다.

4. 종교의 특색

(1) 종교의 특색에 대해서는 니엘슨(N.C. Nielsen)의 세계의 종교들(religions of the world)이 널리 읽히며, 이를 토대로 간략히 정리한다.

(2) 구체적 내용
  1. 종교는 초자연적 존재나 궁극적 실재(ultimate reality)에 대한 믿음을 중시한다.
  2. 종교는 성聖과 속俗으로 나눈다.
  3. 종교는 숭배대상과 관련된 종교의례나 종교적 행위가 발견된다.
  4. 종교는 윤리적 계율이나 도덕규범을 제시한다.
  5. 종교는 절대적 의존감정(feeling of the absolute dependence)이다.
  6. 종교는 기도나 신과의 교통을 중시한다.
  7. 종교는 세계관을 제공한다.
  8. 종교는 동일한 인생관이나 세계관을 가진 공동체를 필요로 한다.
  9. 종교는 공동체 외에도 종교에서만 가능한 조직이 있다.
  10. 종교는 내면적 조화(inner harmony)와 심리적 평안을 약속한다.
  11. 종교는 새로운 시대의 도래와 내세를 약속한다.
  12. 종교는 선교宣敎를 한다.

(2) 해설
위에서 언급된 내용은 거의 모든 종교적 현상의 공통점을 보여주고 있지만 완전한 것은 아니다. 위의 내용 중에는 유일신론에 적합한 것도 있고 반대로 비인격적 종교론에 더 적합한 것도 있을 수 있다.

위의 내용 중에 첫째의 궁극적 실재와 신과의 교통에 관해서만 간략히 언급한다.

먼저 궁극적 실재에 대해 인격적 실재와 비인격적 실재로 크게 양분할 수 있으며, 인격적 실재는 신(God)을 의미하며, 비인격적 실재는 불교의 법, 유교의 천, 노장 사상의 자연 등이 이에 해당한다.

　인격신을 궁극적 실재로 볼 경우 신의 계시와 기도 등과 같이 교통적 측면이 매우 강조되는 반면 비인격적 실재로서 법을 중시하는 불교의 경우 그러한 경우를 대승불교에서의 제불보살에 의지하는 경우 -특히 밀교-를 볼 수 있다.

　그러나 초기불교에서 주장하는 법이 무미건조한 단순한 물리법칙과 같은 것으로 보는 것은 상식 이하의 오해이며, 진리의 길을 가면 그에 상응하는 과보가 있으며 그것은 특정한 신에 대한 믿음과 신의 선택과 축복에 의해서가 아니라 법이 그러한 작용을 하기 때문에 당연한 결과가 있는 것이다.

5. 종교의 가치 The value of religion

　(1) 종교의 가치에 대해서는 먼저 부정적 입장에 있는 버트란드 러셀의 나는 왜 기독교인이 아닌가(Why I am not a Christian)- 영문판(2005년 재판, 21쪽)을 먼저 살펴보자.

　(2) 버트란드 러셀의 견해
　종교는 문명에 대한 기여하는가?
　Has religion made useful contributions to civilization?
　나는 종교를 병적인 공포와 인류에 대한 말할 수 없는 고통의 근원으로 보고 있다.
　I regard religion as a disease born of fear and as a source of untold misery to the human race.

　(3) 이러한 비판적 입장에 대해 긍정적 결과를 주장하는 긍정심리학의 선구자 마틴 셀리그먼(Martin Seligman)이 쓴 진정한 행복(Authentic Happiness, 영문판, 59쪽)의 Religion(종교)편을 살펴보자.
　For a half century after Freud's disparagements, social science remained dubious about religion.
　프로이드의 비난 이후(그는 종교가 단순히 환상(illusion)에 지나지 않는다는 부정적 입장에 있었다 -역자 주) 50년 동안 사회과학에서는 종교에 대해 애매모호한 입장에 머물러 있었다.

- disparagement (단, 복수 가능) 1. 비난, 비방 2. 비난거리, 불명예, 오명.

Academic discussions of faith indicted it as producing guilt, repressed sexuality, intolerance, anti-intellectualism, and authoritarianism.
전통적인 학계의 견해는 종교가 죄의식, 성적 억압, 편협성, 반지성주의, 권력지향주의(독재주의 또는 권력맹종주의를 지향하는 권위주의_역자 주)의 유발원인이라고 비난했다.

About twenty ago, however, the data on the positive psychological effects of faith started to provide a countervailing force.
그러나 20여 년 전 종교가 인간의 심리에 긍정적 영향을 미친다는 연구결과가 나오면서 기존의 이론을 무색하게 하였다.

> ■ countervail vt. 1. 에 대항하다(against). 상쇄하다…을 무효로 하다. 2. …을 보충하다.vi.(같은 힘으로) 대항하다(against). 힘이 맞먹다. 길항하다. 필적하다.

Religious Americans are clearly less likely to abuse drugs, commit crimes, divorce, and kill themselves.
미국의 종교인들은 약물남용, 범죄, 이혼, 자살의 확률이 훨씬 적었다.

They are also physically healthier and they live longer.
그들은 육체적으로 더 건강하고 장수하였다.

Religious mothers of children with disabilities fight depression better, and religious people are less thrown by divorce, unemployment, illness, and death.
종교를 가진 장애인의 어머니가 우울증을 잘 극복하고, 종교인들은 이혼, 실직, 질병, 죽음에 이른 경우가 상대적으로 적었다.

> ■ depression 1. 우울증 2. 의기소침 in a state of deep depression 의기소침하여 3. 불경기 4. [기상] 저기압 ▶조울증 a manic-depressive insanity
> ▶ fall[sink] into a (deep) depression (몹시) 우울해지다.(=be seized with menlancholia / feel blue[gloomy / low] / get in dumps).
> ■ be thrown by 어떤 상태.위치.관계로) 되다. 내던져지다, 빠뜨려지다.
> ▶ Maybe she'll be thrown by like a scrap of paper. 그녀는 아무래도 종이조각처럼 버림을 받을 것 같아. ▶You can even be tossed and thrown by waves. 여러분은 파도에 휩쓸려 갈 수도 있어요.

Most directly relevant is the fact that survey data consistently show religious people as being somewhat happier and more satisfied with life than nonreligious people.

연구결과에 의해 종교인은 비종교인보다 더 행복하고 만족한 삶을 산다는 사실이 밝혀진 것은 이러한 주장에 더욱 힘을 실어주는 것이다.

- relevant 1. (당면문제와) 관계있는, (..에 있어서)적절한 2. (..에) 상당하는 (..과)어울리는(to..) 3. 현대적 의의가 있는 4. 관련적인
- consistently 1. 시종일관되게, 조리있게, 모순없이 2. 언행 일치하여, 지조있게.

·········중략············..

But there is, I believe, a more basic link: religions instill hope for the future and create meaning in life.

그러나 더욱 근본적인 역할은 미래에 희망의 씨앗을 심어주고 삶에 의미를 부여하는데 있는 것으로 보인다.

(4) 위에서 우리는 종교의 가치와 기능에 대해 서로 다른 견해를 간략하게 살펴보았다.

러셀이 그의 저서에서 책을 제목처럼 부정하는 종교는 기독교에 주로 집중되는데, 그는 그의 저서 "나는 왜 기독교인이 아닌가?"의 제1장을 신의 증명에 대한 반박으로 시작한다.

그는 제2장의 마지막 글에서 이렇게 말하고 있다.

"이제 인류는 황금시대의 문턱 위에 서 있는지 모른다.

그러나 만약 그러하다면 먼저 이 문을 막고 있는 괴물을 무찌를 필요가 있는데, 이 괴물이 종교다.

It is possible that mankind is on the threshold of a golden age; but, if so, it will be necessary first to slay the dragon that guards the door, and this dragon is religion."

이러한 부정적 입장은 오늘날에도 벌어지고 있는 종교전쟁(a religious war)만 보더라도 그 타당성은 상당부분 설득력을 가지고 있는 것이다.

그러나 이것은 기독교에 국한되는 것임을 이 책(위의 책, 영문판161쪽)에서 다음의 말을 통해 알 수 있다.

"기독교가 다른 종교와 구별되는 특색이 언제라도 박해를 할 수 있는 위험성이다.

Christianity has been distinguished from other religions by its greater readiness for persecution.

불교는 결코 그런 박해를 한 적이 없는 종교이다.

Buddhism has never been a persecuting religion."

그는 남긴 많은 말 중에 아래의 글을 통해 그의 사상적 관점을 엿볼 수 있다.

"우리가 이 세계를 정확하게 보려고 한다면, 정치적 문화적 관점에서 우리의 사상과 동양의 사상을 동등하게 평가해야 할 것이다.

나는 이것을 세계사에서 심오하고도 중대한 것이라고 확신한다.

If we are to feel at home in the world, we will have to admit Asia to equality in our thoughts, not only politically, but culturally.

I am convinced it will be profound and of the greatest importance in the world history."

따라서 러셀의 종교에 대한 부정적 입장은 기독교라는 특정 종교에 집중된 것이지 불교를 비롯한 다른 종교까지 부정하는 것이 아님을 알 수 있다.

그러나 불교가 종교적 집단으로서 존재하는 이상 적어도 역사적으로 국가와 사회에 부정적 영향을 끼친 적이 없다고 생각해서는 아니 된다.

그런 의미에서 러셀이 한 다음의 말을 기억해야 한다.(위의 영문판 161~162)

"모든 교회는 자기보존본능을 확대하면서 그 목적에 부합하지 않는 교주의 교리는 축소시킨다.

Every Church develops an instinct of self-preservation and minimizes those parts of the founder's doctrine which do not minister to that end."

이것은 교회뿐만 아니라 불교를 비롯한 모든 종교가 거대한 권력집단으로 변하는 이상 필연적으로 나타나는 역기능이다.

이러한 역기능은 어느 종교든 교단의 권력화에서 생긴 문제이지 붓다와 예수의 가르침 자체의 문제점은 아닌 것이다.

그리고 셀리그먼의 심리학적 자료는 종교간의 분쟁이나 거대한 권력집단으로서의 해악과 위험성에 대해서는 연구대상이 아니었기 때문에 언급하고 있지 않음을 알아야 한다.

6. 종교와 의미지향적 존재로서의 인간

인간은 유한하고 종교는 무한하다는 말에 긍정한다면 이 종교가 가진 위험성을 고려하면서 우리의 지성과 감성 그리고 의지를 잘 살려서 바람직한 삶의 모델을 세워야 할 것이다. 아래에는 프로이드와 관련이 있는 빅터 프랭클과 구스타프 융의 견해를 통해 삶의 의미가 왜 중요한가를 살펴보기로 한다.

(1) 빅터 프랭클 Victor Emil Frankl(1905~1997)

빅터 프랭클은 유대계 오스트리아출신으로서 신경학자(neurologist)이자 정신과 의사(psychiatrist)이며 또한 이차 대전 당시에 히틀러가 저지른 유대인 대학살의 생존자(a Holocaust survivor)이기도 하다.

그는 또한 로고테라피의창시자(the founder of logotherapy)이기도 하다.

logotheraphy[의미(지향의)치료]는 실존적 분석의 한 형태로서 제3의 비엔나 심리치료학파(줄여서 심리치료학의 제3학파라 한다)이다.

심리치료학의 제1학파는 정신분석학의 프로이드, 제2학파는 개인주의심리학의 아들러(Alfred Adler)이다.

그의 저서 중에 가장 유명한 것이 "Man's Search for Meaning"이다.

Man's Search for Meaning은 직역하면 "인간의 의미 지향, 의미 지향적 존재로서의 인간"이지만 보통 "의미를 찾아서"로 번역한다.

이 책은 본래 1959년 "죽음의 수용소에서 실존주의까지(From Death-Camp to Existentialism)"라는 제목으로 영역되었기 때문에 지금도 우리나라의 번역서에는 "죽음의 수용소에서"라는 제목으로 여러 사람이 번역하였다.

이 책은 프랭클이 1942년 9월 25일, 그의 부모와 아내 모두 테레지엔스타트 수용소에 갇힌 후 아우슈비츠를 거쳐 튀르켐 수용소에서 1945년 4월 27일에 자유를 찾을 때까지의 기록이다.

그의 부모와 아내는 수용소에서 죽고, 유일한 혈육은 호주로 피신한 누이뿐 이다.

프랭클은 그 곳에서 한 가지의 분명한 확신을 하였으니, 인간은 환경에 종속하는 "피동적 존재(a passive being)"가 아니라 "수용소와 같은 극단적인 상황에서도 선택하고 결단하는 의미 지향적 존재(a meaning-oriented being to make a choice and resolve even in an extreme situation such as a concentration camp)"라는 사실과 삶의 의미를 찾는 사람만이 생존율이 높다는 사실이다. 이것이 그가 의미(지향의) 치료의 기법을 창안한 결정적 계기가 되었다.

- 수용소 : concentration camp ※(주의) concentration(정신의 집중)이 불교영어에서는 명상의 뜻으로도 사용되므로 "명상수련공간(=선방 meditation hall[center])"으로 오역하지 않기를 바란다.

(2) 극한상황과 영혼의 자유 an extreme situation and spiritual freedom

그가 이 책에서 인간의 정신적 자유에 대해서 언급한 것을 요약해서 정리하면 다음과 같다

"어떤 주어진 환경에 대한 사람들의 행동과 반응에 아무런 정신적 자유도 없단 말인가?

Is there no spiritual freedom in regard to behavior and reaction to any given surroundings?

인간이 그런 환경에 직면한 경우에 자기 행동을 선택할 자유가 없단 말인가?

Does man have no choice of action in the face of such circumstances?

(인간이 환경에 종속되는 이론에 대해서-역자 보충) 이론적 측면이나 경험적 측면에서 이러한 질문들에 대해 답을 할 수 있다.

We can answer these questions from experience as well as on principle.

가혹한 정신적 육체적 스트레스를 받는 그런 환경에서도 인간은 정신적 독립과 영적인 자유의 자취를 간직할 수 있다.

Man can preserve a vestige of spiritual freedom, of independence of mind, even in such terrible conditions of psychic and physical stress.

- vestige 1. 흔적 유물, 유적자취 (of) 2. 아주 조금 3. 퇴화[흔적] 기관

강제수용소에서 생활하고 있던 우리들은 수용소에서도 막사를 지나가면서 다른 사람들의 마음에 위안을 주거나 마지막 남은 한 조각의 빵이라도 나누어 주었던 사람들을 기억하고 있다.

We who lived in concentration camps can remember the men who walked through the huts confronting others, giving away their last piece of bread.

그런 사람이 몇 명 되지 않아도 인간에게 모든 것을 빼앗을 수는 있을 것 같지만 단 한가지 즉 마지막 남은 인간의 자유-자신에게 주어진 어떤 환경에서 자신의 태도 결정과 자신의 길의 선택이라는 바로 그 자유-만은 결코 빼앗아갈 수 없다는 사실을 입증하기에 충분하다.

They may have been few in number, but they offer sufficient proof that everything can be taken from a men but one thing: the last of the human freedoms-to choose one's attitude in any given set of circumstances, to choose one's own way.

- but: 여기서는 except(을 제외하고)의 뜻이다.

······················(중략)

그것이 바로 결코 빼앗길 수 없는 또한 의미와 목적을 가진 삶이 되게 하는 영혼의 자유다.

It is this spiritual freedom-which can not be taken away-that makes life meaningful and purposeful.

(3) logotheraphy의 의의와 과제

이제 내가 만든 이 이론에 왜 "로고테라피"라는 이름을 붙였는지 얘기하겠다.

Let me explain why I have employed the term "logotherapy" as the name for my therapy.

- employ 1. (+목 +as+ 보어) : (물건, 수단을) 쓰다. 2. 을 소비하다.

로고스는 "의미"를 가리키는 그리스어이다.

Logos is a Greek word which denotes "meaning."

로고테라피, 혹은 다른 학자들이 빈 제3 정신의학파라고 부르는 이 이론은 인간이라는 존재의 의미는 물론 그러한 의미를 추구하는 인간의 의지에 중점을 둔다.

Logotherapy, or as it has been called by some authors, "the Third Viennese School of Psychotherapy," focuses on the meaning of human existence as well as on man's search for such a meaning.

로고테라피는 자신의 삶에서 의미를 찾으려는 노력을 인간의 원초적인 동력이라고 본다.

According to logotherapy, this striving to find a meaning in one's life is the primary motivational force in a man.

로고테라피라고 이름 지은 것은 프로이드의 정신분석이 중점을 두는 쾌락의 원리 (쾌락을 찾으려는 의지라고 불러도 좋은)나 아들러의 심리학(제2학파로서 개인심리학 the individual psychology-역자 주)의 우월화를 위한 욕망이라는 용어로 쓰이기도 하는 권력지향의 의지와 대비시켜 의미지향의 의지를 설명하기 위함이다.

That is why I speak of a will to meaning in contrast tothe pleasure principle(or, as we could also term it, the will to pleasure) on which Freudian psycho-analysis is centered, as well as in contrast to the will to power on which Adlerian psychology, using the term "striving for superiority," is focused.

- in contrast to ..에 대비되는.
- on which….is centered / on which…is focused에서 center 와 focus는 각각 on과 결합하는 동사로서 둘 다 ..에 중점이나 초점을 두다라는 뜻이다.

..............(중략)..........

인간은 책임감을 가지며, 삶에 잠재된 의미를 실현해야 한다는 주장에 의해서 내가 강조하고 싶은 것은 참다운 삶의 의미는 폐쇄된 체계(열린 사회나 조직이 아닌 닫힌 사회나 조직 −역자 주)에서라도 인간 내면이나 자신의 정신에서 찾는 것이 아니라 이 세상에서 발견하는 것이다.

By declaring that man is responsible and must actualize the potential meaning of his life, I wish to stress that the true meaning of life is to discovered in the world rather than within man or his own psyche, as though it were a closed system.

나는 이런 구조적 특성을 인간이란 존재의 자기초월이라고 이름을 붙였다.

I have termed this constitutive characteristic "the self-transcendence of human existence."

나는 이런 구조적 특성을 인간이란 존재의 자기초월이라고 이름을 붙였다.

> ■ constitutive 1. 구성[조성]하는, 구성 요소인, 본질적 2. 구조성의.

로고테라피는 환자가 삶의 의미를 찾도록 도와주는 것을 과제로 삼고 있다.

Logotherapy regards its assignment as that of assisting the patient to find meaning in his life.

그렇게 하려면 환자의 실존 안에 숨겨져 있는 로고스를 인식하게 해야 하며, 이것은 분석과정을 필요로 한다.

Inasmuch as logotherapy make him aware of a hidden logos of his existence, it is analytical process.

이런 점에서 로고테라피는정신분석과 유사하다.

To his extent, logotherapy resembles psychoanalysis.

하지만 로고테라피가 환자에게 어떤 것을 다시 깨우쳐 주는 과정에서는 인간의 무의식 안의 본능적 요소에 의한 움직임에 국한하지 않고 그의 실존적 현실, 즉 "의미를 찾고자 하는 그의 의지뿐만 아니라 앞으로 채워야 할 실존의 잠재적 의미"까지도 고려의 대상이 된다.

However, in logotherapy's attempt to make something conscious again it does not restrict its activity to instinctual facts within the individual's unconscious but also cares for existential realities, such as the potential meaning of his existence to be fulfilled as well as his will to meaning.

> ■ 실존적 현실 existential reality : 여기서 실존적이라는 단어의 의미는 세가지 의미로 쓰인다. 1. 존재 그 자체, 즉 인간 특유의 존재방식 existence itself, i.e., the specifically human mode of being. 2. 존재의 의미 the meaning of existence. 3. 각 개인의 삶에서 구체적인 의미를 찾으려는 노력, 즉 의미 추구의 의지.
> The striving to find a concrete meaning in personal existence, or the will tomeaning.

이 말은 인간은 항상 자기 자신이 아닌 그 어떤 것, 혹은 그 어떤 사람을 -충족 의 대상이나 만날 사람을 의미할 수 있다- 지향하거나, 관심을 기울인다는 사실을 의미한다.

It denotes the fact that a human being always points, and is directed, to something, or someone, other than oneself-be it a meaning to fulfill or another human being to encounter.

사람이 자기 자신을 잊을수록 -스스로 봉사할 명분을 찾거나 다른 사람에게 사랑을 줌으로써- 더욱 인간다워지며, 자기실현을 더 잘 할 수 있다.

The more one forgets himself-by giving himself to a cause to serve or another person to love -the more human he is and the more he actualizes himself.

이른바 자기실현이라는 목표는 실현시킬 수 있는 것이 아니다.

그 이유는 자아실현은 집착하면 할수록 그 목표에 더욱 더 멀어지기 때문이다.

What is called self-actualization is not an attainable aim at all, for the simple reason that the more one would strive for it, the more he would miss it.

> ■ 이 부분은 마치 선불교(Seon [Zen] Buddhism)에서 자주 쓰는 말, "머무는 바 없이 마음을 내어라. let your mind flow freely without dwelling on anything"는 육조단경의 말과 상통한다.

달리 말해서 자아실현은 오직 자아초월의 부수적인 결과로서 이루어진다.

지금까지의 사실에서 우리는 삶의 의미란 언제나 변하지만 결코 없어지지 않음을 알았다.

In other words, self-actualization is possible only as a side-effect of self-transcendence.

Thus far we have shown that the meaning of life always changes, but that it never ceases to be.

> ■ thus far=this far 지금[여기]까지는   ■ cease vt.vi 1. 중지하다   2. 끝나다[끝내다]

(4) 실존의 좌절과 공허

Frankl은 실존과 관련하여 실존적 좌절(existential Frustration) 즉 "의미를 찾으려는 의지의 좌절(the frustration of man's will to meaning)"이 정신질환을 초래할 수 있다고 설명하면서, 또한 실존적 공허(the Existential Vacuum)에 대하여 다음과 같이 진단하고 있다.

"현대사회에 만연한 우울증과 공격성, 중독성의 원인이 실존적 공허와 관련이 있다.

In modern society, such widespread phenomena as depression, aggressionand addiction, its cause, is related with the existential vacuum.

자살의 상당수가 바로 이런 실존적 공허 때문에 일어난다.

Not a few cases of suicide can be traced back to this existential vacuum.

실존적 공허에 무언가를 채워 넣으면 병의 악화를 막을 수가 있다.

By filling the existential vacuum, the patient will be prevented from suffering further relapse."

(5) 희망의 상실과 그 결과

위에서 살펴본 의미지향적 삶은 수용소라는 극단적인 상황에서 어떠한 작용과 결과를 낳는지 프랭클의 체험에서 나온 기록을 통해 살펴보자.

1. 영적 삶이나 의미 있는 삶은 생존의 가능성을 높인다.
   Spiritual life or meaningful life improve chance of survival.
2. 미래에 대한 믿음을 잃어버린 수감자는 불운한 운명에 빠진다.
   The prisoner who had lost faith in the future is doomed.
   그러한 사람은 정신력도 상실하면서 자기 자신을 퇴화시키고, 정신적으로나 육체적을 퇴락의 길을 걷는다.
   He also lost his spiritual hold, and thus he let himself decline and became subject to mental and physical decay.

프랭클은 이러한 "극적인 사례(a dramatic demonstration)"로서, 1945년 2월의 어느 날 고

참 관리인 한 사람이 그 해 3월 30일 수용소에서 해방되는 꿈을 꾸고 희망의 나날을 보냈지만, 그럴 가능성이 희박해지자 3월 29일에 갑자기 아프기 시작하면서, 3월 30일에 의식을 잃고, 3월 31일에 사망한 사건을 들고 있다.

프랭클은 이 사례를 통해 "인간의 정신상태-용기와 희망 또는 그것의 상실-와 육체의 면역력의 밀접한 관련(the close connection between the state of mind of a man-his courage and hope, or lack of them-and the state of immunity of his body)"이 있는 경우로 파악하였다.

실제로 1944년 성탄절로부터 새해에 이르기까지 일주일간의 사망률(death rate)이 갑자기 높아진 것은 물리적, 외부적 환경의 변화는 없었지만 성탄절에는 집에 갈 수 있을 것이라는 순박한 희망(naive hope)이 수감자들에게 있었으나, 희망적인 뉴스(encouraging news)가 사라지자 절망감이 덮치면서 면역력이 약화되어 숨졌다고 프랭클은 적고 있다.

(6) 융이 바라보는 삶의 내용과 의미

프로이드의 무의식적 욕망결정론에 대해 반대하고 1912년 "리비도의 변환과 상징"을 발표한 후 결별했던 쿠스타프 융은 종교에 관해서도 깊은 연구를 한 대표적 학자이다.

그는 "영적 체험이 우리들의 참다운 삶을 위해 필수적이다(spiritual experience was essential to our well-being)"라고 주장하면서, 그의 자서전(Memories, Dreams, Reflection 꿈, 기억, 사상)에서 다음과 같은 말을 한다.

"사람들은 지위, 결혼, 명성, 외적인 성공, 재물을 추구한다. 하지만 그들이 소유하게 되었을 때조차 사람들은 여전히 불행하고 신경증을 앓는다. 그런 사람들은 대게 너무나 좁은 정신적인 한계에 갇혀 산다. 그들의 삶에는 흡족한 내용과 의미가 없다. 그들이 좀 더 넓은 인격으로 발달할 수 있다면 신경증은 보통 사라진다. 그런 이유로 인격발달이라는 관념이 나에게는 처음부터 중요한 의미를 지니게 되었다."

7. 종교 간의 조화 the Harmony between Religions
(1) 기본 개념

심층종교와 표면종교(surface religion and in-depth religion), 신비주의(mysticism), 열린 종교와 닫힌 종교(open religion and closed religion), 종교와 해석(religion and interpretation) 등의 문제는 결국 종교간의 대화를 위한 필수적인 개념이다.

심층종교는 인간의 의식을 표면심리(surface consciousness)와 심층심리(in-depth consciousness)로 분류하듯이 하나의 종교 안의 질적인 구분이다.

복이나 가피(empowerment by supreme being)에만 의존하는 종교 안의 낮은 차원을 표면종교라고 하며, "영성靈性의 발견을 위한 체험적인 면(experiential aspect for finding one's spirituality)"을 강조하는 부분을 심층종교라 한다.

이러한 구분은 어떤 종교가 "고등종교(higher or advanced religion)"냐 아니냐?

미신(superstition)이냐, 아니냐? 샤만이즘(shamanism)은 종교에 해당하느냐? 등의 문제가 실익이 없기 때문에 나타난 새로운 유형분석으로 보인다.

심층종교와 표면종교의 구분은 켄 윌버(Ken Wilber, 1949~ : 통합적 종교사상가)의 분류이다.

열린 종교와 닫힌 종교는 오강남 교수님의 분류로서 Karl Popper(칼 포퍼)의 열린 사회와 닫힌 사회와 같이 종교간에 장벽 없이 서로 건전한 비판을 하고 바람직한 면을 수용하는 성숙한 태도의 종교를 열린 종교라 하는 것 같다. 그러나 종교간의 대화는 자기의 종교와 다른 종교에 대한 이해가 있어야 가능하다.

그래서 오늘날 종교학(a science of religion ※비교종교학, 종교사학)의 아버지라고 불리는 독일의 막스 뮬러(Max Muller, 1823~1900)는 "종교를 하나밖에 모르는 자는 종교에 대해 아무것도 모른 것이라고 말했다. Max Muller said that one who knows only a religion does not know any religions."

- 비교종교학(the comparative religion / the interdisciplinary study of religion)과 종교사학(religious history) : 종교학은 종교간의 상호비교를 통해서 종교의 의의를 비롯해 그 특색을 알 수 있으므로 비교종교학이라고도 하며, 종교는 특정종교가 출현한 역사적 배경을 정확히 알았을 때 그 종교의 성격과 특징을 제대로 알 수 있기에 종교사학이라고도 한다.

막스 뮬러의 위 이야기는 원래 독일의 문학가 괴테가 언어에 대해 말하기를 "하나만 아는 사람은 아무것도 모른다"는 말을 했고, 이것을 뮬러가 읽고 이 말은 종교에 경우에 더 타당하다고 말한 것에서 유래한 것이다.

종교의 역사는 종교가 사랑과 자비와 화해와 용서와 관용을 내세우면서도 자기 종교만이 진리라는 집착으로 오히려 피의 역사를 기록해왔음을 증명하고 있다.

중세에 벌어진 십자군전쟁은 물론 오늘날 벌어지고 있는 일련의 국제적인 싸움은 국가라는 단위에서 볼 때는 다국적군을 형성하기도 하지만 그 주축세력들이 가지는 종교문화의 토대가 동일하다.

그래서 미국을 비롯한 서방세력과 이락(Iraq) 그리고 탈레반 등의 중동국가들과의 싸움을 현대 학자들은 문명간의 충돌 또는 표면종교간의 싸움, 기독교 근본주의 자와 이슬람 근본주의자의 싸움 등으로 묘사하고 하고 있다.

그리하여 "한스 큉(Hans Kung)은 1991년 3월 1일 UCSD의 프리이스 센터에서 국가간의 평화는 종교간의 평화에서"라는 제목의 강의를 하였다.

다시 말해서 "종교간의 대화 없이 종교간의 평화 없고, 종교 평화 없이 세계평화는 없다"라는 말이다.

In March 1991, Hans Kung gave a talk titled "No peace among nations until peace among the religions" UCSD's Price Center.

In other words, it means "without the conversation between religions, the peace among religions does not exist, and without the peace among religions, world peace never exist."

-그러면 종교간의 관계에 대해 기본적인 이론을 먼저 알아보자. 이에 대해서도 다양한 이론들이 있지만 종교간의 관계(the relationship between religions)를 다음과 같이 정리할 수 있겠다-.

(2) 일반적 분류법

1. 배타주의 exclusivism
   자신의 종교는 진리이지만 그 외 다른 종교는 진리가 아니라는 사상.
   The thought that one's religion is true, but all others are in error.
2. 포괄주의 inclusivism
   자신의 종교가 절대적 진리라고 확신하지만 타인의 종교도 부분적 타당성을 가졌다고 보는 사상
   The thought that while one's belief is absolutely true, other's beliefs are partially true.
3. 병렬주의 parallelism=상대주의relativism
   모든 종교가 다같이 타당한 진리를 가지므로 모든 종교가 구원의 길이 있음.

The thought that all beliefs are equally valid and the way to salvation.

병렬주의는 모든 종교는 진리라는 하나의 나무에 달려있는 나뭇가지와 같다는 주장을 한다.

Parallelism claims that all religions are like branches of one tree of the truth.

4. 다원주의 pluralism

모든 종교가 다같이 타당한 진리를 가지므로 각자 상호이해와 대화를 추구하는 사상.

The thought that all beliefs are equally valid and then each seeks for mutual understanding and conversation.

▣ valid 정당[확실]한, 타당한(sound)

(3) 해설

위에서 배타주의의 극단적 형태가 근본주의(fundamentalism)이며, 이것은 기독교의 경우 성경이 일자 일획의 오류도 없다는 입장이며, 이러한 근본주의자 들은 지구상에 일어나고 있는 종교분쟁의 주범들이다.

포괄주의는 "익명의 그리스도인(an anonymous Christian)"이라는 말로 유명한 독일의 신학자 칼 라너(Karl Rahner)가 대표적이며, 이에 대해서는 "꽃다발 속에 칼을 감춘 전략적 개방(an strategic openness to hide a knife in a bouquet)"이라는 비난을 받고 있다.

병렬주의 즉 상대주의는 에르스트 트릴쵀(Ernst Troelsch)가 대표적이며, 그는 하느님이 서양을 구원하기 위해 불교를 주었다고 주장하면서, 이 두 종교는 아무리 시간이 지나도 하나로 수렴되지 않을 것이라고 주장한다.

학자에 따라서는 병렬주의와 다원주의를 동일하게 보는 입장도 있으나 양자를 나누는 것이 타당하다고 본다. 다원주의는 폴 니터, 존 힉, 윌프레드 캔트웰 스미스가 대표적이다.

아래에는 폴 니터의 견해와 존 힉의 견해를 간단하게 살펴본다.

(4) 폴 니터의 4분법

미국의 종교학자 폴 니터(Paul F. Knitter)는 2011년 한국을 방문하여 진제스님과 대화를 나누고 간 종교다원주의자로서 최근에 "붓다 없이 나는 그리스도인이 될 수 없었다. Without Buddha I could not be a Christian."라는 책이 한국에 발간될 정도로 활발한 활동을 하는 그는 기독교인이 이웃종교(a neighboring religion)를 대할 때 취하는 태도를 4가지로 분류하였다.

아래에서는 4가지 태도를 먼저 살피고 그의 저서 중 "종교신학입문"의 마지막 부분과 "붓다 없이 나는 그리스도인이 될 수 없었다"의 일부 내용만 소개한다.

1. 대체론(the replacement model) : Only One True Religion → 타인의 종교를 나의 종교로 대치하려는 오만한 태도.
2. 충족론(the fulfillment~) : The One Fulfills the Many → 어떤 종교라도 완벽하지 못하므로 다른 종교에서 부족한 부분을 보완하자는 태도.
3. 상호론(the mutuality~) : Many True Religions Called to Dialogue → 모든 종교의 공분모를 서로 찾아서 서로 잘 이해하자는 태도.
4. 수용론(the acceptance ~) : Many True religions: So Be It. → 서로 다름은 아름다운 것이며, 다름에서 서로 배우는 겸허한 태도

(5) 존 힉(John Hick)의 종교관

1) 존 힉(1922~)은 "영국의 종교철학자이자 신학자(a philosopher of religion and theologian of England)"로서 그는 다음과 같은 유명한 말을 하였다.

"만약에 하느님이 온 인류의 하느님이라면 어찌하여 하느님에게 가는 올바른 길인 이 진정한 종교가 인류 역사의 한 줄기에만 국한되어 태초부터 지금까지 살고 간 수십억의 인간에게 주어지지 않았는가?

If God is the God of all humanity, why is the true religion, the right approach to God, confined to a single strand of human history, so that it has been unavailable to the great majority of the thousands millions of human beings who have lived and died from the earliest days until now?"

2) 그는 또한 다원주의와 배타주의를 천문학에 비유하여, 두 입장을 아래와 같이 대비했다.
   1. 다원주의(pluralism) : 코페르니쿠스적 종교관(the Copernican view of religion -지동설 the heliocentric theory).
   2. 배타주의(exclusivism) : 프톨레마이오스의 종교관(the Ptolemaic view of religion-천동설the geocentrism).

그는 코페르니쿠스적 종교관에 의해, 하나의 태양 주위를 도는 여러 혹성은 각각 하나의 종교에 해당한다고 비유한다.

혹성들은 다양한 차이점에도 불구하고 태양을 중심으로 하여 도는 것처럼 "여러 종교는 동일한 목적을 성취하기 위해 다양한 길을 선택한다. Religions take different paths to achieve the same goal"고 보았다.

한편 프톨레마이오스적 종교관은 "기독교가 진정한 구원에 이르는 유일한 길이며 진정한 유일신의 지혜이다.Christianity is the only way to true salvation and knowledge of the one true God."라고 주장한다.

존 힉은 마지막에 이러한 말을 남긴다.

"진리에 이르는 길은 여러 가지다. 예수 그리스도 또한 그 중의 하나이다.

나는 기독교를 선택했고 좋아한다.

There are various paths to the truth.

Jesus Christ isalso the one among them. I chose Christianity and like it."

- Christ : "유대교의 신성한 모든 자료 중에서, 특히 바빌론 포로시대 이후의 문헌에 메시아라는 개념이 등장하였다.
  Through Jewish sacred sources, in particularly in the postexilic writings, there appeared the concept of messiah."
- ▶ postexilic 유대인의 바빌로니아 유수幽囚 이후.
  "메시아는 히브리어로 마시아(Mashiach)인데, 이 용어가 그리스어로 크리스토스(Christos)로 번역되었고, 이것이 영어로 Christ로 번역되었다.
  In Hebrew the word for messiah was mashiach, which was translated into Greek with the word Christosand into English with the word Christ."

8. 현대 종교세계의 흐름

여기서는 현대 종교세계의 흐름 중에 종교분쟁의 중심에 있는 근본주의를 먼저 살피고 이어서 새로운 흐름으로서 뉴에이지 운동(The New Age Movement)과 통합이론의 창시자 켄 윌버와 뉴에이지에 관한 평가에 관한 내용을 요약해서 소개하며, 그의 평가 중에 전초오류라는 개념을 분명히 숙지하기 바란다.

뉴에이지가 중요한 위치를 차지하는 것은 동서양의 다양한 문화를 영성의 개발을 위해 차별 없이 포용하는 자세를 가지고 기존의 종교, 특히 종교의 권력화 등의 부정적 측면에서 벗어나려는 움직임으로서 인류의 종교사에서 가지는 의미는 매우 크다.

켄 윌버는 동서양의 사상을 통합하여 발전시킨 사람으로서 21세기의 새로운 패러다임을 제공하여 의식 연구의 아인슈타인이라는 평가를 받고 있으며 그 영향력은 세계적이다. 그의 책들이 우리나라에도 소개되어 호평을 받고 있다.

1. 근본주의 fundamentalism

근본주의는 일련의 근본원리(본래는 종교적 원리)에 대한 믿음이나 강한 집착을 의미한다.

Fundamentalism refers to a belief in, and strict adherence to a set of basic principle(religious in nature).

근본주의는 원래 20세기 초 미국의 개신교 내에서 운동으로 발전된 일련의 믿음체계를 뜻하는 한정된 의미의 신조어였다.

The term fundamentalism was originally coined to describe a narrowly defined set of beliefs that developed into a movement within the protestant community of the United state in the early part of the 20th century, and that has its roots in the Fundamentalist-Modernist Controversy of that time.

- coined 새로운 용어를 만드는 ■ defined[한정된] ■ the protestant community 개신 교단체 ■ has its roots 근원을 가지고 있다 ■ Controversy 논쟁
▶a coined word 신조어. Much coin, much care. 돈이 많으면 걱정도 많다.

리차드 도킨스는 논리적 주장도 부정하거나 모순된 주장도 서슴지 않으며 자기들의 방어에 지나친 집착을 하는 종교적 옹호자들을 의미하는 뜻으로 사용되었다.

Richard Dawkins has used the term to characterize religious advocates as clinging to a stubborn entrenched position that defiles reasoned argument or contradictory evidence.

근본주의자들은 다섯 가지 근본원리를 주장한다

The fundamentalist claims the five fundamentals

1. The inspiration of the bible by the Holy Spirit and the inerrancy of Scripture as a result of this. 성령에 의한 성령의 영감과 이러한 결과 성경의 무오류성.
2. The virgin birth of Christ. 그리스도의 동정녀 출생.
3. The belief that Christ's death was the atonement for another's sin(s). 그리스도의 죽음은 대속代贖이라는 믿음.
4. The bodily resurrection of Christ. 그리스도의 육체적 부활.
5. The historical reality of Christ miracle. 그리스도의 기적은 역사적 사실.

- inerrancy 무오류성 ■ 대속 the Atonement ■ resurrection 부활

2. 뉴에이지 운동(The New Age Movement)

(1) 의의

뉴에이지운동은 20세기 후반에 전개된 서구의 영성운동이며 신문화운동이다.

The New Age Movement is a Western spiritual movement and a new culturemovement that developed in the second half of the 20th century.

기존의 사회, 문화, 종교에서 더 이상 새로운 가치를 발견하지 못한 사람들이 영적 공허를 느끼고 서구식 가치와 문화를 배척하고 동양의 종교, 특히 불교와 힌두교와 초심리학을 포함해서 현대 심리학의 영향을 크게 받은 영성개발운동 이다.

Those who could not find new values any further from the established society, culture, and religion felt so empty spiritually, excluded a Western value and culture, and start a spiritual developmentmovement under the influence of Eastern religions, especially Buddhism, Hinduism, and a modern psychology including parapsychology.

(2) 어원(etymology)

뉴에이지라는 말은 점성학에서 물병자리 시대가 도래한 것에서 유래한다.

The term New Age derived from the coming astrological Age of Aquarius.

그러므로 뉴에이지는 물병자리 시대를 가리킨다.

Therefore New Age refers to the Age of Aquarius.

뉴에이지라는 말은 영국의 시인 윌리엄 블레이크가 1809년 초기에 영적,예술적 진보의 시대가 도래함을 표현하는 의미로서 사용되었다.

The term New Age was used as early as 1890 by a English poet, William Blake, who described a coming era of spiritual and artistic advancement.

■ 물병자리

점성학에서는 태양과 여러 행성에서 일어나는 회전순환운동이 한 궤도를 완전히 마치려면 약 2만 6,000년의 시간이 걸리며, 이 궤도를 황도黃道(the ecliptic)라고 한다.

이것이 다시 12좌로 나뉘는데, 서양의 12개의 별자리인 사자, 게 등으로 이루어지며, 이것을 황도 12궁이라 한다.

이 한 좌에서 다른 좌로 옮겨가기 위해서는 2100년이 걸리는데, 이것을 에이지(age), 즉 한 세대라고 한다.

현대는 물고기자리에서 물병자리로 옮겨가는 과정이며, 황도의 11번째 좌로서 한 남자가 오른손에 물병을 가지고 있는 것에 해당되며, 이 시대에는 인간의 정신적 갈증을 충분히 채울 수 있는 물병으로 상징되며, 인간 영혼의 참 자유를 의미하는 시기라고 한다.
▶ 황도 the ecliptic / the girdle : 지구에서 보아, 태양이 지구를 운행하는 것처럼 보이는 천구상의 궤도
▶ 황도대帶 the zodiac : 황도의 남북으로 각각 8도씩의 너비를 가진 띠 모양의 구역으로서 태양이나 달 행성은 이 띠 안을 운행함.

(3) 주요한 내용(major contents)

뉴에이지에 영향을 끼친 사람 중에는 신지학회神智學會를 창시한 사람들 중 한명인 러시아의 헬레나 블라바스키(Helena Blavatsky, 1831~1891)가 유명하며, 신지학회(the Theosophical Society)는 힌두교와 불교와 같은 "동양의 종교(Eastern religions)"의 여러 부분과 "서양적 요소(Western elements)"를 결합한 것이다. 그리고 제4의 철학사상을 창시한 죠지 구르제프(George Gurdjeff, 약 1872~1949)의 영향이 컸으며 그는 그의 제자들에게 "수 많은 영적 가르침(a number of spiritual teachings)"을 전하였다.

뉴에이지의 특색을 한 마디로 줄이자면 절충주의(eclecticism)로서 다음과 같이 요약할 수 있다.

"뉴에이지의 정신적 경향의 특징은 개개인의 영적 수련과 철학적 접근이며, 종교적 교리와 도그마에 대한 거부이다.

New age spirituality is characterized by an individual approach to spiritual practices and philosophies, and the rejection of religious doctrine and dogma."

그래서 "동양세계의 수행방법(Eastern world practices)"으로서 명상, 요가, 탄트라, 중국 한약(Chinese medicine), 아유르베다(인도전통의학), 파룬궁法輪功, 기공氣功(Qigong) 그 외 동양의 여러가지 수행법들이 영성 개발의 보조수단으로 사용된다.

■ 파룬궁法輪功(Falun Gong) 1992년 중국의 리홍즈李洪志(Li Hongzhi)가 설립한 단체로서 도교와 불교를 혼합한 특성을 가지고 있으며, 리홍즈는 백두산에서 수행하는 한국인 수행자에게서 전수받았다고 말한다. 중국에서 1억 명 이상이 수행하는 단계에 이르자 중국정부는 탄압을 시작하였으며, 리홍즈는 미국에 도피생활 중이다.

또한 뉴에이지는 과학에서 양자역학(Quantum mechanics), 가이아 가설(he Gaia

hypothesis), 초심리학(parapsychology) 등을 수용하여 영성의 원리를 설명한다.

> - 가이아는 고대 그리스의 대지大地의 여신을 뜻하는 말이었으나, 지구에 대한 은유적 표현으로 사용되며, 지구를 하나의 생명체로 보는 것이 가이아 가설이다.
> - 가이아 가설은 가이아 이론, 가이아 원리로도 알려졌는데, 영국의 제임스 러브록에 의해 제안된 이론이다.
> 가이아 이론은 지구 상의 모든 유기체와 비유기체는 단일한 자율적 복합체계를 형성하면서 지구상의 모든 생명체의 유지를 위한 조건을 만들어 가는 관계로서 상호 밀접하게 관련되어 있다고 주장한다.
>
> The Gaia hypothesis, also known as Gaia theory or Gaia principle, which was proposed by James Lovelock(1911~) from England, claims that all organisms and their inorganic surroundings on Earth are closely integrated to form a single and self-regulating complex system, maintaining the conditions for life on the planet.

또한 디팍 초프라, 프릿조프 카프라, 프레드 알란 울프와 게리 쥬카브는 양자역학을 뉴에이지 영성에 연결시켰으며, 이것은 "What the bleep do we know?"라는 영화로 제작되었고, 또한 새로운 사조思潮로 평가받는 "당김의 법칙(the Law of Attraction)"과 관련하여 영화 "The Secret"이 출시되었다.

뉴에이지의 영성수련자들은 "기존의 의학과 더불어 또는 대신하여 대체의학을 사용하며(use alternative medicine in addition to or in place of conventional medicine)" 동종요법(homeopathy), 자연치유법(naturopathy) 등이 사용된다. 또한 뉴에이지의 사람들은 천연자원에 대한 인간의 남용을 억제하기 위해 소박한 삶을 선호하며 소비주의(consumerism)에 반대한다.

이러한 시도는 계획공동체의형성으로 나타났으며, 개개인은 함께 모여 공동의 생활방식으로 살면서 일한다.

그리고 뉴에이지 음악은 영감(inspiration)과 휴식(relaxation), 그리고 스트레스 해소(stress management)와 긍정적 감정(positive feeling)을 갖도록 하기 위해 만들어진 "다양한 유형의 평화로운 음악(peaceful music of various styles)"이다.

3. 켄 윌버(Ken Wilber)

(1) 뉴 에이지에 대한 윌버의 평가 Wilber's estimation of New Age

켄 윌버는 뉴 에이지 사상의 대부분이 전초오류에 빠져 있다고 주장한다.

Ken Wilber posits that most New Age thought falls into what he termed "the pre / trans fallacy(전초오류)".

윌버의 말에 의하면, 인간의 발달심리학은 전개인前個人(=전자아前自我 : 자아 이전) 단계에서 자아의 단계를 거쳐 결국 초개인(=초자아超自我 : 자아 초월의 단계로서 영성의 진보 또는 깨달음)의 단계로 변화해간다.

According to Wilber, human developmental psychology moves from the pre-personal(=pre-rational) through the personal, then to the transpersonal (=trans-rational : spiritually advanced or enlightened) level.

그는 뉴 에이지 계열의 영성 수련자들의 80%가 이성의 작용 이전(before the application of reason)의 단계로서 주로 근거 없는 이상한 사고에 의존하고 있는 것으로 본다.

이것은 탈脫-이성적(이성적, 초이성적 상태를 포함) 진정한 세계중심적 사고와 대비된다.

He regard 80 percent of New Age spirituality as pre-rational(pre-conventional) and as relying primarily on mythic-magical thinking; this contrasts with a post-rational(including and transcending rational) genuinely world-centricconsciousness.

윌버에 따르면, 비이성적 단계(전이성적 단계와 초이성적단계)는 쉽게 서로 뒤섞여 버린다.

According to Wilber, the non-rational stages of consciousness(pre-rational and trans-rational) can be easily confused with one another.

윌버의 관점에서는, 사람은 초이성적 영적 체험이 퇴행의 단계로 떨어질 수 있고, 그 반대로 전이성적 단계에서 초이성적 영역으로 오를 수 있다.

On Wilber's view, one can reduce trans-rational spiritual realization to pre-rational regression, or one can elevate pre-rational states to the trans-rational domain.

예컨대 윌버는 프로이드와 융이 오류를 범했다고 주장했다.

For example, Wilber claims that Freud and Jung commit this fallacy.

전이성 단계와 초이성 단계는 둘 다 이성의 부재不在 때문에 혼동되며, 에고 전단계와 에고 초월단계가 둘 다 에고의 부재不在로 혼동되며, 언어 초월단계와 언어이전(=언어를 모름)의 단계가 언어의 부재 때문에 혼동되는데, 이러한 혼란은 다양하게 존재한다.

Pre-rational stages are confused with trans-rational stages simply because both are non-rational;

Pre-egoic stages are confused with trans-egoic simply because both are non-egoic;

transverbal is confused with preverbal because both are nonverbal, and so on.

이러한 혼동을 전초오류(=전후오류)라고 한다.

This confusion is known as the pre / trans fallacy(or the pre / post fallacy).

그런 상태에 빠지면 두 가지 큰 실수의 오류를 범한다.

Once it occurs, people make one of two big mistakes.

(프로이드의 경우) 사람들을 모든 초이성적 실재를 전이성적인 유치한 잡답의 수준으로 간주하거나 (융의 경우) 사람들은 전이성적인 유아기적 이미지와 신화를 초이성적 위대함으로 치켜세운다.

■ 이상의 말은 a fallacy of reduction or elevation(환원과 격상의 오류)라 할 수 있다.

They either reduce all trans-rational realties to pre-rational childish twaddle(think Freud), or they elevate pre-rational childish images and myths to trans-rational glory(think Jung).

환원주의와 격상주의는 모두 영성의 논의에 대한 출발점에서부터 문제를 야기한다. 그래서 통합적 접근이 참으로 기여하는 것 중의 하나가 그와 같이 특이한 무지몽매에서 벗어나는 방법이라는 점이다.

Both reductionism and elevationism have plagued the discussion of spirituality from the beginning, and so one of the first things that a truly integral approach contributes is a way out of that particular nightmare.

양자의 차이는 사실 낮과 밤의 차이와 다름이 없으며, 그 사이에 이성의 새벽이 있다.

The difference between the two is indeed night and day, with the dawn of reason separating them.

♣ 전초오류에 대한 보충 설명

> ■ the pre / trans fallacy 전초오류前超誤謬란 종교의 심층으로 가는 과정에서 필요한 윤리적 지성적 수행 없이 곧바로 체험만을 원하는 경우 -예컨대, 약물복용에 의한 ecstasy(황홀상태)에 이르는 것을 초월적 단계의식(=초이성적 단계)에 이른 것으로 착각하는 경우에 특히 문제가 된다.

우리가 가지는 보통의식 즉 주객이분의 의식(subject/object consciousness)을 기준으로 해서 보통의식의 전단계의식(=pre-subject/object consciousness)과 보통의식의 초월적단계의식(trans-subject/object consciousness) 중에서 전단계의식 즉 전이성적 단계로 퇴행(regression)된 것을 초월로 오인한 것이다.

간단히 말해서, 사람들의 보통의식을 기준으로 하여 전前과 초超로 나누되 보통의 의식수준 이하의 상태에 들어간 것을 깨닫거나 깨달음에 다가가는 것으로 착각하지 말라는 것이다.

이를 테면, 성자와 히피족, 순진한 어린아이와 순수하면서 지혜로운 수행자는 구별되어야 한다는 말이다.

고양된 의식상태(HSC: Higher States of Consciousness) 즉 기분 좋은 상태라고 해서 그 과정을 무시한 것은 문제가 있다는 것이다.

♣ 선불교의 용어로 설명하면 음주행음 무방반야飮酒行淫 無妨般若(Wisdom is not influenced by drinking and obscenities)라고 소리치는 무위도식자無爲徒食者(a man to live an idle life)와 주사어행酒肆魚行(술집과 고기집(a pub and a BBQ restaurant)에서 화령성불化令成佛(중생들과 어울리며 온갖 방편으로 불도에 이르게 함 lead sentient beings to Buddhahood accompanying with them through various expedients)하는 자재안한自在安閑(무애자재하고 한가하며 느긋함 free, leasurely and carefree)의 무위도인無爲道人(a true sage of non-action)을 구별해야 하는 것이다.

- "주사어행 화령성불"은 제2권 불교문화 부분의 십우도의 마지막 입전수수 부분을 참고하기 바란다. ♣

(2) 켄 윌버의 사상적 배경 Ken Wilber's philosophical backgrounds

윌버의 철학은 중관철학에 영향을 받았으며, 특히 나가르주나(용수龍樹, 인도 대승철학의 아버지라 불림)의 철학과 연계되어 있다는 주장이 있으나 그의 사상적 기반은 불교, 힌두교의 샹카라의 철학, 중국의 노장 사상까지 폭 넓게 수용하고 있기 때문에 꼭 집어 말하기는 어렵다.

윌버는 "다양한 불교 명상법(various forms of Buddhist meditation)"으로 수행할 적에 (비록 짧지만) 다이닌 카타기리(Dainin Katagiri), 착둡 툴구 린포체(Chagdud Tulku Rinpoche) 등의 많은 스승들에서 공부하였다.

- ■ 다이닌 카타키리(1928~1990) 일본 조동선曹洞禪의 노사老師(Japanese Soto Zen roshi)로서 미국에 동양의 선을 널리 알린 인물 중의 하나인 순류 스즈키의 시봉을 하였으며, "그는 선불교의 형성기에 특히 미국 중서부에 일본의 선불교를 미국에 알리는데 크게 기여하였다.(He is important in helping bring Zen Buddhism from Japan to the United States during its formative years-especially to the America Midwest)"
- ▶ 미국에 선불교를 알린 일본인 중에 두 사람이 매우 중요하다. 한 명은 서구에 선의 현대적 해석으로 잘 알려진 인물들 중에 한 사람으로 "주로 선의 지적 해석에 집중한(focused primarily on the intellectual interpretation of the Zen)" 스즈키 다이세쓰 테이타로(Suzuki Daisetzu Teitaro, or D.T.Suzuki. 1870~1966)이며, 1893년 미국의 시카고에서 열린 세계종교회의(the World's Parliament of Religions)에 참석하여 처음으로 미국에 선불교를 알린 임제종(Rinzai-shu[J])의 샤쿠 소엔(Shaku Soyen,1860~1919)의 추천으로 미국에 건너가서 동양의 사상, 특히 불교의 선사상을 번역을 통해 널리 알렸다.
  그는 또한 에리히 프롬과 "선과 정신분석" 이라는 책을 공동집필하기도 하였으며, 선禪이라는 말을 일본 발음인 Zen으로 서양에 소개하여, 그 후 서구에서는 선을 Zen이라고 한다. 그리고 스즈키 순류(Suzuki Shunryu, 1903~1971)는 "미국에 처음으로 조동선의 사찰을 세웠다.(founded the first Soto Zen monastery in the United States)."

9. 한국의 다원주의와 배타주의

다원주의와 배타주의의 구체적 사례 -오강남교수와 이국진 목사

1. 우리나라의 기독교계에서 다원주의 종교관의 대표적 인물 중 한 사람인 오강남 교수는 "예수는 없다(현암사, 2001)"라는 책을 발표했으며, 그 반론 으로 이국진 목사가 "예수는 있다(국제제자훈련원, 2011)"를 출판하여 앞으로 진행방향이 매우 궁금하다.

"예수는 없다"는 우리나라에서 일반적으로 생각하고 믿는 그런 예수는 없다는 의미에서 진

정한 예수를 발견하자는 취지의 글이고 "예수는 있다"는 아직까지 주류인 정통 기독교인의 입장에서 한치의 양보 없이 반박하는 글이다.

정통 기독교라는 개념에 대해 존 쉘비 스퐁은 정통 기독교인을 이렇게 정의한다.

"정통 기독교인이라고 불리는 것은 그의 견해가 옳다는 의미가 아니다. 단지 그 옛날 논쟁에서 이겼다는 의미일 뿐이다.

To be called an orthodox Christian does not mean that one's point of view is right. It only means that this point of view won out in the ancient debate."

2. "예수는 있다" 추천의 글을 쓴 최홍준(호산나교회 원로목사)목사는 "오강남 교수 같은 사람을 통해 어두운 세력은 많은 생명을 실족케 할 것이다"라고 하였으며, 저자인 이국진목사는 63쪽에서 독단을 경계하면서 자신의 독단을 보여주는데 그 내용은 다음과 같다.

"다른 종교가 배타주의적 자세를 버리고 타 종교와 공존을 모색한다고 해서 무조건 옳은 것은 아니다. 물론 다른 사람들의 의견을 겸손하게 수용하고 독단적이지 않는 것이 중요한 덕목이다. 앞에서도 설명했지만 기독교는 다른 종교, 철학, 학문을 백 퍼센트 거부하는 것이 아니다. 일반은총의 차원에서 귀를 열어놓고 있다. 다만 구원을 받는 방법만큼은 예수 외에 다른 방법은 없다는 것을 양보하지 않는 것이다."

그는 또 257쪽에서 독단의 절정을 보여주고 있다.

"예수 그리스도가 아니라면 구원의 가능성은 전무全無하다"

3. 배타주의에 대한 나의 소견

이 국진목사의 글에서 "전무全無"라는 표현에 대해서는 다음과 같은 반박이 가능하다.

(1) 전무설(?)의 조건

예수만이 유일한 구원이라는 결론을 내리기 위하여 먼저 필요조건으로서 진정한 구원을 경험해야 하고 그 다음 충분조건으로 다른 종교를 제대로 알고 그에 맞추어 수행을 해 보지 않고는 예수만이 구원이라는 말은 절대 할 수 없다.

(2) 필요조건

예수만이 구원이라면 자신이 하느님과 예수를 직접 보고 구원을 받았을 때 필요조건의 일부를 충족한다. 그 다음 그것이 사실이라 할지라도 그 두 존재가 하느님과 예수로 위장한 악마가 아니라는 것을 절대로 보증할 수 있을 때 그 요건은 충족된다.

참고로 마태복음 24장 4절과 5절을 보자.

예수께서 대답하여 이르시되 너희가 사람의 미혹을 받지 않도록 주의하라.

Jesus answered: Watch out that no one deceives you.

많은 사람이 내 이름으로 와서 이르되 나는 그리스도라 하여 많은 사람을 미혹하리라.

For many will come in my name, claiming, "I am the Christ," and will deceive many.

말하자면 자신이 어떠한 체험을 했어도 그것은 자신의 주관적 판단이지 천하의 모든 사람이 절대적으로 인정한 것이 아니다라는 것은 절대적으로 분명하다.

더 나아가 설령 모든 사람이 인정해도 그것이 진정한 하나님이고 예수라는 절대적 보장이 없다. 왜냐하면 그 모든 사람이 수준 이하라면 그 집단적 판단은 절대적으로 틀렸기 때문이다.

진리는 정치적 수단의 하나인 다수결의 원리에 의하여 판단될 대상이 아니기 때문이다.

(3) 충분조건

그 다음 모든 다른 종교를 알고 수행한 다음 이 방법들이 잘못되었다는 판단을 내렸을 때 충분조건은 충족된다. 그러므로 "다른 종교에는 구원이 전무하다"는 의견이 맞을 확률은 전무하다.

(4) 결론

자신의 주관적 종교감정이나 종교적 판단이 소중한 만큼 타인의 다른 주관도 당연히 소중한 법이다. 겸손과 독단하지 않음은 중요한 덕목이라고 하면서 독단을 부리는 것은 스스로 중요한 덕목을 포기한 것으로 전형적인 영적 에고(spiritual ego)를 잘 보여주고 있다.

먼저 겸손한 마음으로 호흡을 헤아리면서 자비로운 마음을 낸 뒤에 마음 속에 일어나는 마음부터 차분히 관찰하기 바란다.

선불교에서는 살불살조殺佛殺祖(Kill the Buddha and patriarch)라는 말이 있다.

"예수를 죽이고 하느님을 죽여라. Kill Jesus and God. 그러면 예수님과 하느님이 그대를 영접할 것이요. Then you are welcomed by Jesus and God."

4. 갈등의 원인과 개신교 내의 반응

어느 시대 어느 지역이든 갈등이 없었던 시대는 없었지만 오늘날 종교 간에 갈등이 기독교 다원주의자들이 스스로 말하기를 이러한 사태는 개신교의 집단 중에 일부가 구시대적 신학에다 양적 성장이 예수 그리스도의 정신을 실현하는 것으로 착각하고 있는 것에서 비롯된다고 진단하고 있다.

길희성 박사는 "보살예수(2004년 발간)"에서 이렇게 말한다.

"요즈음 심정으로는 그리스도교가 죽어야 나라가 산다."

이 말은 진정한 그리스도인으로 다시 태어나기를 바램에서 하는 말이다. 그리고 기독교계에서 발행되는 초교파신문 2008년 11월 21자 신문에서 손봉호 장로(전 동덕여대 총장)는 한국교회의 부패에 대하여 다음과 같이 말하고 있다.

"개신교 역사상 한국 교회만큼 부패한 교회가 없었다."

"교회야말로 물질을 중시하는 맘모니즘에 대해 철저한 반성이 필요하다."

위의 두 분은 신망과 존경을 받는 분으로서 그 의미가 참으로 큰 것은 공개적인 비판을 통해 예수의 참된 길을 제시하고 실천하고 있다는 사실이다. 그러면 불교는 위와 무엇이 다른가? 적어도 이 말은 할 수 있다.

"불교 역사상 한국 불교만큼 부패한 사찰은 없을 지도 모른다. 비판을 통한 자정능력의 상실이 한국 불교의 가장 큰 문제점이다."

10. 한국의 다원주의

1. 청화스님의 여래장연기 如來藏緣起

식에다 종자를 심으면 다시 행동이 나오고, 행동을 하면 또 다시 종자가 심어지고 하는 것인데, 이것이 끝없는 업의 연속입니다) 그러면 식이란 무엇입니까.

If you sow a seed of action in the storehouse of consciousness, it entails an action, and then the action entails again planting a seed of action in the storehouse of consciousness, this is the endless wheel of karmic action.

Then what is consciousness or mind? ▣ entail 〈사물이〉…을 수반하다, 필요로 하다.

식의 근본은 진여불성이라, 따라서 인연법을 보다 더 깊이 파고들면 이것이 여래장연기입니다.

The foundation of consciousness or mind is the true-suchness of Buddha-nature, which is another name for cause and conditions of the storehouse of Tathagata.

…(중략)….

우리가 뚝 떼어서 현상적인 세계만 볼 때는 원인이 있으면 결과가 있고, 이것이 있으면 저것이 있고, 이렇게 되겠습니다마는 가장 근본적인 도리에서 생각할 때는 부처님의 섭리, 하나님의 섭리입니다. 여기에서 불교와 기독교는 하나가 되는 것입니다.

If we see only the phenomenal aspect of the world, there are, of course, cause and effect, this and that, but ultimate sense, there is only the will of God, the Buddha, and the truth of the universe. This is the meeting point of Buddhism and Christianity.

2. 다석 유영모의 사상

유영모(1890~1981)선생은 한국의 수행가적 사상가의 선구자적 역할을 한 분으로서, 이 땅에 한국 고유의 지역신학(local theology)의 토대를 뿌리내리게 한 분이다. 그는 20대 초반에(1912년) 기성교회에 나가지 않고 불경과 노자를 읽으면서 기독교와 유.불.선의 상호관계를 연구하고 나름의 체계를 세웠던 것이다.

> ■ 지역신학이란 말은 Robert J. Schreiter(슈라이터)의 "Constructing Local Theologie's 에서 나온 말로서 서구의 규범적 신학(normative theology)"이 그들과 비서구 지역의 기독교 현상을 구별하기 위해 사용한 기존의 "원주민 신학(indigenous theology)"이나 "토착화 신학(inculturation theology)" 또는 "맥락신학(contextual theology)"이라는 말 대신에 사용하는 용어이다.

그의 종교사상을 정리하면 다음과 같다.

(1) 나가르주나(Nagarjuna, 150~250)의 공사상에 대한 견해

"우리의 생명이 한 없이 넓어지면 빔쭏에 다다를 것이다. 곧 영생하는 것이다. 빔(空)은 맨 처음 생명의 근원이요, 일체의 근원이다. 한웅님이다."

참고로 유영모 선생은 God에 대해 "한웅님, 하나님, 한우님, 한우임, 상제(上帝)" 등 다양하게 사용했다.

(2) 그리스도와 예수와 인간의 관계

—그는 예수만이 그리스도가 아니라고 하면서 다음과 같이 말했다.—

"말씀 곧 얼의 몸 입음(=육화㕷化 incarnation)은 예수만의 일이 아니요, 모든 사람의 공통된 일"이라고 하면서 "요한복음의 결정적 오류는 예수에게만 몸입음을 한정시킨 것이다."
더 나아가 그는 이렇게 말했다.

"기독교 믿는 자는 예수만이 그리스도라 하지만 그리스도는 예수만이 아니다.
그리스도는 영원한 생명인 하나님으로부터 오는 성령이시다."

(3) 귀일신학歸一神學과 원효의 귀일심원歸一心原사상

원효의 사상적 토대는 금강삼매경과 대승기신론인데, 대승기신론에 대한 소疎와 별기別記에서 강조한 귀일심원에 대해 다석 유영모 선생은 귀일은 신에게 돌아가는 길로 설명하면서 "돌아감"의 행위를 신의 말씀을 이루는 행위로 보면서 다음과 같은 말을 했다.

그는 모든 초목이 태양을 찾아 하늘 높이 곧장 뻗어가는 것처럼 사람은 하나님께로부터 왔기 때문에 하늘을 그리워하는 것과 같으며, "사람이 하나님을 찾아가는 궁신窮神은 항일성과 같이 인간 가장 깊은 곳에 도사린 인간본성이다."라고 하였다.

■ 박명우 교수는 다석 선생의 귀일에 대해 "우리 신앙의 도그마화를 막아주고 계속 신앙 속으로 몰입하게 해준다는 점"을 강조하고 있다.

4. 함석헌(1901~1989) 선생은 스스로 이렇게 말했다.

"내게는 이제 기독교가 유일한 참 종교도 아니요, 성경만 완전한 진리도 아니다. 모든 종교는 따지고 들어가면 결국 하나다."

5. 김경재(1940~) 교수의 견해

김경재교수는 개신교의 대표적인 종교다원주의 신학자로서 한신대 교수를 역임하였다.

1) 그는 대승기독교라는 이름을 선호하고 지향하는 분으로서 그의 넉넉함은 앞에서 다루었던 신의 개념을 논한 자리에서 충분히 엿볼 수 있으며, 그는 함석헌 선생을 다음과 같이 평가한다.

"간디를 낳은 힌두교의 불상생과 비폭력의 저항사상, 원효를 낳는 만법귀일의 대승불교사상, 그리고 노장의 순수본바탕을 찾아 지키려는 비판적 무위사상과 유가의 인의仁義, 천명사상 및 한국의 하늘님 신앙 등이 기독교사상 및 서구 과학정신과 혼연일체가 되어 융합되고 있다."

"동과 서가 서로 만나고, 불교와 그리스도교가 만나고, 종교적 신비주의와 과학적 합리주의가 만난다."

2) 김경재교수의 신의 개념 및 종교관 – 신문 인터뷰내용을 옮김.

기자 : 기독교는 이슬람교와 함께 대표적인 유일신 신앙을 가진 종교입니다.

오직 한 분이신 하나님을 믿으면서 다른 종교들을 인정할 수 있습니까?
교수 : 유일신(monotheism)개념을 바로 이해하면 자연스럽게 다른 종교를 인정하게 됩니다. 기독교에서 신이란 모든 것을 통섭하고 근원 지우는 존재를 말합니다. 여호와, 야훼 등은 고정된 존재가 아니라 이스라엘 민족이 체험한 신의 모습을 일컫는 것입니다.

로고스, 법, 도道, 이理는 모두 진리를 가리키는 용어로 문화권에 따라 달리 표현한 것입니다. 이 중 로고스만을 옳다고 주장할 근거는 없는 것이지요.

기자 : 그렇게 되면 기독교가 절대적인 종교로서의 위치를 잃게 되지 않겠습니까?
교수 : 기독교의 상대성을 인정하면 정체성과 본질을 잃어버릴 것이라고 많은 기독교인들이 생각합니다. 그러나 이스라엘 민족의 종교가 예수와 바울을 거치면서 그 울타리를 벗어났듯이 역사적 종교인 기독교도 다른 문화와 전통을 만나면서 새로운 시각을 필요로 하고 있습니다. 한국 기독교는 이런 인식이 늦은 편이지만 인터넷 보급 등으로 21세기가 끝날 무렵에는 보편화될 것으로 생각합니다.

기자 : 그러면 하필 기독교를 믿어야 하는 문제에 봉착하는데요?
교수 : 어떤 종교를 믿는 것은 다른 종교가 진리가 아니어서가 아니라 그 종교가 실존을 해결해주기 때문입니다. 다른 종교를 인정하는 것이 개인의 궁극적 선택이 갖는 진지성, 결단성, 고유성을 무시하는 것이 결코 아닙니다. 자기의 종교에 철저한 사람만이 다른 종교와의 진정한 대화와 협동도 가능합니다

5. 이현주(1944~) 목사
이현주 목사는 수행적 사상가로서 다음과 같은 말을 하였다.
"제 속에는 예수님과 여래如來님이 나란히 계시거니와, 이 두 분 사이가 저와 저 사이보다 더 가까우신 것은 분명합니다.

11. 종교와 해석 Religion and Interpretation
1. 해석의 종류
우리는 앞에서 기독교의 근본주의자들이 성경의 무오류성을 주장하는 것을 보았다. 이러한 언어관에 서 있는 사람들은 문자적 해석(literal interpretation)을 벗어나지 못한다. 서양의 종

교문화에서 문자의 해석과 관련해서 기독교의 영지주의 (Gnosticism)는 깨침을 중시하는 깨침중심주의로서 아래와 같은 4가지 해석을 주장하였다.

1. 문자적 해석 2. 심리적 해석 3. 영적 해석 4. 신비주의적 해석이다.

그 각각의 의미는 차치하고 영지주의는 문자적 해석과 같은 닫힌 해석을 지양하고 열린 해석을 지향한다.

종교를 신앙과 축적적 전통으로 나누어 접근할 때 축적적 전통이란 문화적 배경을 함축하고 있는 언어에 대한 해석이 관건이다.

2. 구체적 사례

이해를 위하여 간단한 예를 한 번 들어보자. 내가 볼 때 구약 창세기(Old Testment, Genesis)의 아담과 이브의 이야기를 다음과 같이 해석할 수 있다.

"아담과 이브가 뱀의 유혹에 에덴 동산에서 추방(Adam and Eve's Exile from Eden by the lure of Snake)"당하는 것과 대승불교사상의 정점으로 평가되기도 하는 대승기신론과 비교해 보자.

뱀은 무명의 상징이며 그로 인해 아담과 이브가 선악과를 따 먹고 선악의 분별심이 생긴 것은 대승기신론의 근본무명이 문득 일어남, 즉 홀연념기忽然念起(suddenly arising of fundamentally defiled mind[=fundamental ignorance]) 때문에 "삼세육추三細六麤의 번뇌들(the three subtle and six cruder perceptions of defilement)"이 꼬리를 물고 일어남과 유사하다고 본다. 그리하여 생사의 계속적인 반복이라는 윤회(원시기독교에서는 윤회를 인정하였다.)의 먼 길을 가게 되었다고 해석한다.

이를 테면 기독교의 원죄原罪(original sin) 또는 타락은 불교의 홀연염기한 무명과 유사하다고 해석할 수 있다. 그러므로 원죄와 에덴동산에서추방당하는 것은 각각 근본무명이 일어남과 윤회에 든 것과 같다고 해석할 수 있는 것이다. 물론 초기불교의 12연기설에 의해 무명無明과 행行과 식識으로 이어지는 일련의 과정을 지나 결국 생노병사에 떨어져 윤회를 반복하는 것으로 해석해도 된다.

> ■ 삼세육추[세細 가늘 세 / 추麤 두터울 추]란 마명馬鳴(As(h)va-ghos(h)a : 불멸 후 600년경 즉 서기 1~2세기에 태어난 인도 대승불교의 스님)의 대승기신론大乘起信論(the Discourse[treatise] on Awakening of Faith in the Mahayana)에 말하는 근본무명根本無明(the fundmental ignorance)의 3상相과 지말무명枝末無明(the secondary [=subordinate] ignorance)의 6상相을 말하며, 3세란 그 작용이 미세하므로 세細라 하

> 고, 6추麤는 거칠고 엉성하기에 추라 한다.
> 3세 중에 첫 번째인 무명업상無明業相(the perception of mental activity of ignorance)은 주관과 객관의 차별 이전에 아뢰야식이 최초로 움직인 상태(the state of the the initial activity[=agitation] of Alaya consciousness before the discrimination of subject and object parts of the mind)을 말한다.
> ※ 마명(As(h)va-ghos(h)a)의 글자 그대로의 의미는 말馬(a horse, a stallion)을 의미하는 as(h)va와 울음소리(鳴: 울 명 cry), 소음(noise), 고뇌 또는 비탄의 울부짖음(cries of woe or distress) 등의 뜻을 가진 ghos(h)a 가 결합된 말이다.
> ■ 아뢰야식은 무의식의 영역(the field of the unconscious)으로서 "무시 이래의 업을 저장하고(store karmas from beginningless beginning)" "조건이 이루어지면 드러나는 근본의식(the foundation consciousness to manifest as the conditions fulfil)"을 말한다.

12. 궁극적 실재의 인격성

동서양의 대표적인 두 종교인 기독교와 불교 사이에 기독교의 신비신학과 불교의 법이 만나는 마지막 접점과 같은 부분을 캔트웰 스미스(Wilfred Cantwell Smith)가 다른 종교를 포함해서 모든 종교의 지향점인 궁극적 실재(ultimate reality)를 초월적 실재(the transcendent reality)라는 포괄적 용어를 쓰자는 제안이 나오는 것은 인격신론의 탈피하려는 시도에 해당한다.

일반적으로 학계에서는 유신론의 종말은 1800년대 초기 독일에서 성서 문자주의 가 붕괴되면서 성서학에서 신학으로 이동하였으며, 그 이유는 고대의 신학적 교리들의 근거로 삼은 성서의 문자들이 더 이상 뒷받침을 할 수 없는 것이 명백해졌기 때문이라고 한다.

아래에서는 중요한 위치를 차지하고 있는 사람들의 의견을 소개한다.

(1) John Hick 존 힉

-존 힉의 Philosophy of Religion(종교철학)의 toward a possible solution(해결의 가능성을 향하여) 부분 115쪽을 참고 바람.-

(종교간에) 첫 번째에 해당하는 차이점 중에 가장 대표적인 사례가 신적神的인 것에 대해 위

격적 체험이냐 아니면 비위격적 체험이냐의 차이일 것이다.

The most prominent example of the first kind of difference is probably that between the experience of the divine as personal and as nonpersonal.

- 신적인 것(the divine)이란 표현은 궁극 실재로 바꾸어도 좋다.
- divine adj. 1. 신의, 신성의 ▶the divine Being[Father] 신, 하느님 2. 신성한, 신수神授의 ▶divine grace 신의 은총 3. 멋진, 비범한 ▶divine weather 멋진 날씨 n. 성직자, 목사, 신학자 ▶신 the Divine vt. 예언하다 vi. 점치다.
- 인격성과 비인격성은 좀 더 깊이 들어가면 위격位格과 비위격非位格이라는 용어를 사용하기도 한다. 위격(persona)은 정신(이성과 자유의지)적 실재 또는 정신을 지닌 개별자(개별적 실재)라고 하며 인격(persona humana)과 신격(persona divina)으로 나뉜다. 따라서 비위격은 인격, 신격이라는 카테고리와 구별되는 영역이다.
- that은 difference를 가리킨다.

유대교, 기독교, 이슬람교. 그리고 "바가바드 기타"를 중심으로 하는 힌두교의 맥락에는 궁극은 야훼, 하느님, 알라, 비쉬뉴, 시바라는 서로 다른 이름으로 위격적인 선, 의지, 목적으로 이해되고 있다.

In Judaism, Christianity, Islam, and the theistic strand of Hinduism, the Ultimate is apprehended as personal goodness, will, and purpose under the different names of Jahweh(Jahveh), God, Allah, Vishnu, Shiva.

또 한편으로는 베단타학파의 불이일원론에 의해서 해석되는 힌두교나 상좌부 불교에서는 궁극 실재는 비위격적인 것으로 이해되고 있다.

On other hand, in Hinduism as interpreted by the Advaita Vedanta school, and in Theravada Buddhism, ultimate reality is apprehended as nonpersonal.

대승불교는 비위격적 선불교와 신격적 성격의 정토불교를 비롯해서 더욱 복잡한 전통을 가지고 있다.

Mahayana Buddhism is a more complex tradition, including both nontheistic Zen and quasi-theistic Pure Land Buddhism.

(2) John Shelby Spong 존 쉘비 스퐁

그의 성향을 알 수 있는 유명한 말이 "머리로 이해할 수 없는 것은 가슴으로도 사랑하지 못한다. My heart will never worship that which my mind has rejected"이다. 이 말은 "마음이 받아들이지 않는 것을 가슴으로 섬길 수 있으랴!"등으로 번역할 수 있겠다. 이 말은 Why Christianity Must Change or Die.의 13장 "천당-지옥과 다른 영원한 생명"의 210쪽 4째 줄(영문판)에 나오는 말로서, 그 뜻은 이성적 사유에 의해 자명한 사실이나 과학적 사실조차 신앙이나 종교라는 이름 으로 강요하는 부조리한 종교세계의 현실을 꼬집은 말이다.

스퐁은 이 말을 하기 앞서 다음의 말을 한다.

"이 문제(천당과 지옥이라는 사후의 삶-옮긴이 주)를 다룬다는 것은 내가 우선 유신론의 초자연적이며 외재적인 신을 포기하고, 새로운 신의 이해, 즉 모든 존재의 근거, 생명의 근원, 사랑의 근원으로서의 하나님을 선택해야 한다는 것을 의미한다.

Yet addressing these issues means that I must begin by dismissing the supernatural, external God of theism in favor of an understanding of God as the Ground of all Being, the source of life, and the source of love.

·········(중략)····..

장부책을 기록하는 하나님 즉 내가 심판의 날에 나의 영원한 운명을 선고 받기 위해 그 분 앞에 서야만 하는 그런 신의 개념을 버려야만 한다는 뜻이다.

It means that I must dismiss the idea of God as a record-keeping deity before whom I shall appear on the day of judgment to have my eternal destination announced.

(3) Paul Knitter 폴 니터

그는 "붓다 없이 나는 그리스도인이 될 수 없었다. Without Buddha I could not be a Christian."의 영문판(p. 40 : passing back : god as personal presence)에서 그는 불자들이 "궁극적 관심(Ultimate Concern)"에 대해 "인격적 언어(personal language)"를 사용하는 것에 대해 주저하며, 그러한 많은 부분에 대해 자신의 종교적 감수성과 공명한다고 하면서 매력과 거부감을 동시에 느낀다고 말하고 있다.

그는 그리스도인들이 "궁극적 실재(the Ultimate)"를 "하늘에 계신 아버지 Heavenly Father", "하느님 어머니 Divine Mother", "성령 Holy Spirit"이라고 부르는 데는 이유가 있고, 그 이유들 가운데 어떤 것들은 매우 합당하다고 하면서 이렇게 이야기한다.

그리스도인들이 인격적 언어를 사용하는 것이 실망스럽고 종종 지겹기도 하지만, 그렇다고 단순하게 그것을 전부 내다버리고 싶지 않다.

"목욕물이 더럽다고 그 안의 아이까지 버릴 수 없지 않은가! Although the bathwater may be dirty, there's baby in it!"

이어서 그는 라너(Karl Rahner)나 틸리히(Paul Tillich) 같은 신학자들이 가르쳐 주었듯이 "하느님에 대한 모든 언어는 오직 상징적인 것이며(all of our language about the Divine can be nothing else but symbolic)" 아퀴나스(Aquinas)의 "보다 전문적인 개념으로 말하자면 (in the more technical language)" 유비적(analogous) 인 것이다.

"하느님을 인격체로 표현하는 모든 말(all of our talk of God as a person)"이 상징적 (symbolic)"이라면 우리는 그 말을 신중하게 사용해야 한다.

"하느님에게 인격적 이미지를 사용하면 안 된다는 것을 인식하고 있을 때만, 그리고 그것의 위험성을 인식하고 있을 때만, 우리는 하느님에게 인격적 이미지 를 사용할 수 있다는 것이다. We can use personal imagery for God only when we realize we shouldn't, only when we realize the dangers of doing so."

그는 이어서 인격체가 아닌 인격적(Not a Person, but personal : 영문판, p. 41)이라는 제목 아래 불교를 통해 발견한 것으로서 다음의 말을 하고 있다.

"하느님은 더 이상 인격체가 아니지만 명백히 그리고 훨씬 더 매혹적으로 인격적이라는 것이다. God is no longer a Person, but God is definitely, and all the more engagingly, personal."

하느님은 다른 사람과 맺는 그러한 인격적 관계로서의 "신적 인격체(a divine Personal Being)"가 아니라 전에도 지금도 나를 감싸고 살게 하는 "상호존재의 신비(the Mystery of InterBeing)"로서 "또한 인격적으로 임재하는 신비(a Mystery that is also personally present)"이다.

인격적 임재(personally present)란 이 신비가 인격적인 방식으로 나를 감동시키고 영향을 주는 것을 내가 느끼기 때문이다.

"불자들이 깨달음에서 발견하는 두 개의 열매 또는 특징인 "지혜와 자비(wisdom and compassion)"는 영이 인격체가 아니라 나의 삶 속에서 인격적 임재라는 것을 알게 하는 "두 개의 가장 근원적인 체험(the two most fundamental experiences)" -내면적 평화의 근거성 (groundedness)에 대한 인식과 타인을 배려하는 상호 관련성(connectedness)의 인식-에 초점을 맞출 수 있게 하였다.

(4) Karen Armstrong 카렌 암스트롱

그녀는 "하느님의 역사(A History of God)"에서 다음의 사실을 주장하였다.

"유대인들, 기독교인들, 회교도들 모두 그들의 사상이 당시의 일반적인 종교적 지혜에 도전하기 시작하였을 때 무신론자들이라고 비난을 당한 적이 있었다.

Jews, Christians, and Muslims were all at one time accused of being atheists when their ideas began to challenge the popular religious wisdom of their day.

하느님에 대한 개념은 인간의 일정 한계를 못 벗어난 구성물에 지나지 않으며, 우리가 인정해야 할 사실은 신에 대한 인격적 언어는 하나님을 드러내는 것이 아니라 우리 자신의 열망을 드러낸다는 점이다.

The concept of God can ever be more than a limited human construct, and personal words about God, we must learn to admit, reveal not God but our own yearning."

(5) Whitehead 화이트 헤드

그는 하느님을 만물 이전이 아니라 만물과 더불어 존재하며, 기존의 시간적인 세계를 흡수하고 변화시킴으로써 성장하는 존재로서, 모든 새로운 가능성의 원천으로서 파악했다.

Alfred North Whitehead conceived of God as existing with all of reality, not prior to it, and as growing by absorbing and transforming what is done in the temporal world.

화이트헤드에게 이 하느님은 모든 새로운 가능성과 함께하는 원천이었다.

This God was, for Whitehead, the abiding source of all new possibilities.

> ■ 화이트헤드의 우주론은 "우주 전체는 서로 어울리면서 새로움을 창조한다"것으로 모든 것은 독립적 존재가 아니라 관계적 흐름 -불교적 표현으로 연기적 관계- 속에 있으며, 이 과정에서 각각의 개체들은 새로운 가능성을 달성하고 있는 것이다.
> 화이트헤드의 신관은 "신은 인간 위에 군림하는 절대자가 아니라 개체들이 새로운 가능성을 달성하는 과정에 설득적 참여자로 개입하는 현실적 신이다."라고 보는 과정 중심의 사상이다.
> -화이트헤드의 Religion in the Making(1926)과 Process and Reality(1929) 참조바람.-

13. 도마복음-새로운 자료에 의한 이해

-도마복음(The Gospel of Thomas / The Secret Gospel of Thomas)-

1. 도마복음이란 무엇인가?

1945년 이집트 나그 함마디에서 발견된 영지주의적 내용으로 가득 찬 복음으로 서 1975년 일반에게 공개되어 서양에는 많은 번역본들이 존재하나 한국에는 오강남 박사의 "또 다른 예수", 도올 김용옥의 "도마복음한글역주(3권)," 이재길 의 "성서 밖의 복음서"가 출판되어 있다.

다시 말해서 도마복음은 믿음에 대한 말보다 내부로부터 자각을 주장하는 영지주의적 특성을 가지고 있으므로 지성을 포기하고 맹목적 믿음을 강조하는 것을 발견할 수 없으며, 대속代贖 (the Redemption / the Atonement), 부활復活(the Resurrection), 최후의 심판(the Last Judgment / the Great Assize), 육화된 하느님의 아들(the Incarnated Son of God), 메시아 (the Messiah)나 그리스도 (Christ / The Nazarene / the Messiah / the Savior / the Lord) 와 관계없이 자신의 내면에 갖추어진 위대함을 발견하도록 인도하는 스승으로 그려져 있다.

그러므로 "초기교회는 종말론을 희구하는 대중과 다름 아니다. The earliest Church regarded itself as the Congregation of the end of days."라고 불트만이 "신약성서신학 Theology of the New Testament"에서 말한 그러한 "긴박한 재림사상(the thought of the imminent Second Coming)"은 찾아 볼 수 없다.

아래에는 도마복음의 첫 글인 서언(prologue)과 제1, 2, 3절과 113절만 소개한다.

2. 내용

(1) 서언(prologue)

These are the secret saying that the living Jesus spoke and Judas Thomas the Twin wrote down.

이것은 살아계신 예수가 말하고 디디무스(Didymus) 유다 도마(Thomas)가 받아 쓴 것이다.

■ 디디무스(Didymus) 유다 도마(Thomas) : 디디무스와 도마는 모두 쌍동이라는 뜻의 보통명사이다.
"디디무스(Didymus)"는 쌍동이를 의미하는 그리스어이며, "도마(Thomas)"는 아람어(갈릴리 지역의 언어)와 시리아어로서 쌍동이(twin)를 가리키는 말로서 결국 동의반복(tautology)이며, 예수의 쌍동이-시리아 그리스도교 전통에 따르면-로서 이름은 유다라는 뜻이다.
다시 말해서 시리아 전통에 의하면 예수에게 쌍동이가 있었으며 그 쌍동이의 이름이 유다라는 것이다.
학계에서는 생물학적 의미가 아닌 예수와 같은 존재가 될 수 있음을 의미한다고 보고 있다.

3. 본문

1. And he said, "Whoever finds the interpretation of these sayings will not taste death"
   그가 말했다. "이 말의 뜻을 올바르게 풀이한 자는 결코 죽음을 맛 보지 아니하니라."

2. Jesus said, "Let one who seeks not stopping seeking until he finds. When he finds, he will be troubled. When he is troubled, he will be astonished and will rule over all"
   예수는 말했다. "(진리를) 찾는 자는 발견할 때까지 멈추지 말라. 그가 발견하면 혼란에 빠질 것이며, 혼란에 빠질 때 그는 놀라게 될 것이다. 그리하여(그러한 과정을 겪은 후) 그는 모든 것을 다스리게 될 것이다."

3. Jesus said, "If your leaders say to you, 'Look, the Kingdom is in heaven.' then the birds of heaven will precede you.
   If they say to you, 'It is in the sea,' then the fish will precede you.
   Rather, the Kingdom is inside you and outside you.
   예수가 말했다.
   "너희를 가르친 자들이 너희에게 '보라, 그 나라가 하늘에 있도다.' 라고 하니 그러면 새들이 너희보다 먼저 거기에 가 있을 것이다.
   그들이 '그 나라가 바다에 있다.' 고 하니, 그렇다면 물고기들이 너희보다 먼저 거기에 가 있을 것이다. 그 나라는 너희 안에 있고, 또 너희 밖에 있느니라.

> ■ 이 말은 붓다가 갠지스 강에 목욕을 하여 카르마―여기서는 악업의 과보―를 정화한다는 외도의 주장에 대해 물 속의 고기를 이야기한 것과 꼭 같다.

When you know yourselves, then you will be known, and you will understand that you are children of the living Father.
But if you do not know yourselves, then you live in poverty, and you are poverty."
너희가 너희 자신을 알 때 너희는 알려질 것이고, 너희가 살아계신 아버지의 아들들이라는 깨닫게 될 것이다.
그러나 너희가 너희 자신을 알지 못하면, 너희는 가난 속에 살게 되며, 너희는 가난 그 자체이니라."

4. His disciples said to him, "When will the Kingdom come?"

"It will not come by watching for it. They will not say, 'Look, it is here!' or 'Look, it is there!'

Rather, the Kingdom of the Father is spread out upon the earth, but people do not see it."

그의 제자들이 그에게 이르되, "그 나라가 언제 오는 것입니까?"

"그 나라는 기다린다고 오는 것이 아니니, '여기 있다.' '저기 있다' 라고 말할 수 없는 것이다.

아버지의 나라는 온 누리에 펼쳐 있지만, 다만 사람들이 그것을 보지 못 할 뿐이다."

(3) 해설

위의 말과 관련해서, 불교의 화엄경에 나오는 연화장세계[the Land of Lotus Flower]와 중생세계[the Land of Sentient Beings]의 차이는 깨달음의 눈 즉 불안佛眼의 지혜가 있느냐의 차이일 뿐 공간적 거리의 문제가 아니다.

유마경에도 마음이 청정하면 국토가 청정하다(심청정국토청정心淸淨卽國土淸淨 When the mind is purified, the world is pure)고 하면서 유심정토설唯心淨土說을 주장한다.

화엄경(대정장 9)에 중생들이 여래의 법신을 볼 수 없는 것은 선천적으로 눈이 먼 중생(생맹중생生盲衆生)이 빛을 보지 못함과 같이 붓다의 지혜광명이 시방에 충만해 있지만 중생들에게 신심의 눈이 없기 때문이다.(무신심안고無信心眼故)라고 말한다.—여기서 붓다는 법. 법신. 법성과 동의어이다.—

(4) 교판敎判

불교 역사에서 중국불교는 교판敎判(교리에 대한 우열의 판정)의 역사이기도 한데, 기독교의 성경도 교판을 하자면 1. 도마복음 2. 요한복음 3. 공관복음(마가, 누가, 마태복음)의 순으로 자림 매김을 하는 것이 옳다고 본다.

아직 한국의 대부분에 해당하는 보수적 교단들(the conservative religious bodies)에서는 펄쩍 뛸 일이지만 —아예 도마복음을 이단시하여 읽어 보지도 않는 경우가 다수이다— 진리의 문을 억지로 막을 수는 없을 것이다.

한국의 진보적(?), 다원주의적 신학자들과 다수의 세력을 가진 보수적 기독교단 과의 견해 차이는 너무 벌어져 있다.

14. 신비신학 : 새로운 신학의 원천

1. 위僞 디오니시우스 Pseudo Dionysius the Areopagite(가짜 아레오파고의 디오니시우스)

(1) 디오니시우스는 누구인가?

5~6세기 경에 한 승려가 자신의 이름을 숨기고 타인의 이름으로 기독교 신비주의 전통에 획기적인 저서를 세상에 보인다.

그 책의 제목은 신비신학(The Mystical Theology)이며, 책의 저자는 1세기 경에 그리스 아테네의 아레오바고 법정에서 "사도 바울의 설교를 듣고 그리스도인이 된(converted to Christianity by the preaching of Apostle Paul)" 사람, 바로 그 법정의 판사였던 Dionysius로 되어 있었다.

이것은 책의 권위를 올리기 위해 타인의 이름 즉 아레오바고의 디오니시우스라는 이름을 쓴 것이며, 실제의 저자는 시리아 출신 승려라는 것 외에는 신비하게도 알려진 게 없다

그래서 사람들은 이 책의 저자를 "가짜 디오니시우스" 즉 Pseudo Dionysius라 불렀다.

- Dionysius(생몰 : born and died unknown)는 나중에 아테네의 제2대 주교가 되며, 같은 이름의 기독교인이 여러 명이 있어 그들의 이름 뒤에 지역명을 붙여서 구분하기도 한다.
- Pseudo Dionysius(460~520 추정)의 현존하는 저서로는 신비신학 외에 Divine Names 신의 이름, Celestial Hierarchy 천상의 위계, Ecclesiastical Hierarchy 교회의 위계가 있다.

(2) 신비신학 The Mystical Theology

가짜 디오니소스(이하 디오니소스라 함)의 신비신학은 중세의 유명한 토머스 아퀴나스가 디오니소스 저작에 주석을 붙이고, 최고의 신비주의자로 불리는 독일의 에크하르트를 비롯한 신비주의자들에게 지대한 영향을 미친 저서이다.

신비신학의 특징 중 하나는 궁극 실재(the Ultimate reality) 또는 신성(Godhead)에 대한 비인격적 경향과 언어와 이성의 한계를 인정하는 것이다. 그는 비인격성을 지향하는데 신비신학에서 He(그분), God(신)이라는 인격적 표현도 궁극 실재에 대한 상징적일 뿐이다. 또한 그는 언어와 이성의 한계를 표현하는 방식의 독특함은 hyper라는 접두사를 쓰거나 부정의 용어를 사용하는데 있다.

그래서 궁극실재는 지성 너머(hyper-nous : above[beyond] intellect), 존재 이상 (hyperousia : above being), 신 너머(hyper-theotetos : above deity)로 표현한다.

폴 틸리히(1886~1965)는 종교를 궁극적 관심(ultimate concern)으로 보면서 신과 관련하여 신을 모든 존재의 바탕(the ground of all being)으로 보고, 신 너머의 신(the God above God) 또는 신의 상징으로서의 신(God as a symbol of God)으로 표현하는 방식은 디오니소스의 영향을 받은 것임을 이야기한다.

그의 미국인 제자 John Shelby Spong(존 쉘비 스퐁-"기독교 변해야 산다"의 저자)은 이렇게 말했다.

"나의 인생은 이처럼 틸리히의 비유신론적 사고를 교인들의 유신론적 신앙전통과 상호연관시키는 작업과정이었다.

My life has thus been spent processing Tillich's nontheistic thinking as it interacted with the received theistic tradition of the Christian faith."

마지막으로 신비신학은 표현방식에 있어서 부정적 표현, 예컨대 신비신학의 제 4장에는 neither ~nor형태의 표현이 거의 전부를 차지한다.

이러한 그의 표현방식 때문에 부정신학(negative theology)이라고 불리는데 궁극적 목표는 절대 긍정을 위한 긍정신학(cataphatic[=positive] theology)임을 알아야 한다.

이와 관련한 신비신학 제3장의 주석 13 -Commentary 13-을 번역해 보자.

-현재 신비신학은 그 가치가 너무나 크지만 완전한 번역판이 없다.-

"부정의 방식은 본질의 면에서 보면 사실상 부정이 아님은 부정의 부정(=이중 부정)은 긍정에 해당한다는 사실에 의해 드러난다. 그래서 비존재의 부정은 결국 존재를 가리키는 것이다."

That the Negative Path is not really negative in essence is demonstrated by the fact that the negation of negation is equivalent to an affirmation and so the negation of non-being is consequently the positing of being."

(3) 내용

Chapter 1

신비적 묵상에 전념할 때에 감각과 지성의 역할과 감각할 수 있는, 지력을 작용시키는 모든 대상(=감각적 대상과 지적 대상) 그리고 존재와 비존재의 세계 속의 모든 것을 뒤로 하라.

In the diligent exercise of mystical contemplation, leave behind the senses and the operations of the intellect, and all things sensible and intellectual, and all things in the world of being and non being.

그러면 너는 알지 않음을 통해 모든 존재와 모든 지식을 초월한 그 분과의 하나됨을 향해 이를 수 있는 데까지 올라갈 것이다.

that thou mayest arise, by unknowing towards union, as far as is attainable, with Him Who transcends all being and all knowledge.

- Thou, thy, thee, thine은 각각 you의 주격, 소유격, 목적격, 소유대명사를 뜻하는 고어 古語(an archaic word) ▶archaic : 영영사전 extremely old or extremely old-fashioned 아주 옛날 또는 아주 옛날 유행한
- mayest는 may의 고어.
- by knowing towards……. all knowledge.에서 as far as is attainable은 삽입절이며, 따라서 삽입절을 뺀 "by unknowing towards union with Him…."을 직역하면 "…. 그 분과의 하나됨을 향한(=지향하는) 알지 않음을 통해"이지만 자연스러운 번역을 위해 변형시킨 것이다.

■ 하나됨은 기독교 신비주의(mysticism)는 자신이 신이 된 것 즉 신화神化(deification)를 의미한다. 여기서 눈 여겨 보아야 할 부분이 신비적 합일(mystic unity)와 신비적 동일성(mystic identity)이다.

신비적 동일은 신과 동격의 경지에 이르는 것으로 서양의 종교에서는 일반적으로 신비주의의 이러한 주장을 위험한 것으로 보지만 동양에서는 인도의 힌두교에서 보듯이 범아일여사상이 상대적으로 자연스럽게 받아 들여졌다.

신비적 동일성 즉 신화(defication)에 대해 오강남 교수는 이것은 유영모선생이 만들어 사용한 용어인 "몸나", "제나"를 초월한 "얼나"로 솟아난 경지로서 자의식이 없는 경지, 몰아의 경지라고 말한다. ■

For by the unceasing and absolute renunciation of thyself and of all things, thou mayest be borne on high, though pure and entire self-abnegation, into the superessential Radiance of the Divine Darkness.

이처럼 네 자신과 모든 것을 영원히 그리고 완전히 내려 놓음으로서, 그리고 순수하고 완전한 무욕에 의해서 신성한 어둠의 초월적 빛 속에 고결하게 태어날 것이다.(=영적으로 고양될 것이다)

> - unceasing 끊임없는, 부단한, 쉴 새 없는, 계속적인(continual).
> - renunciation 1. (욕망, 쾌락의)금욕, 자제, 극기 2. 포기, 단념 부인 C (유언 집행자의) 권리 포기 승인서.
> - self-abnegation n. U 자기 부정[희생]; 헌신 자제, 극기(self-denial).

■ 신비의 길 mystic path

신비주의자들은 나름대로의 영적 성장을 향해 나아가는 과정을 말하고 있으며, 그 중에 디오니소스는 후대의 모델이 되는 길을 다음과 같이 제시하고 있다.

The Triple Mystic Path 세 가지 신비의 길

1. 정화의 단계 the stage of the Purgative.
2. 조명의 단계 the stage the Illuminative.
3. 합일의 단계 the stage the Unitive.

신비신학의 주석에는 위의 세 단계의 과정을 다음과 같이 각각 비유하고 있다.

1. Karma Marga 2. Jnana Marga 3. Bhakti Marga

먼저 karma 즉 업業은 원래 행위 그 자체의 뜻이지 부정적 의미의 행위로 국한시키지 않는다. 그리고 jnana와 bhakti는 각각 지혜(wisdom)와 헌신(devotion)을, marga는 길을 뜻하는 산스크리트어이며, 이러한 세가지 방법은 여러 가지 요가 중에 선별하여 대비시킨 것이지 불교나 다른 인도의 종교와는 방향이 완전히 동일한 것은 아니다.

■ 신성한 어둠

The Mystical Theology(신비신학)의 제1장의 주석에는 다음과 같이 어둠을 설명한다

어둠은 크게 두 가지로 나뉜다.

There are two main kinds of darkness:

즉 낮은 어둠과 높은 어둠의 둘 사이에는 다시 말해서 빛에는 높낮이가 있다.

the sub-darkness and the super-darkness, between which lies, as it were, an octave of light.

그러나 저차원의 어둠과 신성한 어둠은 같은 어둠이 아니다.

왜냐하면 전자는 빛이 없음이요, 후자는 빛의 넘침이다.(=눈이 부시도록 빛이 넘쳐서 보이지 않음)

But the nether-darkness and the Divine darkness are not the same darkness, for the former is absence of light, while the latter is excess of light.

전자는 단지 무지를 상징하고, 후자는 초월적 무지, 즉 논리적 이성으로 얻을 수 없는 초월지를 상징한다.

The one symbolizes mere ignorance, and the other a transcendent unknowing? a superknowledge not obtained by means of the discursive reason.

▶ discursive 1. 논증적인, 논변적인 2. 〈이야기가〉 종작없는, 산만한 지리 멸렬한.

Chapter 4

We therefore maintain that the universal and transcendent Cause of all things is neither without being nor without life, nor without reason or intelligence ;

우리는 그러므로 다음과 같이 주장한다.

모든 사물의 보편적, 초월적 원인은 존재가 아님도 아니며, 생명이 아님도 아니며, 이성이나 지성이 아님도 아니다.

nor is He a body, nor has He form or shape, quality, or quantity, or weight; nor has He any localized, visible, or tangible existence;

그 분은 육신이 아니며, 형상이나 모양, 속성이나 양과 무게를 가진 존재가 아니며, 특정 장소에 국한시키거나 볼 수 있거나 만질 수 있는 존재가 아니다.

He is not sensible or perceptible nor is He subject to any disorder or inordination or influenced by any earthly passion; neither is He rendered impotent through the effects of material causes and events;……….

그 분은 지각이나 인식의 대상이 아니며, 무질서나 무절제에 지배를 받지 않으며, 세속적 욕망에 영향을 받지 않으며, 그 분은 또한 물질의 원인과 과정에 영향을 미치지 못하는 존재가 아니다.

Chapter 5

다시 더 높은 경지의 관점에서, 우리는 이렇게 주장한다.

그 분은 영혼이 아니며 지성도 아니며, 또한 그 분은 상상, 견해, 이성, 오성이 아니다.

Again, ascending yet higher, we maintain that He is neither soul nor intellect; nor has He imagination, opinion, reason, or understanding…………

그 분은 권능의 소유자가 아니며, 권능도 빛도 아니다.

그 분은 생존이 아니며 생명도 아니다.

그 분은 본질이 아니며, 영원도 시간도 아니며, 그 분은 또한 지적인 접근이 불가능하며…..

Neither has He power, nor is power, nor is light; neither does He live, nor is He life; Neither is He essence, nor eternity, nor time, nor is He subject to intelligible contact……….

일자가 아니며 하나됨도 아니며, 신성도 아니며 선함도 아니다.

그 분은 또한 오성에 의해 이해할 수 있는 영이 아니며, 부모나 자식의 신분이 아니며…

neither one, nor oneness; not godhead, nor goodness nor is He spirit according to our understanding, nor filiation, nor paternity;…………..

그 분은 또한 어둠이 아니며 빛도 아니며, 또한 거짓도 진실도 아니다.

neither is He darkness nor light, nor the false, nor the true

그 분에게 긍정도 부정도 적용할 수 없으며,…..우리는 그 분을 긍정도 부정도 할 수 없다.

nor can any affirmation or negation be applied to Him,…… we can neither affirm nor deny Him,

그러므로 모든 사물의 완전하고 유일한 원인으로서 모든 긍정을 초월한다

inasmuch as the all-perfect and unique Cause of all things transcends all affirmation,

- ■ inasmuch as 1.because, since, seeing that..이므로 ..

또한 그 분의 단순하면서도위대한 절대적 특성 때문에 모든 부정을 초월하나, 그리하여 모든 제한으로부터 자유롭고 모든 것을 넘어선 존재니라.

and the simple pre-eminence of His absolute nature is outside of every negation? free from every limitation and beyond them all.

- ■ pre-eminence n. U 탁월, 출중 우위, 상위 ▶bad pre-eminence 악평惡評

(4) 해설

1. 디오니시우스와 부정의 신학

디오니시우스의 신학을 앞에서 설명했듯이 서양의 신학에서는 부정의 신학(negative theology)이라고 하며, 여기서 부정이란 "궁극실재에 대한 표현방식(the device of mentioning the Ultimate Reality)"에서 부정의 의미를 가진 단어 즉 neither, nor, not, no 등을 사용하므로 붙여진 명칭이다. 이 부정신학을 "apophatic theology"라고도 하는데 apophatic의 의미를 알 필요가 있다.

Apophatic은 apophasis의 형용사이며, apophasis는 양부음술陽否陰術[일종의 반어反語(irony) : 어떤 사항에 대해 언급하지 않겠다고 하면서 실제로는 넌지시 암시하는 어법]이라고 번역하는데 아마 대부분 생소한 단어일 것이다.

위의 뜻에 대한 사전의 풀이는 영영사전 중의 한 내용을 참고한 것 같은데 영영사전의 내용은 다음과 같다.

"the device of mentioning a subject by stating that it will not be mentioned."

이러한 표현방식은 언어가 3차원적 표현이며, 또한 고정된 존재를 지칭하는 것이 언어이므로 고차원적 즉 시공을 초월하거나 동시에 모든 것에 내재한다고도 하는 경우에 그 무엇을 지칭하기에는 언어가 한계를 가지므로 부득이 고안한 표현방식 이다.

2. 나가르주나와 팔불사상 the eight negations thought

동서양의 종교와 철학의 역사에서 apophatic한 방법을 체계적으로 사용한 사람은 제2의 석가(a second Buddha)로도 불리며, 대승불교의 확립자인 나가르주나[Nagarjuna. 龍樹(150~250 또는 100~200)]이다.

그의 저서 "중론"에서 붓다가 설한 연기법에 대해 공空(emptiness)이라는 표현을 선호하면서 연기법의 핵심은 양 극단을 초월한 중도(the middle way beyond two extremes)라고 주장한 것이 팔불사상 또는 팔불중도八不中道이며-줄여서 팔불이라 함-이며, 네 구절로 구성되어 사구부정이라고도 한다.

팔불중도 the middle way of eight negations=사구부정(四句不正) the four-line negations

1. 불생불멸不生不滅 neither arising nor cessation.
2. 부단불상不斷不常 neither annihilation nor permanence.
3. 불일불이不一不二 neither identity nor distinction.

4. 불래불거不來不去 neither coming nor going.

이러한 표현방식은 불교의 초기 경전에 해당되는 붓다의 "자설경"에 이미 보이며, 힌두교의 후기 베다에 브라만에 대한 어떤 표현을 해도 "Neti Neti(no, no : 아니다, 아니다)"라고 하는 것이 모두 apaphatic한 방식인 것이다.

- 나가르주나의 팔불八不이 실린 중론의 등장 이후에 성립된 반야심경은 불교 경전 중 가장 방대한 반야부 경전의 핵심을 뽑아서 만든 것으로 거기에 나오는 육불六不(불생불멸, 불구부정, 부증불감)과 비교하면 불생불멸만 동일하다.
즉 반야심경에는 불구부정不垢不淨, 부증불감不增不減이 새로 나오는데 반야심경의 불구부정은 도덕적 측면을 강조하기 위한 것이라는 주장도 있다.
심경을 비롯한 반야부 경전들은 어떠한 개념화 작업에 의해서 만들어진 일체의 형이상학적 범주들이 공하다는 예외없는 일체개공一切皆空을 주장하는 입장임 을 기억하기 바란다.

(5) 상카라와 베단타 불이론

인도에서 정통 육파 철학 중의 하나인 베단타(Vedanta)학파의 상카라 (Sankara, 788~820)가 불이론不二論(non-dual theory) 베단타철학을 창시하면서, 궁극적 실재인 브라흐만에 대해 "네티 네티"를 강조하면서 어떠한 표현도 불가능하다고 주장하며 초인격적 절대자로서 브라흐만을 "니르구나 브라흐만 nir-guna Brahman=속성이 없는(=무속성) 브라흐만"이라고 하였다.

- 베단타(Vedanta)는 Veda라는 말에 끝이라는 말에 해당하는 안타(anta)라는 말이 결합한 합성어로서 베다의 끝, 베다의 결론(end or conclusion of Veda)이라는 뜻으로 우파니샤드를 가리키는데, 그 이유는 우파니샤드가 베다의 끝에 기술되기 때문이다.

그러나 한편으로는 민중을 위한 차선의 방편으로서 인격적 존재로서 브라흐만 즉 "사구나 브라흐만(sa-guna Brahman=좋은 속성을 가진 브라흐만)"에 대해서는 대자재大自在(Is(h)vara[S] 이슈바라-기독교의 주님[Lord]과 유사한 의미)라고 부르고 모든 아름다운 표현으로 찬미하여도 좋다고 하였다.

- Nir(부정접두어) + guna(속성屬性 attribute) =having no qualities or properties
- Sa(함께 with) + guna(속성屬性 attribute) =having good qualities or virtues

이러한 상카라의 철학은 나가르주나가 철저한 비움의 철학 즉 공사상을 내세우면서 어떠한 표현도 오류가 있음을 지적하는 귀류법과 진리를 속제俗諦(conventional truth)와 진제眞諦 (ultimate truth)로 나누어 진제는 언어도단의 세계(unutterable[unspeakable] field)이며, 속제는 그 반대라고 한 방식을 응용한 것으로 보인다.

> ■ 귀류법 reductioad absurdum=the method to point out the mistake existing in all description
> 나가르주나의 중관사상은 나중에 논증방식에 따라 전통적인 방식을 고수하는 귀류논증파와 새로운 방식을 주장하는 자립논증파로 나뉜다.
> 자립논증파 즉 Svatantrika[S]는 Autonomy School 또는 logical syllogism(논리적 삼단논법)으로 부르며 "그 자체로 정립된 개념을 통해 논리를 전개하는 학파"로서 연역법(the deductive method[logic])과 다름 아니다.
> 귀류논증파 즉 Prasangika[S]는 Reductio ad absurdum 또는 Apagogical induction (간접환원 귀납법)으로 불리다가 최근에 티벳학자들에 의해 Cosequence School(귀결학파)이라고 불리기 시작하였으며, 서양의 귀류법으로 불리는 것에 반론이 있다.
> 자세한 것은 "신성환, 용수의 사유, 도서출판 b"을 꼭 읽어보기 바란다.
> 또한 나가르주나는 붓다를 법신(Dharma-body)과 색신(form-body=manifested physical body)으로 분류하는 것도 상카라가 응용한 것으로 추정되며, 상카라가 "힌두교의 이름으로 불교의 공사상을 알린 숨은 불교인(a crypto-Buddhist to propaganda the view of emptiness under the name of Hinduism)"이라는 비판도 어느 정도 타당하다.

15. 마이스트 에크하르트(Meister Eckhart)와 Nichts(無)

기독교 신비주의 역사에서 신비사상을 통합하고 이를 널리 알려 위대한 신비주의 자라고 불리는 독일의 마이스트 에크하르트(Meister Eckhart, 1260~1327)도 디오니시우스의 영향을 받아 인간이 지닌 감각, 지각에 의해 형성된 일체의 관념, 이해, 의지 등을 군중에 비유하고, 군중을 떠나 황량한 벌판에서 홀로 서 있을 때 하느님과의 진정한 합일에 이를 수 있다고 하였다.

여기서 군중을 떠난다는 것을 직설적으로 표현하면 다음의 말이 어울릴 것이다. "죽일 수 있는 신은 죽여야 한다. Any god who can be killed ought to be killed." -미국의 신학교수 Clifford L.Stanley의 말.

에크하르트는 표현할 수 없는 궁극 실재를 "Nichts[無(영어의 Nothing)에 해당 하는 독일어)]"라고 하는 것은 그 내용에 대해서는 학자들마다 다르지만 그 방식에 있어서는 불교의 "팔불"과 힌두교 베단타의 "Neti Neti"와 상통한다.

그는 "신(God)과 신성(Godhead)의 차이는 하늘과 땅만큼 다르다 The difference between God and Godhead is that between heaven and earth."고 하면서 참다운 앎, 깨달음은 신성으로서의 신을 보는 것이라 하였다.

이 점에 관해 나가르주나와 상카라, 그리고 에크하르트의 의견을 간단히 비교해보면 불교의 법신과 인도 베단타 사상의 니르구나 브라흐만, 그리고 에크하르트의 신성은 궁극 실재의 인격성과 비인격성의 관점에서 이 시대의 종교인들이 깊이 연구하고 있는 부분이기도 하다.

그리고 에크하르트는 "신에게 부여할 수 있는 최고의 이름은 이름없는 하나로서, 그 안에서 신의 모든 속성들이 융합되어 버리는 하나이다"라고 하면서 문자라는 껍데기를 뚫고서 참된 문자적 의미를 발견하는 것이 곧 "하나"와 하나가 되는 진리이다"라고 하였다.

16. 에크하르트와 불교

(1) 에크하르트와 불교 사이의 연구는 쇼펜하우어(A. Schopenhauer)가 양자의 동일성을 주장하면서 시작되었다고 한다. 그 후 노이만(Karl Eugen Neumann)에 이어 루돌프 오토는 종교체험의 본질이 성스러움의 체험이라고 하면서 에크하르트의 신성과 대승불교의 공사상, 인도 상카라(Sankara, 788~820)를 비교하기도 하였다. 그리고 프롬(Erich Fromm)은 선과 정신분석을 비교하기도 하였는데, 에크하르트와 선불교를 비교하면서 "무신론적 차원에서 에크하르트와 불교는 공통점이 있다. On the level of non-theism Eckhart shares with Buddhism."라고 하였다.

(2) 이러한 흐름 속에서 중요한 위치를 차지하는 것이 일본의 교토京都 학파(Kyoto-School)이며, 니시다 기타로西田幾多郞(Kitaro Nishida, 1870~1945)가 창시자로서 서양철학을 불교 공사상의 관점에서 창조적으로 재해석하였다.

그의 제자들로는 니시타니 게이지(Keji Nishitani, 1900~1990)와 그의 제자 우에다 쉬즈테루(Shizuteru Ueda, 1926~)가 유명하며, 에리히 프롬과 "선과 정신분석"이라는 책을 펴낸 스즈키(Daisetse Teitaro Suzuki)는 니시다의 관점에 동조하여 서양에 널리 선을 알린 장본인으로서 앞에서 설명했듯이 선불교의 용어들을 Zen(禪) 등의 일본식 발음으로 서양에 소개하여 지금도 그대로 통용되고 있다.

니시다의 제자 니시타니는 에크하르트의 신성神性의 무 즉 절대무絶對無(Absolute Non-Being)가 불교의 공空과 동일하다고 본다.

그리고 니시타니의 제자 우에다는 에크하르트와 선불교에 집중하였으며 스즈키에 비해 훨씬 심도 있게 비교했다는 평을 받고 있는데, 그는 에크하르트가 말하는 신성의 무無에는 아직도 하나님의 개념 즉 상이 남아 있다고 보았다.

(3) 한편 서양에서는 벨테(Bernhard Welte)와 하스(Alois Maria Haas)는 선불교와 에카르트를 비교 연구하였다.

하스는 중국의 임제선사와 에크하르트는 놀랄만한 방식으로 서로 일치한다-행위 속에 명상적이고 명상 속에서 활동적인 외형적인 면을 포함해서-고 주장하였다. 그리고 뮌히(Armin Munch)는 선불교의 십우도와 십자가의 길을 비교하였으며, 쉬타이넥(Christian Steineck)은 에크하르트는 하느님과의 일치를 통하여 온전한 실재에 도달하고 선불교는 깨달음을 통해 온전한 실재와 하나가 된다고 하면서 접근 방법은 달라도 동일한 온전한 실재 즉 진리에 도달한다고 주장하였다.

여기서 독일에서 활동하다 자신의 고국 영국으로 돌아간 불교학자 에드워드 콘즈(Edward Conze)의 견해를 참고해보자.

-Buddhism : its essential and development. P. 39-

"우리는 기독교 중에 특히 신비주의 사상의 전통에서 이해하는 신성의 속성과 열반의 속성을 비교할 때 거의 어떠한 차이점도 발견할 수 없다.

When we compare the attributes of the Godhead they are understood by the more mystical tradition of Christian thought, with those of Nirvana, we find almost no difference at all.

(4) 우리나라의 경우 하지윤은 하느님과 불성의 개념을 동일하게 보며, 길희성 박사는 불교의 개념과 에크하르트가 말하는 용어 중에 서로의 유사점을 가진 것들을 정밀하게 비교-신성의 고요한 황야와 진여의 불성인 법신불, 형상 없는 지성과 불교의 자성청정심인 불성, 초탈超脫과 무념무상無念無想 등-하였다. 이러한 경향 즉 불교의 불성(Buddha-nature)과 에크하르트의 신성(Godhead)이 일치한다는 주장 또는 신성보다 불교의 공(Emptiness)이 더 심원하다는 주장에 대해 김형근 목사는 양자가 부정적 접근방식이라는 유사성에도 불구하고 불교의 불성佛性

은 인간의 정신이나 마음을 가리키기 때문에 에크하르트의 신성神性과 일치하지 않는다고 하며, 붓다의 니르바나와 용수의 공은 연기론에 기초하기 때문에 인과론을 넘어서 있는 에크하르트의 하나님과 신성을 포용할 수 없다고 주장한다.

 (5) 참고로 에크하르트에 대해서는 1. 길희성 박사의 "마이스터 엑카르트의 영성사상(분도출판사)," 2. 김형근의 "에크하르트의 하느님과 불교의 공(누멘출판사)," 3. 니시타니 게이지의 "종교란 무엇인가(대원출판사)"를 반드시 서로 비교해서 읽어보기 바란다.

종합정리

지금까지 우리는 앞에서 종교에 대한 기본적 개념을 언급한 뒤에 다원주의적 관점의 오강남 교수와 배타주의적 관점의 이국진 목사를 통해서 한국 기독교의 현황을 살펴보았고, 더 나아가 신비신학 또는 부정신학과 불교의 비교를 통해 기독교와 불교의 접점에 대해서도 일별하였다.

이어서 기독교와 불교라는 두 종교 사이의 이론에 있어서 최고의 정점인 신비신학과 불교의 비교에 대해서는 위에서 본 바와 같이 스즈키와 프롬의 동일설과 우에다의 불교우위설, 다원주의적 관점의 길희성 박사의 유사설, 보수적 정통 기독교의 보수적 관점의 김형근 목사의 신성우위설로 편의상 분류할 수 있겠다.

문제는 에크하르트가 말하는 개념 자체가 전문적인 용어라서 나로서는 접근에 한계가 있으므로 그 점은 차치하더라도 길희성 박사와 김형근 목사가 이해하고 있는 불교의 전문용어나 이해에 대해서 나름대로의 접근을 하고 보니 그 분량만 해도 너무 많아 결국 제6장의 종교론 부분의 분량이 250쪽을 넘는 지경에 이르러 몇 차례 줄였다가 결국 대폭 축소하기로 결정하였다.

이 책의 눈높이가 불교학 개론의 수준으로 잡았으므로 독자에게 현대의 종교현황 을 알리는 정도에 그칠 수 밖에 없음을 널리 이해하여 주시기를 바란다.

아래에는 위에서 언급한 에크하르트와 불교의 비교 부분에서 언급되는 개념 중에 알아야 기본적 내용과 대승기신론의 기본적 내용을 소개하니 도움이 되기를 바란다.

17. 법(Dharma)과 붓다
1. 법성이란 무엇인가?
 (1) 법성[Dharmata(S) Dhammata(P)]이란 우주 일체의 현상이 갖추고 있는 진실 하고 불

변하는 본성을 가리키며, 법성은 만법의 근본이기 때문에 법본法本이라고도 한다.

그 외 접근방식에 따라 실상實相, 묘유妙有, 진선眞善, 실제實際, 여여如如, 열반涅槃, 공空, 불성佛性, 여래장如來藏, 제일의제第一義諦 등으로 불린다.

(2) 잡아함경에 보면 다음의 말에 이어서 12연기를 설하여 연기가 법성임을 말하고 있다.
잡아함경, 권 30(대정장 2, p. 217c8)
내가 이 세상에 나오거나 나오지 않거나 법의 성품은 언제나 존재하는 것이다.
여래출세 급불출세 법성상주如來出世 及不出世 法性常主

Whether the Buddha appears or not in this world, the Dharma-nature always exists.

2. 자설경 Udana

(1) 자설경 제8(파탈라촌)품 제1경

지수화풍이 아닌 영역이 있다.

There is that sphere wherein is neither earth nor water nor fire nor air.

무한한 공간도 아니고, 무한한 의식도 아니고, 아무도 없는 것도 아니고, 의식이 아닌 것도, 의식이 없음도 아닌 영역이 있다.

Wherein is neither the sphere of infinite space nor of infinite consciousness nor of nothingness nor of neither-ideation nor non-ideation;

이 세상도 아니고 이 세상을 넘어선 것도 아니고, 이 두 가지가 동시인 것도 아니고, 달도 아니고 해도 아닌 영역이 있다.

where there is neither this world nor a world beyond nor both together nor moon nor sun;

나는 말하는데, 그 곳에는 "옴이 없고 감도 없다.(不去不來)"

I say there is neither coming from it nor going to it;

머무름도 없고 파괴도 없다.

it has neither duration nor decay;

시작도 없고 구성됨도 없다.

there is neither beginning nor establishment;

결과도 없고 원인도 없다.

there is no result and no cause.

이것이 진정한 고통의 끝이다.

This verily is the end of suffering.

(2) 자설경 제8품 제3경

그 곳에는 탄생과 존재와 업과 유위에 대한 부정이 있다.

There is an Unborn, Unbecome, Unmade, Uncompounded.

(3) 자설경 제8품 제9경

아! 그러나 흔들림 없는 즐거움이 진실로 그 곳에 있네.

Aha! but unwavering delight truly exists there.

3. 연기법은 누가 만들었는가?

(1) 잡아함 연기법경

연기법은 내가 만든 것도 아니고 다른 사람이 만든 것도 아니다.

The law of interdependent origination is not made by me(the Buddha), and also by anyone else.

4. 법과 붓다의 관계

(1) 도간경稻竿經 Salistamba Sutra

연기를 보는 자는 법을 보고, 법을 보는 자는 나를 본다.

One who sees dependent origination sees the Dharma, one who sees the Dharma sees the Buddha.

(2) 법의 공경

다르마(法)에 대한 붓다의 생각을 경전을 통해 알아보자.

상상응부경전 즉 웃따 니까야(SN 1 p. 139) 즉 상응부경전의 공경경恭敬經에 다음과 같이 말하고 있다.

1. 한글과 영문

공경하고 존경해야 할 사람이 없다는 것은 괴롭다.

It gives me pain that there is no respectable and venerable beings.

나는 어떤 사문이나 바라문을 존중하고 가까이해야 하랴.

I wonder if I could respect and drae near to any sramana and Brahmin.

나는 차라리 내가 깨달은 법, 이 법을 존중하고 가까이하면서 살리라!"
I would rather live in respecting and drawing near to the Dharma which I attained.

2. 빨리 원문

Yam nunaham yvayam dhammo maya abhisambuddho tam eva dhammam sakkatva garukatva upanissaya vihareyyanti.

위의 빨리 원문에서 sakkattva는 sakkaroti의 추상명사이며 sakkaroti는 공경하다(respect), 친절히 대하다(treat with respect)의 뜻이다.

(3) 잡아함경에서는 이 대목을 범천의 입을 빌려 다음과 같이 표현한다.
-잡아함경 권 44, 1188경(T2 p. 322a)-
한글 : 오직 바른 법이 있어서, 여래께서 스스로 깨달아 다 옳은 깨달음(등정각等正覺)을 성취하였나이다.
그러므로 그것은 여래께서 공경하고 존중하며 받들어 섬기고 공양할만한 것으로서, 그것에 의지해 살아가셔야 할 것이옵니다.
한문 : 唯有正法 如來自悟成等正覺 卽是如來所應恭敬宗重 奉事供養 依彼而住者.
발음 : 유유정법 여래자오성등저각 즉시여래소응공경종중 봉사공양 의피이주자

이상의 표현 중에서 공경, 종중, 공양이라는 표현을 사용했다는 점에 귀를 기울여야 할 것이다.

5. 화엄경의 법신불의 자비광명

1. 법신불은 어떤 모양이나 색깔은 없다
   The Dharma-kaya have no form and thing.
   무상무색에서 무색無色에서 색은 물질을 뜻한다.
2. 불신은 온 법계에 가득하여 온갖 중생에게 자신을 나타내노라.
   The Buddha-kaya fills the the whole Dharma-dhatu, manifesting itself to all beings.
   인연따라 소원과 필요에 따라 나타나니 동시에 보리좌를 떠나지 않네.

It responds to their every wish and need according to their karmas, while at the same time never leaving the Bodhi seat.

6. 대승기신론大乘起信論 The Treatise on the Awakening of Faith in Mahayana

(1) 대승기신론의 사상사적 위치

원효는 이 논서를 평하길, 제론지종조 군쟁지평주야諸論之宗祖 群諍之評主也라고 하였는데, 원효사상총서(공파스님의 번역)에 의하면 그 뜻은 이러하다.

"모는 논의 조종이며, 모든 논쟁을 완전히 평가하는 판단의 주主(=기준)라 하는 것이다.
This is the archetypal treatise and the chief arbitrator of all controversies."

(2) 기본개념

1) 대승기신론은 인도의 아쉬바고사(Ashvagosha, 1~2세기의 인물) 즉 마명馬鳴스님이 지은 논서로서 불교사상의 클라이막스에 해당한다.

이 논서의 핵심은 1. 일심一心(One Mind) 2. 이문二門(Two Aspect of One Mind) 3. 삼대三大(Three reatness of One Mind) 4. 사신四信(Four Faiths) 5. 오행오행(Five Practices)이다.

2) 원효의 "대승기신론소, 별기"에서 말한 일심
－원효성사전서 제5권 192쪽 : 공파무구 스님 번역본과 박성배교수님의 영문을 참조－

1. 두 문(진여문과 생멸문)이 같은데 어떻게 일심이라 하는가?

말하자면 더럽고 깨끗한 모든 법은 본성이 둘이 아니므로 참되고 허망한 두 문이 다르지 않기 때문에 이름하여 일심이라 하는 것이다.

그것은 둘이 아닌 곳에서 일체법은 진실로 여실하여 무의미한 허공과는 같지 않은 것이다. "그 성품은 스스로 아주 신기하여 모든 것을 다 알기 때문에 이름하여 심이라 하는 것이다(성자신해 고명위심性自神解 故名爲心)."

If these two aspects are identical, how can it possibly be one mind?

Namely, because the nature of all pure and impure dharmas is non-dual, truth and falsity cannot be different.

Hence, they are called One.

At the point of non-duality all dharmas are completely real, and differ from empty space.

Original Nature miraculously knows everything by itself and therefore it is called mind.

> ■ 참고로 중국 화엄종의 현수법장은 "대승기신론의기"에서 일심과 여래장을 동위 개념으로 보지만, 원효는 일심을 여래장보다 상위개념으로 보며, 원효는 일심에 대해 "이미 둘이 아닌데 어찌 하나라고 말할 수 있으며, 하나일 것도 사실 없는데 어찌 일심이라 하겠는가"라고 하면서 진리는 이언절려離言絶慮(언설을 떠나고 생각이 미칠 바가 아님 passing beyond language[leaving behind words] and cutting off thought)이므로 부르기 쉽게 일심이라 한 것이라고 하였다.
> 여기서 심心이라는 것은 단순한 심리현상을 가리키는 것이 아니라 심물합일心物合一의 심이며, 물질의 상대적 개념으로서의 심이 아니다.
> 일심 대신 일물一物 즉 한 물건이라고 못 쓸 이유는 없지만, 심의 능동성을 고려하여 사용한 것으로 보이며 원효는 위에서 본 바와 같이 "성자신해性自神解 고명위심故名爲心" 즉 신묘하게 이해하므로 심이라 부르는 것이다.라고 하였다.

(2) 부처님이 있던 없던 그 부처님의 체성과 속성은 항상 있는 것이어서(유불무불 성성상주 有佛無佛 性相常主) 변이가 없고 또 그것이 파괴될 수 없다. 그러므로 이 문 가운데 알기 쉽게 표현하기를 진여, 실제 등의 이름으로 우선 내세운 것이다.

The essence and attribute of the Buddha always abide whether the Buddha is or not. Therefore it is neither changed nor destroyed.

Therefore for the sake of expressing easily in the middle of the gate or the suchness aspect, the true-suchness and reality, etc., is named by expedient means.

18. 마무리

1. 종교와 분쟁 그리고 종교학의 필요성

우리나라의 특징 중 하나가 세계에서 거의 유일한 다종교문화의 나라이다. 이러한 종교인구 중에서 기독교가 불교와 비슷한 신도수를 가지고 있다.

문제는 종교적 갈등이 상존하면서 때로는 갈등의 폭이 깊어지기도 한다.

종교적 분쟁이나 갈등은 전세계적 현상으로서 오늘날에도 계속되고 있으며 앞으로도 계속

될 가능성이 높다는데 그 문제의 심각성을 알 수 있다.

이러한 종교분쟁은 전쟁이라는 가장 추악한 인간들의 비극에 결정적 역할을 때로는 한다는 것이 현재 종교학계의 진단이다.

1700년 이후의 480여 건의 세계 주요 전쟁은 종교적 신념 때문에 발생했다고 연구보고(Joanne O'Brien and Martin Palmer, the State of Religion Atlas, A Touchstone Book: 1993, p.117)도 있다.

이러한 중요성 때문에 북미 대학에는 종교학과가 없는 학교가 드물지만 우리나라에 비교종교학을 가르치는 대학교가 서울대학교 외에 별로 없다고 하니 하물며 어린 학생들이야 말 할 것도 없다.

우리나라의 종교단체마다 어린이 포교를 하는 것이 한편으로 걱정되는 것이 다른 종교단체를 이상한 집단으로 간주하는 편협성을 부지불식간에 주입하고 있지는 않는지 우려되는 것은 종교를 가르치는 분들이 종교학 전반에 대한 기본적 소양을 갖추고 있는지 의문스럽기 때문이다.

초.중.고에 종교학을 가르치는 것은 흔히 하는 말로 선택이 아니고 필수이며, 글로벌 시대에 어울리는 교양을 갖추어서 다른 민족이나 문화를 이해할 수 있는 수준으로 올려야 할 의무가 우리에게는 있다.

문화의 뿌리에는 종교라는 오랜 역사적 전통이 자리를 잡고 있기 때문이다.

2. 종교 간의 상호이해와 접근방식

이 책의 4장에서 화이트헤드의사상을 소개한 이유를 다시 말하자면 불교와 기독교를 비롯한 신이라는 이름의 종교와 법이라는 이름의 전혀 상반되는 듯한 두 종교의 만남의 중개인 역할을 할 수 있을 것이라는 바램이었기 때문이다.

에크하르트의 사상에 대한 학자들의 전문적 연구도 그러한 맥락에서 이해할 수 있는 것이다.

이러한 종교 간의 대화는 기존의 자료를 통해 개념을 분석하는 과정에서 해석의 방법론이 제기되므로 그러한 해석의 한 방법으로서 열린 해석을 하여야 한다.

동시에 우리는 새로운 자료를 찾아서 해석에 의해서도 결론지을 수 없는 것을 우리는 얻을 수 있는 것이다.

이러한 노력 중에 중요한 것이 도마복음이므로 제6장에서 소개하였다.

결국 기존의 자료를 토대로 새로운 이해와 해석을 통한 접근과 새로운 자료의 발굴에 의한 접근으로 양분되는 것이다.

3. 인격적 임재와 불교

앞에서 인격신론에 관한 다양한 의견을 살피면서 유심히 보아야 할 것은 다원주의적 관점에 있는 그들이 구시대적 인격신론을 탈피하고 있지만 인격적 임재라는 표현 즉 인격적 요소를 완전히 포기하지 않은 것을 보았을 것이다.

이러한 경향에 대해서 신을 추상적 진리체계로 설명하다가 결국 인격적 존재성의 전제로부터 나오는 사유체계로 침몰해 버린다는 비판이 있다.

불교의 경우 법의 종교에서 벗어나 대승불교의 시대에 들어와서 붓다의 신격화로 빠졌다는 비판이 있으며, 힌두교의 경우 초기 우파니사드에 나타나는 신비한 초월적 나의 모습이 신격화 종교적 숭배의 대상으로 만들었다는 비판이 있는 것과 대비된다.

카렌 암스트롱이 지적하듯이 "신에 대한 인격적 언어는 하나님을 드러내는 것이 아니라 우리 자신의 열망을 드러낸 것이며, 인격적 신이 필요조건, 두려움과 소망 같은 감정을 반영하는 인간 사상의 투영에 불과한 하나의 우상이 될 수 있다는 점이다"라고 하는 말에 대해서는 인격신론은 물론 불교와 같이 붓다의 신격화를 통한 숭배화로 전락하는 경우에도 동일한 비판이 가능한 것이다.

문제는 폴 니터가 두 가지 표현을 살펴보자

(1) 하느님은 더 이상 인격체가 아니지만 명백히 그리고 훨씬 더 매혹적으로 인격적이라는 것이다.

(2) 인격적 임재란 이 신비가 인격적인 방식으로 나를 감동시키고 영향을 주는 것을 내가 느끼기 때문이다.

그러면 이러한 표현이 위에서 언급된 인격적 존재성을 완전히 포기한 것이 아니 라는 지적에 해당하는가?

결론부터 말하자면 해당되지 않는다고 본다.

불교에 대한 오해에 해당하는 대표적인 경우가 초기불교의 법 중심의 종교를 무미건조한 성격으로 치부해버리는 것과 허무주의이다.

불교의 영험에 관한 수 많은 이야기는 제불보살에 대한 기도를 하지 않고 여법하게 수행하여도 다양한 형태로서 보인다는 사실이다.

그것이 붓다가 진정으로 바랬던 것이며, 선가의 살불살조 정신은 깨달음에 대한 집착도 포함해서 욕망의 투영으로서 인격화, 신격화, 우상화를 철저히 경계한 것이다.

대승기신론의 가치 중의 하나는 일부 대승불교에서 보이는 붓다의 신격화에 빠지지 않으면서 진리를 체.상.용으로 나누어 진리를 파악한 것이라고 본다. 그래서 대승기신론에서는 먼저 네가지 믿음 즉 진여, 불, 법, 승을 말한다.

폴 니터의 인격적 임재는 진리 즉 진여에 내포된 한 부분으로 파악하면 문제될 것이 없다.

마치 언어의 한계성을 인식하고 있는 사람만이 제대로 말할 수 없는 자리를 말하고 들을 수 있는 것처럼 이언절려의 세계인 궁극적 실재를 알고 인격신론을 벗어났을 때 인격적 임재 즉 불교적 표현으로 영험을 말할 수 있고 그 의미를 알게 된다.

그리고 불교를 허무주의로 보는 오해에 대해서는 교학적 풀이는 차치하고 위에서 붓다가 자설경에서 말한 바와 같이 "어디로 갔는지 말할 수는 없지만 흔들림 없는 즐거움이 그 곳에 있네"라는 표현에서 허무나 멸신회지의 열반관은 찾을 수 없다. 자설경의 이 부분을 최봉수교수는 불교의 열반이 진실한 즐거움이 있는 영원한 종교적 생명의 세계임을 웅변적으로 강조하고 있다고 본다.

자설경의 이 부분은 이 책의 마지막 부분에서 볼 무기 즉 붓다의 침묵에 해당하는 내용 중의 하나로서 붓다의 사후에 대한 질문에 해당한다.

여기서 우리는 슈미트하우젠(Lambert Schmithausen)이 말한 분류형식 즉 불교의 부정적-주지주의적(negative-intellectual) 경향과 긍정적-신비주의적(positive-mystical) 경향 중에 후자에 해당함을 알 수 있다.

붓다는 이른바 대기설법에 따라 법이라는 궁극적 실재에 대해 때로는 침묵으로 때로는 언설로서 법을 설하면서 위의 두 가지 방식을 적절하게 사용하였다.

붓다의 공경경에서 나오는 법의 공경이나 존중이라는 표현도 그런 측면에서 파악할 수 있을 것이지만 법을 만든 어떤 존재가 있어서 그 존재에게 공경한다는 것으로 해석하는 것은 붓다가 부정한 브라만교의 전변설을 지지하는 것으로서 위험천만한 해석이 된다.

이상에서 우리는 언어에 대한 해석이 얼마나 어려운 것인가를 알 수 있다.

이제 우리는 이 책의 마지막 부분인 불교의 언어관에서 진리는 과연 표현할 수 있는지에 관해 살펴보기로 하자.

19. 불교의 언어관 : 붓다의 침묵과 예수의 침묵 그리고 노자

1. 진리와 언어 truth and language

진리를 언어로 표현할 수 있는가?

그러면 진리는 무엇이며 언어란 무엇인가?

이러한 물음은 동서양 모두 지금까지 종교, 철학, 언어심리학, 인지학 등에 걸쳐 논의가 계속되어 왔다.

간략하나마 우리가 잘 아는 노자의 견해에서부터 붓다의 침묵에 이르기까지 정리해보자.

2. 노자의 도덕경 Lao Tsu, Tao Te Ching
(1) 도덕경 1장

道可道非常道 名可名非常名	도가도 비상도 명가명비상명
無名天地之始 有名萬物之母	무명천지지시 유명만물지모
故常無慾以觀其妙 常有慾以觀其徼	고무상욕이관기묘 상유욕이관기교(=요)
此兩者同 出而異名 同謂之玄	차양자동 출이이명 동위지현
玄之又玄 衆妙之門	현지우현 중묘지문

도를 말로 하면 늘 그러한 도가 아니다.
이름을 지어 부르면 늘 그러한 이름이 아니다.
이름없는 곳에서 천지가 비롯되었고 이름있는 것에서 만물이 생겨났다.
그러므로 언제나 하고자 하는 마음을 품지 않음으로써 그 속을 보고
언제나 하고자 하는 마음을 품음으로써 그 거죽을 본다.
이 둘은 같은 것인데 밖으로 나와 그 이름이 다르다.
그 같은 것을 일컬어 그윽하다 하는 데 그윽하고
또 그윽해서 온갖 묘한 것들이 그리로 드나든다.

The Tao that can be told is not the eternal Tao.
The name that can be named is not the eternal name .
The nameless is the beginning of heaven and earth.
The named is the mother of ten thousand things.
Ever desireless, one can see the mystery.
Ever desiring, one can see the manifestations.
These two spring from the same the source but differ in name;
This appears as darkness. Darkness without darkness.
The gate to all mystery.

(2) 도덕경 56장

知者不言 言者不知	지자불언 언자부지
塞其兌 閉其門	새기태 폐기문
挫其銳 解其紛	좌기예 해기분
和其光同其塵 是謂玄同	화기광동기진 시위현동
不可得而親 不可得而疎	불가득이친 불가득이소
不可得而利 不可得而害	불가득이이 불가득이해
不可得而貴 不可得而賤	불가득이귀 불가득이천
故爲天下貴	고위천하귀

아는 자는 말하지 않고 말하는 자는 모른다. 구멍을 막아 문을 닫고 날카로움을 무디게 하여 얽힌 실마리를 풀고 빛을 부드럽게 하여 티끌과 하나가 된다.
이를 일컬어 그윽히 같아짐 이라 한다.
가까이 할 수도 없고 멀리 할 수도 없고 이롭게 할 수도 없고 해롭게 할 수도 없고 귀하게 여길 수도 없고 천하게 여길 수도 없다. 그런 까닭에 세상의 귀한 것이 된다.

Those who know do not talk. Those who talk do not know.
Keep your mouth closed. Guard your senses
Temper your sharpness. Simplify your problems.
Mask your brightness. Be at one with the dust of the earth.
This is the primal union.
He who has achieved this state is unconcerned with friends and enemies,
With good and harm, with honor and disgrace.
This therefore is the highest state of man.
　-위의 영문은 GIA-FU FENG과 JANE ENGLISH의 공역을 옮김(도덕경은 영문번역본만 50개가 넘는다).

■ mask 1. 감추다(conceal / veil / hide) 2. 위장하다(disguise / dissemble)
▶ 그녀는 겉을 꾸미며 본성을 감추었다.
　She masked her real character behind the assumed manner.

(3) 도덕경에 대한 해설

도덕경의 제1장에 나오는 "도가도 비상도 명가명" 그리고 56장에 나오는 "지자불언 언자부지"를 통해 언어의 한계성과 침묵의 뜻을 새겨보기 바란다.

참고로 56장의 화기광동기진은 화광동진의 유래가 되며, 중국 송나라 곽암의 십우도에 마지막으로 나오는 입전수수와 대응하는 말로 보기도 한다.

동양 사상에서는 대체로 언어로서 진리를 표현할 수 없다는 사상이 지배적인데, 그 이유는 변화의 측면을 중시했기 때문이며, 서양 사상은 대부분 불변의 측면을 중시하였다.

1) 1장에 관한 주석

1. 왕필王弼의 주

   말로 표현되는 도.

   이름 지어 부르는 이름은 일을 가리키고 모양을 만들기에, 늘 그러한 것이 못 된다.

   그래서 말로 할 수 없고 이름 지어 부를 수 없다고 했다.

2. 소자유蘇子由의 주

   도가 아닌 것이 아니다.

   다만 도를 말로 하면 늘 그러한 도가 아니라는 말이다.

   도는 말로 표현될 수 없기에 그래서 늘 그러한 도인 것이다….

   이름없음[無名]은 도의 몸[體]이요, 이름있음[有名]은 도의 부림[用]이다.

2) 56장에 관한 주석

1. 왕필의 주

   ……빛을 부드럽게 하는 것은 특별히 내세우는 바가 없어서 아무와도 치우쳐 다투지 않는 것이다. 티끌과 같아짐은 특별히 천대하는 바가 없어서 아무도 치우쳐 부끄러워 하지 않는 것이다… 이 아니지만 언설을 떠나 있는 것도 아니다.

   그러하되, 아는 자라고 해서 반드시 말로 표현하지 않고 능히 말하는 자라 해서 반드시 아는 것도 아니다. 다만 ,구멍과 문을 닫아서 밖으로 흐르는 것을 막고, 날카로움을 무디게 하여 얽힌 실마리를 풀고, 빛을 부드럽게 하여 티끌과 같아져서 , 안을 다스리는 자는 소리 없는 모양이 서로 같지는 아니하나 도와 하나가 된 사람이다

2. 소자유의 주

   도는 언설이 아니지만 언설을 떠나 있는 것도 아니다.

그러하되, 아는 자라고 해서 반드시 말로 표현하지 않고 능히 말하는 자라 해서 반드시 아는 것도 아니다. 다만, 구멍과 문을 닫아서 밖으로 흐르는 것을 막고, 날카로움을 무디게 얽힌 실마리를 풀고, 빛을 부드럽게 하여 티끌과 같아져서, 안을 다스리는 자는 소리 없는 모양이 서로 같지는 아니하나 도와 하나가 된 사람이다

3. 예수 Jesus Christ

아래의 내용은 신약(the New Testament)의 요한복음에 나오는 유명한 구절인데, 8장 32절에 진리에 관한 언급이 있지만 진작 진리가 무엇인가에 대한 빌라도의 물음에 대해서는 진리에 대한 답변이 없이 엉뚱한 표현이 나온다. 대한성서공회의 성경(개역 전의 영문판)에 나오는 요한복음 8장 32절과 18장 38절을 차례대로 살펴보자.

(1) JOHN[요한복음] 8:32
진리를 알찌니 진리가 너를 자유롭게 하리라
You shall know the truth, and the truth shall make you free.

(2) JOHN[요한복음] 18;38
빌라도가 가로대, "진리가 무엇이냐?"하더라
Pilate said to Him, "What is truth?.......
이 말을 하고 다시 유대인들에게 나가서 이르되 나는 그에게서 아무 죄도 찾지 못하였노라
With this he went out again to the Jews and said," I find no basis for a charge against him.
유월절이면 내가 너희에게 한 사람을 놓아 주는 전례가 있으니
But it is your custom for me to release to you one prisoner at the time over the Passover.
그러면 너희는 내가 유대인의 왕을 너희에게 놓아 주기를 원하여야 하니
Do you want me to release the king of the Jews?
그들이 또 소리질러 이르되 이 사람이 아니라 바바라라 하니
They shouted back, "No, not him! Give us Barabbas!"
그는 강도였더라.
Now Barabbas had taken part in a rebellion.

해설

신약의 요한복음에서 예수는 진리에 의한 자유를 이야기 했으나 진작 빌라도가 진리가 무엇인지 물었을 때 그 대답은 기술되어 있지 않다.

다시 말해서 빌라도가 예수에게 "진리가 무엇이냐?"라고 물었을 때 그에 대한 어떠한 언급도 없이 엉뚱하게 빌라도는 아무 죄도 찾지 못했다. 즉 "예수는 무죄다. Jesus Christ is no guilty"라는 말을 하는 것은 전후 문맥상 어울리지 않는다.

이에 대해 오 강남교수(캐나다 리자이나[Regina] 대학 비교종교학교수)는 다음과 같이 말한다.

"기록자가 빠뜨리고 적지 않았는지, 예수가 대답하지 않았는지는 모르지만 대답하지 않았다면 그 이유는 (1) 빌라도의 시니컬한 질문에 대답할 필요성이 없거나 (2) 진리에 대한 빌라도의 그리스, 로마의 의미와 예수의 히브리적 의미 사이의 커다란 차이점 때문에 빌라도가 이해할 수 없음을 예수가 미리 알았기 때문이거나 (3) 더욱 근본적인 것은 진리는 어떤 말장난이나 정의定義의 대상이 될 수 없음을 침묵을 통해 웅변적으로 나타낸 것이라 할 수 있다.

아무튼 이 거창한 질문은 불발탄인 채 그대로 질문 자체만 역사적 기록으로 남아 있을 뿐이다."–오강남, 예수가 외면한 그 한가지 질문, 현암사–

4. 불교의 언어관

(1) 언어의 유용성

   1) 긍정적 언어관[positive view on language]

   언어는 진리에 이르는 유용한 수단으로서 범부들을 진리의 길로 인도하는 뗏목[a raft leading to the way of the truth]으로 보는 관점이다

   2) 부정적 언어관[negative view on language]

   언어가 쓸모 없는 형이상적 견해나 분별망상의 도구 즉 희론의 기능을 하는 경우 오히려 부정적 수단의 역할을 한다

   3) 언어의 이중성

   초기불전인 남방의 Nikaya나 북방의 Agama에 나오는 뗏목의 비유는 언어의 긍정과 부정의 이중성을 잘 보여준다.

   저 언덕의 피안에 이르기 까지는 언어라는 뗏목은 진리에 이르는 도구이지만 강을 건넌 후에도 집착하면 어리석은 일이다

   노자의 득의이망언得意而忘言("Once you get the meaning, forget the words")과 선불

교에서 "생명을 실은 공안도 말에 걸리고 글자에 잡히면 오히려 목숨을 잃는다"는 것이 이를 두고 한 말이다

이와 같이 필수불가결한 요소의 언어(language as indispensable method)와 (버려야 할) 필요악의 언어(language as necessary evil), 이것이 언어의 이중성이다.

(2) 실재와 언어의 관계-언어는 실재를 표현할 수 있는가?
  1) 가설可說적 언어관(effable view on language)
    유부有部(sarvastivada[S], savatthivada[P]: All-exists School)는 궁극적 실재인 법(Dharma)을 표현할 수 있다는 입장에 가깝다
  2) 불가설不可說적 언어관(ineffable view on language)
    1. 용수(Nagarjuna, 150~250)가 대표적이며, 중론에서 자성(svabhava[S]: self-nature / own-being / (essential) self-existence / inherent nature (existence) of nature)적 성격을 가진 언어는 무자성적인 실재(reality)를 표현할 수 없다는 입장이다.
    즉 용수는 모든 자성을 거부하므로 무자성인 공을 유자성의 언어로 표현하는 것은 모순되는 것 같지만 실체로서의 자성(svabhava[S] self-nature as substance]이 아닌 다른 것 즉 타성과 구별을 위해 필요한 자기동일성으로서의 자성(svabhava[S] : self-nature as self idenity)은 언어사용을 위한 전제로서 인정한다.
    2. 대승경전의 백미(the best of Maha-yana Sutra)라 불리는 유마경의 불이법문(non-duality Dharma talk)에서 유마거사의 침묵[the silence of (a layman) Vimala-kirti]도 불가설적 언어관을 보여주는 대표적인 사례다.

▣ 유마거사 (Vimala-kirti)는 유마힐소설경(Vimala-kirti-nirdes(h)a sutra 줄여서 유마경 Vimala-kirti sutra)의 주인공으로서, 유마힐維摩詰이 그의 이름이며 Vimala-kirti의 음역이다. 줄여서 유마라고 흔히 부르며, 의역하여 무구칭無垢稱 또는 정명淨名이라고 한다.
1. Vimala 깨끗한, 빛나는, 오점 없는 → 무구無垢 2. kirti 진술 / 명성, 명예
3. nirdesha 설명, 지시, 명령 4. sutra 경전

▣ "이 경전의 인기는 재가생활과 수도생활의 동등한 가치를 강조하기 때문이다.
The popularity of this sutra is due to its stress on the equal value of the lay life and the monastic life."

3. 선불교(Chan or Seon Buddhism)의 불립문자不立文字(not depening on words and letters), 개구즉착開口卽錯(openining a mouth i.e. a mistake), 언어도단言語道斷(beyond the words and letters) 등은 진리에 대한 언어의불가설을 잘 보여주고 있다.

선사들이 운수납자들을 지도하는 과정에서 언어를 거의 사용하지 않는 대표적인 경우가 중국의 두 선사가 사용한 덕산(덕산 "방棒", 임제臨濟 "할喝"이다.

"덕산 방(몽둥이)과 임제 할(고함을 침)은 덕산선감과 임제의현이 본래면목을 깨치게 하려고 관례적으로 사용한 선수련의 형식을 상징한다.

The stick of Te-shan and the shout of Lin-chi express for a type of Chan training customary to awaken the true nature in Chan since Te-shan Hsuan-chien(德山宣鑑 782~865) and Lin-chi I-hsuan(臨濟義玄 ?~867).

5. 붓다의 언어관

(1) 붓다 당시의 언어관

붓다 당시 브라흐만 전통(brahmanical tradition)인 실체론적 언어관(substantialism)은 언어를 고유한 실체로 보면서 신격화한 것을 다음의 베다를 통해 알 수 있다.

> 1. 언어가 곧 브라흐만이다.
> 2. 근원적 언어인 옴[Om]은 전 우주와 동일하고, 모든 베다의 정수이며, 불사의 성음이며, 불멸자이다.
> 3. 옴에 대해 명상하는 자는 곧 브라흐만을 성취한다

이러한 태도는 "성경의 무오류성(the inerrancy of Scripture)"을 주장하는 기독교와 사상적 맥락을 같이한다. 그러면 언어와 관련된 성경의 구절을 한글과 영문의 순서로 검토해 보자.

(2) 요한복음1;1-3(John 1:1-3)

1. 말씀이 육신이 되다. The Word Became Flesh
   태초에 말씀이 있었느니라 이 말씀이 하나님과 함께 계셨으니 이 말씀은 곧 하나님이시라.
   (1) In the beginning was the Word, and the Word was with God, and Word was God.

그가 태초에 하나님과 함께 계셨고 만물이 그로 말미암아 지은 바 되었으니 지은 것이 하나도 그가 없이 된 것이 없느니라.

He was with God in the beginning.

Through him all things were made; without him nothing was made

(2) that has been made.

---

(1) in the beginning=at the (very) beginning 처음에=at the (very) outset / in the commencement ▶예배의 시작 the commencement of the church service.
위의 첫 문장은 부사구 "in the beginning"이 강조를 위해 앞으로 도치된 문장이다.
(2) that has been made는 nothing을 수식하는 형용사 절이다

---

(3) 히브리서 11:3 Hebrew 11:3

믿음으로 모든 세계가 하나님의 말씀으로 지어진 줄 아나니 보이는 것은 나타난 것으로 말미암아 된 것이 아니니라.

By faith, we understand that the universe was formed at God's command, so that what is seen was not made out of what was visible

한편 유물론자의 유명론적 언어관(nominalism)은 언어는 자의적이며, 실재는 언어의 영역을 초월한 것으로서 언어는 실재의 성격을 왜곡시킨다는 언어에 대한 불신과 회의론적 입장이다.

붓다는 유물론자들과 같이 비非브라흐만 전통(non-brahmanical tradition)에 속하지만 유물론자의 유명론적 언어관과 브라흐만의 실체론적 언어관은 두 가지 극단적 견해라고 주장하며 중도적 언어관(attitude to language in the middle way)을 주장하고 있다.

(4) 언어의 세계와 욕계欲界 및 초선初禪

1. 욕계와 언어의 세계

붓다는 모든 언어는 욕구가 있을 때 인간이 구성한 관념이며-원시인에게 책상은 의미 없는 존재이므로 잘려진 나무의 모임에 지나지 않으므로 이름을 지을 이유가 없다. 우리가 살고 있는 세계는 언어로 존재를 인식하는 세계로서 욕계라고 불렀다. 즉 욕계는 언어의 세계이다. 그러면 언어는 어떻게 생성되는가? 욕유가 있기 때문이다.

욕유는 어디에서 온 것인가?

취取가 있기 때문이다.

2. 초선과 언어

구차제정九次第定(nine succesive stages of concentration) 중 첫 단계인 초선의 경지에서는 언어가 적멸하다라고 한다

잡아함(474)경과 쌍윳다 니까야(S.N.36.15)에서 "초선을 바르게 수행하면 언어가 적멸한다. 初禪正受時 言語寂滅"이라고 나와 있다.

즉 초선의 단계에서 욕유가 다스려 진다는 것은 언어에 얽매이지 않는 단계에 이르렀다는 것을 의미한다.

구차제정은 9가지 선정수행을 말하며 4선정과 4무색정 그리고 멸진정으로 구성된다.
(1) 4선정禪定=4정려靜慮 the four concentrations / the four stages of dhyana / the four dhyanas / the four meditations / the four stages of meditaton.
1. 초선 the first concentration (stage) 2. 이선 the second~ 3. 삼선 the third~ 4. 사선 the four~.

(2) 사무색정四無色定 the immaterial[formless] concentrations
1. 공무변처정 the limitless space concentration 2. 식무변처정 the limitless consciousness ~ 3. 무소유처정 the nothingless ~ 4. 비상비비상 the neither-perception-nor-non- perception ~.

(3) (상수)멸진정(想受)滅盡定 : nirodha-samapatti(p)] : extinction[cessation] concentration
=멸수상정 samjna-vedita-nirdha : samadhi[=concentration] of feeling and conceptualization [=pereption]

---

6. 붓다의 침묵―무기無記 Avyakata[P] Avyakrta[S]

The Silence of the Buddha

(1) 무기의 의의

1) 시대적 배경

무기는 붓다가 활동하던 당시에 논의되던 형이상학적 질문에 대한 붓다의 침묵을 의미한다

세계의 시간적, 공간적 문제, 육체와 영혼의 동일성문제, 자아의 존재 여부의 문제, 여래 사후의 문제 등에 대해 불타는 다양한 방식으로 대응했다.

붓다는 제행무상[Sabbe Sankhara Annica(P)]은 설하지만 "세계가 영원한가, 아닌가"에 대해 제법무아[Sabbe Sankhara Anatta(P)]는 설하지만 "자아가 있는가, 없는가"에 대해 열반적정[Santam Nirvanam(P)]을 설하지만 "여래는 사후에 존재하는가"에 대해 침묵과 표현을 적절히 사용했다.

이에 대해 당시의 외도들은 "저 사문의 지혜는 빈 집과 같아서 대중들 가운데서 이 문제에 대해 옳고 그름을 논의하지 못한다. 이것은 마치 눈 먼 소가 밭 가운데에 들어 가지 못하고 밭두렁만 다니는 것과 같다"고 비난을 퍼부었다.

이에 대해 붓다는 "외도들의 시비는 아이들의 말장난(=소아희小兒戲 childish wordplay) 즉 희론戱論(parapanka[S])에 불과하다"고 말했다.

붓다는 외도들의 사견은 유무有無라는 모순된 개념 즉 "고정된 실체(substance)가 있느냐, 없느냐"에서 출발하기 때문에 고정된 실체를 인정하지 않는 연기론의 관점에서 볼 때 질문 자체가 처음부터 잘못된 것이므로 즉답(a prompt answer)을 하지 않고 사성제, 연기 등을 설하였다.

戱論 parapanka[S] papanka[P]이란 S-K사전과 S-E사전을 참고하여 정리해 보면 다음과 같다.
1. 확대 expansion, 발전 development, 분화 differenciation
2. 현시 manifestation, 현상 phenomenon,
3. 마음에도 없는 칭찬하기 mutual false praise,
4. 어리석은 대화 ludicrous[ridiculous and unreasonable] dialogue.

현재 불교에서 사용하는 희론의 일반적 의미는 다음과 같다
1. 그릇된 관념이나 부정적 감정의 확대, 발전
the expansion and development of false conception or negative emotion.
2. 무의미한 형이상학적 의론 meaningless metaphysical debate.
외국 불교영어 서적에는 fancified conceptualizing / conceptual construction 으로 번역하기도 한다
그리고 불교에는 희론을 두 종류로 나누어서 사물에 집착하고 미망의 마음에서 일어나는 부정의 언론을 애론愛論이라고 하고, 여러 가지 편견偏見에서 일어나는 언론을 견론見論이라 하였으며 둔한 자와 범부는 애론을 일으키고, 영리한 자와 출가자는 견론을 일으켜 고집한다고도 한다.

---

2) 무기의 전후 전개과정

붓다가 형이상학적 질문을 받은 후의 일련의 과정을 보면 다음과 같다.

1. 질문 → 2. 무기 → 3. 무기의 이유 → 4. 열반에 이르는데 도움이 되지 않는다 → 5. 그러면 방법이 있는가 → 6. 사성제, 연기 → 6. 그 이유는 → 7. 열반에 이르기 때문이다.

이러한 전개과정은 무기라는 방법으로서 즉 대화의 차원에서는 행위 자체가 의미를 가지므로 질문에 대한 대답의 의무가 있지만 붓다는 침묵이라는 방법으로서 인식의 전환을 촉구하고 그런 다음 설명의 차원에서 사성제를 설하고 있는 것이다.

붓다 당시 철학과 종교의 흐름은 고정된 실체를 당연히 전제하고 논의를 전개했기 때문에 전제조건 자체를 부정하는 붓다의 설법은 shocking한 정도가 아니라 거의 엽기적(bizarrerie-seeking)이기 때문에 상근기上根機(the highest faculty)가 아니고서는 오랫동안 지속되어온 문화적, 사회적 고정관념(a fixed idea)을 깨뜨리는 것은 기적에 가까운 일이다. 그러므로 즉답보다 침묵이 질문자를 위한 최상의 배려이자 방법이라고 생각된다.

-자세한 것은 윤희조 박사의 논문 "불교에서 실재와 언어적 표현의 문제" 참고바람-

(2) 무기의 개념
  1) 특정한 형이상학적 질문에 대해 붓다가 대답하지 않는 것.
    The unexplained[unanswered] with regard to some metaphysical problems.
  2) 선과 악으로 구별되지 않는 것(비선비불선非善非不善)
    Neutral or indeterminate state.
  3) 선불교 : 성성적적惺惺寂寂하지 않은 마음상태(비성비적非惺非寂)
    Dhyana[Chan(C), Zen(J), Seon(K)] Buddhism : a mental state not to be clear and serene.

(3) 무기의 종류
붓다 당시의 형이상학적 질문에 대한 질문형식은 4가지 질문형식 즉 사구분별四句分別로 질문하였으니 그 형식은 아래와 같다.

1. O? 2. X? 3. both O and X? 4. neither O nor X?

붓다 당시에 주로 4가지의 주제가 수행자들의 화두였는데 위에서 본 4가지 질문형식을 몇 개나 사용하느냐에 따라 10무기, 14무기, 16무기로 나뉘었다.

한역 아함경에는 1. 중아함, 증일아함(10무기) 2. 잡아함(14무기) 3. 장아함(16무기)가 보이며, 남방의 니카야에는 10무기가 보인다.

(4) 구체적 사례 : 10무기에 대한 한글과 한문
   ⑴ 세상은 영원한가? 세유상世有常 Is the universe eternal?
   ⑵ 영원하지 않은가? 세무상世無常 Is it not eternal?
   ⑶ 세상은 유한한가? 세유저世有底 Is it finite?
   ⑷ 무한한가? 세무저世無底 Is it not infinite?
   ⑸ 영혼과 몸은 같은가? 명즉시신命卽是身 Is soul the same as body?
   ⑹ 다른가? 명이신이命異身異 Is soul one thing and body another thing?
   ⑺ 여래는 사후에 존재하는가? 여래종如來終
      Does the Tathagata exist after death?
   ⑻ 여래는 사후에 존재하지 않은가? 여래불종如來不終
      Does he not exist after death?
   ⑼ 여래는 사후에 존재하기도 하고 존재 아니하기도 하는가?
      여래종부종如來終不終 Does he both exist and not exist?
   ⑽ 여래는 사후에 존재하지 않으면서 존재하지 않은 것도 아닌 것인가?
      여래역비종역비부종如來亦非終亦非不終
      Does he both not exist and not not-exist?

이상의 내용을 간단히 정리하면 다음과 같다
1. The Eternal and The Finite of Universe.
2. The Relationship between Soul and Body.
3. The Existence after the Buddha's death.

(5) 무기의 이유
  1) 관련되는 경전
    ⑴ Vacchagota-Sutta[쌍윳다 니카야(S.N.) IV.400-1]
      이 경에서 붓다는 자아의 유무에 대한 질문에 "있다, 없다"라는 견해는 상견과 단견에 해당하며, 연기와 중도에도 어긋나며, 더구나 자아가 없다라고 말하면 자아[atman]에 집착하여 혼미한 밧차곳따를 더욱 혼미하게 할 뿐이다라고 한다.

(2) Cula-Malunkya-Sutta[맛지마 니카야(M.N.) 1.430] ↔ 중아함의 전유경箭喩經

붓다는 Malunkyaputta[만동자]의 형이상학적 질문에 대해 독화살(a poisoned arrow)을 맞고서 치료할 생각은 않고 독화살의 출처와 재료를 알려고 하는 어리석은 짓은 그만 두고 지금 여기서[ditthe va dhamme here and now] 탐진치 3독의 독화살을 뽑으라고 하면서 생노병사를 해결하기 위한 참다운 문제가 아닌 거짓문제[psudo problem]에 집착하지 말라고 하면서 이렇게 말한다.

"(깨달음과 열반에 이르지 못하는 종류의) 형이상학적 질문은 의義(열반이라는 목적), 법法, 범행梵行, 지智, 각覺, 열반涅槃에 상응하지 않는 것으로 이익이 없다. Metaphysical question(not to lead to awakening and Nirvana) is useless[unbeneficial]. Because it is connected with aim, law, religious life, perfect wisdom, and Nirvana."

이중표교수는 아함의 중도체계(불광출판사)에서 1.의에 상응하지 않기 때문에 사물에 대한 완벽한 이해에 미칠 수 없다는 비판은 인식론[epistmology]적 측면에서 2. 법에 상응하지 않기에 보편타당한 깨달음에 이를 수 없다는 것은 존재론[ontology]적 측면에서 3.범행에 나아 갈 수 없다는 것은 가치론[axiology]적 측면에서 취한 것이라고 보고 있다

(3) Pasadika-Suttanta[디가 니까야(D.N.) Vol.3] ↔ 잡아함 청정경

이 경에서 붓다는 36종의 사견에 대해 무기를 취한 후, 사견을 갖는 이유가 올바른 인식을 방해하는 번뇌 즉 結使[bandhana[P] binding,bandaging, fastening]때문이며 육촉연기[촉.수.애.취.유.생.노사]를 설하여 결사의 원인과 과정을 설명한다.

이어서 붓다는 이러한 사견에서 벗어나려면 4념처 수행을 하여야 한다고 말했다.

(4) Brahma-jala-Suttanta ↔ 장아함 범동경

이 경에서 붓다는 62가지 사견에 대해 논리적 근거를 비판하고 있다.

이들 사견은 귀납법, 연역법, 변증법을 사용하지만 논리학은 경험을 초월한 세계를 인식하는 방법이 될 수 없음을 모르는 것으로 논리학을 잘못 사용하고 있다고 주장한다.

붓다는 이러한 외도들의 공리공론적 주장도 촉觸(contact)에서 연기한 망념 때문이라고 한다.

2) 인도와 중국의 스님들의 견해

1. 용수[150~250 A.D.]는 그의 저서 "중론the middle stanzas"의 서두에서 불타는 연기법을 설하여 희론을 적멸했다고 하면서 관사견품[중론의 결론이라 할 수 있음]에서 세계의 상常[permanence], 무상無常[impermanace]등에 대해 사견邪見[erroneous view]이며 희론戱論[meaningless wordplay / fancified conceptualizing / conceptual construction]이라고 한다.

   따라서 용수는 붓다의 무기를 희론을 적멸하기 위한 것으로 해석하고, 그 사상적 근거는 연기법이라고 주장한다.

2. 용수의 중관학파(the middle way school)에 이어 등장한 유식학파(the consciusness only school)의 무착(Asanga 310~390 A.D.)은 도리에 맞지 않고 유무가 모순 대립하는 희론으로서 불교의 법과 법공法空에는 이 같은 희론이 없기 때문에 어떤 판단도 하지 않는다고 한다

3. 중국의 경우
   (1) 천태종의 창시자 천태지의天台智顗(538~597)는 희론으로,
   (2) 삼론종의 길장(549~623)은 허망법에 대한 탐착으로 나타난 변견邊見[extreme view(of annihilation and eternity)]으로,
   (3) 화엄종의 징관[?~839]은 무의미한 말로,
   (4) 현장의 직계제자인 규기[638~682]는 본질(理 substance)과 현상(事 phenomenon)모두에 있어서 이들의 문제가 추구하는 체성體性[dharmata(S); the substantial[essential] nature]이 본래 없기 때문이라고, 각자 해석하고 있다.

   이와 같이 인도와 중국의 스님들은 한결같이 붓다의 무기를 무의미한 희론의 파기로 해석한다.

4. 현대학자들의 견해
   (1) 소극적 해석
      1. 형이상학적 견해 배척설[the rejective theory of metaphisical view]
      2. 회의론[skepticism] 또는 불가지론설[agnosticism]
      3. 허무주의설[nihilism]

   이상의 견해들은 검토해 보면
   1) 붓다는 형이상학적 견해를 모두 배척한 것이 아니라 독화살의 비유와 같이 화살이라는 존재가 아닌 독으로 죽어가는 상황을 중시하라는 즉 고로부터 벗어나 해탈에

이르는 것이 가장 중요하다는 것을 설하는 것이다.

붓다는 올바른 철학적 방법론을 이야기하는 것이지 형이상학의 철학에 대한 전면적인 폐기는 목적이 아니다.

2) 붓다는 어느 회의론자와의 대화에서 "모든 견해가 만족스럽지 못하다는 너 자신의 견해도 그대를 만족시키지 못하는가?[맛지마 니카야(M.N) 74 Dighanaka Sutta]"라고 질문하면서 회의론 자체의 모순을 지적하였기 때문에 회의론이나 불가지론은 타당하지 않다.

3) 그리고 붓다의 제자인 염마가焰摩迦가 "번뇌가 다한 아라한은 죽으면 아무것도 없게 된다.[잡아함(104)경]"라는 주장을 하자 도반들이 그런 말은 붓다를 비방하는 것이라고 질책을 한다. 그는 사리불의 설법을 듣고 나서 자신의 생각이 틀렸음을 인정한다.

따라서 허무주의는 전혀 근거가 없는 오해이며 남방 니카야의 소부경전에 수록된 자설경自說經(Udana)에 보면 용수가 주장하는 팔불중도의 근거로 추정되는 불생불멸과 불거불래를 설하면서 열반의 기쁨을 노래하는 기록 등을 고려해 보면 허무주의는 전혀 근거가 없다.

(2) 적극적 해석
   1. 실체의 사유초월설[the theory beyond thinking about reality]
   2. 규정불가설[the theory beyond description]
   3. 변증법설[the theory of dialectic]
   4. 비판주의설[the theory of criticism]

이상을 검토해 보면

위의 견해들은 주로 용수에서 비롯된 중관학파에 대한 연구자들의 주장인데 붓다의 무기가 실체가 사유를 초월해 있기 때문이거나, 용수의 변증법의 근원이라거나, 인도 정통육파철학의 하나인 베단타(vedanta-베다의 끝이라는 뜻)학파가 절대자(the Absolute)인 불이적不二的 브라흐만의 초월적 성격을 확신시키는 방법으로 침묵으로 답하는 것과 동일한 것으로 표현이 불가능하여 규정지을 수 없기 때문이라는 등의 주장을 한다.

이들의 주장 중에 실재가 사유를 초월하거나, 그러므로 표현이 불가능하며, 붓다의 무기가 용수의 중관학의 성립에 근원-모순된 사유를 초월한 붓다의 중도와 중도를 핵심으로 하는 중관사상의 연관성-이 된다는 주장은 타당하다. 그러나 붓다의 무기가 Vedanta학파의 Absolutism과 동일하다는 주장은 침묵이라는 외형적 동일성에 대한 잘못된 해석이다.

붓다는 무의미한 사견邪見 즉 희론에 대해 침묵에 이어 중도라는 철학적 입장에서 연기법이라는 진리를 설한 것이므로 무아, 중도, 연기법과 Vedanta의 사상이 같은 것은 아니다.

또한 붓다는 침묵을 통한 비판 그 자체를 자신의 철학으로 삼으려는 것이 아니라 연기설을 자신의 철학으로 삼고 있으므로 중도의 연기법을 설한 붓다를 비판주의로 보는 것도 그릇된 견해이다.

그리고 Murti의 주장과 같이 붓다가 kant보다 먼저 외도들의 사견이 논리학[science of logic]의 한계 즉 논리학은 경험을 통해 인식한 것을 체계적으로 정리하는 목적과 특정한 판단이 인식체계와 부합되는가를 판단하는 수단임을 모르고 경험을 초월한 대상을 인식하는 수단으로서는 한계가 있다는 점을 붓다는 정확이 알고 있었다는 주장은 타당하다.

따라서 붓다가 당시의 외도들이 주장한 사견들이 논리학의 잘못된 사용과 이율배반을 알고 있었다.

그러나 Kant가 주장한 "이성은 스스로 피할 수 없이 모순대립 속으로 빠져든다" 즉 순수이성은 알려고 하나 알 수 있는 능력이 선천적으로 없는 슬픈 운명을 가졌으므로 실천이성에 의해 무조건으로 하여야 하는 것으로 붓다는 보지 않는다.

그리고 Hegel과 같이 생성이라는 개념을 통해 변증법으로 모순을 지양.통일시키려 하지도 않는다.

앞에 소개한 Brahma-jala Suttanta[범동경]에서 붓다는 62사견들의 주장 방식-서양철학의 용어로 풀이하면 연역법[deduction], 귀납법[induction], 변증법[dialectic]-이 있음을 갈파하고 논리학의 불필요성이 아니라 논리의 잘못된 적용과 그 한계성을 지적한다.

그러므로 붓다의 취지는 다음과 같이 요약할 수 있다.

1. 모순된 생각과 사고를 버려라 → 대안은?
2. 올바른 수행으로서 사견을 타파하라.
   즉 8정도를 통해서 연기를 보면 열반에 이를 수 있음을 설하고 있다

정확히 말해서 Pasadika Suttanta에서 설하신 바와 같이 사견에서 벗어나려면 사념처관의 수행을 통해 망념에서 비롯된 실체론적 사견을 멸할 수 있다는 것이다.

붓다는 사념처관(the mindfulness of four foundations[establishments])이라는 올바른 방법—논리학적 사고나 방법 등의 사변思辨(speculation)으로서 해결이 불가능하므로—을 보여주어 인류에게 희망의 불빛을 제공했다고 할 수 있다.

▶ 소계한담小溪閑談

아래의 글들을 읽고 잠시 웃으시고 나서 언어가 무엇이며, 언어와 인간의 선후관계, 언어 이외의 소통수단은 무엇이며, 어느 것이 더 효과적인지, 언어의 필요성과 한계성을 다시 한번 생각하는 자신만의 시간을 갖도록 하자.

아래의 영문을 통해 의사소통으로서 언어가 가지는 한계성 정도만 살펴보라.

A Dog Named Sex by Morty Storm

1) Everybody who has a dog calls him "Rover" or "Boy."
   I call mine "Sex."
   He is a great pal, but he has caused me a great deal of embarrassment.

2) When I went to city hall to renew his dog license
   I told the clerk, "I would like a license for Sex."
   He said, "I'd like one, too!"
   Then, I said , "But this is a dog."
   He said he didn't care what she looked like.
   Then, I said, "You don't understand. I've had Sex since I was 9 years old."
   He winked and said, "You must have been quite a kid."

> ■ Dog license[飼犬監察]는 미국을 비롯한 다수의 국가가 채택하고 있으며, 사회적 위험성[a possibility of social danger]과 광견병[rabies], 그리고 동물의 과잉분포를 방지하는 수단으로서[as a way of preventing the overpopulation of animal]시행하고 있는 제도이다.
> 미국의 일부 주(캘리포니아, 메릴랜드)에서는 cat license 제도도 있다 한다.
> 뉴질랜드는 the Dog Control Act(1966)을 시행하여 3개월 이상의 개는 모두 등록해야

하며, 독일은 a dog tax 제도를 통하여 위험성이 높은 개는 세금을 많이 내야 한다.
▶ Keep a dog without a license 감찰 없이 개를 기르다.

3) When I got married and went on my honeymoon.
   I took the dog with me.
   I told the motel clerk that I wanted a room for my wife and me and a room for Sex
   He said, "you don't need a special room.
   As long as you pay your bill, we don't care what you do."
   I said. "Look, you don't seem to understand.
   Sex keeps me awake at night."
   The clerk said, "Funny, I have the same problem.

4) When my wife and I seperated, we went to court to fight for custody of dog.
   I said, "Your honor, I had Sex before I was married."
   The judge said, "The courtroom isn't confessional.
   Stick to the case, please."
   Then, I told him after I was married, Sex left me.
   He said, "Me, too"

5) Last night, Sex ran off again.
   I spend hours looking around for him .
   A cop came over to me and asked, "What are you doing in this alley at 4 o'clock in the morning?"
   I told him I was looking for Sex.
   My case comes up Friday.

▶ **언어와 종이 그리고 금기어[Taboo word]**

조선시대의 스님들이 임진, 병자 양란 이후 그 전보다 위상이 나아진 점은 있었지만 전통적으로 승려들이 국가에 공역을 제공하지 않는 것과 달리 양민과 같이 공역을 제공하였는데 대표적인 것이 종이를 사찰에서 만드는 것이 중요한 책무였다.

조선시대 후기 정조 말년에 조정에서 "옥천사에 종이를 진상하도록 한 후[the (Royal)Court command Ok-cheon-sa Temple to present papers as a local product to the king]" 관아는 물론 그 지방의 세도가[the local family in power]인 함안 조씨咸安 趙氏 문중에서도 족보族譜를 만드는 데 필요한 종이를 요구하자 노스님이 편지를 써서 사미승을 시켜 전한다.

조씨 가문의 어른이 그 편지를 보고 다시는 조씨 문중이 옥천사에 종이를 요구하는 일이 없었다는 이야기가 전한다.

그 편지의 내용인 즉

玉泉寺造紙 盡入於咸安趙氏譜紙中 絶無餘力

옥천사~ ~, 진입어함안조씨~ ~ 중, 절무여력

"옥천사에서 만든 종이가 이미 다 함안 조씨 족보 종이에 다 들어가서 남은 힘이 없다."

위의 이야기에서 우리는 말, 즉 음성언어로서 표현하기 어려운 상황에서 문자언어를 사용해서 지독한 욕설(?)을 우회적으로 하는 경우를 본다.

이러한 금기어 대신에 사용되는 대용어를 쓰는 근본이유가 문제가 된다. 그것이 바로 언령사상이며 인도 브라만들의 종교에 확고히 자리잡고 있다. 이 점에 대해 장을 넘겨서 공부하자.

20. 언어결정론[=사피어-워프 가설]과 언어신비주의
Lingustic determinism(=Sapier-Whorp hypothesis) and Lingustic mysticism

♣ 위의 내용을 이해하기 위해서는 이론적인 면을 먼저 이야기하는 것보다 위에서 본 이야기들을 토대로 우리의 일상생활 속에서 누구나 느끼는 것에서 자연스럽게 이야기를 전개하는 것이 나을 것 같아 아래와 같이 서술한다. ♣

"새해가 오면 집안이나 동네 어르신들에게 절을 올리고 그 분들은 덕담을 해주신다.
On New Year's Day, we kowtow to the family or village elders, and they give words of blessing [=well-wishing remarks] to us."

여기서 덕담德談-신세新歲덕담과 무당덕담으로 나뉜다-이 주는 특별한 의미가 있다.
"좋은 말이 원인이 되어 좋은 결과를 낳는다는 것.
Good words cause good results."
그러면 반대로 호랑이를 우리는 산신(령)이라 부르고 홍역과 천연두를 역신[the (evil)spirit of smallpox or the measles]이 장난치는 것으로 보고 손님, 마마라고 존칭을 써서 부른다.
그러한 방법에 의해서라도 위험으로부터 회피하기 위한 약자의 슬픈 자화상이기도 하다.
이것은 덕담과 달리 직접적 표현을 자제하는 이른바 금기어[taboo word]영역에 속하는 것이며 Taboo사상-금지되는 행위와 금지되는 언어(금기어)로 구성-의 한 측면이다.
이 정도에서 한번 정리해보자.
덕담이나 금기어나 두 가지 모두 공통된 기반이 있으니 그것이 바로 말에는 영적인 힘이 있다는 언령言靈신앙이다. 언령신앙의 번역은 the faith in mystical power of word 정도로 해두자.
우리가 신문에서 작명과 사주에 대한 광고를 자주 보게 되는데 간단히 말해서 그것은 말과 언어가 신비한 힘이 있고 그 사람의 운명을 결정한다는 부정적 측면의 신비주의 또는 미신과 숙명론이 결합된 것이다.
이것을 학문상 언어결정론[linguistic determinism]이라 부르며, 그 대표적인 학자가 미국의 구조주의 언어학자 사퍼[E.Sapir]와 그의 제자 워프[Benjamin,L,Whorp]이기 때문에 사프-워프 가설[Sapir-Whorp hypothesis]이라고도 한다.
이 가설의 요지는 언어와 사고의 관계에서 "언어가 사고를 결정한다"는 것이다. 이 문장에서 "1.언어와 사고의 관계 2.결정한다"는 것이 풀어야 할 숙제인데, 먼저 결정론[determinism]에 관해서, 이어서 언어결정론을, 마지막으로 언어와 사고의 관계를 이야기해보자.

1. 결정론이란 무엇인가?
결정론이란 모든 현상 또는 사건은 인간의 행위를 포함하여 의지와 무관하게 특정한 원인에 의해 궁극적으로 결정된다는 이론이다.

Determinism is the doctrine that all events, including human actions, areultimately determined by specific cause external to the will.   ▣ external (to) 무관한

2. 결정론의 종류 The kind of Determinism
결정론은 수 많은 종류가 있으며 중요한 것만 예를 들면 우생학적 결정론[eugenics

determinism], 지리적 결정론[geographic ~ = geographic materialism] 환경적 결정론[environmental ~], 사회적 결정론[social ~], 경제적 결정론[economic ~], 심리적 결정론[psychic ~]등이며, 이것들은 또한 크게 "the nurture-focused-determinism[교육 중심 결정론]"과 "the nature-focused-determinism [천성 중심 결정론]"으로 양분되며, 이러한 분류는 Nature versus Nurture debate[천성과 교육 논쟁]이라는 해묵은 논쟁 –유전적 소질과 환경적 요인 중 어느 쪽이 원인이거나 중요한가–에서 비롯된 것이다.

3. 천성과 교육의 논쟁 Nature versus Nurture debate

우리가 흔히 이야기하는 범죄형 인간[born criminal]이라는 말은 범죄인류학[anthropological criminology]의 창시자이며, 범죄학[=형사정책학 criminology]의 아버지라 불리는 이태리의 롬브로조[Casare Lombroso]가 범죄인론에서 주장한 것인데 "범죄인은 선천적으로 타고난다. the criminal was inherited."는 것이다.

그는 범죄형인간의 신체적 특징, 예컨대 "지나치게 긴 팔[excessive length of arms]," "얼굴과 두개골의 비대칭성[asymmetry of the cranium and the face]," "귀의 크기가 보통 사람들과 다름[ears of unusal size]" 등을 언급하고 있다.

그가 주장하는 범죄인의 신체적 특징을 붓다의 32상과 비교하면 부처님의 귀와 팔길이 문제만으로도 석가모니 붓다는 범죄형인간으로 취급될 가능성이 높다.

그는 또한 곱슬머리를 그 특징의 하나로 보는데 붓다의 두발 또한 오른쪽으로 말려 올라간 체모와 두발의 소유자였으므로 그러한 혐의로부터 빠져 나오기는 힘 들것 같다.

한편 서덜랜드[Edwin Surtherland]라는 미국 범죄사회학자[criminal sociology]는 차별적 교류이론[differential association theory]으로도 유명한데, 이를 테면 우리 집 아이가 친구를 잘못 사귀어 사고를 친다는 자기책임회피형의 부모들이 하는 말과 유사하다고 보면 된다.

그가 주장하는 요지는 "인간의 행위는 유전적 요인이나 성격보다 사회적 물리적 환경에 처한 요인에 의해 결정이 된다"는 것이다.

Human behavior is determined by social and physical environmental factors, rather than genetic or personal characteristics.

서덜랜드가 개인의 생활환경을 중시하는 쪽으로 마음을 굳힌 것은 인도에 여행을 하면서 충격적 사건을 목격한 뒤부터라고 하다.

그가 인도에 여행하던 도중에 기근이 들어서 굶어 죽는 사람이 속출하는 어느 지방을 지나게 되었는데 길거리에는 맛있는 소들이 길거리를 누비고 있어도 그냥 죽어가고 있었다는 것이다.

하나밖에 없는 목숨을 버리면서 지켜야 할 그리고 지켜지는 그 신념은 도대체 무엇이며 그러한 신념을 공유하는 사회란 도대체 무엇인지 그에게는 은산철벽銀山鐵壁 같은 숙제를 풀어야 했다.

> ■ 은산철벽 Lit. the silver mountain and iron wall: the completely impenetrable stage or situation of hwa-du.
> It means that during his hwa-du practice, Seon practitioner, who is beyond the stage of discrimination, is in the state of difficult situation not to break completely through the hwa-du

소를 신성시하는 인도의 사회적 문화가 인간의 본능을 누를 수 있다는 것은 서구인으로서는 이해하기 힘들 수 밖에.

인도에서 소를 신성시 한 것은 브라만들이 제사제일주의에 의해 소를 희생우(?)로 만들어서 제사 때 마다 소를 잡으니 농민들이 농사가 어려울 지경이었기 때문에 비롯된 그 당시의 독특한 상황에 의해서 유래된 것이라고 하지만 어쨌든 소를 신성시하는 문화가 정착-물론 브라만들이 양보하고 다른 동물로 대체함-되면서 인도인의 정신 속에 확고하게 자리잡고 있었던 것이다.

4. 결정론과 문화 Determinism and culture

그러면 우리 주변에서 자주 보이는 4가지 정도의 결정론적 사고에 집착하는 경우를 살펴보자.

1. 사주에 의해서 운명이 결정되고, 2. 이름에 따라서 미래가 결정되고, 3. 신에 의해서 미래와 사후의 삶이 결정되고, 4. 조상의 무덤이 후손의 미래를 결정하고………

사주결정론(?)과 이름결정론은 동일한 사주와 이름을 가진 자들의 운명이 동일하지 않은 것은 수많은 사례—붓다를 비롯한 성인들의 사주와 동일한 사람들의 운명은?—를 통해서 검증되었고, 신에 의한 결정은 신학에서 끊임없는 논쟁의 대상이며, 풍수결정론 특히 음택풍수 또한 문제 투성이라는 것은 누구나 알고 있다.

대원군도 풍수 매니아(mania)였기에 조선 팔도를 뒤져서 왕이 태어날 길지를 찾아 자신의 아버지 남연군을 이장한 곳은 본래 절이었던 곳이다.

주지를 매수하여 소기의 목적을 달성했으나 그 주지는 돈 보따리 챙겨서 뭍으로 나오던 도중에 배 위에서 갑자기 온 몸이 불에 탄다고 비명을 지르며 물에 빠져 불귀의 객이 되었고, 남연

군의 묘는 독일인 오페르트(Opert)에 의해 도굴이 되는 한편 아들이 왕위에 올랐으나 섬나라 쪽바리에게 나라를 빼앗겼으니 이래도 풍수를 믿을 것인가?

그러나 무엇보다 위험한 것은 위의 결정론에 의한 숙명론(fatalism)에는 인간의 자유의지(human's free will)가 존재하지 않거나 약하다는 점이다.

5. 우생학적 결정론과 히틀러 Eugenic Determinismand Adolf Hitler

이러한 결정론을 신봉하는 사람 중에 우생학적 결정론자[eugenic determinist]의 대명사 아돌프 히틀러가 아리안족의 위대함을 주장한 것은 누구나 아는 사실이며, 신의 의해 결정된 민족이라는 유대인을 상대로 우생학적 관점에서 결정된 위대한 아리안 족의 대표자 아돌프 히틀러는 이른바 홀로코스트[holocaust 대살륙]를 자행하였다.

이로써 유대인의 신은 무능 또는 직무를 유기한 게으른 신임을 입증했고, 그것도 아니면 유대인이 거짓으로 그들의 종교를 만들었다는 것 중에 적어도 하나는 입증된 역사적 사건이기도 하다.

결국 신에 의해 선택된 위대한 선민(the chosen people)을 학살한 위대한 아리안 족은 연합군에 의해 무릎을 꿇었다.

- Holocaust : the killing of many people, esp because of war.
  Massacre : cruel killing a large number people.
  Slaughter : killing of animal for meat killing a large number of people or animals violently
  Culling : 살처분 (노쇄한 가축 등을) 추려서 죽이다 / 발췌하다(select).
▶ 그 시에서 가장 훌륭한 부분을 발췌하다. select the choicest lines from the poem.
- 선민 the elect=the chosen(people)=God's elect. ▶선민사상the doctrine of election; elitism
▶ the elect{집합적, 복수취급} 1. 특권계급, 엘리트 2. [신학] 하느님에게 선택된 사람 즉 선민 ▶the elected 당선자, 선택[선출]된 사람

한편 Marx는 환경적 요인 특히 사회적 구조(social structures)에 의한 결정론을 주장하며 혁명을 주장했다는 것은 누구나 아는 사실이다.

천성과 교육의 논쟁(nature versus nuture debate)은 상호작용을 무시하는 한 즉 관계론적 사고로 전환되지 않는 한 답이 없다.

인류의 역사의 통해 편협한 사상이나 이론이 얼마나 위험한 것인가를 인식하기까지 너무나

혹독한 대가를 치렀지만 쉽게 끝날 것 같지 않다.

이러한 사상들을 불교적 관점에서 보면 무자성과 연기의 법칙을 모르는 어리석은 자들의 위험한 장난으로 밖에 보이지 않는 것이다.

6. 언어결정론 Linguistic Determinism

(1) 의미와 유래 meaning and origin

위에서 말한 결정론이 언어에 적용한 것이 언어결정론이며 그 특징은 "언어가 사고를 결정한다. languageshape human thought."는 주장으로서 이미 수 천년 전 인도 브라만교에서 시작된 것이다.

브라만들이 생각하는 언어는 신성불가침의 언어이므로 브라만 외의 계급들이 읽는 것은 용납될 수 없었다.

그래서 브라만들은 베다에 대해서 음성언어을 이용하여 계속 구전형태로 그들끼리만 전할 뿐-인도대륙의 불교학파 중 유부에서 산스크리트로 불경을 문자로 기록된 후에 자극을 받아 기원 후 2~3세기에 산스크리트문자로 베다를 기록함-일부러 문서화하지 않았다.

이러한 방식은 그들의 권위를 보장받기 위한 측면도 무시할 수 없다

참고로 "언어학의 기원은 기원전 5세기에 인도의 파니니[Panini]가 산스크리트어의 어형론을 만들어 3,959의 법칙을 규정한 것에서 유래한다고 한다.

It is said that the origin of linguistics was derived in India from Panini, who formulated 3,959 rules of Sanskrit morphology."

> ■ morphology 1. 형태학 형태, 구조 2. 형태론, 어형론 3. 지형학

현대의 언어결정론은 철학자 Wittgenstein도 초기에는 다음과 같은 주장을 하기도 했는데 여기서 Wittegenstein의 말 두가지는 기억해두자.

"내 언어의 한계는 내 (정신)세계의 한계다.

The limits of my language mean the limits ofmy world."

말할 수 없는 것은 말하지 말라.

About what one cannot speak,one must remains silent=what we cannot speak out we must pass over in silence"

(2) 언어결정론의 성립과정

The process of formation of linguistic determination

무지개는 어디에서나 볼 수 있는 자연현상이다.

그 빛깔은 여러 가지다.

그런데 무지개의 빛깔이 과연 몇 개일까?

다섯 개, 일곱 개, 아니 그 이상?

무지개는 빛깔의 연속체이므로 명백히 정해진 것은 없다.

오색이나 칠색이라고 하는 것은 지역마다-유럽은 17세기 말 7빛깔로 확정했고 일곱 색깔 무지개는 유럽어를 번역한 일본어에서 차용한 번역이다-다르다.

Seven colors of the rainbow 즉 일곱 색깔 무지개라는 말은 유럽에서 사용된 반면, 한.중.일 삼국은 음양오행설에 의해 5색으로 파악했던 것으로 안다. 여기서 사피어와 그의 제자 워프는 영감을 얻어 서로 다른 언어를 쓴 아메리카 인디언에게 무지개의 띠가 몇 개인지 물어보니 답이 제각기 달랐다.

그들은 언어에 문화나 삶의 방식이 반영된다고 주장하는 프란츠 보아스(미국의 인류학자, 1958~1942)의 이론에서 더 나아간다.

1. 언어는 현실과 영향을 주고 받는다-사피어

2. 언어가 세계를 결정한다-사피어의 제자 워프

이렇게 워프는 언어와 현실이라는 세계 사이에 언어에 절대적 비중을 두는 방향으로 라디칼하게 나아갔던 것이다.

언어와 세계라는 두 요소간의 상호작용은 불교의 연기적인 관계론으로 파악해도 무리가 없으나 워프는 인간의 의식, 사고,문화가 언어에 갇혀 버리는 이상한 결정론에 도달한 것이다.

이에 대해 오늘날 주류는 언어결정론을 부정하며, 워프의 이론과 정반대로 캐나다 출신인 미국의 인지과학자 스티븐 핑커[Steven Pinker, 1954~]는 다음과 같은 주장을 한다

"인간의 생각은 그가 쓰는 자연언어로부터 완전히 독립적이다.

마음이 언어를 만든다

Human's thinking is completely independent on the natural language that he use. Mind creates language."

핑커에 따르면, 사람은 영어나 아파치어로 생각하는 것이 아니라 모든 자연언에 선행하며, 독립적인 "사고의 언어(language of thought)"로 생각하며, 이러한 독립적인 추상언

어를 "mentalese"라 불렀다.

촘스키 이후 언어학자들이 모든 자연언어의 심층구조에 동일한 문법을 지녔다는 생각과 상통한다.

이러한 보편문법(a universal grammar)이나 멘탈리즈를 인정하는 입장에서는 지각의 근본적 범주와 인식작용은 각자가 사용하는 언어에 따라 달라지는 것이 아니라 인류에게 모두 적용되는 보편적이라는 것이다.

7. 언어신비주의와 언령신앙

그런데 사프-워프 가설이든, 빈트겐스타인의 언어철학이든 언어에 대한 이러한 사유가 계속 나아가면 언어신비주의에 이르고, 또 나아가면 그것이 언령을 인정하고 그것이 신앙이 되면 언령신앙이 된다.

언령신앙의 대표적인 케이스가 일본의 고토다마신앙[言靈信仰] 즉 일본어에는 특별한 힘이 있어 일본을 보호하고 안녕을 이루게 한다는 신앙이다.

이러한 극단적인 언어신비주의[the radical linguistic mysticism]에 의하면 역설적으로 벙어리나 실어증환자에게는 사고가 멈추어 버린다는 경험에 반하는 사실에 이른다.

8. 언어와 사고의 관계 The relationship between language and thought

언어와 사고 또는 인식은 연기적 관계로서 상호작용을 하는 관계이다.

언어학자 Slobin의 말처럼

"확실히 우리는 사고를 언어나 말과 동일시할 수 없다.

그러나 여전히, 언어는 약간의 인지과정에서 중요한 역할을 한다.

Cleary, one cannot equate thought withspeech or language.

But still, language must play an important role in some cognitive processes."

이러한 결론은 1. 벙어리 연구와 2. 맹아의 연구에서 벙어리는 정상아보다 1~2년, 맹아는 벙어리보다 2~3년, 정상아보다 4년 정도 늦게 논리적 사고가 발달된다는 것을 실험을 통해 검증했기 때문이다.

따라서 언어는 논리적 사고의 필요조건도 충분조건도 아니라는 말이다.

9. 언령신앙과 경봉스님의 법문

The faith of mystical power of language and Master Gyeong-bong's Dharma talk

여기서 잠시 통도사 경봉 스님께서 생전에 하신 법문을 들어보자.

"일본에 대산청만大山淸巒이라는 문학박사에게 늙은 하녀가 있었는데, 이 여인이 병자를 앞혀 놓고 뭐라고 중얼거리기만 하면 병이 낫는 것을 보고 신기하여 그 말을 유심히 들어보니 "오무기 고무기 이소고고 오무기 고무기 이소고고"라고 하는 것이었다.

이 말은 "오무기=보리, 고무기=밀, 이소고고=두되 다섯 홉" 즉 보리 밀 두되 다섯 홉(barley and wheat, two doe and five hob)이라는 뜻이라고 한다.

이러한 일들이 박사의 입장에서는 이해하기 힘들었는데, 금강경을 어느 날 읽다가 육조 혜능이 진리의 눈을 뜨게 되었다는 유명한 구절 "응무소주 이생기심-머무는 바 없이 마음을 내어라-Let your mind flow freely without dwelling on anything"을 보게 되었다.

이 구절의 일본어 발음이 "오무소주 이소고싱"인데 이 말을 하녀가 어디서 듣고 잘못 외어 늘 이것을 외운 것이라는 것을 알게 되었다. 그래서 박사는 제대로 일러주었으나 그 때부터는 환자의 병이 낫지 않는 것이었다. 그래서 다시 자기가 하는 대로 하니까 병자의 병이 나았다.

박사가 말해준 것은 진짜지만 그것은 많이 외우지도 않았고 그렇게 하면 병이 나을까 하는 의심을 하니 문제가 생기는 것이었다.

화엄경에 말하길

"믿음은 도의 근원이요 공덕의 어머니라 모든 성현의 법을 길러낸다.

The faith is the fundamental of Enlightenment and the mother of all merits."

Therefore it produce the Dharma of all Buddhist saints."

믿음, 거기서 모두가 이루어진다.

The faith! In right there, all things are created."

경봉스님의 [거기 누고]에서 발췌.

위 법문의 끝은 믿음의 중요성을 강조하면서 끝난다.

말 자체에 힘이 있는 것이 아니라 어떠한 의미를 부여하는 우리의 마음이 중요하다는 것을 다시 한번 상기시켜 주는 법문이다.

붓다가 앙굴리마라에게 산고의 고통을 겪는 여인을 위해 "나는 출가한 뒤로 청정한 수행을 하였으며,…"라는 긍정적 사고의 말을 하라고 하자 붓다의 말씀대로 하자 산모의 고통이 완화되었다는 이야기는 불자라면 잘 알 것이다.

말은 그 자체가 힘이 있는 것이 아니라 어떠한 사고 즉 마음으로 하느냐 그리고 상대방이 어떻게 긍적적인 마음을 일으키느냐가 중요한 것이라는 말이다.

브라만교의 언령신앙과 그에 영향을 받은 밀교의 진언이 한국불교의 신앙형태로 자리잡으면서 진언의 유래나 초기 불교에서 붓다가 보여주신 진정한 의미는 아예 몰각되어 버리고 기복신앙[the faith praying for fortune]의 대표적 형태로 변했다.

진언은 정신통일의 수단과 그 말의 의미를 잘 알고 외우는 경우 문제가 될 것이 없다.

수월스님이 득도한 것은 진언 자체의 힘이 아니라 순수한 마음으로 집중의 수단으로 진언을 했을 뿐이다.

진언은 풀이하는 게 아니라는 말은 고대 브라만들이 그들만이 알고서 신비주의적 분위기를 조장하여 기득권유지 수단으로 사용된 저급한 방법이다.

진언은 밀교密敎(exoteric Buddhism)에서 삼밀가지三密加持의 하나이면서 동시에 밀교가 아닌 현교顯敎(esoteric Buddhism)에서도 채용되어 불자들의 신앙에 지대한 기여를 하여왔다.

진언은 그 만큼 인도의 종교문화에서 중요한 의미를 가지고 인도인들의 생활 속에 자연스럽게 호흡하여 왔다는 것을 의미한다.

불교역사의 관점에서 볼 때 밀교가 일어나면서 진언을 수행방법론에서 필수적 요소로 받아들이면서 나중에는 위에서 언급한 바와 같이 현밀顯密 모두 사용하여왔으며, 부처님 당시에도 부처님은 진언에 관해서 언급한 것이 남방 디가 니카야(Digha Nikaya : 장부경전)의 아따나띠야경과 북방의 장아함경의 대회경에 보이지만 과연 진언 그 자체로서 신비력을 가지고 있는가에 대해서는 진지한 검토가 필요하다고 본다.

브라만교의 언령신앙이 밀교의 진언에 도입되어 그것이 한국불교의 신앙형태로 자리잡으면서 진언의 유래나 초기 불교에서 붓다가 보여주신 진정한 의미는 사라져 버렸다.

인도에서 불교가 사라진 이유 중의 하나로서-1203년을 인도에서 불교가 사라진 시점으로 볼 때-당시의 불교가 힌두교가 다를 바가 없었기 때문이라는 다수의 주장을 기억하기 바라며, 게다가 힌두교에서는 Avatar사상에 의해 붓다를 비시뉴의 화신 중의 하나로 보았다.

이슬람의 침입 이후에 힌두교는 명맥을 그나마 이어간 반면 불교는 인도 대륙에서 사라져 버렸다.

인도의 토속적 신앙을 bench-marking하다가 오히려 붓다의 참다운 사상은 몰각되어버린 역사적 교훈을 기억해야 한다.

세계의 4대 생불로 불리었던 숭산嵩山(1927~2004)스님은 신묘장구대다라니 기도를 100일 동안 하면서 신비한 체험을 하던 중에 자신이 몸을 떠나 텅 빈 무한공간 속에 있는 삼매경을 체험하고 경허선사의 제자인 만공스님에게서 법을 받은 고봉스님에게 법을 물었다. 고봉선사는 이렇게 말했다.

신묘장구대다라니는 삼매에 이르게 하고 업장을 녹이고 소원을 성취하게는 하지만 참으로 마음을 깨닫게 하지는 못한다. 그러니 화두를 들고 수행하라.

이리하여 숭산스님은 수덕사에서 동안거를 마치고 고봉스님에게서 마침내 법을 이어 받았다.

붓다는 지관止觀 즉 사마타(samatha)와 위빠사나(vipassana)를 양 날개로 하여 수행을 하라고 안반수의경安般守意經(Anupanasati Suttanta)에서 말씀하셨으며 이러한 전통은 대승기신론에서도 그대로 이어졌다.

진언은 정신통일 즉 사마타의 한 방법론으로 사용되는 것은 문제될 것이 없으나 통찰로 이어져 연기법을 깨닫도록 나아가야 한다.

"연기법과 위빠사나 수행법이 없는 불교는 붓다의 가면을 쓴 외도임을 불자들은 기억해야 한다. Buddhists must remember that Buddhism without Conditioned Genesis and Vipassana cultivation is outside under the mask of the Buddha."

▶ 마무리

이제 붓다의 침묵을 관한 부분을 마무리하자.
본래 침묵에 대한 최고의 응답은 침묵이다.
그러나 마지막 사족을 부득이 달아야겠다.

1. 도道는 침묵조차 초월한다.

    대혜종고大慧宗杲(1089~1163)는 장자의 사상을 뛰어나게 해석하였다. 그에 의하면 "도는 언어를 초월할 뿐 아니라 침묵까지도 초월한다.
    Ta-hui Tsung-kao(Dahui-Zong-gao[P-Y], 1089~1163) gave an excellent exposition of Chuang-tzu(Zhuan-zi[P-Y])'s idea that Tao is not only beyond speech but beyond silence as well.
    그의 선에 대한 생각은 장자의 "도'에 대한 생각과 일치한다.
    도는 어디에나 있으나 아무데에도 없다
    His notion of the Zen corresponds to Chuang Tzu's notion of Tao(Dao[P-Y]): it is everywhere and nowhere.
    선은 그 실제적인 면에서 시기에 적절히 맞추어 함과 하지 않음에 있으며, 말 가운데 침묵이 있고 침묵 가운데 말이 있다.

In its practical aspect, Zen consists in doing or non-doing in accordance with the fitness of the occasion.

There is silence in speech, speech in silence; there is action in inaction, inaction in action.

시기에 맞음(=타이밍 timing)에 모든 것이 달려 있다.

Timeliness is all.

그대의 행위가 때에 알맞으면, 그대는 마치 행동을 하지 않는 것과 같다.

If your action is timely it is as though you had not acted.

그대의 말이 때에 알맞으면 마치 말하지 않은 듯하다.

If your speech is timely, it is as though you had not spoken.

2. 이각어언離卻語言 : 무문관 24칙 The Gateless Barrier, case 24

풍혈화상에게 어느 스님이 물었다.

"말하거나 침묵을 지키거나 이미離微에 걸리는데, 어떻게 하면 두루 통해서 그것을 범하지 않겠습니까?"

A monk asked the Mster Feng-hsueh(Feng-xue[P-Y]), "speech and silence are concerned with equality and differentiation.

How can Itranscend equality and differentiation."

풍혈이 말했다.

Feng-hsueh said,

항상 강남의 세월을 생각하나니.

자고새 우는 곳에 온갖 꽃 향기롭다.

I always think of Chiang-nan in March;

Partridges chirp among the many fragrant flowers.

- 이미離微 : 승조僧肇(374~414)의 "보장론寶藏論"에 나오는 말이다.
  이離는 일체의 분별을 떠난 무분별의 자리, 즉 진여의 본체를 말한다.
  미微란 무분별한 그 자리를 벗어나 현상의 구체적인 차별로 나타난 작용을 가리키는 말로서, 진여의 작용에 해당한다.
- 풍혈연소(896~973)는 중국 송나라 사람으로, 여주에서 풍혈사를 열어 선법을 가르쳤으며, 임제종을 다시 부흥한 인물로 평가된다.

> ◨ partridge 1. 자고(새의 한종류) 2. 꿩, 메추라기 등의 새

▶ 제1권을 마치면서

먼 길을 걸어왔다. 달을 가리키는 손가락標月指의 방향을 보려고 노력했으나 역부족임을 실감하는 과정이었다.

처음의 의도는 중간 정도의 불교교리 수준에 영어에 대한 기본적인 실력만 있으면 볼 수 있는 책으로 만들려고 하였으나 어느 하나 충족시키지 못해 송구할 따름이다. 아픈 만큼 성숙해지는 법이고, 칠흑 같은 어둠이 지나야 새벽이 오는 법이라는 말로 스스로를 달래본다.

불교영어 강의를 해 오면서 주변의 권유로 3년 전부터 본격적으로 책을 만들기 시작했으나 몸이 허락하지 않았다.

책을 마무리하면서 무엇보다 아쉬운 것은 어렵게 구한 많은 영문서적의 원문을 지면 관계상 줄일 수 밖에 없는 점이었다. 본래 1권의 부피가 750쪽 정도였으나 몇 차례에 걸쳐서 줄이다 보니 내용의 흐름에 자연스럽지 못한 점이 보이겠지만 독자들의 아량으로 이해하여 주기 바란다.

이 책에 담지 못한 영어의 원문이 필요한 사람을 위해 6월에 블로그를 만들어 알려드릴 계획을 갖고 있으니 많이 이용하기 바란다.

보잘것없는 책이나마 쓸 수 있도록 하여준 모든 분들에게 감사를 드리며 몇 차례나 책의 부피를 줄이는 과정에서 무척 고생하신 방혜영 부장님과 김윤희 대표님께 다시 한번 감사 드린다.

참고로 2권(근간)의 내용은 1. 붓다의 가르침 2. 선불교 3. 불교문화 4. 불교역사 5. 불교우주론으로 구성되었으니 많은 애독을 바란다.

♣ 작별의 시로서 왕유의 시를 한 수 올린다.♣

물이 끝나는 곳까지 따라가다,   행도수궁처行到水窮處
앉아서 구름이 피어 오름을 보리라.   좌간운기시坐看雲起時

I stroll along the stream up to where it ends.
I sit down watching the clouds rising over the water.

찾아보기

[가]
가섭존자 102, 130, 171
가섭 삼형제 171
가섭전의미륵 171
가전연 130
가현설 322
간다르바 279
개경게 243
객진번뇌 86
거사 131
결정론 501
경성염불 325
고 24
고락중도 22
고린도전서 362
고성염불 325
공과 자비 345
과거칠불의 공통점 114
과정 신학 273
곽시쌍부 102
관무량수경 408
관상 47
관상(觀想)염불 325
관상(觀像)염불 325
관세음보살 384
광세음보살 384
구마라습 139
구마라지바(구마라기바) 139
구마라집 139

구약의 신과 신약의 신 260
구족 11
군맹무상(군맹상평) 227
귀류법 259
귀의 56
그나나틸라카 케이스 301
극락전 206
근본주의 439
급고독장자 121
긍정심리학 34, 423
기독교 명상법 47
기바 199
기적 184
김경재 451

[나]
나가르주나와 팔불사상 468
나무 56
나반존자 117
나선비구경 281
난다 90
난승지 382
남섬부주 99
노사(老死) 21
노사나불 316
노자의 도덕경 482
녹원전법상 59
누진명 330
뉴에이지 운동 440

니간타 나타풋타 208
니련선하 78
니르바나 128

[다]
다비 100
다석 유영모 450
다원주의 436
단상중도 22, 23
달과 손가락 43
달라이 라마 285, 360
대승 362
대승기신론 453, 477
대비로자나 208
대서장엄 379
대세지보살 405
대승기신론과 8상 59
대웅 208
대자비 338
데바닷타 192
도(道) 25
도량 11
도마복음 458
도반 213
도솔내의상 57
돈점논쟁 139
동사섭 352
동적 단일신론 322
두타 164

디빠왕사 64
디자인논증 255

[라]
라훌라 75, 128
랄리따위스따라 114
러셀 255, 423
로고테라피 429
루돌프 오토 417
룸비니 62
리차드 도킨스 255

[마]
마가다 128
마라 80, 132
마르시온 260
마르크스 40
마이스터 에크하르트 470, 471
마야(부인) 69
마하가섭 102, 130, 171
마하프라자파티 72, 91
막스 뮬러(뮐러) 434
만트라 206
메시아 438
멸 25
명(明) 205
명색 20
명행족 326, 330
목(건)련 130
목적론적 논증 255
무기 24, 490
무기의 개념 492
무기의 종류 492

무명 19, 20, 205
무량수경 408
무량수전 206
무상사 326
무상정등각 11
무아와 윤회의 문제 275
무우수 70
무지(無智) 205
무진연기 236
무학 84
묵상 47
문수보살 397
문자주의 48
므르그다와 79
미륵 163
밀린다팡하 281

[바]
바가바선인 75, 76
바가바트 76
바라나시 129
바라밀 365
바라이 92
바르도 289
바사닉 122, 187
바왕가 289
반야심경 22
반테 96
바이샬리 130
발광지 382
밧지 129
배타주의 435
백낙천 413

벨루바나 130
버트란드 러셀 255, 423
번뇌 86
범지 76
법계연기설 236
법신 213, 315
법성계 273
법운지 383
법장 238
법장비구 210
법주기 76
법칭 37
변화신 319, 320
병렬주의 435
보광전 206
보리심 374
보살 374
보살십지 382
보시 365
보시섭 352
보신 316
보적경 50
보타낙가(산) 387, 388
보특가라 278
보현보살 398
보현행원 399
보현행원품 401
복전 137
본원력 340
부동지 383
부루나 130, 157
부정신학 468
부증불감 22, 23

부처님의 오도송 243
부행독각 142
불(佛) 204
불거불래 22, 23
불공주 92
불구부정 22, 23
불상부단 22, 23
불생불멸 22, 23
불교와 기독교 143
불소행찬 115
불종성경 209
불의 설법 85
불환과 136
붓다 204
붓다가야 62
붓다의 마지막 말씀 220
붓다의 신통술 186
붓다의 일생 66
붓다의 입멸시기 64
붓다의 탄생시기 64
붓다의 탄생일 65
붓다짜리타 115
비구 84
비람강생상 57
비로자나불 316
비유리왕 121
비로자나 208
비존재론적 사고 32
비트겐슈타인 203
빅터 프랭클 427
비로전 206
빈두로존자 117
빔비사라 119, 193

[사]
사다리와 뗏목의 비유 48
사다함(과) 136
사대성지 57
사르나트 63
사리 63
사리불 130
사무량심 349
사무(소)외 337
사문유관 73, 74
사문유관상 58
사법계 236
사법인 26
사사무애 237
사상(四相) 246
사생자부 207
사섭법 351
사성제 24, 37
사십팔원 406
사위성(코살라국의 수도) 129
사유설 290
사함파티 82
사자의 서 294
사종연기 235
사향사과 135
사홍서원 380
산상수훈 143
살적 137
삼계도사 207
삼귀의 54
삼념주 337
삼념처 337
삼명 330

삼보 54
삼승 141
삼신(三身) 사상 312
삼십이상 331
삼위일체론 321
삼위일체부정설 323
삼존불 405
삼종정육 199
삼처전심 102
상(想) 29
상불경보살 210
상속이론 280
상의성 49
색(色) 29
생(生) 21, 22
석가모니불의 전신 210
석가여래행적송 118
석가족의 말살 123
석보상절 118
선생경 132
선서 326
선시 212
선우 213
선재 212, 213
선지식 213
선정(바라밀) 370
선정칠명 372
선혜 209, 212
설계논증 255
설산반게설화 211
설산수도상 58
성문 141
세간해 326

세계불교도우의회 66
세자재왕불 210, 213
셀리그먼 423
소승 362
소티야 79
수(受) 20, 21, 29
수기 210
수다원(과) 136, 137
수다함(과) 136, 137
수밧드라 101
수보리 130
수용신 320
수월관음도 388
수자타 78, 93
수하항마상 58
수행본기경 117, 216
수행단계 135
숙명명 330
숫도다나(고타마) 67
숫카라마다와 94
숭산스님 191
슈미트 하우젠 481
스라바스투 129
식(識) 20, 29
식이론 279
신비신학 462
신의 존재 252
신의 존재문제 252
신은 존재하는가 252
신족통 331
실상중도 22, 23
실천중도 22
십력가섭 171

십이두타 164
십이연기 19
십육강국 127
십팔불공법 336
싯다르타 고타마 67
쌍림열반상 59
쌍신변 187

[아]

아나율 101, 130
아나타 핀다다 120
아나타 핀디카 120
아나함(과) 136
아난다 90, 130
아누룻다 90, 130
아뇩다라 삼막삼보리 11
아라한 83, 119, 137
아미타경 408
아미타불 212
아쇼카 64
아시타 71
아야 교진여 83
악의 문제 256
아라다 칼라마 75
앙굴리마라 176
애(愛) 20, 21
애어섭 352
애틀랜티스 308
야사 84
야소다라 73, 130
약사여래 406
약사여래 12대원 406
양태적 단일신론 322

언령신앙 507
언설법신 48
언어신비주의 507
언어와 사고의 관계 507
업 278
에고 35, 36
에드워드 콘즈 188, 271, 472
에드가 케이시 307
에리히 프롬 37
에크하르트 470, 471
여래 326, 327
여래장연기설 236
여래십호 326
연기(緣起) 17
연기와 자비 343
연등불 209
열반 25, 128, 164
열반과 자비 346
염불 324
염혜지 382
예류과 136
예불문 408
오도송 243, 244
오무간업 195
오분법신 315
오역죄 195
오온 28
오체투지 113
오탁악세 230
우주론적 논쟁 253
우루월바 84
우팔리 130
원통전 387

웃드라카 라마푸트라 75
원행지 382
위디오니시우스 462
위루다카 122
위데히(왕비) 129
유(有) 20, 21
유마(거사) 487
유마경 10, 487
유마경 제자품 10
유마경 문질품 10
유마힐 487
유마힐소설경 487
유무중도 22, 23
유성출가상 58
유전문 21
유체이탈 298
육방예경 132
육바라밀 365
육식의 문제 168
육역죄 196
육처 21
육신통 330
윤회 275
윤회의 시간적 간격 308
윤회이론의 요소 277
융의 임사체험 295
응공 137, 326
응신 318
이구지 382
이드심리학 36
이안 스티븐슨 305
이행섭 352
이현주목사 452

인각독각 142
인욕(바라밀) 367
인욕선인 210
일래과 136
일이중도 22, 23
임사체험 297

[자]
자각종색(선사) 355
자기심리학 36
자등명 법등명 99
자비 338, 340, 341, 343, 345
자비경 357
자비관 346, 347
자비관의 공덕 346
자비희사 350, 353
자살자의 임사체험 299
자설경 474
자성신 319, 320
자수용신 320
자아 35
자아심리학 36
자이나 208
자자(自恣) 9, 93
잠부드위빠 99, 120
전등록 216
전륜성왕 100
전생기억 305
전생조사 305
전생투시 305
전생회귀 305
전초오류 443
정견 28

정념 28
정도논증 255
정등각 326
정토삼부경 407
정사유 28
정어 28
정명 28
정업 28
정정 28
정정진 28
정진(바라밀) 368
정토삼부경 407
제타태자 120, 121
조과도림 414
조신의 꿈 389
조어장부 326
존 쉘비 스퐁 455, 463
존재론적 논증 258
존재론적 사고 32
존 힉 454
종교 416
종교사학 434
종교의 가치 423
종교와 해석 452
종교의 어원 418
종교의 의의 416
종교의 특색 422
좌선의(坐禪儀) 355
죽림(정사) 130
죽음학 296
줄탁동시 105
중도 22
중생의 삶 234

중성점기 64
중유 290
중음신 292
지계(바라밀) 366
지바(카) 199
지장보살 404
지혜(바라밀) 373, 374
진여연기설 236
집(集) 25
질병과 사성제 25
지장보살 404
진신 319

[차]
착시 231
찬다(카) 75, 96, 119
천인사 326
청화스님 449
초전법륜 83
촉 21, 22
촉지인 81
춘다 94, 119
출가 10
취(取) 20, 21
측천무후 240
칠불통계게 202
칭명염불 325

[카]
카렌 암스트롱 457
카필라바스투 66, 68
켄 윌버 442
쿠스타프 융 294, 295, 433

쿠시나가라 63, 95, 128

[타]
타수용신 320
타타가타 327
타티안 261
탄생게 214
탄허스님 317
탁발제도 169
태자서응본기경 216
토마스 아퀴나스 45
토마스 아퀴나스의 증명 253

[파]
파드마 삼바바 295
팔경법 91
팔상 57
팔정도 27
포괄주의 435
폴 니터 456
푸드갈라 이론 278
프라세지나트 122
프라자파티 72, 91, 128
프로이드 40

[하]
한사상 272
한스 큉 435
함석헌 451
해탈 278
행(行) 20, 29
헤르만 헤세 104
현전지 382

호명보살 212
화신 317, 318
화이트헤드 268, 458
환멸문 21
환희지 382
활대의 종론 139
황벽희운 12
회향 356
히말라야 68

영어와 함께 읽는
붓다의 가르침

인쇄일
2012년 3월 29일

발행일
2012년 4월 01일

엮은이
이두석

펴낸이
김윤희

펴낸곳
맑은소리 맑은나라
부산광역시 중구 동광동 3가 45-1 동광빌딩 201호
전화 (051)255-0263 팩스 (051)255-0953